offcn 中公教育

全国社会工作者职业水平考试辅导用书

社会工作法规与政策

（中级·下册）

中公教育全国社会工作者职业水平考试研究中心◎编著

世界图书出版公司
北京·广州·上海·西安

第一篇

01

社会工作法规与政策的基础知识

第一章　社会工作法规与政策概述

step1:练基础

1.在当代社会,促进社会工作服务的发展和社会工作专业人才队伍的建设,首先要建构相应的制度体系,而社会工作制度体系的建构需要由大量的法规和政策文件去具体实现。在此方面,社会工作法规与政策在环境营造和(　　)两个层次上对社会工作制度体系的建构发挥着重要的作用。

A.具体制度建构　　B.权利保护

C.明确方向　　D.确立目的

【答案】A。**解析:**本题考查的是社会工作法规与政策对社会工作实践的作用。社会工作是以制度化的方式向有需要的个人和组织提供有关社会服务的行动体系。在当代社会,促进社会工作服务的发展和社会工作专业人才队伍的建设,首先要建构相应的制度体系,而社会工作制度体系的建构需要由大量的法规和政策文件去具体实现。在此方面,社会工作法规与政策在环境营造和具体制度建构两个层次上对社会工作制度体系的建构发挥着重要的作用。故本题选A。

2.政府为了满足民生需求、维护社会公平、解决各种社会问题而通过各种方式调动公共资源、促进各项社会事业发展、为民众提供福利性社会服务的政策体系是(　　)。

A.公共政策　　B.社会政策

C.政策　　D.法规

【答案】B。**解析:**本题考查的是社会政策的作用。社会政策是政府为了满足民生需求、维护社会公平、解决各种社会问题而通过各种方式调动公共资源、促进各项社会事业发展、为民众提供福利性社会服务的政策体系。故本题选B。

3.社会工作法规与政策对社会工作人才队伍建设具有重要的作用,这种作用主要体现在(　　)两个方面。

A.制度规范建设　　B.专业发展

C.机构发展　　D.权利保障

E.能力建设

【答案】AE。**解析:**本题考查的是社会工作法规与政策对社会工作实践的作用。社会工作法规与政策对社会工作人才队伍建设具有重要的作用,这种作用主要体现在制度规范建设和能力建设两个方面。故本题选AE。

step2：练易错

1.党的十八届三中全会通过了《中共中央关于全面深化改革若干重大问题的决定》，该决定对社会建设的各个领域提出了许多改革的具体要求，不包括的是(　　)。

A.保障和改善民生方面

B.收入分配政策方面

C.社会治理方面

D.保障公民权利方面

【答案】D。**解析：**本题考查的是党的十八届三中全会对社会建设的论述。党的十八届三中全会通过了《中共中央关于全面深化改革若干重大问题的决定》，该决定对社会建设的各个领域提出了许多改革的具体要求：一是在保障和改善民生方面提出改革要求；二是在收入分配政策方面提出改革要求；三是采用了新的“社会治理”概念。故本题选D。

2.在党的十八届三中全会上通过的《中共中央关于全面深化改革若干重大问题的决定》中关于社会建设领域改革的总体思路包括：要以“确保社会既充满活力又和谐有序”为基本目标，以(　　)为基本导向，以“保障和改善民生”“改革收入分配制度”和“深化社会体制改革和创新”为主要任务。

A.“公平正义”

B.“共同富裕”

C.“社会改革”

D.“文明有序”

E.“促进发展”

【答案】AB。**解析：**本题考查的是党的十八届三中全会对社会建设的论述。在党的十八届三中全会《中共中央关于全面深化改革若干重大问题的决定》中，关于社会建设领域改革的总体思路是：要以“确保社会既充满活力又和谐有序”为基本目标，以“公平正义”和“共同富裕”为基本导向，以“保障和改善民生”“改革收入分配制度”和“深化社会体制改革和创新”为主要任务。故本题选AB。

3.从狭义上说，社会政策的基本运行方式主要包括(　　)。

A.社会政策决策机制

B.社会服务的提供方式

C.社会服务的付费方式

D.资金的筹措方式

E.社会政策反馈机制

【答案】BCD。**解析：**本题考查的是社会政策的基本运行方式。社会政策的基本运行方式主要包括:资金的筹措方式、社会服务的提供方式、社会服务的付费方式。故本题选BCD。

step3:练提升

1.关于各类法规与政策,下列说法错误的是(　　)。

A.法律、条例、对法律和条例的解释和实施细则,都具有完整的约束力,必须严格执行

B.国务院及其行政部门和地方政府制定和发布的各种“决定”“通知”“规定”“办法”等文件是具有约束力的规范性文件

C.各级政府及其行政部门发布的各种“意见”约束力相对较弱,指导性意义也较弱

D.各级政府及其行政部门发布的各种“批复”“答复”等文件,在其直接针对的地区和部门及单位具有约束性效力

【答案】C。**解析:**本题考查的是各类法规与政策。各级政府及其行政部门发布的各种“意见”约束力相对较弱,而指导性意义较强。故本题选C。

2.下列属于政策行动的特点的是(　　)。

A.政策行动是有组织的活动

B.政策行动具有明确的目的和方向

C.政策行动具有明确的行动内容

D.政策行动包括行动体系,但不包括规则体系

E.政策行动是制定与修订政策和实施政策的结合

【答案】ABCE。**解析:**本题考查的是政策行动的特点。政策行动的特点包括:(1)政策行动是有组织的活动;(2)政策行动具有明确的目的和方向;(3)政策行动具有明确的行动内容;(4)政策行动是制定与修订政策和实施政策的结合。政策行动既包括为某类活动制定或修改规则体系、方案和规划,也包括具体实施这些规则、方案和规划的行动。D项说法错误,故本题选ABCE。

3.党的十六届六中全会《中共中央关于构建社会主义和谐社会若干重大问题的决定》指出,构建社会主义和谐社会要遵循的原则包括(　　)。

A.必须坚持以人为本

B.必须坚持经济发展

C.必须坚持改革开放

D.必须坚持民主法治

E.必须坚持正确处理改革发展稳定的关系

【答案】ACDE。**解析:**本题考查的是构建社会主义和谐社会要遵循的原则。党的十六届六中全会《中共中央关于构建社会主义和谐社会若干重大问题的决定》指出,构建社会主义和谐社会要遵循以下原则:一是必须坚持以人为本;二是必须坚持科学发展;三是必须坚持改革开放;四是必须坚持民主法治;五是必须坚持正确处理改革发展稳定的关系;六是必须坚持在党的领导下全社会共同建设。故本题选ACDE。

第二章　社会工作专业人才队伍建设法规与政策

step1：练基础

1.政府购买社会工作服务，会针对不同人群的要求，实施不同计划。具体来讲，实施农村留守人员（　　）计划，可以帮助农村留守儿童、妇女和老人缓解生活困难，构建完善的社会保护与支持网络。

A.社会融入　　B.社会保护

C.社会照顾　　D.社会关爱

【答案】B。**解析：**本题考查的是政府购买社会工作服务的主体、对象及范围。政府实施农村留守人员社会保护计划，可以帮助农村留守儿童、妇女和老人缓解生活困难，构建完善的社会保护与支持网络。故本题选B。

2.根据《社会工作专业人才队伍建设中长期规划（2011—2020年）》，下列不属于到2020年社会工作教育与研究人才培养引进工程的目标的是（　　）。

A.建立500家社会工作专业重点实训基地

B.培养和引进3万名社会工作硕士专业学位研究生

C.培训和引进300名社会工作专业博士

D.培育发展1万家民办社会工作教育机构

【答案】D。**解析：**本题考查的是社会工作专业人才队伍建设的重点工作。到2020年，依托现有资源，建立500家社会工作专业重点实训基地。加快推进社会工作硕士专业学位教育发展，到2020年培养和引进3万名社会工作硕士专业学位研究生，300名社会工作专业博士，3000名“双师型”专业教师。故本题选D。

3.《社会工作专业人才队伍建设中长期规划（2011—2020年）》确立的大规模开发社会工作服务人才的最终发展目标是培养造就一支（　　）的社会工作服务人才队伍。

A.数量足　　B.结构优

C.能力强　　D.素质高

E.态度好

【答案】ABCD。**解析：**本题考查的是统筹推进各类社会工作服务人才队伍建设的目标，其目标是培养造就一支数量足、结构优、能力强、素质高的社会工作服务人才队伍。故本题选ABCD。

4.《民政部、财政部关于政府购买社会工作服务的指导意见》根据“(　　)”原则，把政府购买社会工作服务的范围重点放在城市流动人口、农村留守人员、困难群体、特殊人群和受灾群众等人群的个性化、多样化社会服务需求上。

A.受益广泛　　B.群众急需

C.服务专业　　D.服务公平

E.特殊照顾

【答案】ABC。**解析：**本题考查的是政府购买社会工作服务的主体、对象及范围。《民政部、财政部关于政府购买社会工作服务的指导意见》根据“受益广泛、群众急需、服务专业”原则，把政府购买社会工作服务的范围重点放在城市流动人口、农村留守人员、困难群体、特殊人群和受灾群众等人群的个性化、多样化社会服务需求上。故本题选ABC。

step2：练易错

1.《社会工作专业人才队伍建设中长期规划(2011—2020年)》提出了建立健全社会工作专业人才使用政策的原则是(　　)。

A.以用为本　　B.党管人才

C.循序渐进　　D.按需设置

【答案】A。**解析：**本题考查的是推进社会工作专业人才评价和激励工作的要求。《社会工作专业人才队伍建设中长期规划(2011—2020年)》对建立健全社会工作专业人才使用政策的目标要求是：坚持以用为本原则，着眼于发挥社会工作专业人才作用、推动社会工作专业人才合理流动需要，以开发专职岗位和培育服务载体为重点，以畅通人才流动渠道为保障，逐步完善社会工作专业人才使用政策。故本题选A。

2.行业组织在民办社会工作服务机构发展中具有重要作用，《民政部关于进一步加快推进民办社会工作服务机构发展的意见》针对发挥社会工作行业组织的功能与作用提出了三点要求，这三点要求不包括(　　)。

A.支持社会工作行业组织发展

B.推进民办社会工作服务机构行业自律

C.积极做好民办社会工作服务机构行业服务

D.着力提升民办社会工作服务机构服务水平

【答案】D。**解析：**本题考查的是发挥社会工作行业组织的功能与作用。社会工作行业组织在民办社会工作服务机构发展中具有重要作用，《民政部关于进一步加快推进民办社会工作服务机构发展的意见》针对发挥社会工作行业组织的功能与作用提出了以下三点要求：

(1)支持社会工作行业组织发展;(2)推进民办社会工作服务机构行业自律;(3)积极做好民办社会工作服务机构行业服务。D项不属于社会工作行业组织的功能与作用,故本题选D。

3.政府制定社会政策时,要考虑所要付出的一定代价,或者将要承担的一定后果。这是政府制定社会政策时对(　　)的考虑。

A.经济效益　　B.经济成本

C.社会成本　　D.经济投入

【答案】C。**解析:**本题考查的是社会成本。社会成本是影响社会政策制定的主要因素之一。社会成本是指政府在制定社会政策时所要付出的一定代价,或者将要承担的一定后果。由于需要解决的社会问题和可以用来解决这些社会问题的政策资源之间存在的矛盾或偏差,社会政策主体在制定社会政策时必须要对社会政策做出优先性选择。在制定某些社会政策的同时放弃另一些社会政策,或者为将来实施某些社会政策做好承担其后果的心理准备。故本题选C。

4.政府为实施社会政策提供资金上的保证主要通过(　　)来筹措。

A.税收　　B.募捐

C.私人捐赠　　D.财政拨款

【答案】A。**解析:**本题考查的是社会政策资金的来源。政府通过税收为实施社会政策提供资金上的保证。故本题选A。

5.《关于加强社会工作专业人才队伍建设的意见》提出要积极开展社会工作专业人才队伍职业道德教育,强化社会工作专业人才的社会责任感和职业认同感。加强社会工作专业人才队伍作风建设,促使他们践行以人为本、为民解困和(　　)的工作理念。

A.为民服务　　B.甘于奉献

C.注重实践　　D.扎根基层

【答案】A。**解析:**本题考查的是加强社会工作专业教育培训的要求。加强社会工作专业人才队伍作风建设,促使他们践行以人为本、为民解困、为民服务的工作理念,培养扎根基层、注重实践、务实进取、甘于奉献、诚信友善的良好作风。故本题选A。

6.人才评价激励是社会工作专业人才队伍建设的重点,《关于加强社会工作专业人才队伍建设的意见》从(　　)方面提出了具体要求。

A.建立健全社会工作专业人才评价制度

B.做好社会工作专业人才薪酬保障工作

C.建立社会工作专业人才表彰奖励制度

D.做好社会工作专业人才就业保障工作

E.做好社会工作专业人才教育培训工作

【答案】ABC。**解析:**本题考查的是推进社会工作专业人才评价和激励工作的要求。《关于加强社会工作专业人才队伍建设的意见》从以下三个方面提出了具体要求:(1)建立健全社会工作专业人才评价制度;(2)做好社会工作专业人才薪酬保障工作;(3)建立社会工作专业人才表彰奖励制度。故本题选ABC。

step3: 练提升

1.《民政部、财政部关于政府购买社会工作服务的指导意见》规定,政府购买社会工作服务的对象主要为(　　)。

A.社会团体　　B.民办非企业单位

C.基金会　　D.企事业单位

E.社会工作者

【答案】ABCD。**解析:**本题考查的是政府购买社会工作服务的对象。《民政部、财政部关于政府购买社会工作服务的指导意见》规定,政府购买社会工作服务的对象主要为社会团体、民办非企业单位和基金会及企事业单位。故本题选ABCD。

2.《关于加强社会工作专业人才队伍建设的意见》指出,社会工作专业岗位开发和专业人才使用是社会工作专业人才队伍建设的根本。社会工作专业人才重要的用武之地是(　　)。

A.基层

B.相关事业单位

C.相关社会组织

D.相关行政机关和群团组织

E.企业

【答案】ABCD。**解析:**本题考查的是社会工作专业人才重要的用武之地。社会工作专业人才重要的用武之地包括基层、相关事业单位、相关社会组织、相关行政机关和群团组织。故本题选ABCD。

3.《民政部关于进一步加快推进民办社会工作服务机构发展的意见》针对加强民办社会工作服务机构能力建设提出了四点要求。其中一点要求是加强民办社会工作服务机构党群组织建设,另外三点要求是(　　)。

A.进一步增强民办社会工作服务机构内部治理能力

B.着力提升民办社会工作服务机构服务水平

C.建立健全民办社会工作服务机构联系志愿者制度

D.推进民办社会工作服务机构行业自律

E.积极做好民办社会工作服务机构行业服务

【答案】 ABC。**解析：**本题考查的是加强民办社会工作服务机构能力建设的措施。加强民办社会工作服务机构能力建设，是进一步加快推进民办社会工作服务机构发展的重点。《民政部关于进一步加快推进民办社会工作服务机构发展的意见》提出了以下四点要求：（1）进一步增强民办社会工作服务机构内部治理能力；（2）着力提升民办社会工作服务机构服务水平；（3）建立健全民办社会工作服务机构联系志愿者制度；（4）加强民办社会工作服务机构党群组织建设。D、E两项属于“发挥社会工作行业组织功能与作用的要求”。故本题选ABC。

第二篇

02

社会工作法规与政策的主要内容

第一章　我国社会救助法规与政策

step1：练基础

1.《农村五保供养工作条例》规定，农村五保供养分为(　　)两种形式。

A.家庭供养与公共供养

B.集中供养与分散供养

C.村级供养与乡级供养

D.机构供养与委托供养

【答案】B。**解析：**本题考查的是农村五保供养的形式。《农村五保供养工作条例》规定，农村五保供养分为集中供养与分散供养两种形式。农村五保供养对象可以在当地的农村五保供养服务机构集中供养，也可以在家分散供养。农村五保供养对象可以自行选择供养形式。故本题选B。

2.下列不属于特困人员的是(　　)。

A.无劳动能力、无生活来源且无法定赡养、抚养、扶养义务人的人

B.无劳动能力、法定赡养义务人无赡养能力的老人

C.无劳动能力、无生活来源且无法定扶养义务人的残疾人

D.无劳动能力、无生活来源且无法定抚养义务人的未满18周岁的未成年人

【答案】D。**解析：**本题考查的是特困人员供养法规与政策。《社会救助暂行办法》规定，国家对无劳动能力、无生活来源且无法定赡养、抚养、扶养义务人，或者其法定赡养、抚养、扶养义务人无赡养、抚养、扶养能力的老年人、残疾人及未满16周岁的未成年人，给予特困人员供养。故本题选D。

3.公民参加应急救援工作或者协助维护社会秩序期间出现伤亡的，(　　)应对这些伤亡的人员依法给予抚恤。

A.乡级以上人民政府

B.镇级以上人民政府

C.县级以上人民政府

D.省级以上人民政府

【答案】C。**解析：**本题考查的是社会救助类型和社会力量参与社会救助的规定。县级以上人民政府对在应急救援工作中伤亡的人员应依法给予抚恤。故本题选C。

4.确定城市低保对象的关键是(　　)。

A.共同生活的家庭成员的人均货币收入

B.有无稳定的生活来源

C.是否非农业户口

D.家庭成员收入多少

【答案】D。**解析:**本题考查的是最低生活保障法规与政策。家庭成员收入是确定城市低保对象的关键,它是指共同生活的家庭成员的全部货币收入和实物收入,包括法定赡养人、扶养人或者抚养人应当给付的赡养费、扶养费或者抚养费,但不包括优抚对象按照国家规定享受的抚恤金、补助金。故本题选D。

5.我国的社会救助政策法规分类不包括(　　)。

A.临时救助政策法规

B.专项救助政策法规

C.困难群众基本生活救助政策法规

D.最低生活保障制度法规

【答案】D。**解析:**本题考查的是社会救助政策法规分类。《中华人民共和国宪法》第四十五条规定,中华人民共和国公民在年老、疾病或者丧失劳动能力的情况下,有从国家和社会获得物质帮助的权利。社会救助就是体现这一规定的具体制度之一。具体来讲,我国社会救助政策法规大体分为三类:(1)困难群众基本生活救助政策法规;(2)专项救助政策法规;(3)临时救助政策法规。故本题选D。

6.镇政府要对申请低保的老王家进行低保资格条件审查,低保资格条件包括户籍状况、家庭收入和(　　)。

A.家庭财产　　　　B.个人收入

C.政治面貌　　　　D.工作状况

【答案】A。**解析:**本题考查的是低保对象资格。民政部2012年印发的《最低生活保障审核审批办法(试行)》规定低保资格条件包括:户籍状况、家庭收入和家庭财产。这三者是认定低保对象的三个基本条件。故本题选A。

7.根据《自然灾害救助条例》,在自然灾害救助应急期间,县级以上地方人民政府可以在本行政区域内紧急征用物资、设备、交通运输工具和场地,自然灾害救助应急工作结束后应当(　　)。

A.及时归还,并按照国家有关规定给予补偿

B.不需要归还

C.对所有者进行表扬,授予荣誉称号

D.归还即可,不需要进行补偿

【答案】A。**解析:**本题考查的是自然灾害的应急救助工作。在自然灾害救助应急期间,

县级以上地方人民政府或者人民政府的自然灾害救助应急综合协调机构可以在本行政区域内紧急征用物资、设备、交通运输工具和场地，自然灾害救助应急工作结束后应当及时归还，并按照国家有关规定给予补偿。故本题选A。

8.根据公共租赁住房和廉租住房并轨政策，已建成并分配入住的廉租住房统一纳入公共租赁住房管理，其租金水平按(　　)标准执行。

A.原有租金　　B.现在租金

C.市场租金　　D.家庭收入

【答案】A。**解析:**本题考查的是住房救助法规与政策。根据公共租赁住房和廉租住房并轨政策，已建成并分配入住的廉租住房统一纳入公共租赁住房管理，其租金水平按原有租金标准执行。故本题选A。

9.根据《灾民生活救助工作规程》，下列属于灾民生活救助的内容和程序的是(　　)。

A.调查灾情　　B.上报需救助的情况

C.灾民申请救助　　D.制定救助计划

E.拨付救灾资金

【答案】ABDE。**解析:**本题考查的是受灾人员救助法规与政策。灾民生活救助的内容和程序包括调查灾情、上报需救助的情况、制定救助计划、拨付救灾资金、救助工作的组织实施、监督及检查、效果评估。故本题选ABDE。

10.老刘患了重病，治疗之后感觉个人负担较重，所以申请城市医疗救助。根据《城市医疗救助意见》，在扣除(　　)部分后，各区县财政部门对老刘个人负担超过一定金额的医疗费用给予一定比例或一定数量的补助。

A.各项医疗保险可支付部分　　B.单位应报销部分

C.社会互助帮困　　D.药物费用

E.床位费用

【答案】ABC。**解析:**本题考查的是医疗救助法规与政策。《城市医疗救助意见》规定，对救助对象在扣除各项医疗保险可支付部分、单位应报销部分及社会互助帮困部分后，对其个人负担超过一定金额的医疗费用给予一定比例或一定数量的补助。故本题选ABC。

11.根据《社会救助暂行办法》，社会力量参与社会救助的方式有(　　)。

A.捐赠　　B.设立帮扶项目

C.增加财政投入　　D.创办服务机构

E.提供志愿服务

【答案】ABDE。**解析:**本题考查的是社会救助类型和社会力量参与社会救助的规定。国家鼓励单位和个人等社会力量通过捐赠、设立帮扶项目、创办服务机构、提供志愿服务等方式参与社会救助。故本题选ABDE。

12.法律援助机构办理法律援助案件的方式包括（ ）。

A.指派律师事务所安排律师办理

B.指派企业安排法律顾问办理

C.安排本机构工作人员办理

D.指派律师协会人员办理

E.根据其他社会组织的要求，安排其所属人员办理

【答案】ACE。解析：本题考查的是法律救助法规与政策。法律援助机构可以指派律师事务所安排律师或者安排本机构的工作人员办理法律援助案件；也可以根据其他社会组织的要求，安排其所属人员办理法律援助案件。故本题选ACE。

step2：练易错

1.对已经由农村敬老院和其他社会福利机构收养的孤儿、弃婴和流浪儿童，各级民政部门要按照有关文件要求，在保证其生活达到（ ）的同时，确保这些未成年人接受教育。

A.城市居民最低生活水平

B.当地居民最低生活水平

C.当地居民一般生活水平

D.城市居民一般生活水平

【答案】C。解析：本题考查的是教育救助的法规与政策。对已经由农村敬老院和其他社会福利机构收养的孤儿、弃婴和流浪儿童，各级民政部门要按照有关文件要求，在保证其生活达到当地居民一般生活水平的同时，确保这些未成年人接受教育。对于城乡最低生活保障户（含农村特困户），各地民政部门在实施生活救助、发缴救助金时，要根据其家庭实际困难和子女就学情况，适当提高救助水平。故本题选C。

2.根据《国务院关于全面建立临时救助制度的通知》，临时救助工作要坚持资源统筹，（ ）有机结合。

A.政府救助、社会帮扶、家庭自救

B.政府救助、社会帮扶

C.政府帮扶、社会救助、家庭自救

D.政府帮扶、社会救助

【答案】A。解析：本题考查的是临时救助的总体要求。临时救助工作要坚持应救尽救，确保有困难的群众都能求助有门，并按规定得到及时救助；坚持适度救助，着眼于解决基本生活困难、摆脱临时困境，既要尽力而为，又要量力而行；坚持公开公正，做到政策公开、过

程透明、结果公正；坚持制度衔接，加强各项救助、保障制度的衔接，形成整体合力；坚持资源统筹，实现政府救助、社会帮扶、家庭自救有机结合。故本题选A。

3.某县为做好灾区民房重建工作，需要确定由政府帮助开展恢复重建工作的重点对象。根据有关规定，重点帮扶对象为因灾造成的无自救能力的（　　）。

A.全倒户、半倒户、特困户、纯女户

B.全倒户、五保户、特困户、优抚对象

C.全倒户、半倒户、独生子女户、优抚对象

D.全倒户、半倒户、五保户、村干部户

【答案】B。**解析：**本题考查的是受灾人员救助法规与政策。需政府帮助开展恢复重建的重点对象应为因灾造成的无自救能力的全倒户、特困户、五保户和优抚对象。故本题选B。

4.各级民政、教育行政部门对持有城乡最低生活保障证和农村特困户救助证家庭的子女在义务教育阶段基本实现（　　）。

A.免杂费、免寄宿生活费

B.免书本费、免寄宿生活费

C.补助寄宿生活费、免书本费

D.免杂费、免书本费、补助寄宿生活费

【答案】D。**解析：**本题考查的是城乡特殊困难未成年人教育救助的目标。各级民政、教育行政部门对持有城乡最低生活保障证和农村特困户救助证家庭的子女在义务教育阶段基本实现免杂费、免书本费、补助寄宿生活费。故本题选D。

5.某县农村低保标准为每人每月150元，低保金实行差额发放。村民张某是低保户，全家3口人，人均年收入为1200元，此外，还有国家发放的计划生育奖励扶助金600元。根据农村低保政策，张某一家全年应领取低保金（　　）元。

A.5400　　B.3600

C.2400　　D.1800

【答案】D。**解析：**本题考查的是最低生活保障法规与政策。低保申请人获得的保障金额应当按照核定的申请人家庭人均收入与当地低保标准的差额乘以共同生活的家庭成员人数计算。张某一家人均年收入为1200元，即人均月收入为100元。当地低保标准是每人每月150元，差额为50元。张某一家全年应领取的低保金数额是50×3×12=1800（元）。故本题选D。

6.《关于实施农村医疗救助的意见》规定，农村医疗救助实行（　　）。

A.属地化管理原则　　B.县级民政部门负责制

C.市级民政部门负责制　　D.省级民政部门负责制

【答案】A。**解析：**本题考查的是农村医疗救助实行的原则。《关于实施农村医疗救助的意见》规定，农村医疗救助实行属地化管理原则。故本题选A。

7.村民甲为独居老人，生活困难，无经济来源，想申请特困人员供养，但卧病在床，无法前去申请。下列做法正确的是(　　)。

A.委托同村村民乙代为提出申请

B.委托乡政府工作人员代为提出申请

C.委托村民委员会主任代为提出申请

D.委托村民委员会代为提出申请

【答案】D。**解析：**本题考查的是特困人员供养的申请。申请特困人员供养，由本人向户籍所在地的乡镇人民政府、街道办事处提出书面申请；本人申请有困难的，可以委托村民委员会、居民委员会代为提出申请。故本题选D。

8.根据我国《自然灾害救助条例》，下列自然灾害救助款物的使用范围符合规定的有(　　)。

A.紧急转移安置

B.基本生活救助

C.住房恢复重建

D.因灾遇难人员亲属抚慰

E.救灾人员工资发放

【答案】ABCD。**解析：**本题考查的是受灾人员的灾后救助。自然灾害救助款物应当用于受灾人员的紧急转移安置、基本生活救助、教育、医疗等公共服务设施和住房的恢复重建，自然灾害救助物资的采购、储存和运输，以及因灾遇难人员亲属的抚慰等各项支出。故本题选ABCD。

9.小江，12岁，离家出走，跑到另一城市流浪街头，饥寒交迫，想回家却没钱回，向救助站表达出求助意愿，救助站对其实行了救助。根据《城市生活无着的流浪乞讨人员救助管理办法实施细则》，救助站对他实行救助的内容主要包括(　　)。

A.提供符合食品卫生要求的食物

B.提供符合基本条件的住处

C.若他在站内突发急病，及时送医院救治

D.由于他没有交通费返回家，可帮他提供乘车凭证

E.资助他进行免费义务教育

【答案】ABCD。**解析：**本题考查的是临时救助的内容。救助站应当根据受助人员的需要提供下列救助：(1)提供符合食品卫生要求的食物；(2)提供符合基本条件的住处；(3)对在站内突发急病的，及时送医院救治；(4)帮助与其亲属或者所在单位联系；(5)对没有交通费返回其住所地或者所在单位的，提供乘车凭证。故本题选ABCD。

10. 根据《城市生活无着的流浪乞讨人员救助管理办法实施细则》，救助站应当终止救助的情形有（　　）。

A. 未经事先告知，擅自离开救助站的

B. 救助期已满，无正当理由不愿离开救助站的

C. 辱骂救助站工作人员和其他受助人员的

D. 故意提供虚假个人情况，被救助站发现的

E. 以救助站饮食不合胃口为由，故意扰乱就餐秩序的

【答案】ABD。**解析：**本题考查的是临时救助的终止救助。《城市生活无着的流浪乞讨人员救助管理办法实施细则》规定，救助站应当终止救助的情形包括：（1）救助站已经实施救助或者救助期满，受助人员应当离开救助站；（2）对无正当理由不愿离站的受助人员，救助站应当终止救助；（3）救助站发现受助人员故意提供虚假个人情况的，应当终止救助；（4）受助人员自愿放弃救助离开救助站的，救助站不得限制；（5）受助人员擅自离开救助站的，视同放弃救助，救助站应当终止救助。故本题选ABD。

11. 根据《国务院关于进一步加强和改进最低生活保障工作的意见》，我国制定最低生活保障标准的方法有（　　）。

A. 基尼系数

B. 恩格尔系数

C. 消费支出比例法

D. 人均可支配收入法

E. 基本生活费用支出法

【答案】BCE。**解析：**本题考查的是最低生活保障法规与政策。《国务院关于进一步加强和改进最低生活保障工作的意见》中关于加强和改进最低生活保障工作的政策措施提出，应科学制定最低生活保障标准，健全救助标准与物价上涨挂钩的联动机制，综合运用基本生活费用支出法、恩格尔系数法、消费支出比例法等测算方法，动态、适时调整最低生活保障标准。故本题选BCE。

12. 某地连遭雷暴雨灾害，部分村民房屋受损。根据《灾区民房恢复重建管理工作规程》，下列家庭中，（　　）不属于政府恢复重建补助对象。

A. 老王一家，部分房屋倒塌

B. 老赵一家，房屋进水家电严重受损

C. 老林一家，房屋全部倒塌

D. 老方一家，房屋损坏严重必须修复

【答案】B。**解析：**本题考查的是受灾人员救助法规与政策。灾后重建即灾民房屋重建，是指因自然灾害造成灾区群众住房倒塌或严重损坏需要重新建设和修缮的过程。B项老赵一家，家电受损，故不属于政府恢复重建补助对象。故本题选B。

13. 老郑享受农村五保供养待遇。近日，老郑失散多年的儿子通过寻亲回到了他的身边，与老郑共同生活。老郑生活明显改善，已不符合五保供养条件，不应再享受五保待遇。

核销老郑《农村五保供养证书》的法定工作包括（　　）。

A. 村民委员会向镇人民政府报告　　B. 镇人民政府审核

C. 县民政局核准　　D. 县财政局审批

E. 县审计局审计

【答案】ABC。**解析：**本题考查的是最低生活保障法规与政策。农村五保供养对象不再符合农村五保供养规定条件的，村民委员会或者敬老院等农村五保供养服务机构应当向乡、民族乡、镇人民政府报告，由乡、民族乡、镇人民政府审核并报县级部门核准后，核销其《农村五保供养证书》。故本题选ABC。

step3：练提升

1. 在安徽的张某想向住在江苏的儿子索要赡养费，他向儿子居住地的法律援助机构提出申请。法律援助机构经过审查，认为张某符合法律援助的条件，并指派律师事务所安排律师李某办理张某的案件。李某成功地为张某索要回赡养费，在案件结案时，张某向法律援助机构提交了有关的法律文书副本及结案报告等材料。下列说法恰当的是（　　）。

A. 张某的案件不属于法律援助的范围

B. 张某应向自己居住地的法律援助机构提出申请

C. 法律援助机构只能指派自己的律师去办理案件

D. 李某应向法院提交有关的法律文书副本或者复印件及结案报告等材料

【答案】D。**解析：**本题考查的是法律援助的实施。法律援助的范围包括请求给付赡养费、抚养费、扶养费，A项错误；请求给付赡养费、抚养费、扶养费的，应向给付赡养费、抚养费、扶养费的义务人住所地的法律援助机构提出申请，B项错误；法律援助机构可以指派律师事务所安排律师或者安排本机构的工作人员办理法律援助案件，C项错误；受指派办理法律援助案件的律师或者接受安排办理法律援助案件的社会组织人员在案件结案时，应向法院提交有关的法律文书副本或者复印件及结案报告等材料。故本题选D。

2. 根据《自然灾害救助条例》，行政机关工作人员出现（　　）行为，由任免机关或者监察机关依照法律法规给予处分；构成犯罪的，依法追究刑事责任。

A. 迟报、谎报、瞒报自然灾害损失情况，造成后果的

B. 未及时组织受灾人员转移安置，或者在提供基本生活救助、组织恢复重建过程中工作不力，造成后果的

C. 截留、挪用、私分自然灾害救助款物或者捐赠款物的

D. 不及时归还征用的财产，或者不按照规定给予补偿的

E.在自然灾害应急救助期间,县级以上地方人民政府紧急征用交通运输工具

【答案】ABCD。**解析:**本题考查的是自然灾害的灾后救助工作。《自然灾害救助条例》规定,行政机关工作人员违反本条例规定,有下列行为之一的,由任免机关或者监察机关依照法律法规给予处分;构成犯罪的,依法追究刑事责任。(1)迟报、谎报、瞒报自然灾害损失情况,造成后果的;(2)未及时组织受灾人员转移安置,或者在提供基本生活救助、组织恢复重建过程中工作不力,造成后果的;(3)截留、挪用、私分自然灾害救助款物或者捐赠款物的;(4)不及时归还征用的财产,或者不按照规定给予补偿的;(5)有滥用职权、玩忽职守、徇私舞弊的其他行为的。E项是自然灾害应急救助期间的正确行为。故本题选ABCD。

3.《关于实施农村医疗救助的意见》规定,农村医疗救助对象主要包括农村五保户、农村贫困户家庭成员和地方政府规定的其他符合条件的农村贫困农民。按照文件规定,某县农村医疗救助对象的具体条件应由(　　)共同制定,报同级人民政府批准。

A.县民政局　　B.县财政局

C.县劳动局　　D.县卫生局

E.县农业局

【答案】ABD。**解析:**本题考查的是医疗救助法规与政策。根据《关于实施农村医疗救助的意见》,各地农村医疗救助对象的具体条件由地方民政部门会同财政、卫生部门制定,报同级人民政府批准。故本题选ABD。

第二章　我国特定人群权益保护法规与政策

step1：练基础

1.《中华人民共和国残疾人保障法》规定，国家和社会应当采取措施，为残疾人平等参与社会生活创造无障碍环境。以下不属于这方面规定的是（　　）。

A.新建、改建和扩建建筑物、道路、交通设施等，应当符合国家有关无障碍设施工程建设标准

B.国家和社会研制、开发适合残疾人使用的信息交流技术和产品

C.盲人读物邮件免费寄递

D.有条件的公共停车场应当为残疾人设置专用停车位

【答案】C。**解析：**本题考查的是无障碍设施工程。A、B、D三项都是《中华人民共和国残疾人保障法》在无障碍环境方面的规定，而C项是在残疾人公共服务方面的规定。故本题选C。

2.下列不属于社会政策对妇女合法权益的保障方式的是（　　）。

A.主管部门保护　　B.自我保护

C.工会组织保护　　D.妇女组织保护

【答案】B。**解析：**本题考查的是妇女合法权益的保障方法。社会政策对妇女合法权益的保障方法包括：行政保护、法律保护、社会保护。主管部门保护属于行政保护，工会、妇女组织保护属于社会保护。B项不属于社会政策对妇女合法权益的保护方式。故本题选B。

3.暴力干涉老年人婚姻自由构成犯罪，则会被依法追究（　　）。

A.民事责任　　B.行政责任

C.刑事责任　　D.违规责任

【答案】C。**解析：**本题考查的是老年人权益保护的主要内容。老年人有婚姻自由权，子女或其他亲属不得干涉老年人婚姻自由，如果暴力干涉老年人婚姻自由构成犯罪，则会被依法追究刑事责任。故本题选C。

4.以下属于我国预防未成年人犯罪法规定的严重不良行为的是（　　）。

A.传播淫秽读物　　B.旷课、夜不归宿

C.沉迷网络　　D.给异性同学写情书

【答案】A。**解析：**本题考查的是未成年人的严重不良行为。《中华人民共和国预防未成年人犯罪法》规定，严重不良行为包括：（1）纠集他人结伙滋事，扰乱治安；（2）携带管制

刀具,屡教不改;(3)多次拦截殴打他人或者强行索要他人财物;(4)传播淫秽的读物或者音像制品等;(5)进行淫乱或者色情、卖淫活动;(6)多次偷窃;(7)参与赌博,屡教不改;(8)吸食、注射毒品;(9)其他严重危害社会的行为。故本题选A。

5.根据《关于加强和改进流浪未成年人救助保护工作的意见》,对经过(　　)年以上仍查找不到父母或其他监护人的未成年人,公安机关要按户籍管理有关法规政策规定为其办理户口登记手续,以便于其就学、就业等正常生活。

A.一　　B.二

C.三　　D.四

【答案】B。解析:本题考查的是帮助流浪未成年人及时回归家庭。对经过两年以上仍查找不到父母或其他监护人的未成年人,公安机关要按户籍管理有关法规政策规定为其办理户口登记手续,以便于其就学、就业等正常生活。故本题选B。

6.光明村的小李是个很孝顺的孩子。随着父母年岁渐长,他对父母悉心照顾,满足父母衣食住行等各方面的需要,看到父母腿脚不方便就买来拐杖给父母使用。在这里,老年人享有的权益是(　　)。

A.享受家庭赡养与扶养的权利

B.婚姻自由权

C.财产所有权

D.获得社会保障的权利

【答案】A。解析:本题考查的是老年人权益保护的主要内容。享受家庭赡养与扶养的权利是指老年人享有从子女及其他依法负有赡养义务的人那里获得赡养扶助的权利。具体来讲,老年人享受家庭赡养和扶养的权利主要表现为两个方面:(1)基本的供养与照料,包括经济上供养、生活上照料和精神上慰藉等三项基本内容;(2)特殊的供养与照料,包括对患病的老年人提供医疗费用和护理及耕种老年人承包的田地,照管老年人的林木和牲畜等。本案中,老李夫妇享受儿子小李的照顾属于享受家庭赡养与扶养的权利。故本题选A。

7.下列情况中,对妇女生命健康权造成侵害的有(　　)。

A.虐待老年妇女

B.遗弃女婴

C.绑架妇女

D.未经本人同意,以营利为目的使用妇女肖像

E.收买被拐卖的妇女,即使妇女自己不反对

【答案】ABCE。解析:本题考查的是妇女的生命健康权。妇女的生命健康权不受侵犯,禁止溺、弃、残害女婴;禁止歧视、虐待生育女婴的妇女和不育妇女;禁止用迷信、暴力手段残害妇女;禁止虐待、遗弃老年妇女,禁止拐卖、绑架妇女;禁止收买被拐卖、绑架的妇女;禁止卖淫、嫖娼;禁止组织、强迫、引诱、容留、介绍妇女卖淫或者雇用、容留妇女与他人进行

猥亵活动。D项是对妇女肖像权的侵害。故本题选ABCE。

8.预防未成年人不良行为的主要措施有（ ）。

A.学校教育与管理　B.专门学校建设

C.传媒与出版物管理　D.社会环境监控与管理

E.对未成年人的教育与监控

【答案】ACDE。**解析：**本题考查的是预防未成年人不良行为的措施。《中华人民共和国预防未成年人犯罪法》对预防未成年人不良行为的措施作出了详尽的规定，包括：(1)对未成年人的教育与监控；(2)学校教育与管理；(3)社会环境监控与管理；(4)传媒与出版物管理。故本题选ACDE。

9.对女职工实行“四期”保护是指（ ）。

A.哺乳期保护　B.青春期

C.经期保护　D.孕期保护

E.产期保护

【答案】ACDE。**解析：**本题考查的是妇女的特殊保护。对女职工实行“四期”保护是指经期保护、孕期保护、产期保护和哺乳期保护。故本题选ACDE。

step2：练易错

1.小亮，17岁，高二，课间和同学闹矛盾，冲动之下，拿刀将同学捅死，构成犯罪。为了预防小亮重新犯罪，下列做法错误的是（ ）。

A.对小亮的案件不公开审理

B.将小亮与成年罪犯分别关押

C.对小亮的案件公开审理

D.对小亮进行法制教育

【答案】C。**解析：**本题考查的是对未成年人重新犯罪的预防。司法机关办理未成年人犯罪案件时，应当保障未成年人行使其诉讼权利，保障未成年人得到法律帮助，并根据未成年人的生理、心理特点和犯罪的情况，有针对性地进行法制教育。对于被告人不满18周岁的刑事案件，不予公开审理。故本题选C。

2.公民有结婚和离婚的自由。下列男方提出离婚的情形中，符合法律规定的是（ ）。

A.男方在女方怀孕期间提出离婚

B.男方在女方分娩后一年内提出离婚

C.男方在女方终止妊娠后六个月内提出离婚

D.男方在女方失业后三个月内提出离婚

【答案】D。**解析：**本题考查的是妇女婚姻家庭的权益。《中华人民共和国婚姻法》第三十四条规定，女方在怀孕期间、分娩后一年内或终止妊娠后六个月内，男方不得提出离婚。女方提出离婚的，或人民法院认为确有必要受理男方离婚请求的，不在此限。故本题选D。

3.小航，13岁，初一，经常纠集他人结伙滋事。这次他又结伙辱骂一个小摊贩还准备砸东西，幸亏被路人拦下。此行为违反了治安管理处罚条例，但鉴于小航才13岁且情节比较轻微，公安机关的做法应该是（　　）。

A.予以训惩

B.责令他的父母或者其他监护人严加管教

C.由政府依法收容教养

D.进行拘留

【答案】B。**解析：**本题考查的是未成年人不良行为和犯罪的预防与矫治。《中华人民共和国治安管理处罚法》规定，已满14周岁不满18周岁的人违反治安管理的，从轻或者减轻处罚；不满14周岁的人违反治安管理，不予处罚，但是应当责令其监护人严加管教。故本题选B。

4.一些地方政府大力兴办老年福利设施，这主要是依法保证老年人的（　　）。

A.享受社会服务的权利　　B.参与社会发展的权利

C.文化教育权　　D.健康权

【答案】A。**解析：**本题考查的是老年人权益保护的主要内容。享受社会服务的权利是指老年人有从国家和社会获得生活照料服务的权利。一些地方政府大力兴办老年福利设施，这主要是依法保证老年人享受社会服务的权利。故本题选A。

5.根据《中华人民共和国残疾人保障法》，下列关于保障残疾人基本权益的说法中，正确的是（　　）。

A.残疾人可免费乘坐公共交通工具

B.残疾人接受高等教育的学费应当由政府承担

C.国家对从事个体经营的残疾人免除行政事业性收费

D.残疾人教育实施普及与提高相结合，以提高为重点的方针

【答案】C。**解析：**本题考查的是残疾人权益的主要内容。县级以上人民政府对残疾人搭乘公共交通工具，应当根据实际情况给予便利和优惠，A项错误。国家对接受义务教育的残疾学生免收学费，提供免费教科书，并给予寄宿生活费等费用补助；对接受义务教育以外其他教育的残疾学生按照国家有关规定给予资助，B项错误。从事个体经营的残疾人，有关部门应当在经营场地等方面给予照顾，免除行政事业性收费，C项正确。由于残疾人自身生理特点的局限性，故在进行残疾人教育时应以普及为主，D项错误。故本题选C。

6.某村刘老汉夫妇育有三子一女，小儿子自幼痴呆，其余两个儿子在本村务农，生活困难。女儿在城里工作，生活条件较好。多年来，刘老汉夫妇一直由两个儿子赡养。随着年

事渐高，加上还要抚养小儿子，老两口晚年生活十分艰难。为此，刘老汉多次要求女儿承担赡养义务，均遭女儿拒绝。关于刘老汉的赡养问题，正确的说法是(　　)。

A.赡养老人是儿子的责任，女儿无须承担赡养义务

B.已出嫁的女儿可不承担赡养义务

C.女儿应当履行赡养义务

D.女儿如不继承老人的遗产，可不承担赡养义务

【答案】C。**解析：**本题考查的是老年人权益保护的主要内容。子女应当履行对父母赡养扶助的义务，包括经济上的供养、生活上的照料和精神上的慰藉。赡养是指子女对父母的供养，即物质上和经济上为父母提供必要的生活条件。扶助则是指子女对父母在精神上的关心和生活上的帮助和照料。故本题选C。

7.《中华人民共和国妇女权益保障法》规定，妇女享有与男子平等的选举权和被选举权。在全国人民代表大会和地方各级人民代表大会的代表中，关于妇女代表的数量(比例)，正确的说法是(　　)。

A.妇女代表应当有适当的数量

B.妇女代表的比例应当在40%以上

C.妇女代表的比例应当在30%以上

D.妇女代表的比例应当在22%以上

【答案】A。**解析：**本题考查的是妇女的政治权益。《中华人民共和国妇女权益保障法》明确规定，妇女的政治权利包括与男子平等的选举权和被选举权，通过各种途径和形式，管理国家事务，管理经济和文化事业，管理社会事务的权利。其实现形式是全国人民代表大会和地方各级人民代表大会的代表中，应当有适当数量的妇女代表，并逐步提高妇女代表的比例。国家机关、社会团体、企业事业单位在任用干部时必须坚持男女平等的原则，重视培养、选拔女干部担任领导成员。故本题选A。

8.阿刚与患病的母亲产生矛盾，于是和母亲达成口头协议，一次性给付母亲医疗费共3万元，从此双方脱离母子关系。此后，阿刚的母亲因需继续治疗，要求儿子继续承担赡养义务。下列关于阿刚与母亲协议效力的说法，正确的是(　　)。

A.阿刚和母亲达成的协议无效

B.阿刚和母亲达成的协议须经过公证后方为有效

C.阿刚和母亲达成的协议有效，阿刚无须继续履行赡养义务

D.阿刚和母亲达成的协议有效，但阿刚应视情况给予母亲资助

【答案】A。**解析：**本题考查的是家庭成员间的权利和义务。子女对父母的赡养是法定的义务，不得附加任何条件，不得以放弃继承权或其他理由，拒绝履行赡养义务。自然血亲的父母子女关系不能通过法律手段人为予以解除，也不能通过登报声明或双方协议而解除。故本题选A。

9.甲县乙乡小徐想要设立一家为失能、失智老人服务的养老机构。根据《中华人民共和国老年人权益保障法》,小徐应当向(　　)备案。

A.乙乡人民政府　　B.甲县民政局

C.甲县卫生局　　D.甲县人民政府

【答案】B。**解析:**本题考查的是老年人权益保护的主要内容。《中华人民共和国老年人权益保障法》第四十三条规定,设立公益性养老机构,应当依法办理相应的登记。设立经营性养老机构,应当在市场监督管理部门办理登记。养老机构登记后即可开展服务活动,并向县级以上人民政府民政部门备案。故本题选B。

10.对未成年人罪犯的关押管理原则是(　　)。

A.集中关押、集中管理、分别教育

B.分别关押、集中管理、分别教育

C.分别关押、分别管理、分别教育

D.集中关押、分别管理、分别教育

【答案】C。**解析:**本题考查的是对未成年人重新犯罪的预防。为防止罪犯之间相互学习和感染,对被拘留、逮捕和执行刑罚的未成年人与成年人应当分别关押、分别管理和分别教育。故本题选C。

11.预防未成年人犯罪教育的责任人主要有(　　)。

A.学校、教育行政部门　　B.政府

C.司法行政部门　　D.居(村)委会、共青团

E.父母或者其他监护人

【答案】ACDE。**解析:**本题考查的是未成年人不良行为和犯罪的预防与矫治。《中华人民共和国预防未成年人犯罪法》规定,教育行政部门、学校、司法行政部门、共产主义青年团、少年先锋队、职业教育培训机构、用人单位、少年宫、青少年活动中心等校外活动机构、城市居民委员会、农村村民委员会、未成年人的父母或者其他监护人都是预防未成年人犯罪教育的责任人,对未成年人的法制教育和预防犯罪教育负有直接或间接责任,应根据自身的特点开展有针对性的预防未成年人犯罪的教育活动。故本题选ACDE。

12.老年人享受家庭赡养与扶养权利中的基本的供养与照料是(　　)。

A.经济上供养　　B.教育上支持

C.生活上照料　　D.精神上慰藉

E.疾病上关怀

【答案】ACD。**解析:**本题考查的是老年人权益保护的主要内容。在老年人享受家庭赡养和扶养的权利中,基本的供养和照料主要包括经济上供养、生活上照料和精神上慰藉三项基本内容。故本题选ACD。

step3：练提升

1. 根据《中华人民共和国未成年人保护法》，下列关于未成年人合法权益保护的说法中，不正确的是（　　）。

A. 进入营业性歌舞娱乐场所时，若难以判明是否已成年的，应当按照成年人对待

B. 除国家另有规定，任何组织或者个人不得招用未满16周岁的未成年人

C. 对未成年人的信件、日记、电子邮件，任何组织或者个人不得隐匿、毁弃

D. 无行为能力的未成年人的信件、日记可由其父母或者其他监护人代为开拆、查阅

【答案】 A。**解析：** 本题考查的是对未成年人的社会保护。营业性歌舞娱乐场所、互联网上网服务营业场所等是不适宜未成年人活动的场所，不得允许未成年人进入，经营者应当在显著位置设置未成年人禁入标志；对难以判明是否已成年的，应当要求其出示身份证件。故本题选A。

2. 某村刘先生和老伴均已丧失劳动能力，同村的两个儿子却长期拒不支付赡养费。根据《中华人民共和国老年人权益保障法》，刘先生和老伴有权（　　），要求两个儿子支付赡养费。

A. 向当地公安机关请求调解　　B. 向当地仲裁机构申请仲裁

C. 向当地人民法院提起诉讼　　D. 向当地律师事务所请求调解

【答案】 C。**解析：** 本题考查的是老年人的家庭赡养与抚养。《中华人民共和国老年人权益保障法》规定，老年人合法权益受到侵害的，被侵害人或者其代理人有权依法向人民法院提起诉讼。这说明当老年人的合法权益受到侵害时，老年人或其代理人除有要求有关部门处理的权利外，还有依法向人民法院提起诉讼的权利。故本题选C。

3. 根据《中华人民共和国妇女权益保障法》，国家保障妇女享有与男子平等的文化教育权利。以下说法不正确的是（　　）。

A. 学校在录取学生时，任何专业不得以性别为由拒绝录取女性或者提高对女性的录取标准

B. 妇女在入学、升学、毕业分配、授予学位、派出留学等方面享有与男子平等的权利

C. 学校应根据女性青少年的特点，在教育等方面采取措施，保障女性青少年身心健康发展

D. 父母或者其他监护人必须履行保障适龄女性青少年接受义务教育的义务

【答案】 A。**解析：** 本题考查的是妇女的文化教育权益。B、C、D三项都是妇女应享受的文化教育权利。A项之所以错误，是因为《中华人民共和国妇女权益保障法》规定学校在录

取学生时，除特殊专业外，不得以性别为由拒绝录取女性或者提高对女性的录取标准。并非是任何专业都不得以性别为由拒绝录取女性或者提高对女性的录取标准。故本题选A。

4.一名中学生晚自习时间玩手机，被老师发现后没收。这名学生心怀不满，拍了一下桌子，老师听见后让其抬着桌子在大街上走一圈。在这名老师的监督下，学生不得不抬着桌子在大街上走。学生家长认为老师的行为侵犯了学生的人格尊严，将老师和学校同时告上法庭，要求他们公开赔礼道歉，并赔偿精神抚慰金。经法庭主持调解，双方达成和解协议，起诉被撤回。由此看出，学校老师在对未成年人培养教育方面应当（　　）。

A.对未成年人实施素质教育

B.关爱和尊重未成年人

C.开展未成年人成长教育

D.确保未成年人健康与安全

【答案】B。**解析：**本题考查的是未成年人的学校保护。《中华人民共和国未成年人保护法》规定，学校的教职员工应当尊重未成年人的人格尊严，不得对未成年人实施体罚、变相体罚或者其他侮辱人格尊严的行为。本案例体现出学校老师在对未成年人培养教育方面应当关爱与尊重未成年人。故本题选B。

5.促进未成年人生理、心理、精神、道德和社会发展的生活水平的权利，是未成年人依法享有（　　）的应有之义。

A.生存权　　B.受保护权

C.发展权　　D.参与权

【答案】C。**解析：**本题考查的是未成年人发展权。发展权是指未成年人享有足以促进其生理、心理、精神、道德和社会发展的生活水平的权利。未成年人正处在生长发育的过程中，在营养、衣着和住房方面享受确保他们发展所需的生活条件是未成年人的基本权益。故本题选C。

6.王奶奶育有两子两女，均已成家立业；张大爷育有一子一女，也都结婚工作。由于王奶奶的老伴和张大爷的老伴都去世了，王奶奶和张大爷两人又互有好感，在前年结了婚。现王奶奶突患重病，需要人照顾，王奶奶的四个孩子聚集起来在讨论，他们的讨论内容如下，下列说法正确的是（　　）。

A.大儿子说："咱妈再婚了，应该是张大爷的儿女赡养她，我没有赡养的义务。"

B.二儿子说："咱妈虽然再婚了，但作为儿女，始终有赡养她的义务。"

C.大女儿说："我嫁出去了，要照顾公公婆婆，没有赡养咱妈的义务。"

D.小女儿说："咱妈一直对我都不好，我和她没什么感情，我没有赡养她的义务。"

【答案】B。**解析：**本题考查的是老年人的家庭赡养与抚养。赡养人是指老年人的子女及其他依法负有赡养义务的人；赡养人的赡养义务是一项法定责任，不能因老年人的婚姻关系变化而解除。故本题选B。

7.丧偶妇女对公、婆尽了主要赡养义务的，在继承公、婆财产时应作为(　　)继承人。

A.第一顺序　　B.第二顺序

C.第三顺序　　D.第四顺序

【答案】A。**解析：**本题考查的是妇女的财产继承。《中华人民共和国妇女权益保障法》规定，丧偶妇女对公、婆尽了主要赡养义务的，作为公、婆的第一顺序法定继承人，其继承权不受子女代位继承的影响。故本题选A。

8.根据《中华人民共和国残疾人保障法》，下列关于残疾人无障碍环境建设的说法，正确的有(　　)。

A.无障碍设施的建设和改造应当符合残疾人的实际需要

B.国家采取措施，为残疾人信息交流无障碍创造条件

C.组织选举的部门应当为残疾人参加选举提供便利

D.有条件的公共停车场应当为残疾人设置专用停车位

E.盲人携带的导盲犬不可以出入公共场所

【答案】ABCD。**解析：**本题考查的是残疾人权益中的无障碍环境。《中华人民共和国残疾人保障法》规定，国家和社会应当采取措施，逐步完善无障碍设施，推进信息交流无障碍，为残疾人平等参与社会生活创造无障碍环境。为保障残疾人的环境友好权利的实现，《中华人民共和国残疾人保障法》作了以下具体规定：(1)无障碍设施的建设和改造，应当符合残疾人的实际需要。新建、改建和扩建建筑物、道路、交通设施等，应当符合国家有关无障碍设施工程建设标准。各级人民政府和有关部门应当按照国家无障碍设施工程建设规定，逐步推进已建成设施的改造，优先推进与残疾人日常工作、生活密切相关的公共服务设施的改造。对无障碍设施应当及时维修和保护。(2)国家采取措施，为残疾人信息交流无障碍创造条件。各级人民政府和有关部门应当采取措施，为残疾人获取公共信息提供便利；国家和社会研制、开发适合残疾人使用的信息交流技术和产品；国家举办的各类升学考试、职业资格考试和任职考试，有盲人参加的，应当为盲人提供盲文试卷、电子试卷或者由专门的工作人员予以协助。(3)公共服务机构和公共场所应当创造条件，为残疾人提供语音和文字提示、手语、盲文等信息交流服务，并提供优先服务和辅助性服务；公共交通工具应当逐步达到无障碍设施的要求；有条件的公共停车场应当为残疾人设置专用停车位。(4)组织选举的部门应当为残疾人参加选举提供便利；有条件的，应当为盲人提供盲文选票。(5)盲人携带导盲犬出入公共场所，应遵守国家有关规定。故本题选ABCD。

第三章　我国婚姻家庭法规与政策

step1：练基础

1.小赵高中毕业后参军，后来经介绍和王女士结婚，由于小赵是军人，长期在军营中生活，王女士便与他人产生感情，对小赵不再有感情，并提出离婚，但小赵依然爱着王女士，不同意离婚。对于此法院应该判决（　　）。

A.准许离婚，因为王女士已经不再爱小赵

B.准许离婚，因为小赵长期在军中，无法照顾王女士

C.不许离婚，因为小赵还爱着王女士，不符合感情破裂的条件

D.不许离婚，因为小赵是军人，即使王女士对其没有感情，也必须取得小赵的同意才能离婚

【答案】D。**解析：**本题考查的是婚姻解除的条件和程序。现役军人的配偶要求离婚，需征得军人同意，但军人一方有重大过错的除外。故本题选D。

2.《中华人民共和国继承法》规定的法定继承人不包括（　　）。

A.配偶　　B.外孙子女

C.兄弟姐妹　　D.外祖父母

【答案】B。**解析：**本题考查的是法定继承的范围和顺序。《中华人民共和国继承法》规定，法定继承人范围包括：配偶、子女、父母、兄弟姐妹、祖父母、外祖父母及对公、婆或岳父、岳母尽了主要赡养义务的丧偶儿媳、女婿。我国的继承法没有赋予孙子女、外孙子女法定继承人地位，孙子女、外孙子女只能作为代位继承人。故本题选B。

3.王家有三兄弟甲、乙、丙，丙幼年时被送给胡某做养子。丙成婚时，胡某为其盖了新房，后因失火致使该房屋被烧毁，丙的生母就将自己的住房腾出一间来，让丙夫妇及胡某居住。不久丙的生母病故，甲与乙要收回房子，丙认为自己有权继承母亲遗产，拒不搬出，依照法令划定，死者的遗产由（　　）继承。

A.甲及乙　　B.甲、乙及丙

C.甲、乙、丙及胡某　　D.甲、乙及胡某

【答案】A。**解析：**本题考查的是遗产处理的法律规定。《中华人民共和国继承法》规定，养子女因收养关系成立，失去了对生父母遗产的继承权，但其有权继承养父母的遗产。故本题选A。

4.《中华人民共和国继承法》规定，在不均等分割遗产的情况下应该少分的继承人是(　　)。

A.尽了主要扶养义务的继承人

B.有扶养能力和扶养条件但没有尽扶养义务的继承人

C.与被继承人共同生活的继承人

D.生活有特殊困难的缺乏劳动能力的继承人

【答案】B。**解析：**本题考查的是不均等分割遗产的规定。《中华人民共和国继承法》规定，在不均等分割遗产的情况下，有扶养能力和扶养条件的继承人，不尽扶养义务的，分配遗产时，应当不分或者少分。故本题选B。

5.证明遗嘱人处分财产的意思表示中最有力、最可靠的遗嘱形式是(　　)。

A.公证遗嘱　　B.自书遗嘱

C.代书遗嘱　　D.录音遗嘱

【答案】A。**解析：**本题考查的是遗嘱的具体形式。公证遗嘱是指遗嘱人生前订立并经公证机关公证的遗嘱。公证遗嘱是证明遗嘱人处分财产的最有力、最可靠的遗嘱形式。故本题选A。

6.刚出生的小刘由于家庭原因被合法送养，后来养父觉得小刘过于调皮不听话，不愿再收养，并解除了收养关系。而此时的小刘还是个未成年的孩子，一次过马路中不幸被车撞死，对方赔偿了一笔钱。这笔钱应该(　　)。

A.归养父母，毕竟养父抚养了他

B.归生父母，因为养父母与他已经解除了收养关系

C.归政府，因为之前生父母把他送人了，后来养父母与他解除了收养关系

D.我国对此没有明确规定

【答案】B。**解析：**本题考查的是收养关系的法律效力。收养关系解除后，未成年养子女与生父母及其他近亲属的权利义务关系自行恢复。故本题选B。

7.依据《中华人民共和国收养法》，收养人的条件包括(　　)。

A.有抚养教育被收养人的能力　　B.年满30周岁

C.只有1个子女　　D.无子女

E.未患有在医学上认为不应当收养子女的疾病

【答案】ABDE。**解析：**本题考查的是收养人的条件。收养人应当同时具备下列条件：(1)无子女；(2)有抚养教育被收养人的能力；(3)未患有在医学上认为不应当收养子女的疾病；(4)年满30周岁；(5)只能收养1名子女。有关收养人的特殊要求：第一，基于伦理道德的考虑，规定无配偶的男性收养女性的，收养人与被收养人的年龄应当相差40周岁以上。第二，为有利于作为收养人的夫妻关系和家庭和睦，规定有配偶者收养子女须夫妻共同收养。故本题选ABDE。

8.关于通过行政程序解除收养关系的条件和程序,下列说法正确的是(　　)。

A.在养子女成年前,协议解除收养关系须得收养人、送养人同意

B.养子女年满八周岁以上的,协议解除收养关系应当征得本人同意

C.在养子女成年后,协议解除收养关系须得收养人、被收养人同意

D.当事人协议解除收养关系的,应当到民政部门办理解除收养关系的登记

E.收养登记机关收到申请后,应当根据《中华人民共和国收养法》等法律法规进行审查

【答案】ACDE。**解析:**本题考查的是收养解除的条件与程序。《中华人民共和国收养法》第二十六条第一款规定,收养人在被收养人成年以前,不得解除收养关系,但收养人、送养人双方协议解除的除外,养子女年满十周岁以上的,应当征得本人同意。故本题选ACDE。

9.遗赠的生效条件包括(　　)。

A.遗赠人须有遗嘱能力

B.遗赠标的物已经毁损、灭失

C.遗赠的内容必须合法

D.受遗赠人后于遗赠人死亡

E.遗赠人不能侵犯缺乏劳动能力又没有生活来源继承人的合法权益

【答案】ACDE。**解析:**本题考查的是遗赠的生效条件。遗赠的生效条件包括:(1)遗赠人须有遗嘱能力;(2)遗赠必须是遗赠人的真实意思表示;(3)遗赠的内容必须合法;(4)遗赠人不能侵犯缺乏劳动能力又没有生活来源的继承人的合法权益;(5)受遗赠人后于遗赠人死亡。故本题选ACDE。

10.丁某自丈夫去世后一直在家赡养公婆。公婆去世时并没有留下遗嘱,且有一妹妹在临近的另外一个村居住,但不常来往。在这种情况下,以下说法正确的是(　　)。

A.丁某可以继承公婆的遗产

B.丁某是第一顺序继承人

C.这种情况适用于法定继承

D.丁某不可以继承公婆的遗产

E.丁某公婆的妹妹是第一顺序继承人

【答案】ABC。**解析:**本题考查的是法定继承的范围和顺序。《中华人民共和国继承法》规定,没有遗嘱的按法定继承来分配遗产。法定继承的第一顺序继承人包括配偶、子女、父母。此外,丧偶的儿媳对公婆或丧偶的女婿对岳父母尽了主要赡养义务的,可以作为第一顺序法定继承人,继承公婆或岳父母的遗产。因此,本题中丁某是第一继承人,可以继承公婆的遗产。故本题选ABC。

step2：练易错

1.离婚家务补偿适用的情形是（　　）。

A.夫妻关系期间夫妻采取了分别财产制

B.夫妻关系期间双方长期关系冷漠

C.夫妻关系期间一方长期在外地工作

D.夫妻关系期间一方虐待另一方

【答案】A。**解析：**本题考查的是离婚家务补偿适用的情形。因为夫妻之间约定了婚后财产的分别归属和管理，才存在在家务劳动中承担过多的一方需要另一方给予补偿的问题，法律上明确了离婚家务补偿适用的情形仅仅是夫妻关系期间夫妻采取了分别财产制。故本题选A。

2.李某夫妇结婚已15年，一直未育，想要收养一名子女。根据《中华人民共和国收养法》，下列人员中，不能被李某夫妇收养的是（　　）。

A.父母双方均去世的15岁的未成年人甲

B.查找不到生父母的出生6个月的弃婴乙

C.查找不到生父母的11岁儿童丙

D.生父母有特殊困难无力抚养的4岁儿童丁

【答案】A。**解析：**本题考查的是被收养人的条件。《中华人民共和国收养法》规定，不满14周岁的未成年人符合下列情形之一的，可以被收养：（1）丧失父母的孤儿；（2）查找不到生父母的弃婴和儿童；（3）生父母有特殊困难无力抚养的子女。A项不符合要求，故本题选A。

3.以下关于法定继承中按顺序继承准则的说法，错误的是（　　）。

A.丧偶女婿对岳父母尽了主要赡养义务的，作为第一顺序的法定继承人

B.非婚生子女属于第二顺序

C.继承开始后，由第一顺序继承人继承，第二顺序继承人不继承

D.祖父母属于第二顺序

【答案】B。**解析：**本题考查的是法定继承的范围和顺序。《中华人民共和国继承法》规定，第一顺序法定继承人包括配偶、子女、父母。法定继承人所指子女包括婚生子女、非婚生子女、养子女和有扶养关系的继子女。因此非婚生子女属于第一顺序继承人，故本题选B。

4.老王夫妇育有一子一女，其子长期居住于国外，其女儿女婿遭遇车祸去世，老王夫妇与孙子一起生活，外孙女时常来看望，老王因病去世，根据《中华人民共和国继承法》，下列人员中，无权继承老王遗产的是（　　）。

A.老王的儿子　　　　B.老王的孙子

C.老王的老伴　　D.老王的外孙女

【答案】B。解析：本题考查的是法定继承的范围和顺序。法定继承人的顺序：（1）第一顺序法定继承人包括配偶、子女、父母。此外，丧偶儿媳对公婆或丧偶女婿对岳父母尽了主要赡养义务的，可以作为第一顺序法定继承人，继承公婆或岳父母的遗产，因此排除A、C两项。（2）第二顺序法定继承人包括兄弟姐妹、祖父母、外祖父母。其中，老王的外孙女为代位继承人，代位继承人取得遗产时，不受辈数限制，被继承人的孙子女、外孙子女、曾孙子女、曾外孙子女都可代位继承。丧偶儿媳和丧偶女婿作为法定继承人时不影响子女代位继承，因此D项排除。故本题选B。

5.小王从小就被合法收养，在成长的过程中，养父母逐渐开始虐待小王，其生父母不愿孩子受苦，要求养父母与小王解除收养关系，并获得同意。没过几天养父母上门讨要小王10万元的抚养费，双方就此引起争吵。对于这事，你认为正确的做法是（　　）。

A.小王的生父母应该给养父母10万元钱，毕竟人家抚养了小王

B.小王的生父母可以找人协商少给点

C.小王的生父母不应该给养父母钱，因为当初收养的时候是养父母自愿的

D.小王的生父母不应该给养父母钱，因为养父母虐待孩子，对小王并不好

【答案】D。解析：本题考查的是收养解除的法律效力。收养关系解除后，养子女尚未成年，如果是生父母要求解除收养关系的，养父母可以要求生父母适当补偿收养期间支出的生活费和教育费，但因养父母虐待、遗弃养子女而解除收养关系的除外。故本题选D。

6.关于离婚后子女的抚养与探望，下列说法不正确的是（　　）。

A.离婚后父母子女关系并不消除，父母对子女继续承担抚养的责任

B.在处理子女具体抚养归属时，要根据有利于子女身心健康、保障其合法权益的原则进行

C.离婚后不具体抚养的一方要按时足额给付抚养费

D.离婚后不直接抚养子女的一方自动失去探望子女的权利

【答案】D。解析：本题考查的是离婚后的探望权问题。探望权是男女双方离婚后不直接抚养子女的一方依法享有的权利。离婚后，不直接抚养子女的父或母有探望子女的权利，另一方有协助的义务。行使探望权利的方式、时间由当事人协议；协议不成时，由人民法院判决。父或母探望子女，不利于子女身心健康的，由人民法院依法中止其探望的权利；中止的事由消失后，应当恢复其探望的权利。故本题选D。

7.孤儿小红，女，15岁。下列人员中，具备收养小红条件的是（　　）。

A.小红的小姨，29岁，国企职工，育有一女

B.小红的舅舅，45岁，私企老板，无子女，有配偶

C.小红的义父，50岁，无配偶，外企员工，无子女

D.小红的伯伯，50岁，残疾，无自理能力，无子女

【答案】B。**解析：**本题考查的是收养人具备的条件。收养人应当同时具备下列条件：(1)无子女；(2)有抚养教育被收养人的能力；(3)未患有在医学上认为不应当收养子女的疾病；(4)年满30周岁；(5)只能收养1名子女。有关收养人的特殊要求：第一，基于伦理道德的考虑，规定无配偶的男性收养女性的，收养人与被收养人的年龄相差40周岁以上；第二，为有利于作为收养人的夫妻关系和家庭和睦，规定有配偶者收养子女须夫妻共同收养。故本题选B。

8.小秦的父母由于意外造成父亲残疾，母亲去世，留下未成年的小秦。父亲为了小秦能更好地生活，想将他送养给别人，这时候小秦的舅舅一家，姑姑一家，姥姥一家，社会好心人都想抚养小秦，优先获得小秦的抚养权的是(　　)。

A.舅舅一家　　B.姥姥一家

C.社会好心人　　D.姑姑一家

【答案】B。**解析：**本题考查的是送养人的条件。配偶一方死亡，另一方送养未成年子女的，死亡一方的父母有优先抚养的权利。故本题选B。

9.李某于2016年11月突发精神病，患病期间独自订立一份遗嘱。经治李某病情好转，于2017年12月康复，但他在康复后并未撤销或变更遗嘱。2019年1月，李某因病去世。下列关于该遗嘱效力的说法中，正确的是(　　)。

A.遗嘱无效，因为无民事行为能力人所立的遗嘱无效

B.遗嘱无效，因为李某订立遗嘱时没有见证人

C.遗嘱有效，因为公民有权订立遗嘱处分个人财产

D.遗嘱有效，因为李某康复后没有撤销或变更遗嘱

【答案】A。**解析：**本题考查的是遗嘱的效力。遗嘱人必须具有完全民事行为能力。无民事行为能力、限制民事行为能力的人属于无遗嘱能力的人，所立遗嘱无效。由于李某在精神病患病期间属于无民事行为能力人，因此李某所立遗嘱无效。故本题选A。

10.根据《中华人民共和国婚姻法》，夫妻双方如果没有就财产进行约定，在婚姻关系存续期间所得的下列财产中，不属于夫妻共同所有的是(　　)。

A.一方所得的工资和奖金

B.一方从事生产、经营的收益

C.一方婚后写作并出版的专著的稿酬

D.一方因身体受到伤害获得的医疗费

【答案】D。**解析：**本题考查的是夫妻共同财产。《中华人民共和国婚姻法》第十七条第一款规定，夫妻在婚姻关系存续期间所得的下列财产，归夫妻共同所有：(1)工资、奖金；(2)生产、经营的收益；(3)知识产权的收益；(4)继承或赠与所得的财产；(5)其他应当归共同所有的财产。但如果夫妻双方是约定财产制，而非法定财产制，则继承或赠与所得财产不能成为夫妻共同财产。故本题选D。

11.小亮3岁时被刘某夫妇依法收养,并与他们共同生活至参加工作。2009年7月,小亮的同胞弟弟因车祸去世,小亮生父母考虑到自己没有其他子女,提出让小亮赡养,养父母刘某夫妇坚决反对。下列关于小亮与生父母、养父母权利义务关系的说法中,正确的是(　　)。

A.小亮有赡养生父母和养父母的义务

B.小亮没有赡养生父母和养父母的义务

C.小亮有赡养生父母的义务,没有赡养养父母的义务

D.小亮有赡养养父母的义务,没有赡养生父母的义务

【答案】D。**解析:**本题考查的是收养解除的法律效力。收养关系成立后,养子女与生父母之间彼此不再是法律意义上的父母与子女,他们原有的权利和义务终止。因此,根据《中华人民共和国收养法》,小亮有赡养养父母的义务,没有赡养生父母的义务。故本题选D。

12.小王与小张为合法夫妻,下列财产中不属于夫妻共同财产的是(　　)。

A.小王婚后继承其父母的遗产

B.小王婚后出版著作所得的知识产权收益

C.双方约定为小张个人所有的财产

D.小张婚后业余演出所得个人收入

【答案】C。**解析:**本题考查的是夫妻共同财产。夫妻财产制包括法定财产制和约定财产制两种。约定财产制是指夫妻双方以协议的形式确定的财产制形式。约定财产制的法律效力优于法定财产制。C项属于约定财产,不属于夫妻共同财产。故本题选C。

13.小雨自幼因生父母无力抚养,被王老伯依法收养。成年后,小雨与王老伯依法解除了收养关系,但未与生父母恢复父母子女关系。现今小雨生父病故,留下一笔债务,王老伯缺乏劳动能力,没有生活来源,依据《中华人民共和国收养法》,小雨应当(　　)。

A.代偿生父留下的债务

B.给付生母生活费

C.补偿收养期间王老伯支付的教育费

D.给付王老伯生活费

【答案】D。**解析:**本题考查的是收养解除的法律效力。收养关系解除后,经养父母抚养的成年养子女,对缺乏劳动能力又缺乏生活来源的养父母,应当给付生活费。某人未成年时,如果与养父母的父母子女关系解除,则其与生父母的父母子女关系自动恢复;某人成年后,如果与养父母的父母子女关系解除,则其与生父母的父母子女关系不自动恢复,是否恢复可以由双方协商决定。故本题选D。

14.根据《中华人民共和国婚姻法》,下列离婚案件中的无过错方,有权提出离婚损害赔偿请求的是(　　)。

A.张某,生活困难、无住房

B.齐某,丈夫与婚外异性同居已1年

C.高某，多年照顾公婆、承担家务

D.徐某，丈夫经常赌博屡教不改

【答案】B。**解析：**本题考查的是离婚的救济。《中华人民共和国婚姻法》第四十六条规定，有下列情形之一，导致离婚的，无过错方有权请求损害赔偿：（1）重婚的；（2）有配偶者与他人同居的；（3）实施家庭暴力的；（4）虐待、遗弃家庭成员的。故本题选B。

15.《中华人民共和国婚姻法》规定，在法定财产制条件下，下列财产属于夫妻共同财产的是（　　）。

A.婚姻关系存续期间夫妻双方所得的工资

B.婚姻关系存续期间夫妻双方所得的奖金

C.婚姻关系存续期间夫妻双方的生产经营收益

D.婚姻关系存续期间夫妻双方的知识产权收益

E.婚姻关系存续期间夫妻双方直系亲属的财产

【答案】ABCD。**解析：**本题考查的是夫妻共同财产。《中华人民共和国婚姻法》第十七条第一款规定，夫妻在婚姻关系存续期间所得的下列财产，归夫妻共同所有：（1）工资、奖金；（2）生产、经营的收益；（3）知识产权的收益；（4）继承或赠与所得的财产。故本题选ABCD。

16.根据《中华人民共和国收养法》，送养人可以是（　　）。

A.捡拾弃婴的人　　B.社会福利机构

C.孤儿的监护人　　D.社会福利机构负责人

E.有特殊困难无力抚养子女的生父母

【答案】BCE。**解析：**本题考查的是送养人的规定。《中华人民共和国收养法》规定，下列公民、组织可以做送养人：（1）孤儿的监护人；（2）社会福利机构；（3）有特殊困难无力抚养子女的生父母。故本题选BCE。

17.根据《中华人民共和国婚姻法》，人民法院审理离婚案件时，无过错方请求离婚损害赔偿应得到法院支持的情形有（　　）。

A.一方与他人同居的

B.一方有赌博恶习屡教不改的

C.一方实施家庭暴力的

D.一方遗弃家庭成员的

E.一方重婚的

【答案】ACDE。**解析：**本题考查的是离婚的法律后果。《中华人民共和国婚姻法》第四十六条规定，有下列情形之一，导致离婚的，无过错方有权请求损害赔偿：（1）重婚的；（2）有配偶者与他人同居的；（3）实施家庭暴力的；（4）虐待、遗弃家庭成员的。故本题选ACDE。

18.蒋某夫妇依法收养小兵，并将其抚养成人。小兵结婚后，妻子小丽与蒋某夫妇关系紧张，导致小兵与蒋某夫妇关系恶化，无法共同生活。蒋某夫妇提出与小兵解除收养关系。下列关于双方收养关系解除的说法中，正确的有（　　）。

A.双方可以协议解除收养关系

B.蒋某夫妇可以口头单方面解除收养关系

C.蒋某夫妇可以书面通知形式解除收养关系

D.双方不能达成解除协议的，可以向人民法院起诉

E.双方不得解除收养关系

【答案】AD。**解析：**本题考查的是收养解除的条件与程序。《中华人民共和国收养法》规定，当事人协议解除收养关系的，应当到民政部门办理解除收养关系的登记。养父母与成年养子女关系恶化，无法共同生活的，养父母与成年养子女不能达成解除收养关系协议的，双方均可向人民法院起诉解除收养关系。故本题选AD。

19.小雷7岁的时候被养父母收养，在一起生活了一段时间后，小雷发现养父脾气特别不好，俩人一度闹得很僵。随着年龄增长，小雷与养父之间的关系不仅没有改善，反倒变得更加糟糕，于是养父提出解除收养关系。收养关系解除后的效力有（　　）。

A.未成年养子女与生父母及其近亲属间的权利义务关系自行恢复

B.成年养子女与生父母间的权利义务关系自行恢复

C.养子女与养父母及其近亲属间的权利义务关系解除

D.未成年养子女与生父母及其近亲属间的权利义务关系协商恢复

E.收养关系解除后，经养父母抚养的成年养子女，对缺乏劳动能力又缺乏生活来源的养父母，应当给付生活费

【答案】ACE。**解析：**本题考查的是收养解除的法律效力。收养关系解除后，养子女与养父母及其他近亲属间的权利义务关系随收养关系解除而消除。未成年养子女与生父母及其他近亲属间的权利义务关系自行恢复。成年养子女与生父母及其他近亲属间的权利义务关系是否恢复，可以由成年养子女与生父母协商确定。收养关系解除后，经养父母抚养的成年养子女，对缺乏劳动能力又缺乏生活来源的养父母，应当给付生活费。故本题选ACE。

20.离婚是合法有效婚姻存续期间当事人解除婚姻关系的重要形式，我国实行（　　）双轨制。

A.商议离婚　　B.登记离婚

C.诉讼离婚　　D.自愿离婚

E.强制离婚

【答案】BC。**解析：**本题考查的是婚姻解除的条件、程序与法律后果。离婚必须经由当事人申请，经法定程序确认或准许后才发生法律效力，不能自行决定。我国实行登记离婚和诉讼离婚双轨制。故本题选BC。

step3：练提升

1.关于遗嘱继承的基本要求，以下陈述正确的是（　　）。

A.遗嘱可以处分遗嘱人及其配偶的财产

B.立遗嘱时应事先征得法定继承人的同意

C.遗嘱继承优先于法定继承

D.限制行为能力的人也可以设立遗嘱

【答案】C。**解析：**本题考查的是遗嘱继承的基本要求。遗嘱继承优先于法定继承，继承时，如果被继承人立有合法且有效的遗嘱，首先应按遗嘱也就是被继承人的意愿分割遗产，没有遗嘱或者遗嘱无效的，才按照法定继承办理。故本题选C。

2.滕某（男）有两个儿子。2007年5月，滕某因与次子发生口角后怒气冲冲地离开家，在马路上不幸被车撞倒，生命垂危。在医院抢救时，滕某考虑到自己的情况危急，当着两个儿子和三名护士的面交代："我死后的全部财产留给大儿子。"后经全力抢救，滕某脱离危险并逐渐好转，两个月后康复出院。滕某在两个儿子和两位律师的见证下，再次用录音形式立下遗嘱："我死后的全部财产由两个儿子平分"。2009年2月，滕某因病去世。滕某两个儿子就能否继承遗产的问题发生纠纷。关于滕某次子继承权问题，以下说法正确的是（　　）。

A.滕某次子无权继承遗产，因为滕某口头遗嘱交代遗产由长子继承

B.滕某次子有权继承遗产，因为他是法定继承人，滕某无权立遗嘱剥夺他的继承权

C.滕某次子有权继承遗产，因为滕某在危急情况解除后又另立遗嘱

D.滕某次子无权继承遗产，因为滕某与次子争吵导致滕某发生车祸

【答案】C。**解析：**本题考查的是口头遗嘱。口头遗嘱是遗嘱人以口头形式设立的遗嘱。口头遗嘱制作方便、简单，但容易被篡改、伪造，故通常加以一定的限制。遗嘱人在危急情况下，可以立口头遗嘱。口头遗嘱应当有两个以上见证人在场见证。危急情况解除后，遗嘱人能够用书面或者录音形式立遗嘱的，所立的口头遗嘱无效。本题中，滕某脱离危险，康复出院后再立录音形式的遗嘱，所以之前的口头交代无效，其次子有权继承其遗产。故本题选C。

3.吴某爱上了已婚男人王某，无论王某如何解释自己有妻子和孩子，吴某都想和王某结婚。《中华人民共和国婚姻法》规定的结婚的必备条件中，（　　）是婚姻关系本质的必然要求和体现。

A.必须男女双方完全自愿

B.必须达到法定婚龄

C.必须符合一夫一妻的基本原则

D.必须有独立生活的能力

【答案】C。**解析:**本题考查的是一夫一妻的基本原则。一夫一妻是婚姻关系本质的必然要求和体现,也是人类社会男女性别比例的自然要求。为此,当今世界绝大多数国家将一夫一妻确立为婚姻制度的原则。在我国,一夫一妻同样是婚姻制度的基本原则,也是结婚的必备条件。故本题选C。

4.小孙婚后不久就去世了,留下年迈的父母、媳妇小赵及未出生的孩子。在遗产的划分中妻子考虑到未出生的孩子,所以要求多分一份财产,两位老人也同意了,不幸的是孩子出生时就已经死了。之后的生活中,老人想重新分割当初分给孩子的那份钱,可小赵不愿意给。下列说法正确的是(　　)。

A.不论孩子出生时是否活着,老人都有权要回那份财产

B.由于孩子出生时已经死了,所以不应该为孩子保留遗产份额

C.不论孩子出生时是否活着,老人都无权要回那份财产

D.因为当初都已经说好了,双方不能出尔反尔

【答案】B。**解析:**本题考查的是保留胎儿继承份额的原则。遗产分割时,应当保留胎儿的继承份额。应为胎儿保留的遗产份额没有保留的,应从继承人所继承的遗产中扣回。如胎儿出生后死亡的,为胎儿保留的遗产份额由其继承人继承;如胎儿出生时就是死体的,为胎儿保留的遗产份额由被继承人的继承人继承。本题中,由于孩子出生时就已经死亡,为其保留的那份财产应由被继承人的继承人继承,即小孙的父母和妻子应当重新分配原本给孩子的那份财产。故本题选B。

5.根据《中华人民共和国收养法》,下列情况符合收养条件的是(　　)。

A.杜某有1个女儿,想收养个儿子

B.袁某,男,单身,48周岁,无子女,想收养6岁男童

C.小胡夫妻,因小胡喜欢男孩,单独一方想收养

D.无配偶朱某,男性,44岁,想收养5岁的女童

【答案】B。**解析:**本题考查的是收养关系成立的条件和程序。《中华人民共和国收养法》规定,收养人应当同时具备下列条件:(1)无子女;(2)有抚养教育被收养人的能力;(3)未患有在医学上认为不应当收养子女的疾病;(4)年满30周岁;(5)只能收养1名子女。有关收养人的特殊要求包括:(1)基于伦理道德的考虑,规定无配偶的男性收养女性的,收养人与被收养人的年龄应当相差40周岁以上;(2)为有利于作为收养人的夫妻关系和家庭和睦,规定有配偶者收养子女,须夫妻共同收养。故本题选B。

6.某癌症病故军人有8万元一次性抚恤金,但对抚恤金的分配上他生前立有遗嘱:父亲2万,妻子2万,女儿2万,尚在念大学的弟弟2万元。如果让你来分配,应当是(　　)。

A.父亲、妻子、女儿为第一顺序,弟弟为第二顺序继承人,有第一顺序继承人的应当由其第一顺序继承人分配

B.因为有遗嘱，应当按遗嘱来办

C.父亲、妻子、女儿共同分配8万元

D.弟弟2万元，父亲、妻子各3万

【答案】B。解析：本题考查的是遗嘱继承的法律规定。《中华人民共和国继承法》第五条规定，继承开始后，按照法定继承办理；有遗嘱的，按照遗嘱继承或者遗赠办理；有遗赠扶养协议的，按照协议办理。故本题选B。

7.夫妇甲乙生有两子一女，早年购置房屋5间。2012年甲乙立下遗嘱将东边两间房分给大儿子，西边两间房分给小儿子，北边一间房分给女儿。2013年8月甲与大儿子发生矛盾，甲乙即到公证处作出公证遗嘱将东边一间房分给女儿继承，另一间东房仍归大儿子继承，西房两间分给小儿子。后来甲乙又因琐事与大儿子发生争吵，甲乙又于2015年2月在有两个见证人在场的情况下，作出录音遗嘱，将由大儿子继承的东房一间亦划归女儿继承，西房两间仍归小儿子继承。甲乙相继去世后，甲乙的两子一女持这几份遗嘱为据，要求分割房产。法院应（　　）。

A.按录音遗嘱分割甲乙的遗产

B.按自书遗嘱分割甲乙的遗产

C.按公证过的遗嘱分割遗产

D.宣布遗嘱均无效，按法定继承分割遗产

【答案】C。解析：本题考查的是遗嘱继承的法律规定。遗嘱人以不同形式立有数份内容相抵触的遗嘱，有公证遗嘱的，以最后所立的公证遗嘱为准；没有公证遗嘱的，以最后立的遗嘱为准。故本题选C。

8.依据现行《中华人民共和国收养法》，在一般情况下，以下具有收养资格的人是（　　）。

A.工资收入稳定且年满30周岁的陈某（女）

B.患有医学上认为不应当收养子女疾病的许某

C.刚年满28周岁的李某

D.有1个女儿的丁某

【答案】A。解析：本题考查的是收养关系成立的条件和程序。《中华人民共和国收养法》规定，收养人应当同时具备以下条件：（1）无子女；（2）有抚养教育被收养人的能力；（3）未患有在医学上认为不应当收养子女的疾病；（4）年满30周岁。B、C、D三项均不符合收养人条件，而A项的陈某（女）具有收养资格。故本题选A。

9.根据《中华人民共和国收养法》，收养条件可以适当放宽的情况包括（　　）。

A.收养孤儿和残疾儿童

B.继父母收养继子女

C.收养弃婴和弃童

D.收养三代以内同辈旁系血亲的子女

E.收养社会福利机构抚养的查找不到生父母的弃婴和儿童

【答案】ABDE。**解析:**本题考查的是特殊收养关系成立的条件。《中华人民共和国收养法》规定,在一些情况下收养的条件可以适当放宽,这些情况主要是:(1)收养三代以内同辈旁系血亲的子女;(2)收养孤儿、残疾儿童或社会福利机构抚养的查找不到生父母的弃婴和儿童;(3)继父母收养继子女。故本题选ABDE。

10.老丁年事已高,有三子一女,他想要订立遗嘱处分财产。依据《中华人民共和国继承法》,下列关于老丁订立遗嘱的说法正确的是(　　)。

A.老丁可以立遗嘱指定遗嘱执行人

B.老丁可以立遗嘱将财产赠给国家

C.老丁可以立遗嘱将财产指定由长子和次子继承

D.老丁可以立遗嘱指定由法定继承人以外的人继承

E.老丁可以立遗嘱指定由遗赠扶养协议的扶养人继承

【答案】ABCD。**解析:**本题考查的是遗嘱继承的法律规定。立遗嘱人应在遗嘱中明确指定继承人或者受遗赠人。根据《中华人民共和国继承法》,公民也可以立遗嘱将个人财产指定由法定继承人中的一人或者数人继承,并可以指定遗嘱执行人。公民可以立遗嘱将个人财产赠给国家、集体或者法定继承人以外的人。指定的继承人必须在法定继承人的范围内,但不受法定继承顺序的影响。故本题选ABCD。

11.陈某与前妻夏某离婚后,又在1992年与蔡某结婚,婚后生育一子小刚。1998年陈某从北京到深圳工作。2016年1月,陈某因车祸身亡,死前没有订立遗嘱。经查,陈某从2001年起在深圳与杨某(女)同居,生育一子小强。根据《中华人民共和国继承法》,陈某遗产的法定继承人包括(　　)。

A.夏某　　　　B.蔡某

C.小刚　　　　D.杨某

E.小强

【答案】BCE。**解析:**本题考查的是法定继承的范围。《中华人民共和国继承法》所指的子女包括婚生子女、非婚生子女、养子女和有扶养关系的继子女。根据2001年颁布的《婚姻法司法解释(一)》第五条的规定,1994年2月1日后未补办结婚登记的同居关系,不再按照事实婚姻处理。陈某和杨某两人同居于2001年,其事实婚姻依法关系不成立。故本题选BCE。

第四章　我国人民调解、信访工作和突发事件应对的法规与政策

step1: 练基础

1. 人民调解是指人民调解委员会通过说服、疏导等方法，促使当事人在(　　)基础上自愿达成调解协议，解决民间纠纷的活动。

A. 平等协商　　B. 公平正义

C. 和谐友好　　D. 合情合理

【答案】A。**解析：**本题考查的是人民调解的含义。人民调解是指人民调解委员会通过说服、疏导等方法，促使当事人在平等协商基础上自愿达成调解协议，解决民间纠纷的活动。故本题选A。

2. 打击报复信访人，构成犯罪的，依法(　　)。

A. 给予行政处分　　B. 追究刑事责任

C. 给予纪律处分　　D. 追究民事责任

【答案】B。**解析：**本题考查的是信访人的违规行为。打击报复信访人，构成犯罪的，依法追究刑事责任；尚不构成犯罪的，依法给予行政处分或者纪律处分。故本题选B。

3. 根据《人民调解委员会组织条例》，人民调解委员会的性质是(　　)。

A. 仲裁组织　　B. 政府组织

C. 营利性组织　　D. 群众性组织

【答案】D。**解析：**本题考查的是人民调解委员会的性质。人民调解是基层群众民主自治的重要形式，人民调解委员会是群众性组织，人民调解员来自群众、代表群众、服务群众，人民调解工作是党和政府联系群众、服务群众的桥梁和纽带，是群众工作的重要组成部分。故本题选D。

4. 关于人民调解工作，正确的说法是(　　)。

A. 调解协议一旦达成就具有法律强制力

B. 调解以国家强制力作保证

C. 调解是起诉的必经程序

D. 当事人可以要求更换调解委员

【答案】D。**解析：**本题考查的是人民调解的效力。人民调解委员会是村民委员会和居民委员会下设的调解民间纠纷的群众性组织，不是强制性的机关，也不能强制当事人履行

调解协议,因而调解协议不具有法律强制力,故A项错误;人民法院的调解是诉讼内的调解,是人民法院行使审判权的一种方式,它是以国家的强制力作保证的,而人民调解不以国家强制力作保证,故B项错误;调解不是起诉的必经程序,不得因为未经调解或调解不成而阻止当事人向人民法院起诉,故C项错误。《中华人民共和国人民调解法》第二十三条规定,当事人在人民调解活动中享有下列权利:(1)选择或者接受人民调解员;(2)接受调解、拒绝调解或者要求终止调解;(3)要求调解公开进行或者不公开进行;(4)自主表达意愿、自愿达成调解协议。故本题选D。

5.某地发生严重传染病疫情,外地游客张某身处该传染病疫区。当地突发事件应急处理指挥部有权对张某采取的措施是(　　)。

A.就地隔离　　B.责令离开

C.没收随身物品　　D.禁止与外界联系

【答案】A。**解析:**本题考查的是突发事件应对的过程与方法。根据突发事件应急处理的需要,应急处理指挥部有权紧急调集人员、储备的物资、交通工具及相关设施、设备。必要时,对人员进行疏散或者隔离,并可以依法对传染病疫区实行封锁,对食物和水源采取控制措施。故本题选A。

6.为了充分保证调解的公平、合理,保障参与调解人员的合法权益,《中华人民共和国人民调解法》规定,当事人在参与调解活动的过程中享有广泛的民事权利。以下不属于当事人的权利的是(　　)。

A.选择或者接受人民调解员

B.接受调解、拒绝调解或者要求终止调解

C.要求调解公开进行或者不公开进行

D.尊重对方当事人行使权利

【答案】D。**解析:**本题考查的是当事人的权利。当事人在参与调解活动的过程中享有广泛的民事权利,具体包括四个方面:(1)选择或者接受人民调解员;(2)接受调解、拒绝调解或者要求终止调解;(3)要求调解公开进行或者不公开进行;(4)自主表达意愿、自愿达成调解协议。故本题选D。

7.信访是指公民、法人或者其他组织采用书信、电子邮件、传真、电话、走访等形式,向各级人民政府工作部门反映情况,提出建议、意见或者投诉请求,依法由有关行政机关处理的活动。下列不属于信访人提出信访事项的组织和人员是(　　)。

A.行政机关及其工作人员

B.提供公共服务的企业、事业单位及其工作人员

C.私营企业及其工作人员

D.村民委员会、居民委员会及其成员

【答案】C。**解析:**本题考查的是信访事项的提出。《中华人民共和国信访条例》规定,

信访人对下列组织、人员的职务行为反映情况，提出建议、意见，或者不服下列组织、人员的职务行为，可以向有关行政机关提出信访事项：(1)行政机关及其工作人员；(2)法律、法规授权的具有管理公共事务职能的组织及其工作人员；(3)提供公共服务的企业、事业单位及其工作人员；(4)社会团体或者其他企业、事业单位中由国家行政机关任命、派出的人员；(5)村民委员会、居民委员会及其成员。故本题选C。

8.纠纷当事人(　　)是人民调解委员会受理纠纷的第一步。

A.发生纠纷　　B.出现冲突

C.申请调解　　D.提起诉讼

【答案】C。**解析：**本题考查的是受理纠纷的第一步。纠纷当事人申请调解是人民调解委员会受理纠纷的第一步。故本题选C。

9.突发事件是指突然发生的，已经造成或者可能造成严重社会危害，需要采取应急处置措施予以应对的自然灾害、事故灾难、公共卫生事件和社会安全事件。为妥善处理突发事件，国家建立统一领导、综合协调、分类管理、分级负责、(　　)管理为主的应急管理体制。

A.中央　　B.上级

C.属地　　D.基层

【答案】C。**解析：**本题考查的是突发事件应急预案管理的原则。为妥善处理突发事件，国家建立统一领导、综合协调、分类管理、分级负责、属地管理为主的应急管理体制。故本题选C。

10.对人民调解理解错误的是(　　)。

A.人民调解委员会的调解　　B.由人民调解委员会主持的调解

C.对刑事纠纷的调解　　D.群众性自治活动

【答案】C。**解析：**本题考查的是人民调解的定义。人民调解是指在人民调解委员会的主持下，以国家法律、法规、规章、政策和社会公德为依据，对民间纠纷当事人进行说服教育，规劝疏导，促使纠纷双方互谅互让，平等协商，自愿达成协议，消除纷争的一种群众性自治活动。故本题选C。

11.按照突发事件发生的紧急程度、发展势态和可能造成的危害程度分为一级、二级、三级和四级，分别用不同的颜色标识，以下属于突发事件的预警级别颜色的是(　　)。

A.红色　　B.橙色

C.黄色　　D.紫色

E.蓝色

【答案】ABCE。**解析：**本题考查的是突发事件的分级。按照突发事件发生的紧急程度、发展势态和可能造成的危害程度分为一级、二级、三级和四级，分别用红色、橙色、黄色和蓝色标示，一级为最高级别。故本题选ABCE。

step2：练易错

1.小张和小赵因小事打了起来，小赵为此受了伤，小赵受伤后住院花了一笔钱。为了能够与小赵和解，小张找来了人民调解委员会的王大妈帮忙调解，最终双方达成一致，由小张赔偿小赵2000元。后来小张在赔偿方法上有不同的想法，不愿按照小赵的想法来，小赵想申请法院强制执行。社区里的人对于小张会不会被强制执行说法不一，下列说法正确的是（　　）。

A.应该强制执行，因为人民调解一旦达成，将具有法律效力，双方必须执行

B.不应该强制执行，因为人民调解达成是必须在当事人自觉自愿的情况下进行，而不允许强制执行

C.应该强制执行，因为小赵是受害者，属于弱势群体，法律理应保护

D.不应该强制执行，因为小赵也是打架的参与者，也有责任，如果小赵只是被打，法院则应支持

【答案】B。**解析：**本题考查的是调解协议的履行。调解协议的履行必须出自当事人的自愿。通过调解委员的调解，双方当事人达成调解协议后，对于如何履行协议，履行协议的时间、地点、方式、方法等，都必须在当事人自觉自愿的情况下进行，而不允许强制执行。故本题选B。

2.为了保证调解的顺利进行，维护人民调解员的相关权益，做到权利和义务的统一，《中华人民共和国人民调解法》在规定了调解活动中当事人享有的权利外，还同时规定了当事人的义务，主要包括三个方面的内容，下列不包括的是（　　）。

A.如实陈述纠纷事实

B.遵守调解现场秩序，尊重人民调解员

C.选择或者接受人民调解员

D.尊重对方当事人行使权利

【答案】C。**解析：**本题考查的是当事人在人民调解活动中的义务。当事人在人民调解活动中的义务主要包括三个方面：（1）如实陈述纠纷事实；（2）遵守调解现场秩序，尊重人民调解员；（3）尊重对方当事人行使权利。C项是当事人享有的权利。故本题选C。

3.当老年人与家庭成员因赡养、扶养或者住房、财产发生纠纷时，就可以要求（　　）进行调解。

A.仲裁委员会　　B.人民法院

C.人民调解委员会　　D.邻里亲属

【答案】C。**解析：**本题考查的是家庭纠纷处理。老年人与家庭成员因赡养、扶养或者住房、财产等发生纠纷，可以向人民调解委员会提出申请，也可以直接向人民法院提起诉讼。故本题选C。

4.黄某和何某觉得调解员老金的调解效果不好，决定向人民法院起诉解决纠纷。老金仍然耐心地劝说黄某和何某不要起诉。他对黄某和何某说，到法院起诉时间长，成本也比较高，还不如继续接受调解。如果觉得他调解效果不好，可以找一个更好的调解员，但不要起诉。老金的做法违反了人民调解工作的（　　）原则。

A.依法调解

B.依社会公德调解

C.平等自愿

D.尊重当事人权利

【答案】D。**解析：**本题考查的是人民调解的原则。人民调解工作的原则有：（1）依法调解原则；（2）自愿平等原则；（3）尊重当事人权利的原则。尊重当事人的权利，不得因调解而阻止当事人依法通过仲裁、行政、司法等途径维护自己的权利，这是调解工作必须遵守的原则，也是人民调解的保障。调解、仲裁、行政或司法途径都是当事人可以选择的维护自身合法权益的有效途径。当事人有权利选择利用哪种途径主张权利和维护自身合法利益。当事人有权利选择是否采用调解解决问题的方案。故本题选D。

5.2019年4月15日，信访人小张因对劳动纠纷处理意见不满，将信访事项传真至县人民政府信访部门，并留下传真电话以便及时得到反馈。根据《中华人民共和国信访条例》，对于小张的信访事项，有权处理的行政机关最迟应于（　　）决定是否受理并书面通知小张。

A.2019年4月30日　　B.2019年5月5日

C.2019年5月15日　　D.2019年5月30日

【答案】A。**解析：**本题考查的是信访事项的办理。有关行政机关收到信访事项后，能够当场答复是否受理的，应当当场予以书面答复；不能当场答复的，应当自收到信访事项之日起15日内书面告知信访人。但是，信访人的姓名、住址不清的除外。故本题选A。

step3：练提升

1.根据信访条例，下列关于县级以上人民政府信访工作机构受理信访事项的说法正确的是（　　）。

A.对情况重大，紧急的信访事项，应该及时提出建议，报请上级人民政府决定

B.对涉及下级行政机关的信访事项，应该转送有权处理的行政机关，并抄送本级人民

政府

C.对收到的信访事项应予以登记,并区分情况,于30日内予以处理

D.对依法应当通过诉讼、仲裁等法律途径解决的信访事项不予受访,但应告知信访人依法向有关机关提出

【答案】D。**解析:**本题考查的是信访条例。A项,应该是报请本级人民政府决定;B项,应该是抄送下一级人民政府信访工作机构;C项,应当在15日内予以受理。故本题选D。

2.下列不属于县级以上人民政府信访工作机构职责的是(　　)。

A.只负责承办本级人民政府交由处理的信访事项

B.督促检查信访事项的处理

C.受理、交办、转送信访人提出的信访事项

D.研究、分析信访情况,开展调查研究,及时向本级人民政府提出完善政策和改进工作的建议

【答案】A。**解析:**本题考查的是人民政府信访工作机构的职责。县级以上人民政府信访工作机构的职责有:(1)受理、交办、转送信访人提出的信访事项;(2)承办上级和本级人民政府交由处理的信访事项;(3)协调处理重要信访事项;(4)督促检查信访事项的处理;(5)研究、分析信访情况,开展调查研究,及时向本级人民政府提出完善政策和改进工作的建议;(6)对本级人民政府其他工作部门和下级人民政府信访工作机构的信访工作进行指导。故本题选A。

第五章　我国社区矫正、禁毒和治安管理法规与政策

step1：练基础

1.社区矫正是促使符合社区矫正条件的罪犯顺利回归社会的（　　）活动。

A.强迫性　　B.管制性

C.监禁刑罚执行　　D.非监禁刑罚执行

【答案】D。**解析：**本题考查的是社区矫正的定义。社区矫正是指将符合社区矫正条件的罪犯置于社区内，由专门的国家机关在相关社会团体、民间组织及社会志愿者的协助下，在判决、裁定或决定确定的期限内，矫正其犯罪心理和行为，促使其顺利回归社会的非监禁刑罚执行活动。故本题选D。

2.下列属于社区矫正的对象的是（　　）。

A.甲某，因销售盗版光盘被工商局罚款2000元

B.乙某，因过失罪被法院判决赔偿受害人医疗费、误工费等共计8000元

C.丙某，因抢劫被判有期徒刑10年

D.丁某，因入室盗窃被判管制2年

【答案】D。**解析：**本题考查的是社区矫正的适用范围。《关于开展社区矫正试点工作的通知》规定，社区矫正的适用范围主要包括五种罪犯：（1）被判处管制的；（2）被宣告缓刑的；（3）被暂予监外执行的；（4）被裁定假释的；（5）被剥夺政治权利，并在社会上服刑的。D项中丁某属于第一种情况。故本题选D。

3.为维护社会治安秩序，保障公民安全，保护公民、法人和其他组织的合法权益，规范和保障公安机关及其人民警察依法履行治安管理职责，《中华人民共和国治安管理处罚法》规定了治安管理处罚的种类，不包括（　　）。

A.警告　　B.罚款

C.枪毙　　D.行政拘留

【答案】C。**解析：**本题考查的是治安管理处罚的种类。《中华人民共和国治安管理处罚法》规定，治安管理处罚的种类分为：（1）警告；（2）罚款；（3）行政拘留；（4）吊销公安机关发放的许可证。C项属于刑罚的规定。故本题选C。

4.《中华人民共和国治安管理处罚法》规定了一些违反治安管理但应减轻处罚或者不予处罚的情形，下列说法不正确的是（　　）。

A.情节特别轻微的

B.主动消除或者减轻违法后果,并取得被侵害人谅解的

C.出于他人胁迫或者诱骗的

D.6个月内曾受过治安管理处罚的

【答案】D。解析:本题考查的是减轻处罚或不予处罚的情形。《中华人民共和国治安管理处罚法》规定,违反治安管理有下列情形之一的,减轻处罚或者不予处罚:(1)情节特别轻微的;(2)主动消除或者减轻违法后果,并取得被侵害人谅解的;(3)出于他人胁迫或者诱骗的;(4)主动投案,向公安机关如实陈述自己的违法行为的;(5)有立功表现的。D项是应该从重处罚的情况。故本题选D。

5.下列人员中,适用强制隔离戒毒的是( )。

A.在社区戒毒期间吸食、注射毒品的

B.怀孕的妇女吸毒

C.正在哺乳自己不满一周岁婴儿的吸毒者

D.未满十六周岁的吸毒者

【答案】A。解析:本题考查的是强制隔离戒毒的适用范围。吸毒成瘾人员有下列情形之一的,由县级以上人民政府公安机关作出强制隔离戒毒的决定:拒绝接受社区戒毒的;在社区戒毒期间吸食、注射毒品的;严重违反社区戒毒协议的;经社区戒毒强制隔离戒毒后再次吸食、注射毒品的。故本题选A。

6.我国相关法律规定强制戒毒的期限为( )。

A.1年 B.2年

C.3年 D.4年

【答案】B。解析:本题考查的是强制隔离戒毒的期限。我国强制戒毒期限的规定为2年。故本题选B。

7.久未谋面的老同事刘某从外地来访,黄某挽留刘某在家居住。某日,黄某偶然撞见刘某正注射毒品,颇感震惊,但碍于面子没有制止。两天后,警察在刘某房内搜出毒品和注射用具,刘某也承认自己注射毒品。警察带走刘某,并对黄某处以三日拘留。根据《中华人民共和国禁毒法》,黄某受拘留处罚的原因是( )。

A.他包庇贩卖毒品的刘某

B.他容留刘某吸食注射毒品

C.他阻碍依法进行毒品检查

D.他为刘某窝藏毒品

【答案】B。解析:本题考查的是禁毒的法律责任。容留他人吸食、注射毒品或者介绍买卖毒品构成犯罪的,依法追究刑事责任;尚不构成犯罪的,由公安机关处十日以上十五日以下拘留,可以并处三千元以下罚款;情节较轻的,处五日以下拘留或者五百元以下罚款。故本题选B。

8. 为保证办案的公证，人民警察在办理治安案件过程中，遇有下列(　　)情形之一的，应当回避，违反治安管理行为人、被侵害人或者其法定代理人也有权要求他们回避。

A. 是本案当事人或者当事人的近亲属的

B. 本人或者其近亲属与本案有利害关系的

C. 中途接手案件的

D. 与本案当事人有其他关系，可能影响案件公正处理的

E. 曾办过冤假错案的

【答案】ABD。**解析**：本题考查的是治安管理处罚程序。为保证办案的公证，人民警察在办理治安案件过程中，应当回避的情况有：(1)是本案当事人或者当事人的近亲属的；(2)本人或者其近亲属与本案有利害关系的；(3)与本案当事人有其他关系，可能影响案件公正处理的，违反治安管理行为人、被侵害人或者其法定代理人也有权要求他们回避。故本题选ABD。

9. 根据《中华人民共和国禁毒法》，下列关于戒毒措施的说法，正确的有(　　)。

A. 吸毒人员可以自行到具有戒毒治疗资质的机构接受戒毒治疗

B. 戒毒治疗的收费标准由戒毒机构自行确定

C. 怀孕妇女不适用强制隔离戒毒

D. 强制隔离戒毒的期限为两年

E. 戒毒人员可以自愿在戒毒康复场所劳动

【答案】ACDE。**解析**：本题考查的是戒毒治疗的措施。戒毒治疗收取费用的，应当按照省、自治区、直辖市人民政府价格主管部门会同卫生行政部门制定的收费标准执行，故B项错误。故本题选ACDE。

step2：练易错

1.《社区矫正实施办法》规定了收监的相关情况，如若违反由居住地县级司法行政机关向批准、决定机关提出收监执行的建议书并附相关证明材料，批准、决定机关应当自收到之日起十五日内依法作出决定，其中不包括(　　)。

A. 暂予监外执行的情形消失后，刑期未满的

B. 因违反监督管理规定受到治安管理处罚，仍不改正的

C. 受到司法行政机关两次警告，仍不改正的

D. 不按规定参加教育学习、社区服务等活动，经教育仍不改正的

【答案】D。**解析**：本题考查的是收监的范围。《社区矫正实施办法》规定，暂予监外执行的社区矫正人员有下列情形之一的，由居住地县级司法行政机关向批准、决定机关提出

收监执行的建议书并附相关证明材料,批准、决定机关应当自收到之日起十五日内依法作出决定:(1)发现不符合暂予监外执行条件的;(2)未经司法行政机关批准擅自离开居住的市、县(区),经警告拒不改正,或者拒不报告行踪,脱离监管的;(3)因违反监督管理规定受到治安管理处罚,仍不改正的;(4)受到司法行政机关两次警告,仍不改正的;(5)保外就医期间不按规定提交病情复查情况,经警告拒不改正的;(6)暂予监外执行的情形消失后,刑期未满的;(7)保证人丧失保证条件或者因不履行义务被取消保证人资格,又不能在规定期限内提出新的保证人的。其他违反有关法律、行政法规和监督管理规定,情节严重的。D项属于社区矫正警告的范畴,不属于收监。故本题选D。

2.吸毒成瘾,是指吸毒人员因反复使用毒品而导致的慢性复发性脑病,表现为不顾不良后果,强迫性寻求及使用毒品的行为,同时伴有不同程度的个人健康及社会功能损害。下列不属于吸毒成瘾的是(　　)。

A.经人体生物样本检测证明其体内含有毒品成分

B.吸食过毒品的

C.有证据证明其有使用毒品行为

D.接触过毒品的

【答案】D。**解析:**本题考查的是吸毒成瘾认定及其检测程序规定。《吸毒成瘾认定办法》规定,吸毒人员同时具备以下情形的,公安机关认定其吸毒成瘾:(1)经人体生物样本检测证明其体内含有毒品成分;(2)有证据证明其有使用毒品行为;(3)有戒断症状或者有证据证明吸毒史,包括曾经因使用毒品被公安机关查处或者曾经进行自愿戒毒等情形。故本题选D。

step3:练提升

1.下列不能被暂予监外执行的是(　　)。

A.有严重疾病需保外就医的被判处拘役的罪犯

B.被判处有期徒刑的孕妇

C.生活不能自理,不至于危害社会的被判处拘役的罪犯

D.有2岁小孩被判处无期徒刑的妇女

【答案】D。**解析:**本题考查的是社区矫正的适用范围。被暂予监外执行的包括:(1)有严重疾病需要保外就医的;(2)怀孕或者正在哺乳期的妇女;(3)生活不能自理,适用暂予监外执行不至于危害社会的。有2岁小孩的被判处无期徒刑的妇女不属于准许监外执行的范围。故本题选D。

2.近些年来，信用卡深受年轻人的喜爱，它方便、快捷，小张见身边的人几乎都有信用卡，有的人还好几张，所以就心动了，自己也办了一张，但由于自制力不强，透支了很多钱，自己又不愿意偿还，就辞去了之前的工作，回到了老家，后来被银行起诉，并被判处了缓刑，小张的父母得知后，赶紧替儿子还清了所有的欠款。在缓刑期间，小张又想办信用卡，于是到银行办理，没想到银行却拒绝了，小张不服找经理理论。你觉得小张的做法（　　）。

A.无理，我国法律规定，有信用卡不良记录的，一律禁止再次办理

B.无理，我国法律规定，对于因信用卡犯罪判处缓刑的，缓刑期间不得再次办理

C.有理，我国法律规定，对于偿还了信用卡欠款的人员可以再次办理信用卡

D.有理，我国法律规定，不得对在社区矫正的人员产生歧视，设置障碍

【答案】B。**解析：**本题考查的是缓刑期间禁止令的规定。《关于对判处管制、宣告缓刑的犯罪分子适用禁止令有关问题的规定(试行)》规定，人民法院可以根据犯罪情况，禁止判处管制、宣告缓刑的犯罪分子在管制期间、缓刑考验期限内从事以下活动：(1)个人为进行违法犯罪活动而设立公司、企业、事业单位或者在设立公司、企业、事业单位后以实施犯罪为主要活动的，禁止设立公司、企业、事业单位；(2)实施证券犯罪、贷款犯罪、票据犯罪、信用卡犯罪等金融犯罪的，禁止从事证券交易、申领贷款、使用票据或者申领、使用信用卡等金融活动；(3)利用从事特定生产经营活动实施犯罪的，禁止从事相关生产经营活动；(4)附带民事赔偿义务未履行完毕，违法所得未追缴、退赔到位，或者罚金尚未足额缴纳的，禁止从事高消费活动；(5)其他确有必要禁止从事的活动。故本题选B。

第六章　我国烈士褒扬与优抚安置法规与政策

step1:练基础

1.迁移国家级烈士纪念设施的,应当由所在地省级人民政府报(　　)批准。

A.上级人民政府

B.同级民政部门

C.上一级政府的民政部门

D.国务院

【答案】D。解析:本题考查的是迁移国家级烈士纪念设施的有关规定。迁移国家级烈士纪念设施的,应当由所在地省级人民政府报国务院批准。故本题选D。

2.我国现役军人死亡抚恤金分(　　)两类。

A.固定抚恤金和不固定抚恤金

B.一次性抚恤金和定期抚恤金

C.一次性抚恤金和年抚恤金

D.月抚恤金和年抚恤金

【答案】B。解析:本题考查的是现役军人死亡抚恤金的分类。我国现役军人死亡抚恤金分为一次性抚恤金和定期抚恤金。故本题选B。

3.定期抚恤金是按(　　)给予的抚恤金。

A.年　　B.周

C.月　　D.季度

【答案】C。解析:本题考查的是定期抚恤金。定期抚恤金是国家对符合规定条件的烈士、因公牺牲军人、病故军人的遗属按月给予的抚恤金,用以抚慰遗属,帮助他们解决生活困难。故本题选C。

4.中级以上士官服现役满30年或者年满(　　)岁的,作退休安置。

A.50　　B.55

C.60　　D.58

【答案】B。解析:本题考查的是士官退役的有关规定。《退伍士兵安置条例》规定,中级以上士官服现役满30年或者年满55岁的,作退休安置。故本题选B。

5. 李某在服现役期间因公致残，根据《军人残疾等级评定标准》，其被认定为三级残疾。退役后李某选择回到老家与父母一起生活，但因为家里住房拥挤、破旧，李某打算在市区购买经济适用房。根据规定，李某能按照当地经济适用房平均价格享受（　　）平方米的购房经费。

A.40　　B.50

C.60　　D.70

【答案】C。**解析：**本题考查的是残疾抚恤的具体规定。分散供养的残疾退役士兵购（建）房所需经费的标准，按照安置地县（市）经济适用住房平均价格和60平方米的建筑面积确定；没有经济适用住房的地区按照普通商品住房价格确定。故本题选C。

6. 军休干部服务管理的原则不包括（　　）。

A. 管理为主　　B. 政治关心

C. 生活照顾　　D. 服务为先

【答案】A。**解析：**本题考查的是军休干部服务管理的原则。军休干部服务管理坚持政治关心、生活照顾、服务为先、依法管理的原则，从维护军休干部的合法权益出发，贯彻执行国家关于军休干部的法律法规和政策，完善军休干部服务保障和教育管理机制，落实军休干部政治待遇和生活待遇。故本题选A。

7. 小周的丈夫张某是现役军人，两人结婚多年，现小周提出离婚。根据《中华人民共和国婚姻法》，下列关于小周提出离婚要求的说法中，正确的是（　　）。

A. 小周要求离婚必须征得张某父母同意

B. 小周要求离婚无须征得张某同意

C. 如果张某有重大过错，小周要求离婚无须征得张某同意

D. 小周要求与张某离婚必须征得张某所在部队的同意

【答案】C。**解析：**本题考查的是现役军人的特殊保护。《中华人民共和国婚姻法》第三十三条规定，现役军人的配偶要求离婚，须得军人同意，但军人一方有重大过错的除外。该规定是对非军人一方离婚请求权的限制性规定，是对现役军人的特殊保护。故本题选C。

8. 参加武器装备科研实验死亡的现役军人，应批准为（　　）。

A. 烈士　　B. 因公牺牲

C. 病故　　D. 英雄

【答案】A。**解析：**本题考查的是烈士的评定条件。《军人抚恤优待条例》规定，现役军人因执行军事演习、战备航空飞行、空降和导弹发射训练、试航试飞任务以及参加武器装备科研实验死亡的，应被批准为烈士。故本题选A。

9. 士官服现役的期限可长可短，当中级以上士官具备一定条件时就需要退出现役，根据《退役士兵安置条例》规定，按退休安置的有（　　）。

A. 服现役满20年

B.服现役满30年或者年满50岁的

C.因公致五级残疾的

D.经证明因病丧失工作能力的

E.经驻军医院诊断证明本人健康状况不适于继续服现役的

【答案】CD。**解析：**本题考查的是军队干部退休安置办法。《退役士兵安置条例》第四十一条规定，中级以上士官符合下列条件之一的，作退休安置：（1）年满55周岁的；（2）服现役满30年的；（3）因战、因公致残被评定为一级至六级残疾等级的；（4）经军队医院证明和军级以上单位卫生部门审核确认因病基本丧失工作能力的。故本题选CD。

step2：练易错

1.某国有企业的仓库半夜突发大火，仓库管理员宋强在消防队员赶到现场前奋力救火，为企业挽回很大的经济损失，但他本人却因体力透支在救火中不幸去世。根据相关规定，宋强可以被评定为（　　）。

A.见义勇为　　B.烈士

C.因公牺牲　　D.病故

【答案】B。**解析：**本题考查的是烈士的评定条件。根据《烈士褒扬条例》，抢险救灾或者其他为了抢救、保护国家财产、集体财产、公民生命财产牺牲的，可被评定为烈士。故本题选B。

2.下列关于一次性抚恤金的发放顺序，正确的是（　　）。

A.第一顺序是发给未满18周岁的兄弟姐妹和已满18周岁但无生活费来源且由该军人生前供养的兄弟姐妹

B.第二顺序是烈士、因公牺牲军人、病故军人的父母（抚养人）、配偶、子女

C.没有第一顺序的亲属的，一次性抚恤金发给第二顺序的亲属

D.同一顺序中的亲属各自领取一次性抚恤金的数额由民政部门确定

【答案】C。**解析：**本题考查的是烈士褒扬金和烈士遗属抚恤优待。第一顺序是发给烈士、因公牺牲军人、病故军人的父母（抚养人）、配偶、子女；第二顺序是发给未满18周岁的兄弟姐妹和已满18周岁但无生活费来源且由该军人生前供养的兄弟姐妹，A、B两项错误。发放一次性抚恤金时，由第一顺序的亲属享受，第二顺序亲属不享受。没有第一顺序的亲属的，一次性抚恤金发给第二顺序的亲属，C项正确。同一顺序中的亲属各自领取一次性抚恤金的数额由遗属协商确定，可以均等；经协商一致，也可不均等。如果军人死亡前有遗嘱的，应按照遗嘱载明的顺序发放一次性抚恤金，D项错误。故本题选C。

3.残疾抚恤金的标准及残疾军人享受残疾抚恤金的具体办法，由国务院民政部门与（　　）规定。

A.军人所在部队

B.中央军委

C.劳动与社会保障部

D.财政部门

【答案】D。**解析：**本题考查的是残疾抚恤金的具体规定。残疾抚恤金的标准及残疾军人享受残疾抚恤金的具体办法，由国务院民政部门与财政部门规定。故本题选D。

4.根据《军人抚恤优待条例》，符合下列情形之一的，确认为因公牺牲的是（　　）。

A.李某在执行抗震救灾任务时不幸牺牲

B.孙某在对敌作战中致残后因旧伤复发死亡

C.杨某服现役期间在探亲途中因交通意外事故死亡

D.王某服现役期间因职业病死亡

E.张某服现役期间在工作岗位上因病猝死

【答案】ABDE。**解析：**本题考查的是因公牺牲的规定。现役军人死亡，符合下列情形之一的，确认为因公牺牲：在执行任务中或者上下班途中，由于意外事件死亡的；被认定为因战、因公致残后因旧伤复发死亡的；因患职业病死亡的；在执行任务中或者在工作岗位上因病猝然死亡，或者因医疗事故死亡的；其他因公死亡的。此外，现役军人在执行对敌作战、边海防执勤或者抢险救灾以外的其他任务中失踪，经法定程序宣告死亡的，按照因公牺牲对待。故本题选ABDE。

5.获得下列（　　）荣誉的烈士、因公牺牲军人、病故军人，其遗属在应当享受的一次性抚恤金的基础上，由县级人民政府民政部门增发一次性抚恤金。

A.获得中央军事委员会授予荣誉称号

B.获得军队军区级单位授予荣誉称号

C.立一等功

D.立二等功

E.获得所在连队象棋比赛冠军

【答案】ABCD。**解析：**本题考查的是一次性抚恤金的发放标准。获得荣誉称号或者立功的烈士、因公牺牲军人、病故军人，其遗属在应当享受的一次性抚恤金的基础上，由县级人民政府民政部门按照下列比例增发一次性抚恤金：获得中央军事委员会授予荣誉称号的，增发35%；获得军队军区级单位授予荣誉称号的，增发30%；立一等功的，增发25%；立二等功的，增发15%；立三等功的，增发5%。多次获得荣誉称号或者立功的烈士、因公牺牲军人、病故军人，其遗属由县级人民政府民政部门按照其中最高等级奖励的增发比例，增发一次性抚恤金。故本题选ABCD。

step3：练提升

1.小王在服现役期间因公三级致残，后回到家乡进行分散安置，当地职工月平均工资为4000元。根据《军人抚恤优待条例》，小王能享受的护理费标准为（　　）。

A.4000元　　B.2000元

C.1600元　　D.1200元

【答案】C。**解析：**本题考查的是残疾抚恤的具体规定。对分散安置的一级至四级残疾军人发放护理费，标准为：因战、因公一级和二级残疾的，为当地职工月平均工资的50%；因战、因公三级和四级残疾的，为当地职工月平均工资的40%；因病一级至四级残疾的，为当地职工月平均工资的30%。小王为因公三级残疾，其护理费标准为4000×40%=1600（元）。故本题选C。

2.钱某是一名有城镇户口的退伍士兵，正等待安置工作。入伍前，钱某是一家企业的正式职工，目前该企业仍存在，对钱某的安置方式应当（　　）。

A.与其他退伍士兵一并重新安置

B.回原企业复工复职

C.根据本人意愿，重新安置工作

D.由其原企业的上一级机关重新安置工作

【答案】B。**解析：**本题考查的是退役士兵安置的主要方式。根据《退伍义务兵安置条例》，义务兵入伍前原是国家机关、人民团体、企业、事业单位正式职工，退伍后原则上回原单位复工复职。故本题选B。

第七章　我国城乡基层群众自治和社区建设法规与政策

step1：练基础

1.《中华人民共和国城市居民委员会组织法》规定，(　　)有选举权和被选举权；但是，依照法律被剥夺政治权利的人除外。

A.街道办事处聘任的人员

B.年满18周岁的本居住地区居民

C.在社区工作的事业单位编制干部

D.党委、政府下派到社区挂职锻炼的人员

【答案】B。**解析：**本题考查的是居民自治的基本内容。在选举权和被选举权方面，有关法律规定体现了普遍性原则：除依照法律被剥夺政治权利的人外，凡年满18周岁的本居住地居民，不分民族、种族、性别、职业、家庭出身、宗教信仰、教育程度、财产状况、居住期限，都有选举权和被选举权。故本题选B。

2.村民委员会的设立、撤销、范围调整，经村民会议讨论同意，报(　　)批准。

A.乡级人民政府

B.镇级人民政府

C.县级人民政府

D.市级人民政府

【答案】C。**解析：**本题考查的是村民委员会的组织设置和组织结构的若干规定。村民委员会的设立、撤销、范围调整，由乡、民族乡、镇的人民政府提出，经村民会议讨论同意，报县级人民政府批准。故本题选C。

3.根据《中华人民共和国村民委员会组织法》，村民委员会的基本任务有(　　)。

A.办理本村公共事业

B.调解民间纠纷

C.协助维护社会治安

D.向人民政府反映村民意见

E.组织开展植树造林

【答案】ABCD。**解析：**本题考查的是村民委员会的基本任务。《中华人民共和国村民委员会组织法》规定，村民委员会的任务是：办理本村的公共事务和公共事业，调解民间纠纷，协助维护社会治安，向人民政府反映村民的意见、要求和提出建议。E项不属于村民委员会的基本任务，属于其他任务。故本题选ABCD。

4.某城市社区有居民小组12个，居民家庭3000户，年满18周岁的居民6500人。该社区若要召集居民会议，须获得(　　)提议。

A.599户　　B.1301名年满18周岁的居民

C.所在街道办事处　　D.3个居民小组

【答案】B。**解析:**本题考查的是居民自治的基本内容。《中华人民共和国居民委员会组织法》对召开居民会议主要有以下规定或要求:(1)居民会议由居民委员会召集和主持，居民委员会向居民会议负责并报告工作;(2)居民会议由18周岁以上的居民组成。既可以由全体18周岁以上的居民参加，也可以由每户派代表参加，还可以由每个居民小组选举代表2~3人参加。但不管是哪种形式，居民会议必须由全体18周岁以上的居民、户的代表或者居民小组选举的代表的过半数出席，才能举行。会议的决定，由出席人的过半数通过;(3)有1/5以上的18周岁以上的居民、1/5以上的户或者1/3以上的居民小组提议，应当召集居民会议;(4)规定了居民会议行使一系列职能。故本题选B。

5.根据法律规定，下列不属于村民委员会选举必须经过的环节是(　　)。

A.有选举权和被选举权的村民名单公布　　B.候选人提名

C.候选人竞选　　D.投票

【答案】C。**解析:**本题考查的是村民委员会选举的过程。村民委员会选举的过程包括:有选举权和被选举权的村民名单公布、候选人提名、投票、公布结果。C项不属于村民委员会选举的必经环节。故本题选C。

6.村民委员会的成员(　　)。

A.只能任一届　　B.可以连任三届

C.可以连任四届　　D.可以连选连任

【答案】D。**解析:**本题考查的是村民委员会的选举。《中华人民共和国村民委员会组织法》规定，村民委员会的成员可以连选连任，并无特殊限制。故本题选D。

7.“制定和修改村民自治章程、村规民约”属于村民会议的(　　)职能。

A.民主选举　　B.民主决策

C.民主监督　　D.民主管理

【答案】D。**解析:**本题考查的是村民会议。村民会议可以制定和修改村民自治章程、村规民约，并报乡、民族乡、镇的人民政府备案，这主要属于民主管理方面的具体职能。故本题选D。

8.下面关于居民委员会工作的陈述，不正确的是(　　)。

A.居民委员会的负责人由上级委托产生

B.居民委员会应采取民主决策方法

C.居民委员会成员应当办事公道

D.居民委员会成员应当热心为居民服务

【答案】A。**解析：**本题考查的是居民委员会的工作。居民委员会的负责人由民主选举产生。故本题选A。

9.下列是村民自治的决策机构的是(　　)。

A.村民(代表)会议　　B.村民委员会

C.居民会议　　D.村党支部委员会

【答案】A。**解析：**本题考查的是村民自治的决策机构。村民(代表)会议是村民自治的基本载体和重要形式，是村民自治的决策机构，村民委员会向村民(代表)会议负责并报告工作。故本题选A。

10.黄埔村村民委员会换届选举工作已告一段落，新一届村民委员会的成员在全体村民的支持与配合下顺利选出。根据规定，村民委员会应当自新一届村民委员会产生之日起(　　)完成工作移交。

A.5日内　　B.10日内

C.15日内　　D.20日内

【答案】B。**解析：**本题考查的是村民委员会选举后续工作。村民委员会应当自新一届村民委员会产生之日起10日内完成工作移交。故本题选B。

11.村民委员会的性质是(　　)。

A.群众性　　B.地域性

C.自发性　　D.自治性

E.民主性

【答案】ABD。**解析：**本题考查的是村民委员会的性质。村民委员会的性质包括群众性、自治性和地域性。故本题选ABD。

12.下列选项中，可以召集居民会议的是(　　)。

A.社区内全体18周岁以上的居民过半数出席

B.社区内过半数的户派代表出席

C.居民小组选举的代表2/3出席

D.社区内全体18周岁以上的居民2/3出席

E.社区居民委员会主任觉得有必要召开

【答案】ABCD。**解析：**本题考查的是居民自治的基本内容。《中华人民共和国居民委员会组织法》第九条规定，居民会议可以由全体18周岁以上的居民或者每户派代表参加，也可以由每个居民小组选举代表2至3人参加。居民会议必须有全体18周岁以上的居民、每户的代表或者居民小组选举的代表过半数出席，才能举行。故本题选ABCD。

13.下列属于村民会议职能的有(　　)。

A.审议村安全报告，评议工作

B.讨论决定涉及村民重大利益的事项

C.制定和修改村民自治章程

D.表决罢免村民委会成员的要求

E.定期召开村民(代表)会议

【答案】ABCD。**解析:**本题考查的是村民会议的职能。村民会议的职能包括:(1)审议村民委员会工作报告和评议村民委员会成员的工作;(2)讨论决定涉及村民重大利益的事项;(3)制定和修改村民自治章程、村规民约;(4)表决罢免村民委员会成员的要求。故本题选ABCD。

14.我国现行的城乡基层群众自治和社区建设法规与政策主要包括(　　)。

A.城市社区居民自治政策与法规

B.农村村民自治政策与法规

C.社区建设法规与政策

D.社区服务法规与政策

E.社会救助政策法规

【答案】ABCD。**解析:**本题考查的是城乡基层群众自治和社区建设法规与政策的内容。我国现行的城乡基层群众自治和社区建设法规与政策主要包括城市社区居民自治政策与法规、农村村民自治政策与法规、社区建设法规与政策、社区服务法规与政策。故本题选ABCD。

step2:练易错

1.某企业的厂房设在小寨村,按照协议,该企业定期给村民委员会拨付场地租用费,由村民委员会代发给村民。按照村务公开的规定,村民委员会至少(　　)公布一次资金使用情况。

A.每年　　B.每个季度

C.两个月　　D.每个月

【答案】B。**解析:**本题考查的是村务公开的相关规定。涉及本村村民利益,村民普遍关心的一般事项,要求至少每季度公布一次;集体财务往来较多的,财务收支情况应当每月公布一次;涉及村民利益的重大事项应当随时公布。故本题选B。

2.下列关于村民委员会选举的说法中,正确的是(　　)。

A.村民委员会委员,由村民直接选举产生

B.村民委员会选举,由村民会议主持

C.选举村民委员会,由村民小组提名候选人

D.本村1/5以上村民联名,可直接罢免村民委员会成员

【答案】A。解析:本题考查的是村民委员会选举。村民委员会主任、副主任和委员,由村民直接选举产生。选举由村民会议或各村民小组推选组成的村民选举委员会主持,村民可以直接提名候选人。在本村1/5以上有选举权的村民联名提出罢免村民委员会的要求时,村民委员会应当召开村民会议,投票表决罢免要求。故本题选A。

3.社区如果为新建住宅区,根据规定,新建住宅区居民入住率达到(　　)的,应及时成立社区居民居委会。

A.40%　　　　B.50%

C.60%　　　　D.70%

【答案】B。解析:本题考查的是社区居委会的组织设置的相关规定。新建住宅区居民入住率达到50%的,应及时成立社区居民委员会,在此之前应成立居民小组或由相邻的社区居民委员会代管,实现对社区居民的全员管理和无缝隙管理。故本题选B。

4.某社区居民委员会多年来秉持一心一意为社区居民服务的宗旨,在其职能范围内为社区居民做了大量的实事,并赢得了居民的一致好评。关于某社区居民委员会的主要职能,下列说法错误的是(　　)。

A.社区居民委员会不应该承接政府安排的工作

B.社区居民委员会应指导和监督业主委员会、物业公司的工作,维护居民的权益

C.社区居民委员会应协助街道办事处的工作,推动政府社会管理和公共服务覆盖到全社区

D.社区居民委员会应开展多种形式的活动,并组织居民参加

【答案】A。解析:本题考查的是社区居民居委会的职能。社区居民委员会的主要职能:(1)依法组织居民开展自治活动;(2)依法协助城市基层人民政府或其派出机关开展工作;(3)依法依规组织开展有关监督活动。故本题选A。

5.某社区居民委员会将举行换届选举,根据相关规定,下列关于民主选举的说法,正确的是(　　)。

A.居民委员会的主任、副主任和委员由居民选举产生

B.居民委员会的主任、副主任和委员可由本居住地区全体有选举权的居民选举产生

C.居民委员会的主任、副主任和委员可由每户派代表选举产生

D.居民委员会的主任、副主任和委员可由每个居民小组选举代表3~4人选举产生

E.居民委员会的主任由街道办事处直接任命

【答案】ABC。解析:本题考查的是居民委员会民主选举。居民委员会的主任、副主任和委员的产生方式主要有三种:(1)由居民直接选举产生;(2)由户代表选举产生;(3)由居民小组选举代表2~3人选举产生。具备选民资格的是18周岁以上的本地居民,被剥夺政治权利的人除外。D项中人数错误,应该是2~3人,E项产生方式错误,居委会主任、副主任和委员的产生方式应该是民主选举,不是直接任命。故本题选ABC。

6.根据《中华人民共和国城市居民委员会组织法》,居民委员会主任、副主任和委员的产生方式是(　　)。

A.由本居住地区全体居民选举产生

B.由本居住地区全体有选举权的居民选举产生

C.由每户派代表选举产生

D.委员由居民委员会主任推荐产生

E.由每个居民小组选举代表2~3人选举产生

【答案】BCE。**解析:**本题考查的是居民委员会民主选举。《中华人民共和国居民委员会组织法》提出了民主选举产生居民委员会主任、副主任和委员的具体方式:(1)由本居住地区全体有选举权的居民选举产生,也就是人们通常说的"直接选举";(2)可以由每户派代表选举产生;(3)根据居民意见,也可以由每个居民小组选举代表2~3人选举产生。故本题选BCE。

7.社区居民委员会的任务是(　　)。

A.办理本居住地区居民的公共事务和公益事业

B.调解民间纠纷

C.打击社区犯罪

D.协助人民政府或者政府派出机关做好与居民利益有关的公共卫生、计划生育、优抚救济、青少年教育等工作

E.组织居民委员会的换届选举

【答案】ABDE。**解析:**本题考查的是社区居民委员会的任务。社区居民居委会的任务包括协助社会治安、维护居民合法权益、管理居民公共事务和公益事业、调节居民纠纷、反映的意见等,而打击社区犯罪是国家公安部门、司法部门的职能,故排除C项。故本题选ABDE。

8.社区居民委员会是城市基层群众性自治组织,依法承担多项任务。根据《中华人民共和国城市居民委员会组织法》,下列关于居委会基本任务的说法错误的有(　　)。

A.居委会要依法组织居民开展自治活动,不必完成政府交办的任务

B.居委会既要依法组织开展自治活动,也要协助政府开展工作

C.居委会虽然是自治性组织,但仍应以完成政府交办的工作为主

D.居委会组织居民开展自治活动的工作计划应报请政府主管部门批准后实施

E.居民委员会开展自治活动,街道办事处负责并报告工作

【答案】ACDE。**解析:**本题考查的是社区居民委员会的基本任务。社区居民委员会是基层群众性自治组织,具有自治性。可以依法开展自治活动,但是也要协助政府开展工作。故A、C两项错误,B项正确。居民委员会具有自治性,可以依法开展自治活动,故D、E两项错误。故本题选ACDE。

step3：练提升

1.某社区居委会2020年3月进行了换届选举，以下说法正确的是（　　）。

A.张某因诈骗罪被判入狱1年，于2019年1月出狱，出狱后的张某改过自新，但因他曾犯过罪，没有资格参与居委会换届选举

B.王某是在校学生，2020年6月份年满18岁，他可以参与居委会的换届选举

C.李某是外地户口，在社区居住了2年，不能参加居委会的换届选举

D.居委会孙主任，已经连续2届当选为居委会主任，她还可以参与本次竞选

【答案】D。**解析：**本题考查的是社区居民委员会民主选举。张某已出狱，没有被剥夺政治权利，因此他能参与选举，故A项错误；2020年3月王某未满18周岁，不具备选举的权利，故B项错误；年满18周岁的本居住地区居民，不分民族、种族、性别、职业、家庭出身、宗教信仰、教育程度、财产状况，若居住时间超过1年，都有选举权和被选举权，因此李某能参加换届选举，故C项错误；居委会每届任期3年，其成员可以连选连任，因此孙主任能继续本次竞选，故D项正确。故本题选D。

2.某村村民小王想就村里某工程建设承包方案提议召开村民会议，该村有18周岁以上的村民450名，小王如果从中联合了（　　）名以上村民的提议就应当召集村民会议。

A.45　　B.90　　C.113　　D.150

【答案】A。**解析：**本题考查的是村民会议。《中华人民共和国村民委员会组织法》规定，有1/10的村民提议，就应当召集村民会议。本题中，小王如果从中联合45名以上村民的提议就应当召集村民会议。故本题选A。

3.李家村村民委员会开展了新一届成员班子的选举，但因为选举过程中出现了一些问题，导致该次选举结果作无效处理。根据相关规定，下列可能导致了选举无效的是（　　）。

A.村民选举委员会不是推选产生，而是由村民委员会成员直接兼任

B.村民委员会成员候选人，不是由登记参加选举的村民直接提名

C.参加投票的村民人数未过登记参加选举的村民的2/3

D.候选人名额与应选人名额相等，故采取了等额选举

E.收回的选票多于发出选票

【答案】ABDE。**解析：**本题考查的是选举有效性确认和确认当选。有下列情形之一的，选举无效：村民选举委员会未按照法定程序产生的；候选人的产生不符合法律规定的；参加投票的村民人数未过登记参加选举的村民半数的；违反差额选举原则，采取等额选举的；收回的选票多于发出选票的；没有公开唱票、计票的；没有当场公布选举结果的；其他违反法

律、法规有关选举程序规定的。故本题选ABDE。

4.根据《中华人民共和国村民委员会组织法》,下列事项中,经村民会议讨论决定后方可办理的有(　　)。

A.本村享受误工补贴的人员及补贴标准

B.本村公益事业的兴办和筹资筹劳方案及建设承包方案

C.征地补偿费的使用、分配方案

D.宅基地的使用方案

E.本村享受医疗救助的人员

【答案】ABCD。**解析:**本题考查的是村民会议的有关规定。凡涉及村民利益的下列事项,必须经村民会议讨论决定方可办理:一是本村享受误工补贴的人员及补贴标准;二是从村集体经济所得收益的使用;三是本村公益事业的兴办和筹资筹劳方案及建设承包方案;四是土地承包经营方案;五是村集体经济项目的立项、承包方案;六是宅基地的使用方案;七是征地补偿费的使用、分配方案;八是以借贷、租赁或者其他方式处分集体财产;九是村民会议认为应当由村民会议讨论决定的涉及村民利益的其他事项。故本题选ABCD。

第八章　我国公益慈善事业与志愿服务法规与政策

step1：练基础

1.根据《中华人民共和国公益事业捐赠法》，捐赠人单独捐赠的工程项目，可以由捐赠人提出工程项目的名称，但应报（　　）批准。

A.县级以上人民政府　　B.县级以上人民政府主管部门

C.设区的市级以上人民政府　　D.设区的市级以上人民政府主管部门

【答案】A。**解析：**本题考查的是慈善募捐与慈善捐赠。捐赠人对于捐赠的公益事业工程项目可以留名纪念；捐赠人单独捐赠的工程项目或者主要由捐赠人出资兴建的工程项目，可以由捐赠人提出工程项目的名称，报县级以上人民政府批准。故本题选A。

2.根据《中华人民共和国慈善法》，具有公开募捐资格的慈善组织应当定期向社会公开其招募情况，公开招募周期不得超过六个月，应至少每（　　）公开一次募捐情况。

A.一个月　　B.两个月

C.三个月　　D.四个月

【答案】C。**解析：**本题考查慈善募捐的公开情况。《中华人民共和国慈善法》规定，具有募捐资格的慈善组织应当定期向社会公开其募捐情况和慈善项目实施情况。公开募捐的周期不得超过六个月，至少每三个月公开一次募捐情况，公开募捐活动结束后，三个月内应当全面公开募捐情况。故本题选C。

3.某志愿者协会选派大学生小王到某敬老院开展志愿服务。根据《志愿者服务记录办法》，下面做法中，正确的是（　　）。

A.为了保护小王工作的积极性，协会没有记录小王被投诉的信息

B.小王往返敬老院的交通事件被记录在志愿时间内

C.协会向小王收取了300元志愿服务记录保存费

D.为了方便小王就业，协会为小王开具志愿服务证明

【答案】D。**解析：**本题考查志愿服务记录的管理和使用。《志愿服务记录办法》规定，志愿者需要查询本人志愿服务记录或因升学、入伍、就业等原因需要出具本人参加志愿服务的证明的，志愿者组织、公益慈善组织和社会服务机构应当及时如实提供。志愿服务证明应当载明当事人的志愿者身份、志愿服务的时间和内容。故本题选D。

4.志愿服务的特点不包括（　　）。

A.自愿性　　B.公益性

C.长期性　　　　D.无偿性

E.公共性

【答案】CE。解析:本题考查的是志愿服务的特点。志愿服务的特点是自愿性、公益性和无偿性。故本题选CE。

step2:练易错

1.小天是某国有企业的职工,非常热衷于志愿服务事业,周末他都会抽出一天时间参与某志愿者协会的志愿服务,至今所累积的服务时间已达800小时。根据相关规定,小天可以被认定为(　　)。

A.二星志愿者　　　　B.三星志愿者

C.四星志愿者　　　　D.五星志愿者

【答案】B。解析:本题考查的是志愿者星级评定制度。《志愿服务记录办法》第二十一条、《中国注册志愿者管理办法》第十三条都采用了“五星级”评定制度:(1)参加志愿服务时间累计达到100小时的,可被认定为“一星志愿者”;(2)参加志愿服务时间累计达到300小时的,可被认定为“二星志愿者”;(3)参加志愿服务时间累计达到600小时的,可被认定为“三星志愿者”;(4)参加志愿服务时间累计达到1000小时的,可被认定为“四星志愿者”;(5)参加志愿服务时间累计达到1500小时的,可被认定为“五星志愿者”。所以小天应被认定为三星志愿者。故本题选B。

2.根据《中华人民共和国公益事业捐赠法》,我国对捐赠人的优惠措施不包括(　　)。

A.对企业捐赠的所得税优惠

B.对个人捐赠的所得税优惠

C.对境外捐赠物资减免进口关税和进口环节的增值税的优惠

D.对于捐赠的工程项目免除土地使用税

【答案】D。解析:本题考查的是我国对捐赠人的优惠措施。我国对捐赠人的优惠措施如下:对企业捐赠的所得税优惠;对个人捐赠的所得税优惠;对公益性社会团体,可按程序申请公益性捐赠税前扣除资格;对境外捐赠物资减征或免征进口关税和进口环节的增值税;对于捐赠的工作项目,当地人民政府应当给予支持和优惠。故本题选D。

3.下列关于志愿服务特点的说法,错误的是(　　)。

A.志愿服务具有自愿性

B.志愿服务具有公益性

C.等价有偿原则适用于志愿服务

D.志愿服务不以获得物质报酬为目的

【答案】C。**解析：**本题考查的是志愿服务的特点。志愿服务有别于有偿服务，等价有偿的原则不适用志愿服务，志愿者不以谋取报酬为目的参加志愿服务，奉献是志愿精神的内容之一。故本题选C。

4.教育福利基金会在很多学校建立综合教学楼，那么该基金会对这些学校拥有的权利是(　　)。

A.可以参与学校的管理

B.可以选择建立学校的地址

C.可以对其捐赠的综合教学楼留名纪念

D.可以对接受捐赠的学校提出一定的要求

【答案】C。**解析：**本题考查的是慈善捐赠。《中华人民共和国公益事业捐赠法》规定，捐赠人对于捐赠的公益事业工程项目可以留名纪念；捐赠人单独捐赠的工程项目或者主要由捐赠人出资兴建的工程项目，可以由捐赠人提出工程项目的名称，报县级以上人民政府批准。故本题选C。

5.康康是某高校的学生，热衷于志愿服务，从大一开始就在某志愿服务协会做志愿者。根据相关规定，若有下列情况发生，她应当与该协会签订书面志愿服务协议的是(　　)。

A.康康报名参加暑假贫困山区志愿支教服务，但其身体状况不太好

B.康康大四时选择在该协会完成自己的毕业实习，服务时间长达半年

C.该协会要开展大型社会活动，康康报名参加志愿服务

D.康康这个学期课程较多，参与志愿服务的时间比较机动且次数较短

E.该志愿服务协会要求参与的志愿者都签订书面协议

【答案】ABCE。**解析：**本题考查的是签订书面志愿服务协议的规定。志愿者、志愿服务组织和志愿服务对象之间应当根据平等、自愿的原则开展志愿服务活动。若有下列情况发生，应当签订书面志愿服务协议：(1)可能危及人身安全、身心健康的；(2)连续3个月以上专职服务的；(3)为大型社会活动提供志愿服务的；(4)组织志愿者在志愿服务组织所隶属行政区域以外开展志愿服务活动的；(5)志愿服务活动涉及外籍人员的；(6)任何一方要求签订书面协议的。故本题选ABCE。

6.《中华人民共和国公益事业捐赠法》从外延的角度对公益事业作出了认定，明确指出公益事业包括(　　)。

A.救助灾害、救济贫困、扶助残疾人等困难的社会群体和个人的活动

B.教育、科学、文化、卫生、体育事业

C.环境保护

D.社会公共设施建设

E.社区服务

【答案】ABCD。**解析:**本题考查的是公益事业的内容。《中华人民共和国公益事业捐赠法》第三条规定,本法所称公益事业是指非营利的下列事项:救助灾害、救济贫困、扶助残疾人等困难的社会群体和个人的活动;教育、科学、文化、卫生、体育事业;环境保护;社会公共设施建设;促进社会发展和进步的其他社会公共和福利事业。故本题选ABCD。

step3:练提升

1.根据《中华人民共和国慈善法》,当出现下列情形时,慈善组织应当终止的是(　　)。

A.擅自改变捐赠财产用途的

B.连续两年未从事慈善活动的

C.未依法履行信息公开义务的

D.将不得用于投资的财产用于投资的

【答案】B。**解析:**本题考查的是慈善组织的终止。慈善组织有下列情形之一的,应当终止:(1)出现章程规定的终止情形的;(2)因分立、合并需要终止的;(3)连续两年未从事慈善活动的;(4)依法被撤销登记或者吊销登记证书的;(5)法律、行政法规规定应当终止的其他情形。故本题选B。

2.某志愿者协会成立于1993年,是由团市委发起,经市民政局核准登记,由热心志愿服务事业的社会各界人士自愿结成的市级社团组织。根据有关规定,下列关于北京志愿者协会权利和义务的说法,正确的是(　　)。

A.根据志愿服务活动的目的、要求及申请参与志愿服务活动的个人的实际情况,选择志愿者

B.根据需要可与志愿者就服务的内容、期限、要求及其他必要事项签订书面协议

C.可以通过接受社会捐赠、资助等形式,筹集开展志愿服务活动的经费

D.如实出具志愿者或其他志愿服务组织参加志愿服务的证明

E.其他志愿服务组织有需要时,可把本协会志愿者的信息透露给其他组织

【答案】ABCD。**解析:**本题考查的是志愿服务组织的权利与义务。志愿服务组织未经同意,不得公开或向第三方透露志愿者和志愿服务对象的个人信息,故E项错误。故本题选ABCD。

3.为了鼓励社会各界更多地投身于公益事业,《中华人民共和国公益事业捐赠法》规定,对捐赠人采取相关优惠措施。以下让捐赠人享受到因捐赠所致的优惠措施的情形是(　　)。

A.某企业2016年的年度利润总额为100万元,在2016年10月向某基金会捐赠了10万元,年底时,经申请该企业缴纳企业所得税的金额减少了10万元

B.李某向某学校捐款20万元用于修建体育场，该学校所在地政府和相关主管机构在此工程项目的审批手续上给予支持，让此工程项目省了很多麻烦

C.某境外企业向中国一偏僻地区的小学捐赠一批文具，入关时免征进口环节的增值税

D.小红患白血病，因家庭贫困而无法再继续治疗，后经社会工作者的帮助，小红得到某基金会的资助，再次入院接受治疗

E.小明在A市工作，月收入2200元，A市规定征收个人所得税的起征点为2000元，小明2010年1月向中国红十字会A市分会捐赠了200元，于是，捐赠当月小明不用缴纳个人所得税

【答案】ABCE。**解析：**本题考查的是慈善捐赠。2019年颁布的《中华人民共和国企业所得税法》规定：企业发生的公益性捐赠支出，在年度利润总额12%以内的部分，准予在计算应纳税所得额时扣除。《中华人民共和国公益事业捐赠法》规定：（1）公司和其他企业依照本法的规定捐赠财产用于公益事业，依照法律、行政法规的规定享受企业所得税方面的优惠，故A项正确；（2）对于捐赠的工程项目，当地人民政府应当给予支持和优惠，故B项正确；（3）境外向公益性社会团体和公益性非营利的事业单位捐赠的用于公益事业的物资，依照法律、行政法规的规定减征或者免征进口环节的增值税，故C项正确；（4）自然人和个体工商户依照本法的规定捐赠财产用于公益事业，依照法律、行政法规的规定享受个人所得税方面的优惠，E项中小明是自然人并且捐赠后其当月实际工资只有2000元，未超过当地所规定缴纳个人所得税的额度，因此当月不用缴纳个人所得税，故E项正确。D项中小红得到某基金会资助的事件与税收优惠没有直接的联系，故不符合题意。故本题选ABCE。

第九章　我国社会组织法规与政策

step1:练基础

1.下列各项中,不属于我国基金会类型的为(　　)。

A.公募基金会

B.非公募基金会

C.单位性公募基金会

D.全国性公募基金会

【答案】C。**解析:**本题考查的是基金会的类型。我国基金会分为公募基金会和非公募基金会。公募基金会按照募捐的地域范围,分为全国性公募基金会和地方性公募基金会。故本题选C。

2.在提出建立民办非企业单位申请时,发起人无须向登记管理机关提交的是(　　)。

A.登记申请书及发起人和拟任负责人的基本情况和身份证明

B.业务主管单位的批准文件

C.验资报告

D.场所卫生和消防许可证

【答案】D。**解析:**本题考查的是社会服务机构(民办非企业单位)成立登记。提出建立民办非企业单位申请时,发起人应当向登记管理机关提交下列文件:(1)登记申请书;(2)业务主管单位的批准文件;(3)场所使用权证明;(4)验资报告;(5)拟任法定代表人或单位负责人的基本情况、身份证明;(6)章程草案。故本题选D。

3.关于境外基金会代表机构的设立程序,下列说法正确的是(　　)。

A.境外基金会在我国设立代表机构,首先应经国务院同意

B.境外基金会应当在登记管理机关处办理登记

C.对境外基金会设立代表机构的申请,登记机构应当在收到有效的申请文件之日起30天内作出决定

D.境外基金会申请设立代表机构的,经过有关业务主管单位同意即可

【答案】B。**解析:**本题考查的是基金会的设立。境外基金会在中国内地设立代表机构,应当经有关业务主管单位同意后,向登记管理机关提交下列文件:(1)申请书;(2)基金会在境外依法登记成立的证明和基金会章程;(3)拟设代表机构负责人身份证明及简历;(4)住所证明;(5)业务主管单位同意在中国内地设立代表机构的文件。C项应为对境外基金会设

立代表机构的申请，登记机构应当在收到有效的申请文件之日起60天内作出决定。故本题选B。

4.Y基金会属于公募基金会，一直以来有很高的公信力与号召力。在某次灾害救助中，某公司向Y基金会捐赠了大批救灾物资。根据《中华人民共和国公益事业捐赠法》，以下对捐赠物资管理使用的说法中，错误的是（　　）。

A.Y基金会接受捐赠后，应当向该公司出具合法、有效的收据，将受赠物资登记造册，妥善保管

B.Y基金会每年用于从事章程规定的公益事业支出，不得低于上一年总收入的80%

C.Y基金会应按照国家有关规定，及时反馈受赠物资的使用管理情况并接受各方监督

D.Y基金会应厉行节约，降低管理成本，工作人员的工资和办公费用从利息等收入中按照国家规定的标准开支

【答案】B。**解析：**本题考查的是基金会的管理。《基金会管理条例》规定，公募基金会每年用于从事章程规定的公益事业支出，不得低于上一年总收入的70%。故本题选B。

5.筹备成立的社会团体在登记管理机关批准筹备之后，必须在会员大会或者会员代表大会上完成的事项为（　　）。

A.通过章程

B.向业务主管单位申请批准文件

C.产生执行机构、负责人和法定代表人

D.完成验资报告

E.通过下一年度工作计划

【答案】AC。**解析：**本题考查的是社会团体成立登记。筹备成立的社会团体，应当自登记管理机关批准筹备之日起6个月内召开会员大会或者会员代表大会，通过章程，产生执行机构、负责人和法定代表人。故本题选AC。

6.民办非企业单位不包括（　　）。

A.企业事业单位利用非国有资产举办的，从事非营利性社会服务活动的社会组织

B.社会团体利用非国有资产举办的，从事非营利性社会服务活动的社会组织

C.社会力量利用国有资产举办的，从事非营利性社会服务活动的社会组织

D.公民个人利用国有资产举办的，从事非营利性社会服务活动的社会组织

E.公民个人利用非国有资产举办的，从事非营利性社会服务活动的社会组织

【答案】CD。**解析：**本题考查的是民办非企业单位的定义。民办非企业单位是指企事业单位、社会团体和其他社会力量，以及公民个人利用非国有资产举办的，从事非营利性社会服务活动的社会组织。故本题选CD。

step2:练易错

1.根据《基金会管理条例》,下列事项只需出席理事过半数通过即有效的是(　　)。

A.章程规定的重大募捐、投资活动

B.年度收支预算及决算审定

C.基金会的分立、合并

D.选举、罢免理事长

【答案】B。**解析:**本题考查的是基金会理事会的职能。《基金会管理条例》明确指出,理事会每年至少召开两次会议。理事会会议须有2/3以上理事出席方能召开;理事会决议须经出席理事过半数通过方为有效。须经出席理事表决,2/3以上通过才有效的事项为:章程的修改;选举或者罢免理事长、副理事长、秘书长;章程规定的重大募捐、投资活动;基金会的分立、合并。据此可以看出A、C、D三项均属于须出席理事表决,2/3以上通过才有效的事项,故排除。故本题选B。

2.社会团体的财务管理原则不包括(　　)。

A.实行“两部账”　　B.依法管理资产

C.规范会计行为　　D.接受审计监督

【答案】A。**解析:**本题考查的是社会团体的财务管理原则。社会团体必须执行国家规定的财务制度,接受财政部门的监督:(1)依法建账;(2)规范会计行为;(3)接受审计监督;(4)依法管理资产。故本题选A。

3.下列关于基金会的说法中,正确的是(　　)。

A.基金会中具有近亲属关系的不得同时在理事会任职

B.基金会理事长、副理事长和秘书长不得由现任国家工作人员兼任

C.未在基金会担任专职工作的理事可从基金会获取报酬,但在基金会领取报酬的理事不得超过理事总人数的1/3

D.基金会的理事长可以担任其他组织的法定代表人

【答案】B。**解析:**本题考查的是基金会的治理结构。用私人财产设立的非公募基金会,相互间有近亲属关系的基金会理事,总数不得超过理事总人数的1/3;其他基金会,具有近亲属关系的不得同时在理事会任职,A项错误。为了保证基金会的公益性和民间性,基金会理事长、副理事长和秘书长不得由现任国家工作人员兼任,B项正确。未在基金会担任专职工作的理事不得从基金会获取报酬,C项错误。作为基金会的法定代表人,理事长不得同时担任其他组织的法定代表人,D项错误。故本题选B。

4.依据《民办非企业单位登记暂行条例》,下列选项中,不属于民办非企业单位的申办条件的是( )。

A.举办者为企业事业单位　　B.利用非国有资产举办

C.活动资产不少于10万元人民币　　D.从事非营利性社会服务活动

【答案】C。解析:本题考查的是民办非企业单位的申办条件。依据《民办非企业单位登记管理暂行条例》,民办非企业单位的申办条件包括以下几项:举办者为企业事业单位、社会团体和其他社会力量及公民个人;利用非国有资产举办;从事非营利性社会服务活动。故本题选C。

5.今年某个从事残疾人救助工作的公募基金会募集各项资金400万元,那么该基金会的运营费用最多不能超过( )万元。

A.20　　B.30　　C.40　　D.50

【答案】C。解析:本题考查的是基金会财产管理。公募基金会每年用于从事章程规定的公益事业支出,不得低于上一年总收入的70%;非公募基金会每年用于从事章程规定的公益事业支出,不得低于上一年基金余额的8%。基金会工作人员工资福利和行政办公支出(运营费)不得超过当年总支出的10%。故本题选C。

6.登记管理机关依法可以撤销基金会登记的情形不包括( )。

A.在申请登记时弄虚作假骗取登记的

B.符合注销条件,但不办理注销登记,仍继续开展活动的

C.自取得登记证书之日起6个月未开展活动的

D.连续两年不接受年检的

【答案】C。解析:本题考查基金会的撤销登记的情形。撤销登记是登记管理机关依法撤销基金会登记的行政行为。《基金会管理条例》《基金会年检办法》规定,构成基金会撤销登记的情形有:(1)在申请登记时弄虚作假骗取登记的;(2)自取得登记证书之日起12个月内未按照章程开展活动的;(3)符合注销条件,不按照《基金会管理条例》的规定办理注销登记仍继续开展活动的;(4)基金会、境外基金会代表机构连续2年不接受年检的;(5)基金会、基金会分支机构或代表机构、境外基金会代表机构严重违反规定的。故本题选C。

7.筹备成立的社会团体,应当及时召开会员大会,通过章程,产生执行机构、负责人和法定代表人。下列不属于社会团体章程内容的是( )。

A.资产管理和使用的原则　　B.活动地域

C.业务主管单位的批准文件　　D.发起人的职责

E.组织管理制度

【答案】CD。解析:本题考查的是社会团体章程的内容。社会团体的章程应当包括下列事项:(1)名称、住所;(2)宗旨、业务范围和活动地域;(3)会员资格及其权利、义务;(4)组织管理制度及执行机构的产生程序;(5)负责人须具备的条件和产生、罢免的程序;(6)资

产管理和使用的原则;(7)章程的修改程序;(8)终止程序和终止后资产的处理;(9)其他应当由章程规定的事项。故本题选CD。

8.提出成立社会团体筹备申请时,发起人应当向登记管理机关提交(　　)。

A.筹备申请书及发起人和拟任负责人的基本情况和身份证明

B.业务主管单位的批准文件

C.验资报告和场所使用权证明

D.场所卫生和消防许可证

E.个人纳税证明

【答案】ABC。**解析:**本题考查的是社会团体成立登记。提出成立社会团体筹备申请时,应向登记管理机关提交下列文件:(1)筹备申请书;(2)业务主管单位的批准文件;(3)验资报告、场所使用权证明;(4)发起人和拟任负责人的基本情况、身份证明;(5)章程草案。故本题选ABC。

9.根据《民办非企业单位登记暂行办法》,举办民办非企业单位,应按照行(事)业类别申请登记。下列单位中,应当以教育部门为企业主管单位的有(　　)。

A.民办幼儿园

B.民办专修学校

C.民办职业培训中心

D.民办科学研究中心

E.民办人才交流中心

【答案】ABD。**解析:**本题考查的是民办非企业单位成立登记的行业分类。以教育部门为企业主管单位的有:(1)民办幼儿园;(2)民办专修学校;(3)民办科学研究中心。故本题选ABD。

step3:练提升

1.拟成立的某非公募基金会,已筹集到账货币资金150万元人民币和价值160万元人民币的实物。根据《基金会管理条例》,以下关于原始基金条件的规定,正确的判断及理由是(　　)。

A.符合设立基金会的条件,其原始基金已高于300万元人民币

B.不符合设立基金会的条件,其原始基金应不低于400万元人民币

C.符合设立基金会的条件,其原始基金应不低于300万元人民币且为到账货币资金

D.不符合设立基金会的条件,其原始基金应不低于200万元人民币且为到账货币资金

【答案】D。**解析:**本题考查的是基金会的设立条件。根据《基金会管理条例》,非公募基金会的原始基金不低于200万元人民币。原始基金必须为到账货币资金。故本题选D。

2.某基金会是一家公募基金会，2007年该基金会的总收入为3亿元人民币。根据《基金会管理条例》的规定，该基金会2008年度的公益事业支出不得低于（　　）

A.1.5亿元　　B.1.8亿元　　C.2.1亿元　　D.2.4亿元

【答案】C。**解析：**本题考查的是基金会财产的管理和使用。《基金会管理条例》规定公募基金会每年用于从事章程规定的公益事业支出不低于上一年总收入的70%。故本题选C。

3.下列关于社团分支机构的说法，不正确的是（　　）。

A.社会团体的分支机构、代表机构是社会团体的组成部分，不具有法人资格

B.社会团体不得向其所属分支机构、代表机构收取或变相收取管理费用

C.社会团体的分支机构可以再设立分支机构

D.社会团体撤销其所属分支机构、代表机构时，应经业务主管单位审查同意后办理注销手续

【答案】C。**解析：**本题考查的是社会团体分支机构、代表机构的设立规定。《社会团体登记管理条例》规定，社会团体不得设立地域性分支机构，不得在分支机构、代表机构下再设立分支机构、代表机构。故本题选C。

4.下列选项中，关于社会团体名称的说法，符合我国《社会团体登记管理条例》内容规定的有（　　）。

A.社会团体的名称应当符合法律、法规的规定

B.社会团体的名称应当与其业务范围、成员分布、活动地域相一致，准确反映其特征

C.全国性的社会团体的名称应冠以“中国”“全国”“中华”等字样

D.社会团体的名称可以自由拟定

E.地方性的社会团体的名称经有关部门批准，可以冠以“中国”“全国”“中华”等字样

【答案】AB。**解析：**本题考查的是成立社会团体的名称规范。《社会团体登记管理条例》规定，社会团体的名称须符合法律、法规的规定，不得违背社会道德风尚；名称须与社会团体的业务范围、成员分布、活动地域相一致，准确反映社会团体的特征。地方性的社会团体的名称不得冠以“中国”“全国”“中华”等字样，全国性的社会团体的名称如果要冠以“中国”“全国”“中华”等字样，必须按照国家有关规定经过批准。故本题选AB。

5.某境外基金会计划在中国A市建立一个代表机构，依据《基金会管理条例》，该代表机构（　　）。

A.须到中国国务院民政部门进行登记　　B.须到A市民政部门进行登记

C.须接受登记管理部门的年度检查　　D.须向登记管理部门报送年度工作报告

E.无须向登记管理部门报送年度工作报告

【答案】ACD。**解析：**本题考查的是基金会的设立。境外基金会在中国内地设立代表机构的需要到中国国务院民政部门登记。境外基金会代表机构应当于每年3月31日前向登记管理机关报送上一年度工作报告，接受年度检查。故本题选ACD。

第十章　我国劳动就业和劳动关系法规与政策

step1：练基础

1.依据相关法律，(　　)在安排政府投资和确定重大建设项目时，应当发挥投资和重大建设项目带动就业的作用，增加就业岗位。

A.乡级以上人民政府　　B.县级以上人民政府

C.市级以上人民政府　　D.省级以下人民政府

【答案】B。**解析：**本题考查的是促进就业的原则及政策支持。《中华人民共和国就业促进法》第十四条规定，县级以上人民政府在安排政府投资和确定重大建设项目时，应当发挥投资和重大建设项目带动就业的作用，增加就业岗位。故本题选B。

2.《中华人民共和国劳动法》对用人单位延长工作时间作了限制性规定，但可以不接受这种限制的情形是(　　)。

A.由于生产经营需要，劳动者自愿延长工作时间的

B.由于生产任务紧急，用人单位与工会和劳动者协商一致的

C.由于生产任务紧急，不按时完成将影响用人单位利润和商业信誉的

D.由于生产设备发生故障影响生产和公众利益，必须及时抢修的

【答案】D。**解析：**本题考查的是延长工作时间的特殊规定。《中华人民共和国劳动法》第四十二条规定，有下列情形之一的，延长工作时间不受本法第四十一条的限制：(1)发生自然灾害、事故或者因其他原因，威胁劳动者生命健康和财产安全，需要紧急处理的；(2)生产设备、交通运输线路、公共设施发生故障，影响生产和公众利益，必须及时抢修的；(3)法律、行政法规规定的其他情形。故本题选D。

3.孙某在某工厂工作，近来工厂效益不好，连续数月没有发工资。孙某在与工厂交涉中得知过去的两个月工厂没有为自己缴纳社会保险费。根据《中华人民共和国劳动合同法》，孙某若要解除劳动合同，正确的做法是(　　)。

A.必须提前3日通知工厂，方能解除劳动合同

B.必须提前30日以书面形式通知工厂，方能解除劳动合同

C.可以随时告知工厂解除劳动合同

D.可以立即解除劳动合同，无须告知工厂

【答案】C。**解析：**本题考查的是劳动者提前解除劳动合同的规定。《中华人民共和国劳动合同法》第三十八条规定，用人单位有下列情形之一的，劳动者可以解除劳动合同：(1)

未按照劳动合同约定提供劳动保护或者劳动条件的;(2)未及时足额支付劳动报酬的;(3)未依法为劳动者缴纳社会保险费的;(4)用人单位的规章制度违反法律、法规的规定,损害劳动者权益的;(5)因本法第二十六条第一款规定的情形致使劳动合同无效的;(6)法律、行政法规规定劳动者可以解除合同的其他情形。本题中,孙某可以随时告知工厂解除劳动合同。故本题选C。

4.下列关于试用期的表述,不正确的是(　　)。

A.同一用人单位与同一劳动者只能约定1次试用期

B.劳动合同期限不满3个月的,不得约定试用期

C.劳动合同期限1年以上不满3年的,试用期不得超过2个月

D.在试用期中,用人单位不得解除劳动合同

【答案】D。**解析:**本题考查的是劳动合同的解除和终止。《中华人民共和国劳动合同法》第二十一条规定,在试用期中,除劳动者有本法第三十九条和第四十条第一项、第二项规定的情形外,用人单位不得解除劳动合同。用人单位在试用期解除劳动合同的,应当向劳动者说明理由。故本题选D。

5.下列关于未成年人就业的说法中,正确的是(　　)。

A.禁止用人单位招用未满18周岁的未成年人

B.已满14周岁不满18周岁就业的未成年人被称为未成年工

C.文艺、体育和特种工艺单位招用未满16周岁的未成年人,必须依照国家有关规定,履行审批手续,并保障其接受义务教育的权利

D.未满14周岁就业的未成年人被称为童工

【答案】C。**解析:**本题考查的是未成年工的特殊保护。《中华人民共和国劳动法》规定,禁止用人单位招用未满16周岁的未成年人,故A项错误。已满16周岁不满18周岁就业的未成年人被称为未成年工,故B项错误。文艺、体育和特种工艺单位招用未满16周岁的未成年人,必须依照国家有关规定,履行审批手续,并保障其接受义务教育的权利,故C项正确。未满16周岁就业的未成年人被称为童工,故D项错误。故本题选C。

6.劳动争议仲裁委员会收到仲裁申请之日起(　　)日内,认为符合受理条件的,应当受理,并通知申请人;认为不符合受理条件的,应当书面通知申请人不予受理,并说明理由。

A.3　　　　B.15

C.5　　　　D.10

【答案】C。**解析:**本题考查的是劳动争议处理的规定。劳动争议仲裁委员会收到仲裁申请之日起5日内,认为符合受理条件的,应当受理,并通知申请人;认为不符合受理条件的,应当书面通知申请人不予受理,并说明理由。故本题选C。

7.劳动争议申请仲裁的时效期间为(　　)。

A.1年　　　　B.2年

C.3年　　D.4年

【答案】A。解析：本题考查的是劳动争议申请仲裁的时效期间。劳动争议申请仲裁的时效期间为1年。故本题选A。

8.《中华人民共和国劳动法》规定，用人单位在录用职工时，除国家规定的不适合妇女的工种或者岗位外，不得以（　　）为由拒绝录用妇女或者提高对妇女的录用标准。

A.年龄　　B.性别

C.学历　　D.已婚

【答案】B。解析：本题考查的是劳动法的规定。《中华人民共和国劳动法》规定，用人单位在录用职工时，除国家规定的不适合妇女的工种或者岗位外，不得以性别为由拒绝录用妇女或者提高对妇女的录用标准。故本题选B。

9.《中华人民共和国劳动法》中，关于劳动者工作时间、休息休假的规定，下列说法正确的是（　　）。

A.对实行计件工作的劳动者，工作时间可以不受工时制度的限制

B.用人单位应当保证劳动者每周至少休息1日

C.用人单位由于生产经营需要，经董事会决定可以延长劳动者工作时间

D.用人单位可以延长劳动者工作时间，但是每月不得超过36小时

E.由于生产经营需要，用人单位与工会和劳动者协商一致，可以延长工作时间

【答案】BE。解析：本题考查的是劳动法的规定。《中华人民共和国劳动法》规定，用人单位应当保证劳动者每周至少休息1日。用人单位由于生产经营需要，经与工会和劳动者协商后可以延长工作时间。故本题选BE。

10.根据《中华人民共和国劳动法》和《中华人民共和国劳动合同法》，订立劳动合同，应该遵循（　　）原则。

A.劳动者权利优先　　B.平等自愿

C.诚实信用　　D.合法

E.公平

【答案】BCDE。解析：本题考查的是劳动合同订立的原则。《中华人民共和国劳动法》第十七条规定，订立和变更劳动合同，应当遵循合法公平、平等自愿、协商一致、诚实信用的原则，不得违反法律、行政法规的规定。《中华人民共和国劳动合同法》第三条也规定，订立劳动合同，应当遵循合法公平、平等自愿、协商一致、诚实信用的原则。故本题选BCDE。

11.确定和调整最低工资标准应当综合参考的因素包括（　　）。

A.社会平均工资水平

B.劳动者的购买需求

C.劳动生产率

D.就业状况

E.劳动者本人及平均赡养人口的最低生活费用

【答案】ACDE。**解析:**本题考查的是最低工资标准的规定。确定和调整最低工资标准应当综合参考下列因素:(1)劳动者本人及平均赡养人口的最低生活费用;(2)社会平均工资水平;(3)劳动生产率;(4)就业状况;(5)地区之间经济发展水平的差异。故本题选ACDE。

12.处理劳动争议的机构有(　　)。

A.基层人民调解委员会

B.企业劳动争议调解委员会

C.劳动局

D.劳动争议仲裁委员会

E.人民法院

【答案】BDE。**解析:**本题考查的是处理劳动争议的机构。《中华人民共和国企业劳动争议处理条例》规定,劳动争议发生后,当事人应当协商解决;不愿协商或者协商不成的,可以向本企业劳动争议调解委员会申请调解;调解不成的,可以向劳动争议仲裁委员会申请仲裁。当事人也可以直接向劳动争议仲裁委员会申请仲裁。对仲裁裁决不服的,可以向人民法院提起诉讼。故本题选BDE。

13.某企业在一年时间内用了多名有劳动能力,处于失业状态的残疾人员。根据《社会救助暂行办法》,该企业可以享受的就业扶持政策有(　　)。

A.税收优惠　　B.住房补贴

C.社会保险补贴　　D.小额担保贷款

E.减免残疾人就业保障金

【答案】ACD。**解析:**本题考查的是就业扶持政策。《社会救助暂行办法》第四十六条规定,吸纳就业救助对象的用人单位,按照国家有关规定享受社会保险补贴、税收优惠、小额担保贷款等就业扶持政策。故本题选ACD。

14.刚满15岁的小王初中毕业后去打工,被一家私人企业雇用。因小王不满18周岁,小王的工资略低于当地最低工资标准。这种做法(　　)。

A.违背了有关最低工资的规定

B.违背了最低就业年龄的规定

C.违背了有关工时的规定

D.属于无效合同

E.属于雇用童工

【答案】ABDE。**解析:**本题考查的是劳动合同的订立。《中华人民共和国劳动法》规定,禁止用人单位招用未满16周岁的未成年人。故本题中的情况属于雇用童工,签订的合同无效。故本题选ABDE。

step2：练易错

1.小周大学毕业后与某软件公司签订劳动合同，双方约定合同期限为2年。根据《中华人民共和国劳动合同法》，下列关于小周试用期约定的说法，正确的是(　　)。

A.试用期不超过2个月

B.试用期不超过3个月

C.试用期结束后劳动合同开始生效

D.试用期内无须缴纳社会保险费

【答案】A。**解析：**本题考查的是试用期的约定。《中华人民共和国劳动合同法》规定，劳动合同期限1年以上不满3年的，试用期不得超过2个月。故本题选A。

2.我国法律规定了多项订立劳动合同的原则，下列属于法定原则的是(　　)。

A.合情合理的原则

B.等价有偿的原则

C.倾斜保护的原则

D.平等自愿的原则

【答案】D。**解析：**本题考查的是订立劳动合同的原则。《中华人民共和国劳动合同法》第三条规定，订立劳动合同，应当遵循合法公平、平等自愿、协商一致、诚实信用的原则。故本题选D。

3.路某是某电子厂的职工，在进行操作时右手被机器砸到受伤。该电子厂以劳动合同不包括工伤医疗费赔偿为由，拒绝向路某赔付工伤医疗费。后来路某向某劳动争议调解组织寻求调解，但一直无法与该电子厂达成协议。根据规定，自劳动争议调解组织收到调解申请之日起(　　)内未达成调解协议的，当事人可以依法申请仲裁。

A.10日

B.15日

C.20日

D.30日

【答案】B。**解析：**本题考查的是劳动争议调解的期限。自劳动争议调解组织收到调解申请之日起15日内未达成调解协议的，当事人可以依法申请仲裁。故本题选B。

4.王阿姨因单位破产失业在家，家境变得困难。社区服务中心的社会工作者来家访，推荐她去参加再就业培训，并介绍了一个临时工作给王阿姨。上述安排属于社会政策中的(　　)政策。

A.公共教育

B.就业

C.失业保险

D.公共医疗卫生

【答案】B。解析：本题考查的是就业政策。根据题意，王阿姨获得了就业援助，这属于就业政策的范畴，也属于社会救助政策。故本题选B。

5.2019年7月1日，小王进入某电器厂工作。厂方与小王口头约定工作期限2年，月工资2000元。2020年7月，小王被查出患肝炎，随后被厂方以无劳动合同为由辞退。小王不服，向当地劳动争议仲裁委员会申请仲裁。下列关于厂方与小王之间劳动合同的说法中，正确的是（　　）。

A.视为未订立劳动合同

B.视为已订立期限为1年的劳动合同

C.视为已订立期限为2年的劳动合同

D.视为已订立无固定期限的劳动合同

【答案】D。解析：本题考查的是无固定期限劳动合同。无固定期限劳动合同，是指用人单位与劳动者约定无确定终止时间的劳动合同。用人单位与劳动者协商一致，可以订立无固定期限劳动合同。用人单位自用工之日起满1年不与劳动者订立书面劳动合同的，视为用人单位与劳动者已订立无固定期限劳动合同。故本题选D。

6.某公司正在审核4位女职工的产假申请。她们的情况如下：甲在计划内正常生产；乙生产时难产，经抢救母子平安；丙喜得双胞胎；丁怀孕3个月时不慎流产。根据《女职工劳动保护特别规定》，下列关于4位女职工产假的说法，正确的是（　　）。

A.甲可享受98天产假　　B.乙可享受100天产假

C.丙可享受110天产假　　D.丁不得享受产假

【答案】A。解析：本题考查的是劳动保护的规定。根据《女职工劳动保护特别规定》，女职工生育享受98天产假，其中产前可以休假15天；难产的，增加产假15天；生育多胞胎的，每多生育1个婴儿，增加产假15天。女职工怀孕未满4个月流产的，享受15天产假；怀孕满4个月流产的，享受42天产假。职工甲在计划内正常生产，享受98天产假，故A项正确。职工乙生产时难产，增加产假15天，享受113天产假，故B项错误。职工丙喜得双胞胎，每多生育1个婴儿，增加产假15天，享受113天产假，故C项错误。职工丁怀孕3个月时不慎流产，享受15天产假，故D项错误。故本题选A。

7.职工因工致残的，不论伤残等级，都享有的待遇是（　　）。

A.一次性伤残补助金　　B.按月支付的伤残津贴

C.一次性工伤医疗补助金　　D.伤残就业补助金

【答案】A。解析：本题考查的是职工因工致残的规定。职工因工致残的，不论伤残等级都可以享受一次性伤残补助金。故本题选A。

8.王某在企业因工负伤致残后，一直由他的子女照顾。后来，因子女长大成人，在外地工作，王某必须自己照顾自己，需要配置轮椅。配置轮椅的费用该由（　　）负担。

A.王某本人或其子女　　B.王某因工致残前的工作单位

C.工伤保险基金　　D.民政部门

【答案】C。解析：本题考查的是工伤的规定。《工伤保险条例》第三十条规定，工伤职工因日常生活或就业需要，经劳动能力鉴定委员会确认，可以安装假肢、矫形器、假眼、假牙和配置轮椅等辅助器具的，所需费用按照国家规定的标准从工伤保险基金中支付。故本题选C。

9.某企业与小叶订立了一份期限为3年的劳动合同。根据《中华人民共和国劳动合同法》的规定，双方可以约定的试用期限最长为（　　）

A.1个月　　B.2个月

C.3个月　　D.6个月

【答案】D。解析：本题考查的是劳动合同约定条款中对试用期的约定。同一用人单位与同一劳动者只能约定1次试用期。劳动合同期限3个月以上不满1年的，试用期不得超过1个月；劳动合同期限1年以上不满3年的，试用期不得超过2个月；3年以上固定期限和无固定期限的劳动合同，试用期不得超过6个月。以完成一定工作任务为期限的劳动合同或者劳动合同期限不满3个月的，不得约定试用期。据此判断小叶的最长试用期为6个月。故本题选D。

10.在劳动争议仲裁案件中，仲裁庭应当于开庭的（　　）日前，将开庭时间、地点的书面通知送达当事人。

A.3　　B.5

C.7　　D.10

【答案】B。解析：本题考查的是劳动争议处理的规定。《中华人民共和国劳动争议调解仲裁法》第三十五条规定，仲裁庭应当在开庭5日前，将开庭日期、地点书面通知双方当事人。当事人有正当理由的，可以在开庭3日前请求延期开庭。是否延期，由劳动争议仲裁委员会决定。故本题选B。

11.根据《中华人民共和国劳动法》，劳动者应履行的义务有（　　）。

A.完成规定的劳动任务　　B.执行劳动安全卫生规程

C.遵守劳动纪律　　D.遵守职业道德

E.绝对服从雇主的领导

【答案】ABCD。解析：本题考查的是劳动者应履行的义务。《中华人民共和国劳动法》规定，劳动者应履行的义务包括以下几项：完成规定的劳动任务，遵守劳动纪律，遵守职业道德，执行劳动安全卫生规程。故本题选ABCD。

12.《中华人民共和国劳动合同法》规定，劳动者合法权益受到侵害时，可以采取的维权手段有（　　）。

A.要求有关部门依法处理

B.依法申请仲裁、提起诉讼

C. 对雇主进行人身攻击

D. 破坏用人单位的设施

E. 组织工人罢工

【答案】 AB。**解析:** 本题考查的是劳动争议处理的规定。《中华人民共和国劳动合同法》规定,劳动者合法权益受到侵害时,有权要求有关部门依法处理,有权依法申请仲裁、提起诉讼。故本题选AB。

13.《劳动保障监察条例》就劳动保障监察的对象、主体及其职责,劳动保障监察的实施等内容作了明确的规定,其中属于劳动监察范围的是(　　)。

A. 企业　　　　B. 个体工商户

C. 职业介绍机构　　　　D. 民政局

E. 职业技能培训机构

【答案】 ABCE。**解析:** 本题考查的是劳动保障监察的规定。《劳动保障监察条例》第二条规定,对企业和个体工商户进行劳动保障监察,适用本条例,故A、B两项正确。对职业介绍机构、职业技能培训机构和职业技能考核鉴定机构进行劳动保障监察,依照本条例执行,故C、E两项正确。民政局属于政府部门,不属于劳动监察范围,故D项排除。故本题选ABCE。

14. 周某在出差途中遭遇车祸,经抢救无效死亡,被当地人力资源和社会保障部门认定为因工死亡。根据《工伤保险条例》,周某的直系亲属可以从工伤保险基金中领取的工亡待遇包括(　　)。

A. 丧葬补助金　　　　B. 一次性工伤医疗补助金

C. 供养亲属抚恤金　　　　D. 一次性工亡补助金

E. 一次性伤残补助金

【答案】 ACD。**解析:** 本题考查的是工伤保险待遇。在职工因工伤发生的费用中,从工伤保险基金中支付的包括因工死亡的,其遗属领取的丧葬补助金、供养亲属抚恤金和一次性工亡补助金。故本题选ACD。

step3: 练提升

1. 仲裁庭裁决劳动争议案件,应当自劳动争议仲裁委员会受理仲裁申请之日起45日内结束。案情复杂需要延期的,经劳动争议仲裁委员会主任批准,可以延期并书面通知当事人,但延长期限不得超过15日。这一点体现了劳动争议仲裁的(　　)。

A. 着重调解原则　　　　B. 方便快捷原则

C. 及时迅速原则　　　　D. 区分举证责任原则

【答案】C。解析:本题考查的是劳动争议仲裁的原则。根据《中华人民共和国劳动争议调解仲裁法》,劳动争议调解不成或者调解书送达前,一方当事人反悔的,仲裁庭应当及时作出裁决。仲裁庭裁决劳动争议案件,应当自劳动争议仲裁委员会受理仲裁申请之日起45日内结束。案情复杂需要延期的,经劳动争议仲裁委员会主任批准,可以延期并书面通知当事人,但是延长期限不得超过15日。逾期未作出仲裁裁决的,当事人可以就该劳动争议事项向人民法院提起诉讼。仲裁庭裁决劳动争议案件时,其中一部分事实已经清楚,可以就该部分先行裁决。法律还规定,部分争议比较小、事实比较简单的案件,仲裁裁决为终局裁决。这些规定都体现了及时迅速的原则。故本题选C。

2.小王与某单位签订了一份劳动合同,并在该单位工作了6个月。该劳动合同被法院确认为无效劳动合同,以下不会导致出现这种情况的情形为(   )。

A.用人单位在合同中免除自己的法定责任

B.劳动合同由用人单位与小王协商订立

C.合同中的保密部分违反法律、行政法规强制性规定

D.以欺诈的手段,使小王在违背真实意思的情况下订立

【答案】B。解析:本题考查的是劳动合同的解除和终止。《中华人民共和国劳动合同法》规定,下列劳动合同无效或者部分无效:(1)以欺诈、胁迫的手段或者乘人之危,使对方在违背真实意思的情况下订立或者变更劳动合同的;(2)用人单位免除自己的法定责任、排除劳动者权利的;(3)违反法律、行政法规强制性规定的。《中华人民共和国劳动合同法》第十七条规定,订立和变更劳动合同,应当遵循平等自愿、协商一致等原则,B项正确。故本题选B。

3.某保洁公司以员工小王不能胜任工作为由,解除了与小王的劳动合同,并按当地最低工资标准支付了当月工资800元。小王向劳动争议仲裁委员会申请仲裁,要求公司另支付赔偿金1600元。劳动争议仲裁委员会裁决要求保洁公司向小王支付800元。双方对裁决均不服。下列做法中,符合法律规定的是(   )。

A.保洁公司向上一级劳动争议仲裁委员会申请重新裁决

B.小王向上一级劳动争议仲裁委员会申请重新裁决

C.保洁公司向基层人民法院提起诉讼

D.小王向基层人民法院提起诉讼

【答案】D。解析:本题考查的是劳动争议处理的规定。劳动者对仲裁裁决不服的,可以自收到仲裁裁决书之日起15日内向基层人民法院提起诉讼。故本题选D。

4.2020年4月1日,劳动保障行政部门到某企业检查用工情况,发现该企业无故拖欠员工工资2万元,责令该企业在5月1日前支付拖欠的工资。6月1日,劳动保障行政部门发现该企业仍未支付拖欠工资。根据《劳动保障监察条例》,劳动保障行政部门应当(   )。

A.责令该企业向员工支付拖欠的工资,并对企业处以罚款

B.责令该企业向员工支付拖欠的工资，并加付赔偿金

C.代表员工向劳动争议仲裁机构申请仲裁

D.将该案件移交公安机关处理

【答案】B。**解析：**本题考查的是劳动保障监察的规定。《劳动保障监察条例》第二十六条规定，用人单位逾期不付劳动者工资报酬的，责令用人单位按照应付金额0.5倍以上1倍以下的标准，向劳动者加付赔偿金。故本题选B。

5.李某（17岁）是甲公司招用的职工，双方订立了书面劳动合同。在试用期内，李某为发泄对公司的不满，在公司生产的饮料中放入了污物。下列表述正确的是（　　）。

A.李某与公司之间成立的劳动合同无效

B.甲公司可以解除与李某的劳动合同

C.李某与甲公司之间成立的劳动合同是可撤销的合同

D.在试用期内，公司不能解除与李某的劳动合同

【答案】B。**解析：**本题考查的是劳动合同的解除和终止。李某在试用期内为发泄不满在公司生产的饮料中放入了污物，直接造成对消费者的损害，也违反了公司制度，对公司造成影响，甲公司可以解除与李某的劳动合同。故本题选B。

6.用人单位不得安排未成年工从事矿山井下、有毒有害、国家规定的（　　）体力劳动强度的劳动和其他禁忌从事的劳动。

A.第四级　　B.第三级

C.第二级　　D.第一级

【答案】A。**解析：**本题考查的是劳动法的规定。《中华人民共和国劳动法》规定，不得安排未成年人从事矿山井下、有毒有害、国家规定的第四级体力劳动强度的劳动和其他禁忌从事的劳动。故本题选A。

7.王某在某企业已经连续工作18个年头了，再过4年，他将达到法定退休年龄。今年年初，其所在的单位因经营体制改革需要裁员。在这种情况下，企业（　　）。

A.有权随时将其解雇　　B.可在提前30日通知王某后将其解雇

C.可在征得工会同意后解雇王某　　D.无权解雇王某

【答案】D。**解析：**本题考查的是劳动合同的解除和终止。《中华人民共和国劳动合同法》规定，在本单位连续工作满15年，且距法定退休年龄不足5年的职工，用人单位不得解除与其之间的劳动合同。故本题选D。

8.某黄金周假期中3天属于法定假日，另4天属于前后两周的周末公休日的调休。公司安排小王在这7天加班，不安排补休。小王的日工资为100元。根据《中华人民共和国劳动法》，公司应当向小王支付不低于（　　）的工资报酬。

A.1000元　　B.1400元

C.1700元　　D.2100元

【答案】C。解析：本题考查的是工资支付规定。休息日安排劳动者工作又不能安排补休的，支付不低于工资200%的工资报酬；法定休假日安排劳动者工作的，支付不低于工资300%的工资报酬。故本题选C。

9.小赵今年工作刚好满1年，根据《中华人民共和国劳动法》，其能享受(　　)天的年假。

A.0　　B.5

C.7　　D.10

【答案】B。解析：本题考查的是休息休假规定。职工累计工作满1年不满10年的，年休假5天。故本题选B。

10.用人单位不得解除劳动合同的情形不包括(　　)。

A.疑似职业病病人在诊断或者医学观察期间的

B.在本单位患职业病并被确认丧失或者部分丧失劳动能力的

C.患病或者非因工负伤，在规定的医疗期内的

D.在本单位连续工作满十年，且距法定退休年龄不足五年的

【答案】D。解析：本题考查的是用人单位不得解除劳动合同的情形。《中华人民共和国劳动合同法》第四十二条规定，劳动者有下列情形之一的，用人单位不得依照本法第四十条、第四十一条的规定解除劳动合同：(1)从事接触职业病危害作业的劳动者未进行离岗前职业健康检查，或者疑似职业病病人在诊断或者医学观察期间的；(2)在本单位患职业病或者因工负伤并被确认丧失或者部分丧失劳动能力的；(3)患病或者非因工负伤，在规定的医疗期内的；(4)女职工在孕期、产期、哺乳期的；(5)在本单位连续工作满十五年，且距法定退休年龄不足五年的；(6)法律、行政法规规定的其他情形。故本题选D。

11.小晶今年17岁，初中毕业后因家庭经济困难辍学打工。以下关于小晶的特殊保护的说法，正确的是(　　)。

A.小晶属于未成年工

B.用人单位不得安排其延长工作时间

C.用人单位应当对小晶定期进行健康检查

D.用人单位不能安排小晶上夜班

E.不得安排小晶从事矿山井下、有毒有害、国家规定的第四级体力劳动强度的劳动和其他禁忌从事的劳动

【答案】ACE。解析：本题考查的是未成年工的特殊保护。《中华人民共和国劳动法》第五十八条规定，未成年工是指年满十六周岁未满十八周岁的劳动者。第六十四条规定，不得安排未成年人从事矿山井下、有毒有害、国家规定的第四级体力劳动强度的劳动和其他禁忌从事的劳动。第六十五条规定，用人单位应当对未成年人定期进行健康检查。B、D两项没有做特殊规定。故本题选ACE。

12. 为了保护劳动者的合法权益，防止雇主滥用解雇权，根据《中华人民共和国劳动法》规定，在下列选项中，雇主不能滥用解雇权的情况是（　　）。

A. 因雇员过错，给公司造成重大损失

B. 患职业病或者因公负伤并被确认丧失或者部分丧失劳动能力

C. 患病或者负伤，在规定的医疗期内

D. 女职工在孕期、产期、哺乳期

E. 老板亲自任命的部门经理

【答案】BCD。**解析：**本题考查的是劳动保护的规定。《中华人民共和国劳动法》规定，当出现以下情形时不得滥用解雇权：(1)患职业病或者因工负伤并被确认丧失或者部分丧失劳动能力的；(2)患病或者负伤，在规定的医疗期内的；(3)女职工在孕期、产期、哺乳期的；(4)法律法规规定的其他情形。A、E两项不符合法律规定情形，故排除。故本题选BCD。

13. 根据《中华人民共和国劳动合同法》，下列关于非全日制用工的说法，正确的有（　　）。

A. 从事非全日制用工的劳动者与多个用人单位签订劳动合同的，后订立的劳动合同不得影响先订立劳动合同的履行

B. 非全日制用工双方当事人不得约定试用期

C. 非全日制用工劳动报酬结算支付周期最长不得超过十五日

D. 终止非全日制用工时，用人单位未提前通知劳动者的，应当向劳动者支付经济补偿

E. 非全日制用工双方当事人应当订立书面协议

【答案】ABC。**解析：**本题考查的是非全日制用工的规定。《中华人民共和国劳动合同法》第六十九条规定，非全日制用工双方当事人可以订立口头协议。E项错误。从事非全日制用工的劳动者可以与一个或者一个以上用人单位订立劳动合同；但是，后订立的劳动合同不得影响先订立的劳动合同的履行。A项正确。第七十条规定，非全日制用工双方当事人不得约定试用期。B项正确。第七十二条规定，非全日制用工小时计酬标准不得低于用人单位所在地人民政府规定的最低小时工资标准。非全日制用工劳动报酬结算支付周期最长不得超过十五日。C项正确。第七十一条规定，非全日制用工双方当事人任何一方都可以随时通知对方终止用工。终止用工，用人单位不向劳动者支付经济补偿。D项错误。故本题选ABC。

第十一章　我国健康与计划生育法规与政策

step1：练基础

1.成年流动人口在离开户籍所在地前，应当凭合法的婚姻、身份证件，到（　　）县人民政府计划生育行政管理部门或者乡（镇）人民政府、街道办事处办理婚育证明。

A.户籍所在地　　B.当地

C.工作所在地　　D.单位所在地

【答案】A。**解析：**本题考查的是流动人口计划生育的管理办法。户籍所在地县级人民政府计划生育行政管理部门或者乡（镇）人民政府、街道办事处负责办理外出人口的婚育证明。故本题选A。

2.公共卫生是公共医疗卫生服务体系的组成部分，公共卫生（　　）。

A.以预防为主　　B.以治疗为主

C.以保健为主　　D.以研制为主

【答案】A。**解析：**本题考查的是公共卫生体系建设。公共卫生是公共医疗卫生服务体系的组成部分，公共卫生以预防为主。公共卫生对于预防疾病，提高人们的健康水平具有重要的作用。故本题选A。

3.《关于实施农村医疗救助的意见》规定，农村医疗救助实行（　　）。

A.属地化管理原则　　B.县级民政部门负责制

C.市级民政部门负责制　　D.省级民政部门负责制

【答案】A。**解析：**本题考查的是农村医疗救助的原则。农村医疗救助实行属地化管理原则。故本题选A。

4.《流动人口计划生育工作管理办法》对流动人口计划生育工作的对象、管理原则等方面做了规定。下列说法符合规定的是（　　）。

A.流动人口计划生育工作的对象是所有流动人口

B.流动人口的计划生育工作以户籍所在地人民政府管理为主

C.流动人口现居住地的地方人民政府应将流动人口计划生育工作纳入当地计划生育管理

D.流动人口户籍所在地人民政府应向现居住地人民政府支付管理费用

【答案】C。**解析：**本题考查的是流动人口计划生育的管理办法。流动人口计划生育工作的对象是离开户籍所在地的县、市或者市辖区，以工作、生活为目的异地居住的成年育龄人员，故A项错误。流动人口计划生育工作由流动人口户籍所在地和现居住地的人民政府共同负责管理，以现居住地人民政府为主，故B项错误。法律并未规定流动人口户籍所在地人民政府应向现居住地人民政府支付管理费用，故D项错误。故本题选C。

5.突发公共卫生事件应急处理指挥部根据突发公共卫生事件应急处理的需要，可以对(　　)采取控制措施。

A.交通运输　　B.医疗器材

C.救护运输　　D.食物和水源

【答案】D。**解析：**本题考查的是公共卫生体系建设。突发公共卫生事件应急处理指挥部根据突发公共卫生事件应急处理的需要，可以对食物和水源采取控制措施。故本题选D。

6.李某今年49岁，她从22岁开始就担任某村的乡村医生，对这个事业充满了热情。根据规定，原则上当李某年满(　　)的时候不再在村卫生室执业。

A.50岁　　B.55岁

C.60岁　　D.65岁

【答案】C。**解析：**本题考查的是乡村医生养老政策。建立乡村医生到龄退出机制，原则上年满60周岁的乡村医生不继续在村卫生室执业，如有特殊情况可延长工作年限。故本题选C。

7.某镇卫生院积极发挥基层医疗卫生机构的作用，为全镇人民的医疗健康做了突出贡献。以下关于该镇卫生院的基本功能的说法，正确的是(　　)。

A.该乡镇卫生院以维护当地居民健康为中心，综合提供公共卫生和基本医疗等服务

B.该卫生院只需提供基本医疗服务，无须承担县级人民政府卫生行政部门委托的卫生管理职能

C.该卫生院承担当地居民儿童保健、孕产妇保健、老年人保健、慢性病管理、重性精神疾病患者管理等国家基本公共卫生服务项目

D.应协助实施疾病防控、农村妇女住院分娩等重大公共卫生项目、卫生应急等任务

E.应负责对村卫生室的业务管理和技术指导

【答案】ACDE。**解析：**本题考查的是乡镇卫生院的基本功能。乡镇卫生院以维护当地居民健康为中心，综合提供公共卫生和基本医疗等服务，并承担县级人民政府卫生行政部门委托的卫生管理职能；承担当地居民健康档案、健康教育、计划免疫、传染病防治、儿童保健、孕产妇保健、老年人保健、慢性病管理、重性精神疾病患者管理等国家基本公共卫生服务项目；协助实施疾病防控、农村妇女住院分娩等重大公共卫生项目、卫生应急等任务；承担常见病、多发病的门诊和住院诊治，开展院内外急救、康复和计划生育技术服务等，提供转诊服务；受县级人民政府卫生行政部门委托，承担辖区内公共卫生管理职能，负责对村卫生室的业务管理和技术指导；有条件地区可推行乡村卫生服务一体化管理。故本题选ACDE。

8.国务院《关于发展城市社区卫生服务的指导意见》提出，社区卫生服务机构提供公共卫生服务和基本医疗服务。下列属于基本公共卫生服务具体内容的是（　　）。

A.风寒感冒的诊治

B.乙肝疫苗接种

C.高血压的治疗

D.老年人健康保健知识的宣传

E.急性胃溃疡的治疗

【答案】BCD。**解析：**本题考查的是基本公共卫生服务具体内容。基本公共卫生服务具体内容包括：健康档案、健康教育、预防接种、传染病防治、儿童保健、孕产妇保健、老年人保健、高血压等慢性病管理、重性精神疾病管理、卫生监督协管等国家基本公共卫生服务项目。故本题选BCD。

9.突发公共卫生事件是指（　　）。

A.公众卫生事件

B.造成或者可能造成社会公众健康严重损害的重大传染病疫情

C.突然发生的，群体性不明原因疾病

D.重大食物和职业中毒

E.其他严重影响公众健康的事件

【答案】BCDE。**解析：**本题考查的是突发公共卫生事件。突发公共卫生事件是指突然发生，造成或者可能造成社会公众健康严重损害的重大传染病疫情、群体性不明原因疾病、重大食物和职业中毒以及其他严重影响公众健康的事件。故本题选BCDE。

step2：练易错

1.玲玲今年24岁，已婚，今年刚从老家到广州打工。根据规定，她应当自到达广州之日起（　　）内提交婚育证明。

A.15日　　B.30日

C.45日　　D.60日

【答案】B。**解析：**本题考查的是婚育证明的办理和交验。流动人口成年育龄妇女应当自到达现居住地之日起30日内提交婚育证明。故本题选B。

2.食品生产经营单位中需对食品安全负直接责任的主体是（　　）。

A.食品生产经营企业法定代表人

B.食品生产经营企业主要负责人

C.食品生产经营企业质量安全主管人员

D.食品生产经营企业食品生产员工

【答案】C。**解析：**本题考查的是食品生产经营单位的责任。食品生产经营企业法定代表人或主要负责人对食品安全负首要责任，企业质量安全主管人员对食品安全负直接责任。故本题选C。

3.《流动人口计划生育工作条例》规定，本管辖区域内流动人口计划生育工作由（　　）负责。

A.乡（镇）人民政府、街道办事处

B.社区服务中心

C.县级人民政府

D.社区居委会

【答案】A。**解析：**本题考查的是流动人口计划生育的管理办法。乡（镇）人民政府、街道办事处负责本辖区内流动人口计划生育工作，对流动人口实施计划生育管理，开展计划生育宣传教育。故本题选A。

4.促进人才向基层流动是巩固完善基层医疗卫生机构运行新机制的要求和目标。下列做法中，体现促进人才向基层流动具体措施的是（　　）。

A.某县的人民医院与某乡（镇）卫生服务站建立人才合作交流机制，探索县城人才柔性流动方式，促进县乡人才联动

B.某医科大学在国家政策的支持下开展免费医学生定向培养，实施全科医生特岗计划，充实基层人才队伍

C.张某是某市一所三甲医院的医生，在晋升高级职称时要求其至少累计有2年的农村服务经历

D.孙某从某市一所大医院退休后，被要求到某基层农村执业

E.对到艰苦边远地区基层医疗卫生机构服务的医务人员，落实津补贴政策或给予必要补助

【答案】ABDE。**解析：**本题考查的是进一步完善相关政策措施，鼓励引导医务人员到基层服务的具体措施。这些政策措施包括：建立上级医院与基层医疗卫生机构之间的人才合作交流机制，探索县（市、区）人才柔性流动方式，促进县乡人才联动。开展免费医学生定向培养，实施全科医生特岗计划，充实基层人才队伍。严格落实城市医院和疾病预防控制机构医生晋升中高级职称前到农村服务累计1年以上的政策。鼓励大医院退休医生到基层和农村执业。对到艰苦边远地区基层医疗卫生机构服务的医务人员，落实津补贴政策或给予必要补助。故C项错误，本题选ABDE。

step3：练提升

1.依照《中华人民共和国食品安全法》和国务院规定的职责，国家食品药品监督管理部门不可对（　　）活动实施监督管理。

A.食品生产　　B.食品流通

C.餐饮服务　　D.食品检测

【答案】D。**解析：**国务院质量监督、工商行政管理和国家食品药品监督管理部门依照《中华人民共和国食品安全法》和国务院规定的职责，分别对食品生产、食品流通、餐饮服务活动实施监督管理。故本题选D。

2.2010年，甲县村民张某（男）与夏某（女）结婚，张某夫妇结婚后不久到乙县建筑工地务工并居住至今。下列关于张某夫妇计划生育管理工作的说法中，正确的是（　　）。

A.由甲县和乙县人民政府共同管理

B.以甲县管理为主，由甲县人民政府管理

C.由甲县和乙县人民政府共同管理，以乙县管理为主

D.仅由乙县人民政府管理

【答案】C。**解析：**本题考查的是流动人口计划生育的管理办法。《流动人口计划生育工作条例》第四条规定，流动人口计划生育工作由流动人口户籍所在地和现居住地的人民政府共同负责，以现居住地人民政府为主，户籍所在地人民政府予以配合。故本题选C。

3.户籍在A省某城市的小成与小林，婚后未育，现在B省工作和居住。两人想在现居地生育子女，可以在（　　）按规定办理婚育证明。

A.户籍所在地街道办事处　　B.现居住地街道办事处

C.现居住地派出所　　D.现工作单位

【答案】A。**解析：**本题考查的是流动人口婚育证明的办理。凭本人居民身份证到户籍所在地的乡（镇）人民政府或者街道办事处办理婚育证明。故本题选A。

4.下列县级以上人民政府应采取的对艾滋病防治关怀救助措施的说法，错误的是（　　）。

A.向农村艾滋病病人和城镇经济困难的艾滋病病人免费提供治疗药品

B.向接受艾滋病咨询、检测的人员免费提供咨询和初筛检测

C.向感染艾滋病病毒的孕妇免费提供预防艾滋病母婴传播的治疗和咨询

D.对农村艾滋病病毒感染者提供治疗的费用

【答案】D。**解析：**本题考查的是艾滋病防治关怀的救助措施。《艾滋病防治条例》规定，

县级以上人民政府应当采取的艾滋病防治关怀救助措施包括:(1)向农村艾滋病病人和城镇经济困难的艾滋病病人免费提供抗艾滋病病毒的治疗药品;(2)对农村和城镇经济困难的艾滋病病毒感染者、艾滋病病人适当减免抗感染治疗药品的费用,故D项错误;(3)向接受艾滋病咨询、检测的人员免费提供咨询和初筛检测;(4)向感染艾滋病病毒的孕产妇免费提供预防艾滋病母婴传播的治疗和咨询。故本题选D。

5.赵某完成中等医学专业学习并取得执业助理医师证书后,回到自己从小生活的村庄,设立了一家村卫生室。以下关于赵某可享受的补偿政策的说法,错误的是(　　)。

A.赵某提供的基本公共卫生服务,主要通过政府购买服务的方式进行合理补助

B.赵某针对村民提供的基本医疗服务,主要由个人和新农合基金进行支付

C.赵某在岗培训属于个人技能提升,所需经费由其本人承担

D.当地应当采取先预拨、后结算的方式发放赵某的补助

【答案】C。**解析:**本题考查的是乡村医生的培训制度。乡村医生在岗培训所需经费由县级财政预算安排,不得向乡村医生收取费用。故本题选C。

6.李某,男,25岁,甲市乙乡人,在丙市某企业打工时与丁市陈某结婚,两人此前均未生育,婚后不久陈某怀孕,根据《流动人口计划生育工作条例》,李某夫妇办理生育服务登记时,应当提供的证明材料包括(　　)。

A.双方的户口簿

B.双方的身份证

C.结婚证

D.陈某户籍所在地街道办事处出具的婚育证明

E.乙乡人民政府出具的李某的婚育情况证明材料

【答案】BCDE。**解析:**本题考查的是流动人口计划生育的管理办法。《流动人口计划生育工作条例》规定,流动人口可在现居住地办理第一个子女生育服务登记,登记时应当提供夫妻双方的居民身份证、结婚证、女方的婚育证明和男方户籍所在地的乡(镇)人民政府或者街道办事处出具的婚育情况证明材料。故本题选BCDE。

第十二章　我国社会保险法规与政策

step1：练基础

1.以下说法正确的是(　　)。

A.15岁的小章，可以参加城乡居民养老保险

B.小王，19岁，大一学生，可以参加城乡居民养老保险

C.孙先生，34岁，国家公务员，可以参加城乡居民养老保险

D.吴女士，32岁，失业在家，可以参加城乡居民养老保险

【答案】D。**解析：**本题考查的是城乡居民养老保险制度的法规与政策。根据相关规定，年满16周岁(不含在校学生)，非国家机关和事业单位工作人员及不属于职工基本养老保险制度覆盖范围的城乡居民，可以在户籍地参加城乡居民养老保险。故本题选D。

2.《中华人民共和国社会保险法》第二十五条明确规定，特殊人群的城镇居民基本医疗保险的个人缴费部分由政府给予补贴，以下不属于这些特殊人群的是(　　)。

A.享受最低生活保障的人

B.丧失劳动能力的残疾人

C.低收入家庭60周岁以上的老年人和未成年人

D.不属于职工基本医疗保险覆盖范围的学生(包括职业高中、中专、技校学生)

【答案】D。**解析：**本题考查的是特殊人员医疗待遇。《中华人民共和国社会保险法》第二十五条规定，享受最低生活保障的人、丧失劳动能力的残疾人、低收入家庭60周岁以上的老年人和未成年人等城镇的居民基本医疗保险所需个人缴费部分，由政府给予补贴。故本题选D。

3.停止享受工伤保险待遇的情形不包括(　　)。

A.丧失享受待遇条件的　　B.拒绝治疗的

C.拒不接受劳动能力鉴定的　　D.醉酒导致伤亡的

【答案】D。**解析：**本题考查的是工伤保险制度的法规与政策。工伤职工有下列情形之一的，应停止享受工伤保险待遇：一是丧失享受待遇条件的；二是拒不接受劳动能力鉴定的；三是拒绝治疗的。故本题选D。

4.关于城镇职工基本医疗保险个人账户，下列表述正确的是(　　)。

A.个人账户资金全部来源于个人缴纳的基本医疗保险费

B.个人账户本金利息归个人所有，但不可以继承

C.个人账户可用于支付起付标准以下的医疗费用

D.个人账户的管理由医院负责

【答案】C。**解析：**本题考查的是城镇职工基本医疗保险的个人账户。城镇职工基本医疗保险统筹基金的起付标准原则上控制在当地职工年平均工资的10%左右，起付标准以下的医疗费用，从个人账户支付或由个人自付；起付标准以上、最高支付限额以下的医疗费用，主要从统筹基金中支付，个人也要负担一定比例。故本题选C。

5.根据《企业职工生育保险试行办法》，女职工的生育医疗费用和生育津贴，对于已经参加生育保险的，正确的是(　　)。

A.女职工产假期间的生育津贴按照其本人上年度月平均工资计发

B.女职工产假期间的生育津贴由生育保险基金支付

C.女职工因流产手术发生的医药费，生育保险基金不予支付

D.女职工生育后，因生育引起疾病的医疗费由医疗保险基金支付

【答案】B。**解析：**本题考查的是生育保险制度的法规与政策。女职工的生育医疗费用和生育津贴，对于已经参加生育保险的，由生育保险基金支付。故本题选B。

6.根据《失业保险条例》，关于城镇企业事业单位和职工缴纳的失业保险费，下列说法错误的是(　　)。

A.单位按照本单位工资总额的2%缴纳失业保险费

B.职工按照本人工资的1%缴纳失业保险费

C.城镇企业事业单位招用的农民合同制工人本人不缴纳失业保险费

D.省级人民政府可根据实际情况自行调整本行政区域失业保险费的费率

【答案】D。**解析：**本题考查的是失业保险制度的法规与政策。《失业保险条例》规定，城镇企业事业单位按照本单位工资总额的2%缴纳失业保险费，城镇企业事业单位职工按照本人工资的1%缴纳失业保险费，城镇企业事业单位招用的农民合同制工人不缴纳失业保险费。故本题选D。

7.关于城镇职工基本医疗保险的统筹模式和补偿方式，下列选项中，说法不正确的是(　　)。

A.职工个人缴纳的基本医疗保险费，全部计入个人账户

B.划入个人账户的比例一般为用人单位缴费的50%左右

C.不在统筹基金支付范围的医疗费用都可以由个人账户支付

D.城镇职工基本医疗保险统筹基金和个人账户要划定各自的支付范围，分别核算，不得互相挤占

【答案】B。**解析：**本题考查的是用人单位缴纳的基本医疗保险费的分类。用人单位缴纳的基本医疗保险费分为两部分，一部分用于建立统筹基金，一部分划入个人账户。划入个人账户的比例一般为用人单位缴费的30%左右，具体比例由统筹地区根据个人账户的支付范围和职工年龄等因素确定。故本题选B。

8. 个人缴费年限累计满(　　)年的，退休后可以按月领取基本养老金。

A.25　　B.20

C.15　　D.10

【答案】C。解析：本题考查的是职工基本养老保险制度。根据职工基本养老保险制度，个人缴费年限累计满15年的，退休后按月发放基本养老金。故本题选C。

9. 城镇职工基本医疗保险统筹基金的具体起付标准、最高支付限额，以及在起付标准以上和最高支付限额以下的医疗费用的个人负担比例，由统筹地区根据(　　)的原则确定。

A. 以收定支　　B. 当地实际工资水平

C. 当地物价增长水平　　D. 收支平衡

E. 国家财政拨款

【答案】AD。解析：本题考查的是城镇职工基本医疗保险统筹基金的具体起付标准。城镇职工基本医疗保险统筹基金的具体起付标准、最高支付限额，以及在起付标准以上和最高支付限额以下医疗费用的个人负担比例，由统筹地区根据以收定支、收支平衡的原则确定。故本题选AD。

step2: 练易错

1. 根据《国务院关于建立城镇职工基本医疗保险制度的决定》，基本医疗保险费由用人单位与职工共同缴纳，具体比例是(　　)。

A. 用人单位缴费率控制在职工工资总额的5%左右，职工缴费率一般为本人工资收入的1.5%

B. 用人单位缴费率控制在职工工资总额的6%左右，职工缴费率一般为本人工资收入的2.5%

C. 用人单位缴费率控制在职工工资总额的6%左右，职工缴费率一般为本人工资收入的2%

D. 用人单位缴费率控制在职工工资总额的8%左右，职工缴费率一般为本人工资收入的2%

【答案】C。解析：本题考查的是城镇职工基本医疗保险制度。《国务院关于建立城镇职工基本医疗保险制度的决定》确立的城镇职工基本医疗保险的缴费办法为：基本医疗保险费由用人单位和职工共同缴纳，用人单位缴费率应控制在职工工资总额的6%左右，职工个人缴费率一般为本人工资收入的2%。故本题选C。

2.劳动能力鉴定是保护因工受伤职工的重要环节。根据现行规定,能够出具劳动能力鉴定最终结论的机构是(　　)。

A.设区的市级劳动能力鉴定委员会

B.省级劳动能力鉴定委员会

C.设区的市级劳动争议仲裁委员会

D.设区的市级人民法院

【答案】B。**解析:**本题考查的是劳动能力鉴定。申请鉴定的单位或者个人对设区的市级劳动能力鉴定委员会作出的鉴定结论不服的,可以在收到该鉴定结论之日起15日内向省、自治区、直辖市劳动能力鉴定委员会提出再次鉴定申请。省、自治区、直辖市劳动能力鉴定委员会作出的劳动能力鉴定结论为最终结论。故本题选B。

3.以下各项中,不属于工伤的是(　　)。

A.职业病

B.革命伤残军人到用人单位后旧伤复发

C.因酗酒导致的伤亡

D.抗洪抢险时负伤

【答案】C。**解析:**本题考查的是工伤的规定。《工伤保险条例》第十四条规定,职工有下列情形之一的,应当认定为工伤:(1)在工作时间和工作场所内,因工作原因受到事故伤害的;(2)工作时间前后在工作场所内,从事与工作有关的预备性或者收尾性工作受到事故伤害的;(3)在工作时间和工作场所内,因履行工作职责受到暴力等意外伤害的;(4)患职业病的,故A项属于工伤;(5)因工外出期间,由于工作原因受到伤害或者发生事故下落不明的;(6)在上下班途中,受到机动车事故伤害的;(7)法律、行政法规规定应当认定为工伤的其他情形。《工伤保险条例》第十五条规定,职工有下列情形之一的,视同工伤:(1)在工作时间和工作岗位,突发疾病死亡或者在48小时之内经抢救无效死亡的;(2)在抢险救灾等维护国家利益、公共利益活动中受到伤害的,故D项属于工伤;(3)职工原在军队服役,因战、因工负伤致残,已取得革命伤残军人证,到用人单位后旧伤复发的,故B项属于工伤。《工伤保险条例》第十六条 职工有下列情形之一的,不得认定为工伤或者视同工伤:(1)因犯罪或者违反治安管理伤亡的;(2)醉酒导致伤亡的,故C项不属于工伤;(3)自残或者自杀的。故本题选C。

4.根据《国务院关于开展城镇居民基本医疗保险试点的指导意见》,下列人员中属于城镇居民基本医疗保险制度覆盖范围的是(　　)。

A.国有企业职工　　　　B.机关事业单位人员

C.私人企业雇员　　　　D.中小学生

【答案】D。**解析:**本题考查的是城镇居民基本医疗保险制度。《国务院关于开展城镇居民基本医疗保险试点的指导意见》规定,不属于城镇职工基本医疗保险制度覆盖范围的中小学阶段的学生(包括职业高中、中专、技校学生)、少年儿童和其他非从业城镇居民都可自愿参加城镇居民基本医疗保险。故本题选D。

5.陈某与某公司签订的劳动合同于2020年5月10日终止。合同终止后,陈某失业在家。2020年5月15日,公司为陈某出具了终止劳动关系的证明。2020年5月20日,陈某持该证明到社会保险经办机构办理了失业登记。陈某领取失业保险金的起算日期是(　　)。

A.2020年5月10日　　B.2020年5月15日

C.2020年5月17日　　D.2020年5月20日

【答案】D。**解析:**本题考查的是失业保险制度的法规与政策。《失业保险条例》规定,失业保险金自办理失业登记之日起计算。故本题选D。

6.下列有关城镇企业事业单位招用的农民合同制工人的失业保险待遇的表述中,不正确的是(　　)。

A.该工人只能获得一次性生活补助

B.必须连续工作满1年

C.本单位已缴纳失业保险费

D.个人必须按工资的1%缴纳失业保险费

【答案】D。**解析:**本题考查的是失业保险制度的法规与政策。《失业保险条例》规定,单位招用的农民合同制工人连续工作满1年,本单位并已缴纳失业保险费,劳动合同期满未续订或者提前解除劳动合同的,由社会保险经办机构根据其工作时间长短,对其支付一次性生活补助。补助的办法和标准由省、自治区、直辖市人民政府规定。A、B、C三项均正确。城镇企业事业单位招用的农民合同制工人本人不缴纳失业保险费。故本题选D。

7.以下各项中,可以停发失业人员的失业保险金的是(　　)。

A.失业人员有资产收入的

B.失业人员买彩票中奖的

C.失业人员违反治安管理条例被罚款的

D.失业人员参军入伍的

【答案】D。**解析:**本题考查的是失业保险制度的法规与政策。《中华人民共和国社会保险法》第五十一条规定,失业人员在领取失业保险金期间有下列情形之一的,停止领取失业保险金、同时停止享受其他失业保险待遇。这些情形包括:(1)重新就业的;(2)应征服兵役的;(3)移居境外的;(4)享受基本养老保险待遇的;(5)无正当理由拒不接受当地人民政府指定部门或者机构介绍的适当工作或者提供的培训的。故本题选D。

8.下列关于用人单位缴纳社会保险费用的说法中,错误的是(　　)。

A.城镇企事业单位按照本单位工资总额的1%缴纳失业保险费

B.用人单位缴纳城镇职工基本医疗保险的费率应控制在职工工资总额的6%左右

C.用人单位缴纳工伤保险费的数额为本单位职工工资总额乘以单位缴费费率之积

D.企业缴纳基本养老保险费的比例一般不得超过企业工资总额的20%

【答案】A。**解析:**本题考查的是失业保险制度的法规与政策。城镇企业事业单位按照本单位工资总额的2%缴纳失业保险费。故本题选A。

9.根据《企业职工生育保险试行办法》,下列选项中,关于生育保险的说法,正确的是(　　)。

A.职工个人不缴纳生育保险费

B.生育保险费用实行社会统筹和个人账户相结合

C.生育保险根据“企业为主,社会参与”的原则筹备资金

D.生育保险费的提取比例最高不得超过工资的2%

【答案】A。**解析:**本题考查的是生育保险制度的法规与政策。《中华人民共和国社会保险法》第五十三条规定,职工应当参加生育保险,由用人单位按照国家规定缴纳社会保险费,职工个人不缴纳生育保险费。《企业职工生育保险试行办法》则进一步具体规定,生育保险根据“以收定支,收支平衡”的原则筹集资金,由企业按照其工资总额的一定比例向社会保险经办机构缴纳生育保险费,建立生育保险基金。生育保险费的提取比例由当地人民政府根据计划内生育人数和生育津贴、生育医疗费等项费用确定,并可根据费用支出情况适时调整,但最高不得超过工资总额的1%。故本题选A。

10.下列各项因素中,会影响城镇职工个人账户养老金月标准的是(　　)。

A.当地上年度在岗职工月平均工资　　B.基础养老金

C.城镇人口平均预期寿命　　D.本人退休年龄

E.银行存储利息

【答案】CDE。**解析:**本题考查的是养老金的月标准。基本养老金由基础养老金和个人账户养老金组成,当地上年度在岗职工月平均工资会影响基础养老金的月标准;个人账户养老金月标准为个人账户储存额除以计发月数,计发月数根据职工退休时城镇人口平均预期寿命、本人退休年龄、利息等因素确定。故本题选CDE。

step3:练提升

1.王先生一家是城市低收入家庭,家里除了王先生夫妇外,还有一个68岁的母亲,和一个无劳动能力的女儿,王先生有一份稳定的工作,他妻子打零工,母亲和女儿待在家中。关于王先生一家的城镇居民基本医疗保险的说法正确的是(　　)。

A.王先生母亲的职工基本医疗保险费用可以由政府补贴

B.王先生的女儿到60周岁后,才能由政府补贴职工基本医疗保险费用

C.王先生的女儿必须参加职工基本医疗保险

D.王先生的妻子必须参加职工基本医疗保险

【答案】A。**解析：**本题考查的是城镇居民基本医疗保险。《中华人民共和国社会保险法》第二十五条规定，享受最低生活保障的人、丧失劳动能力的残疾人、低收入家庭60周岁以上的老年人和未成年人等所需个人缴费部分，由政府给予补贴。故本题选A。

2.王先生是国有企业的一名普通职工，企业的效益很不错，而他的太太在一家加工型企业上班，因为不喜欢加工企业对工人的严格管束，于是辞职，自己开了一家餐馆。关于这两人社会保险的申报有如下说法，其中错误的是（　　）。

A.王先生应当自行申报社会保险

B.王太太是个体工商户，可以自行缴纳社会保险

C.王太太辞职后应当继续按原来的费用缴纳社会保险

D.王先生应当自行缴纳社会保险

E.王先生的社会保险费用全部都由他所在企业支付

【答案】ACDE。**解析：**本题考查的是社会保险征缴。根据《中华人民共和国社会保险法》，用人单位应当自行申报、按时足额缴纳社会保险费，非因不可抗力等法定事由不得缓缴、减免；无雇工的个体工商户、未在用人单位参加社会保险的非全日制从业人员以及其他灵活就业人员，可以直接向社会保险费征收机构缴纳社会保险费；职工应当缴纳的社会保险费由用人单位代扣代缴，用人单位应当按月将缴纳社会保险费的明细情况告知本人；社会保险缴费的基数分为用人单位的缴费基数和劳动者个人的缴费基数。故本题选ACDE。

3.《中华人民共和国社会保险法》第六十九条对社会保险基金的投资运营做了规定，下列说法中正确的是（　　）。

A.为了让社保基金实现保值和增值，社保基金可以用来投资运营

B.社保基金可以用来投资兴建、改建办公场所

C.社会保险基金不能用来支付人员经费

D.社会保险基金不能用来支付运营费用

E.社会保险基金不能用来支付管理费用

【答案】CDE。**解析：**本题考查的是社会保险征缴。《中华人民共和国社会保险法》第六十九条规定，社会保险基金在保证安全的前提下，按照国务院规定投资运营实现保值增值。社会保险基金不得违规投资运营，不得用于平衡其他政府预算，不得用于兴建、改建办公场所和支付人员经费、运行费用、管理费用，或者违反法律、行政法规规定挪作其他用途。故本题选CDE。

offcn 中公教育

全国社会工作者职业水平考试辅导用书

社会工作法规与政策

（中级·上册）

中公教育全国社会工作者职业水平考试研究中心◎编著

世界图书出版公司

北京·广州·上海·西安

图书在版编目（CIP）数据

社会工作法规与政策：中级 / 中公教育全国社会工作者职业水平考试研究中心编著．—北京：世界图书出版有限公司北京分公司，2018.11（2020.12 重印）
全国社会工作者职业水平考试辅导用书
ISBN 978-7-5192-5293-9

Ⅰ．①社… Ⅱ．①中… Ⅲ．①社会工作－法规－中国－水平考试－自学参考资料②社会政策－中国－水平考试－自学参考资料 Ⅳ．① D922.11 ② D601

中国版本图书馆 CIP 数据核字（2018）第 259448 号

书　　名　全国社会工作者职业水平考试辅导用书·社会工作法规与政策（中级）
QUANGUO SHEHUI GONGZUOZHE ZHIYE SHUIPING KAOSHI FUDAO YONGSHU · SHEHUI GONGZUO FAGUI YU ZHENGCE（ZHONGJI）
编　　著　中公教育全国社会工作者职业水平考试研究中心
责任编辑　张建民
特约编辑　李　瑶

出版发行　世界图书出版有限公司北京分公司
地　　址　北京市东城区朝内大街 137 号
邮　　编　100010
电　　话　010-64038355（发行）　64037380（客服）　64033507（总编室）
网　　址　http://www.wpcbj.com.cn
邮　　箱　wpcbjst@vip.163.com
销　　售　各地新华书店
印　　刷　天津中印联印务有限公司
开　　本　787 mm × 1092 mm　1/16
印　　张　32.5
字　　数　780 千字
版　　次　2018 年 11 月第 1 版
印　　次　2020 年 12 月第 3 次印刷
国际书号　ISBN 978-7-5192-5293-9
总 定 价　58.00 元（全两册）

2021 社会工作师

社会工作法规与政策应试指南

一、考试基本情况介绍

1. 考试科目

社会工作者职业水平考试实行全国统一大纲、统一命题的考试制度，原则上每年举行一次。

社会工作师考试科目为社会工作综合能力（中级）、社会工作实务（中级）、社会工作法规与政策（中级）。其中，社会工作法规与政策主要考查社会工作专业人员在面对不同的服务领域和服务对象时，对政策的掌握情况，以及在现行的政策背景下，开展专业服务的能力。

2. 试卷结构

试卷全部为客观题，总分为100分。其中，单选题60题，每题1分，满分60分；多选题为20道，每题2分，满分40分。

3. 科目详情

通过分析以往七年的出题情况，我们发现考试的难度在逐年提升；考点较多，且每年都有变化；考试通过难度较大。

系统熟记上册“考点精讲”的重点知识，科学练习下册“考点精练”的重点题目，充分把握各个知识点的出题思路是考生备考全国社会工作者职业水平考试的有效方法。我们根据试题的出题规律，整理了近几年考试重点及对应分值的情况，供考生们学习和借鉴。

二、历年试题分析

表 1　2015—2019 年社会工作法规与政策（中级）考点分值分布

篇	章	年份					总计	比例
		2015	2016	2017	2018	2019		
社会工作法规与政策的基础知识	社会工作法规与政策概述	0	1	2	1	1	5	1%
	社会工作专业人才队伍建设法规与政策	1	0	2	3	3	9	1.80%

（续表）

篇	章	年份					总计	比例
		2015	2016	2017	2018	2019		
社会工作法规与政策的主要内容	我国社会救助法规与政策	10	13	14	18	13	68	13.60%
	我国特定人群权益保护法规与政策	7	8	5	4	5	29	5.80%
	我国婚姻家庭法规与政策	11	7	10	5	8	41	8.20%
	我国人民调解、信访工作和突发事件应对的法规与政策	7	5	4	3	5	24	4.80%
	我国社区矫正、禁毒和治安管理法规与政策	5	6	6	5	6	28	5.60%
	我国烈士褒扬与优抚安置法规与政策	10	9	8	7	7	41	8.20%
	我国城乡基层群众自治和社区建设法规与政策	12	13	7	3	5	40	8.00%
	我国公益慈善事业与志愿服务法规与政策	4	2	4	8	9	27	5.40%
	我国社会组织法规与政策	4	8	9	7	7	35	7.00%
	我国劳动就业和劳动关系法规与政策	14	14	13	17	15	73	14.60%
	我国健康与计划生育法规与政策	4	4	3	3	4	18	3.60%
	我国社会保险法规与政策	11	10	13	16	12	62	12.40%
合计		100	100	100	100	100	500	100.00%

从上述分析数据来看，我国社会救助法规与政策、我国劳动就业和劳动关系法规与政策、我国社会保险法规与政策是考试的重中之重，考生在复习时，要重点复习这三章的内容。对于其他章的内容，考生要理解掌握重点的法规和政策规定。对于一般知识点，简单理解即可。

三、备考建议

建议一 | 根据备考时间，合理选择备考计划

表2　备考建议

复习时长	备考建议
≥3个月	三轮复习法： 第一轮：学习掌握各个考点（建议时长：1.5个月） 1.按章节逐个学习各个考点，全面掌握各个考点 2.在学习完每章内容之后，练习下册“考点精练”中对应章节的题目，巩固自己的学习效果 第二轮：重点、难点强化训练（建议时长：1个月） 1.可购买配套的《历年真题及全真模拟试卷》，练习成套的真题、模拟题，发现自己掌握不到位的知识点 2.结合书中对应内容，再次巩固自己未掌握的知识点 第三轮：全真模拟训练阶段（建议时长：0.5个月） 每天做一套真题或模拟题，整理错题，反复练习
<3个月	两轮复习法： 第一轮：明确复习重点，掌握重要考点（建议时长：1个月） 1.明确复习重点，重点学习“真题再现”部分涉及的知识点 2.学习完每章内容之后，练习下册“考点精练”中对应题目，巩固自己的学习效果 第二轮：全真模拟，弥补差距（建议时长：1个月） 1.可购买配套的《历年真题及全真模拟试卷》，练习成套的真题、模拟题，发现自己掌握不到位的知识点 2.整理错题，再次巩固自己未掌握的知识点

建议二 | 在夯实基础的前提下，掌握科学的答题方法

根据《社会工作法规与政策（中级）》的考试真题特点，我们总结了以下几种答题技巧，供大家参考，希望能够帮助大家提升题目作答的准确性。

（1）找关键词法。一般来说，社会工作法规与政策（中级）试卷中的选择题的关键词大多是题干所提到的法规与政策。如果一个题干较短，没有出现法规与政策，那么关键词就是题干中提到的犯罪行为或涉及的主体等。

【例题】根据《中华人民共和国老年人权益保障法》，下列关于家庭赡养的说法，正确的是（　　）。

A.赡养人表示放弃继承权的，可以不再履行赡养老人的义务

B.赡养人有义务耕种老年人承包的田地，照顾老年人的林木和牲畜，收益归赡养人所有

C.经老年人同意，赡养人之间可以就履行赡养义务签订协议，基层派出所监督协议的履行

D.赡养人不履行赡养义务的，基层群众性自治组织、老年人组织或者赡养人所在单位应当督促其履行

【答案】D。**解析：**本题考查的是我国的老年人权益保障法中关于家庭赡养的相关规定。根据“找关键词法”，我们在读完题干后，首先可以明确本题的关键词是老年人权益保障法、家庭赡养。赡养人的赡养义务是一项法定责任，赡养人不得以放弃继承权或者其他理由，拒绝履行赡养义务，故A项错误。赡养人有义务耕种或者委托他人耕种老年人承包的田地，照管或者委托他人照管老年人的林木和牲畜等，收益归老年人所有，故B项错误。经老年人同意，赡养人之间可以就履行赡养义务签订协议。赡养协议的内容不得违反法律的规定和老年人的意愿。赡养人不得要求老年人承担力不能及的劳动。禁止对老年人实施暴力。基层群众性自治组织、老年人组织或者赡养人所在单位监督协议的履行，故C项错误。赡养人、扶养人不履行赡养、扶养义务的，基层群众性自治组织、老年人组织或者赡养人、扶养人所在单位应当督促其履行，故本题选D。

（2）排除法。通过对备选选项的筛选，淘汰与题干要求不一致的选项，保留符合题意的选项。

【例题】小萌，7岁，父母因遭遇车祸双亡，当地民政部门依法将小萌安置在市儿童福利院。该福利院为了促进小萌和其他孤儿融入社区，在附近小区租了一套单元房，为孩子们提供家庭式养育。根据《国务院办公厅关于加强孤儿保障工作的意见》，小萌的安置方法属于（　　）。

A.家庭寄养

B.依法收养

C.机构养育

D.亲属抚养

【答案】C。**解析：**本题考查的是孤儿和流浪未成年人的保护和安置。根据题干我们可以知道，机构养育是指对没有亲属和其他监护人抚养的孤儿，经依法公告后由民政部门设立的儿童福利机构收留抚养。有条件的儿童福利机构可在社区购买、租赁房屋，或在机构内部建造单元式居所，为孤儿提供家庭式养育。公安部门应及时为孤儿办理儿童福利机构集体户口。通过阅读题干，可以运用“排除法”排除A、B、D三项。因为题干明确说明民政部门将小萌安置在儿童福利院，明显属于机构养育。故本题选C。

目录

（上册·考点精讲）

第一篇　社会工作法规与政策的基础知识

第一章　社会工作法规与政策概述……2

备考指南……2

考点精讲1　法规的种类与制定过程……2

考点精讲2　社会政策与社会政策的运行……6

考点精讲3　我国有关社会建设的一般性法规与政策……8

考点精讲4　社会工作法规与政策与社会工作实践的关系……12

第二章　社会工作专业人才队伍建设法规与政策……14

备考指南……14

考点精讲1　加强社会工作专业人才队伍建设的法规与政策……15

考点精讲2　社会工作专业人才队伍建设中长期规划……20

考点精讲3　政府购买社会工作服务的法规与政策……23

考点精讲4　推进民办社会工作服务机构发展的法规与政策……26

第二篇　社会工作法规与政策的主要内容

第一章　我国社会救助法规与政策……30

备考指南……30

考点精讲1　社会救助法规与政策的一般规定……30

考点精讲2　最低生活保障制度……34

考点精讲3　特困人员供养法规与政策……41

考点精讲4　受灾人员救助法规与政策……46

考点精讲5　医疗救助法规与政策……54

考点精讲6　教育救助法规与政策……59
考点精讲7　住房救助法规与政策……62
考点精讲8　就业救助法规与政策……65
考点精讲9　临时救助法规与政策……67
考点精讲10　法律援助法规与政策……72

第二章　我国特定人群权益保护法规与政策……78

备考指南……78
考点精讲1　老年人权益保护的法规与政策……78
考点精讲2　妇女权益保护的法规与政策……85
考点精讲3　未成年人权益保护的法规与政策……90
考点精讲4　特殊未成年人权益保护的法规与政策……94
考点精讲5　残疾人权益保护的法规与政策……102

第三章　我国婚姻家庭法规与政策……111

备考指南……111
考点精讲1　婚姻缔结的法律规定……111
考点精讲2　婚姻解除的条件、程序和法律后果……116
考点精讲3　收养关系法规与政策……120
考点精讲4　财产继承法规与政策……125

第四章　我国人民调解、信访工作和突发事件应对的法规与政策……133

备考指南……133
考点精讲1　人民调解法规与政策……133
考点精讲2　信访工作法规与政策……137
考点精讲3　突发事件应对法规与政策……145

第五章　我国社区矫正、禁毒和治安管理法规与政策……153

备考指南……153
考点精讲1　社区矫正法规与政策……153
考点精讲2　禁毒法规与政策……164
考点精讲3　治安管理处罚法规与政策……170

第六章　我国烈士褒扬与优抚安置法规与政策……173

备考指南……173
考点精讲1　烈士褒扬和烈士遗属优抚优待……173

考点精讲2 死亡抚恤和残疾抚恤的具体规定……182
考点精讲3 优待的具体内容……186
考点精讲4 退役士兵安置法规与政策……189
考点精讲5 军休干部管理……194

第七章 我国城乡基层群众自治和社区建设法规与政策……197

备考指南……197
考点精讲1 居民委员会的性质、组织设置和主要职能……197
考点精讲2 居民自治的基本内容……200
考点精讲3 居民委员会与政府组织及相关组织的关系……204
考点精讲4 村民委员会的性质、结构与主要职能……207
考点精讲5 村民委员会选举……209
考点精讲6 村民（代表）会议和民主管理、民主监督……214
考点精讲7 村民委员会与党政组织以及政府组织的关系……218
考点精讲8 城市社区建设法规与政策……221
考点精讲9 农村社区建设试点工作……226
考点精讲10 城乡社区治理……230
考点精讲11 城乡社区服务……237

第八章 我国公益慈善事业与志愿服务法规与政策……242

备考指南……242
考点精讲1 公益慈善事业的界定及公益慈善组织的分类……242
考点精讲2 公益慈善事业募捐与捐赠的规定……244
考点精讲3 公益慈善信托的规定……247
考点精讲4 志愿服务组织管理规定……250

第九章 我国社会组织法规与政策……256

备考指南……256
考点精讲1 社会团体成立登记……256
考点精讲2 社会团体的管理……261
考点精讲3 行业协会商会与行政机关脱钩的政策……267
考点精讲4 民办非企业单位成立登记……269
考点精讲5 民办非企业单位的管理……272
考点精讲6 基金会的设立……276
考点精讲7 基金会的治理结构……278
考点精讲8 基金会的管理……281

考点精讲9　基金会的终止……285
考点精讲10　社区社会组织管理法规与政策……286

第十章　我国劳动就业和劳动关系法规与政策……292

备考指南……292
考点精讲1　就业服务与就业援助……292
考点精讲2　劳动合同的订立……297
考点精讲3　劳动合同的解除与终止……302
考点精讲4　集体合同、劳务派遣和非全日制用工的规定……307
考点精讲5　工资分配、支付与最低工资保障制度……310
考点精讲6　工作时间和休息休假的规定……312
考点精讲7　劳动保护的规定……315
考点精讲8　劳动保障监察的规定……318
考点精讲9　劳动争议处理的规定……322
考点精讲10　集体协商的原则和内容……328
考点精讲11　集体协商的代表和程序……330
考点精讲12　集体合同的规定……332
考点精讲13　构建和谐劳动关系……335

第十一章　我国健康与计划生育法规与政策……340

备考指南……340
考点精讲1　我国健康政策的总体框架……340
考点精讲2　公共卫生法规与政策……344
考点精讲3　城市医疗服务体系建设……354
考点精讲4　农村医疗服务体系建设……356
考点精讲5　城市社区卫生服务法规与政策……361
考点精讲6　食品药品安全法规与政策……363
考点精讲7　计划生育法规与政策……364

第十二章　我国社会保险法规与政策……369

备考指南……369
考点精讲1　城镇职工基本养老保险制度的法规与政策……369
考点精讲2　城乡居民基本养老保险制度的法规与政策……373
考点精讲3　医疗保险制度的法规与政策……376
考点精讲4　生育保险制度的法规与政策……384
考点精讲5　失业保险制度的法规与政策……387

考点精讲6 工伤保险制度的法规与政策 …… 390
考点精讲7 社会保险管理法规与政策 …… 395
考点精讲8 军人保险法规与政策 …… 399

（下册·考点精练）

第一篇 社会工作法规与政策的基础知识

第一章 社会工作法规与政策概述 …… 404
step1: 练基础 …… 404
step2: 练易错 …… 405
step3: 练提升 …… 406
第二章 社会工作专业人才队伍建设法规与政策 …… 408
step1: 练基础 …… 408
step2: 练易错 …… 409
step3: 练提升 …… 411

第二篇 社会工作法规与政策的主要内容

第一章 我国社会救助法规与政策 …… 414
step1: 练基础 …… 414
step2: 练易错 …… 417
step3: 练提升 …… 421
第二章 我国特定人群权益保护法规与政策 …… 423
step1: 练基础 …… 423
step2: 练易错 …… 425
step3: 练提升 …… 429
第三章 我国婚姻家庭法规与政策 …… 432
step1: 练基础 …… 432

step2: 练易错 ······ 435
step3: 练提升 ······ 441

第四章　我国人民调解、信访工作和突发事件应对的法规与政策 ······ 445
step1: 练基础 ······ 445
step2: 练易错 ······ 448
step3: 练提升 ······ 449

第五章　我国社区矫正、禁毒和治安管理法规与政策 ······ 451
step1: 练基础 ······ 451
step2: 练易错 ······ 453
step3: 练提升 ······ 454

第六章　我国烈士褒扬与优抚安置法规与政策 ······ 456
step1: 练基础 ······ 456
step2: 练易错 ······ 458
step3: 练提升 ······ 460

第七章　我国城乡基层群众自治和社区建设法规与政策 ······ 461
step1: 练基础 ······ 461
step2: 练易错 ······ 464
step3: 练提升 ······ 467

第八章　我国公益慈善事业与志愿服务法规与政策 ······ 469
step1: 练基础 ······ 469
step2: 练易错 ······ 470
step3: 练提升 ······ 472

第九章　我国社会组织法规与政策 ······ 474
step1: 练基础 ······ 474
step2: 练易错 ······ 476
step3: 练提升 ······ 478

第十章　我国劳动就业和劳动关系法规与政策 ······ 480
step1: 练基础 ······ 480
step2: 练易错 ······ 484
step3: 练提升 ······ 487

第十一章　我国健康与计划生育法规与政策 …… 492
step1: 练基础 …… 492
step2: 练易错 …… 494
step3: 练提升 …… 496
第十二章　我国社会保险法规与政策 …… 498
step1: 练基础 …… 498
step2: 练易错 …… 500
step3: 练提升 …… 503

第一篇

01

社会工作法规与政策的基础知识

第一章 社会工作法规与政策概述

备考指南

根据最新修订的考试大纲，本章内容包括三部分：第一部分为社会工作法规与政策的特点，主要包括法规的种类与制定过程和社会政策与社会政策的运行；第二部分为社会工作法规与政策的主要内容，主要包括我国有关社会建设的一般性法规与政策、我国促进和规范社会工作发展的法规与政策、我国在社会工作主要业务领域中的相关法规与政策；第三部分为社会工作法规与政策和社会工作实践的关系，主要包括社会工作法规与政策对社会工作实践的作用和社会工作实践对社会工作法规与政策的作用。由于近几年未出现有关第二部分和第三部分的考题，在下面的考点比重图中，没有它们对应的数值。

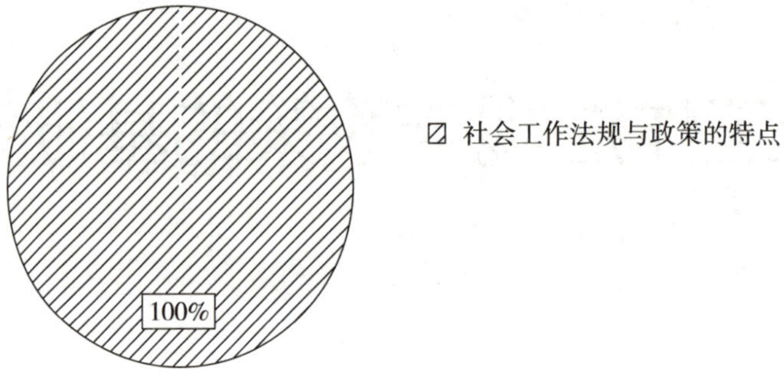

图1-1-1 本章考点考查比重

考点精讲 1 法规的种类与制定过程

K 考点梳理

依据《中华人民共和国宪法》和《中华人民共和国立法法》等相关法律法规与规章条例，法规的种类与具体制定过程可以总结为以下内容。

一、法规的含义与种类

（一）法规的含义

国家立法机构和政府行政机关为规范个人和组织的行为、维持社会各方面的运行秩序和对社会各个方面实施有效的管理而制定的各种规范性文件，我们将其统称为法规。法规主要包括正式的国家法律、国务院行政法规、地方性法规，以及国务院部门、地方政府部门制定的规章等。法规具有规范性和强制性的特点。

（二）法规的种类

表 1-1-1　法规的种类

知识点		内容
种类	国家法律	由全国人民代表大会及其常务委员会制定的各种法律统称为国家法律，其具有民主性和权威性
	行政法规	行政法规是指国务院根据宪法和法律制定的有关行政管理等方面的规范性文件。依据国务院《行政法规制定程序条例》的规定，行政法规一般称为“条例”，也可以称“规定”“办法”等。国务院根据全国人民代表大会及其常务委员会的授权制定的行政法规称为“暂行条例”或“暂行规定”
	国务院部门规章	国务院部门规章是指国务院有关部门，包括国务院各部、委员会、中国人民银行、审计署和具有行政管理职能的直属机构，根据法律和国务院的行政法规、决定、命令，在部门的职权范围内依法按照《规章制定程序条例》制定的规章。规章一般称“规定”“办法”等，但不得称“条例”
	地方性法规	省、自治区、直辖市、较大的市，以及自治州、自治县的人民代表大会及其常务委员会，依据《中华人民共和国宪法》和《中华人民共和国立法法》等有关法律的规定，根据本行政区域的具体情况和实际需要，在不与宪法、法律和行政法规相抵触的前提下制定的规范性文件、自治条例及单行条例就是地方性法规，也称为“实施办法”或“条例”
	地方政府规章	地方政府规章是指省、自治区、直辖市和较大的市的人民政府，根据法律、行政法规和本省、自治区、直辖市的地方性法规，依照《规章制定程序条例》制定的规章，也可称为“规定”或“办法”
	其他	国务院部门及省、自治区、直辖市和较大市的人民政府及其主管部门对具体应用法律、法规或规章所做的解释；县级以上人民政府及其主管部门制定、发布的具有普遍约束力的决定、命令或其他规范性文件

二、法规的制定过程

《中华人民共和国立法法》和《行政法规制定程序条例》规定，法律制定的责任主体与指定程序如下：

全国人民代表大会和全国人民代表大会常务委员会行使国家立法权。全国人民代表大会制定和修改刑事、民事、国家机构的和其他的基本法律。全国人民代表大会常务委员会制定和修改除应当由全国人民代表大会制定的法律以外的其他法律；在全国人民代表大会闭会期间，对全国人民代表大会制定的法律进行部分补充和修改，但是不得同该法律的基本原则相抵触。

法律的制定程序主要有提议、审议、表决通过和发布等环节。

《中华人民共和国立法法》和《行政法规制定程序条例》针对法规的制定有以下规定：

（1）《中华人民共和国立法法》和《行政法规制定程序条例》规定了各种法规的制定主体。行政法规的制定由国务院负责，国务院部门规章由相关的国务院部门负责制定，地方性法规由省、自治区、直辖市的人民代表大会及其常务委员会负责，也就是说，省一级的人民代表大会及其常务委员会具有地方性法规的立法权。但《中华人民共和国立法法》规定，较大的市的人民代表大会及其常务委员会在一定条件下可以制定地方性法规，但需要报省、自治区的人民代表大会常务委员会批准后施行。

（2）《中华人民共和国立法法》规定了各类法规之间的关系，以便明确区分各类法规之间的效力层级，防止法规制定和实施时各类法规之间发生矛盾冲突。

（3）《中华人民共和国立法法》规定了各类法规的制定程序，而《行政法规制定程序条例》则对国务院制定行政法规的程序作了细致的规定。

M 命题规律分析

规律一：考查各类法律法规的制定主体正确与否。

（1）法律的制定主体是全国人大及其常委会。

（2）行政法规的制定主体是国务院。

（3）地方性法规的制定主体是地方人大及其常委会。

（4）自治条例的制定主体是自治区、自治州和自治县的人大。

（5）国务院部门规章的制定主体是国务院部门。

（6）地方政府规章的制定主体是省（区、市）和较大的市的地方人民政府。

规律二：了解法律、法规和规章的不同。

考生要注意正确区分法律、法规和规章的不同。责任主体和制定程序上的不同，决定了法律效力的不同，法律效力从法律、法规到规章依次递减。广义上的法规，包含了“法”和“规”两个层次的含义。“法”指的是国家及地方立法机构制定的法律；“规”指的是国家正式法律体系之外的规范性文件，如行政法规、地方性法规。本书中的法规包括以下几种：正式的法律、国务院行政法规、地方性法规，以及国务院部门、地方政府制定的规章。

规律三：考查各类法律法规的名称。

图 1-1-2　各类法规的主体与名称对应关系

Z 真题再现

1　2019-单选-1 根据《中华人民共和国立法法》，关于我国行政法规的说法，正确的是（　　）。

A.行政法规是行政部门内部管理的规范性文件的总称

B.行政法规是国务院组成部门制定的有关行政管理方面的规范性文件的总称

C.行政法规是国务院根据宪法和法律制定的有关行政管理等方面的规范性文件

D.行政法规是全国人民代表大会或其常务委员会制定的针对行政部门行为的规范

【答案】C。**解析：**本题考查的是行政法规的含义。法规是指国家立法机构和政府行政机关为规范个人和组织的行为、维护社会各方面的运行秩序和对社会各个方面实施有效的管理而制定的各种规范性文件的总称，A、B两项错误。在我国，行政法规是指国务院根据宪法和法律制定的有关行政管理等方面的规范性文件。国务院制定与发布行政法规，是宪法赋予国务院的一项重要职权，D项错误。故本题选C。

2　2017-多选-61 根据《中华人民共和国立法法》，下列法规与政策中，属于行政法规的是（　　）。

A.《社会救助暂行办法》　　B.《中华人民共和国老年人权益保障法》

C.《浙江省志愿服务条例》　　D.《城市居民最低生活保障条例》

E.《社会工作专业人才队伍建设中长期规划（2011—2020年）》

【答案】AD。**解析：**本题考查的是行政法规的种类。行政法规是指国务院根据宪法和法律制定的有关行政管理等方面的规范性文件。按照国务院《行政法规制定程序条例》的规定，行政法规一般称“条例”，也可以称“规定”“办法”等。C项是浙江省的条例，不是国务院颁发的条例，故本题选AD。

3 2016-单选-1 根据《规章制定程序条例》，下列词语中，可用作国务院部门规章名称的是（　　）。

A.法　　B.条例　　C.暂行条例　　D.办法

【答案】D。解析：本题考查国务院部门规章的名称。国务院部门规章是指国务院有关部门，根据法律和国务院的行政法规、决定、命令，在部门的职权范围内依法按照《规章制定程序条例》制定的规章。国务院部门规章一般称"规定""办法"等，但不得称"条例"，A、B、C三项错误。故本题选D。

考点精讲 2 社会政策与社会政策的运行

K 考点梳理

一、公共政策与社会政策

（一）公共政策

公共政策是指政府或政党为了维护经济与社会正常的运行与发展、处理公共事务和解决社会问题而制定的行动方案和行为准则的总和。公共性、权威性、价值性及阶级性与社会性的统一是公共政策具有的基本特点。

（二）社会政策

社会政策是指政府为了满足民生需求、维护社会公平、解决各种社会问题而通过各种方式调动公共资源、促进各项社会事业发展、为民众提供福利性社会服务的政策体系。它是公共政策的重要组成部分，也是一个宏大的行动体系，其中包括多个领域和众多项目。其主要领域包括社会保障政策（含社会保险、社会救助和社会福利）、医疗卫生政策、劳动就业政策、公共教育政策、住房保障政策等。

二、社会政策的运行

（一）社会政策的主体

社会政策的主体是指公共政策制定和实施过程中的主动行动者，也就是公共政策的制定者和实施者。具体而言，主要包括党和国家的政治组织、政府行政部门（即各级人民政府及其相关部门）、社会中的其他各类组织和全体民众。

（二）社会政策的对象

各项社会政策针对的民众就是社会政策的对象，具体指社会政策范围中各类社会福利项目的受益人和各项社会服务的接受者。虽然我国社会政策总体上是面向全体民众的，但是不同群体在社会政策体系中的受益程度和方式并不相同。

（三）社会政策的资源调动方式

1. 政府公共财政对各项社会事业的投入

公共财政是指国家（政府）通过税收等方式集中财政资源，用于为民众提供各种公共服务，以满足社会共同需要，以及部分困难群体的特殊需要。我国目前各级政府的财政投入对社会政策的发展起到了很大的作用，但与一些发达国家相比，我国政府在社会政策方面的投入还比较少，还有较大的提升空间。

2. 各种社会力量对社会服务和公益事业的投入

"社会力量"是指除政府以外的各类组织和个人，主要包括各类社会组织、社区居（村）民自治组织、企事业单位和个人，也包括境外的组织和个人。各类社会力量主要以资金投入和人力投入两种方式向各种社会服务及公益行动投入各种资源。

3. 政府与社会力量合作的社会政策资源模式和运行方式

我国政府和社会力量合作的资源供应主要有以下几种基本模式：一是动员各种社会力量参与社会福利事业，并在其中分担一定的资源供应责任；二是政府通过减免税收和其他各种优惠政策鼓励各类社会力量参与社会福利事业；三是通过政府购买服务等方式向参与社会福利事业和其他各类公益活动的社会力量投入资金，形成公共财政提供的资金与社会力量组织的人力相结合的资源供应模式。

M 命题规律分析

考生需要知道，我国社会政策根据其惠及的人群范围和对象的差异性可以分为普惠型和特惠型两种基本模式，具体而言：

（1）普惠型社会政策是指一项社会政策面向所有的民众，或面向有关群体中的全体成员，为服务对象提供基本相同的福利待遇或服务的政策。

（2）特惠型社会政策是指仅仅向具有某些特殊困难的个人和家庭提供特殊的福利待遇和社会服务的政策。

考生要掌握普惠型社会政策和特惠型社会政策的优缺点。

（1）普惠型社会政策

①优点：对象覆盖面广、社会效益大、不需要复杂的对象资格甄别程序。

②缺点：需要花费的资金量较大，解决贫困问题的针对性不够强。

（2）特惠型社会政策

①优点：需要花费的资金量较小、解决贫困问题的针对性较强。

②缺点：对象覆盖面窄，社会效益小，需要复杂的对象资格甄别程序。

Z 真题再现

2018－单选－1 根据社会政策惠及的人群范围和对象的差异性，可以将社会政策划分为（　　）两种基本模式。

A.整合型和碎片型　　B.普惠型和特惠型

C.广义型和狭义型　　D.政府主导型和民间推动型

【答案】B。解析：本题考查的是社会政策的类型。社会政策因其所惠及的人群范围和对象的差异性而分为普惠型和特惠型两种基本模式。故本题选B。

考点精讲 3 我国有关社会建设的一般性法规与政策

K 考点梳理

一、十六届六中全会对和谐社会建设的论述

党的十六届六中全会专门研究社会建设重大事务，在会议上通过了《中共中央关于构建社会主义和谐社会若干重大问题的决定》，该文件有以下要点：

（一）在构建社会主义和谐社会的重要性与紧迫性方面

党的十六届六中全会通过的《中共中央关于构建社会主义和谐社会若干重大问题的决定》指出，社会和谐是中国特色社会主义的本质属性，是国家富强、民族振兴、人民幸福的重要保证。构建社会主义和谐社会，是我们党全面贯彻落实科学发展观，从中国特色社会主义事业总体布局和全面建设小康社会全局出发提出的重大战略任务。为了抓住机遇、应对挑战，把中国特色社会主义伟大事业推向前进，必须坚持以经济建设为中心，把构建社会主义和谐社会摆在更加突出的地位。

（二）在构建社会主义和谐社会的总体要求、目标任务和原则方面

1.总体要求

构建社会主义和谐社会的总体要求：要按照民主法治、公平正义、诚信友爱、充满活力、

安定有序、人与自然和谐相处的总要求，以解决人民群众最关心、最直接、最现实的利益问题为重点，着力发展社会事业、促进社会公平正义、建设和谐文化、完善社会管理、增强社会创造活力，走共同富裕道路，推动社会建设与经济建设、政治建设、文化建设协调发展。

2. 目标任务

构建社会主义和谐社会的目标概括起来有三个基本维度——人民安康、社会安定、国家充满活力。十六届六中全会通过的《中共中央关于构建社会主义和谐社会若干重大问题的决定》指出，到2020年，构建社会主义和谐社会的目标和主要任务是：社会主义民主法制更加完善，依法治国基本方略得到全面落实，人民的权益得到切实尊重和保障；城乡、区域发展差距扩大的趋势逐步扭转，合理有序的收入分配格局基本形成，家庭财产普遍增加，人民过上更加富足的生活；社会就业比较充分，覆盖城乡居民的社会保障体系基本建立；基本公共服务体系更加完备，政府管理和服务水平有较大提高；全民族的思想道德素质、科学文化素质和健康素质明显提高，良好道德风尚、和谐人际关系进一步形成；全社会创造活力显著增强，创新型国家基本建成；社会管理体系更加完善，社会秩序良好；资源利用效率显著提高，生态环境明显好转；实现全面建设惠及十几亿人口的更高水平的小康社会的目标，努力形成全体人民各尽其能、各得其所而又和谐相处的局面。

3. 原则

《中共中央关于构建社会主义和谐社会若干重大问题的决定》提出，构建社会主义和谐社会，要遵循以下原则：必须坚持以人为本，必须坚持科学发展，必须坚持改革开放，必须坚持民主法治，必须坚持正确处理改革发展稳定的关系，必须坚持在党的领导下全社会共同建设。

二、党的十七大报告对社会建设的论述

（一）社会建设的基本任务

党的十七大报告首次将社会建设纳入全面协调可持续发展的总体格局中，并且较为全面地论述了社会建设的主要任务。社会建设的基本任务是必须在经济发展的基础上，更加注重社会建设，着力保障和改善民生，推进社会体制改革，扩大公共服务，完善社会管理，促进社会公平正义，努力使全体人民学有所教、劳有所得、病有所医、老有所养、住有所居。

（二）以改善民生为重点的社会建设的任务

优先发展教育，建设人力资源强国；实施扩大就业，促进以创业带动就业；深化收入分配制度改革，增加城乡居民收入；加快建立覆盖城乡居民的社会保障体系，保障人民基本生活；建立基本医疗卫生制度，提高全民健康水平；完善社会管理，维护社会安定团结。

三、党的十八大报告对社会建设的论述

党的十八大报告对社会建设有了进一步的论述与发展，主要体现在以下几个方面：

第一，党的十八大报告进一步确认了社会建设在中国特色社会主义建设总体布局中的重要地位，将社会建设、经济建设、政治建设、文化建设和生态文明建设并列，提出了“五位一体”的总体布局。

第二，党的十八大报告延续了党的十七大报告中关于加快推进以改善民生为重点的社会建设的思想，提出了“在改善民生和创新社会管理中加强社会建设”的要求。

第三，党的十八大报告将社会建设的任务界定为保障及改善民生和社会管理两个方面。

四、党的十八届三中全会对社会建设的论述

党的十八届三中全会通过了《中共中央关于全面深化改革若干重大问题的决定》，该文件对社会建设改革的论述与发展主要体现在以下几点：

第一，明确了社会建设领域改革的总体思路：以“确保社会既充满活力又和谐有序”为基本目标，以“公平正义”和“共同富裕”为基本导向，以“保障和改善民生”“改革收入分配制度”和“深化社会体制改革和创新”为主要任务。

第二，在社会建设方面还有三项具体要求：一是在保障和改善民生方面提出了改革要求；二是在收入分配政策方面提出了改革要求；三是采用了新的“社会治理”概念。

五、党的十八届四中全会对民生事业和社会治理法制化建设的论述

党的十八届四中全会通过了《中共中央关于全面推进依法治国若干重大问题的决定》，进一步强调了保障和改善民生及推进社会治理创新的法律制度建设，其主要内容可以总结为以下几个要点：

第一，关于保障公民权利的论述。

第二，关于保障和改善民生法制建设的论述。

第三，加强社会治理法制建设。

六、党的十九大报告对社会建设的论述

（一）提高保障和改善民生水平

保障和改善民生要抓住人民最关心、最直接、最现实的利益问题，既尽力而为，又量力而行，一件事情接着一件事情办，一年接着一年干。坚持人人尽责、人人享有，坚守底线、突出重点、完善制度、引导预期，完善公共服务体系，保障群众基本生活，不断满足人民日益增长的美好生活需要，不断促进社会公平正义，形成有效的社会治理、良好的社会秩序，使人民获得感、幸福感、安全感，更加充实、更有保障、更可持续。

（二）打造共建共治共享的社会治理格局

加强社会治理制度建设，完善党委领导、政府负责、社会协同、公众参与、法治保障的社会治理体制，提高社会治理社会化、法治化、智能化、专业化的水平。加强预防和化解社会矛盾机制建设，正确处理人民内部矛盾。树立安全、发展的理念，弘扬生命至上、安全第一的思想，健全公共安全体系，完善安全生产责任制，坚决遏制重特大安全事故，提升防灾减灾救灾能力。加快社会治安防控体系建设，依法打击和惩治黄赌毒黑拐骗等违法犯罪活动，保护人民的人身权、财产权、人格权。加强社会心理服务体系建设，培育自尊自信、理性平和、积极向上的社会心态。加强社区治理体系建设，推动社会治理重心向基层下移，发挥社会组织作用，实现政府治理和社会调节，实现居民自治良性互动。

七、党的十九届四中全会对社会建设的论述

党的十九届四中全会通过了《中共中央关于坚持和完善中国特色社会主义制度推进国家治理体系和治理能力现代化的若干重大问题的决定》（以下简称《决定》），该文件强调了民生保障和社会治理，并要求有关部门和组织在此方面加强制度建设。

（一）坚持和完善统筹城乡的民生保障制度，满足人民日益增长的美好生活的需要

（1）增进人民福祉、促进人的全面发展是我党立党为公、执政为民的本质要求。

（2）必须健全幼有所育、学有所教、劳有所得、病有所医、老有所为、住有所居、弱有所扶等方面的国家基本公共服务制度建设。

（3）注重加强普惠性、基础性、兜底性民生建设，保障群众基本生活。

（4）创新公共服务的提供方式，鼓励支持社会力量兴办公益事业，满足人民多层次、多样化的需求，使改革发展成果更多、更公平地惠及全体人民。

（二）坚持和完善共建共治共享的社会治理制度，保持社会稳定、维护国家安全

（1）社会治理是国家治理的重要方面，必须加强和创新社会治理，完善党委领导、政府负责、民主协商、社会协同、公众参与、法治保障、科技支撑的社会治理体系，建设人人有责、人人尽责、人人享有的社会治理共同体，确保人民安居乐业、社会安定有序，建设更高水平的平安中国。

（2）完善正确处理新形势下人民内部矛盾有效机制、完善社会安防控制体系、健全公共安全体制机制、建构基层社会治理新格局以及完善国家安全体系。

M 命题规律分析

全国社会工作者职业水平考试中考查过党的十八届三中全会对社会建设的论述。考生

要对党的十九大报告中有关社会建设的论述、党的十九届四中全会中有关社会建设的论述进行理解记忆，将这两部分内容作为常识进行积累。

Z 真题再现

2015-单选-1 根据《中共中央关于全面深化改革若干重大问题的决定》，下列说法中，属于激发社会组织活力的举措是（　　）。

A.行业协会商会类社会组织可免登记直接成立

B.限期实现事业单位与政府行政主管机关真正脱钩

C.适合由社会组织提供的公共服务交由社会组织承担

D.所有依法登记成立的社会组织均纳入政府购买服务的对象

【答案】C。**解析：**本题考查的是党的十八届三中全会对社会建设的论述。党的十八届三中全会通过的《中共中央关于全面深化改革若干重大问题的决定》提出，要激发社会组织活力，具体措施如下：适合由社会组织提供的公共服务和解决的事项，交由社会组织承担；限期实现行业协会商会与行政机关真正脱钩；行业协会商会类、科技类、公益慈善类、城乡社区服务类社会组织成立时直接依法申请登记的政策原则。故本题选C。

考点精讲 4 社会工作法规与政策与社会工作实践的关系

K 考点梳理

一、社会工作法规与政策对社会工作实践的作用

社会工作法规与政策可以通过制度建构为社会工作发展营造有利环境，可以为社会工作人才服务工作提供具体依据，并为社会工作人才队伍建设提供制度规范和法律保障。

二、社会工作实践对社会工作法规与政策的作用

社会工作实践可以将社会法规与政策的内容转化为具体的社会服务，在此过程中，社会工作者可以充分发挥自身“专家”优势和“基层实践者”的作用，在社会政策的制定、评估和改革等方面发挥积极作用。

M 命题规律分析

本知识点考查频率低，尚未呈现明显的命题规律，故在此不做命题规律分析。

K 考点预测

【单选】下面关于社会工作者和社会法规与政策的说法错误的是(　　)。

A.社会工作者是社会法规与政策的“基层实践者”

B.社会工作者是社会法规与政策的“专家”

C.社会工作者在社会政策的制定、评估和改革等方面发挥积极作用

D.社会工作者不是法律专业人士，无权过问社会法规与政策

【答案】D。**解析：**本题考查社会工作者的角色。社会工作者在社会法规与政策领域中扮演了“专家”和“基层实践者”的双重角色。因为社会工作者是社会法规与政策的践行者，所以能够第一时间发现社会法规与政策在实施过程中存在的问题，对社会法规与政策的制定、评估和改革发挥着重要的作用，故本题选D。

第二章　社会工作专业人才队伍建设法规与政策

备考指南

根据最新修订的考试大纲，本章内容包括四个部分：第一部分为加强社会工作专业人才队伍建设的政策，主要包括加强社会工作专业教育培训的要求、推动社会工作专业岗位开发和专业人才使用的要求、推进社会工作专业人才评价和激励工作的要求；第二部分为社会工作专业人才队伍建设中长期规划，主要包括社会工作专业人才队伍建设的战略目标、社会工作专业人才队伍建设的主要任务、社会工作专业人才队伍建设的体制机制与政策目标、社会工作专业人才队伍建设的重点工程；第三部分为政府购买社会工作服务的政策，主要包括政府购买社会工作服务的主体、对象及范围和政府购买社会工作服务的程序与监督管理；第四部分为推进民办社会工作服务机构发展的政策，主要包括加快推进民办社会工作服务机构发展的主要目标、完善民办社会工作服务机构管理制度的措施、加强民办社会工作服务机构能力建设的要求、发挥社会工作行业组织的功能与作用的要求、建立健全民办社会工作服务机构支持保障体系的要求。

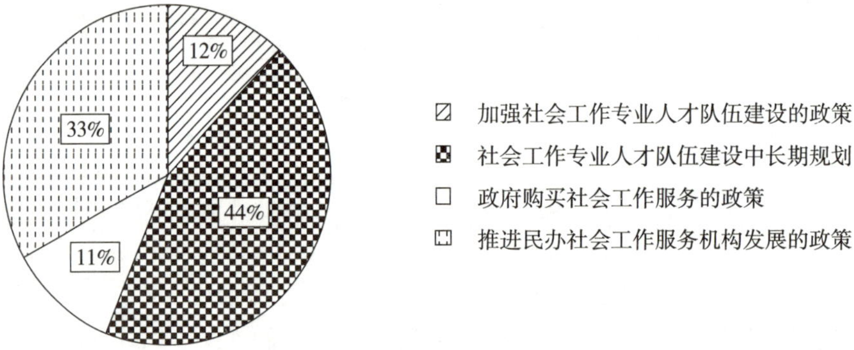

图1-2-1　本章考点考查比重

考点精讲 1　加强社会工作专业人才队伍建设的法规与政策

K 考点梳理

《关于加强社会工作专业人才队伍建设的意见》提出以下要求：

一、加强社会工作专业教育培训的要求

（一）统筹规划

政府要根据社会工作专业人才队伍的现状和国家经济政治发展趋势，制定社会工作专业人才教育培训规划，建立教育培训的长效机制，合理配置教育培训资源，加快建立社会工作专业人才培养体系。

（二）职业道德

在推进社会工作专业教育培训过程中，要坚持职业道德建设第一的原则，一方面要重视社会主义核心价值观的培养，另一方面要重视社会工作专业人才职业道德的教育，使其践行以民为本的服务理念，拥有扎根基层、甘于奉献的务实作风。

（三）专业培训

1. 两项培训

第一项培训是对涉及社会管理和公共服务工作的党政部门、人民团体、相关事业单位、部分执法单位的干部，特别是领导干部有计划、有步骤地进行社会工作基础理论、专业知识和方法技能的培训，提高其开展社会服务、管理社会事务、协调利益关系、做好群众工作、构建和谐社会的能力。

第二项培训是对下派到基层锻炼的党政部门、人民团体、相关事业单位、部分执法单位的干部和选聘到村、在社区任职的大学毕业生普及社会工作专业知识。

2. 三项工程

第一项工程是社会工作服务人才职业能力建设工程，重点对城乡基层居（村）民自治组织、社区服务组织、公益服务类事业单位、公益慈善类社会组织、基层社会服务部门等直接从事社会服务的人员进行大规模、系统化的社会工作专业知识培训，切实提高其职业素质和专业水平。

第二项工程是高层次社会工作专业人才培养工程，培养一批高层次社会工作专业人才，

发挥他们在社会工作专业教育、研究与督导等方面的重要作用。

第三项工程是社会工作管理人才综合素质提升工程，重点加大社会福利、社会救助、社区服务、残障康复、婚姻家庭、职工帮扶等社会服务机构管理人才培养力度，提高社会工作服务管理的科学化水平。

3. 四个要求

第一个要求是要依托有条件的高校、干部学院、科研院所、培训机构、社会服务机构开展培训工作。

第二个要求是要分领域研究、开发社会工作培训课程和教材。

第三个要求是要加强社会工作培训师资队伍建设，打造一支专职与兼职结合、理论与实务水平较高的培训师资队伍。

第四个要求是要制定社会工作培训质量评估政策和指标体系，加强对培训机构的评估和监督。

（四）专业教育

为了保障社会工作专业培训的落实，《关于加强社会工作专业人才队伍建设的意见》对社会工作专业教育提出了十一项要求：

（1）加强社会工作学科专业体系建设，制定科学的专业设置标准，完善社会工作专业教学规范。

（2）支持社会工作专业学士、硕士、博士学位授权点基础建设，积极推广社会工作硕士学位教育，促进社会工作硕士专业学位教育与社会工作专业人才职业水平考试相衔接。

（3）推动社会工作学科重点研究及人才培养基地建设。

（4）发展社会工作高等职业教育，改善职业教育结构，逐步形成完善的职业教育体系。

（5）改革、完善社会工作专业人才培养模式，提高实践教学在学校教育中的比重，健全实习督导制度，加大实践教学和实习基地建设力度。

（6）组织实施社会工作教育与研究人才培养引进工程，适应社会工作专业人才培养和专业发展需要，重点培养和引进一批高素质社会工作教育与研究人才。

（7）建立教师参与社会工作实践的制度，鼓励一线优秀社会工作专业人才到高校授课。

（8）系统总结中国社会工作经验和做法，借鉴国外社会工作专业理论和方法，建构中国特色的社会工作专业理论、课程和教材体系。

（9）通过国家社科基金项目、国家软科学研究计划等，支持社会工作专业相关研究。

（10）促进社会工作学术团体和平台建设。

（11）加强对高校相关专业学生的社会工作通识教育。

二、推动社会工作专业岗位开发和专业人才使用的要求

（一）推动社会工作专业岗位开发

1. 研究制定社会工作专业岗位开发设置的政策措施

社会工作专业岗位的开发设置政策要与我国社会建设相适应，符合我国基本国情，尤其要注重研究和制定城乡社区、相关单位和社会组织使用社会工作专业人才的政策。社会工作专业岗位开发设置要遵循精简效能、按需设置、循序渐进的原则。研究制定社会工作专业岗位的细则，如岗位设置的范围、数量、配置比例和职责任务等。

2. 明确相关事业单位的社会工作专业岗位

妇女儿童援助机构、儿童福利机构等以社会工作服务为主的事业单位可以将社会工作专业岗位明确为主体专业技术岗位。学校、医院、人口计生服务机构等需要开展社会工作服务的单位要将社会工作专业岗位纳入专业技术岗位管理范畴。

（二）推动社会工作专业人才使用

1. 建立社会工作专业人才流动机制

在遵循社会主义市场经济规律的前提下，要打破行业、地域等限制，完善社会工作专业人才选拔和流动机制。各级党政机关在招录社会工作专业人才时，同等条件下优先录用基层实践经验丰富的社会工作专业人才。鼓励社会工作专业人才到基层建功立业，如实施社会工作专业人才服务新农村建设、社会工作专业人才服务边远贫困地区、边疆民族地区和革命老区等计划。

2. 建立社会工作专业人才和志愿者队伍联动服务机制

志愿者队伍是社会工作专业人才开展服务的重要补充力量。相关部门和从业主体要进一步完善志愿和服务体系，加强志愿服务理念建设，弘扬志愿精神，培育一支参与广、功能强、作用好的志愿者队伍；建立社会工作专业人才队伍与志愿者相互协作、共同开展服务的机制，丰富社会工作人才资源，拓展社会工作服务范围，增强社会工作专业服务效果；通过社会工作者的引领，规范志愿者招募注册与管理，提升志愿服务的水平。

3. 加大相关行政部门、群团组织使用社会工作专业人才的力度

承担社会服务职能的相关行政部门和群众团体要逐步使用社会工作专业人才，逐步提高自身社会服务管理能力；要重点培养熟悉社会工作和社会政策的优秀人才进入有关部门的领导班子。县（市、区）、乡（镇、街道）行政机关和人民团体要充实社会工作专业人才，现有人员要善于运用社会工作专业知识和方法，提高社会管理和服务水平。

4. 引导相关社会组织吸纳社会工作专业人才

政府要积极转变职能，建设服务型政府，坚持培育发展和管理监督并重的原则，通过政府购买服务的方式引导相关社会组织吸纳社会工作专业人才。政府要通过财政资助、提供服务场所等方式支持民办社会工作服务机构的发展；要加强对民办社会工作服务机构的管

理监督，健全专业评估机制。

（三）以基层为重点配备社会工作专业人才

社会建设的重点在基层，要以基层为重点配备社会工作专业人才。第一，城市社区要注重配备和使用社会工作专业人才，提高社会服务专业水平，促进社会服务业发展。第二，社会工作人才配置和发展工作要适应社会主义新农村建设要求，在乡镇和有条件的农村社区探索、吸纳和使用社会工作专业人才。相关部门要创造条件引导和鼓励社会工作专业人才到农村社区开展服务。第三，在少数民族聚居和信教群众较多的社区，可根据需要配置政治立场坚定、熟悉民族和宗教事务的社会工作专业人才。

三、推进社会工作专业人才评价和激励工作的要求

（一）建立健全社会工作专业人才评价制度

建立以岗位职责要求为基础，以品德、能力和业绩为导向，科学化、社会化的社会工作专业人才评价机制。完善社会工作专业人才职业水平评价机制，将取得职业水平证书的社会工作专业人才纳入专业技术人员管理范围。

城乡基层居（村）民自治组织、社区服务组织、公益服务类事业单位、公益慈善类社会组织、基层社会服务部门相关人员需要参加社会工作专业人才职业水平考试，不断提高职业素质和专业水平。用人单位要根据工作需要聘用持有社会工作职业水平证书的社会工作专业人才。

（二）做好社会工作专业人才薪酬保障工作

在事业单位工作的社会工作专业人才的工资待遇要按照国家相关规定执行。在城乡社区、公益慈善类社会组织和民办非企业单位工作的社会工作专业人才，其薪酬福利由其单位合理制定。各级单位要重视社会工作专业人才的社会保障问题，并按照国家有关规定进行落实。

（三）建立社会工作专业人才表彰奖励制度

将符合条件的社会工作专业人才纳入享受国务院政府特殊津贴范围。全社会要营造关心支持和理解尊重社会工作专业人才的良好氛围，激发社会工作专业人才的工作热情。按照国家政策表彰奖励业绩突出、能力卓越、群众认可的优秀社会工作专业人才，大力宣传优秀社会工作专业人才的先进事迹。

M 命题规律分析

本考点主要考查《关于加强社会工作专业人才队伍建设的意见》（以下简称《意见》），考点梳理中归纳了该《意见》的主要内容，考生需要熟悉该《意见》的整体框架。

考生需要掌握以下社会工作专业岗位管理的相关内容：

在事业单位中，社会工作专业岗位管理分两类：在第一类事业单位中，如妇女儿童援助机构、优抚安置服务保障机构、儿童福利机构、收养服务机构、青少年服务机构、困难职工帮扶机构、残疾人福利和服务机构、婚姻家庭服务机构等，社会工作者是该单位中主要的服务人员；在第二类事业单位中，如学校、医院、人口计生服务机构等，社会工作者不是该单位中主要的服务人员，起到辅助作用。

第一类事业单位要将社会工作专业岗位作为主体专业技术岗位进行管理，第二类事业单位要将社会工作专业岗位纳入专业技术岗位管理范围。

Z 真题再现

1 2018-单选-2《关于加强社会工作专业人才队伍建设的意见》提出，为了积极推动社会工作专业岗位开发和专业人才使用，应当(　　)。

A.引导机关干部到社会工作机构中挂职

B.引导相关社会组织吸纳社会工作专业人才

C.鼓励高校社会工作院系兴办社会工作机构

D.鼓励高校社会工作专业教师到社会工作机构中兼职

【答案】B。**解析：**本题考查《关于加强社会工作专业人才队伍建设的意见》。社会工作专业岗位开发和专业人才使用是社会工作专业人才队伍建设的根本，《关于加强社会工作专业人才队伍建设的意见》从以下七个方面提出了具体要求：(1)研究制定社会工作专业岗位开发设置的政策措施；(2)以基层为重点配备社会工作专业人才；(3)明确相关事业单位社会工作专业岗位；(4)引导相关社会组织吸纳社会工作专业人才；(5)加大相关行政部门、群团组织使用社会工作专业人才力度；(6)建立社会工作专业人才流动机制；(7)建立社会工作专业人才和志愿者队伍联动服务机制。根据具体要求，A、C、D三项表述错误，故本题选B。

2 2015-单选-2 根据《关于加强社会工作专业人才队伍建设的意见》，下列事业单位中，可将社会工作专业岗位明确为主体专业技术岗位的是(　　)。

A.学校　　B.医院

C.老年人福利机构　　D.人口计生服务机构

【答案】C。**解析：**本题考查《关于加强社会工作专业人才队伍建设的意见》。对老年人福利机构、残疾人福利和服务机构、儿童福利机构、收养服务机构、妇女儿童援助机构、困难职工帮扶机构、婚姻家庭服务机构、青少年服务机构、社会救助服务和管理机构、优抚安置服务保障机构等以社会工作服务为主的事业单位，可将社会工作专业岗位明确为主体专业技术岗位。对学校、医院、人口计生服务机构等需要开展社会工作服务的单位，要将社会工作专业岗位纳入专业技术岗位管理范围。故本题选C。

考点精讲 2 社会工作专业人才队伍建设中长期规划

K 考点梳理

《社会工作专业人才队伍建设中长期规划（2011—2020）》中主要列出了社会工作专业人才队伍建设的十大重点工程：

一、社会工作服务人才职业能力建设工程

为切实改变现有社会工作服务人员创新创业能力不强的现状，每年培训10000名取得助理社会工作师、社会工作师和高级社会工作师职业水平证书人员。到2020年，实现所有在岗社会工作服务人员系统接受良好的专业教育和培训。

二、社会工作管理人才综合素质提升工程

到2020年培养一批具备社会工作专业理念、熟悉社会工作发展规律，能够统筹推进社会工作专业人才队伍建设的行政管理和行业管理人才；培养8万名具有社会使命感，掌握现代组织管理知识，拥有丰富管理经验，能够有效整合资源、协调关系、凝聚队伍的社会工作机构管理人才；培养8万名具有扎实理论知识基础、丰富实务经验且能够指导解决重大复杂专业问题、引导推动社会工作服务人才成长发展的专业督导人才。

三、社会工作教育与研究人才培养引进工程

要将高等学校中社会工作教育与研究人才培养纳入国家高素质教育人才培养工程、青年英才开发计划。在统筹考虑现有社会工作学科研究布局和资源的基础上，推动社会工作学科重点研究基地建设。到2020年，依托现有资源，建立500家社会工作专业重点实训基地。加快推进社会工作硕士专业学位教育发展，到2020年培养和引进3万名社会工作硕士专业学位研究生，300名社会工作专业博士，3000名“双师型”专业教师。

四、社会工作知识普及工程

将社会工作知识列入党政领导干部及人民团体和有关事业单位领导干部培训课程，在各级党政领导干部及人民团体和有关事业单位领导干部专题研讨班中加入社会工作专业人才队伍建设专题。每年定期举办地厅（局）级领导干部社会工作专题研究班和县（处）级领导干部社会工作专题研究班，有计划地对社会服务与管理密切相关的部门和组织干部职工

进行社会工作知识普及培训，到2020年基本完成对主管社会服务与管理的有关部门或相关工作的地厅（局）级和县（处）级领导干部社会工作知识轮训。

五、社会工作专业人才服务社会主义新农村建设计划

按照社会工作专业人才服务社会主义新农村建设部署，研究制定社会工作专业人才服务社会主义新农村建设政策措施。采取政府购买服务等方式，从高校社会工作院系、社会工作服务机构抽调专业人员组建服务队，培育农村社会工作专业服务力量。到2020年基本实现每个国家扶贫开发工作重点县有一家社会工作服务站，带动培养5万名农村社会工作专业人才。

六、社会工作专业人才服务边远贫困地区、边疆民族地区和革命老区计划

按照国家边远贫困地区、边疆民族地区和革命老区人才支持计划要求，研究制定社会工作专业人才服务边远贫困地区、边疆民族地区和革命老区的政策措施。采取培训、调训、挂职锻炼等形式每年为边远贫困地区、边疆民族地区和革命老区培养500名急需紧缺社会工作专业人才，支持当地培养相关社会工作专业人才。每年组织选派1000名社会工作专业人才到边远贫困地区、边疆民族地区和革命老区工作或提供服务，同时为边远贫困地区、边疆民族地区和革命老区社会工作专业人才到发达地区实践锻炼创造条件。

七、社会工作专业人才培训基地和教材建设工程

适应大规模开展社会工作从业人员教育培训需要，着力加强社会工作培训基地建设。按照分工明确、布局合理、整合资源、优势互补原则，依托各级党校、行政学院、高等院校和各类培训机构等现有培训资源，到2020年，重点扶持发展300家社会工作专业人才培训基地，其中国家层面发展50家并纳入国家专业技术人才知识更新工程国家级继续教育基地建设范围，逐步形成覆盖全国的社会工作培训与继续教育网络。分类制定社会工作培训课程大纲，形成一批针对性、实务性和科学性强的社会工作培训教材。

八、民办社会工作服务机构孵化基地建设工程

为创新社会服务与管理方式，扩大社会工作服务供给，满足人民群众日益增长的服务需求，通过政府购买服务支持，整合现有资源或新建等方式逐步建立50个国家级民办社会工作服务机构孵化基地，重点扶持和发展为老年人、妇女、儿童、青少年、残疾人、失业人员、低保对象、扶贫对象、受灾群众、进城务工人员等特殊群体提供服务的民办社会工作服务机构。到2020年，培育发展8万家民办社会工作服务机构。

九、社会工作服务标准化建设示范工程

大力加强社会工作服务组织网络建设，逐步推进全国街道（乡镇）社会工作服务组织和城乡社区社会工作服务组织建设，到2020年基本实现街道（乡镇）社会工作服务组织全覆盖。着力推进社会工作标准体系研究，建立与我国社会工作发展相适应的社会工作标准体系。到2020年建立200个社会工作服务标准化示范地区、1000个社会工作服务标准化示范单位和2000个社会工作服务标准化示范社区，引导和推动社会工作服务发展，扩大社会工作服务覆盖面。

十、社会工作信息系统建设工程

适应社会工作信息化、现代化发展需要，按照分级、属地原则，建设全国社会工作专业人才队伍管理门户网站；建设社会工作服务机构信息库，推动整合社会工作服务机构资源，建立社会工作服务网络体系；开发各领域、各层次、各类型社会工作教育培训课件，扩大远程教育培训覆盖面；加强社会工作专业人才服务过程管理，不断提高社会工作服务质量、提升社会工作信息化水平。

M 命题规律分析

在《社会工作专业人才队伍建设中长期规划（2011—2020）》中常出现的，需要记忆的关键数字有：

（1）与人才相关的关键数字有：到2020年，要培养300名社会工作专业博士、3000名“双师型”专业教师、3万名社会工作硕士专业学位研究生、8万名社会工作管理人才。

（2）与基地建设相关的关键数字有：到2020年，要建立50家继续教育基地、200个社会工作服务站、300家培训基地、500家实训基地。

记忆口诀

三百三千和三万，博士、双师和硕士。

Z 真题再现

2019-单选-2 根据《社会工作专业人才队伍建设中长期规划（2011—2020）》，到2020年，我国重点扶持发展社会工作专业人才实训基地（　　）家。

A.200　　B.300　　C.400　　D.500

【答案】D。**解析：**本题考查《社会工作专业人才队伍建设中长期规划（2011—2020）》。到2020年，相关部门要依托现有资源，建立500家社会工作专业重点实训基地。故本题选D。

考点精讲 3 政府购买社会工作服务的法规与政策

K 考点梳理

一、政府购买社会工作服务的主体、对象和范围

政府购买社会工作服务的法规与政策很多，其中民政部和财政部于2012年11月联合发布的《民政部、财政部关于政府购买社会工作服务的指导意见》对政府购买社会工作服务的主体、对象及范围作出了明确规定：

（一）购买主体

各级政府是购买社会工作服务的主体。各级民政部门具体负责本级政府购买社会工作服务的统筹规划、组织实施和绩效评估；各级财政部门具体负责本级政府购买社会工作服务规划计划审核、经费安排与监督管理；各有关部门和群团组织负责本系统、本行业社会工作服务需求评估，向同级民政部门申报社会工作服务计划并具体实施。

（二）购买对象

政府购买社会工作服务的对象主要为社会团体、民办非企业单位和基金会及企事业单位。社会团体、民办非企业单位和基金会须具有独立法人资格，拥有一支能够熟练掌握和灵活运用社会工作知识、方法和技能的专业团队，具备完善的内部治理结构、健全的规章制度、良好的社会公信力及较强的公益项目运营管理和社会工作专业服务能力；具备相应能力和条件的企事业单位可承接政府购买社会工作服务。

（三）购买范围

《民政部、财政部关于政府购买社会工作服务的指导意见》根据"受益广泛、群众急需、服务专业"原则，把政府购买社会工作服务的范围重点放在城市流动人口、农村留守人员、困难群体、特殊人群和受灾群众的个性化、多样化社会服务需求上。针对这些人群要求实施以下计划：

（1）实施城市流动人口社会融入计划，为流动人口提供生活扶助、就业援助、生计发展、权益维护等服务，帮助其尽快融入城市生活，实现城市户籍居民与外来经商务工人员的和谐共处；

（2）实施农村留守人员社会保护计划，帮助农村留守儿童、妇女和老人缓解生活困难，

构建完善的社会保护与支持网络；

（3）实施老年人、残疾人社会照顾计划，为老年人和残疾人提供生活照料、精神慰藉、社会参与、代际沟通等服务，构建系统化、人性化、专业化的养老助残服务机制；

（4）实施特殊群体社会关爱计划，帮助药物滥用人员、有不良行为青少年、艾滋病患者、精神病患者、流浪乞讨人员、社区矫正人员、服刑人员、刑释解教人员等特殊人群纠正行为偏差、缓解生活困难、疏导心理情绪、改善家庭和社区关系、恢复和发展社会功能；

（5）实施受灾群众生活重建计划，围绕各类受灾群众的经济、社会、心理需要，开展生活救助、心理疏导、社区重建、资源链接、生计项目开发等社会工作专业服务，帮助受灾群众重树生活信心、修复社会关系、恢复生产生活。

二、政府购买社会工作服务的程序

编制预算：根据当地的经济水平和财力状况，做好社会服务需求的调查评估，核算成本，编制预算，并报同级财务部门审批

→ **组织购买**：通过公开招标方式进行，除只能从有限范围服务机构购买和只能从唯一服务提供机构购买之外

→ **签订合同**：按照合同管理要求，明确购买服务的范围、数量、质量要求及服务期限、资金支付方式、违约责任等内容

→ **指导实施**：及时下拨经费，指导、督促服务承接机构履行合同义务，按时完成服务项目任务，保证服务数量、质量和效果

图1-2-2　政府购买社会工作服务的程序

三、政府购买社会工作服务的监督管理

（1）建立健全政府购买社会工作服务监督管理制度，形成完善的社会工作服务项目购买文件档案，制定具体、详实、严格的专业服务、资金管理及效果评价等方面的指导标准。

（2）切实加强过程监管，按照政府购买社会工作服务合同要求，对专业服务过程、任务完成和资金使用情况等进行督促检查。

（3）建立由购买方、服务对象及第三方组成的综合性评审机制，及时组织对已完成社会工作服务项目的结项验收。积极推进第三方评估，对项目管理等内容进行综合考评。

（4）坚持过程评估与结果评估、短期效果评估与长远效果评估、社会效益评估与经济效益评估相结合，确保评估工作的全面性、客观性和科学性。

（5）将考评结果与后续政府购买服务挂钩，对考评合格者，继续支持开展购买服务合作；对考评不合格者，提出整改意见，并取消其在一定时期内承接政府购买社会工作服务资格；情节严重者，依法依约追究有关责任。

（6）建立社会工作服务提供机构征信管理制度。

M 命题规律分析

规律一：考查政府购买服务的流程及各流程的主要负责部门。

政府购买社会工作服务分四个流程，分别是编制预算、组织购买、签订合同和指导实施。考生需要知道，前三个流程的主要负责部门是民政部门，最后一个流程——指导实施，是由民政部门和财政部门合作负责。命题人一般会将政府购买社会工作服务的四个流程中的某一个流程结合一定的背景进行描述，考生要根据描述判断案例属于政府购买服务中的哪个流程，在确定流程后，选择出其对应的主要负责部门。此处常以多选题的形式进行考查。

规律二：考查政府购买服务的主体。

考生要明确考题中提及政府购买服务，且涉及经费审批审核和监督的问题，要与各级财政部门的工作职责挂钩。比如，2016年第2题就是对政府购买服务内容的考查。考生主要掌握以下两点：

（1）各级民政部门负责统筹规划、组织实施和绩效评估。

（2）各级财政部门负责社会服务计划审核、经费安排和监督管理。

Z 真题再现

1　2017-单选-2 某市拟通过政府购买的方式为当地的失独老人开展社会工作服务，但当地只有一家社会工作服务机构符合条件。根据《民政部、财务部关于政府购买社会工作服务的指导意见》，若该市的民政部门采取单一来源的采购方式组织采购，则应事先向社会公示并经过同级（　　）部门批准。

A.财政　　B.审计　　C.纪检　　D.发展改革

【答案】A。**解析：**本题考查政府购买社会工作服务的方式。政府购买社会工作服务时，原则上应通过公开招标方式进行。但在以下两种特殊情况下可以酌情处理：一是对只能从有限范围服务机构购买，或因技术复杂、性质特殊而不能确定具体服务要求、不能事先计算出价格总额的社会工作服务项目，经同级财政部门批准后，可以采用邀请招标、竞争性谈判方式购买；二是对只能从唯一服务提供机构购买的，向社会公示并经同级财政部门批准后，可以采取单一来源采购方式组织采购。故本题选A。

2　2016-单选-2 根据《民政部、财政部关于政府购买社会工作服务的指导意见》，具体负责本级政府购买社会工作服务的统筹规划、组织实施和绩效评估的部门是各级（　　）。

A.审计部门　　B.民政部门

C.人力资源和社会保障部门　　D.财政部门

【答案】B。**解析：**本题考查政府购买社会工作服务的主管部门。《民政部、财政部关于政府购买社会工作服务的指导意见》指出，各级民政部门具体负责本级政府购买社会工作服务的统筹规划、组织实施和绩效评估。故本题选B。

考点精讲 4 推进民办社会工作服务机构发展的法规与政策

K 考点梳理

一、完善民办社会工作服务机构管理制度的措施

（一）改进登记方式

在改进登记方式方面，成立民办社会工作服务机构，除了需要符合《民办非企业单位登记管理暂行条例》规定的条件外，还要求专职工作人员中应有三分之一以上取得社会工作者职业水平证书或社会工作专业本科及以上学历，章程中应明确社会工作的服务宗旨、范围和方式。

《民政部关于进一步加快推进民办社会工作服务机构发展的意见》明确指出，民办社会工作服务机构可直接向民政部门依法申请登记。这是民办社会工作服务机构登记管理方式的一大改进。

（二）强化监督管理

（1）要求各级民政部门坚持积极引导发展、严格依法管理的原则，进一步加强对民办社会工作服务机构履行章程、开展活动、使用资金的监督管理，综合运用年度检查、社会评估、绩效评价、信用建设等监督管理手段。

（2）要求对违反章程开展活动、骗取或违规使用政府购买服务与社会捐赠资金、公布虚假失实信息、侵害服务对象权益等行为严肃依法惩处，建立健全责任追究和行业退出机制。

（3）要求深入做好民办社会工作服务机构评估工作，将评估结果作为政府购买服务和资源支持的重要依据，充分发挥评估工作的导向、激励和约束作用。

（三）推动信息公开

（1）要求建立健全民办社会工作服务机构信息公开制度，督促民办社会工作服务机构真实、准确、完整、及时地向社会公开组织机构、年报公告、财务收支、捐资使用、服务内容、奖惩情况等重要信息，主动接受社会监督，努力树立良好的社会公信力。

（2）要求依托各级社会组织管理服务信息平台，实现民办社会工作服务机构信息公开与注册登记、申请项目、吸引捐赠的有机衔接，广泛争取社会各界对民办社会工作服务机构

的认可与支持。

二、加强民办社会工作服务机构能力建设的要求

（一）增强民办社会工作服务机构内部治理能力

（1）督促民办社会工作服务机构建立健全以章程为核心的各项规章制度，健全理事会、监事会制度，完善法人治理结构，恪守民间性、公益性、非营利性原则。

（2）以政府购买社会工作服务为杠杆，发挥市场配置资源的决定性作用，促进民办社会工作服务机构提升战略谋划、项目运作、资源整合、创新发展和组织管理能力。

（3）指导民办社会工作服务机构建立健全财务管理制度，主动拓宽资金来源，积极争取企业、基金会和社会各界的资助，增强自身造血功能，增强资金计划、分配与使用的规范性和透明度。

（4）加快培养一批具有社会使命感、掌握现代组织管理知识、拥有丰富管理经验的民办社会工作服务机构管理人才，以及具有扎实理论知识和丰富实务经验、能够指导解决复杂专业问题、引导推动社会工作服务人才成长发展的专业督导人才。

（二）着力提升民办社会工作服务机构服务水平

（1）加强对民办社会工作服务机构提供服务情况的指导、监督与反馈，逐步优化民办社会工作服务机构的区域布局、业务结构和服务功能。

（2）建立健全民办社会工作服务机构服务成效评估指标体系，为评价民办社会工作服务机构服务情况、提升服务水平提供科学依据。

（3）加强民办社会工作服务机构一线服务人员的教育培训，鼓励其参加社会工作者职业水平考试，不断提升其综合素质和专业水平。

（4）指导民办社会工作服务机构结合群众需求和自身优势特点加强服务品牌建设，形成一批社会认可、特色鲜明、具有示范指导作用的优秀社会工作服务项目。

（5）支持符合条件的民办社会工作服务机构承接社会工作专业人才实习实训任务，积极引导高校社会工作专业毕业生到民办社会工作服务机构就业创业、建功立业。

（三）建立健全民办社会工作服务机构联系志愿者制度

（1）以民办社会工作服务机构为平台，深入做好志愿者的招募注册、组织管理、培训指导和服务记录工作，鼓励志愿者长期参加民办社会工作服务机构有关活动，通过自学、考试等方式转化提升为社会工作专业人才。

（2）通过社会工作专业人才和志愿者（义工）的互动，引领提升志愿服务的专业化、组织化水平，丰富社会工作专业人才资源，拓展社会工作专业服务范围，增强社会工作专业服务效果。

（四）加强民办社会工作服务机构党群组织建设

按照现代社会组织党建工作要求，指导民办社会工作服务机构建立基层党组织，逐步实现民办社会工作服务机构党组织全覆盖，支持有条件的民办社会工作服务机构建立共青团、工会等群团组织，充分发挥党组织的领导核心作用、团组织的先锋模范作用，以及工会、妇女组织的服务维权作用，确保民办社会工作服务机构的正确发展方向。

M 命题规律分析

规律一：考查民办社会工作服务机构的登记条件。

依据《民办非企业单位登记管理暂行条例》（以下简称《条例》），民办社会工作服务机构可以直接向民政部门依法申请登记，除了要符合《条例》规定的条件外，专职工作人员中要有三分之一以上取得社会工作者职业水平证书或社会工作专业本科及以上学历。

规律二：考查民办社会工作服务机构能力建设的主要内容。

民办社会工作服务机构能力建设的内容有四个，分别是增强内部治理能力、提升服务水平、建立健全联系志愿者制度、加强党群组织建设。本知识点常以多选题的形式出现，题目会出现对选项的描述看似合理，但与文件宗旨或教材内容不符合的情况，考生要避免掉入陷阱。

Z 真题再现

2018-多选-61 根据《民政部关于进一步加快推进民办社会工作服务机构发展的意见》，下列关于加强民办社会工作服务机构能力建设的措施，正确的有（　　）。

A.加强民办社会工作服务机构党群组织建设

B.着力提升民办社会工作服务机构服务水平

C.大力推动民办社会工作服务机构市场化发展

D.建立健全民办社会工作服务机构联系志愿者制度

E.进一步增强民办社会工作服务机构内部治理能力

【答案】ABDE。**解析：**本题考查加强民办社会工作服务机构能力建设的要求。《民政部关于进一步加快推进民办社会工作服务机构发展的意见》提出以下四点要求：(1)进一步增强民办社会工作服务机构内部治理能力；(2)着力提升民办社会工作服务机构服务水平；(3)建立健全民办社会工作服务机联系志愿者制度；(4)加强民办社会工作服务机构党群组织建设。故本题选ABDE。

第二篇

02

社会工作法规与政策的主要内容

第一章　我国社会救助法规与政策

备考指南

根据最新修订的考试大纲，本章内容包括两个部分：第一部分为社会救助法规与政策的一般规定，主要包括社会救助的总体原则与要求、社会救助类型和社会力量参与社会救助的规定、社会救助的监督管理、社会救助中的法律责任；第二部分为各类社会救助的法规与政策，主要包括最低生活保障法规与政策、特困人员供养法规与政策、受灾人员救助法规与政策、医疗救助法规与政策、教育救助法规与政策、住房救助法规与政策、就业救助法规与政策、临时救助法规与政策、法律援助法规与政策。

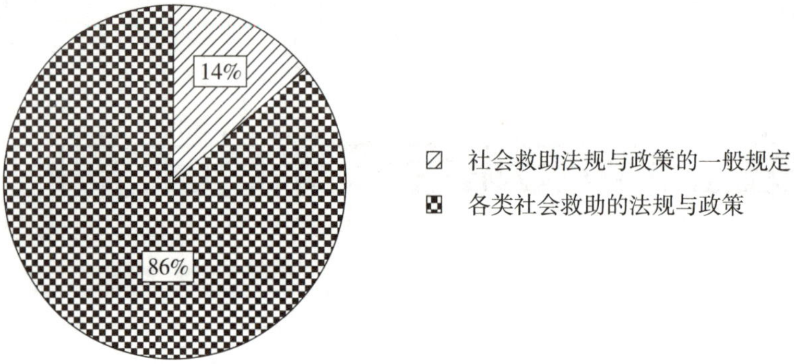

图2-1-1　本章考点考查比重

考点精讲 1　社会救助法规与政策的一般规定

K 考点梳理

一、社会救助的总体原则、体系建设和类型

（一）社会救助的总体原则

社会救助坚持托底线、救急难、可持续，与其他社会保障制度相衔接，社会救助水平与

经济社会发展水平相适应。社会救助工作应当遵循公开、公正、公平和及时的原则。

（二）社会救助的体系建设

（1）在国务院部门中原本属于民政部管理的部分功能剥离了出来，并组建了卫健委、退役军人事务部和应急管理部等部门承接从民政部剥离出来的部分工作。

（2）乡镇人民政府、街道办事处负责有关社会救助的申请受理和调查审核工作，具体工作内容可以由社会救助经办机构或经办人员执行，基层群众自治组织要负责协助工作。

（3）县级以上人民政府要将社会救助纳入国民经济和社会发展规划，建立健全政府领导、民政部牵头、有关部门配合、社会力量积极参与的社会救助工作协调机制。

（4）社会救助资金实行专项管理、分账核算、专款专用，任何单位或个人不得挤占挪用。

（5）县级以上人民政府要负责按照国家统一规划建立社会救助管理信息系统，实现社会救助信息互联互通、资源共享。

（三）社会救助的类型

社会救助的类型有最低生活保障、特困人员供养、受灾人员救助、医疗救助、教育救助、住房救助、就业救助、临时救助。法律援助和司法救助还未列入《社会救助暂行办法》，但是已经有相关政策规定，法律援助和司法救助是社会救助的类型。

二、社会救助的规定、监督管理和法律责任

（一）社会救助的规定

（1）社会力量参与形式。国家鼓励单位和个人等社会力量通过捐赠、设立帮扶项目、创办服务机构、提供志愿服务等方式，参与社会救助。

（2）优惠政策。社会力量参与社会救助，按照国家有关规定享受财政补贴、税收优惠、费用减免等政策。

（3）政府购买服务。县级以上地方人民政府可以将社会救助中的具体服务事项通过委托、承包、采购等方式，向社会力量购买服务。

（4）社会工作服务。县级以上地方人民政府应当发挥社会工作服务机构和社会工作者的作用，为社会救助对象提供社会融入、能力提升、心理疏导等专业服务。

（5）相关支持。社会救助管理部门及相关机构应当建立社会力量参与社会救助的机制和渠道，提供社会救助项目、需求信息，为社会力量参与社会救助创造条件、提供便利。

（二）社会救助的监督管理

1. 社会救助对象家庭经济状况审查

申请或已经获得社会救助的家庭，应当按照规定如实申报家庭收入和财产状况。

（1）县级以上人民政府民政部门要通过有关单位和金融机构对上述家庭的家庭收入和

财产状况进行查询、核对，有关单位和金融机构要予以配合；要建立社会救助家庭经济状况信息核对平台，为审核认定社会救助对象提供依据。

（2）县级以上人民政府社会救助管理部门和乡镇人民政府、街道办事处在履行社会救助职责过程中，可以查阅、记录、复制与社会救助事项有关的资料，可以询问有关单位和个人，要求其提供证明材料时，有关单位和个人要予以配合。

（3）县级以上人民政府财政部门、审计机关要依法对社会救助资金、物资的筹集、分配、管理和使用实施监督。

2.申请救助的途径和监督

（1）申请救助的途径。难以确定社会救助管理部门的个人或家庭，可以向社会救助经办机构或县级人民政府民政部门求助。乡镇人民政府和街道办事处要统一受理申请，及时转办。

（2）社会救助的监督。社会救助工作人员对工作中知悉的公民个人信息要保密，公示信息除外；申请社会救助的个人或家庭对社会救助管理部门作出的行政行为不满的，可以依法申请行政复议或提起行政诉讼。

3.社会救助的媒体宣传与监督

县级以上人民政府和社会救助管理部门要通过多种方式宣传社会救助法律、法规和政策，让群众了解救助途径，做好救助金和物资的管理使用情况的公示，主动接受社会监督。

（三）社会救助中的法律责任

1.需要进行处分的情形

违反《社会救助暂行办法》规定，有下列情形之一的，由上级行政机关或者监察机关责令改正，对直接负责的主管人员和其他直接责任人员依法给予处分：

（1）对符合申请条件的救助申请不予受理的；

（2）对符合救助条件的救助申请不予批准的；

（3）对不符合救助条件的救助申请予以批准的；

（4）泄露在工作中知悉的公民个人信息，造成后果的；

（5）丢失、篡改接受社会救助款物、服务记录等数据的；

（6）不按照规定发放社会救助资金、物资或者提供相关服务的；

（7）在履行社会救助职责过程中有其他滥用职权、玩忽职守、徇私舞弊行为的。

2.需要进行处罚的情形

违反《社会救助暂行办法》规定的人将受到的处罚：

（1）截留、挤占、挪用、私分社会救助资金、物资的，由有关部门责令追回；

（2）有违法所得的，没收违法所得，对直接负责的主管人员和其他直接责任人员依法予以处分；

（3）采取虚报、隐瞒、伪造等手段，骗取社会救助资金、物资或者服务的，由有关部门决定停止社会救助，责令退回非法获取的救助资金、物资，可以处非法获取的救助款额或者物资价值1倍以上3倍以下的罚款；

（4）构成违反治安管理行为的，依法予以治安管理处罚；

（5）构成犯罪的，国家将依法追究刑事责任。

M 命题规律分析

全国社会工作者职业水平考试常考查社会救助的法律责任分类。社会救助的法律责任分两类，一种是处罚，另一种是处分。处罚针对社会救助的申请受益人，处分针对行政机关的工作人员，考生要注意区分。

Z 真题再现

1　2019－多选－63 根据《社会救助暂行办法》，对采取虚报、隐瞒、伪造等手段，骗取社会救助资金、物资或者服务的，有关部门可以采取的措施有（　　）。

A.停止社会救助

B.3年内不予受理低保申请

C.责令提供1个月的社区公益服务

D.责令退回非法获取的救助资金、物资

E.处非法获取的救助款额或者物资价值1倍以上3倍以下的罚款

【答案】ADE。**解析：**本题考查社会救助的法律责任。《社会救助暂行办法》第六十八条规定，采取虚报、隐瞒、伪造等手段，骗取社会救助资金、物资或者服务的，由有关部门决定停止社会救助，责令退回非法获取的救助资金、物资，可以处非法获取的救助款额或者物资价值1倍以上3倍以下的罚款；构成违反治安管理行为的，依法予以治安管理处罚。故本题选ADE。

2　2018－多选－62 根据《社会救助暂行办法》，社会力量参与社会救助的方式有（　　）。

A.捐赠　　B.设立帮扶项目

C.增加财政投入　　D.创办服务机构

E.提供志愿服务

【答案】ABDE。**解析：**本题考查的是社会力量参与社会救助的方式。国家鼓励单位和个人等社会力量通过捐赠、设立帮扶项目、创办服务机构、提供志愿服务等方式，参与社会救助。故本题选ABDE。

考点精讲 2 最低生活保障制度

K 考点梳理

一、资格条件

《最低生活保障审核审批办法（试行）》第四条规定，户籍状况、家庭收入和家庭财产是认定低保对象的三个基本要件。持有当地常住户口的居民，凡共同生活的家庭成员人均收入低于当地低保标准，且家庭财产状况符合当地人民政府规定条件的，可以申请低保。

《最低生活保障审核审批办法（试行）》第五条至第八条关于资格认定条件的具体规定如下：

（一）户籍状况

（1）共同生活的家庭成员包括：配偶；父母和未成年子女；已成年但不能独立生活的子女，包括在校接受本科及其以下学历教育的成年子女；其他具有法定赡养、扶养、抚养义务关系并长期共同居住的人员。

（2）不计入共同生活的家庭成员：连续三年以上（含三年）脱离家庭独立生活的宗教教职人员；在监狱、劳动教养场所内服刑、劳动教养的人员；省级人民政府民政部门根据本条原则和有关程序认定的其他人员。

（3）持有非农业户口的居民，可以申请城市低保。持有农业户口的居民，可以申请农村低保。取消农业和非农业户口划分的地区，原则上可以将申请人户籍所在地为城镇且居住超过一定期限、无承包土地、不参加农村集体经济收益分配等作为申请城市低保的户籍条件。

（二）家庭收入

家庭收入是指共同生活的家庭成员在规定期限内的全部可支配收入。

（三）家庭财产

家庭财产是指家庭成员拥有的全部动产和不动产。

二、申请及受理

《最低生活保障审核审批办法（试行）》第九条至第十四条对申请及受理的规定如下：

（一）申请方式

申请低保应当以家庭为单位，由户主或者其代理人以户主的名义向户籍所在地乡镇人民政府（街道办事处）提出书面申请。

受申请人委托，村（居）民委员会可以代其向户籍所在地乡镇人民政府（街道办事处）提交低保书面申请及其相关材料。

（二）单独申请人

（1）困难家庭中丧失劳动能力且单独立户的成年重度残疾人；

（2）脱离家庭、在宗教场所居住三年以上（含三年）的生活困难的宗教教职人员。

（三）申请地管辖

（1）在同一市县辖区内，申请人经常居住地与户籍所在地不一致的，根据市县人民政府的规定，申请人凭户籍所在地县级人民政府民政部门出具的未享受最低生活保障的证明，可以向经常居住地乡镇人民政府（街道办事处）提出申请。

（2）户籍类别相同但家庭成员户口不在一起的家庭，应将户口迁移到一起后再提出申请。因特殊原因无法将户口迁移到一起的，可选择在户主或者其主要家庭成员的户籍所在地提出申请，户籍不在申请地的其他家庭成员分别提供各自户籍所在地县级人民政府民政部门出具的未享受低保的证明。

（3）共同生活的家庭成员分别持有非农业户口和农业户口的，一般按户籍类别分别申请城市低保和农村低保。

（四）申请人的义务

按规定提交相关材料，书面声明家庭收入和财产状况，并签字确认；履行授权核查家庭经济状况的相关手续；承诺所提供的信息真实、完整。

（五）受理机关

乡镇人民政府（街道办事处）应当对申请人或者其代理人提交的材料进行审查，材料齐备的，予以受理；材料不齐备的，应当一次性告知申请人或者其代理人补齐所有规定材料。

乡镇人民政府（街道办事处）应当及时受理低保申请，农村地区可以实行定期集中受理。

（六）申明与登记

（1）申请低保时，申请人与低保经办人员和村（居）民委员会成员有近亲属关系的，应当如实申明。

（2）对已受理的低保经办人员和村（居）民委员会成员近亲属的低保申请，乡镇人民政府（街道办事处）应当进行单独登记。

（3）“低保经办人员”是指涉及具体办理和分管低保受理、审核（包括家庭经济状况调查）、审批等事项的县级人民政府民政部门及乡镇人民政府（街道办事处）工作人员。

（4）“近亲属”包括配偶、父母、子女、兄弟姐妹、祖父母、外祖父母、孙子女、外孙子女。

三、家庭经济状况调查

（一）家庭可支配收入及家庭财产

《最低生活保障审核审批办法（试行）》第十五条规定，家庭经济状况是指申请人及其家庭成员拥有的全部可支配收入和家庭财产。

第十六条规定，家庭可支配收入是指扣除缴纳的个人所得税及个人按规定缴纳的社会保障性支出后的收入。主要包括：

（1）工资性收入，指因任职或者受雇而取得的工资、薪金、奖金、劳动分红、津贴、补贴以及与任职或者受雇有关的其他所得等。

（2）家庭经营净（纯）收入，指从事生产、经营及有偿服务活动所得。其包括从事种植、养殖、采集及加工等农林牧渔业的生产收入，从事工业、建筑业、手工业、交通运输业、批发和零售贸易业、餐饮业、文教卫生业和社会服务业等经营及有偿服务活动的收入等。

（3）财产性收入，包括动产收入和不动产收入。动产收入是指出让无形资产、特许权等收入，储蓄存款利息、有价证券红利、储蓄性保险投资及其他股息和红利等收入，集体财产收入分红和其他动产收入等。不动产收入是指转租承包土地经营权、出租或者出让房产及其他不动产收入等。

（4）转移性收入，指国家、单位、社会团体对居民家庭的各种转移支付和居民家庭间的收入转移。其包括赡养费、扶养费、抚养费，离退休金、失业保险金，社会救济金、遗属补助金、赔偿收入，接受遗产收入、接受捐赠（赠送）收入等。

（5）其他应当计入家庭收入的项目。

第十七条规定，家庭财产主要包括：①银行存款和有价证券；②机动车辆（残疾人功能性补偿代步机动车辆除外）、船舶；③房屋；④债权；⑤其他财产。

第十八条关于调查时间及具体要求规定：乡镇人民政府（街道办事处）应当自受理低保申请之日起10个工作日内，在村（居）民委员会协助下，组织驻村干部、社区低保专干等工作人员对申请人家庭经济状况和实际生活情况逐一进行调查核实。每组调查人员不得少于2人。

（二）调查方式

第十九条规定，调查申请人家庭经济状况和实际生活情况，可以采取以下方式：

（1）信息核对。乡镇人民政府（街道办事处）通过县级以上人民政府民政部门与公安、人力资源和社会保障、住房城乡建设、税务、金融、工商等部门和机构，对低保申请家庭的户籍、车辆、住房、社会保险、养老金、存款、证券、个体经营、住房公积金等收入和财产信息进行核对，并根据信息核对情况，对申请人家庭经济状况声明的真实性和完整性提出意见。

（2）入户调查。调查人员到申请人家中了解其家庭收入、财产情况和吃、穿、住、用等实际生活状况；根据申请人声明的家庭收入和财产状况，了解其真实性和完整性。入户调查结束后，调查人员应当填写家庭经济状况核查表，并由调查人员和申请人（被调查人）分别签字。

（3）邻里访问。调查人员到申请人所在村（居）民委员会和社区，走访了解其家庭收入、财产和实际生活状况。

（4）信函索证。调查人员以信函方式向相关单位和部门索取有关证明材料。

（5）其他调查方式。

第二十条关于审查结果规定，经家庭经济状况信息核对，对符合条件的低保申请，乡镇人民政府（街道办事处）应当依程序开展入户调查。不符合条件的，乡镇人民政府（街道办事处）应当书面通知申请人并说明理由。申请人对家庭经济状况信息核对结果有异议的，应当提供相关证明材料；乡镇人民政府（街道办事处）应当对申请人提供的家庭经济状况证明材料进行审核，并组织开展复查。

四、民主评议

《最低生活保障审核审批办法（试行）》第二十一条规定，家庭经济状况调查结束后，乡镇人民政府（街道办事处）应当在5个工作日内，在村（居）民委员会的协助下，以村（居）为单位对申请人家庭经济状况调查结果的客观性、真实性进行民主评议。

第二十二条规定，民主评议由乡镇人民政府（街道办事处）工作人员、村（居）党组织和村（居）委会成员、熟悉村（居）民情况的党员代表、村（居）民代表等参加。村（居）民代表人数不得少于参加评议总人数的三分之二。有条件的地方，县级人民政府民政部门可以派人参加民主评议。

第二十三条规定，民主评议应当遵循以下程序：

（1）宣讲政策。乡镇人民政府（街道办事处）工作人员宣讲低保资格条件、补差发放、动态管理等政策规定，宣布评议规则和会议纪律。

（2）介绍情况。申请人或者代理人陈述家庭基本情况，入户调查人员介绍申请家庭经济状况调查情况。

（3）现场评议。民主评议人员对申请人家庭经济状况调查情况进行评议，对调查结果的真实性和完整性进行评价。

（4）形成结论。乡镇人民政府（街道办事处）工作人员根据现场评议情况，对申请人家庭经济状况调查结果的真实有效性作出结论。

（5）签字确认。民主评议应当有详细的评议记录。所有参加评议人员应当签字确认评议结果。

第二十四条规定，对民主评议争议较大的低保申请，乡镇人民政府（街道办事处）应当重新组织家庭经济状况调查核实。

五、审核审批

（一）审核审批的流程

《最低生活保障审核审批办法（试行）》第二十五条、第二十六条和第二十九条关于审核流程的规定如下：

1. 乡镇人民政府（街道办事处）调查并公示

乡镇人民政府（街道办事处）应当根据家庭经济状况信息核对、入户调查、民主评议等情况，对申请家庭是否给予低保提出建议意见，并及时在村（居）民委员会设置的村（居）务公开栏公示入户调查、民主评议和审核结果，公示期为7天。公示结束后，乡镇人民政府（街道办事处）应当将申请材料、家庭经济状况调查结果、民主评议情况等相关材料报送县级人民政府民政部门审批。

2. 县级人民政府民政部门审批

县级人民政府民政部门应当自收到乡镇人民政府（街道办事处）审核意见和相关材料5个工作日内提出审批意见。拟批准给予低保的，应当同时确定拟保障金额。不符合条件、不予批准的，应当在作出审批决定3日内，通过乡镇人民政府（街道办事处）书面告知申请人或者其代理人并说明理由。

3. 县级人民政府民政部门公示

县级人民政府民政部门应当对拟批准的低保家庭通过乡镇人民政府（街道办事处）、村（居）民委员会固定的政务公开栏、村（居）务公开栏及政务大厅设置的电子屏等场所和地点进行公示。公示内容包括申请人姓名、家庭成员、拟保障金额等。公示期为7天。

公示期满无异议的，县级人民政府民政部门应当在3个工作日内作出审批决定，对批准给予低保的，发给低保证，并从批准之日下月起发放低保金。对公示有异议的，县级人民政府民政部门应当重新组织调查核实，在20个工作日内作出审批决定，并对拟批准的申请重新公示。

关于县级民政部门审批方式的几种情形，《最低生活保障审核审批办法（试行）》第二十六条规定如下：

表2-1-1　最低生活保障审批的情形

知识点	内容
常规情形	县级人民政府民政部门在提出审批意见前，应当全面审查乡镇人民政府（街道办事处）上报的申请材料、调查材料和审核意见，并按照不低于30%的比例入户抽查

（续表）

知识点	内容
特殊情形	对单独登记的低保经办人员和村（居）民委员会成员近亲属的低保申请，以及有疑问、有举报或者其他需要重点调查的低保申请，县级人民政府民政部门应当全部入户调查。不得将不经过调查核实的任何群体或者个人直接审批为低保对象
其他情形	有条件的地方，县级人民政府民政部门可以邀请申请人户籍所在地乡镇人民政府（街道办事处）、村（居）民委员会派人参与低保审批，对申请家庭是否符合低保条件提出审批意见

（二）计算和发放

关于保障金额的计算和低保金的发放，《最低生活保障审核审批办法（试行）》第二十七条、第二十八条和第三十条、第三十一条规定如下：

1. 确定金额

保障金额应当按照核定的申请人家庭人均收入与当地低保标准的差额乘以共同生活的家庭成员人数计算。

2. 分类施保

对低保家庭中的下列人员，可以采取多种措施提高救助水平：（1）老年人；（2）未成年人；（3）重度残疾人；（4）重病患者；（5）县级以上地方人民政府确定的其他生活困难人员。

3. 低保金发放

低保金原则上实行社会化发放，通过银行、信用社等代理金融机构，直接支付到低保家庭的账户。低保金应当按月发放，每月10日前发放到户。金融服务不发达的农村地区，低保金可以按季发放，每季度初10日前发放到户。

六、低保动态管理

《最低生活保障审核审批办法（试行）》第三十二条规定，县级人民政府民政部门应当根据低保对象的年龄、健康状况、劳动能力及家庭收入来源等情况对低保家庭实行分类管理。乡镇人民政府（街道办事处）应当根据低保家庭成员和其家庭经济状况的变化情况进行分类复核，并根据复核情况及时报请县级人民政府民政部门办理低保金停发、减发或者增发手续。低保家庭应当向乡镇人民政府（街道办事处）定期报告家庭人口、收入和财产状况的变化情况。

第三十三条规定，对城市"三无"人员和家庭成员中有重病、重残人员且收入基本无变化的低保家庭，可每年复核一次。对短期内家庭经济状况和家庭成员基本情况相对稳定的低保家庭，可每半年复核一次。对收入来源不固定、有劳动能力和劳动条件的低保家庭，原则上城市按月、农村按季复核。

第三十四条规定，县级人民政府民政部门应当对低保家庭实行长期公示，并完善面向公众的低保对象信息查询机制。公示中应当保护低保对象个人隐私，不得公开与低保无关的信息。

第三十五条规定，县级以上地方人民政府民政部门和乡镇人民政府（街道办事处）应当公开低保监督咨询电话，主动接受社会和群众对低保审核审批工作的监督、投诉和举报。有条件的地方可以省为单位设置统一的举报投诉电话。

第三十六条规定，县级以上地方人民政府民政部门和乡镇人民政府（街道办事处）应当健全完善举报核查制度，对接到的实名举报，应当逐一核查，并及时向举报人反馈核查处理结果。

M 命题规律分析

规律一：考查可以纳入共同生活的家庭成员范畴的人员。

在学校接受本科及其以下学历教育的家庭成员，常见的正确选项是大学生和高中生，常见的错误选项是研究生。

规律二：考查低保金计算方法。

家庭低保金=（当地低保金发放标准-申请人家庭人均收入）×共同生活的家庭成员人数。

规律三：考查低保金发放日期。

低保申请被批准后，一般要进行7个工作日的公示，公示后在3个工作日内由工作人员处理。城市地区的低保金要在每月10日前发放，农村地区的低保金要在每个季度第一个月10日前发放。

规律四：考查低保审批主体变化。

部分地区将低保审批主体由县级人民政府民政部门转为乡镇人民政府（街道办事处）。

Z 真题再现

1 2019-单选-3 2019年2月25日，某县级人民政府民政部门公示了拟批准给予最低生活保障待遇家庭的名单，陈某一家名列其中。根据《最低生活保障审核审批办法（试行）》，陈某一家最晚应在2019年（　　）前领到低保金。

A.3月10日　　B.3月25日　　C.3月31日　　B.4月10日

【答案】D。**解析：**本题考查的是低保金发放日期。拟审批的最低生活保障待遇家庭的名单公示期为7天。公示期满无异议的，县级人民政府民政部门应当在3个工作日内作出审批决定，对批准给予低保的，发给其低保证，并从批准之日下月起发放低保金。对公示有异议的，县级人民政府民政部门应当重新组织调查核实，在20个工作日内作出审批决定，并对拟批准的申请重新进行公示。低保金应当按月发放，每月10日前发放到户。本题中2月25日开始公示，因为是最晚的发放时间，假定有异议，等待的最长天数为7+3+20+7+3=40天，发放的时间大约为4月6日左右，故本题选D。

2　2018-单选-5 张某是企业职工，收入不高；其妻身体不好，无工作；其母年事已高，多年来一直与其共同居住；其子，24周岁，在读研究生；其女，19周岁，大学一年级在校生。张某拟申请低保，根据《最低生活保障审核审批办法（试行）》，应当认定为与张某共同生活的家庭成员是张某的（　　）。

A. 妻子、儿子、女儿、母亲　　B. 妻子、儿子、母亲

C. 妻子、女儿、母亲　　D. 妻子、儿子、女儿

【答案】C。**解析**：本题考查的是低保对象的申请资格。《最低生活保障审核审批办法（试行）》规定，户籍状况、家庭收入和家庭财产是认定低保对象的三个基本要件。持有当地常住户口的居民，凡共同生活的家庭成员人均收入低于当地低保标准，且家庭财产状况符合当地人民政府规定条件的，可以申请低保。共同生活的家庭成员包括：（1）配偶；（2）父母和未成年子女；（3）已成年但不能独立生活的子女，包括在校接受本科及其以下学历教育的成年子女；（4）其他具有法定赡养、扶养、抚养义务关系并长期共同居住的人员。张某的儿子24周岁，是一名在读研究生，不符合共同生活的家庭成员要求。故本题选C。

考点精讲 3 特困人员供养法规与政策

K 考点梳理

一、特困人员供养对象范围、基本原则和办理程序

（一）特困人员供养对象范围

老年人、残疾人及未满16周岁的未成年人，同时具备无劳动能力、无生活来源且无法定赡养、抚养、扶养义务人或者其法定义务人无履行义务能力，符合以上情况的个人应当纳入特困人员供养范围。

（二）特困人员供养制度的基本原则

特困人员供养制度的基本原则：坚持托底供养、坚持属地管理、坚持城乡统筹、坚持适度保障、坚持社会参与。

（三）特困人员救助供养办理程序

特困人员救助供养办理的程序有四个步骤，流程图如下：

申请 ➡ 审核 ➡ 审批 ➡ 终止

图2-1-2　特困人员救助供养的办理程序

特困人员救助供养办理的具体内容如下：

1. 申请

本人向户籍所在地的乡镇人民政府（街道办事处）提出书面申请；本人申请有困难的，可以由居（村）民委员会或他人代为申请。乡镇人民政府（街道办事处）以及村（居）民委员会发现符合特困人员救助供养条件的人员，要告知特困人员救助供养政策，对无能力申请人员要主动帮其申请。

2. 审核

乡镇人民政府（街道办事处）调查审核后，在20个工作日内提出初审意见，在申请人居住社区公示后，报县级人民政府民政部门审批。

3. 审批

县级人民政府民政部门全面审查调查材料和审核意见，并随机抽查核实，20个工作日内给与审批决定，批准的给与公示，不批准予以书面说明。

4. 终止

村（居）民委员会或供养服务机构要告知乡镇人民政府（街道办事处）不再符合供养条件的服务对象情况，乡镇人民政府（街道办事处）审核并报县级人民政府民政部门核准后，终止供养并予以公示。

二、特困人员供养内容、标准和形式

（一）特困人员供养内容

（1）提供基本生活条件。

（2）对生活不能自理的人员给予照料。

（3）提供疾病治疗。

（4）办理丧葬事宜。

（5）对符合规定标准住房困难的分散供养特困人员，给予住房救助。

（6）对在义务教育阶段就学困难的特困人员，给予教育救助。

（二）供养标准

特困人员供养有基本生活标准和照料护理标准两种，具体标准政府要综合考虑各种因素变化，及时调整，体现差异性。特困人员的供养标准由省、自治区、直辖市或者设区的市级人民政府确定。特困人员供养制度应当与城乡居民基本养老保险、基本医疗保障、最低生活保障、孤儿基本生活保障等制度相衔接。

（三）供养方式

特困人员供养形式有两种——集中供养和分散供养。集中供养人员由县级人民政府民政部门就近安排，分散供养人员经本人同意，由乡镇人民政府（街道办事处）委托给各类供养服务机构。

三、特困人员供养服务机构建设

（一）供养机构的三种类型

公建公营模式是我国一直在推行的供养模式。公建民营模式是由政府制定管理服务标准和经营监督，引入专业化力量和先进服务理念，提高供养机构服务管理水平的供养模式。合建合营模式是在充分利用现有供养机构土地资源和房屋设施的情况下，政府通过减免土地出让金和其他税费的方式，鼓励、引导社会力量开展供养机构的建设和运用。

（二）供养机构服务管理

供养服务机构应当依法办理法人登记，建立健全内部管理、安全管理和服务管理等制度，为特困人员提供日常生活照料、送医治疗等基本救助供养服务。有条件的经主管部门批准可设立医务室或者护理站。供养服务机构应当根据服务对象人数和照料护理需求，按照一定比例配备工作人员、加强社会工作岗位开发设置，合理配备使用社会工作者。

四、特困人员供养申请及终止

（一）居民主动申请与审批程序

《社会救助暂行办法》第三十条规定，特困供养人员申请医疗救助的，应当向乡镇人民政府、街道办事处提出，经审核、公示后，由县级人民政府民政部门审批。最低生活保障家庭成员和特困供养人员的医疗救助，由县级人民政府民政部门直接办理。

《社会救助暂行办法》第十六条规定，申请特困人员供养，由本人向户籍所在地的乡镇人民政府、街道办事处提出书面申请；本人申请有困难的，可以委托村（居）民委员会代为申请。其审批程序，按照下列程序办理：

（1）由共同生活的家庭成员向户籍所在地的乡镇人民政府、街道办事处提出书面申请；家庭成员申请有困难的，可以委托村民委员会、居民委员会代为提出申请。

（2）乡镇人民政府、街道办事处应当通过入户调查、邻里访问、信函索证、群众评议、信息核查等方式，对申请人的家庭收入状况、财产状况进行调查核实，提出初审意见，在申请人所在村、社区公示后报县级人民政府民政部门审批。

（3）县级人民政府民政部门经审查，对符合条件的申请予以批准，并在申请人所在村、社区公布；对不符合条件的申请不予批准，并书面向申请人说明理由。

（二）政府主动供养

《社会救助暂行办法》第十七条规定，乡镇人民政府、街道办事处应当及时了解掌握居民的生活情况，发现符合特困供养条件的人员，应当主动为其依法办理供养。

（三）终止情形

《特困人员认定办法》第二十四条规定，特困人员有下列情形之一的，应当及时终止救助供养：（1）死亡、被宣告失踪或者死亡；（2）经过康复治疗恢复劳动能力或者年满16周岁且具有劳动能力；（3）依法被判处刑罚，且在监狱服刑；（4）收入和财产状况不再符合收入总和低于当地最低生活保障标准，且财产符合当地特困人员财产状况规定的；（5）法定义务人具有了履行义务能力或者新增具有履行义务能力的法定义务人；特困人员中的未成年人，满16周岁后仍在接受义务教育或者在普通高中、中等职业学校就读的，可继续享有救助供养待遇。

（四）终止程序

《社会救助暂行办法》第十八条规定，特困供养人员不再符合供养条件的，村民委员会、居民委员会或者供养服务机构应当告知乡镇人民政府、街道办事处，由乡镇人民政府、街道办事处审核并报县级人民政府民政部门核准后，终止供养并予以公示。

五、基本生活救助工作绩效评价

（一）负责部门

基本生活救助工作绩效评价的主要负责部门是民政部和财政部。

（二）四个评价指标

基本生活救助的四个评价指标分别是工作保障、工作管理、工作效果和工作创新。四个评价指标可分解为具体的评价内容，具体的评价内容可依据年度工作情况进行调整。

（三）流程

基本生活救助工作绩效评价的流程有四个步骤：自我评价、实地核查、综合评价和通报。

1. 自我评价

各省（自治区、直辖市）人民政府民政部门和财政部门对本地区的社会救助工作进行绩效自评并向民政部和财政部提交自评报告。

2. 实地核查

民政部和财政部组织工作人员对社会救助工作的开展情况进行实地核查。

3. 综合评价

民政部和财政部综合自评报告和核查数据，对当地的社会救助工作划定绩效等级，进行量化评估。

4. 通报

民政部和财政部将绩效评价结果通报各省（自治区、直辖市）人民政府民政、财政部门，对合格的进行表扬，对不合格的进行约谈。

M 命题规律分析

一般情况下，在全国社会工作者职业水平考试中，命题人会在案例中给出服务对象的基本情况，问考生该服务对象是否符合特困人员供养条件。

特困人员供养的三个基本群体是60周岁以上的老年人、16周岁以下的未成年人和残疾人，且这三类人要同时符合以下标准：没有劳动能力，没有生活来源，没有法定赡养、抚养、扶养义务人，或者其法定赡养、抚养、扶养义务人没有履行义务能力。

60周岁以上的老年人、16周岁以下的未成年人本身属于没有劳动能力的范畴，但是特困人员供养条件中不是所有的残疾人都可以被认定为符合条件，只有肢体残疾一级和智力、精神残疾一、二级才可被认定为没有劳动能力。同时，考生要知道，残疾一级为极度残疾，残疾二级为重度残疾。

Z 真题再现

1　2018-单选-3 根据《社会救助暂行办法》，下列关于特困人员供养的说法，正确的是（　　）。

A. 特困人员供养申请须由本人提出，不得委托他人代办

B. 特困人员供养分为集中供养和分散供养两种方式

C. 特困供养人员不可自行选择供养方式，须由乡镇人民政府（街道办事处）视供养人员情况确定

D. 特困供养人员不再符合供养条件的，由乡镇人民政府（街道办事处）核准后终止供养

【答案】B。**解析**：本题考查的是特困人员供养的申请、供养方式和终止程序。《社会救助暂行办法》第十六条规定，由共同生活的家庭成员向户籍所在地的乡镇人民政府、街道办事处提出书面申请；家庭成员申请有困难的，可以委托村民委员会、居民委员会代为提出申请，A项错误。特困供养人员既可以在当地的供养服务机构集中供养，也可以在家分散供养。特

困供养人员可以自行选择供养形式，C项错误。特困人员不再符合供养条件的，村民委员会、居民委员会或者供养服务机构应当告知乡镇人民政府、街道办事处，由乡镇人民政府、街道办事处审核并报县级人民政府民政部门核准后，终止供养并予以公示，D项错误。故本题选B。

2 2018-单选-6 村民甲，16周岁，孤儿，靠打零工为生，生活困难；村民乙，60周岁，老伴早年去世，生活困难，独子常年在外打工；村民丙，65周岁，孤身一人，无生活来源；村民丁，50周岁，重度残疾，无儿无女，与残疾妻子相依为命，夫妻均无劳动能力，生活困难。根据《社会救助暂行办法》《农村五保供养工作条例》，4人中符合享受特困供养条件的是（　　）。

A.甲、乙　　B.丙、丁　　C.甲、丙　　D.乙、丁

【答案】B。**解析：**本题考查的是特困人员供养的规定。新出台的《社会救助暂行办法》中，国家将无劳动能力、无生活来源且无法定赡养、抚养、扶养义务人，或者其法定赡养、抚养、扶养义务人无赡养、抚养、扶养能力的老年人、残疾人及未满16周岁的未成年人，定义为特困人员。原来的农村五保供养人员也属于特困人员。村民甲已满16周岁，靠打零工生活，不属于特困供养人员。村民乙有独子，独子在外打工，独子有能力进行赡养，不属于特困人员。村民丙孤身一人，无生活来源，属于特困人员。村民丁重度残疾，其妻也是残疾人士，夫妻均无劳动能力，也无儿女，属于特困人员。故本题选B。

考点精讲 4 受灾人员救助法规与政策

K 考点梳理

一、受灾人员救助总则

（一）目的和原则

《自然灾害救助条例》关于救助总则的规定如下：

1.目的

规范自然灾害救助工作，保障受灾人员基本生活。

2.原则

以人为本、政府主导、分级管理、社会互助、灾民自救。

（二）相关责任主体的责任

1.各级人民政府行政领导负责制

（1）国家减灾委员会负责组织、领导全国的自然灾害救助工作，协调开展重大自然灾害

救助活动。国务院应急管理部门负责全国的自然灾害救助工作，承担国家减灾委员会的具体工作。国务院有关部门按照各自职责做好全国的自然灾害救助相关工作。

（2）县级以上地方人民政府或者人民政府的自然灾害救助应急综合协调机构，组织、协调本行政区域的自然灾害救助工作。县级以上地方人民政府应急管理部门负责本行政区域的自然灾害救助工作。县级以上地方人民政府有关部门按照各自职责做好本行政区域的自然灾害救助相关工作。县级以上人民政府应当将自然灾害救助工作纳入国民经济和社会发展规划，建立健全与自然灾害救助需求相适应的资金、物资保障机制，将人民政府安排的自然灾害救助资金和自然灾害救助工作经费纳入财政预算。

2. 村民委员会、居民委员会和社会组织

村民委员会、居民委员会以及红十字会、慈善会和公募基金会等社会组织，依法协助人民政府开展自然灾害救助工作。

3. 单位与个人

对在自然灾害救助中做出突出贡献的单位和个人，按照国家有关规定给予表彰和奖励。

（三）防灾减灾宣传教育

各级人民政府应当加强防灾减灾宣传教育，提高公民的防灾避险意识和自救互救能力。村民委员会、居民委员会、企业事业单位应当根据所在地人民政府的要求，结合各自的实际情况，开展防灾减灾应急知识的宣传普及活动。

二、准备工作

《自然灾害救助条例》第八条至第十二条对救助的准备工作规定如下：

（一）自然灾害救助应急预案内容

县级以上地方人民政府及其有关部门应当制订的预案内容包括：自然灾害救助应急组织指挥体系及其职责；自然灾害救助应急队伍；自然灾害救助应急资金、物资、设备；自然灾害的预警预报和灾情信息的报告、处理；自然灾害救助应急响应的等级和相应措施；灾后应急救助和居民住房恢复重建措施。

（二）建立健全自然灾害救助应急指挥技术支撑系统

由县级以上人民政府为自然灾害救助工作提供必要的交通、通信等装备。

（三）建立自然灾害救助物资储备制度

（1）国家建立自然灾害救助物资储备制度。

（2）国务院应急管理部门、财政部门和发展改革部门、工业和信息化部门、粮食和物资储备部门制定全国自然灾害救助物资储备规划和储备库规划，并组织实施。

（3）设区的市级以上人民政府和自然灾害多发、易发地区的县级人民政府应当根据自然灾害特点、居民人口数量和分布等情况，按照布局合理、规模适度的原则，设立自然灾害救助物资储备库。

（四）设立应急避难场所

（1）县级以上地方人民政府应当根据当地居民人口数量和分布等情况，利用公园、广场、体育场馆等公共设施，统筹规划设立应急避难场所，并设置明显标志。

（2）启动自然灾害预警响应或者应急响应，需要告知居民前往应急避难场所的，县级以上地方人民政府或者人民政府的自然灾害救助应急综合协调机构应当通过广播、电视、手机短信、电子显示屏、互联网等方式，及时公告应急避难场所的具体地址和到达路径。

（五）加强自然灾害救助人员的队伍建设和业务培训

县级以上地方人民政府应当加强自然灾害救助人员的队伍建设和业务培训，村民委员会、居民委员会和企业事业单位应当设立专职或者兼职的自然灾害信息员。

三、应急救助

《自然灾害救助条例》第十三条至第十七条关于应急救助工作的规定如下：

（一）根据自然灾害预警预报启动预警响应

县级以上人民政府或者人民政府的自然灾害救助应急综合协调机构应当：

（1）向社会发布规避自然灾害风险的警告，宣传避险常识和技能，提示公众做好自救互救准备；

（2）开放应急避难场所，疏散、转移易受自然灾害危害的人员和财产，情况紧急时，实行有组织的避险转移；

（3）加强对易受自然灾害危害的乡村、社区及公共场所的安全保障；

（4）责成应急管理等部门做好基本生活救助的准备。

（二）启动自然灾害救助应急响应

自然灾害发生并达到自然灾害救助应急预案启动条件的，县级以上人民政府或者人民政府的自然灾害救助应急综合协调机构应当：

（1）立即向社会发布政府应对措施和公众防范措施；

（2）紧急转移安置受灾人员；

（3）紧急调拨、运输自然灾害救助应急资金和物资，及时向受灾人员提供食品、饮用水、衣被、取暖设备、临时住所、医疗防疫等应急救助，保障受灾人员基本生活；

（4）抚慰受灾人员，处理遇难人员善后事宜；

（5）组织受灾人员开展自救互救；

（6）分析评估灾情趋势和灾区需求，采取相应的自然灾害救助措施；

（7）组织自然灾害救助捐赠活动。对应急救助物资，各交通运输主管部门应当组织优先运输。

（三）自然灾害救助应急期间

县级以上地方人民政府或者人民政府的自然灾害救助应急综合协调机构可以在本行政区域内紧急征用物资、设备、交通运输工具和场地，自然灾害救助应急工作结束后应当及时归还，并按照国家有关规定给予补偿。

（四）建立报告制度

（1）自然灾害造成人员伤亡或者较大财产损失的，受灾地区县级人民政府应急管理部门应当立即向本级人民政府和上一级人民政府应急管理部门报告。

（2）自然灾害造成特别重大或者重大人员伤亡、财产损失的，受灾地区县级人民政府应急管理部门应当按照有关法律、行政法规和国务院应急预案规定的程序及时报告，必要时可以直接报告国务院。

（3）灾情稳定前，受灾地区人民政府应急管理部门应当每日逐级上报自然灾害造成的人员伤亡、财产损失和自然灾害救助工作动态等情况，并及时向社会发布。

（4）灾情稳定后，受灾地区县级以上人民政府或者人民政府的自然灾害救助应急综合协调机构应当评估、核定并发布自然灾害损失情况。

四、灾后救助

（一）过渡性安置

（1）方式：受灾地区人民政府应当在确保安全的前提下，采取就地安置与异地安置、政府安置与自行安置相结合的方式，对受灾人员进行过渡性安置。

（2）安置地点：就地安置应当选择在交通便利、便于恢复生产和生活的地点，并避开可能发生次生自然灾害的区域，尽量不占用或者少占用耕地。

（3）群众自救：受灾地区人民政府应当鼓励并组织受灾群众自救互救，恢复重建。

（二）住房重建

（1）政府统筹：自然灾害危险消除后，受灾地区人民政府应当统筹研究制定居民住房恢复重建规划和优惠政策，组织重建或者修缮因灾损毁的居民住房，对恢复重建确有困难的家庭予以重点帮扶。

（2）房屋要求：居民住房恢复重建应当因地制宜、经济实用，确保房屋建设质量符合防灾减灾要求。

（3）政府支持：受灾地区人民政府应急管理等部门应当向经审核确认的居民住房恢复

重建补助对象发放补助资金和物资。住房城乡建设等部门应当为受灾人员重建或者修缮因灾损毁的居民住房提供必要的技术支持。

提名：居民住房恢复重建补助对象由受灾人员本人申请或者由村民小组、居民小组提名

↓

公示：经村民委员会、居民委员会民主评议，符合救助条件的，在自然村、社区范围内公示

↓

审核：无异议或者经村民委员会、居民委员会民主评议异议不成立的，由村民委员会、居民委员会将评议意见和有关材料提交乡镇人民政府、街道办事处审核

↓

审批：报县级人民政府应急管理等部门审批

图2-1-3　住房救助流程

（三）基本生活救助

（1）自然灾害发生后的当年冬季、次年春季，受灾地区人民政府应当为生活困难的受灾人员提供基本生活救助。

（2）受灾地区县级人民政府应急管理部门应当在每年10月底前统计、评估本行政区域受灾人员当年冬季、次年春季的基本生活困难和需求，核实救助对象，编制工作台账，制订救助工作方案，经本级人民政府批准后组织实施，并报上一级人民政府应急管理部门备案。

五、救助款物管理

《自然灾害救助条例》第二十二条至第二十八条对救助款物管理的规定如下：

（一）负责

（1）县级以上人民政府财政部门、应急管理部门负责自然灾害救助资金的分配、管理并监督使用情况。

（2）县级以上人民政府应急管理部门负责调拨、分配、管理自然灾害救助物资。

（二）采购及用途

1. 采购流程

人民政府采购用于自然灾害救助准备和灾后恢复重建的货物、工程和服务，依照有关政府采购和招标投标的法律规定组织实施；自然灾害应急救助和灾后恢复重建中涉及紧急抢救、紧急转移安置和临时性救助的紧急采购活动，按照国家有关规定执行。

2. 款物使用

自然灾害救助款物应当用于受灾人员的紧急转移安置，基本生活救助，医疗救助，教育、医疗等公共服务设施和住房的恢复重建，自然灾害救助物资的采购、储存和运输，以及因灾遇难人员亲属的抚慰等项支出。

（三）公开与监督

1. 款物公开

受灾地区人民政府应急管理、财政等部门和有关社会组织应当通过报刊、广播、电视、互联网，主动向社会公开所接受的自然灾害救助款物和捐赠款物的来源、数量及其使用情况；受灾地区村民委员会、居民委员会应当公布救助对象及其接受救助款物数额和使用情况。

2. 监督检查

各级人民政府应当建立健全自然灾害救助款物和捐赠款物的监督检查制度，并及时受理投诉和举报；县级以上人民政府监察机关、审计机关应当依法对自然灾害救助款物和捐赠款物的管理使用情况进行监督检查，应急管理、财政等部门和有关社会组织应当予以配合。

（四）捐赠管理

（1）自然灾害救助款物专款（物）专用，无偿使用。

（2）定向捐赠的款物，应当按照捐赠人的意愿使用。

（3）无指定意向的款物：政府部门接受的，由县级以上人民政府应急管理部门统筹安排用于自然灾害救助；社会组织接受的，由社会组织按照有关规定用于自然灾害救助。

六、法律责任

《自然灾害救助条例》第二十九条规定，行政机关工作人员违反本条例规定，有下列行为之一的，由任免机关或者监察机关依照法律法规给予处分，构成犯罪的，依法追究刑事责任：

（1）迟报、谎报、瞒报自然灾害损失情况，造成后果的；

（2）未及时组织受灾人员转移安置，或者在提供基本生活救助、组织恢复重建过程中工作不力，造成后果的；

（3）截留、挪用、私分自然灾害救助款物或者捐赠款物的；

（4）不及时归还征用的财产，或者不按照规定给予补偿的；

（5）有滥用职权、玩忽职守、徇私舞弊的其他行为的。

第三十条规定，采取虚报、隐瞒、伪造等手段，骗取自然灾害救助款物或者捐赠款物的，由县级以上人民政府应急管理部门责令限期退回违法所得的款物；构成犯罪的，依法追究刑事责任。

第三十一条规定，抢夺或者聚众哄抢自然灾害救助款物或者捐赠款物的，由县级以上人民政府应急管理部门责令停止违法行为。

第三十二条规定，以暴力、威胁方法阻碍自然灾害救助工作人员依法执行职务，构成违反治安管理行为的，由公安机关依法给予治安管理处罚；构成犯罪的，依法追究刑事责任。

七、支持引导社会力量参与救灾工作的基本原则和主要任务

（一）基本原则

支持引导社会力量参与救灾工作的基本原则：

政府主导，统筹协调；

鼓励支持，引导规范；

效率优先，就近就便；

自愿参与，自助为主。

（二）主要任务

支持引导社会力量参与救灾工作的主要任务：完善政策体系，搭建服务平台，加强支持力度，强化信息导向，加强监督管理。

八、社会力量在救灾工作不同阶段参与救灾工作的重点范围

在不同阶段，社会力量参与救灾工作的重点不同。

（一）第一阶段：常态减灾阶段

（1）中心思想：积极鼓励支持社会力量参与日常减灾工作，提高公众防灾减灾的意识和能力。

（2）开展工作：对防灾减灾实施宣传教育和技能培训、灾害隐患点排查和治理、社区灾害风险评估、救火应急演练等。

（二）第二阶段：紧急救援阶段

（1）中心思想：统筹引导有救援专业设备和技能的社会力量参与，不提倡其他社会力量在此阶段进入灾区。

（2）开展工作：人员搜救、伤员应急救治和搬运、救灾物资发放、疫情防控等。

（三）第三阶段：过渡安置阶段

（1）中心思想：有序引导社会力量进入灾区，帮助灾民恢复生产，维持正常生活秩序。

（2）开展工作：心理抚慰、环境清理、伤员照料等。

（四）第四阶段：恢复重建阶段

（1）中心思想：支持社会力量参与灾区重建工作。

（2）开展工作：心理康复、社区重建、生计恢复等。

M 命题规律分析

一般情况下，在全国社会工作者职业水平考试中，本知识点注重考查救灾款项管理，救灾捐款使用要遵循专款（物）专用、无偿使用的原则。自然灾害救助款项常见的用途有受灾人员的紧急转移安置、基本生活救助、医疗救助、教育和医疗等公共服务设施以及住房的恢复重建，自然灾害救助物资的采购、储存和运输，以及因灾遇难人员亲属的抚慰等。救灾款不得用于志愿者或救灾工作人员的薪酬或补贴。

考生要注意：原由民政部门承担的自然灾害救助管理现由应急管理部门承担。

Z 真题再现

2019-单选-4 根据《自然灾害救助条例》，关于某县自然灾害救助款物管理的说法，正确的是（　　）。

A. 县人民政府可将10%的自然灾害救助款物用于发放志愿者补贴

B. 县人民政府可将自然灾害救助款物用于因灾遇难人员亲属的抚慰

C. 县民政部门可根据实际情况统筹使用企业在救灾中捐赠的定向捐款

D. 县财政部门应依法对自然灾害救助款物的管理使用情况进行监督检查

【答案】B。**解析：**本题考查的是自然灾害的救助款物管理。《自然灾害救助条例》规定，自然灾害救助款物专款（物）专用，无偿使用，A项错误。自然灾害救助款物应当用于受灾人员的紧急转移安置，基本生活救助，医疗救助，教育、医疗等公共服务设施和住房的恢复重建，自然灾害救助物资的采购、储存和运输，以及因灾遇难人员亲属的抚慰等项支出，B项正确。政府部门接受的捐款人无指定意向的款物，由县级以上人民政府应急管理部门统筹安排用于自然灾害救助，社会组织接受的捐款人无指定意向的款物，由社会组织按照有关规定用于自然灾害救助，C项错误。县级以上人民政府监察机关、审计机关应当依法对自然灾害救助款物和捐赠款物的管理使用情况进行监督检查，应急管理、财政等部门和有关社会组织应当予以配合，D项错误。故本题选B。

考点精讲 5 医疗救助法规与政策

K 考点梳理

一、城市医疗救助

以下内容根据《国务院办公厅转发民政部等部门关于建立城市医疗救助制度试点工作的意见的通知》整理而成：

（一）救助对象

未参加职工基本医疗保险的低保对象。已参加职工基本医疗保险，但是负担仍较重的人员及其他特殊困难群众。

（二）救助办法与形式

1. 医疗费补助

对救助对象在扣除各项医疗保险可支付部分、单位应报销部分及社会互助帮困等后，个人负担超过起付线的医疗费用给予一定比例的补助。对特别困难的救助对象，可适当提高医疗费用补助标准。

2. 原则

实事求是，因地制宜；先行试点，稳步推进；多方筹资，多种方式，量力而行。

3. 形式

社会力量资助、城市医疗救助基金补助、医疗机构自愿减免有关费用。

（三）申请、核查与审批程序

1. 申请

救助对象本人在规定时间内向户籍所在地的社区居民委员会提出申请城市医疗救助的书面材料并提供有关证明材料，不能提供视为放弃申请。

2. 核查

街道办事处（乡镇人民政府）对上报的申请表和有关证明材料进行核查。

3. 审批

县级政府民政部门对街道办事处（乡镇人民政府）上报的有关材料进行审批。

二、农村医疗救助

下面内容根据《关于实施农村医疗救助的意见》整理而成：

（一）救助对象

农村五保户、贫困户家庭成员；地方政府规定的其他符合条件的贫困农民。

（二）救助办法与形式

（1）开展新型农村合作医疗的地区：资助医疗救助对象缴纳个人应负担的全部或部分资金，参加当地合作医疗；因患大病经合作医疗补助后个人负担医疗费用过高、影响家庭基本生活的，再给予适当的医疗救助。

（2）尚未开展新型农村合作医疗的地区，对因患大病个人负担费用难以承担，影响家庭基本生活的，给予适当医疗救助。

（3）国家规定的特种传染病救治费用，按有关规定给予补助。医疗救助对象全年个人累计享受医疗救助金额原则上不超过当地规定的医疗救助标准。对于特殊困难人员，可适当提高医疗救助水平。

（三）申请与审批程序

医疗救助实行属地化管理原则，申请人（户主）向村民委员会提出书面申请，填写申请表，如实提供医疗诊断书、医疗费用收据、必要的病史材料、已参加合作医疗按规定领取的合作医疗补助凭证、社会互助帮困情况证明等，经村民代表会议评议同意后报乡镇人民政府审核

▼

乡镇人民政府对上报的申请表和有关材料进行逐项审核，对符合医疗救助条件的，上报县（市、区）民政局审批。乡镇人民政府根据需要，可以采取入户调查、邻里访问以及信函索证等方式对申请人的医疗支出和家庭经济状况等有关材料进行调查核实

▼

县级人民政府民政部门对乡镇上报的有关材料进行复审核实，并及时签署审批意见。对符合医疗救助条件的家庭，核准其享受医疗救助金额，对不符合享受医疗救助条件的，应当书面通知申请人，并说明理由

图2-1-4 农村医疗求助的申请与审批程序

三、城乡医疗救助基金的筹集和使用

《城乡医疗救助基金管理办法》第二条规定，本办法所称城乡医疗救助基金，是指通过公共财政预算、彩票公益金和社会各界捐助等渠道筹集，按规定用于城乡贫困家庭医疗救

助的专项基金。第三条规定，城乡医疗救助基金应按照公开、公平、公正、专款专用、收支平衡的原则进行管理和使用。

《城乡医疗救助基金管理办法》第五条至第十条关于基金筹集和使用的具体规定总结如下：

（一）筹集

县级以上人民政府建立城乡医疗救助基金，城乡医疗救助基金来源主要包括：

（1）地方各级财政部门每年根据本地区开展城乡医疗救助工作的实际需要，按照预算管理的相关规定，在年初公共财政预算和彩票公益金中安排的城乡医疗救助资金；

（2）社会各界自愿捐赠的资金；

（3）城乡医疗救助基金形成的利息收入；

（4）按规定可用于城乡医疗救助的其他资金。

（二）使用

（1）救助对象：城乡低保对象、农村五保供养对象，以及其他符合医疗救助条件的经济困难群众。

（2）补助类型：首先确保资助救助对象全部参加基本医疗保险，其次对经基本医疗保险、大病保险和商业保险等补偿后，救助对象仍难以负担的符合规定的医疗费用给予补助，帮助困难群众获得基本医疗服务。对因各种原因未能参加基本医疗保险的救助对象个人自负医疗费用，可直接给予救助。

（3）救助方式：以住院救助为主，同时兼顾门诊救助。各地要科学制订救助方案，合理设置封顶线，稳步提高救助水平。

（4）具体范围：各地区结合本地实际，明确城乡医疗救助对象的具体范围，细化城乡医疗救助基金具体使用方案。

四、城乡医疗救助基金的支付和管理

（一）支付

《城乡医疗救助基金管理办法》第十一条至第十三条关于城乡医疗救助基金的支出的规定总结如下：

1. 基本原则

实行财政直接支付。民政部门向同级财政部门提交拨款申请，财政部门审核后将城乡医疗救助基金由社保基金专户直接支付到定点医疗机构、定点零售药店或医疗救助对象。

资助医疗救助对象参保参合的，由民政部门将与基本医疗保险经办机构确认后的符合救助标准的医疗救助人数、参保参合资助标准及资金总量提供给同级财政部门，经同级财政部门审核后，从社保基金专户中的“城乡医疗救助基金专账”中将个人缴费核拨至“城镇居民基本医疗保险专账”或“新型农村合作医疗专账”中。

2.“一站式”即时结算

开展“一站式”即时结算的地区，由定点医疗机构和定点零售药店在结算时先扣除基本医疗保险报销费用和医疗救助补助的费用，参保参合救助对象只需结清个人应承担部分。

未开展“一站式”即时结算的地区及需要事后救助的，由医疗救助对象个人按规定出具基本医疗保险报销的补偿审核表或结算单、定点医疗机构复式处方或定点零售药店购药发票等能够证明合规医疗费用的有效凭证，在规定时间内报同级民政部门核批，由民政部门向同级财政部门提出申请，同级财政部门通过“城乡医疗救助基金专账”直接支付给医疗救助对象。对救助对象个人的补助资金原则上通过转账方式，减少现金支出。

3.开设支出户

暂不具备直接支付条件的统筹地区民政部门可根据需要开设一个城乡医疗救助基金支出户。一个统筹地区最多开设一个支出户。全部医疗救助补助支出实行直接支付的地区，不设支出户。

支出户的主要用途：接收财政专户拨入的基金，支付基金支出款项，包括对救助对象符合规定的不能通过“一站式”即时结算的医疗费补助支出，对偏远地区和金融服务不发达等不具备直接支付条件的地区的基金支出，以及政策规定的其他可以直接发放给救助对象的基金支出。

4.建立定期对账制度

地方各级财政、民政部门应按照规定认真做好城乡医疗救助基金的清理和对账工作，每年不少于两次。年度末，民政部门应按要求向同级财政部门报送城乡医疗救助基金年度执行情况及相关说明。

（二）管理

《城乡医疗救助基金管理办法》第十四条至第十九条关于城乡医疗救助基金的管理的规定总结如下：

1.结余

城乡医疗救助基金年终结余资金可以结转下年度继续使用，累计结余一般应不超过当年筹集基金总额的15%。各地应进一步完善救助方案，确保基金均衡合理使用，确保救助对象最大程度受益。

2.接受监督

城乡医疗救助基金的筹集和使用情况，应通过网站、公告等形式按季度向社会公布，城乡医疗救助对象和救助金额等情况应每季度在村（居）委会张榜公布。

3. 基金使用范围

城乡医疗救助基金必须全部用于救助对象的医疗救助，对不按规定用药、诊疗及不按规定提供医疗服务所发生的医疗费，城乡医疗救助基金不予结算。任何单位和个人不得截留、挤占、挪用，不得向救助对象收取任何管理费用。

4. 对医疗机构定期检查

民政部门应会同人力资源和社会保障、卫生计生等部门定期检查定点医疗机构和定点零售药店提供的医疗服务和收费情况，对医疗服务质量差、医疗行为违规的，暂缓或停止拨付其垫付的资金。

5. 对基金使用情况监督检查

地方各级民政和财政等部门要定期对城乡医疗救助基金使用情况进行监督检查，并自觉接受审计、监察等部门的监督。民政部、财政部对各地医疗救助工作开展情况和基金使用情况进行抽查。

6. 惩处骗取救助基金行为

发现虚报冒领、挤占挪用、贪污浪费等违纪违法行为的单位和个人，按照有关法律法规严肃处理。对故意编造虚假信息，骗取上级补助的，除责令立即纠正、扣回、停拨上级补助资金外，还应按规定追究有关单位和人员的责任。

四、医疗救助和城乡居民大病保险衔接

（一）加强保障对象衔接

做好资助困难群众参加基本医疗保险工作，拓展重特大疾病医疗救助对象范围。

（二）加强支付政策衔接

落实大病保险倾斜性支付政策，提高重特大疾病医疗救助水平，实行县级行政区域内困难群众住院先诊疗后付费。

（三）经办服务衔接和监督管理衔接

各地要规范医疗费用结算程序，按照精准测算、无缝对接的工作原则和“保险在先、救助在后”的结算程序，准确核定结算基数，按规定结算相关费用，避免重复报销、超费用报销等情况；各地各相关部门要强化服务运行监管，做好医疗服务行为的质量监督和规范管理、防控不合理的医疗行为和费用。

M 命题规律分析

在本知识点中，考生需要掌握以下内容：

（1）医疗救助的申请文件要递交户籍所在地的村（居）民委员会。

（2）某市城乡医疗救助基金年终结余＝某市当年城乡医疗救助基金筹集资金×15%。

（3）医疗救助审批部门由民政部门改为医疗保障部门。

Z 真题再现

1　2019-单选-6　根据《社会救助暂行办法》，特困供养人员申请医疗救助，应当向（　　）提出。

A.村民委员会、居民委员会

B.乡镇人民政府、街道办事处

C.县级人民政府民政部门

D.县级人民政府卫生行政部门

【答案】B。**解析：**本题考查特困人员供养申请。《社会救助暂行办法》第十一条规定，申请医疗救助的，应当向乡镇人民政府、街道办事处提出，经审核、公示后，由县级人民政府民政部门审批。最低生活保障家庭成员和特困供养人员的医疗救助，由县级人民政府民政部门直接办理，故本题选B。

2　2018-单选-7　某市城乡医疗救助基金2017年筹集金额为1000万元。根据《城乡医疗救助基金管理办法》，该基金2017年底累计结余数额一般不应超过（　　）万元。

A.120　　　　B.150

C.200　　　　D.240

【答案】B。**解析：**本题考查的是城乡医疗救助基金的管理。根据《城乡医疗救助基金管理办法》，城乡医疗救助基金年终结余资金可结转下年度继续使用。基金累计结余一般应不超过当年筹集基金总额的15%。故本题选B。

考点精讲 6　教育救助法规与政策

K 考点梳理

一、教育救助的主要内容

《社会救助暂行办法》对教育救助有以下规定：

（一）含义

第三十三条规定，国家对在义务教育阶段就学的最低生活保障家庭成员、特困供养人员，给予教育救助。对在高中教育（含中等职业教育）、普通高等教育阶段就学的最低生活保障家庭成员、特困供养人员，以及不能入学接受义务教育的残疾儿童，根据实际情况给予适当教育救助。

（二）形式

第三十四条规定，教育救助根据不同教育阶段需求，采取减免相关费用、发放助学金、给予生活补助、安排勤工助学等方式实施，保障教育救助对象基本学习、生活需求。

（三）标准

第三十五条规定，教育救助标准，由省、自治区、直辖市人民政府根据经济社会发展水平和教育救助对象的基本学习、生活需求确定、公布。

（四）申请程序

第三十六条规定，申请教育救助，应当按照国家有关规定向就读学校提出，按规定程序审核、确认后，由学校按照国家有关规定实施。

二、未成年人教育救助

《民政部、教育部关于进一步做好城乡特殊困难未成年人教育救助工作的通知》制定了一系列措施以保障城乡特殊困难未成年人接受教育的权利。其规定如下：

（一）明确救助对象

对城乡特殊困难未成年人实施教育救助的对象具体为：

（1）持有农村五保供养证的未成年人；

（2）属于城市“三无”对象（即无劳动能力、无生活来源、无法定扶养义务人或虽有法定扶养义务人但扶养义务人无扶养能力）的未成年人；

（3）持有城乡最低生活保障证和农村特困户救助证家庭的未成年子女；

（4）当地政府规定的其他需要教育救助的对象。

（二）明确工作目标

各级民政、教育行政部门要进一步加大对城乡特殊困难未成年人教育救助工作的力度，其目标是：

（1）对持有农村五保供养证和属于城市“三无”对象的未成年人，基本实现普通中小学免费教育；

（2）对持有城乡最低生活保障证和农村特困户救助证家庭的子女在义务教育阶段基本实现“两免一补”（免杂费、免书本费、补助寄宿生活费），高中教育阶段要提供必要的学习和生活补助。

（三）规范救助实施程序

对城乡特殊困难未成年人实施教育救助的程序：本人或监护人提出申请，村委会（社区居委会）调查核实，乡镇政府、城市街道办事处审核，县级民政部门复核、审批。

（四）未成年人教育救助的重点

义务教育阶段特殊困难学生是助学工作的救助重点，要确保已被收养的孤儿、弃婴和流浪儿童接受义务教育，要适当提高对最低生活保障家庭中子女的救助水平。

三、教育救助政策

（一）高校高职中职院校教育救助政策

完善国家奖学金和国家助学金制度，进一步完善和落实国家助学贷款政策。对教育部直属师范大学招收的师范生，实行免费教育。学校要从收入中提取一定比例经费，用于学费减免、勤工俭学、校内无息贷款、特殊困难补助等。

（二）教育救助政策的发展

我国教育救助政策正在不断发展。教育救助逐步扩大到非义务教育阶段，救助方式不断完善，待遇水平不断提高，教育救助进一步规范化运行。

M 命题规律分析

一般情况下，在全国社会工作者职业水平考试中，教育救助的救助对象要符合两个条件：

（1）要处于义务教育阶段，即小学和初中，高中、大学等属于非义务教育阶段，不能享受教育救助。

（2）要属于最低生活保障家庭成员或特困人员供养范畴。如果选项中给出的服务对象出现家庭困难、食不果腹等情况，但他不在最低生活保障和特困人员供养范畴内，也不能享有教育救助。

Z 真题再现

2018-单选-8 根据《社会救助暂行办法》，下列人员中，符合教育救助条件的是（　　）。

A.小华，5周岁，幼儿园学童，特困供养人员子女

B.小梦，9周岁，小学生，父母是福利企业残疾职工

C.小丽，13周岁，初中生，低保家庭成员

D.小君，19周岁，在职夜大学生，低保家庭成员

【答案】C。**解析：**本题考查教育救助的对象。国家对在义务教育阶段就学的最低生活保障家庭成员、特困供养人员给予教育救助，对在高中教育(含中等职业教育)、普通高等教育阶段就学的最低生活保障家庭成员、特困供养人员，以及不能入学接受义务教育的残疾儿童，根据实际情况给予适当教育救助。C项小丽既处于义务教育阶段，又是低保家庭成员，符合教育救助的条件。故本题选C。

考点精讲 7 住房救助法规与政策

K 考点梳理

一、住房救助的相关内容

《社会救助暂行办法》对住房救助有以下相关规定：

（一）住房救助的含义、实施方式和救助标准

1.含义

第三十七条规定，国家对符合规定标准的住房困难的最低生活保障家庭、分散供养的特困人员，给予住房救助。

2.实施方式

第三十八条规定，住房救助通过配租公共租赁住房、发放住房租赁补贴、农村危房改造等方式实施。

3.救助标准

第三十九条规定，住房困难标准和救助标准，由县级以上地方人民政府根据本行政区域经济社会发展水平、住房价格水平等因素确定、公布。

（二）住房救助的申请和保障

1. 救助申请

第四十条规定，城镇家庭申请住房救助的，应当经由乡镇人民政府、街道办事处或者直接向县级人民政府住房保障部门提出，经县级人民政府民政部门审核家庭收入、财产状况和县级人民政府住房保障部门审核家庭住房状况并公示后，对符合申请条件的申请人，由县级人民政府住房保障部门优先给予保障。

农村家庭申请住房救助的，按照县级以上人民政府有关规定执行。

2. 救助保障

第四十一条规定，各级人民政府按照国家规定通过财政投入、用地供应等措施为实施住房救助提供保障。

二、公共租赁住房和廉租住房并轨政策

《关于公共租赁住房和廉租住房并轨运行的通知》对公共租赁住房和廉租住房并轨的规定如下：

（一）调整公共租赁住房年度建设计划

从2014年起，各地廉租住房（含购改租等方式筹集，下同）建设计划调整并入公共租赁住房年度建设计划。2014年以前已列入廉租住房年度建设计划的在建项目可继续建设，建成后统一纳入公共租赁住房管理。

（二）整合公共租赁住房政府资金渠道

廉租住房并入公共租赁住房后，地方政府原用于廉租住房建设的资金来源渠道，调整用于公共租赁住房（含2014年以前在建廉租住房）建设。原用于租赁补贴的资金，继续用于补贴在市场租赁住房的低收入住房保障对象。从2014年起，中央补助公共租赁住房建设资金及租赁补贴资金继续由财政部安排，国家发展和改革委员会安排的中央用于新建廉租住房补助投资调整为公共租赁住房配套基础设施建设补助投资，并向西藏及青海、甘肃、四川、云南四省藏区、新疆维吾尔自治区及新疆生产建设兵团所辖的南疆三地州等财力困难地区倾斜。

（三）进一步完善公共租赁住房租金定价机制

各地要结合本地区经济发展水平、财政承受能力、住房市场租金水平、建设与运营成本、保障对象支付能力等因素，进一步完善公共租赁住房的租金定价机制，动态调整租金。公共租赁住房租金原则上按照适当低于同地段、同类型住房市场租金水平确定。政府投资建设并运营管理的公共租赁住房，各地可根据保障对象的支付能力实行差别化租金，对符合条件的保障对象采取租金减免。社会投资建设并运营管理的公共租赁住房，各地可按规

定对符合条件的低收入住房保障对象予以适当补贴。各地可根据保障对象支付能力的变化，动态调整租金减免或补贴额度，直至按照市场价格收取租金。

（四）健全公共租赁住房分配管理制度

各地要进一步完善公共租赁住房的申请受理渠道、审核准入程序，提高效率，方便群众。各地可以在综合考虑保障对象的住房困难程度、收入水平、申请顺序、保障需求及房源等情况的基础上，合理确定轮候排序规则，统一轮候配租。已建成并分配入住的廉租住房统一纳入公共租赁住房管理，其租金水平仍按原有租金标准执行；已建成未入住的廉租住房以及在建的廉租住房项目建成后，要优先解决原廉租住房保障对象住房困难，剩余房源统一按公共租赁住房分配。

三、城镇住房保障家庭租赁补贴政策

（1）要研究制定准入条件，要分档确定补贴标准。租赁补贴家庭的人均可支配收入应低于当地城镇人均可支配收入一定比例，具体准入条件和分档标准要因地制宜地研究制定，进行动态调整，并向社会公示。

（2）合理确定租赁补贴面积。住房保障家庭租住中小户型，户均租赁补贴不超过60平方米，超出部分家庭自行承担。

（3）加大政策支持力度。中央财政城镇保障性安居工程专项资金可统筹用于发放租赁补贴。县级财政要安排专项补贴资金，省级财政要支持市、县级财政补贴工作。

M 命题规律分析

一般情况下，在全国社会工作者职业水平考试中，住房救助的申请受理部门有乡镇人民政府、街道办事处或直接向县级政府住房保障部门。对家庭收入和财产状况的审核由县级民政部门负责。对家庭住房状况的审核由县级人民政府住房保障部门负责。

Z 真题再现

2018-单选-9 夏某一家享受城市低保待遇，因住房困难通过街道办事处向区人民政府住房保障部门提交了住房救助申请。根据《社会救助暂行办法》，在审核阶段，应由（　　）审核确认其家庭收入、财产状况。

A.社区居民委员会

B.街道办事处

C.县级人民政府民政部门

D.县级人民政府住房保障部门

【答案】C。解析：城镇家庭申请住房救助的，应当经由乡镇人民政府、街道办事处或者直接向县级人民政府住房保障部门提出，经县级人民政府民政部门审核家庭收入、财产状况和县级人民政府住房保障部门审核家庭住房状况并公示后，对符合条件的申请人，由县级人民政府住房保障部门优先给予保障。

考点精讲 8 就业救助法规与政策

K 考点梳理

一、就业救助的含义与申请

（一）就业救助的含义

《社会救助暂行办法》第四十二条规定，国家对最低生活保障家庭中有劳动能力并处于失业状态的成员，通过贷款贴息、社会保险补贴、岗位补贴、培训补贴、费用减免、公益性岗位安置等办法，给予就业救助。

第四十三条规定，最低生活保障家庭有劳动能力的成员均处于失业状态的，县级以上地方人民政府应当采取有针对性的措施，确保该家庭至少有一人就业。

（二）就业救助的申请

第四十四条规定，申请就业救助的，应当向住所地街道、社区公共就业服务机构提出，公共就业服务机构核实后予以登记，并免费提供就业岗位信息、职业介绍、职业指导等就业服务。

二、就业要求与就业扶持政策

（一）就业要求

第四十五条规定，最低生活保障家庭中有劳动能力但未就业的成员，应当接受人力资源和社会保障等有关部门介绍的工作；无正当理由，连续3次拒绝接受介绍与其健康状况、劳动能力等相适应的工作的，县级人民政府民政部门应当决定减发或停发其本人的最低生活保障金。

（二）就业扶持政策

第四十六条规定，吸纳就业救助对象的用人单位，按照国家有关规定享受社会保险补贴、税收优惠、小额担保贷款等就业扶持政策。

M 命题规律分析

关于本知识点，考生需要掌握以下内容：

就业救助的形式：贷款贴息、社会保险补贴、岗位补贴、培训补贴、费用减免、公益性岗位安置等。吸纳最低生活保障家庭成员为员工的企业可以享受的扶持政策：社会保险补贴、税收优惠和小额担保贷款等。

Z 真题再现

1 2018-多选-64 企业在一年时间内聘用了多名有劳动能力、处于失业状态的低保家庭成员。根据《社会救助暂行办法》，该企业可以享受的就业扶持政策有（　　）。

A.税收优惠

B.住房补贴

C.社会保险补贴

D.小额担保贷款

E.减免残疾人就业保障金

【答案】ACD。**解析：**本题考查的是就业扶持政策。《社会救助暂行办法》第四十六条规定，吸纳就业救助对象的用人单位，按照国家有关规定享受社会保险补贴、税收优惠、小额担保贷款等就业扶持政策。故本题选ACD。

2 2017-单选-7 国家对最低生活保障家庭中有劳动能力，并处于失业状态的成员，给予就业救助。根据《社会救助暂行办法》，下列措施中不属于就业救助的是（　　）。

A.费用减免

B.岗位补贴

C.培训补贴

D.发放失业保证金

【答案】D。**解析：**本题考查就业救助的形式。《社会救助暂行办法》第四十二条规定，国家对最低生活保障家庭中有劳动能力并处于失业状态的成员，通过贷款贴息、社会保险补贴、岗位补贴、培训补贴、费用减免、公益性岗位安置等办法，给予就业救助。故本题选D。

考点精讲 9 临时救助法规与政策

K 考点梳理

一、临时救助的一般规定

（一）临时救助的基本知识

《国务院关于全面建立临时救助制度的通知》关于救助制度的含义、对象和标准等内容的规定总结如下：

1. 含义

临时救助是国家对遭遇突发事件、意外伤害、重大疾病或其他特殊原因导致基本生活陷入困境，其他社会救助制度暂时无法覆盖或救助之后基本生活暂时仍有严重困难的家庭或个人给予的应急性、过渡性的救助。

2. 总体要求

（1）坚持应救尽救，确保救助有门，及时救助。

（2）坚持适度救助，尽力而为，量力而行。

（3）坚持公开公正，做到政策公开、过程透明、结果公正。

（4）坚持制度衔接，加强各项救助与保障制度的衔接配合，形成整体合力。

（5）坚持资源统筹，使政府救助、社会帮扶与家庭自救有机结合。

3. 范围对象

（1）家庭对象：因火灾、交通事故等意外事件，家庭成员突发重大疾病等原因，导致基本生活暂时出现严重困难的家庭；因生活必需支出突然增加，超出家庭承受能力，导致基本生活暂时出现严重困难的最低生活保障家庭；遭遇其他特殊困难的家庭。

（2）个人对象：因遭遇火灾、交通事故、突发重大疾病或其他特殊困难，暂时无法得到家庭支持，导致基本生活陷入困境的个人。其中，符合生活无着的流浪、乞讨人员救助条件的，由县级人民政府按有关规定提供临时食宿、急病救治、协助返回等救助。

（3）救助对象不受本地户籍的限制。

4. 救助方式与标准

（1）救助方式：发放临时救助金、发放实物、提供转介服务等。其具体办法也有详细规定。

（2）救助标准：要与当地经济社会发展水平相适应。县级以上地方人民政府要根据救助对象的困难类型、困难程度，统筹考虑其他社会救助制度保障水平，合理确定、适时调整标准。临时救助标准应向社会公布。省级人民政府要加强对本行政区域内标准制定的统筹，推动形成相对统一的区域临时救助标准。

5. 工作机制和配套措施

（1）工作机制：建立“一门受理、协同办理”机制；加快建立社会救助信息共享机制；建立健全社会力量参与机制；不断完善临时救助资金筹集机制。

（2）配套措施：加强组织领导，将临时救助等社会救助工作列入地方领导政绩考核体系中。加强能力建设，落实临时救助制度要求，加强基层临时救助工作力量。加强监督管理，明确责任，公开实施情况，加大行政问责力度。加强政策宣传，加大宣传普及力度，加强舆论引导。

（二）临时救助的程序性规定

《国务院关于全面建立临时救助制度的通知》对临时救助申请、受理和审核审批的规定总结如下：

1. 申请与受理

（1）申请受理。凡认为符合救助条件的，家庭、个人本人或委托他人进行申请，对于具有本地户籍、持有当地居住证的，由当地乡镇人民政府（街道办事处）受理；对于上述情形以外的，当地乡镇人民政府（街道办事处）应当协助其向县级人民政府设立的救助管理机构申请救助；没有设立救助管理机构的，乡镇人民政府（街道办事处）应当协助其向县级人民政府民政部门申请救助。申请时应按规定提交相关证明材料，无正当理由，乡镇人民政府（街道办事处）不得拒绝受理；因情况紧急无法在申请时提供相关证明材料的，乡镇人民政府（街道办事处）可先行受理。

（2）主动发现受理。乡镇人民政府（街道办事处）、村（居）民委员会要及时核实辖区居民遭遇突发事件、意外事故、罹患重病等特殊情况，帮助有困难的家庭或个人提出救助申请。公安、城管等部门在执法中发现身处困境的未成年人、精神病人等无民事行为能力人或限制民事行为能力人，以及失去主动求助能力的危重病人等，应主动采取必要措施，帮助其脱离困境。乡镇人民政府（街道办事处）或县级人民政府民政部门、救助管理机构在发现或接到有关部门、社会组织、公民个人报告救助线索后，应主动核查情况，对于其中符合临时救助条件的，应协助其申请救助并受理。

2. 审核审批

（1）一般程序。乡镇人民政府（街道办事处）应当在村（居）民委员会协助下，对申请人的基本情况逐一调查，视情况组织民主评议，提出审核意见，公示后报县级人民政府民政部门审批。县级人民政府民政部门作出审批决定。对符合条件的，应及时予以批准；不符合条件的不予批准，并书面说明理由。

(2)紧急程序。对于情况紧急、需立即采取措施以防止造成无法挽回的损失或无法改变的严重后果的,乡镇人民政府(街道办事处)、县级人民政府民政部门应先行救助。紧急情况解除之后,应按规定补齐审核审批手续。

二、流浪乞讨人员救助的一般规定

(一)流浪乞讨人员救助的基本知识

《城市生活无着的流浪乞讨人员救助管理办法》和《城市生活无着的流浪乞讨人员救助管理办法实施细则》关于流浪乞讨人员救助的对象、形式和内容的规定如下:

1. 救助对象

《城市生活无着的流浪乞讨人员救助管理办法》规定的"城市生活无着的流浪乞讨人员"是指因自身无力解决食宿,无亲友投靠,又不享受城市最低生活保障或者农村五保供养,正在城市流浪、乞讨度日的人员。虽有流浪乞讨行为,但不具备前款规定情形的,不属于救助对象。

2. 及时处理方式

对生活无着的流浪乞讨人员,公安机关、行政工作人员应告知其向救助管理机构求助。国家为其提供协助返回、临时食宿、急病救治等救助内容。对其中的残疾人、未成年人、老年人和行动不便的其他人员及突发疾病人员都有规定的处理办法。前四者应被引导、护送至救助管理机构,突发疾病人员应立即通知急救机构进行救治。

3. 救助的形式

(1)县级以上城市人民政府应当根据需要设立流浪乞讨人员救助站,救助站对流浪乞讨人员的救助是一项临时性社会救助措施。

(2)救助站应当根据受助人员的情况确定救助期限,一般不超过10天;因特殊情况需要延长的,报上级民政主管部门备案。

4. 救助的内容

救助站应当根据受助人员的需要提供下列救助:

(1)提供符合食品卫生要求的食物;

(2)提供符合基本条件的住处;

(3)对在站内突发急病的,及时送医院救治;

(4)帮助与其亲属或者所在单位联系;

(5)对没有交通费返回其住所地或者所在单位的,提供乘车凭证。

(二)流浪乞讨人员救助的程序性规定

《城市生活无着的流浪乞讨人员救助管理办法》和《城市生活无着的流浪乞讨人员救助管理办法实施细则》关于流浪乞讨人员救助的程序的规定如下:

1. 提出求助需求

向救助站求助的流浪乞讨人员，应当如实提供本人的姓名等基本情况并将随身携带物品在救助站登记，向救助站提出求助需求。

2. 核实基本情况

救助站应当向求助的流浪乞讨人员告知救助对象的范围和实施救助的内容，询问与求助需求有关的情况，并对其个人情况予以登记。

3. 决定是否救助

救助站对属于救助对象的，应当及时安排救助；不属于救助对象的，不予救助并告知其理由。对因年老、年幼、残疾等原因无法提供个人情况的，救助站应当先提供救助，再查明情况。对拒不如实提供个人情况的，不予救助。

4. 终止求助

（1）受助人员已经被救助或者救助期已满，应当离开救助站。救助站应当终止对无正当理由不愿离站的受助人员的救助。

（2）救助站遇到如下情况也应终止救助：发现受助人员故意提供虚假个人情况的，应当终止救助；受助人员擅自离开救助站的，这种情况视同放弃救助，应当终止救助；当受助人员自愿放弃救助离开救助站时，救助站不得限制其离开。

三、临时救助的最新规定

（一）临时救助的服务对象

临时救助服务对象主要有两类：

第一类是因火灾、车祸等意外事故导致基本生活出现严重困难的家庭和个人，此类型属于救难型。在提供服务时要明确其困难类型、范围和程度，在为其服务时要提高救助的时效性。民政部门可以根据救助对象的紧急状况，简化家庭经济状况核对、民主评议和公示环节，在状况缓解后补齐手续。

第二类是因教育、医疗等生活必须支出增加超出家庭承受能力，导致基本生活出现严重困难的家庭，此类型属于支出型。在提供服务时要明确其生活必须支出的范围和救助对象财产状况认定标准。对于此类服务对象要严格执行申报和审批程序，规范各个环节工作要求，合理设置、逐步提高审批额度。

（二）科学制定救助标准

临时救助标准可以与当地最低生活保障标准挂钩，根据困难类型、困难程度和困难持续时间，细化救助标准，根据救助对象困难的不同类型、困难的不同程度，科学制定救助的标准和档次。省级民政和财政部门要根据当地经济社会发展水平，形成相对统一的区域临时救助标准。

（三）综合运用多种方式，拓宽临时救助渠道

综合运用发放临时救助金、发放实物和转介服务的方式，拓展完善救助渠道，将临时救助与相关制度、政府救助等服务紧密结合，提高救助的精准度和时效性，增强救助效能。

（四）加强与慈善救助的衔接

鼓励、引导慈善组织建立专项基金，科学规划、设立救助项目，加大政府购买服务力度，让慈善组织承接政府救助后转移的个案。

M 命题规律分析

一般情况下，在全国社会工作者职业水平考试中，救助站可以终止救助的情况有三种：第一，救助期满后，受助人员应该离开，救助站工作人员应当终止救助。第二，未满救助期，受助人员离开救助站，救助站工作人员也应当终止救助，且不能阻止受助人员离开。未成年人及其他无民事行为能力人和限制民事行为能力人需要在其监护人陪护下才能离开。第三，受助人员提供虚假个人情况，骗取救助，救助站工作人员应当终止救助。

此外，考生还要注意掌握有关生活无着的流浪乞讨人员身份查询和照料安置工作的最新规定：

（1）具体要求：①加强流浪乞讨人员身份查询工作，建立身份快速查询机制和身份查询长效机制、寻亲服务机制；②建立滞留人员多元化照料安置渠道，包括站内照料、站外托管、纳入特困人员供养、做好滞留未成年人救助保护工作。

（2）保障措施：加强组织协调、加强经费保障、整合各方资源、加强评估监督、推进通报制度。

Z 真题再现

2018-多选-65 根据《城市生活无着的流浪乞讨人员救助管理办法实施细则》，救助站应当终止救助的情形有（　　）。

A.未经事先告知，擅自离开救助站的

B.救助期已满，无正当理由不愿离站的

C.辱骂救助站工作人员和其他受助人员的

D.故意提供虚假个人情况，被救助站发现的

E.以救助站饮食不合胃口为由，故意扰乱就餐秩序的

【答案】ABD。**解析：**本题考查的是终止救助的情形。《城市生活无着的流浪乞讨人员救助管理办法实施细则》规定，救助站已经实施救助或者救助期满，受助人员应当离开救助

站。对无正当理由不愿意离站的受助人员，救助站应当终止救助。除此之外，以下三种情况下，救助站应当终止救助：(1)救助站发现流浪乞讨人员故意提供虚假个人情况的，应当终止救助；(2)流浪乞讨人员自愿放弃救助离开救助站的，救助站不得限制；(3)流浪乞讨人员擅自离开救助站的，视同放弃救助，救助站应当终止救助。故本题选ABD。

考点精讲 10 法律援助法规与政策

K 考点梳理

一、法律援助

（一）法律援助范围

法律援助的对象是经济困难的公民。《法律援助条例》对法律援助的范围规定如下：

1. 代理

第十条规定，公民对下列需要代理的事项，因经济困难没有委托代理人的，可以向法律援助机构申请法律援助：

(1)依法请求国家赔偿的；

(2)请求给予社会保险待遇或者最低生活保障待遇的；

(3)请求发给抚恤金、救济金的；

(4)请求给付赡养费、抚养费、扶养费的；

(5)请求支付劳动报酬的；

(6)主张因见义勇为行为产生的民事权益的。

2. 刑事辩护

第十一条规定，刑事诉讼中有下列情形之一的，公民可以向法律援助机构申请法律援助：

(1)犯罪嫌疑人在被侦查机关第一次讯问后或者采取强制措施之日起，因经济困难没有聘请律师的；

(2)公诉案件中的被害人及其法定代理人或者近亲属，自案件移送审查起诉之日起，因经济困难没有委托诉讼代理人的；

(3)自诉案件的自诉人及其法定代理人，自案件被人民法院受理之日起，因经济困难没有委托诉讼代理人的。

3. 公诉

第十二条规定，公诉人出庭公诉的案件，被告人因经济困难或者其他原因没有委托辩护人，人民法院为被告人指定辩护时，法律援助机构应当提供法律援助。

被告人是盲、聋、哑人或者未成年人而没有委托辩护人的，或者被告人可能被判处死刑而没有委托辩护人的，人民法院为被告人指定辩护时，法律援助机构应当提供法律援助，无须对被告人进行经济状况的审查。

（二）法律援助申请和审查

《法律援助条例》对法律援助的申请和审查有以下规定：

1. 代理援助申请

第十四条规定，公民就本条例第十条所列事项申请法律援助，应当按照下列规定提出：

（1）请求国家赔偿的，向赔偿义务机关所在地的法律援助机构提出申请；

（2）请求给予社会保险待遇、最低生活保障待遇或者请求发给抚恤金、救济金的，向提供社会保险待遇、最低生活保障待遇或者发给抚恤金、救济金的义务机关所在地的法律援助机构提出申请；

（3）请求给付赡养费、抚养费、扶养费的，向给付赡养费、抚养费、扶养费的义务人住所地的法律援助机构提出申请；

（4）请求支付劳动报酬的，向支付劳动报酬的义务人住所地的法律援助机构提出申请；

（5）主张因见义勇为行为产生的民事权益的，向被请求人住所地的法律援助机构提出申请。

2. 刑事辩护申请

第十五条规定，本条例第十一条所列人员申请法律援助的，应当向审理案件的人民法院所在地的法律援助机构提出申请。被羁押的犯罪嫌疑人的申请由看守所在24小时内转交法律援助机构，申请法律援助所需提交的有关证件、证明材料由看守所通知申请人的法定代理人或者近亲属协助提供。

3. 申请材料与方式

第十七条规定，公民申请代理、刑事辩护的法律援助应当提交下列证件、证明材料：

（1）身份证或者其他有效的身份证明，代理申请人还应当提交有代理权的证明；

（2）经济困难的证明；

（3）与所申请法律援助事项有关的案件材料。

申请应当采用书面形式，填写申请表；以书面形式提出申请确有困难的，可以口头申请，由法律援助机构工作人员或者代为转交申请的有关机构工作人员作书面记录。

4. 审查程序

第十八条规定，法律援助机构收到法律援助申请后，应当进行审查；认为申请人提交的证件、证明材料不齐全的，可以要求申请人作出必要的补充或者说明，申请人未按要求作出补充或者说明的，视为撤销申请；认为申请人提交的证件、证明材料需要查证的，由法律援助机构向有关机关、单位查证。对符合法律援助条件的，法律援助机构应当及时决定提供法律援助；对不符合法律援助条件的，应当书面告知申请人理由。

（三）法律援助实施

《法律援助条件》中关于法律援助实施有以下相关规定：

1.副本送交

第二十条规定，由人民法院指定辩护的案件，人民法院在开庭10日前将指定辩护通知书和起诉书副本或者判决书副本送交其所在地的法律援助机构；人民法院不在其所在地审判的，可以将指定辩护通知书和起诉书副本或者判决书副本送交审判地的法律援助机构。

2.援助机构安排

第二十一条规定，法律援助机构可以指派律师事务所安排律师或者安排本机构的工作人员办理法律援助案件；也可以根据其他社会组织的要求，安排其所属人员办理法律援助案件。对人民法院指定辩护的案件，法律援助机构应当在开庭3日前将确定的承办人员名单回复给作出指定的人民法院。

3.办理人员

第二十二条规定，办理法律援助案件的人员，应当遵守职业道德和执业纪律，提供法律援助不得收取任何财物。

4.终止援助

第二十三条规定，办理法律援助案件的人员遇有下列情形之一的，应当向法律援助机构报告，法律援助机构经审查核实的，应当终止该项法律援助：

（1）受援人的经济收入状况发生变化，不再符合法律援助条件的；

（2）案件终止审理或者已被撤销的；

（3）受援人又自行委托律师或者其他代理人的；

（4）受援人要求终止法律援助的。

5.受派律师

第二十四条规定，受指派办理法律援助案件的律师或者接受安排办理法律援助案件的社会组织人员在案件结案时，应当向法律援助机构提交有关的法律文书副本或者复印件及结案报告等材料。

法律援助机构收到前款规定的结案材料后，应当向受指派办理法律援助案件的律师或者接受安排办理法律援助案件的社会组织人员支付法律援助办案补贴。

法律援助办案补贴的标准由省、自治区、直辖市人民政府司法行政部门会同同级财政部门，根据当地经济发展水平，参考法律援助机构办理各类法律援助案件的平均成本等因素核定，并可以根据需要调整。

6. 法律咨询服务

第二十五条规定，法律援助机构对公民申请的法律咨询服务，应当即时办理；复杂疑难的，可以预约择时办理。

二、国家司法救助的政策和内容

（一）国家司法救助的基本原则和对象

1. 基本原则

国家司法救助制度的基本原则：坚持辅助性救助、坚持公正救助、坚持及时救助、坚持属地救助。

2. 救助对象

党委政法委和政法各单位将根据实际情况确认需要救助的其他人员，国家司法救助的对象主要有以下情况：

（1）刑事案件被害人受到犯罪侵害，致使重伤或严重残疾，因案件无法侦破造成生活困难的，或者因加害人死亡或没有赔偿能力，无法经过诉讼获得赔偿，造成生活困难的。

（2）刑事案件被害人受到犯罪侵害危及生命，急需救治，无力承担医疗救治费用的。

（3）刑事案件被害人遭到犯罪侵害而亡，因案件无法侦破造成依靠其收入为主要生活来源的近亲属生活困难的，或者因加害人死亡或没有赔偿能力，依靠被害人收入为主要生活来源的近亲属无法经过诉讼获得赔偿，造成生活困难的。

（4）刑事案件被害人受到犯罪侵害，致使财产遭受重大损失，因案件无法侦破造成生活困难的；或者因加害人死亡或没有赔偿能力，无法经过诉讼获得赔偿，造成生活困难的。

（5）举报人、证人、鉴定人因举报、作证、鉴定受到打击报复，致使人身受到伤害或财产受到重大损失，无法经过诉讼获得赔偿，造成生活困难的。

（6）追索赡养费、扶养费、抚育费等，因被执行人没有履行能力，造成申请执行人生活困难的。

（7）对于道路交通事故等民事侵权行为造成人身伤害，无法经过诉讼获得赔偿，造成生活困难的。

此外，涉法涉诉信访人，其诉求具有一定合理性，但通过法律途径难以解决，且生活困难，愿意接受国家司法救助后息诉息访的，可参照执行。

具有以下情形之一的，国家司法救助不予以救助：对案件发生有重大过错的；无正当理由，拒绝配合查明犯罪事实的；故意作虚伪陈述或伪造证据、妨害刑事诉讼的；在诉讼中主动放弃民事赔偿请求或拒绝加害责任人及其近亲属赔偿的；生活困难非案件原因所导致的；通过社会救助措施已经得到合理补偿、救助的；对社会组织、法人不予救助。

（二）国家司法救助的方式和标准

1.救助方式

国家司法救助以支付救助金为主要方式，将主要方式与思想疏导和宣传教育相结合，与法律援助和诉讼救济相配套，与社会救助相衔接。

2.救助标准

国家司法救助以案件管辖地上一年度职工月平均工资为基准，一般在36个月的工资总额之内，救助金不得超过人民法院依法应当判决的赔偿数额。

M 命题规律分析

规律一：考查法律援助中无须进行经济状况审查的被告人。

在实施法律援助前，要对被告人进行经济状况审查，但是有三种情况可以对被告人进行法律援助且无须进行经济状况审查：第一，被告人是视力、听力、语言功能障碍的残疾人且没有委托辩护人，此处值得关注的是符合条件的被告人不包含肢体残疾的情况；第二，被告人是未成年人且没有委托辩护人；第三，被告人可能被判处死刑且没有委托辩护人。

规律二：考查不同情况下法律援助的申请地不同。

在申请诉讼过程中，涉及抚养费、赡养费、劳动报酬的追讨等情况的法律援助需要向义务人所在地的法律援助机构提出申请；涉及刑事辩护等情况的法律援助申请需要向审理案件的人民法院所在地的法律援助机构提出。

Z 真题再现

1 2019-单选-7 根据《法律援助条例》，下列人员向不同地方的法律援助机构提出法律援助申请，符合规定的是（　　）。

A.李某，居住在甲地，儿子住所地在乙地，因儿子拒付赡养费，李某向甲地法律援助机构提出法律援助申请

B.王某，居住在甲地，乙地某机关对其有国家赔偿义务，因国家赔偿问题，王某向甲地法律援助机构提出法律援助申请

C.楚某，父母离异，随母亲落户甲地，父亲住所地在乙地，因父亲拖欠抚养费，楚某向乙地法律援助机构提出法律援助申请

D.赵某，居住在甲地并受聘于甲地某公司，户籍地为乙地，因公司支出劳动报酬问题，赵某向乙地法律援助机构提出法律援助申请

【答案】C。**解析：**本题考查的是法律援助的申请。《法律援助条例》第十四条规定，公

民因经济困难没有委托代理人的，可以向法律援助机构申请法律援助，应当按照下列规定提出：第一，请求国家赔偿的，向赔偿义务机关所在地的法律援助机构提出申请，故B项错误；第二，请求给予社会保险待遇、最低生活保障待遇或者请求发给抚恤金、救济金的，向提供社会保险待遇、最低生活保障待遇或者发给抚恤金、救济金的义务机关所在地的法律援助机构提出申请；第三，请求给付赡养费、抚养费、扶养费的，向给付赡养费、抚养费、扶养费的义务人住所地的法律援助机构提出申请，故A项错误；第四，请求支付劳动报酬的，向支付劳动报酬的义务人住所地的法律援助机构提出申请，故D项错误；第五，主张因见义勇为行为产生的民事权益的，向被请求人住所地的法律援助机构提出申请。故本题选C。

2 2018–多选–66 某法律援助机构对人民法院指定辩护的被告人提供法律援助。根据《法律援助条例》，下列被告人中，无须审查其经济状况，就应当提供法律援助的有（　　）。

A.李某，盲人　　B.杨某，双腿残疾

C.曲某，17周岁　　D.孔某，65周岁

E.吕某，可能被判处死刑

【答案】ACE。**解析：**被告人是盲、聋、哑人或者未成年人且没有委托辩护人的，或者被告人可能被判处死刑而没有委托辩护人的，人民法院为被告人指定辩护时，法律援助机构应当提供法律援助，无须对被告人进行经济状况的审查。故本题选ACE。

第二章　我国特定人群权益保护法规与政策

备考指南

根据最新修订的考试大纲，本章内容包括四个部分：第一部分为老年人权益保护的法规与政策，主要包括老年人权益保护的主要内容和老年人权益保护中的法律责任；第二部分为妇女权益保护的法规与政策，主要包括妇女权益的主要内容和妇女权益保护中的法律责任；第三部分为未成年人权益保护的法规与政策，主要包括未成年人权益的主要内容、保障未成年人权益的方法、未成年人不良行为和犯罪的预防与矫治、孤儿和流浪未成年人的保护与安置；第四部分为残疾人权益保护的法规与政策，主要包括残疾人权益的主要内容和残疾人权益保障中的法律责任。

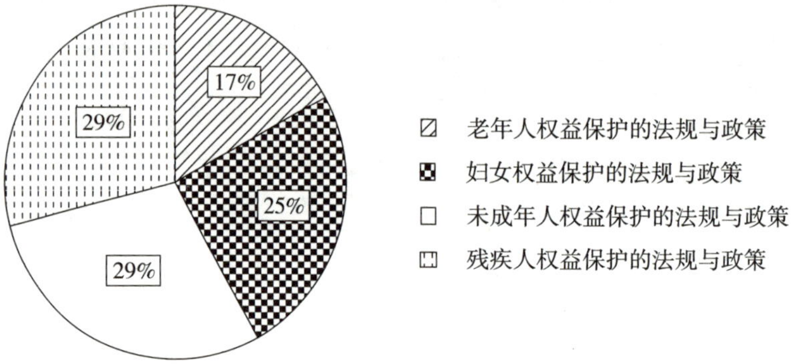

图2-2-1　本章考点考查比重

考点精讲 1　老年人权益保护的法规与政策

K 考点梳理

一、家庭赡养与扶养

（一）扶养与监护

根据《中华人民共和国老年人权益保障法》，关于扶养与监护的规定如下：

1. 赡养人

（1）赡养人是指老年人的子女及其他依法负有赡养义务的人。赡养人的配偶应当协助赡养人履行赡养义务。

（2）老年人养老以居家为基础，家庭成员应当尊重、关心和照料老年人。赡养人应当履行对老年人经济上供养、生活上照料和精神上慰藉的义务，照顾老年人的特殊需要。

2. 扶养人

老年人与配偶有相互扶养的义务。由兄、姐扶养的弟、妹成年后，有负担能力的，对年老无赡养人的兄、姐有扶养的义务。

3. 监护人

（1）具备完全民事行为能力的老年人，可以在近亲属或者其他与自己关系密切、愿意承担监护责任的个人、组织中协商确定自己的监护人。监护人在老年人丧失或者部分丧失民事行为能力时，依法承担监护责任。

（2）老年人未事先确定监护人的，其丧失或者部分丧失民事行为能力时，依照有关法律的规定确定监护人。

4. 赡养义务

（1）赡养人不得以放弃继承权或者其他理由，拒绝履行赡养义务。赡养人不履行赡养义务，老年人有要求赡养人付给赡养费等权利。

（2）赡养人、扶养人不履行赡养、扶养义务的，基层群众性自治组织、老年人组织或者赡养人、扶养人所在单位应当督促其履行。

（3）赡养人不得要求老年人承担力不能及的劳动，并禁止对老年人实施家庭暴力。

5. 赡养协议

经老年人同意，赡养人之间可以就履行赡养义务签订协议。赡养协议的内容不得违反法律的规定和老年人的意愿。基层群众性自治组织、老年人组织或者赡养人所在单位监督协议的履行。

6. 国家支持

国家建立健全家庭养老支持政策，鼓励家庭成员与老年人共同生活或者就近居住，为老年人随配偶或者赡养人迁徙提供条件，为家庭成员照料老年人提供帮助。

（二）家庭赡养

《中华人民共和国老年人权益保障法》对家庭赡养的规定如下：

1. 护理与照料

第十五条规定，赡养人应当使患病的老年人及时得到治疗和护理；对经济困难的老年人，应当提供医疗费用。对生活不能自理的老年人，赡养人应当承担照料责任；不能亲自照料的，可以按照老年人的意愿委托他人或者养老机构等照料。

2. 住房

第十六条规定，赡养人应当妥善安排老年人的住房，不得强迫老年人居住或者迁居条件低劣的房屋。老年人自有的或者承租的住房，子女或者其他亲属不得侵占，不得擅自改变产权关系或者租赁关系。老年人自有的住房，赡养人有维修的义务。

3. 承包地

第十七条规定，赡养人有义务耕种或者委托他人耕种老年人承包的田地，照管或者委托他人照管老年人的林木和牲畜等，收益归老年人所有。

4. 精神安慰

第十八条规定，家庭成员应当关心老年人的精神需求，不得忽视、冷落老年人。与老年人分开居住的家庭成员，应当经常看望或者问候老年人。用人单位应当按照国家有关规定保障赡养人探亲休假的权利。

5. 婚姻

第二十一条规定，老年人的婚姻自由受法律保护。子女或者其他亲属不得干涉老年人离婚、再婚及婚后的生活。赡养人的赡养义务不因老年人的婚姻关系变化而消除。

6. 财产和继承

第二十二条规定，老年人对个人的财产，依法享有占有、使用、收益和处分的权利，子女或者其他亲属不得干涉，不得以窃取、骗取、强行索取等方式侵犯老年人的财产权益。

老年人有依法继承父母、配偶、子女或者其他亲属遗产的权利，有接受赠予的权利。子女或者其他亲属不得侵占、抢夺、转移、隐匿或者损毁应当由老年人继承或者接受赠予的财产。

老年人以遗嘱处分财产，应当依法为老年配偶保留必要的份额。

二、社会保障

根据《中华人民共和国老年人权益保障法》关于社会保障的规定如下：

第二十八条规定，国家通过基本养老保险制度，保障老年人的基本生活。

第二十九条规定，国家通过基本医疗保险制度，保障老年人的基本医疗需要。享受最低生活保障的老年人和符合条件的低收入家庭中的老年人参加新型农村合作医疗和城镇居民基本医疗保险所需个人缴费的部分，由政府给予补贴。有关部门制定医疗保险办法，应当对老年人给予照顾。

第三十条规定，国家逐步开展长期护理保障工作，保障老年人的护理需求。对生活长期不能自理、经济困难的老年人，地方各级人民政府应当根据其失能程度等情况给予护理补贴。

第三十一条规定，国家对经济困难的老年人给予基本生活、医疗、居住或者其他救助。老年人无劳动能力、无生活来源、无赡养人和扶养人，或者其赡养人和扶养人确无赡养能力或者扶养能力的，由地方各级人民政府依照有关规定给予供养或者救助。对流浪乞讨、遭受遗弃等生活无着的老年人，由地方各级人民政府依照有关规定给予救助。

第三十二条规定，地方各级人民政府在实施廉租住房、公共租赁住房等住房保障制度或者进行危旧房屋改造时，应当优先照顾符合条件的老年人。

第三十三条规定，国家建立和完善老年人福利制度，根据经济社会发展水平和老年人的实际需要，增加老年人的社会福利。国家鼓励地方建立八十周岁以上低收入老年人高龄津贴制度。国家建立和完善计划生育家庭老年人扶助制度。农村可以将未承包的集体所有的部分土地、山林、水面、滩涂等作为养老基地，收益供老年人养老。

第三十四条规定，老年人依法享有的养老金、医疗待遇和其他待遇应当得到保障，有关机构必须按时足额支付，不得克扣、拖欠或者挪用。国家根据经济发展及职工平均工资增长、物价上涨等情况，适时提高养老保障水平。

第三十五条规定，国家鼓励慈善组织及其他组织和个人为老年人提供物质帮助。

第三十六条规定，老年人可以与集体经济组织、基层群众性自治组织、养老机构等组织或者个人签订遗赠扶养协议或者其他扶助协议。负有扶养义务的组织或者个人按照遗赠扶养协议，承担该老年人生养死葬的义务，享有受遗赠的权利。

三、社会服务

（一）发展目标

到2020年，全面建成以居家为基础、社区为依托、机构为支撑的，功能完善、规模适度、覆盖城乡的养老服务体系。养老服务产品更加丰富，市场机制不断完善，养老服务业持续健康发展。生活照料、医疗护理、精神慰藉、紧急救援等养老服务覆盖所有居家老年人。符合标准的日间照料中心、老年人活动中心等服务设施覆盖所有城市社区，90%以上的乡镇和60%以上的农村社区建立包括养老服务在内的社区综合服务设施和站点。到2022年，养老机构护理型床位占比不低于50%。

（二）主要任务

1. 大力发展居家养老服务网络

逐步建立支持家庭养老的政策体系，支持成年子女与老年父母共同生活，履行赡养义务和承担照料责任。支持城乡社区定期上门寻访独居、空巢老年人家庭，帮助老年人解决实际困难。大力推行政府购买服务，推动专业化居家社区养老机构发展。

2. 加强社区养老服务设施建设

统筹规划发展城乡社区养老服务设施，各地在制订城市总体规划、控制详细规划时，必须按照人均用地不少于0.1平方米的标准，分区分级规划设置养老服务设施。新建城区和新建居住（小）区按照标准要求配套建设养老服务设施，并与住宅同步规划、同步建设、同步验收、同步交付使用。到2022年，力争所有街道至少建有一个具备综合功能的社区养老服务机构，社区日间照料机构覆盖率达到90%以上。

3. 推动养老机构增质提效

加快公办养老机构改革。加快推进具备向社会提供养老服务条件的公办养老机构转制为企业或开展公建民营。支持社会力量兴办养老机构。加快推进养老服务业“放管服”改革。对民间资本和社会力量申请兴办养老机构进一步放宽准入条件，加强开办支持和服务指导。落实好对民办养老机构的投融资、税费、土地、人才等扶持政策。建立健全养老机构分类管理和养老服务评估制度，引入第三方评估，实行评估结果报告和社会公示。加强养老服务行业自律和信用体系建设。支持发展养老机构责任保险，提高养老机构抵御风险能力。

4. 加强农村养老服务

推动农村特困人员供养服务机构服务设施和服务质量达标，在保障农村特困人员集中供养需求的前提下，积极为低收入、高龄、独居、残疾、失能农村老年人提供养老服务。2022年底前，每个县至少建有一所以农村特困失能、残疾老年人专业照护为主的县级层面特困人员供养服务设施。

5. 推进医养结合

建立健全医疗卫生机构与养老机构合作机制，建立养老机构内设医疗机构与合作医院间双向转诊绿色通道，为老年人提供治疗期住院、康复期护理、稳定期生活照料以及临终关怀一体化服务。支持养老机构开展医疗服务。支持养老机构按规定开办康复医院、护理院、临终关怀机构和医务室、护理站等。

6. 加强老年人健康促进和疾病预防

基层医疗卫生机构为辖区内65周岁以上老年人建立健康档案。开展健康管理服务，指导老年人合理用药，减少不合理用药危害。加强老年严重精神障碍患者的社区管理和康复服务。

7. 发展老年医疗与康复护理服务

加强老年康复医院、护理院、临终关怀机构和综合医院老年病科建设。有条件的地区可将部分公立医院转为康复、护理等机构。提高基层医疗卫生机构康复护理床位占比，积极开展家庭医生签约服务，为老年人提供连续的健康管理和医疗服务。

8. 加强老年人精神关爱

依托专业精神卫生机构和社会工作服务机构、专业心理工作者和社会工作者开展老年心理健康服务试点，为老年人提供心理关怀和精神关爱。

四、社会优待

《中华人民共和国老年人权益保障法》对老年人的社会优待规定如下：

（一）定义

县级以上人民政府及其有关部门根据经济社会发展情况和老年人的特殊需要，制定优待老年人的办法，逐步提高优待水平。对常住在本行政区域内的外埠老年人给予同等优待。

（二）社会服务优待

地方各级人民政府和有关部门应当为老年人及时、便利地领取养老金、结算医疗费和享受其他物质帮助提供条件。各级人民政府和有关部门办理房屋权属关系变更、户口迁移等涉及老年人权益的重大事项时，应当就办理事项是否为老年人的真实意思表示进行询问，并依法优先办理。

（三）法律服务优待

老年人因其合法权益受侵害提起诉讼交纳诉讼费确有困难的，可以缓交、减交或者免交。需要获得律师帮助，但无力支付律师费用的，可以获得法律援助。鼓励律师事务所、公证处、基层法律服务所和其他法律服务机构为经济困难的老年人提供免费或者优惠服务。

（四）医疗服务优待

医疗机构应当为老年人就医提供方便，对老年人就医予以优先。有条件的地方，可以为老年人设立家庭病床，开展巡回医疗、护理、康复、免费体检等服务；提倡为老年人义诊。

（五）公共服务优待

提倡与老年人日常生活密切相关的服务行业为老年人提供优先、优惠服务。城市公共交通、公路、铁路、水路和航空客运，应当为老年人提供优待和照顾。博物馆、美术馆、科技馆、纪念馆、公共图书馆、文化馆、影剧院、体育场馆、公园、旅游景点等场所，应当对老年人免费或者优惠开放。农村老年人不承担兴办公益事业的筹劳义务。

五、老年人宜居环境建设

国家将从推动无障碍设施建造和改造、营造安全绿色便利的生活环境两个方面推进老年人宜居环境建设。

推动与老年人相关的公共设施的设计与改造，重点对坡道、电梯、扶手等公共建筑进行改造并鼓励市场主体参与改造。

在推进房屋改造过程中要优先满足老年人基本住房安全需求，加强对养老服务设施的安全隐患排查和监督，支持多层老旧住宅加装电梯，支持老年宜居住宅开发工作。

六、参与社会发展

（1）培育积极的老龄观，加强老年人力资源开发。引导老年人树立终身发展的理念，积极面对老年生活，参与社会发展，发挥正能量。鼓励各地延长专业技术领域老年人才的工作年限，支持老年人自主创业并开展技术培训，推动用人单位与受聘老年人签订书面协议，保障老年人合法收入和权益。

（2）发展老年志愿服务。老年志愿服务应用领域有基层民主监督、社会治安、移风易俗、民事调解等，老党员、老军人、老专家等也可以开展关心教育子女下一代的活动。

（3）采取政府购买服务等措施提升对老年社会组织的投入力度，推动老年社会组织能力建设，引导基层老年组织规范发展。

M 命题规律分析

有关老年人权益保护的法规与政策中，需要考生记忆的关键数字信息：

（1）到2022年，养老机构护理型床位占比不低于50%。

（2）社区养老服务设施建设的人均用地标准是不少于0.1平方米。

（3）到2022年，社区日间照料机构覆盖率达到90%以上。

（4）90%以上的乡镇和60%以上的农村社区要建立包含养老服务在内的社区综合服务设施和站点。

Z 真题再现

1 2018-单选-11 某市计划在“十三五”期间，未来全市养老床位总数达到4万张。根据《“十三五”国家老龄事业发展和养老体系建设规划》对政府运营的养老床位占当地养老床位总数的比例的规定，该市政府运营的养老床位规划数量最多不超过（　　）。

A.1.2万张　　B.1.6万张　　C.2万张　　D.2.4万张

【答案】C。**解析：**本题考查的是《“十三五”国家老龄事业发展和养老体系建设规划》的相关规定。根据规定，政府运营的养老床位占当地养老床位总数的比例不超过50%，因此该市政府运营的床位不超过2万张。故本题选C。

2 2016-单选-11 某市现有人口50万，根据《国务院关于加快发展养老服务业的意见》，该市在制定城市总体规划和控制性详细规划时，必须按照不少于（　　）万平方米的用地标准，规划设置养老服务设施。

A.5　　B.10　　C.15　　D.25

【答案】A。**解析：**本题考查老年人权益保护内容中社会服务的主要任务。《国务院关于加快发展养老服务业的意见》规定，各地在制定城市总体规划、控制性详细规划时，必须按照人均用地不少于0.1平方米的标准，分区分级规划设置养老服务设施。该市现有人口50万人，所以规划设置养老服务设施用地应不少于5万平方米。故本题选A。

考点精讲 2 妇女权益保护的法规与政策

K 考点梳理

《中华人民共和国妇女权益保障法》第二条规定，妇女在政治的、经济的、文化的、社会的和家庭的生活等各方面享有同男子平等的权利。实行男女平等是国家的基本国策。国家采取必要措施，逐步完善保障妇女权益的各项制度，消除对妇女一切形式的歧视。国家保护妇女依法享有的特殊权益。

一、政治权利和文化教育权益

（一）政治权利

《中华人民共和国妇女权益保障法》规定妇女有以下政治权利：

第十条规定，妇女有权通过各种途径和形式，管理国家事务，管理经济和文化事业，管理社会事务。制定法律、法规、规章和公共政策，对涉及妇女权益的重大问题，应当听取妇女联合会的意见。妇女和妇女组织有权向各级国家机关提出妇女权益保障方面的意见和建议。

第十一条规定，妇女享有与男子平等的选举权和被选举权。全国人民代表大会和地方各级人民代表大会的代表中，应当有适当数量的妇女代表。国家采取措施，逐步提高全国人民代表大会和地方各级人民代表大会的妇女代表的比例。居民委员会、村民委员会成员中，妇女应当有适当的名额。

第十二条规定，国家积极培养和选拔女干部。国家机关、社会团体、企业事业单位培养、选拔和任用干部，必须坚持男女平等的原则，并有适当数量的妇女担任领导成员。国家重视培养和选拔少数民族女干部。

第十三条规定，中华全国妇女联合会和地方各级妇女联合会代表妇女积极参与国家和社会事务的民主决策、民主管理和民主监督。各级妇女联合会及其团体会员，可以向国家机关、社会团体、企业事业单位推荐女干部。

第十四条规定，对于有关保障妇女权益的批评或者合理建议，有关部门应当听取和采纳；对于有关侵害妇女权益的申诉、控告和检举，有关部门必须查清事实，负责处理，任何组织或者个人不得压制或者打击报复。

（二）文化教育权益

《中华人民共和国妇女权益保障法》第十六条至第二十一条对妇女的文化教育权益规

定如下：

1. 平等的教育机会

学校和有关部门应当执行国家有关规定，保障妇女在入学、升学、毕业分配、授予学位、派出留学等方面享有与男子平等的权利。学校在录取学生时，除特殊专业外，不得以性别为由拒绝录取女性或者提高对女性的录取标准。学校应当根据女性青少年的特点，在教育、管理、设施等方面采取措施，保障女性青少年身心健康发展。

2. 教育权利的保障

（1）父母或者其他监护人必须履行保障适龄女性儿童少年接受义务教育的义务。

（2）除因疾病或者其他特殊情况经当地人民政府批准的以外，对不送适龄女性儿童少年入学的父母或者其他监护人，由当地人民政府予以批评教育，并采取有效措施，责令送适龄女性儿童少年入学。

（3）政府、社会、学校应当采取有效措施，解决适龄女性儿童少年就学存在的实际困难，并创造条件，保证贫困、残疾和流动人口中的适龄女性儿童少年完成义务教育。

3. 继续教育和职业教育

各级人民政府应当依照规定，把扫除妇女中的文盲、半文盲工作，纳入扫盲和扫盲后继续教育规划，采取符合妇女特点的组织形式和工作方法，组织、监督有关部门具体实施。

各级人民政府和有关部门应当采取措施，根据城镇和农村妇女的需要，组织妇女接受职业教育和实用技术培训。

4. 平等的文化权利

国家机关、社会团体和企业事业单位应当执行国家有关规定，保障妇女从事科学、技术、文学、艺术和其他文化活动，享有与男子平等的权利。

二、劳动和社会保障权益

《中华人民共和国妇女权益保障法》对妇女的劳动和社会保障权益规定如下：

（一）录用女职工

第二十三条规定，各单位在录用职工时，除不适合妇女的工种或者岗位外，不得以性别为由拒绝录用妇女或者提高对妇女的录用标准。

各单位在录用女职工时，应当依法与其签订劳动（聘用）合同或者服务协议，劳动（聘用）合同或者服务协议中不得规定限制女职工结婚、生育的内容。

禁止录用未满十六周岁的女性未成年人，国家另有规定的除外。

（二）薪酬待遇和岗位晋升

第二十四条规定，实行男女同工同酬。妇女在享受福利待遇方面享有与男子平等的权利。

第二十五条规定，在晋职、晋级、评定专业技术职务等方面，应当坚持男女平等的原则，不得歧视妇女。

（三）特殊保护

第二十六条规定，任何单位均应根据妇女的特点，依法保护妇女在工作和劳动时的安全和健康，不得安排不适合妇女从事的工作和劳动。妇女在经期、孕期、产期、哺乳期受特殊保护。

第二十七条规定，任何单位不得因结婚、怀孕、产假、哺乳等情形，降低女职工的工资，辞退女职工，单方解除劳动（聘用）合同或者服务协议。但是，女职工要求终止劳动（聘用）合同或者服务协议的除外。各单位在执行国家退休制度时，不得以性别为由歧视妇女。

（四）妇女保险制度

第二十八条规定，国家发展社会保险、社会救助、社会福利和医疗卫生事业，保障妇女享有社会保险、社会救助、社会福利和卫生保健等权益。国家提倡和鼓励为帮助妇女开展的社会公益活动。

第二十九条规定，国家推行生育保险制度，建立健全与生育相关的其他保障制度。地方各级人民政府和有关部门应当按照有关规定为贫困妇女提供必要的生育救助。

三、财产权益和人身权利

（一）财产权益

《中华人民共和国妇女权益保障法》对妇女的财产权益规定如下：

1. 土地承包及集体经济权益

第三十二条规定，妇女在农村土地承包经营、集体经济组织收益分配、土地征收或者征用补偿费使用以及宅基地使用等方面，享有与男子平等的权利。

第三十三条规定，任何组织和个人不得以妇女未婚、结婚、离婚、丧偶等为由，侵害妇女在农村集体经济组织中的各项权益。因结婚男方到女方住所落户的，男方和子女享有与所在地农村集体经济组织成员平等的权益。

2. 财产继承权

第三十四条规定，妇女享有的与男子平等的财产继承权受法律保护。在同一顺序法定继承人中，不得歧视妇女。丧偶妇女有权处分继承的财产，任何人不得干涉。

第三十五条规定，丧偶妇女对公、婆尽了主要赡养义务的，作为公、婆的第一顺序法定继承人，其继承权不受子女代位继承的影响。

（二）人身权利

《中华人民共和国妇女权益保障法》对妇女的人身权利规定如下：

1. 人身自由权

第三十七条规定，妇女的人身自由不受侵犯，禁止非法拘禁和以其他非法手段剥夺或者限制妇女的人身自由；禁止非法搜查妇女的身体。

2. 生命健康权

第三十八条规定，妇女的生命健康权不受侵犯，禁止溺、弃、残害女婴；禁止歧视、虐待生育女婴的妇女和不育的妇女；禁止用迷信、暴力等手段残害妇女；禁止虐待或遗弃病、残妇女和老年妇女。

第三十九条规定，禁止拐卖、绑架妇女；禁止收买被拐卖、绑架的妇女；禁止阻碍解救被拐卖、绑架的妇女。各级人民政府和公安、民政、劳动和社会保障、卫生等部门按照其职责及时采取措施解救被拐卖、绑架的妇女，做好善后工作，妇女联合会协助和配合做好有关工作。任何人不得歧视被拐卖、绑架的妇女。

3. 禁止性骚扰

第四十条规定，禁止对妇女实施性骚扰。受害妇女有权向单位和有关机关投诉。

第四十一条规定，禁止卖淫、嫖娼；禁止组织、强迫、引诱、容留、介绍妇女卖淫或者对妇女进行猥亵活动；禁止组织、强迫、引诱妇女进行淫秽表演活动。

4. 人格权

第四十二条规定，妇女的名誉权、荣誉权、隐私权、肖像权等人格权受法律保护。禁止用侮辱、诽谤等方式损害妇女的人格尊严。禁止通过大众传播媒介或者其他方式贬低损害妇女人格。未经本人同意，不得以营利为目的，通过广告、商标、展览橱窗、报纸、期刊、图书、音像制品、电子出版物、网络等形式使用妇女肖像。

四、婚姻家庭权益

《中华人民共和国妇女权益保障法》第四十四条至第五十一条对婚姻家庭权益的规定如下：

（一）婚姻自主权

国家保护妇女的婚姻自主权。禁止干涉妇女的结婚、离婚自由。

女方在怀孕期间、分娩后一年内或者终止妊娠后六个月内，男方不得提出离婚。女方提出离婚的，或者人民法院认为确有必要受理男方离婚请求的，不在此限。

（二）反对家庭暴力

禁止对妇女实施家庭暴力。国家采取措施，预防和制止家庭暴力。公安、民政、司法行政等部门以及城乡基层群众性自治组织、社会团体，应当在各自的职责范围内预防和制止家庭暴力，依法为受害妇女提供救助。

（三）家庭财产权

（1）妇女对依照法律规定的夫妻共同财产享有与其配偶平等的占有、使用、收益和处分的权利，不受双方收入状况的影响。

（2）夫妻书面约定婚姻关系存续期间所得的财产归各自所有，女方因抚育子女、照料老人、协助男方工作等承担较多义务的，有权在离婚时要求男方予以补偿。

（3）夫妻共有的房屋，离婚时，分割住房由双方协议解决；协议不成的，由人民法院根据双方的具体情况，按照照顾子女和女方权益的原则判决。夫妻双方另有约定的除外。夫妻共同租用的房屋，离婚时，女方的住房应当按照照顾子女和女方权益的原则解决。

（四）生育权

（1）妇女有按照国家有关规定生育子女的权利，也有不生育的自由。

（2）育龄夫妻双方按照国家有关规定计划生育，有关部门应当提供安全、有效的避孕药具和技术，保障实施节育手术的妇女的健康和安全。

（3）国家实行婚前保健、孕产期保健制度，发展母婴保健事业。各级人民政府应当采取措施，保障妇女享有计划生育技术服务，提高妇女的生殖健康水平。

（五）子女监护权

父母双方对未成年子女享有平等的监护权。父亲死亡、丧失行为能力或者有其他情形不能担任未成年子女的监护人的，母亲的监护权任何人不得干涉。

离婚时，女方因实施绝育手术或者其他原因丧失生育能力的，处理子女抚养问题，应在有利子女权益的条件下，照顾女方的合理要求。

M 命题规律分析

规律一：妇女享有婚姻自主权。

妇女享有婚姻自主权，在女方怀孕期间、分娩1年内或终止妊娠6个月内，男方不能提出离婚。命题人会从时间和女方情况两个维度出题：

（1）时间维度：女方无论怀孕几个月，男方均不能提出离婚；分娩1年内也会表述为分娩12个月内，男方不能提出离婚；终止妊娠6个月内，男方不能提出离婚。考生要掌握这三个关键时间信息。考试中常见的易混淆选项有“女方终止妊娠1年内”“分娩2年内”等。

（2）女方情况维度：男方不能提出离婚的情况有三种，分别是怀孕、分娩和终止妊娠。其中分娩俗称生孩子，指胎儿脱离母体成为独立个体的过程。终止妊娠俗称流产，指母体承受胎儿在其体内发育成长终止的过程。考试中常见的混淆选项有“女方失业6个月”等，考生要注意识别。

规律二：考查妇女受到不法侵害时，她们的主要的维权途径。

（1）妇女在农村集体经济组织中的合法权益受到侵害时，可以向乡镇人民政府申请调解，可以向农村土地承包仲裁机构申请仲裁，可以向人民法院起诉。

（2）妇女在遭受到家庭暴力时，可以提请公安机关对违法行为人进行行政处罚，也可以向人民法院起诉。

（3）妇女在维权和起诉过程中遇到经济困难，可以向法律援助机构和人民法院请求帮助。

（4）妇女的一般性合法权益受到侵害时，该妇女可以向妇女组织投诉。

（5）当发生群体性妇女权益受侵害的事件时，应由妇女联合会依法曝光，并要求有关部门对此进行依法查处。

Z 真题再现

2019-多选-66 根据《中华人民共和国妇女权益保障法》，在下列人员中，不得提出离婚的有（　　）。

A.李某，妻子怀孕五个月

B.贾某，妻子正在住院治疗

C.陈某，妻子失业三个月

D.蔡某，妻子终止妊娠五个月

E.何某，妻子分娩十个月

【答案】ADE。**解析：**本题考查妇女婚姻自主权。女方在怀孕期间、分娩后一年内或终止妊娠后六个月内，男方不得提出离婚，故A、D、E三项均正确。女方提出离婚的，或人民法院认为确有必要受理男方离婚请求的，不在此范围。故本题选ADE。

考点精讲 3 未成年人权益保护的法规与政策

K 考点梳理

一、预防未成年人犯罪的教育

《中华人民共和国预防未成年人犯罪法》（以下简称《预防未成年人犯罪法》）第六条至第十三条对预防未成年人犯罪的教育的规定大致如下：

1.教育内容

对未成年人应当加强思想、道德、法制和爱国主义、集体主义、社会主义教育。对于达到义务教育年龄的未成年人，在进行上述教育的同时，应当进行预防犯罪的法制教育。

2. 教育目的

预防未成年人犯罪的教育的目的，是增强未成年人的法制观念，使未成年人懂得违法和犯罪行为对个人、家庭、社会造成的危害，违法和犯罪行为应当承担的法律责任，树立遵纪守法和防范违法犯罪的意识。

3. 责任人

教育行政部门、学校、司法行政部门、教育行政部门、共产主义青年团、少年先锋队、未成年人的父母或者其他监护人、职业教育培训机构、用人单位、城市居民委员会、农村村民委员会、少年宫、青少年活动中心等校外活动场所等都是未成年人犯罪预防教育的责任人，负有直接或间接责任。

二、对未成年人不良行为的预防

《预防未成年人犯罪法》第十四条至第三十三条对未成年人不良行为预防的规定大致如下：

1. 不良行为

旷课、夜不归宿；携带管制刀具；打架斗殴、辱骂他人；强行向他人索要财物；偷窃、故意毁坏财物；参与赌博或者变相赌博；观看、收听色情、淫秽的音像制品或读物等；进入法律、法规规定未成年人不适宜进入的营业性歌舞厅等场所；其他严重违背社会公德的不良行为。

2. 预防措施

（1）父母或者其他监护人和学校应加强对未成年人的预防犯罪教育，预防、监控和制止未成年人的不良行为。

（2）学校通过开展多种形式的教育活动，指导教师、监护人正确预防和处理未成年人的不良行为。

（3）加强社会监控与管理。公安机关应当加强中小学校周围环境的治安管理，及时制止、处理中小学校周围发生的违法犯罪行为。

（4）加强传媒与出版物管理，以未成年人为对象的读物、音像制品或者电子出版物不得含有渲染暴力、色情、赌博、恐怖活动等危害未成年人身心健康发展的内容。

三、对未成年人严重不良行为的矫治

《预防未成年人犯罪法》对未成年人严重不良行为的矫治作出如下说明：

第三十四条规定，本法所称“严重不良行为”，是指下列严重危害社会，尚不够刑事处罚的违法行为，包括：纠集他人结伙滋事，扰乱治安；携带管制刀具，屡教不改；多次拦截殴打他人或者强行索要他人财物；传播淫秽的读物或者音像制品等；进行淫乱或者色情、卖淫活动；多次偷窃；参与赌博，屡教不改；吸食、注射毒品；其他严重危害社会的行为。

第三十五条规定，对未成年人实施本法规定的严重不良行为的，应当及时予以制止。对有本法规定严重不良行为的未成年人，其父母或者其他监护人和学校应当相互配合，采取措施严加管教，也可以送工读学校进行矫治和接受教育。对未成年人送工读学校进行矫治和接受教育，应当由其父母或者其他监护人，或者原所在学校提出申请，经教育行政部门批准。

第三十七条规定，未成年人有本法规定严重不良行为，构成违反治安管理行为的，由公安机关依法予以治安处罚。因不满十四周岁或者情节特别轻微免予处罚的，可以予以训诫。

第三十八条规定，未成年人因不满十六周岁不予刑事处罚的，责令他的父母或者其他监护人严加管教；在必要的时候，也可以由政府依法收容教养。

第三十九条规定，未成年人在被收容教养期间，执行机关应当保证其继续接受文化知识、法律知识或者职业技术教育；对没有完成义务教育的未成年人，执行机关应当保证其继续接受义务教育。解除收容教养、劳动教养的未成年人，在复学、升学、就业等方面与其他未成年人享有同等权利，任何单位和个人不得歧视。

四、对未成年人重新犯罪的预防

《预防未成年人犯罪法》对未成年人重新犯罪的预防作出如下说明：

第四十四条规定，对犯罪的未成年人追究刑事责任，实行教育、感化、挽救方针，坚持教育为主、惩罚为辅的原则。司法机关办理未成年人犯罪案件，应当保障未成年人行使其诉讼权利，保障未成年人得到法律帮助，并根据未成年人的生理、心理特点和犯罪的情况，有针对性地进行法制教育。对于被采取刑事强制措施的未成年学生，在人民法院的判决生效以前，不得取消其学籍。

第四十五条规定，人民法院审判未成年人犯罪的刑事案件，应当由熟悉未成年人身心特点的审判员或者审判员和人民陪审员依法组成少年法庭进行。对于审判的时候被告人不满十八周岁的刑事案件，不公开审理。对未成年人犯罪案件，新闻报道、影视节目、公开出版物不得披露该未成年人的姓名、住所、照片及可能推断出该未成年人的资料。

第四十六条规定，对被拘留、逮捕和执行刑罚的未成年人与成年人应当分别关押、分别管理、分别教育。未成年犯在被执行刑罚期间，执行机关应当加强对未成年犯的法制教育，对未成年犯进行职业技术教育。对没有完成义务教育的未成年犯，执行机关应当保证其继续接受义务教育。

第四十七条规定，未成年人的父母或者其他监护人和学校、城市居民委员会、农村村民委员会、对因不满十六周岁而不予刑事处罚、免予刑事处罚的未成年人，或者被判处非监禁刑罚、被判处刑罚宣告缓刑、被假释的未成年人，应当采取有效的帮教措施，协助司法机关做好对未成年人的教育、挽救工作。城市居民委员会、农村村民委员会可以聘请思想品德优秀，作风正派，热心未成年人教育工作的离退休人员或其他人员协助做好对前款规定的未成年人的教育、挽救工作。

第四十八条规定，依法免予刑事处罚、判处非监禁刑罚、判处刑罚宣告缓刑、假释或者刑罚执行完毕的未成年人，在复学、升学、就业等方面与其他未成年人享有同等权利，任何单位和个人不得歧视。

五、预防未成年人犯罪的相关法律责任

《预防未成年人犯罪法》第四十九条至第五十六条对预防未成年人犯罪的相关法律责任的规定大致如下：

1.未成年人父母或者其他监护人

（1）不履行监护职责，放任未成年人有本法规定的不良行为或者严重不良行为的，由公安机关对未成年人的父母或者其他监护人予以训诫，责令其严加管教。

（2）让不满十六周岁的未成年人脱离监护单独居住的，由公安机关对未成年人的父母或者其他监护人予以训诫，责令其立即改正。

2.公安机关工作人员

接到有人教唆、胁迫、引诱未成年人违法犯罪的报告后，不及时查处或者采取有效措施，严重不负责任的，予以行政处分；造成严重后果，构成犯罪的，依法追究刑事责任。

3.出版、销售、传播者

出版、销售和传播含有诱发未成年人违法犯罪及渲染暴力、色情、赌博、恐怖活动等危害未成年人身心健康内容的物品的，由相关部门没收相关物品和违法所得，处以相应罚款；对直接负责的主管人员和其他直接责任人员处以罚款。情节严重的，并责令其停业整顿或者吊销其许可证。其中制作、复制宣扬淫秽内容的未成年人出版物，或者向未成年人出售、出租、传播宣扬淫秽内容的出版物的，依法予以治安处罚；构成犯罪的，依法追究刑事责任。

4.营业性场所

营业性歌舞厅及其他未成年人不适宜进入的场所、营业性电子游戏场所，违反上述社会保护中生活环境相关规定的行为，由文化行政部门责令改正、给予警告、责令停业整顿、没收违法所得，处以罚款，并对直接负责的主管人员和其他直接责任人员处以罚款；情节严重的，由工商行政部门吊销营业执照。

5.教唆、胁迫、引诱者

教唆、胁迫、引诱未成年人实施法律规定的不良行为、严重不良行为，或者为未成年人实施不良行为、严重不良行为提供条件，构成违反治安管理行为的，由公安机关依法予以治安处罚；构成犯罪的，依法追究刑事责任。

M 命题规律分析

一般情况下，在全国社会工作者职业水平考试中，考生要掌握不良行为和严重不良行

为的具体划分标准。

此处举例分析：盗窃是不良行为，多次盗窃是严重不良行为；参与赌博或变相赌博是不良行为，参与赌博，屡教不改是严重不良行为；携带管制刀具是不良行为，携带管制刀具，屡教不改是严重不良行为；等等。

最佳的做题方法是记忆不良行为和严重不良行为，考生在记不清楚或在考场上回想不起来的时候，也可以根据行为前后的程度词进行判断。一般题干中出现"屡教不改""多次""严重危害"等表示程度的词，可以判断该行为是严重不良行为。

针对严重不良行为的措施：将该青少年送入工读学校，让其接受矫治和教育或进行司法矫正。同时，相关部门也要积极引导社会成员包容曾有严重不良行为的青少年。

Z 真题再现

2018-单选-12 小明，13周岁，多次盗窃，构成严重不良行为。根据《中华人民共和国预防未成年人犯罪法》，下列对小明严重不良行为进行矫治的方法，错误的是（　　）。

A.公安机关依法对小明予以训诫

B.公安机关责令小明父母严加管教

C.公安机关强制将小明送进工读学校

D.工读学校应对小明加强法治教育

【答案】C。**解析：**本题考查的是对未成年人有严重不良行为的矫治方法。具体矫治方法包括：（1）工读学校矫治。送未成年人进工读学校进行矫治和接受教育，应当由其父母或者其他监护人，或者原所在学校提出申请，经教育行政部门批准，工读学校对就读的未成年人应当严格管理和教育。（2）司法矫治。未成年人有严重不良行为，构成违反治安管理行为的，由公安机关依法予以治安处罚。因不满14周岁或者情节特别轻微免予处罚的，可以予以训诫。未成年人因不满16周岁不予刑事处罚的，责令他的父母或者其他监护人严加管教；在必要的时候，也可以由政府依法收容教养。（3）社会包容。故本题选C。

考点精讲 4 特殊未成年人权益保护的法规与政策

一、拓展安置渠道，妥善安置孤儿

《国务院办公厅关于加强孤儿保障工作的意见》对孤儿安置的规定如下：

1.亲属抚养

孤儿的祖父母、外祖父母、兄、姐要依法承担抚养义务、履行监护职责；鼓励关系密切的其他亲属、朋友担任孤儿监护人；没有前述监护人的，未成年人的父、母的所在单位或者未成年人住所地的居民委员会、村民委员会或者民政部门担任监护人。监护人不履行监护职责或者侵害孤儿合法权益的，应承担相应的法律责任。

2. 机构养育

对没有亲属和其他监护人抚养的孤儿，经依法公告后由民政部门设立的儿童福利机构收留抚养。有条件的儿童福利机构可在社区购买、租赁房屋，或在机构内部建造单元式居所，为孤儿提供家庭式养育。公安部门应及时为孤儿办理儿童福利机构集体户口。

3. 家庭寄养

由孤儿父母生前所在单位或者孤儿住所地的村（居）民委员会或者民政部门担任监护人的，可由监护人对有抚养意愿和抚养能力的家庭进行评估，选择抚育条件较好的家庭开展委托监护或者家庭寄养，并给予养育费用补贴，当地政府可酌情给予劳务补贴。

4. 依法收养

国家鼓励收养孤儿。收养孤儿按照《中华人民共和国收养法》的规定办理。对中国公民依法收养的孤儿，需要为其办理户口登记或者迁移手续的，户口登记机关应及时予以办理，并在登记与户主关系时注明子女关系。对寄养的孤儿，寄养家庭有收养意愿的，应优先为其办理收养手续。继续稳妥开展涉外收养，进一步完善涉外收养办法。

二、建立健全孤儿保障体系，维护孤儿基本权益

《国务院办公厅关于加强孤儿保障工作的意见》对维护孤儿基本权益的规定如下：

1. 建立孤儿基本生活保障制度

各省、自治区、直辖市政府按照不低于当地平均生活水平的原则，合理确定孤儿基本生活最低养育标准，机构抚养孤儿养育标准应高于散居孤儿养育标准，并建立孤儿基本生活最低养育标准自然增长机制。地方各级财政要安排专项资金，确保孤儿基本生活费及时足额到位；中央财政安排专项资金，对地方支出孤儿基本生活费按照一定标准给予补助。民政、财政部门要建立严格的孤儿基本生活费管理制度，加强监督检查。

2. 提高孤儿医疗康复保障水平

（1）将孤儿纳入城镇居民基本医疗保险、新型农村合作医疗、城乡医疗救助等制度覆盖范围，适当提高救助水平，参保（合）费用可通过城乡医疗救助制度解决。

（2）将符合规定的残疾孤儿医疗康复项目纳入基本医疗保障范围，稳步提高待遇水平；有条件的地方政府和社会慈善组织可为孤儿投保意外伤害保险和重大疾病保险等商业健康保险或补充保险。

（3）中华人民共和国国家卫生健康委员会对儿童福利机构关于医疗方面的设置给予支持和指导。继续实施“残疾孤儿手术康复明天计划”。

3. 落实孤儿教育保障政策

家庭经济困难的学龄前孤儿到学前教育机构接受教育的，由当地政府予以资助。将义务教育阶段的孤儿寄宿生全面纳入生活补助范围。在普通高中、中等职业学校、高等职业学校和普通本科高校就读的孤儿，纳入国家资助政策体系优先予以资助；孤儿成年后仍在校就读的，继续享有相应政策；学校为其优先提供勤工助学机会。

4. 扶持孤儿成年后就业

鼓励和帮扶有劳动能力的孤儿成年后实现就业，按规定落实好职业培训、职业技能鉴定、职业介绍补贴等政策；孤儿成年后就业困难的，优先安排其到政府开发的公益性岗位就业。

5. 加强孤儿住房保障和服务

（1）居住在农村的无住房孤儿成年后，按规定纳入农村危房改造计划优先予以资助，乡镇政府和村民委员会要组织动员社会力量和当地村民帮助其建房。

（2）居住在城市的孤儿成年后，符合城市廉租住房保障条件或其他保障性住房供应条件的，当地政府要优先安排、应保尽保。

（3）对有房产的孤儿，监护人要帮助其做好房屋的维修和保护工作。

三、加强儿童福利机构建设，提高专业保障水平

《国务院办公厅关于加强孤儿保障工作的意见》对儿童福利机构建设的规定如下：

1. 完善儿童福利机构设施

（1）继续实施“儿童福利机构建设蓝天计划”，孤儿较多的县（市）可独立设置儿童福利机构，其他县（市）要依托民政部门设立的社会福利机构建设相对独立的儿童福利设施，并根据实际需要为其配备抚育、康复、特殊教育必需的设备器材和救护车、校车等，完善儿童福利机构养护、医疗康复、特殊教育、技能培训、监督评估等方面的功能。

（2）儿童福利机构设施建设、维修改造及有关设备购置，所需经费由财政预算、民政部门使用的彩票公益金、社会捐助等多渠道解决。发展改革部门要充分考虑儿童福利事业发展需要，统筹安排儿童福利机构设施建设项目，逐步改善儿童福利机构条件。

2. 加强儿童福利机构工作队伍建设

（1）科学设置儿童福利机构岗位，加强孤残儿童护理员、医护人员、特教教师、社工、康复师等专业人员培训。在整合现有儿童福利机构从业人员队伍的基础上，积极创造条件，通过购买服务和社会化用工等形式，充实儿童福利机构工作力量，提升服务水平。

（2）按照国家有关规定，落实对儿童福利机构工作人员的工资倾斜政策。将儿童福利机构中设立的特殊教育班或特殊教育学校的教师、医护人员专业技术职务评定工作纳入教育、卫生系统职称评聘体系，在结构比例、评价方面给予适当倾斜。

（3）教育、中华人民共和国国家卫生健康委员会举办的继续教育和业务培训要主动吸

收儿童福利机构相关人员参加。积极推进孤残儿童护理员职业资格制度建设，支持开发孤残儿童护理员教材，设置孤残儿童护理员专业，对孤残儿童护理员进行培训。

3. 发挥儿童福利机构的作用

儿童福利机构是孤儿保障的专业机构，要发挥其在孤儿保障中的重要作用。对社会上无人监护的孤儿，儿童福利机构要及时收留抚养，确保孤儿居有定所、生活有着。要发挥儿童福利机构的专业优势，为亲属抚养、家庭寄养的孤儿提供有针对性的指导和服务。

四、流浪未成年人救助保护工作

在《国务院办公厅关于加强和改进流浪未成年人救助保护工作的意见》中，关于加强和改进流浪未成年人救助保护工作的政策措施如下：

1. 基本原则

坚持未成年人权益保护优先；坚持救助保护和教育矫治并重；坚持源头预防和综合治理；坚持政府主导和社会参与。

2. 实行更加积极主动的救助保护

明确各部门义务职责。公安机关发现流浪乞讨的未成年人，应当护送到救助保护机构接受救助。

民政部门要积极开展主动救助，引导护送流浪未成年人到救助保护机构接受救助。

3. 加大打击拐卖未成年人犯罪力度

公安机关要严厉打击拐卖未成年人犯罪，及时发现、解救失踪被拐未成年人。加强接处警工作，凡接到涉及未成年人失踪被拐报警的，公安机关要立即出警处置，认真核查甄别，打击违法犯罪活动。

强化立案工作，实行未成年人失踪快速查找机制，充分调动警务资源，第一时间组织查找。

建立跨部门、跨警种、跨地区打击拐卖犯罪工作机制。

民政等有关部门要协助公安机关做好被拐未成年人的调查、取证和解救工作。

4. 帮助流浪未成年人及时回归家庭

救助保护机构和公安机关要综合运用各种系统和方式及时查找流浪未成年人父母或其他监护人。

对查找到父母或其他监护人的流浪未成年人，救助保护机构要及时安排接送返乡。

对暂时查找不到父母或其他监护人的流浪未成年人，在继续查找的同时，要通过救助保护机构照料、社会福利机构代养、家庭寄养等多种方式予以妥善照顾。

救助保护机构要对流浪未成年人的家庭监护情况进行调查评估：对确无监护能力的，由救助保护机构协助监护人及时委托其他人员代为监护；对拒不履行监护责任、经反复教育不改的，由救助保护机构向人民法院提出申请撤销其监护人资格，依法另行指定监护人。

5. 做好流浪未成年人的教育矫治

救助保护机构要依法承担流浪未成年人的临时监护责任，为其提供文化和法制教育、心理辅导、行为矫治、技能培训等救助保护服务，对合法权益受到侵害的，要协助司法部门依法为其提供法律援助或司法救助。

6. 强化流浪未成年人源头预防和治理

预防未成年人流浪是家庭、学校、政府和社会的共同责任，做好源头预防是解决未成年人流浪问题的治本之策。家庭是预防和制止未成年人流浪的第一责任主体，应当依法履行对未成年人的监护责任和抚养义务。学校是促进未成年人健康成长的重要阵地。地方各级政府和有关部门要进一步落实义务教育、社会保障和扶贫开发等政策。

五、困境儿童保障

《国务院关于加强困境儿童保障工作的意见》对困境儿童保障的规定如下：

（一）困境儿童的界定

困境儿童包括因家庭贫困导致生活、就医、就学等困难的儿童，因自身残疾导致康复、照料、护理和社会融入等困难的儿童，以及因家庭监护缺失或监护不当遭受虐待、遗弃、意外伤害、不法侵害等导致人身安全受到威胁或侵害的儿童。

（二）困境儿童保障基本原则

困境儿童保障的基本原则有坚持家庭尽责、坚持政府主导、坚持社会参与、坚持分类保障。

（三）困境儿童分类保障

1. 保障基本生活

对于无法定抚养人的儿童，纳入孤儿保障范围。对于无劳动能力、无生活来源、法定抚养人无抚养能力的未满16周岁儿童，纳入特困人员救助供养范围。对于法定抚养人有抚养能力但家庭经济困难的儿童，符合最低生活保障条件的纳入保障范围并适当提高救助水平。对于遭遇突发性、紧迫性、临时性基本生活困难家庭的儿童，按规定实施临时救助时要适当提高对儿童的救助水平。

2. 保障基本医疗

对于困难的重病、重残儿童，城乡居民基本医疗保险和大病保险给予适当倾斜，医疗救助对符合条件的适当提高报销比例和封顶线。将小儿行为听力测试、儿童听力障碍语言训练等医疗康复项目纳入基本医疗保障范围政策。对于最低生活保障家庭儿童、重度残疾儿童参加城乡居民基本医疗保险的个人缴费部分给予补贴。对于纳入特困人员救助供养范围的儿童参加城乡居民基本医疗保险给予全额资助。

3. 强化教育保障

对于家庭经济困难儿童，要落实教育资助政策和义务教育阶段“两免一补”政策。对于残疾儿童，要建立随班就读支持保障体系，为其中家庭经济困难的提供包括义务教育、高中阶段教育在内的12年免费教育。对于农业转移人口及其他常住人口随迁子女，要将其义务教育纳入各级政府教育发展规划和财政保障范畴，全面落实在流入地参加升学考试政策和接受中等职业教育免学费政策。完善义务教育控辍保学工作机制，确保困境儿童入学和不失学，依法完成义务教育。

难词详解释义 “两免一补”

“两免一补”是指国家向农村义务教育阶段（小学和初中）的贫困家庭学生免费提供教科书、免除杂费，并给寄宿生补助一定生活费的一项资助政策。

4. 落实监护责任

对于失去父母、查找不到生父母的儿童，纳入孤儿安置渠道，采取亲属抚养、机构养育、家庭寄养和依法收养等方式妥善安置。对于父母没有监护能力且无其他监护人的儿童，以及人民法院指定由民政部门担任监护人的儿童，由民政部门设立的儿童福利机构收留抚养。对于儿童生父母或收养关系已成立的养父母不履行监护职责且经公安机关教育不改的，由民政部门设立的儿童福利机构、救助保护机构临时监护，并依法追究生父母、养父母法律责任。对于决定执行行政拘留的被处罚人或采取刑事拘留等限制人身自由刑事强制措施的犯罪嫌疑人，公安机关应当询问其是否有未成年子女需要委托亲属、其他成年人或民政部门设立的儿童福利机构、救助保护机构监护，并协助其联系有关人员或民政部门予以安排。对于服刑人员、强制隔离戒毒人员的缺少监护人的未成年子女，执行机关应当为其委托亲属、其他成年人或民政部门设立的儿童福利机构、救助保护机构监护提供帮助。

5. 加强残疾儿童福利服务

对于0~6岁视力、听力、言语、智力、肢体残疾儿童和孤独症儿童，加快建立康复救助制度，逐步实现免费得到手术、康复辅助器具配置和康复训练等服务。对于社会散居残疾孤儿，纳入“残疾孤儿手术康复明天计划”对象范围，纳入基本公共服务项目的残疾人康复等服务要优先保障残疾儿童需求。

六、留守儿童关爱保护

（一）留守儿童关爱保护的基本原则

留守儿童关爱保护的基本原则：坚持家庭尽责、坚持政府主导、坚持全民关爱、坚持标本兼治。

（二）完善农村留守儿童关爱服务体系

强化家庭监护主体责任，落实县、乡镇人民政府和村（居）民委员会职责，加大教育部门和学校关爱保护力度，发挥群团组织关爱服务优势，推动社会力量积极参与，发挥社会工作专业人才在农村留守儿童关爱保护中的作用。

（三）建立健全农村留守儿童救助保护机制

1. 建立强制报告机制，完善应急处置机制

任何机构和个人发现有儿童脱离监护人单独居住，监护人丧失监护能力或不履行监护职责，儿童受到不法侵害等情况，都要第一时间报告公安机关。公安机关接到报告后，第一时间出警调查，有针对性采取应急处置措施，并将相关情况通报给人民政府（街道办事处）。

2. 健全评估帮扶机制，强化监护干预机制

乡镇人民政府接到公安机关通报后，要对儿童的安全处境、监护情况、身心状况进行调查评估，有针对性地安排专业服务。对实施家庭暴力、虐待或遗弃农村留守儿童的父母或受委托监护人，公安机关要给予批评教育或治安管理处罚，情节严重的有关人员或者单位要向人民法院申请撤销监护人资格，另行指定监护人。

3. 从源头减少儿童留守现象

有关部门要从源头上减少儿童留守现象，要为农民工家庭提供更多的支持，为扶持农民工返乡创业就业提供便利条件。

七、残疾儿童康复救助制度

1. 救助对象

残疾儿童康复救助的对象是0~6岁视力、听力、言语、肢体、智力等残疾儿童和孤独症儿童。

2. 救助内容和标准

县级以上地方人民政府根据本地实际确定残疾儿童康复救助基本服务项目和内容，包括以减轻功能障碍、改善功能状况、增强生活自理和社会参与能力为主要目的的手术、辅助器具配置和康复训练等。县级以上地方人民政府依据本地财力状况、保障对象数量、残疾类别等，分类确定康复救助基本服务项目的经费保障标准，并建立动态调整机制。

3. 工作流程

残疾儿童救助的工作流程：

图2-2-2　残疾儿童救助的工作流程

残疾儿童救助的具体内容：

（1）申请：残疾儿童监护人向残疾儿童户籍所在地（居住证发放地）县级残联组织提出申请，可以代为申请。

（2）审核：县级残联要将城乡最低生活保障家庭、建档立卡贫困户家庭和福利机构收养的儿童的相关材料与民政、扶贫部门的信息比对后作出决定，其他儿童救助申请的审核程序由县级以上地方人民政府规定。

（3）救助：审核通过，符合条件的由儿童监护人自主选择定点康复机构进行康复治疗。

（4）结算：康复治疗费用由县级残联组织审核后，由同级财政部门与定点康复机构直接结算。

4. 经费保障

县级以上地方人民政府应将残疾儿童康复救助资金纳入政府预算。中央财政对各地给予适当补助。

八、事实无人抚养儿童保障

1. 事实无人抚养儿童的定义

父母双方均符合重残（一级、二级残疾或三级、四级精神、智力残疾）、重病、服刑在押、强制隔离戒毒、被执行其他限制人身自由（6个月以上）的措施、失联（失踪6个月或未履行监护职责6个月）情形之一的儿童；或者父母一方死亡或失踪，另一方符合重残、重病、服刑在押、强制隔离戒毒、被执行其他限制人身自由的措施、失联情形之一的儿童。

2. 认定流程

事实无人抚养儿童的认定流程：

图2–2–3　事实无人抚养儿童的认定流程

事实无人抚养儿童认定的具体内容：

（1）申请：监护人或受监护人委托的近亲属填写申请表，向儿童户籍所在地乡镇人民政府（街道办事处）提出申请。

（2）查验：乡镇人民政府（街道办事处）受理申请后，要对儿童父母的实际情况进行查验，15日内作出查验结论，符合条件的报县级民政部门，有异议的要再次查验，不宜设置公示环节。

（3）确认：县级民政部门在接到资料后，15日内作出决定，符合条件的给予保障，将其信息录入全国儿童福利信息管理系统，不符合条件的给予书面说明。

（4）终止：乡镇人民政府（街道办事处）县级民政部门要及时取消不符合情况的资格。

3. 保障重点

事实无人抚养儿童的保障重点是强化基本生活保障、加强医疗康复保障、完善教育资助救助、督促落实监护责任，优化关爱服务机制。

M 命题规律分析

本知识点中出现的困境儿童、留守儿童、残疾儿童和事实无人抚养儿童等内容是根据《国务院关于加强困境儿童保障工作的建议》《国务院关于加强农村留守儿童关爱工作的建议》等文件调整的内容。在全国社会工作者职业水平考试过程中，本知识点并未形成鲜明的命题规律，故在此不做命题规律分析。

K 考点预测

【单选】张扬因家庭变故导致生活困难，他的父母没有监护能力且他没有其他的亲属可以成为监护人，所以应该由（　　）来为张扬指定监护人。

A.民政部　　B.人民法院

C.儿童福利机构　　D.张扬的父母

【答案】B。**解析：**本题考查困境儿童的监护职责落实。对于父母没有监护能力且无其他监护人的困境儿童，应该由人民法院指定民政部门担任该儿童的监护人，由民政部设立的儿童福利机构收养该困境儿童。故本题选B。

考点精讲 5 残疾人权益保护的法规与政策

K 考点梳理

一、康复

1.总体方针

《中华人民共和国残疾人保障法》（以下简称《残疾人保障法》）第十六条规定，康复工作应当从实际出发，将现代康复技术与我国传统康复技术相结合；以社区康复为基础，康复机构为骨干，残疾人家庭为依托；以实用、易行、受益广的康复内容为重点，优先开展残疾儿童抢救性治疗和康复；发展符合康复要求的科学技术，鼓励自主创新，加强康复新技术的研究、开发和应用，为残疾人提供有效的康复服务。

2.康复机构建设与服务开展

县级以上人民政府根据本行政域残疾人数量、分布状况、康复需求等情况，制订康复机构设置规划，举办公益性康复机构。将康复机构设置纳入基本公共服务体系规划。政府支持社会力量投资康复机构建设，鼓励多种形式举办康复机构。社会力量举办的康复机构和政府举办的康复机构在准入、执业、专业技术人员职称评定、非营利组织的财税扶持、政府购买服务等方面执行相同的政策。康复机构应当依照有关法律、法规和标准、规范的规定，为残疾人提供安全、有效的康复服务。鼓励康复机构为所在区域的社区、学校、家庭提供康复业务指导和技术支持。残疾人联合会接受政府委托对康复机构及其服务质量进行监督。

3.社区康复场所设立与服务开展

地方各级人民政府应当将残疾人社区康复纳入社区公共服务体系。县级以上人民政府有关部门、残疾人联合会应当利用社区资源，根据社区残疾人数量、类型和康复需求等设立康复场所，或者通过政府购买服务方式委托社会组织，组织开展康复指导、日常生活能力训练、康复护理、辅助器具配置、信息咨询、知识普及和转介等社区康复工作。城乡基层群众性自治组织应当鼓励和支持残疾人及其家庭成员参加社区康复活动，融入社区生活。

4.康复服务要求

提供残疾人康复服务，应当针对残疾人的健康、日常活动、社会参与等需求进行评估，依据评估结果制订个性化康复方案，并根据实施情况对康复方案进行调整优化。制订、实施康复方案，应当充分听取、尊重残疾人及其家属的意见，告知康复措施的详细信息。提供残疾人康复服务，应当保护残疾人隐私，不得歧视、侮辱残疾人。

5.康复人才培养

医学院校和其他有关院校应当有计划地开设康复课程，设置相关专业，培养各类康复专业人才。从事残疾人康复服务的人员应当具有人道主义精神，遵守职业道德，学习掌握必要的专业知识和技能并能够熟练运用；有关法律、行政法规规定需要取得相应资格的，还应当依法取得相应的资格。康复机构应当对其工作人员开展在岗培训，组织学习康复专业知识和技能，提高业务水平和服务能力。

6.康复器械提供

政府有关部门还应当组织和扶持残疾人康复器械、生活自助器具、特殊用品和其他辅助器具的研制、生产、供应、维修服务。国家为符合条件的康复辅助器具企业提供税收优惠、金融支持和财政引导，激励企业创新；通过将基本的治疗性康复辅助器具逐步纳入基本医疗保险支付范围，完善康复辅助器具工伤保险支付制度，合理确定支付范围，有条件的地方对城乡贫困残疾人、重度残疾人基本型康复辅助器具配置给予补贴的方式激励消费，让更多的残疾人能够使用康复器械。

二、教育

《残疾人教育条例》等文件保障残疾人享有平等接受教育的权利。

1.教育方针

第一条规定，保障残疾人受教育的权利，发展残疾人教育事业。

第三条规定，残疾人教育是国家教育事业的组成部分。

发展残疾人教育事业，实行普及与提高相结合、以普及为重点的方针，保障义务教育，着重发展职业教育，积极开展学前教育，逐步发展高级中等以上教育。

残疾人教育应当提高教育质量，积极推进融合教育，根据残疾人的残疾类别和接受能力，采取普通教育方式或者特殊教育方式，优先采取普通教育方式。

2.义务教育

第十二条规定，各级人民政府应当依法履行职责，保障适龄残疾儿童、少年接受义务教育的权利。

第十三条规定，适龄残疾儿童、少年的父母或者其他监护人，应当依法保证其残疾子女或者被监护人入学接受并完成义务教育。

第十四条规定，残疾儿童、少年接受义务教育的入学年龄和年限，应当与当地儿童、少年接受义务教育的入学年龄和年限相同；必要时，其入学年龄和在校年龄可以适当提高。

第十七条规定，适龄残疾儿童、少年能够适应普通学校学习生活、接受普通教育的，依照《中华人民共和国义务教育法》的规定就近到普通学校入学接受义务教育。

适龄残疾儿童、少年能够接受普通教育，但是学习生活需要特别支持的，根据身体状况就近到县级人民政府教育行政部门在一定区域内指定的具备相应资源、条件的普通学校入学接受义务教育。

适龄残疾儿童、少年不能接受普通教育的，由县级人民政府教育行政部门统筹安排进入特殊教育学校接受义务教育。

适龄残疾儿童、少年需要专人护理，不能到学校就读的，由县级人民政府教育行政部门统筹安排，通过提供送教上门或者远程教育等方式实施义务教育，并纳入学籍管理。

3.职业教育

第二十七条规定，残疾人职业教育应当大力发展中等职业教育，加快发展高等职业教育，积极开展以实用技术为主的中期、短期培训，以提高就业能力为主，培养技术技能人才，并加强对残疾学生的就业指导。

第二十八条规定，残疾人职业教育由普通职业教育机构和特殊职业教育机构实施，以普通职业教育机构为主。

县级以上地方人民政府应当根据需要，合理设置特殊职业教育机构，改善办学条件，扩大残疾人中等职业学校招生规模。

第二十九条规定，普通职业学校不得拒绝招收符合国家规定的录取标准的残疾人入学，普通职业培训机构应当积极招收残疾人入学。

县级以上地方人民政府应当采取措施，鼓励和支持普通职业教育机构积极招收残疾学生。

4.学前教育

第三十一条规定，各级人民政府应当积极采取措施，逐步提高残疾幼儿接受学前教育的比例。

县级人民政府及其教育行政部门、民政部门等有关部门应当支持普通幼儿园创造条件招收残疾幼儿；支持特殊教育学校和具备办学条件的残疾儿童福利机构、残疾儿童康复机构等实施学前教育。

第三十二条规定，残疾幼儿的教育应当与保育、康复结合实施。

招收残疾幼儿的学前教育机构应当根据自身条件配备必要的康复设施、设备和专业康复人员，或者与其他具有康复设施、设备和专业康复人员的特殊教育机构、康复机构合作对残疾幼儿实施康复训练。

5.普通高级中等以上教育及继续教育

第三十四条规定，普通高级中等学校、高等学校、继续教育机构应当招收符合国家规定的录取标准的残疾考生入学，不得因其残疾而拒绝招收。

第三十五条规定，设区的市级以上地方人民政府可以根据实际情况举办实施高级中等以上教育的特殊教育学校，支持高等学校设置特殊教育学院或者相关专业，提高残疾人的受教育水平。

三、劳动就业

下面的内容根据《中华人民共和国残疾人保障法》和《残疾人就业条例》总结而成：

1.政策方针

残疾人劳动就业，实行集中与分散相结合的方针，采取优惠政策和扶持保护措施，通过多渠道、多层次、多种形式，使残疾人劳动就业逐步普及、稳定、合理。

2.促进就业

（1）国家实行按比例安排残疾人就业制度。

（2）政府和社会举办残疾人福利企业、盲人按摩机构和其他福利性单位，集中安排残疾人就业。

（3）集中使用残疾人的用人单位中从事全日制工作的残疾人职工，应当占本单位在职职工总数的25%以上。用人单位安排残疾人就业的比例不得低于本单位在职职工总数的1.5%。具体比例由省、自治区、直辖市人民政府根据本地区的实际情况规定。不达规定比例的企业应缴纳残疾人就业保障金。

3.就业服务培训与保护

（1）政府有关部门设立的公共就业服务机构，应当为残疾人免费提供就业服务。有关部门应确定职工招用、聘用指标的一定数额用于残疾人。

（2）残疾职工所在单位应当对残疾职工进行岗位技术培训，提高其劳动技能和技术水平。

（3）在职工的招用、转正、晋级、职称评定、劳动报酬、生活福利、休息休假、社会保险等方面，不得歧视残疾人。残疾职工所在单位，应当为残疾职工提供适应其特点的劳动条件和劳动保护。

（4）对国家分配的高等学校、中等专业学校、技工学校的残疾毕业生，有关单位不得因其残疾而拒绝接收。

4.政策优惠

对于个人，国家鼓励和扶持残疾人自主择业、自主创业；国家对城乡个体劳动者的残疾人实行税收减免和其他扶持政策；对申请从事个体工商业的残疾人，有关部门应当优先核发营业执照，给予照顾和帮助。

对于企业，国家对安排残疾人就业达到、超过规定比例或者集中安排残疾人就业的用人单位和从事个体经营的残疾人，依法给予税收优惠，国家对残疾人福利性企业事业组织实行税收减免和其他扶持政策；国家保护残疾人福利性单位的财产所有权和经营自主权，其合法权益不受侵犯。

四、文化生活

《残疾人保障法》对残疾人的文化生活作出如下说明：

第四十二条规定，残疾人文化、体育、娱乐活动应当面向基层，融于社会公共文化生活，适应各类残疾人的不同特点和需要，使残疾人广泛参与。

第四十三条规定，政府和社会采取下列措施，丰富残疾人的精神文化生活：

（1）通过广播、电影、电视、报刊、图书、网络等形式，及时宣传报道残疾人的工作、生活等情况，为残疾人服务；

（2）组织和扶持盲文读物、盲人有声读物及其他残疾人读物的编写和出版，根据盲人的实际需要，在公共图书馆设立盲文读物、盲人有声读物图书室；

（3）开办电视手语节目，开办残疾人专题广播栏目，推进电视栏目、影视作品加配字幕、解说；

（4）组织和扶持残疾人开展群众性文化、体育、娱乐活动，举办特殊艺术演出和残疾人体育运动会，参加国际性比赛和交流；

（5）文化、体育、娱乐和其他公共活动场所，为残疾人提供方便和照顾。有计划地兴办残疾人活动场所。

第四十四条规定，政府和社会鼓励、帮助残疾人从事文学、艺术、教育、科学、技术和其他有益于人民的创造性劳动。

第四十五条规定，政府和社会促进残疾人与其他公民之间的相互理解和交流，宣传残疾人事业和扶助残疾人的事迹，弘扬残疾人自强不息的精神，倡导团结、友爱、互助的社会风尚。

五、社会保障

《残疾人保障法》第四十七条至第五十条和《关于加快发展残疾人托养服务的意见》对社会保障的规定如下：

（一）参加社会保险

残疾人及其所在单位应当按照国家有关规定参加社会保险。残疾人所在城乡基层群众性自治组织、残疾人家庭，应当鼓励、帮助残疾人参加社会保险。对生活确有困难的残疾人，按照国家有关规定给予社会保险补贴。

（二）社会救助

各级人民政府对生活确有困难的残疾人，通过多种渠道给予生活、教育、住房和其他社会救助。

各级人民政府对享受最低生活保障待遇后生活仍有特别困难的残疾人家庭，应当采取其他措施保障其基本生活。各级人民政府对贫困残疾人的基本医疗、康复服务、必要的辅助器具的配置和更换，应当按照规定给予救助。对生活不能自理的残疾人，地方各级人民政府应当根据情况给予护理补贴。

（三）公共服务

县级以上人民政府对残疾人搭乘公共交通工具，应当根据实际情况给予便利和优惠。残疾人可以免费携带随身必备的辅助器具。国家鼓励和支持提供电信、广播电视服务的单位对盲人、听力残疾人、言语残疾人给予优惠。各级人民政府应当逐步增加对残疾人的其他照顾和扶助。

（四）托养与供养

地方各级人民政府对无劳动能力、无扶养人或者扶养人不具有扶养能力、无生活来源的残疾人，按照规定予以供养。国家鼓励和扶持社会力量举办残疾人供养、托养机构。残疾人供养、托养机构及其工作人员不得侮辱、虐待、遗弃残疾人。

《关于加快发展残疾人托养服务的意见》关于托养有以下规定：

（1）多元化发展残疾人托养服务：坚持政府主导，加大财政投入，改善残疾人托养服务基础设施条件，增强公共服务提供残疾人托养服务的能力；大力发展日间照料和居家托养服务，积极为残疾人接受托养服务提供便利的生活环境和服务条件；引导和鼓励社会力量发展残疾人托养服务，通过民办公助、公建民营、政府补贴、购买服务等多种方式，鼓励各类组织、企业和个人建设残疾人托养服务设施，增加残疾人托养服务资源，扩大服务供给，满足残疾人多层次、多元化的托养服务需求。

（2）加强残疾人托养服务管理：加强残疾人托养服务管理制度研究；强化分类管理，公办残疾人托养服务机构坚持公益性和非营利性；推进残疾人托养服务标准化建设；逐步建立残疾人托养服务评价体系；建立残疾人托养服务信息库。

（3）加大残疾人托养服务扶持力度：加大残疾人托养服务公共财政投入力度；完善残疾人托养服务机构土地政策；落实相关税收和价格政策；加强对残疾人托养服务的金融支持；鼓励企业、事业单位、社会团体以及个人等对各类残疾人托养服务机构进行捐赠；加强对民间投资兴办残疾人托养服务机构的技术支持与援助力度。

（4）加快残疾人托养服务专业化建设：加强残疾人托养服务人才队伍建设；拓展残疾人托养服务内容；培育和完善残疾人托养服务行业协会。

（五）法律援助

1. 残疾人法律救助工作站的专门规定

残疾人法律救助工作站是对符合条件的残疾人提供法律救助的协调服务机构。残疾人法律救助工作站设在同级残联。残疾人法律救助的内容包括但不限于咨询、代书、调解、协调、代理等。残疾人可以通过书面或者口头形式向残疾人法律救助工作站提出法律救助申请。残疾人法律救助工作站应当将符合法律援助、司法救助条件或需要其他法律服务的案件转介到相关机构，并协助残疾人获得相应的法律援助、司法救助或其他法律服务。

2. 应当直接提供法律救助服务涉及残疾人的案件

应当直接提供法律救助服务：残疾人有经济困难（具体标准由残疾人法律救助工作站根据本地实际情况确定）；侵犯残疾人群体利益；案情复杂、涉及面广、社会影响较大。

（六）困难残疾人生活补贴和重度残疾人护理补贴

1. 补贴对象

补贴对象主要分两类，分别是困难残疾人生活补贴和重度残疾人护理补贴。

（1）困难残疾人生活补贴主要补助残疾人因残疾产生的额外生活支出，对象为低保家庭中的残疾人，有条件的地方可逐步扩大到低收入残疾人及有其他困难的残疾人。

（2）重度残疾人护理补贴主要补助残疾人因残疾产生的额外长期照护支出，补贴对象为残疾等级被评定为一级、二级且需要长期照护的重度残疾人，有条件的地方可扩大到非重度智力、精神残疾人或其他残疾人，逐步推动形成面向所有需要长期照护残疾人的护理补贴制度。

2. 补贴标准的确定及调整依据。

残疾人补贴标准由省级人民政府根据经济社会发展水平和残疾人生活保障需求、长期照护需求统筹确定，并适时调整。有条件的地方可以按照残疾人的不同困难程度制定分档补贴标准，提高制度精准性，加大补贴力度。

3. 补贴形式以现金补贴为主。

残疾人补贴采取现金形式按月发放。有条件的地方可根据实际情况详细划分补贴类别和标准，采取凭据报销或政府购买服务等形式发放重度残疾人护理补贴。

4. 残疾人补贴制度要与国家其他福利政策相衔接。

（1）符合条件的残疾人，可同时申领困难残疾人生活补贴和重度残疾人护理补贴。

（2）既符合残疾人补贴条件，又符合老年、因公致残、离休等福利性生活补贴（津贴）、护理补贴（津贴）条件的残疾人，可择高申领其中一类生活补贴（津贴）、护理补贴(津贴)。

（3）享受孤儿基本生活保障政策的残疾儿童不享受困难残疾人生活补贴，可享受重度残疾人护理补贴。残疾人两项补贴不计入城乡最低生活保障家庭的收入。

（4）领取工伤保险生活护理费、纳入特困人员供养保障的残疾人不享受残疾人两项补贴。

5. 残疾人补贴的申领程序和管理办法。

残疾人两项补贴由残疾人向户籍所在地街道办事处或乡镇政府受理窗口提交书面申请，自愿申请。由街道办事处或乡镇政府受理初审，初审合格材料报送县残联审核，审核合格材料转送县级人民政府民政部门审定。

由县级人民政府民政部门会同县级残联报同级财政部门申请拨付资金。补贴资格审定合格的残疾人自递交申请当月计发补贴。采取残疾人主动申报和发放部门定期抽查相结合的方式，建立残疾人两项补贴定期复核制度，实行残疾人两项补贴应补尽补、应退则退的动态管理。

M 命题规律分析

规律一：考查《残疾人就业条例》中的关键性数字。

集中使用残疾人的用人单位中从事全日制工作的残疾人职工，应当占本单位在职职工总数的25%以上。其他非集中使用残疾人的用人单位安排残疾人就业的比例不得低于本单位在职职工总数的1.5%。如果某单位安排残疾人就业的比例低于本单位在职职工总数的1.5%，该单位需要向国家缴纳残疾人就业保障金。

规律二：考查残疾人就业保障金的计算方法。

残疾人就业保障金的计算公式=（上年用人单位在职职工人数×所在地省、自治区、直辖市人民政府规定的安排残疾人就业比例－上年用人单位实际安排的残疾人就业人数）×

上年用人单位在职职工年平均工资。

注意：公式中的残疾人是指有残疾证的残疾人，且《中华人民共和国残疾军人证》1~3级和《中华人民共和国残疾证》1~2级，持有这两类残疾证的残疾人按两个残疾人计算。

Z 真题再现

1 2019-单选-12 某市拟兴办一家残疾人福利企业，配备职工200人。根据《残疾人就业条例》，该企业中从事全日制工作的残疾人职工至少应有（　　）。

A.20　　B.40

C.50　　D.100

【答案】C。**解析：**本题考查的是残疾人的促进就业。政府和社会举办残疾人福利企业、盲人按摩机构和其他福利性单位，集中安排残疾人就业；集中使用残疾人的用人单位中从事全日制工作的残疾人职工，应当占本单位在职职工总数的25%以上。国家实行按比例安排残疾人就业制度。用人单位安排残疾人就业的比例不得低于本单位在职职工总数的1.5%。故该企业至少安排残疾人职工200×25%=50（人）。故本题选C。

2 2017-单选-13 甲省某企业上年度在职职工600人，其中持证残疾人4人，其中包括持有残疾人证（2级）和残疾军人证（3级）的残疾人各一名，上年度该企业在职职工平均工资为5万元，所在地职工平均工资为5.5万元。甲省规定该省用人单位安排残疾人就业的比例不得低于本单位在职职工总数的1.5%，根据《残疾人就业条例》和《残疾人就业保障金征收使用管理办法》，该企业应当缴纳的残疾人就业保障金最低为（　　）万元。

A.10　　B.15

C.16　　D.25

【答案】B。**解析：**本题考查残疾人就业保障金的计算方法。根据《残疾人就业条例》第九条，用人单位安排残疾人就业达不到其所在地省、自治区、直辖市人民政府规定比例的，应当缴纳残疾人就业保障金。根据《残疾人就业保障金征收使用管理办法》第七条和第八条，用人单位安排1名持有《中华人民共和国残疾人证》（1至2级）或《中华人民共和国残疾军人证》（1至3级）的人员就业的，按照安排2名残疾人就业计算。残疾人就业保障金年缴纳额=（上年用人单位在职职工人数×所在地省、自治区、直辖市人民政府规定的安排残疾人就业比例-上年用人单位实际安排的残疾人就业人数）×上年用人单位在职职工年平均工资。本题中，残疾人4人，包括持有残疾人证（2级）和残疾军人证（3级）的残疾人各一名，所以相当于6名残疾人就业。残疾人就业保障金年缴纳额=(600×1.5% - 6)×5=15(万元)。故本题选B。

第三章　我国婚姻家庭法规与政策

备考指南

本章内容包括三个部分：第一部分为婚姻家庭关系法规与政策，主要包括婚姻缔结的法律规定，家庭成员间的权利和义务，婚姻解除的条件、程序与法律后果，婚姻违法行为的法律责任及对受害人的救助措施；第二部分为收养关系法规与政策，主要包括收养关系成立的条件和程序，收养关系的法律效力，收养解除的条件与程序，收养关系解除的法律效力；第三部分为财产继承法规与政策，主要包括法定继承的范围和顺序，继承的种类及法律关系，继承权丧失、接受和放弃的法律规定，遗嘱继承的法律规定，遗赠和遗赠扶养协议的法律规定，遗产处理的法律规定。

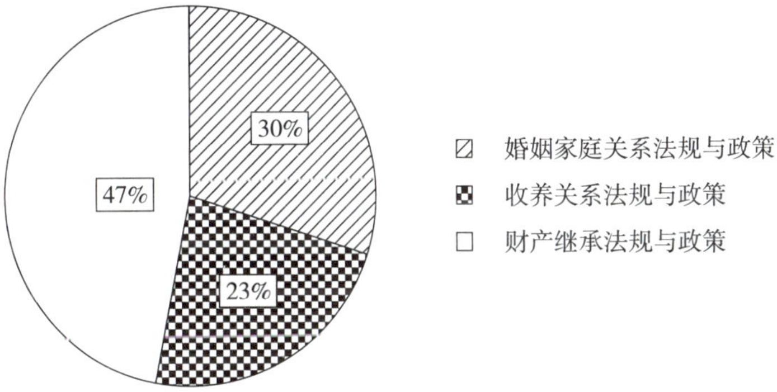

图2-3-1　本章考点考查比重

考点精讲 1　婚姻缔结的法律规定

K 考点梳理

《中华人民共和国婚姻法》对结婚进行了详细具体的法律规定，具体内容有以下几个方面：

一、结婚的含义与条件

男女双方以永久共同生活为目的，以夫妻的权利和义务为内容的合法结合就是婚姻。婚姻的缔结是创设婚姻关系的行为，具体指男女双方依照法律规定的条件和程序确立夫妻关系的法律行为，即结婚。只有符合法律规定的条件，履行法律规定的程序的结婚才有法律效力。

结婚的条件是指结婚的实质要件，包括结婚的必备条件和结婚的禁止条件，具体如下：

（一）必备条件

1. 必须男女双方完全自愿

结婚必须男女双方完全自愿，不许任何一方对另一方加以强迫或任何第三者加以干涉。

2. 必须达到法定婚龄

法定婚龄是法定结婚年龄的简称，是指法律准予结婚的最低年龄。法律关于法定婚龄的规定属于强制性规范，缔结婚姻的男女双方必须遵守。《中华人民共和国婚姻法》规定，我国的结婚年龄，男不得早于22周岁，女不得早于20周岁。凡当事人双方或一方未达到法定婚龄的，婚姻登记机关不予登记。法定婚龄的确定取决于自然和社会两方面的因素。

3. 必须符合一夫一妻的基本原则

一夫一妻是婚姻关系本质的必然要求和体现，也是人类社会男女性别比例的自然要求。在我国，一夫一妻是婚姻制度的基本原则，也是结婚的必备条件。

（二）禁止条件

《中华人民共和国婚姻法》第七条规定，有以下情形之一的，禁止结婚：

（1）直系血亲和三代以内的旁系血亲；

（2）患有医学上认为不应当结婚的疾病。

二、结婚的程序

结婚的程序是法律规定的结婚必须履行的手续。中华人民共和国成立后，实行结婚登记制。只有到法律规定的机关履行结婚登记程序的婚姻才具有法律效力。《中华人民共和国婚姻法》及《婚姻登记条例》对结婚程序的规定如下：

（一）结婚登记机关

内地居民办理婚姻登记的机关是县级人民政府民政部门或者乡（镇）人民政府，省、自治区、直辖市人民政府可以按照便民原则确定农村居民办理婚姻登记的具体机关。婚姻登记机关的管辖范围，原则上以当事人的户籍为依据。《婚姻登记条例》规定，内地居民结婚，男女双方应当共同到一方当事人常住户口所在地的婚姻登记机关办理结婚登记。

（二）结婚登记程序

1. 申请

请求结婚的男女双方必须亲自到婚姻登记机关提出结婚申请，不得由他人代理，也不可以采取书面形式代替本人亲自到场。根据《婚姻登记条例》，提出结婚申请时应当出具下列证件和证明材料：户口簿、身份证、本人无配偶及与对方当事人没有直系血亲和三代以内旁系血亲关系的签字声明。申请结婚登记的当事人应当如实向婚姻登记机关提供上述证件和证明材料，不得隐瞒真实情况。

2. 审查

结婚当事人向婚姻登记机关提出结婚申请后，婚姻登记机关应当依法对当事人结婚登记程序的结婚申请进行审查。审查内容包括两方面：一是审查证件，查验当事人提交的证件和证明材料是否齐全、是否符合法律规定；二是审查当事人双方是否符合法律规定的结婚条件。审查过程中，婚姻登记机关可就需要了解的情况向当事人询问，必要时也可以进行调查。

3. 登记

婚姻登记机关经审查，认为办理结婚登记的当事人符合结婚条件的，当场予以登记，发给结婚证。结婚证是结婚登记机关签发的证明婚姻关系成立的法律文书。取得结婚证，即确立夫妻关系。未办理结婚登记的，应当补办登记。

婚姻登记机关经审查，认为办理结婚登记的当事人有下列情形之一，不符合结婚条件的，不予登记：未到法定结婚年龄的；非双方自愿的；一方或者双方已有配偶的；属于直系血亲或者三代以内旁系血亲的；患有医学上认为不应当结婚的疾病的。对当事人不符合结婚条件不予登记的，婚姻登记机关应当向当事人说明理由。

三、无效婚姻与可撤销婚姻

根据《中华人民共和国婚姻法》及《婚姻登记条例》的相关规定，对无效婚姻、可撤销婚姻有以下内容：

（一）无效婚姻

1. 含义

已经成立的婚姻因违反结婚的条件（主要指公益要件），依法被宣告为无效，从而不具有婚姻的法律效力的婚姻，就是无效婚姻。

2. 种类

无效婚姻主要分为四类，分别如下：

（1）违反一夫一妻制的、构成重婚的无效婚姻。

（2）当事人是禁止结婚的亲属关系的无效婚姻。我国法律规定，禁止直系血亲和三代以内的旁系血亲结婚，凡违反该规定结婚的都是无效婚姻。

（3）婚姻当事人患有医学上认为不应当结婚的疾病的无效婚姻。

（4）未到法定婚龄的无效婚姻。男女一方或双方未到法定婚龄结婚的是无效婚姻。一方或双方当事人在结婚时未达到法定婚龄，在发生婚姻效力争议时，为无效婚姻。当事人双方均已到法定婚龄并已办理结婚登记的，则不对婚姻作无效的认定。

3.请求权人

婚姻当事人及利害关系人有权依法向人民法院申请宣告婚姻无效。不同情形的无效婚姻，其利害关系人也有所不同，具体包括：

（1）以重婚为由申请宣告婚姻无效的，利害关系人为当事人的近亲属及基层组织；

（2）以未到法定婚龄为由申请宣告婚姻无效的，利害关系人为未达法定婚龄者的近亲；

（3）以有禁止结婚的亲属关系为由申请宣告婚姻无效的，利害关系人为当事人的近亲；

（4）以婚前患有医学上认为不应当结婚的疾病且婚后尚未治愈为由申请宣告婚姻无效的，利害关系人为与患病者共同生活的近亲属。

4.请求权期间

当事人依法向人民法院申请宣告婚姻无效的，申请时法定的无效婚姻的情形已经消失的，人民法院不予支持。只要法定的无效婚姻的情形存在，享有请求权的当事人就可以提出申请。

5.宣告机关与宣告程序

只有人民法院有权宣告婚姻无效。人民法院审理宣告婚姻无效案件，法院对婚姻效力的审理不适用调解，应当依法作出判决，判决一经作出即发生法律效力，当事人不得就婚姻效力问题提出上诉。但对于涉及无效婚姻财产分割和子女抚养的，可以调解。如果达成调解协议，另行制作调解书；以判决形式裁决的财产分割和子女抚养，当事人若对此不服，可以上诉。

6.法律后果

无效婚姻的当事人不具有夫妻的权利和义务。无效婚姻经法院依法宣告婚姻无效后，该无效婚姻自始无效。无效婚姻双方当事人同居期间所得财产，由当事人协议处理；协议不成时，由人民法院根据照顾无过错方的原则判决。无效婚姻当事人所生子女受法律保护，适用法律关于父母子女的规定。

（二）可撤销婚姻

1.含义

因胁迫而缔结的婚姻属于可撤销婚姻。因胁迫结婚的，受胁迫的一方可以向婚姻登记机关或人民法院请求撤销该婚姻。

2.请求权人

可撤消婚姻的请求权人是受胁迫一方的婚姻关系当事人本人。

3. 撤销权期间

受胁迫的一方请求撤销婚姻的，应当自结婚登记之日起一年内提出。被非法限制人身自由的当事人请求撤销婚姻的，应当自恢复人身自由之日起一年内提出。撤销权行使期间届满，撤销权消灭，受胁迫的一方不得再行请求撤销该婚姻，其所缔结的婚姻成为合法有效的婚姻。

4. 宣告机关与宣告程序

受胁迫的一方当事人可向婚姻登记机关或人民法院请求撤销婚姻。人民法院审理因受胁迫缔结婚姻的当事人请求撤销婚姻的案件应当采用简易程序或普通程序。

四、事实婚姻

事实婚姻是法律婚姻的对称，是指符合结婚实质要件的男女未办结婚登记手续而以夫妻名义同居生活，在事实上、客观上形成婚姻关系，群众也认为是婚姻关系的结合。由于事实婚姻是在实际生活中大量存在的一种现象，因此，此处需要补充说明这一知识点。注意，是否依法办理了结婚登记手续是区别事实婚姻和法律婚姻的首要标志。

根据《婚姻登记条例》，事实婚姻处于一种效力待定状态。以夫妻名义同居生活的男女双方当事人如果补办结婚登记，即转化为合法有效的婚姻关系，婚姻关系的效力从双方均符合结婚的实质要件时起算；没有补办结婚登记的，则按同居关系处理。

M 命题规律分析

规律一：考查无效婚姻和可撤销婚姻。

当当事人违反了结婚的禁止条件，如当事人与直系血亲和三代以内旁系血亲结婚的情况，属于无效婚姻；当当事人违反了结婚必备条件中的必须一夫一妻或未达到法定结婚年龄，也属于无效婚姻；当当事人违反了结婚必备条件中的双方完全自愿，属于可撤销婚姻。

规律二：考查禁止结婚的条件。

患有严重的遗传性疾病、指定传染病和有关精神病。常见的有艾滋病、淋病、梅毒等。所有的直系血亲禁止结婚，三代以内的旁系血亲禁止结婚。不能结婚的直系血亲有父母、子女、祖父母等，不能够结婚的三代以内的旁系血亲有堂兄弟姐妹、表兄弟姐妹、同母异父或同父异母的兄弟姐妹等。

Z 真题再现

2019–单选–13 根据《中华人民共和国婚姻法》，下列情形中，属于无效婚姻的是（　　）。

A. 未到法定婚龄的

B.因胁迫结婚的

C.因欺骗结婚的

D.婚前患有医学上认为不应当结婚的疾病，婚后已治愈的

【答案】A。**解析：**本题考查的是无效婚姻的种类。无效婚姻的种类有：(1)违反一夫一妻制的无效婚姻；(2)当事人为禁止结婚的亲属关系的无效婚姻；(3)患有医学上认为不应当结婚的疾病的无效婚姻；(4)未到法定婚龄的无效婚姻。故本题选A。

考点精讲 2 婚姻解除的条件、程序和法律后果

K 考点梳理

一、登记离婚

《中华人民共和国婚姻法》及《婚姻登记条例》规定，登记离婚必须符合法定条件，依法履行法定程序。

（一）条件

男女双方自愿离婚的，准予离婚。双方必须到婚姻登记机关申请离婚。婚姻登记机关查明双方确实是自愿并对子女和财产问题已有适当处理的，发给离婚证。

（二）程序

1.申请

根据《婚姻登记条例》，男女双方自愿离婚的，双方应当共同到一方当事人常住户口所在地的婚姻登记机关办理离婚登记。申请时，男女双方应持下列证件和证明材料：本人的户口簿、身份证；本人的结婚证；双方当事人共同签署的离婚协议书。

2.审查

当事人申请离婚，婚姻登记机关应当根据《中华人民共和国婚姻法》及《婚姻登记条例》的规定，对当事人出具的证件、证明材料进行审查并询问相关情况，以查清当事人是否符合离婚登记的法定条件。

3.登记

婚姻登记机关经过审查后，对符合《中华人民共和国婚姻法》及《婚姻登记条例》的离婚申请准予离婚。对当事人确属自愿离婚，并已对子女抚养、财产、债务等问题达成一致处理意见的，应当场予以登记，发给离婚证。离婚证和人民法院的离婚判决书、离婚调解书具

有同等的法律效力。

二、诉讼离婚

根据《中华人民共和国婚姻法》和《婚姻登记条例》,诉讼离婚有以下相关规定:

(一)法定标准

(1)诉讼离婚的法定理由是"感情确已破裂"。人民法院审理离婚案件,应当进行调解;如感情确已破裂,调解无效,应准予离婚。

(2)感情确已破裂的例示性规定。"感情确已破裂"的四类法定情形包括:一是重婚或有配偶者与他人同居的;二是实施家庭暴力或虐待、遗弃家庭成员的;三是有赌博、吸毒等恶习屡教不改的;四是因感情不和分居满二年的。

(二)程序

1.调解

人民法院审理离婚案件,应当根据自愿和合法的原则进行调解。

2.判决

人民法院审理离婚案件调解无效,应依法进行判决。

(三)特殊规定

1.关于现役军人离婚的特别规定

现役军人的配偶要求离婚,须征得军人同意,但军人一方有重大过错的除外。军人一方有重大过错是指具有以下情形之一:重婚或有配偶者与他人同居的;实施家庭暴力或虐待、遗弃家庭成员的;有赌博、吸毒等恶习屡教不改的。

2.关于女方在特殊情况下离婚的特别规定

女方在怀孕期间、分娩后一年内或终止妊娠后六个月内,男方不得提出离婚。女方提出离婚的,或人民法院认为确有必要受理男方离婚请求的,不在此限。该规定是为了保护妇女和胎儿、婴儿的身心健康,是在一定条件下对男方离婚请求权的一种限制。应当指出,这一限制不是禁止男方提出离婚要求,只是在时间上予以限制而已。

三、离婚的法律后果

(一)离婚对夫妻的法律后果

1.夫妻身份关系方面

离婚对夫妻身份方面的法律后果主要是:夫妻身份消失;相互扶养的义务终止;夫妻继承权的丧失。

2. 夫妻财产关系方面

（1）夫妻共同财产分割

分割夫妻共同财产时，须坚持以下原则：男女平等；保护子女和女方权益；不损害国家、集体和他人利益；照顾无过错一方；有利于生产和方便生活。分割夫妻共同财产，由双方协议处理，双方应互谅互让，自愿协商，达成协议；协议不成时，由人民法院根据财产的具体情况，依据上述原则进行判决。夫或妻在家庭土地承包经营中享有的权益等，应当依法予以保护。

（2）夫妻对外债务的清偿

离婚时，原为夫妻共同生活所负的债务，应当共同偿还。共同财产不足清偿的，或财产归各自所有的，由双方协议清偿；协议不成时，由人民法院判决。夫妻双方约定由个人负担的债务，从其约定，但以逃避义务为目的的除外。

（3）离婚家务补偿

夫妻书面约定婚姻关系存续期间所得的财产归各自所有，一方因抚育子女、照料老人、协助另一方工作等付出较多义务的，离婚时有权向另一方请求补偿，另一方应当予以补偿。离婚时的家务补偿制度仅适用于婚姻关系存续期间采取分别财产制的当事人，请求补偿的一方应是在家务劳动中付出较多义务的一方。

（二）离婚对子女的法律后果

1. 离婚后的父母子女关系

父母与子女间的关系，不因父母离婚而消除。离婚后，子女无论由父或母直接抚养，仍是父母双方的子女。离婚后，父母对子女仍有抚养和教育的权利和义务。

离婚后，哺乳期内的子女，以随哺乳的母亲抚养为原则；哺乳期后的子女，如双方因抚养问题发生争执不能达成协议时，由人民法院根据子女的权益和双方的具体情况判决。父母双方对10周岁以上的未成年子女随父或随母生活发生争执的，应考虑该子女的意见。

2. 离婚后的子女抚养问题

（1）离婚后，一方抚养的子女，另一方应负担必要的生活费和教育费的一部分或全部，负担费用的多少和期限的长短，由双方协议；协议不成时，由人民法院判决。关于子女生活费和教育费的协议或判决，不妨碍子女在必要时向父母任何一方提出超过协议或判决原定数额的合理要求。

（2）离婚后，不直接抚养子女的父或母，有探望子女的权利，另一方有协助的义务。行使探望权利的方式、时间由当事人协议；协议不成时，由人民法院判决。父或母探望子女，不利于子女身心健康的，由人民法院依法中止探望的权利；中止的事由消失后，应当恢复其探望的权利。

（三）离婚救济

在离婚财产分割制度之外，为夫妻离婚时处于困难境地的弱势一方或权利受到损害一方提供的法律救济就是离婚救济制度。离婚救济制度主要有离婚经济帮助制度和离婚损害赔偿制度两种。

根据《中华人民共和国婚姻法》，离婚时，如一方生活困难，另一方应从其住房等个人财产中给予适当的帮助，具体办法由双方协议；协议不成时，由人民法院判决。“一方生活困难”是指依靠个人财产和离婚时分得的财产无法维持当地基本生活水平。一方离婚后没有住处的，属于生活困难。夫妻间的经济帮助更多的是出于社会道义方面的责任与夫妻间感情，并非法定的夫妻扶养义务，其条件包括：要求帮助的一方必须是生活确有困难又无力自行解决的；经济帮助仅限于离婚时；提供经济帮助的一方必须有负担能力。

配偶一方因法定的过错行为而给另一方造成物质或精神上的损害并导致离婚的，在离婚时，无过错方有权请求离婚损害赔偿，这就是离婚损害赔偿制度，其基本功能是填补受害配偶的损害，抚慰受害配偶的精神痛苦。离婚损害赔偿有以下构成要件：一是有损害事实；二是配偶一方有法定过错；三是过错行为须与损害事实之间存在因果关系；四是离婚损害赔偿仅限于离婚时，如果当事人不离婚，则不适用离婚损害赔偿；五是请求权人无过错。

M 命题规律分析

本知识点重点考查离婚后夫妻的共同债务问题。夫妻双方共同签字或事后追认的债务为夫妻双方共同债务。夫妻一方以个人名义为家庭日常开销负担的债务为夫妻双方的共同债务，如一方与装修公司订购的装修材料等；一方以夫妻名义超出家庭日常生活开销而负担的债务为个人债务，如一方的赌债或不用于家庭日常生活的大额借款。

Z 真题再现

2017-单选-14 刘某与妻子谢某感情不和，谢某诉请离婚。刘某因长期赌博欠表兄安某93万元赌债并打了借条。在诉讼过程中，刘某要求与谢某共同偿还这笔赌债。根据《中华人民共和国婚姻法》和有关司法解释，下列对刘某所欠赌债的处理意见中，正确的是（　　）。

A. 对刘某的主张不予支持

B. 由刘某、谢某承担连带清偿责任

C. 由刘某、谢某按比例分别偿还

D. 由刘某、谢某以夫妻共同财产偿还

【答案】A。**解析：**本题考查的是夫妻对外债务的清偿。夫妻共同债务是指夫妻双方因婚姻关系共同生活及在婚姻关系存续期间履行法定抚养义务所负的债务。一般包括夫妻在婚姻关系存续期间为解决共同生活所需的衣、食、住、行、医疗等活动，以及履行法定义务和在共同生产经营过程中所负的债务。在此案例中，如果刘某赌博的行为与家庭生活无关，谢某则没有负责清偿的义务。如果刘某所欠债务与家庭生活有关可能成为夫妻共同债务，谢某有义务清偿。故本题选A。

考点精讲 3 收养关系法规与政策

K 考点梳理

一、收养关系成立的条件和程序

《中华人民共和国收养法》对收养关系成立的条件与程序作出如下规定：

（一）收养关系成立的条件

1. 一般收养关系成立的条件

第四条规定，下列不满14周岁的未成年人可以被收养：

（1）丧失父母的孤儿；

（2）查找不到生父母的弃婴和儿童；

（3）生父母有特殊困难无力抚养的子女。

第五条规定，下列公民、组织可以作为送养人：

（1）孤儿的监护人；

（2）社会福利机构；

（3）有特殊困难无力抚养子女的生父母。

第六条规定，收养人应当同时具备下列条件：

（1）无子女；

（2）有抚养教育被收养人的能力；

（3）未患有在医学上认为不应当收养子女的疾病；

（4）年满30周岁。

第八条规定，收养人只能收养1名子女。

第九条规定，无配偶的男性收养女性的，收养人与被收养人的年龄应当相差40周岁以上。

第十条规定，生父母送养子女，须双方共同送养。生父母一方不明或者查找不到的可以单方送养。有配偶者收养子女须夫妻共同收养。

2. 特殊收养关系成立的条件

针对某些特殊收养关系，《中华人民共和国收养法》适当放宽了收养条件。

（1）收养三代以内同辈旁系血亲的子女，可以不受《中华人民共和国收养法》第四条第（3）项、第五条第（3）项、第九条和被收养人不满14周岁的限制。华侨收养三代以内同辈旁系血亲的子女，可以不受收养人无子女的限制。

（2）收养孤儿、残疾儿童或社会福利机构抚养的查找不到生父母的弃婴和儿童，可以不受收养人无子女和收养1名的限制。

（3）收养继子女，收养条件可以不受《中华人民共和国收养法》第四条第（3）项、第五条第（3）项、第六条和被收养人不满14周岁及收养1名的限制。

（二）收养关系成立的程序

1. 申请

办理收养登记时，当事人必须亲自到场。同时，收养人应当向收养登记机关提交收养申请书。

2. 审查

收养登记机关接受收养申请后，应当依法对收养申请进行严格审查。

3. 登记

经过审查，收养登记机关对申请人证件齐全有效、符合《中华人民共和国收养法》规定的收养条件的，应为其办理收养登记，发给其收养登记证。收养关系自登记发证之日起正式成立。

办理收养登记的法定机关是县级以上人民政府的民政部门。

二、收养关系的法律效力

根据《中华人民共和国收养法》《中华人民共和国婚姻法》等相关法律法规，收养关系的法律效力可以总结为以下几个方面：

（一）收养的有效

收养的有效主要体现在收养行为产生拟制效力和解消效力。

1. 拟制效力

收养关系的成立导致收养人与被收养人之间产生父母子女之间的权利义务关系，被收养人与收养人的近亲属间产生相应的亲属关系等法律后果，这就是收养的拟制效力。收养人与被收养人之间的养父母和养子女的身份关系产生与自然血亲的父母子女关系相同的法定权利义务。养父母与养子女间的权利义务关系适用法律关于父母子女关系的规定。收养关系成立后，养子女与养父母的近亲属之间的权利义务关系适用法律关于子女与父母的近亲属的规定。

2. 解消效力

收养的解消效力是指收养关系的成立导致养子女与生父母之间的权利义务关系消除，养子女与生父母的近亲属间的权利义务关系消除等。

（二）收养的无效

收养关系若缺乏有效条件则收养无效，不产生相应的法律效力。

收养无效的原因主要有以下三种：

（1）行为人不具有相应的民事行为能力，无民事行为能力人或限制民事行为能力人不能或不能完全辨认自己的行为，依法不能收养，否则其收养行为无效。

（2）当事人成立收养行为的意思表示不真实，以欺诈、胁迫手段或乘人之危，使收养当事人在违背自己真实意愿的情况下所为的收养行为无效。

（3）违反法律或社会公共利益的收养行为无效。收养登记机关可以依行政程序确认收养无效，或由人民法院依诉讼程序确认收养无效。收养无效的法律后果有：收养行为被人民法院确认为无效的，其无效的法律后果追溯至收养关系成立之时自始无效；收养登记被收养登记机关依法撤销的，其无效的法律后果同样追溯到收养关系成立时自始无效。

三、收养关系解除的条件与程序

根据《中华人民共和国收养法》，收养关系可以在以下特定条件下依法予以解除。解除收养关系，有协议解除和诉讼解除两种方式。

（一）协议解除

1.条件

（1）双方当事人达成解除收养关系的合意。养子女未成年的，协议解除收养关系须得收养人、送养人同意。养子女年满10周岁以上的，应征得本人同意。养子女成年后，协议解除收养关系须得收养人、被收养人同意。

（2）双方当事人必须具有完全民事行为能力。当事人只有具有完全民事行为能力，才能作出真实有效的意思表示。

（3）双方当事人须对与解除收养关系有关的财产和生活等问题达成协议。

2.程序

（1）申请

当事人协议解除收养关系的，应到民政部门办理解除收养关系的登记。办理解除收养关系登记时，应当持户口簿、居民身份证、收养登记证和解除收养关系的书面协议。

（2）审查

收养登记机关收到解除收养关系登记申请及有关材料后，应当根据《中华人民共和国收养法》等有关法律法规的规定进行审查。

（3）登记

收养登记机关经过审查，对符合《中华人民共和国收养法》规定的解除条件的，为当事人办理解除收养关系的登记事宜，收回收养登记证，换发为解除收养关系证明。

（二）诉讼解除

1.条件

（1）养子女未成年的解除条件。收养人不履行抚养义务，有虐待、遗弃等侵害未成年养子女合法权益行为的，送养人要求解除收养人与被收养人的收养关系，但送养人与收养人不能达成解除收养关系协议的，送养人可以向人民法院提起诉讼。

（2）养子女已成年的解除条件。养父母与成年养子女关系恶化，无法共同生活的，养父母与成年养子女不能达成解除收养关系协议的，双方均可向人民法院起诉解除收养关系。

2.程序

人民法院审理解除收养关系的案件时，应当进行调解；调解无效的，依法判决准予解除或不准解除。

四、收养关系解除的法律效力

（一）身份方面的效力

解除收养关系后，养子女在身份方面的法律效力发生变化，主要体现在：一是养子女与养父母关系终止，养子女与养父母的近亲属关系终止；二是未成年养子女与生父母及其他近亲属的权利义务关系自行恢复，成年养子女与生父母及其他近亲属是否恢复权利义务关系由双方协商确定。

（二）其他效力

在收养关系解除后，有一些其他的法律效力依旧存在，主要是成年养子女对养父母给付生活费和经济补偿，以及生父母对养父母的经济补偿。

经养父母抚养的成年养子女，即使已经解除收养关系，对既缺乏劳动能力又缺乏生活来源的养父母也应当给付生活费。因养子女成年后虐待、遗弃养父母而解除收养关系的，养父母可以要求养子女补偿收养期间支出的生活费和教育费。

收养关系解除后，养子女尚未成年，如果是生父母要求解除收养关系的，养父母可以要求生父母适当补偿收养期间支出的生活费和教育费，但因养父母虐待、遗弃养子女而解除收养关系的除外。

M 命题规律分析

规律一：考查对收养人的年龄条件限制的理解。

在本科目考试中，与收养人年龄相关的数字是常见的混淆选项。考生要明确：收养人必须年满30周岁。单身男性收养人（包括离婚的男性收养人）如果要收养女性，双方年龄至少相差40周岁。有配偶的男性收养女性，不受年龄至少相差40周岁的约束，但是必须夫妻双方共同收养。

规律二：考查不受只能收养一名子女和无子女限制的特殊收养情况。

收养孤儿、残疾儿童或社会福利机构抚养的查找不到生父母的弃婴和婴儿时不受该规定限制。华侨收养三代以内的旁系血亲可以不受该规定限制。

Z 真题再现

1 2019-单选-14 女孩小丽，孤儿，5岁，生活在社会福利机构。根据《中华人民共和国收养法》，下列具有抚养教育能力的人员中，可以收养小丽的是（ ）。

A.赵某，男，未婚，38岁，已养育一子

B.钱某，女，已婚，38岁，无子女

C.孙某，男，已婚，28岁，育有一子

D.李某，女，离婚，28岁，无子女

【答案】B。**解析：**本题考查的是收养人的条件。收养人应当同时具备下列条件：（1）无子女；（2）有抚养教育被收养人的能力；（3）未患有在医学上认为不应当收养子女的疾病；（4）年满30周岁；（5）只能收养一名子女。有关收养人的特殊要求：第一，基于伦理道德的考虑，规定无配偶的男性收养女性的，收养人与被收养人的年龄应当相差40周岁以上；第二，有利于作为收养人的夫妻关系和家庭和睦，规定有配偶者收养子女须夫妻共同收养。因此A、C、D三项错误。收养孤儿、残疾儿童或社会福利机构抚养的查找不到生父母的弃婴和儿童，可以不受收养人无子女和收养一名的限制。故本题选B。

2 2018-单选-16 根据《中华人民共和国收养法》，下列关于收养人应具备的条件的说法，正确的是（ ）。

A.收养人应当年满28周岁

B.收养残疾儿童的，可以不受收养人无子女的限制

C.无配偶的男性收养女性的，应当与被收养人年龄相差30周岁以上

D.收养生父母有特殊困难无力抚养的子女，可以不受收养一名的限制

【答案】B。**解析：**本题考查收养成立的条件。收养人应该同时具备以下条件：（1）无子女；（2）年满30周岁；（3）有抚养教育被收养人的能力；（4）未患有在医学上认为不应当收养子女的疾病；（5）只能收养一名子女。一般情况下的收养，收养人必须年满30周岁，选项A中的收养人28周岁不符合成为收养人的条件，故A项错误。收养残疾儿童不受收养人无子女限制，也不受收养人只能收养一名子女的限制，故B项正确。无配偶男性收养女性，双方年龄至少相差40周岁，故C项错误。收养孤儿、残疾儿童或社会机构抚养的查找不到生父母的弃婴和婴儿不受只能收养一名子女的限制。华侨收养三代以内的旁系血亲可以不受只

能收养一名子女的限制。而生父母有特殊困难无力抚养不能作为不受只能抚养一名子女的限制的充分条件,故D项错误。故本题选B。

考点精讲 4 财产继承法规与政策

K 考点梳理

一、法定继承

(一)法定继承的范围和顺序

根据《中华人民共和国继承法》,继承主要分为三类,即法定继承、代位继承和转继承。具体情况如下面所示:

1. 法定继承人的范围

法定继承人主要包括:配偶、子女、父母、兄弟姐妹、祖父母、外祖父母,以及对公婆或岳父、岳母尽了主要赡养义务的丧偶儿媳、女婿。

2. 法定继承人的顺序

法律规定的各法定继承人继承遗产的先后次序就是继承顺序。《中华人民共和国继承法》根据亲属关系的亲疏远近和扶养关系的密切程度规定了两个继承顺序。继承开始后,先由第一顺序继承人继承。没有第一顺序继承人或第一顺序继承人放弃继承权或丧失继承权而全部不能参加继承时,由第二顺序继承人继承。

(1)第一顺序法定继承人包括配偶、子女、父母。此外,丧偶儿媳对公婆和丧偶女婿对岳父母尽了主要赡养义务的,可以作为第一顺序法定继承人。

(2)第二顺序法定继承人包括兄弟姐妹、祖父母、外祖父母。

3. 代位继承

代位继承是指被继承人的子女先于被继承人死亡,由被继承人子女的晚辈直系血亲代替被继承人的子女继承被继承人遗产的一项法定继承制度。先于被继承人死亡的子女被称为被代位继承人,代替被代位继承人取得遗产的晚辈直系血亲被称为代位继承人。

代位继承只适用于法定继承。代位继承具有法律直接规定的性质,不允许他人变更,因而构成法定继承方式的一个内容。代位继承人取得遗产时不受辈数限制,被继承人的孙子女、外孙子女、曾孙子女、曾外孙子女都可代位继承。丧偶儿媳和丧偶女婿作为法定继承人时不影响其子女代位继承。

4. 转继承

转继承是继承人在继承开始后、遗产分割前死亡，其所应继承的遗产份额转由其继承人承受的一项制度。在转继承中，实际上先后产生两种继承关系，一是被继承人死亡时发生的继承关系，二是继承人在取得被继承人的遗产之前死亡而发生的继承关系，继承人的遗产由他自己的继承人继承。

（二）继承权丧失、接受和放弃的法律规定

《中华人民共和国继承法》及相关法律法规对于继承权的丧失、接受和放弃具体规定如下：

1. 丧失继承权的原因

根据《中华人民共和国继承法》，继承人有以下行为的丧失继承权：一是故意杀害被继承人的；二是为争夺遗产而杀害其他继承人的；三是遗弃被继承人的，或者虐待被继承人情节严重的；四是伪造、篡改或者销毁遗嘱，情节严重的。

2. 丧失继承权的种类

继承权的丧失可分为绝对丧失与相对丧失。绝对丧失是指因发生某种法定事由，继承人的继承权终局的丧失，该继承人绝对不得，也不能享有继承权；相对丧失是指因发生某种法定事由继承人的继承权丧失，但在具备一定条件时继承人的继承权最终也可不丧失。

3. 接受与放弃继承权

继承权的接受是指继承人同意继承并接受被继承人遗产的意思表示。继承权的放弃是指继承人放弃被继承人遗产的意思表示，是继承人对其继承权的一种处分。

4. 接受与放弃继承权的具体方式

（1）继承权接受的方式

接受继承的意思表示可以采取书面或口头形式明确作出，也可以采用默示方式，在遗产分割前未声明放弃继承的，视为默示接受继承。

（2）继承权放弃的方式

继承权的放弃原则上应当采用书面形式向其他继承人表示。采用口头方式表示放弃继承，继承人本人承认，或者有其他充分证据证明的，应当认定其有效。

5. 放弃时间

继承开始后，继承人放弃继承的，应当在遗产处理前作出放弃继承的表示。没有表示的，视为接受继承。

二、遗嘱继承的法律规定

根据《中华人民共和国继承法》对遗嘱继承的相关规定，遗嘱继承这部分的知识点主要可以总结归纳为以下内容：

（一）遗嘱的概念与订立

《中华人民共和国继承法》关于遗嘱的概念与订立规定如下：

1. 概念

遗嘱是指死者生前依据法律的规定，对其个人财产及其他有关事务作出安排，并在其死后发生法律效力的一种民事法律行为。

2. 内容

遗嘱的内容是遗嘱人处分遗产及有关事务的意思表示，通常包括以下内容：

（1）指定继承人或受遗赠人。立遗嘱人应在遗嘱中明确指定继承人或受遗赠人。公民可以立遗嘱将个人财产指定由法定继承人中的一人或数人继承。公民也可以立遗嘱将个人财产赠给国家、集体或者法定继承人以外的人。

（2）明确遗产的名称、数量，指定遗产的分配方法和份额。

（3）规定遗嘱继承人、受遗赠人的附加义务。遗嘱人可以在遗嘱中对继承人、受遗赠人规定附加义务，但所附加的义务应当是合法的、可履行的，如果是债务，不能超过所接受的遗产价值。

（4）指定补充继承人。

（5）指定遗嘱执行人。

3. 具体形式

遗嘱形式包括公证遗嘱、自书遗嘱、代书遗嘱、录音遗嘱和口头遗嘱五种。

（1）公证遗嘱是指遗嘱人生前订立并经公证机关公证的遗嘱。

（2）自书遗嘱是立遗嘱人亲笔书写的遗嘱。自书遗嘱由遗嘱人亲笔书写全部内容并签名，须注明年、月、日。

（3）代书遗嘱是由遗嘱人口授，由他人代为书写的遗嘱。代书遗嘱应当有两个以上见证人在场见证，由其中一人代书，注明年、月、日，并由代书人、其他见证人和遗嘱人签名。

（4）录音遗嘱是指由遗嘱人口述，经录音、录像磁带录制而设立的遗嘱。遗嘱人以录音形式立的遗嘱，应当有两个以上见证人在场见证。须由遗嘱人、见证人将有关视听资料封存，并签名，注明年、月、日。

（5）遗嘱人在危急情况下，可立口头遗嘱。口头遗嘱应当有两个以上见证人在场见证。危急情况解除后，遗嘱人能够用书面或者录音形式立遗嘱的，所立的口头遗嘱无效。

（二）遗嘱的效力

《中华人民共和国继承法》关于遗嘱的效力规定如下：

1. 遗嘱的有效

只有符合法律规定的形式要件与实质要件的遗嘱才是有效遗嘱，才能产生法律效力。具体来说，需要满足以下条件：

（1）立遗嘱人必须具有立遗嘱的能力。订立遗嘱的行为要求立遗嘱人具有完全的民事行为能力。

（2）遗嘱必须是遗嘱人的真实意思表示。

（3）遗嘱的内容必须合法。

（4）遗嘱必须符合法定形式，制定遗嘱必须符合法律规定的形式。

（5）遗嘱不得取消缺乏劳动能力又无生活来源的法定继承人必要的继承份额。为防止遗嘱自由绝对化，保障法定继承人中缺乏劳动能力又没有生活来源的继承人的生活需要，遗嘱应当对其保留必要的遗产份额。

2. 遗嘱的无效

根据相关法律规定，以下几种情况下所立的遗嘱无效：

（1）无遗嘱能力的人所立的遗嘱。

（2）受胁迫、受欺诈所立的遗嘱。

（3）伪造的遗嘱。

（4）被篡改的遗嘱。

（5）遗嘱没有对缺乏劳动能力又没有生活来源的继承人保留必要的遗产份额，对应当保留的必要份额的处分无效。

（6）遗嘱人处分不属于自己财产的部分内容无效。

（三）遗嘱的变更、撤销和执行

《中华人民共和国继承法》及相关法律法规对遗嘱的变更、撤销和执行规定如下：

1. 变更

遗嘱人有权在立遗嘱之后改变遗嘱中的部分内容，如另行指定继承人或改变原遗嘱所规定的遗产份额的分配等。

2. 撤销

遗嘱的撤销指遗嘱人以意思表示或其他行为对原来所立的遗嘱予以废止，使原来尚未发生法律效力的遗嘱，在将来也不因立遗嘱人死亡而发生法律效力的行为。遗嘱人可以撤销自己所立的遗嘱，常见方法有：用一定的方式声明撤销原遗嘱；以立新遗嘱的方式使原遗嘱丧失法律效力。遗嘱人以不同形式立有数份内容相抵触的遗嘱，有公证遗嘱的，以最后所立公证遗嘱为准；没有公证遗嘱的，以最后立的遗嘱为准。

3. 执行

有权按遗嘱人意志使遗嘱发生效力的人是遗嘱执行人。公民可以按照本法规定立遗嘱处分个人财产，并可以指定遗嘱执行人。

法定继承人之外的人作为遗嘱执行人时，必须具备两个条件：一是要有遗嘱人在遗嘱中的指定；二是被指定的人同意承担遗嘱执行人的义务。

三、遗赠和遗赠扶养协议的法律规定

根据《中华人民共和国继承法》及相关法律法规，对于遗赠和遗赠扶养协议的法律规定主要有以下几个方面：

（一）遗赠

1.概念

公民以遗嘱的方式将其拥有的个人财产赠与国家、集体或者法定继承人以外的公民，并于立遗嘱人死亡后发生法律效力的法律行为就是遗赠。立遗嘱人为遗赠人，接受遗赠的人为受遗赠人。

2.生效条件

（1）遗赠人须有立遗嘱的能力，即具有完全民事行为能力。

（2）遗赠必须是遗赠人的真实意思表示。

（3）遗赠的内容必须合法。

（4）遗赠人不能侵犯缺乏劳动能力又没有生活来源的继承人的合法权益。

（5）受遗赠人后于遗赠人死亡。

（二）遗赠扶养协议

1.概念

遗赠扶养协议，是指遗赠人（受扶养人）与扶养人签订的关于扶养人承担遗赠人生养死葬的义务，遗赠人将自己的财产于死后赠与扶养人的协议。扶养人可以是个人，也可以是集体经济组织。

2.效力

（1）遗赠扶养协议优先于遗嘱，具有最优先适用的法律效力。继承开始后，按照法定继承办理；有遗嘱的，按照遗嘱继承或遗赠办理；有遗赠扶养协议的，按照协议办理。

（2）遗赠扶养协议的内部效力。该协议一经成立，即对双方当事人产生法律约束力，双方须根据协议内容履行相应义务。

四、遗产处理的法律规定

《中华人民共和国继承法》对于遗产处理主要有以下几方面的规定：

（一）开始继承

表2-3-1　开始继承的内容

知识点	内容
概念	继承的开始是指继承法律关系的产生

（续表）

知识点	内容
时间	继承开始时间以被继承人死亡时间为准。法律意义上的死亡包括两种，即自然死亡与宣告死亡。有法律规定的以下两种情形之一，利害关系人可以向人民法院申请宣告公民死亡：一是下落不明满四年的；二是因意外事故下落不明，从事故发生之日起满两年的。战争期间下落不明的，下落不明时间应从战争结束之日算起
地点	司法实践中，一般以被继承人生前最后住所地为继承开始的地点；如果最后住所地没有主要遗产，以被继承人主要遗产所在地为继承开始的地点
通知	继承开始后，知道被继承人死亡的继承人应当及时通知其他继承人和遗嘱执行人。继承人中无人知道被继承人死亡或者知道被继承人死亡而不能通知的，由被继承人生前所在单位或者住所地的居民委员会、村民委员会负责通知

（二）分割遗产

1. 遗产分割的概念

继承开始后，各个继承人之间依法分配遗产，使遗产归转各继承人所有的法律行为。

2. 遗产分割的原则

（1）先遗嘱继承，后法定继承。继承开始后，按照法定继承办理；有遗嘱的，按照遗嘱继承或者遗赠办理；有遗赠扶养协议的，按照协议办理。

（2）保留胎儿继承份额。遗产分割时，应当保留胎儿的继承份额。

（3）互谅互让、协商分割。继承人应当本着互谅互让、和睦团结的精神，协商处理继承问题。遗产分割的时间、办法和份额，由继承人协商确定。协商不成的，可以由人民调解委员会调解或者向人民法院提起诉讼。

（4）兼顾被继承人的具体情况和发挥遗产效用。人民法院在分割遗产中的房屋、生产资料和特定职业所需要的财产时，应依据有利于发挥其使用效益和继承人的实际需要，兼顾各继承人的利益进行处理。

3. 法定继承的遗产分配原则

继承人应当本着互谅互让、和睦团结的精神，协商处理继承问题。一般情况下，同一顺序继承人均等分配。继承人协商同意的，可以进行不均等分割。

（三）清偿被继承人债务

1. 清偿原则

（1）有限责任原则。继承人继承遗产应当清偿被继承人依法应当缴纳的税款和债务，缴纳税款和清偿债务以被继承人的遗产实际价值为限。超过遗产实际价值的部分，继承人自愿偿还的不在此限。

（2）连带责任原则。共同继承人对清偿被继承人债务承担连带责任。

2.具体方式

(1)总体清偿方式。继承人应当首先从被继承人的遗产中取出与被继承人所欠债务价值相等的财物,总体交付给债权人;然后,再按照各继承人应当取得的遗产份额的多少,分别扣除应由其负担的清偿被继承人债务的份额。

(2)分别清偿方式。分别清偿方式,是指遗产被分割后,由各继承人按照其所取得的遗产份额的比例,在遗产份额的实际价值范围内对其应当承担的清偿被继承人债务的责任份额,分别向债权人偿付。

(四)处理无人继承又无人受遗赠遗产

公民死亡时,没有法定继承人又无遗嘱继承人与受遗赠人,或者其全部继承人都表示放弃继承,受遗赠人表示不接受遗赠,则死者的遗产属于无人继承的遗产。这类遗产归国家所有;死者生前是集体所有制组织成员的,归所在集体所有制组织所有。

M 命题规律分析

规律一:考查继承权丧失常见的混淆选项。

继承权丧失强调情节严重,强调行为是有意行为。所以,情节轻微、过失杀人或伤害他人等情况是继承权丧失的常见混淆选项。

规律二:考查有关遗嘱效力的问题。

遗嘱共有五种形式,其中代书遗嘱、录音遗嘱和口头遗嘱想要生效,在设立遗嘱时必须有两个以上有完全民事行为能力且与遗嘱订立没有利害关系的人在场;公正遗嘱和自书遗嘱可以无须见证人。当被继承人有多份遗嘱,各遗嘱内容之间存在冲突时,公正遗嘱的法律效力最高,在没有公正遗嘱的情况下以最后订立的遗嘱为准。

《中华人民共和国民法典》规定,打印遗嘱应当有两个以上见证人在场。遗嘱人和见证人应当在遗嘱每一页签名,注明年、月、日。

Z 真题再现

1　2019-单选-16　根据《中华人民共和国继承法》,下列继承人的行为中,导致继承人丧失继承权的情形是(　　)

A.销毁遗嘱,情节严重的　　B.故意伤害其他继承人的

C.过失致被继承人死亡的　　D.虐待被继承人,情节轻微的

【答案】A。**解析:**本题考查的是继承权丧失的原因。继承权丧失的原因有:(1)故意杀害被继承人的;(2)为争夺遗产而杀害其他继承人的;(3)遗弃被继承人的,或者虐待被继承

人情节严重的；(4)伪造、篡改或者销毁遗嘱，情节严重的。故本题选A。

2 2018-单选-19 根据《中华人民共和国继承法》，下列遗嘱中，应认定有效的是(　　)。

A.小芸，15周岁，遭遇车祸弥留之际口头订立的遗嘱

B.小强，38周岁，精神病发病且不能完全辨认自己行为时亲笔书写的遗嘱

C.老汪，59周岁，通过录音订立的遗嘱，其间无见证人在场

D.老齐，76周岁，亲笔书写并签名订立的遗嘱，其间无见证人在场

【答案】D。**解析：**本题考查的是遗嘱的有效条件。遗嘱有效的条件有：(1)立遗嘱人必须具备立遗嘱的能力。(2)遗嘱必须是遗嘱人真实意思的表示。(3)遗嘱的内容必须合法。(4)遗嘱必须符合法定形式。(5)遗嘱不得取消缺乏劳动能力又没有生活来源的继承人必要的继承份额。A项小芸15周岁，不具有完全的民事行为能力。B项小强立遗嘱是在精神病发病期间，不能完全辨认自己行为时亲笔书写的遗嘱。C项老汪选择录音订立遗嘱，应当有两个以上见证人在场见证。D项老齐具有完全民事行为能力，亲笔书写的遗嘱属于自书遗嘱，不需要见证人，且具有签名，形式合法。故本题选D。

第四章　我国人民调解、信访工作和突发事件应对的法规与政策

备考指南

根据最新修订的考试大纲，本章内容包括三个部分：第一部分为人民调解法规与政策，包括人民调解的原则，当事人在调解中的权利和义务，人民调解的程序，调解协议的内容、效力及确认；第二部分为信访工作法规与政策，包括信访工作的机构和渠道，信访事项的提出、受理、办理和督办，信访的法律责任，信访制度改革；第三部分为突发事件应对的法规与政策，包括突发事件的分级、突发事件应急管理体制与原则、突发事件应对的过程与方法、突发事件应对的法律责任。

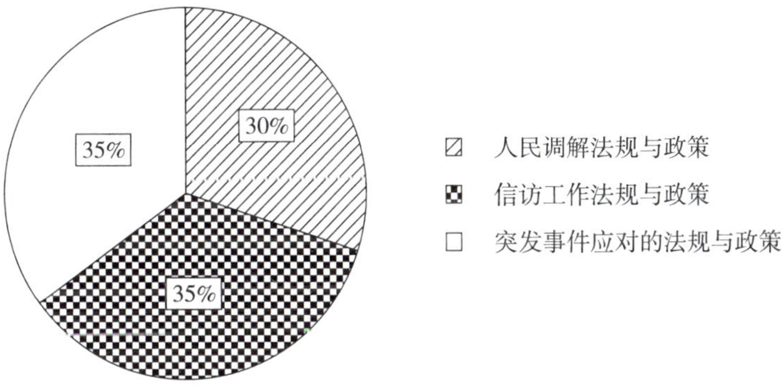

图2-4-1　本章考点考查比重

考点精讲 1　人民调解法规与政策

K 考点梳理

一、人民调解的原则

《中华人民共和国人民调解法》（以下简称《人民调解法》）第二条规定，本法所称人民调解，是指人民调解委员会通过说服、疏导等方法，促使当事人在平等协商基础上自愿达成

调解协议，解决民间纠纷的活动。

第三条规定，人民调解委员会调解民间纠纷，应当遵循下列原则：

（1）在当事人自愿、平等的基础上进行调解；

（2）不违背法律、法规和国家政策；

（3）尊重当事人的权利，不得因调解而阻止当事人依法通过仲裁、行政、司法等途径维护自己的权利。

第四条规定，人民调解委员会调解民间纠纷，不收取任何费用。

人民群众通过人民调解这一群众性的民主活动来实现自我约束、管理、服务、教育，有利于化解社会矛盾和维护社会和谐稳定。其中自愿平等是基础，依法调解是依据，尊重当事人的权利是保障。

二、当事人在调解中的权利和义务

《人民调解法》第二十三条规定，当事人在人民调解活动中享有下列权利：选择或者接受人民调解员；接受调解、拒绝调解或者要求终止调解；要求调解公开进行或者不公开进行；自主表达意愿、自愿达成调解协议。

第二十四条规定，当事人在人民调解活动中履行下列义务：如实陈述纠纷事实；遵守调解现场秩序，尊重人民调解员；尊重对方当事人行使权利。

三、人民调解的程序

《人民调解法》第十七条至第二十七条对人民调解的程序规定如下：

1. 纠纷受理

（1）当事人可以向人民调解委员会申请调解。以方便行为为原则，当事人可采用递交材料、口头申请等多种形式进行申请，调解委员先调查清楚纠纷内容、性质，以及是否符合管辖条件和范围等，再作是否受理的决定。

（2）人民调解委员会也可以主动调解。主动受理纠纷是人民调解的重要形式和基本来源。基层人民法院、公安机关对适宜通过人民调解方式解决的纠纷，可以在受理前告知当事人向人民调解委员会申请调解。

（3）当事人一方明确拒绝调解的，不得调解。对受理、不受理的纠纷要分别进行登记，须当即调解的纠纷在解决后应补办登记。纠纷调查调解员应查明产生纠纷的原因、双方争执焦点及事情发展过程。首先，应对当事人进行调查，记录双方所提供的证据或证人；其次，对需查看的现场及时进行查看，同时向与纠纷有关的人或单位进行情况了解；最后，通过分析调查得到的材料得出调解方案。

2. 调解过程

（1）工作态度：人民调解员调解民间纠纷，应当坚持原则，明法析理，主持公道；应当及时、就地进行，防止矛盾激化。

（2）调解方式：人民调解员根据纠纷的不同情况，可以采取多种方式调解民间纠纷，充分听取当事人的陈述，讲解有关法律、法规和国家政策，耐心疏导，在当事人平等协商、互谅互让的基础上提出纠纷解决方案，帮助当事人自愿达成调解协议。

（3）旁人协助：人民调解员根据调解纠纷的需要，在征得当事人的同意后，可以邀请当事人的亲属、邻里、同事等参与调解，也可以邀请具有专门知识、特定经验的人员或者有关社会组织的人员参与调解。人民调解委员会支持当地公道正派、热心调解、群众认可的社会人士参与调解。

（4）预防措施：人民调解员在调解纠纷过程中，发现纠纷有可能激化的，应当采取有针对性的预防措施；对有可能引起治安案件、刑事案件的纠纷，应当及时向当地公安机关或者其他有关部门报告。

3. 调解结束

（1）结束调解：①当事人双方自愿达成调解协议，调解成立，结束调解；②人民调解员调解纠纷，调解不成的，应当终止调解，并依据有关法律、法规的规定，告知当事人可以依法通过仲裁、行政、司法等途径维护自己的权利。

（2）整理归档：人民调解员应当记录调解情况。人民调解委员会应当建立调解工作档案，将调解登记、调解工作记录、调解协议书等材料立卷归档。

四、调解协议的内容、效力及确认

《人民调解法》第二十八条至第三十三条对调解协议的内容、效力及确认规定如下：

1. 内容

（1）经人民调解委员会调解达成调解协议的，可以制作调解协议书。当事人认为无须制作调解协议书的，可以采取口头协议方式，人民调解员应当记录协议内容。

（2）协议书内容：①当事人的基本情况；②纠纷的主要事实、争议事项及各方当事人的责任；③当事人达成调解协议的内容，履行的方式、期限。

2. 效力

（1）协议生效日期：①调解协议书自各方当事人签名、盖章或者按指印，人民调解员签名并加盖人民调解委员会印章之日起生效。调解协议书由当事人各执一份，人民调解委员会留存一份。②口头调解协议自各方当事人达成协议之日起生效。

（2）经人民调解委员会调解达成的调解协议，具有法律约束力，当事人应当按照约定履行。人民调解委员会应当对调解协议的履行情况进行监督，督促当事人履行约定的义务。

（3）经人民调解委员会调解达成调解协议后，当事人之间就调解协议的履行或者调解协议的内容发生争议的，一方当事人可以向人民法院提起诉讼。

3. 确认

（1）经人民调解委员会调解达成调解协议后，双方当事人认为有必要的，可以自调解协议生效之日起三十日内共同向人民法院申请司法确认，人民法院应当及时对调解协议进行审查，依法确认调解协议的效力。

（2）人民法院依法确认调解协议有效，一方当事人拒绝履行或者未全部履行的，对方当事人可以向人民法院申请强制执行。

（3）人民法院依法确认调解协议无效的，当事人可以通过人民调解方式变更原调解协议或者达成新的调解协议，也可以向人民法院提起诉讼。

M 命题规律分析

考生在学习本知识点时，要明确以下内容：

（1）人民调解是一种解决问题的方式，不排除当事人在人民调解过程中使用其他合法的手段和方式解决问题。人民调解不是仲裁、诉讼的必经程序。若当事人不愿以人民调解的方式解决问题，也可以通过向人民法院提出诉讼的方式解决问题。

（2）权利和义务是相互对应的，当事人享受权利的同时，也应当履行相应的义务。当事人有权选择调解员，也有权接受、拒绝或要求终止调解。同时，当事人也应当尊重调解员，遵守调解现场的秩序。

（3）调解协议本身具有法律效力，无须公证或司法确认。但是，如果当事人认为有必要，可以自协议生效之日起30天内，请求人民法院对调解协议进行司法确认。

Z 真题再现

1 2018-单选-20 根据《中华人民共和国人民调解法》，经人民调解委员会调解达成的调解协议（　　）。

A. 具有法律约束力

B. 公证后具有法律约束力

C. 由一方当事人申请司法确认后具有法律约束力

D. 由双方当事人申请司法确认后具有法律约束力

【答案】A。**解析：**本题考查的是人民调解协议的法律效力问题。经人民调解委员会调解达成的调解协议，具有法律约束力，当事人应当按照约定履行。故本题选A。

2 2017-多选-67 根据《中华人民共和国人民调解法》，下列关于当事人在调解中的权利和义务的说法中，正确的是（　　）。

A. 当事人应当如实陈述纠纷事实

B. 当事人如接受调解，不得终止

C. 当事人可以选择自己信任的调解员

D. 当事人应当尊重对方当事人行使权利

E. 调解是否公开，要尊重当事人的意愿

【答案】ACDE。**解析**：本题考查的是当事人在调解中的权利和义务。《中华人民共和国人民调解法》规定，当事人在参与调解活动的过程中享有广泛的民事权利。(1)选择或者接受人民调解员：当事人既可以接受人民调解委员会指定的调解员，也可以选择自己喜欢和信任的调解员，C项正确。(2)接受调解、拒绝调解或者要求终止调解：当事人可以接受人民调解委员会的调解，也可以拒绝调解，在调解活动进行过程中，还可以随时要求终止调解，应充分尊重当事人的意愿，B项错误。(3)要求调解公开进行或者不公开进行：当事人可以自主选择调解的方式是否公开。这主要考虑到民事纠纷和矛盾的复杂性，对于一些涉及个人隐私或当事人不愿意公开调解的案件，本着充分尊重当事人的原则，E项正确。(4)自主表达意愿、自愿达成调解协议。权利和义务总是统一的，《中华人民共和国人民调解法》除规定了调解活动中当事人享有的广泛权利外，还同时规定了当事人的义务，主要包括以下三个方面的内容：(1)如实陈述纠纷事实，A项正确。(2)遵守调解现场秩序，尊重人民调解员。(3)尊重对方当事人行使权利，D项正确。故本题选ACDE。

考点精讲 2 信访工作法规与政策

K 考点梳理

一、信访程序的相关规定

（一）提出

《信访条例》对信访事项的具体内容的规定如下：

第十四条规定，信访人对下列组织、人员的职务行为反映情况，提出建议、意见，或者不服下列组织、人员的职务行为，可以向有关行政机关提出信访事项：

(1)行政机关及其工作人员；

(2)法律、法规授权的具有管理公共事务职能的组织及其工作人员；

(3)提供公共服务的企业、事业单位及其工作人员；

(4)社会团体或者其他企业、事业单位中由国家行政机关任命、派出的人员；

(5)村民委员会、居民委员会及其成员。

对依法应当通过诉讼、仲裁、行政复议等法定途径解决的投诉请求，信访人应当依照有关法律、行政法规规定的程序向有关机关提出。

第十五条规定，信访人对各级人民代表大会及县级以上各级人民代表大会常务委员会、人民法院、人民检察院职权范围内的信访事项，应当分别向有关的人民代表大会及其常务委员会、人民法院、人民检察院提出，并遵守本条例第十六条、第十七条、第十八条、第十九条、第二十条的规定。

《信访条例》关于提出信访的具体规定如下：

第十六条规定，信访人采用走访形式提出信访事项，应当向依法有权处理的本级或者上一级机关提出；信访事项已经受理或者正在办理的，信访人在规定期限内向受理、办理机关的上级机关再提出同一信访事项的，该上级机关不予受理。

第十七条规定，信访人提出信访事项，一般应当采用书信、电子邮件、传真等书面形式；信访人提出投诉请求的，还应当载明信访人的姓名（名称）、住址和请求、事实、理由。有关机关对采用口头形式提出的投诉请求，应当记录信访人的姓名（名称）、住址和请求、事实、理由。

第十八条规定，信访人采用走访形式提出信访事项的，应当到有关机关设立或者指定的接待场所提出。多人采用走访形式提出共同的信访事项的，应当推选代表，代表人数不得超过5人。

第十九条规定，信访人提出信访事项，应当客观真实，对其所提供材料内容的真实性负责，不得捏造、歪曲事实，不得诬告、陷害他人。

第二十条规定，信访人在信访过程中应当遵守法律、法规，不得损害国家、社会、集体的利益和其他公民的合法权利，自觉维护社会公共秩序和信访秩序，不得有下列行为：

（1）在国家机关办公场所周围、公共场所非法聚集，围堵、冲击国家机关，拦截公务车辆，或者堵塞、阻断交通的；

（2）携带危险物品、管制器具的；

（3）侮辱、殴打、威胁国家机关工作人员，或者非法限制他人人身自由的；

（4）在信访接待场所滞留、滋事，或者将生活不能自理的人弃留在信访接待场所的；

（5）煽动、串联、胁迫、以财物诱使、幕后操纵他人信访或者以信访为名借机敛财的；

（6）扰乱公共秩序、妨害国家和公共安全的其他行为。

（二）受理

《信访条例》第二十一条规定，县级以上人民政府信访工作机构收到信访事项，应当予以登记，并区分情况，在15日内分别按下列方式处理：

（1）对本条例第十五条规定的信访事项，应当告知信访人分别向有关的人民代表大会及其常务委员会、人民法院、人民检察院提出。对已经或者依法应当通过诉讼、仲裁、行政复议等法定途径解决的，不予受理，但应当告知信访人依照有关法律、行政法规规定程序向有关机关提出。

（2）对依照法定职责属于本级人民政府或者其工作部门处理决定的信访事项，应当转送有权处理的行政机关；情况重大、紧急的，应当及时提出建议，报请本级人民政府决定。

（3）信访事项涉及下级行政机关或者其工作人员的，按照“属地管理、分级负责，谁主管、谁负责”的原则，直接转送有权处理的行政机关，并抄送下一级人民政府信访工作机构。县级以上人民政府信访工作机构要定期向下一级人民政府信访工作机构通报转送情况，下级人民政府信访工作机构要定期向上一级人民政府信访工作机构报告转送信访事项的办理情况。

（4）对转送信访事项中的重要情况需要反馈办理结果的，可以直接交由有权处理的行政机关办理，要求其在指定办理期限内反馈结果，提交办结报告。

按照前款第（二）项至第（四）项规定，有关行政机关应当自收到转送、交办的信访事项之日起15日内决定是否受理并书面告知信访人，并按要求通报信访工作机构。

《信访条例》第二十三条至第二十七条对行政机关受理过程中的具体措施的规定如下：

1.信访材料的管理

行政机关及其工作人员不得将信访人的检举、揭发材料及有关情况透露或者转给被检举、揭发的人员或者单位。

2.行政机关的合作

涉及两个或者两个以上行政机关的信访事项，由所涉及的行政机关协商受理；受理有争议的，由其共同的上一级行政机关决定受理机关。有关行政机关应当相互通报信访事项的受理情况。

3.职责不清的情况

应当对信访事项作出处理的行政机关分立、合并、撤销的，由继续行使其职权的行政机关受理；职责不清的，由本级人民政府或者其指定的机关受理。

4.政府对重大、紧急信访事项的处理

公民、法人或者其他组织发现可能造成社会影响的重大、紧急信访事项和信访信息时，可以就近向有关行政机关报告。地方各级人民政府接到报告后，应当立即报告上一级人民政府；必要时，通报有关主管部门。县级以上地方人民政府有关部门接到报告后，应当立即报告本级人民政府和上一级主管部门；必要时，通报有关主管部门。国务院有关部门接到报告后，应当立即报告国务院；必要时，通报有关主管部门。

5.行政机关对重大、紧急信访事项的处理

行政机关对重大、紧急信访事项和信访信息不得隐瞒、谎报、缓报，或者授意他人隐瞒、谎报、缓报。对于可能造成社会影响的重大、紧急信访事项和信访信息，有关行政机关应当在职责范围内依法及时采取措施，防止不良影响的产生、扩大。

（三）办理

《信访条例》第二十八条至第三十五条对信访的办理的规定如下：

1.处理原则

行政机关及其工作人员办理信访事项，应当恪尽职守、秉公办事，查明事实、分清责任，宣传法制、教育疏导，及时妥善处理，不得推诿、敷衍、拖延。

2.听取意见

信访人反映的情况，提出的建议、意见，有利于行政机关改进工作、促进国民经济和社会发展的，有关行政机关应当认真研究论证并积极采纳。

3.回避利害

行政机关工作人员与信访事项或者信访人有直接利害关系的，应当回避。

4.调查核实

对信访事项有权处理的行政机关办理信访事项时，应当听取信访人陈述事实和理由；必要时可以要求信访人、有关组织和人员说明情况；需要进一步核实有关情况的，可以向其他组织和人员调查。

对重大、复杂、疑难的信访事项，可以举行听证。听证应当公开举行，通过质询、辩论、评议、合议等方式，查明事实，分清责任。听证范围、主持人、参加人、程序等由省、自治区、直辖市人民政府规定。

5.书面答复

对信访事项有权处理的行政机关经调查核实，应当依照有关法律、法规、规章及其他有关规定，分别作出以下处理，并书面答复信访人：请求事实清楚，符合法律、法规、规章或者其他有关规定的，予以支持；请求事由合理但缺乏法律依据的，应当对信访人做好解释工作；请求缺乏事实根据或者不符合法律、法规、规章或者其他有关规定的，不予支持。

6.办理期限

信访事项应当自受理之日起60日内办结；情况复杂的，经本行政机关负责人批准，可以适当延长办理期限，但延长期限不得超过30日，并告知信访人延期理由。法律、行政法规另有规定的，从其规定。

7.复查与复核

（1）信访人对行政机关作出的信访事项处理意见不服的，可以自收到书面答复之日起30日内请求原办理行政机关的上一级行政机关复查。收到复查请求的行政机关应当自收到复查请求之日起30日内提出复查意见，并予以书面答复。

（2）信访人对复查意见不服的，可以自收到书面答复之日起30日内向复查机关的上一级行政机关请求复核。收到复核请求的行政机关应当自收到复核请求之日起30日内提出复核意见。信访人对复核意见不服，仍然以同一事实和理由提出投诉请求的，各级人民政府信访工作机构和其他行政机关不再受理。

（四）督办

《信访条例》第三十六条和第三十七条对信访的督办的规定如下：

1. 督办情形

县级以上人民政府信访工作机构发现有关行政机关有下列情形之一的，应当及时督办，并提出改进建议：

（1）无正当理由未按规定的办理期限办结信访事项的；

（2）未按规定反馈信访事项办理结果的；

（3）未按规定程序办理信访事项的；

（4）办理信访事项推诿、敷衍、拖延的；

（5）不执行信访处理意见的；

（6）其他需要督办的情形。

收到改进建议的行政机关应当在30日内书面反馈情况；未采纳改进建议的，应当说明理由。

2. 政策性问题

县级以上人民政府信访工作机构对于信访人反映的有关政策性问题，应当及时向本级人民政府报告，并提出完善政策、解决问题的建议。

3. 工作处罚

县级以上人民政府信访工作机构对在信访工作中推诿、敷衍、拖延、弄虚作假造成严重后果的行政机关工作人员，可以向有关行政机关提出给予行政处分的建议。

4. 提交报告

县级以上人民政府信访工作机构应当就以下事项向本级人民政府定期提交信访情况分析报告：

（1）受理信访事项的数据统计、信访事项涉及领域及被投诉较多的机关；

（2）转送、督办情况及各部门采纳改进建议的情况；

（3）提出的政策性建议及其被采纳的情况。

二、信访的法律责任

《信访条例》规定，因下列情形之一导致信访事项发生，造成严重后果的，对直接负责的主管人员和其他直接责任人员，依照有关法律、行政法规的规定给予行政处分；构成犯罪的，依法追究刑事责任：

（1）超越或者滥用职权，侵害信访人合法权益的。

（2）行政机关应当作为而不作为，侵害信访人合法权益的。

（3）适用法律、法规错误或者违反法定程序，侵害信访人合法权益的。

（4）拒不执行有权处理的行政机关作出的支持信访请求意见的。

县级以上人民政府信访工作机构对收到的信访事项应当登记、转送、交办而未按规定登记、转送、交办，或者应当履行督办职责而未履行的，由其上级行政机关责令改正；造成严重后果的，对直接负责的主管人员和其他直接责任人员依法给予行政处分。

负有受理信访事项职责的行政机关在受理信访事项过程中违反本条例的规定，有下列情形之一的，由其上级行政机关责令改正；造成严重后果的，对直接负责的主管人员和其他直接责任人员依法给予行政处分：

（1）对收到的信访事项不按规定登记的。

（2）对属于其法定职权范围的信访事项不予受理的。

（3）行政机关未在规定期限内书面告知信访人是否受理信访事项的。

对信访事项有权处理的行政机关在办理信访事项过程中，有下列行为之一的，由其上级行政机关责令改正；造成严重后果的，对直接负责的主管人员和其他直接责任人员依法给予行政处分：

（1）推诿、敷衍、拖延信访事项办理或者未在法定期限内办结信访事项的。

（2）对事实清楚，符合法律、法规、规章或者其他有关规定的投诉请求未予支持的。

行政机关工作人员违反本条例规定，将信访人的检举、揭发材料或者有关情况透露、转给被检举、揭发的人员或者单位的，依法给予行政处分。行政机关工作人员在处理信访事项过程中，作风粗暴，激化矛盾并造成严重后果的，依法给予行政处分。

行政机关及其工作人员对可能造成社会影响的重大、紧急信访事项和信访信息，隐瞒、谎报、缓报，或者授意他人隐瞒、谎报、缓报，造成严重后果的，对直接负责的主管人员和其他直接责任人员依法给予行政处分；构成犯罪的，依法追究刑事责任。

打击报复信访人，构成犯罪的，依法追究刑事责任；尚不构成犯罪的，依法给予行政处分或者纪律处分。

对违反《信访条例》的信访人，有关国家机关工作人员应当对其进行劝阻、批评或者教育。经劝阻、批评和教育无效的，由公安机关予以警告、训诫或者制止；违反集会游行示威的法律、行政法规，或者构成违反治安管理行为的，由公安机关依法采取必要的现场处置措施、给予治安管理处罚；构成犯罪的，依法追究刑事责任。信访人捏造歪曲事实、诬告陷害他人，构成犯罪的，依法追究刑事责任；尚不构成犯罪的，由公安机关依法给予治安管理处罚。

三、信访制度改革

（一）预防和减少信访问题的发生

加大保障力度和改善民生力度，不断提高科学民主决策水平，坚持依法办事，改进工作作风。

（二）畅通和拓宽信访渠道

健全公开透明的诉求表达和办理方式，突出领导干部接待下访重点，完善接访运行方式，充分发挥法定诉求的表达渠道作用。

（三）依法规范信访工作

完善信访联席会议制度，健全解决特殊疑难信访问题工作机制，健全统筹督查督办信访事项工作机制，健全科学合理的信访工作考核评价体系，健全经常性教育疏导机制。

（四）全面夯实基层基础

健全基层组织网络，组织动员社会力量参与，加大社会矛盾纠纷排查化解工作力度。

（五）切实加强组织领导

严格落实信访工作责任，强化舆论引导，加强信访干部队伍建设。

（六）考查改革涉法涉诉信访工作机制，依法处理涉法涉诉问题

1. 总体思路

改变经常性集中交办、过分依靠行政推动、通过信访启动法律程序的工作方式，把解决涉法涉诉信访问题纳入法治轨道，由政法机关依法按程序处理，依法纠正执法错误，依法保障合法权益，依法维护公正结论，保护合法信访、制止违法闹访，努力实现案结事了、息诉息访，实现维护人民群众合法权益与维护司法权威的统一。

2. 具体要求

（1）实行诉讼与信访分离制度；

（2）建立涉法涉诉信访事项导入司法程序机制；

（3）严格落实依法按程序办理制度；

（4）建立涉法涉诉信访依法终结制度；

（4）健全国家司法救助制度。

M 命题规律分析

规律一：考查信访事项的转送。

当信访事项不属于本部门业务范围时，工作人员要告知信访人解决其问题的其他正当程序。具体而言，有两种情况：

（1）信访事项属于本级政府业务范围的情况，工作人员应该转送有权处理的机关，并将紧急重大事件报本级政府。

（2）信访事项属于下级机关业务范围的情况，工作人员应该转送有权处理的机关，并抄

送下级信访机构。

考生要明确转送的主体是信访机构工作人员，不是信访人。

规律二：考查确认受理信访事项的机关。

当信访事项仅涉及一个行政机关，可以由有权处理的本级或上级机关负责；当信访事项涉及两个或两个以上的行政机关，可以由涉及机关协商受理，当协商出现争议时，可以由两个行政机关的共同上级指定受理机关。

Z 真题再现

1 2019－单选－18 某市信访部门收到群众提出的信访事项并进行了登记。根据《信访条例》，下列对这些事项处理的方式中，正确的是（　　）。

A.属于依法通过诉讼、仲裁、行政复议等法定途径解决的，不予受理，但应告知信访人依法向有关机关提出

B.属于由本级人民政府处理的，书面通知信访人向本级政府提出

C.属于由本级人民政府其他部门处理的，书面告知信访人向有关部门提出

D.涉及下级行政机关的，书面通知信访人向下级人民政府信访工作机构提出

【答案】A。**解析：**本题考查的是信访事项的受理。对已经或者依法应当通过诉讼、仲裁、行政复议等法定途径解决的，不予受理，但应告知信访人依照有关法律、行政法规规定程序向有关机关提出，A项正确。对依照法定职责属于本级人民政府或者其工作部门处理决定的信访事项，应当转送有权处理的行政机关；情况重大、紧急的，应当及时提出建议，报请本级人民政府决定，B、C两项错误。信访事项涉及下级行政机关或者其工作人员的，按照“属地管理、分级负责，谁主管、谁负责”的原则，直接转送有权处理的行政机关，并抄送下一级人民政府信访工作机构，D项错误。故本题选A。

2 2018－单选－21 老李向某县甲局提出信访事项，涉及甲、乙两局。甲局认为该事项应由乙局受理，但乙局对此有异议。根据《信访条例》，该信访事项应由（　　）受理。

A.甲局

B.甲局和乙局共同

C.该县人民法院指定的机关

D.该县人民政府指定的机关

【答案】D。**解析：**本题考查信访事项受理。涉及两个或者两个以上行政机关的信访事项，由所涉及的行政机关协商受理；受理有争议的，由其共同的上一级行政机关决定受理机关。故本题选D。

考点精讲 3 突发事件应对法规与政策

K 考点梳理

一、突发事件应急管理

（一）突发事件应急管理体制

《中华人民共和国突发事件应对法》（以下简称《突发事件应对法》）第四条、第七条、第八条关于突发事件应急管理体制的规定如下：

1. 建立应急管理体制

国家建立统一领导、综合协调、分类管理、分级负责、属地管理为主的应急管理体制。

2. 突发事件的汇报流程

（1）县级人民政府对本行政区域内突发事件的应对工作负责；涉及两个以上行政区域的，由有关行政区域共同的上一级人民政府负责，或者由各有关行政区域的上一级人民政府共同负责。

（2）突发事件发生后，发生地县级人民政府应当立即采取措施控制事态发展，组织开展应急救援和处置工作，并立即向上一级人民政府报告，必要时可以越级上报。

（3）突发事件发生地县级人民政府不能消除或者不能有效控制突发事件引起的严重社会危害的，应当及时向上级人民政府报告。上级人民政府应当及时采取措施，统一领导应急处置工作。

（4）法律、行政法规规定由国务院有关部门对突发事件的应对工作负责的，从其规定；地方人民政府应当积极配合并提供必要的支持。

3. 设立应急指挥机构

（1）国务院在总理领导下研究、决定和部署特别重大突发事件的应对工作；根据实际需要，设立国家突发事件应急指挥机构，负责突发事件应对工作；必要时，国务院可以派出工作组指导有关工作。

（2）县级以上地方各级人民政府设立由本级人民政府主要负责人、相关部门负责人、驻当地中国人民解放军和中国人民武装警察部队有关负责人组成的突发事件应急指挥机构，统一领导、协调本级人民政府各有关部门和下级人民政府开展突发事件应对工作；根据实际需要，设立相关类别突发事件应急指挥机构，组织、协调、指挥突发事件应对工作。

（3）上级人民政府主管部门应当在各自职责范围内，指导、协助下级人民政府及其相应部门做好有关突发事件的应对工作。

（二）突发事件应急管理原则

《突发事件应对法》第五条规定，突发事件应对工作实行预防为主、预防与应急相结合的原则。国家建立重大突发事件风险评估体系，对可能发生的突发事件进行综合性评估，减少重大突发事件的发生，最大限度地减轻重大突发事件的影响。

二、预防与应急准备

（一）国家层面的预防与应急准备

《突发事件应对法》第十七条、第三十二条至第三十六条和《突发事件应急预案管理办法》第二条至第五条关于国家层面的预防与应急准备的规定如下：

1.建立健全突发事件应急预案体系

（1）应急预案是指各级人民政府及其部门、基层组织、企事业单位、社会团体等为依法、迅速、科学、有序应对突发事件，最大程度减少突发事件及其造成的损害而预先制订的工作方案。应急预案管理遵循统一规划、分类指导、分级负责、动态管理的原则。应急预案编制时要依据有关法律、行政法规和制度，紧密结合实际，合理确定内容，切实提高针对性、实用性和可操作性。应急预案的制定、修订程序由国务院规定。

（2）国务院制定国家突发事件总体应急预案，组织制定国家突发事件专项应急预案；国务院有关部门根据各自的职责和国务院相关应急预案，制定国家突发事件部门应急预案。

（3）地方各级人民政府和县级以上地方各级人民政府有关部门根据有关法律、法规、规章、上级人民政府及其有关部门的应急预案及本地区的实际情况，制定相应的突发事件应急预案。

2.建立健全应急通信保障体系

国家建立健全应急通信保障体系，完善公用通信网，建立有线与无线相结合、基础电信网络与机动通信系统相配套的应急通信系统，确保突发事件应对工作的通信畅通。

3.健全应急物资储备保障制度

（1）国家建立健全应急物资储备保障制度，完善重要应急物资的监管、生产、储备、调拨和紧急配送体系。

（2）设区的市级以上人民政府和突发事件易发、多发地区的县级人民政府应当建立应急救援物资、生活必需品和应急处置装备的储备制度。

（3）县级以上地方各级人民政府应当根据本地区的实际情况，与有关企业签订协议，保障应急救援物资、生活必需品和应急处置装备的生产、供给。

4.国家鼓励政策

（1）国家鼓励公民、法人和其他组织为人民政府应对突发事件工作提供物资、资金、技术支持和捐赠。

(2)国家发展保险事业，建立国家财政支持的巨灾风险保险体系，并鼓励单位和公民参加保险。

(3)国家鼓励、扶持具备相应条件的教学科研机构培养应急管理专门人才，鼓励、扶持教学科研机构和有关企业研究开发用于突发事件预防、监测、预警、应急处置与救援的新技术、新设备和新工具。

(二)政府和单位层面的预防与应急准备

《突发事件应对法》第二十五条至第三十条关于政府和单位层面的预防与应急准备的规定如下：

1. 建立健全突发事件应急管理培训制度

(1)县级以上人民政府应当建立健全突发事件应急管理培训制度，对人民政府及其有关部门负有处置突发事件职责的工作人员定期进行培训。中国人民解放军、中国人民武装警察部队和民兵组织应当有计划地组织开展应急救援的专门训练。

(2)县级人民政府及其有关部门、乡级人民政府、街道办事处应当组织开展应急知识的宣传普及活动和必要的应急演练。

(3)居民委员会、村民委员会、企业事业单位应当根据所在地人民政府的要求，结合各自的实际情况，开展有关突发事件应急知识的宣传普及活动和必要的应急演练。

(4)新闻媒体应当无偿开展突发事件预防与应急、自救与互救知识的公益宣传。

(5)各级各类学校应当把应急知识教育纳入教学内容，对学生进行应急知识教育，培养学生的安全意识和自救与互救能力。教育主管部门应当对学校开展应急知识教育进行指导和监督。

2. 整合应急资源

(1)县级以上人民政府应当整合应急资源，建立或者确定综合性应急救援队伍。人民政府有关部门可以根据实际需要设立专业应急救援队伍。

(2)县级以上人民政府及其有关部门可以建立由成年志愿者组成的应急救援队伍。单位应当建立由本单位职工组成的专职或者兼职应急救援队伍。

(3)县级以上人民政府应当加强专业应急救援队伍与非专业应急救援队伍的合作，联合培训、联合演练，提高合成应急、协同应急的能力。

3. 建立健全安全管理制度

所有单位应当建立健全安全管理制度，定期检查本单位各项安全防范措施的落实情况，及时消除事故隐患；掌握并及时处理本单位存在的可能引发社会安全事件的问题，防止矛盾激化和事态扩大；对本单位可能发生的突发事件和采取安全防范措施的情况，应当按照规定及时向所在地人民政府或者人民政府有关部门报告。

三、监测与预警

《突发事件应对法》对于突发事件的监测与预警的规定如下：

（一）突发事件信息系统

第三十七条规定，国务院建立全国统一的突发事件信息系统。县级以上地方各级人民政府应当建立或者确定本地区统一的突发事件信息系统，汇集、储存、分析、传输有关突发事件的信息，并与上级人民政府及其有关部门、下级人民政府及其有关部门、专业机构和监测网点的突发事件信息系统实现互联互通，加强跨部门、跨地区的信息交流与情报合作。

第三十八条规定，县级以上人民政府及其有关部门、专业机构应当通过多种途径收集突发事件信息。县级人民政府应当在居民委员会、村民委员会和有关单位建立专职或者兼职信息报告员制度。获悉突发事件信息的公民、法人或者其他组织，应当立即向所在地人民政府、有关主管部门或者指定的专业机构报告。

第三十九条规定，地方各级人民政府应当按照国家有关规定向上级人民政府报送突发事件信息。县级以上人民政府有关主管部门应当向本级人民政府相关部门通报突发事件信息。专业机构、监测网点和信息报告员应当及时向所在地人民政府及其有关主管部门报告突发事件信息。

（二）突发事件监测制度

第四十一条规定，国家建立健全突发事件监测制度。县级以上人民政府及其有关部门应当根据自然灾害、事故灾难和公共卫生事件的种类和特点，建立健全基础信息数据库，完善监测网络，划分监测区域，确定监测点，明确监测项目，提供必要的设备、设施，配备专职或者兼职人员，对可能发生的突发事件进行监测。

（三）突发事件预警制度

第四十二条规定，国家建立健全突发事件预警制度。可以预警的自然灾害、事故灾难和公共卫生事件的预警级别，按照突发事件发生的紧急程度、发展势态和可能造成的危害程度分为一级、二级、三级和四级，分别用红色、橙色、黄色和蓝色标示，一级为最高级别。预警级别的划分标准由国务院或者国务院确定的部门制定。

四、应急处置与救援

《中华人民共和国突发事件应对法》第四十八条规定，突发事件发生后，履行统一领导职责或者组织处置突发事件的人民政府应当针对其性质、特点和危害程度，立即组织有关部门，调动应急救援队伍和社会力量，依照规定和有关法律、法规、规章的规定采取应急处置措施。

《中华人民共和国突发事件应对法》第四十九条规定，自然灾害、事故灾难或者公共卫生事件发生后，履行统一领导职责的人民政府可以采取下列一项或者多项应急处置措施：

（1）组织营救和救治受害人员，疏散、撤离并妥善安置受到威胁的人员，以及采取其他救助措施；

（2）迅速控制危险源，标明危险区域，封锁危险场所，划定警戒区，实行交通管制及其他控制措施；

（3）立即抢修被损坏的交通、通信、供水、排水、供电、供气、供热等公共设施，向受到危害的人员提供避难场所和生活必需品，实施医疗救护和卫生防疫及其他保障措施；

（4）禁止或者限制使用有关设备、设施，关闭或者限制使用有关场所，中止人员密集的活动或者可能导致危害扩大的生产经营活动，以及采取其他保护措施；

（5）启用本级人民政府设置的财政预备费和储备的应急救援物资，必要时调用其他急需物资、设备、设施、工具；

（6）组织公民参加应急救援和处置工作，要求具有特定专长的人员提供服务；

（7）保障食品、饮用水、燃料等基本生活必需品的供应；

（8）依法从严惩处囤积居奇、哄抬物价、制假售假等扰乱市场秩序的行为，稳定市场价格，维护市场秩序；

（9）依法从严惩处哄抢财物、干扰破坏应急处置工作等扰乱社会秩序的行为，维护社会治安；

（10）采取防止发生次生、衍生事件的必要措施。

第五十条规定，社会安全事件发生后，组织处置工作的人民政府应当立即组织有关部门并由公安机关针对事件的性质和特点，依照有关法律、行政法规和国家其他有关规定，采取下列一项或者多项应急处置措施：

（1）强制隔离使用器械相互对抗或者以暴力行为参与冲突的当事人，妥善解决现场纠纷和争端，控制事态发展；

（2）对特定区域内的建筑物、交通工具、设备、设施及燃料、燃气、电力、水的供应进行控制；

（3）封锁有关场所、道路，查验现场人员的身份证件，限制有关公共场所内的活动；

（4）加强对易受冲击的核心机关和单位的警卫，在国家机关、军事机关、国家通讯社、广播电台、电视台、外国驻华使领馆等单位附近设置临时警戒线；

（5）法律、行政法规和国务院规定的其他必要措施。

严重危害社会治安秩序的事件发生时，公安机关应当立即依法出动警力，根据现场情况依法采取相应的强制性措施，尽快使社会秩序恢复正常。

第五十一条规定，发生突发事件，严重影响国民经济正常运行时，国务院或者国务院授权的有关主管部门可以采取保障、控制等必要的应急措施，保障人民群众的基本生活需要，最大限度地减轻突发事件的影响。

第五十二条规定，履行统一领导职责或者组织处置突发事件的人民政府，必要时可以向单位和个人征用应急救援所需设备、设施、场地、交通工具和其他物资，请求其他地方人民政府提供人力、物力、财力或者技术支援，要求生产、供应生活必需品和应急救援物资的企业组织生产、保证供给，要求提供医疗、交通等公共服务的组织提供相应的服务。履行统一领导职责或者组织处置突发事件的人民政府，应当组织协调运输经营单位，优先运送处置突发事件所需物资、设备、工具、应急救援人员和受到突发事件危害的人员。

第五十三条规定，履行统一领导职责或者组织处置突发事件的人民政府，应当按照有关规定统一、准确、及时发布有关突发事件事态发展和应急处置工作的信息。

第五十四条规定，任何单位和个人不得编造、传播有关突发事件事态发展或者应急处置工作的虚假信息。

第五十五条规定，突发事件发生地的居民委员会、村民委员会和其他组织应当按照当地人民政府的决定、命令，进行宣传动员，组织群众开展自救和互救，协助维护社会秩序。

第五十六条规定，受到自然灾害危害或者发生事故灾难、公共卫生事件的单位，应当立即组织本单位应急救援队伍和工作人员营救受害人员，疏散、撤离、安置受到威胁的人员，控制危险源，标明危险区域，封锁危险场所，并采取其他防止危害扩大的必要措施，同时向所在地县级人民政府报告；对因本单位的问题引发的或者主体是本单位人员的社会安全事件，有关单位应当按照规定上报情况，并迅速派出负责人赶赴现场开展劝解、疏导工作。突发事件发生地的其他单位应当服从人民政府发布的决定、命令，配合人民政府采取的应急处置措施，做好本单位的应急救援工作，并积极组织人员参加所在地的应急救援和处置工作。

五、事后恢复与重建

《突发事件应对法》第五十八条规定，突发事件的威胁和危害得到控制或者消除后，履行统一领导职责或者组织处置突发事件的人民政府应当停止执行依照本法规定采取的应急处置措施，同时防止发生自然灾害、事故灾难、公共卫生事件的次生、衍生事件或者重新引发社会安全事件。

第五十九条至第六十一条关于事后恢复与重建需要采取或者继续实施的措施的规定如下：

（一）制定重建计划

（1）突发事件应急处置工作结束后，履行统一领导职责的人民政府应当立即组织对突发事件造成的损失进行评估，组织受影响地区尽快恢复生产、生活、工作和社会秩序，制定恢复重建计划，并向上一级人民政府报告。

（2）受突发事件影响地区的人民政府应当及时组织和协调公安、交通、铁路、民航、邮电、建设等有关部门恢复社会治安秩序，尽快修复被损坏的交通、通信、供水、排水、供电、供气、供热等公共设施。

（二）给予支持与指导

受突发事件影响地区的人民政府开展恢复重建工作需要上一级人民政府支持的，可以向上一级人民政府提出请求。上一级人民政府应当根据受影响地区遭受的损失和实际情况，提供资金、物资支持和技术指导，组织其他地区提供资金、物资和人力支援。

（三）具体措施

（1）国务院根据受突发事件影响地区遭受损失的情况，制定扶持该地区有关行业发展的优惠政策。

（2）受突发事件影响地区的人民政府应当根据本地区遭受损失的情况，制定救助、补偿、抚慰、抚恤、安置等善后工作计划并组织实施，妥善解决因处置突发事件引发的矛盾和纠纷。

（3）公民参加应急救援工作或者协助维护社会秩序期间，其在本单位的工资待遇和福利不变；表现突出、成绩显著的，由县级以上人民政府给予表彰或者奖励。

（4）县级以上人民政府对在应急救援工作中伤亡的人员依法给予抚恤。

M 命题规律分析

问：当发生突发事件时，主要负责的行政主体是什么？

答：当发生国家级别的突发事件时，由国务院负责研究决定和部署针对特别重大突发事件的应对工作。国家突发事件应急指挥机构负责相应的应对工作，国家突发事件工作组负责指导相关工作。当发生地方级别的突发事件时，由地方级突发事件应急指挥机构统一领导、协调本级和下级政府开展突发事件的应对工作。某县的突发事件应急救援和处置工作由县政府负责，跨区域突发事件应急处置工作由两个行政区域的共同上级负责，没有共同上级的，由各自上级人民政府负责。

Z 真题再现

1　2019-单选-19 某道路在建设施工过程中，突发煤气管道破裂、煤气泄漏，对周边群众人身及财产安全造成严重威胁。根据《突发事件应对法》，该突发事件当由（　　）负责。

A. 甲县人民政府　　　　B. 甲县煤气公司

C.甲县消防部门　　　　　　　　　　D.乙镇人民政府

【答案】A。**解析：**本题考查的是突发事件应急管理体制。突发事件发生后，发生地县级人民政府应当立即采取措施控制事态发展，组织开展应急救援和处置工作，并立即向上一级人民政府报告，必要时可以越级上报。突发事件发生地县级人民政府不能消除或者不能有效控制突发事件引起的严重社会危害的，应当及时向上级人民政府报告。上级人民政府应当及时采取措施，统一领导应急处置工作。故本题选A。

2　2018-单选-22 某危险品运输船只突发沉船事故，有危险品流入河道内。事发地点属甲市乙县辖区，事发后甲市乙县立即采取应急处置措施。然而，被污染水域已扩大到下游本省丙市丁县。根据《中华人民共和国突发事件应对法》，该突发事件应对工作应当由（　　）。

A.乙县负责，丁县配合

B.乙县和丁县共同负责

C.甲市负责，丙市配合

D.甲市和丙市共同负责

【答案】D。**解析：**本题考查突发事件的应急管理体制。县级人民政府对本行政区域内突发事件的应对工作负责。涉及两个以上行政区域的，由有关行政区域共同的上一级人民政府负责，或者由各有关行政区域的上一级人民政府共同负责。故本题选D。

第五章　我国社区矫正、禁毒和治安管理法规与政策

备考指南

根据最新修订的考试大纲，本章内容包括三个部分：第一部分为社区矫正法规与政策，包括社区矫正的适用范围、职责分工和保障制度，社区矫正适用前调查评估、交付接收及宣告，社区矫正的主要任务，未成年人社区矫正，进一步推进和健全社区矫正的政策措施；第二部分为禁毒法规与政策，包括禁毒工作的总体要求、禁毒宣传教育、毒品管制、吸毒成瘾认定及其检测程序规定、戒毒措施、禁毒的法律责任；第三部分为治安管理处罚法规与政策，包括治安管理处罚的种类和适用、治安管理处罚程序、治安管理执法监督。

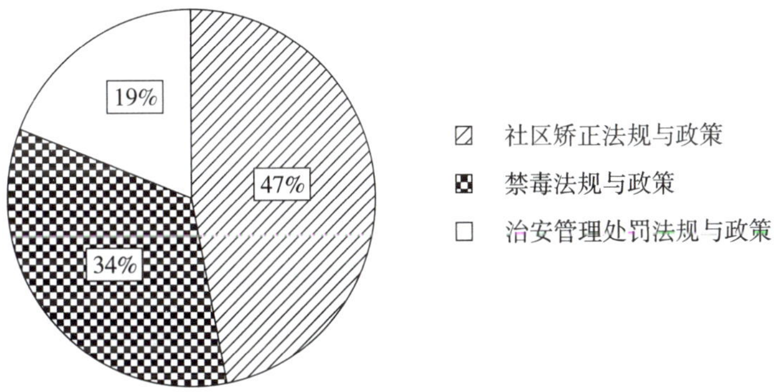

图2-5-1　本章考点考查比重

考点精讲 1　社区矫正法规与政策

K 考点梳理

一、总则

《中华人民共和国社区矫正法》总则第一条至第七条作出如下规定：

（一）立法目的和依据

为了推进和规范社区矫正工作，保障刑事判决、刑事裁定和暂予监外执行决定的正确执行，提高教育矫正的质量，促进社区矫正对象顺利融入社会，预防和减少犯罪，根据宪法，制定本法。

（二）适用

对被判处管制、宣告缓刑、假释和暂予监外执行的罪犯，依法实行社区矫正。

对社区矫正对象的监督管理、教育帮扶等活动，适用本法。

（三）社区矫正对象的权利与义务

社区矫正工作坚持监督管理与教育帮扶相结合，专门机关与社会力量相结合，采取分类管理、个别化矫正，有针对性地消除社区矫正对象可能重新犯罪的因素，帮助其成为守法公民。

社区矫正对象应当依法接受社区矫正，服从监督管理。

社区矫正工作应当依法进行，尊重和保障人权。社区矫正对象依法享有的人身权利、财产权利和其他权利不受侵犯，在就业、就学和享受社会保障等方面不受歧视。

（四）支持与保障

国家支持社区矫正机构提高信息化水平，运用现代信息技术开展监督管理和教育帮扶。社区矫正工作相关部门之间依法进行信息共享。

各级人民政府应当将社区矫正经费列入本级政府预算。

居民委员会、村民委员会和其他社会组织依法协助社区矫正机构开展工作所需的经费应当按照规定列入社区矫正机构本级政府预算。

对在社区矫正工作中做出突出贡献的组织、个人，按照国家有关规定给予表彰、奖励。

二、社区矫正机构、人员和职责

《中华人民共和国社区矫正法》第二章第八条至第十六条作出如下规定：

（一）社区矫正委员会及各方职责

国务院司法行政部门主管全国的社区矫正工作。县级以上地方人民政府司法行政部门主管本行政区域内的社区矫正工作。

人民法院、人民检察院、公安机关和其他有关部门依照各自职责，依法做好社区矫正工作。人民检察院依法对社区矫正工作实行法律监督。

地方人民政府根据需要设立社区矫正委员会，负责统筹协调和指导本行政区域内的社区矫正工作。

（二）社区矫正机构

县级以上地方人民政府根据需要设置社区矫正机构，负责社区矫正工作的具体实施。社区矫正机构的设置和撤销，由县级以上地方人民政府司法行政部门提出意见，按照规定的权限和程序审批。

司法所根据社区矫正机构的委托，承担社区矫正相关工作。

（三）人员

社区矫正机构应当配备具有法律等专业知识的专门国家工作人员（以下称社区矫正机构工作人员），履行监督管理、教育帮扶等执法职责。

社区矫正机构根据需要，组织具有法律、教育、心理、社会工作等专业知识或者实践经验的社会工作者开展社区矫正相关工作。

居民委员会、村民委员会依法协助社区矫正机构做好社区矫正工作。

社区矫正对象的监护人、家庭成员，所在单位或者就读学校应当协助社区矫正机构做好社区矫正工作。

（四）社区矫正机构工作人员的职责

社区矫正机构工作人员应当严格遵守宪法和法律，忠于职守，严守纪律，清正廉洁。

社区矫正机构工作人员和其他参与社区矫正工作的人员依法开展社区矫正工作，受法律保护。

国家推进高素质的社区矫正工作队伍建设。社区矫正机构应当加强对社区矫正工作人员的管理、监督、培训和职业保障，不断提高社区矫正工作的规范化、专业化水平。

三、决定和接收

《中华人民共和国社区矫正法》第三章第十七条至第二十二条作出如下规定：

（一）决定

1. 社区矫正机构执行地

社区矫正决定机关判处管制、宣告缓刑、裁定假释、决定或者批准暂予监外执行时应当确定社区矫正执行地。

社区矫正执行地为社区矫正对象的居住地。社区矫正对象在多个地方居住的，可以确定经常居住地为执行地。

社区矫正对象的居住地、经常居住地无法确定或者不适宜执行社区矫正的，社区矫正决定机关应当根据有利于社区矫正对象接受矫正、更好地融入社会的原则，确定执行地。

2. 社区矫正机构决定机关

本法所称社区矫正决定机关，是指依法判处管制、宣告缓刑、裁定假释、决定暂予监外执行的人民法院和依法批准暂予监外执行的监狱管理机关、公安机关。

3. 调查评估

社区矫正决定机关根据需要，可以委托社区矫正机构或者有关社会组织对被告人或者罪犯的社会危险性和对所居住社区的影响，进行调查评估，提出意见，供决定社区矫正时参考。居民委员会、村民委员会等组织应当提供必要的协助。

4. 程序规定

社区矫正决定机关判处管制、宣告缓刑、裁定假释、决定或者批准暂予监外执行，应当按照刑法、刑事诉讼法等法律规定的条件和程序进行。

社区矫正决定机关应当对社区矫正对象进行教育，告知其在社区矫正期间应当遵守的规定以及违反规定的法律后果，责令其按时报到。

5. 时限规定

社区矫正决定机关应当自判决、裁定或者决定生效之日起五日内通知执行地社区矫正机构，并在十日内送达有关法律文书，同时抄送人民检察院和执行地公安机关。社区矫正决定地与执行地不在同一地方的，由执行地社区矫正机构将法律文书转送所在地的人民检察院、公安机关。

（二）接收

1. 时限规定

人民法院判处管制、宣告缓刑、裁定假释的社区矫正对象，应当自判决、裁定生效之日起十日内到执行地社区矫正机构报到。

人民法院决定暂予监外执行的社区矫正对象，由看守所或者执行取保候审、监视居住的公安机关自收到决定之日起十日内将社区矫正对象移送社区矫正机构。

监狱管理机关、公安机关批准暂予监外执行的社区矫正对象，由监狱或者看守所自收到批准决定之日起十日内将社区矫正对象移送社区矫正机构。

2. 接收与宣告

社区矫正机构应当依法接收社区矫正对象，核对法律文书、核实身份、办理接收登记、建立档案，并宣告社区矫正对象的犯罪事实、执行社区矫正的期限以及应当遵守的规定。

四、监督管理

《中华人民共和国社区矫正法》第四章第二十三条至第三十四条作出如下规定：

（一）社区矫正对象应遵守的基本义务和规定

社区矫正对象在社区矫正期间应当遵守法律、行政法规，履行判决、裁定、暂予监外执行决定等法律文书确定的义务，遵守国务院司法行政部门关于报告、会客、外出、迁居、保外就医等监督管理规定，服从社区矫正机构的管理。

（二）矫正方案的制定

社区矫正机构应当根据裁判内容和社区矫正对象的性别、年龄、心理特点、健康状况、犯罪原因、犯罪类型、犯罪情节、悔罪表现等情况，制定有针对性的矫正方案，实现分类管理、个别化矫正。矫正方案应当根据社区矫正对象的表现等情况相应调整。

（三）矫正小组

社区矫正机构应当根据社区矫正对象的情况，为其确定矫正小组，负责落实相应的矫正方案。

根据需要，矫正小组可以由司法所、居民委员会、村民委员会的人员，社区矫正对象的监护人、家庭成员，所在单位或者就读学校的人员以及社会工作者、志愿者等组成。社区矫正对象为女性的，矫正小组中应有女性成员。

（四）动态掌控

社区矫正机构应当了解掌握社区矫正对象的活动情况和行为表现。社区矫正机构可以通过通信联络、信息化核查、实地查访等方式核实有关情况，有关单位和个人应当予以配合。

社区矫正机构开展实地查访等工作时，应当保护社区矫正对象的身份信息和个人隐私。

（五）社区矫正对象跨市、县活动及执行地变更规定

社区矫正对象离开所居住的市、县或者迁居，应当报经社区矫正机构批准。社区矫正机构对于有正当理由的，应当批准；对于因正常工作和生活需要经常性跨市、县活动的，可以根据情况，简化批准程序和方式。

因社区矫正对象迁居等原因需要变更执行地的，社区矫正机构应当按照有关规定作出变更决定。社区矫正机构作出变更决定后，应当通知社区矫正决定机关和变更后的社区矫正机构，并将有关法律文书抄送变更后的社区矫正机构。变更后的社区矫正机构应当将法律文书转送所在地的人民检察院、公安机关。

（六）考核与奖惩

社区矫正机构根据社区矫正对象的表现，依照有关规定对其实施考核奖惩。社区矫正对象认罪悔罪、遵守法律法规、服从监督管理、接受教育表现突出的，应当给予表扬。社区矫正对象违反法律法规或者监督管理规定的，应当视情节依法给予训诫、警告、提请公安机关予以治安管理处罚，或者依法提请撤销缓刑、撤销假释、对暂予监外执行的收监执行。

对社区矫正对象的考核结果，可以作为认定其是否确有悔改表现或者是否严重违反监督管理规定的依据。

（七）电子定位监督

社区矫正对象有下列情形之一的，经县级司法行政部门负责人批准，可以使用电子定位装置，加强监督管理：

（1）违反人民法院禁止令的；

（2）无正当理由，未经批准离开所居住的市、县的；

（3）拒不按照规定报告自己的活动情况，被给予警告的；

（4）违反监督管理规定，被给予治安管理处罚的；

（5）拟提请撤销缓刑、假释或者暂予监外执行收监执行的。

前款规定的使用电子定位装置的期限不得超过三个月。对于不需要继续使用的，应当及时解除；对于期限届满后，经评估仍有必要继续使用的，经过批准，期限可以延长，每次不得超过三个月。

社区矫正机构对通过电子定位装置获得的信息应当严格保密，有关信息只能用于社区矫正工作，不得用于其他用途。

（八）社区矫正对象失去联系等情况的处理

社区矫正对象失去联系的，社区矫正机构应当立即组织查找，公安机关等有关单位和人员应当予以配合协助。查找到社区矫正对象后，应当区别情形依法作出处理。

社区矫正机构发现社区矫正对象正在实施违反监督管理规定的行为或者违反人民法院禁止令等违法行为的，应当立即制止；制止无效的，应当立即通知公安机关到场处置。

社区矫正对象有被依法决定拘留、强制隔离戒毒、采取刑事强制措施等限制人身自由情形的，有关机关应当及时通知社区矫正机构。

（九）减刑

社区矫正对象符合刑法规定的减刑条件的，社区矫正机构应当向社区矫正执行地的中级以上人民法院提出减刑建议，并将减刑建议书抄送同级人民检察院。

人民法院应当在收到社区矫正机构的减刑建议书后三十日内作出裁定，并将裁定书送达社区矫正机构，同时抄送人民检察院、公安机关。

（十）社区矫正对象的权益

开展社区矫正工作，应当保障社区矫正对象的合法权益。社区矫正的措施和方法应当避免对社区矫正对象的正常工作和生活造成不必要的影响；非依法律规定，不得限制或者变相限制社区矫正对象的人身自由。

社区矫正对象认为其合法权益受到侵害的，有权向人民检察院或者有关机关申诉、控告和检举。受理机关应当及时办理，并将办理结果告知申诉人、控告人和检举人。

五、教育帮扶

《中华人民共和国社区矫正法》第五章第三十五条至第四十三条作出如下规定：

（一）教育帮扶场所和条件支持

县级以上地方人民政府及其有关部门应当通过多种形式为教育帮扶社区矫正对象提供必要的场所和条件，组织动员社会力量参与教育帮扶工作。

有关人民团体应当依法协助社区矫正机构做好教育帮扶工作。

（二）教育

社区矫正机构根据需要，对社区矫正对象进行法治、道德等教育，增强其法治观念，提高其道德素质和悔罪意识。

对社区矫正对象的教育应当根据其个体特征、日常表现等实际情况，充分考虑其工作和生活情况，因人施教。

（三）帮扶

社区矫正机构可以协调有关部门和单位，依法对就业困难的社区矫正对象开展职业技能培训、就业指导，帮助社区矫正对象中的在校学生完成学业。

（四）社会力量参与教育帮扶

居民委员会、村民委员会可以引导志愿者和社区群众，利用社区资源，采取多种形式，对有特殊困难的社区矫正对象进行必要的教育帮扶。

社区矫正对象的监护人、家庭成员，所在单位或者就读学校应当协助社区矫正机构做好对社区矫正对象的教育。

社区矫正机构可以通过公开择优购买社区矫正社会工作服务或者其他社会服务，为社区矫正对象在教育、心理辅导、职业技能培训、社会关系改善等方面提供必要的帮扶。

社区矫正机构也可以通过项目委托社会组织等方式开展上述帮扶活动。国家鼓励有经验和资源的社会组织跨地区开展帮扶交流和示范活动。

国家鼓励企业事业单位、社会组织为社区矫正对象提供就业岗位和职业技能培训。招用符合条件的社区矫正对象的企业，按照规定享受国家优惠政策。

（五）教育帮扶的内容与形式

社区矫正机构可以根据社区矫正对象的个人特长，组织其参加公益活动，修复社会关系，培养社会责任感。

社区矫正对象可以按照国家有关规定申请社会救助、参加社会保险、获得法律援助，社区矫正机构应当给予必要的协助。

六、解除和终止

《中华人民共和国社区矫正法》第六章第四十四条至第五十一条作出如下规定：

（一）社区矫正解除

社区矫正对象矫正期满或者被赦免的，社区矫正机构应当向社区矫正对象发放解除社区矫正证明书，并通知社区矫正决定机关、所在地的人民检察院、公安机关。

（二）社区矫正终止

社区矫正对象被裁定撤销缓刑、假释，被决定收监执行，或者社区矫正对象死亡的，社区矫正终止。

（三）撤销缓刑、假释的规定

（1）社区矫正对象具有刑法规定的撤销缓刑、假释情形的，应当由人民法院撤销缓刑、假释。

对于在考验期限内犯新罪或者发现判决宣告以前还有其他罪没有判决的，应当由审理该案件的人民法院撤销缓刑、假释，并书面通知原审人民法院和执行地社区矫正机构。

对于有第二款规定以外的其他需要撤销缓刑、假释情形的，社区矫正机构应当向原审人民法院或者执行地人民法院提出撤销缓刑、假释建议，并将建议书抄送人民检察院。社区矫正机构提出撤销缓刑、假释建议时，应当说明理由，并提供有关证据材料。

（2）被提请撤销缓刑、假释的社区矫正对象可能逃跑或者可能发生社会危险的，社区矫正机构可以在提出撤销缓刑、假释建议的同时，提请人民法院决定对其予以逮捕。

人民法院应当在四十八小时内作出是否逮捕的决定。决定逮捕的，由公安机关执行。逮捕后的羁押期限不得超过三十日。

（3）人民法院应当在收到社区矫正机构撤销缓刑、假释建议书后三十日内作出裁定，将裁定书送达社区矫正机构和公安机关，并抄送人民检察院。

人民法院拟撤销缓刑、假释的，应当听取社区矫正对象的申辩及其委托的律师的意见。

人民法院裁定撤销缓刑、假释的，公安机关应当及时将社区矫正对象送交监狱或者看守所执行。执行以前被逮捕的，羁押一日折抵刑期一日。

人民法院裁定不予撤销缓刑、假释的，对被逮捕的社区矫正对象，公安机关应当立即予以释放。

（四）暂予监外执行社区矫正对象的收监

暂予监外执行的社区矫正对象具有刑事诉讼法规定的应当予以收监情形的，社区矫正机构应当向执行地或者原社区矫正决定机关提出收监执行建议，并将建议书抄送人民检察院。

社区矫正决定机关应当在收到建议书后三十日内作出决定，将决定书送达社区矫正机构和公安机关，并抄送人民检察院。

人民法院、公安机关对暂予监外执行的社区矫正对象决定收监执行的，由公安机关立即将社区矫正对象送交监狱或者看守所收监执行。

监狱管理机关对暂予监外执行的社区矫正对象决定收监执行的，监狱应当立即将社区矫正对象收监执行。

（五）对被裁定撤销缓刑、假释和被决定收监执行的社区矫正对象逃跑的追捕

被裁定撤销缓刑、假释和被决定收监执行的社区矫正对象逃跑的，由公安机关追捕，社区矫正机构、有关单位和个人予以协助。

（六）社区矫正对象在社区矫正期间死亡的相关规定

社区矫正对象在社区矫正期间死亡的，其监护人、家庭成员应当及时向社区矫正机构报告。社区矫正机构应当及时通知社区矫正决定机关、所在地的人民检察院、公安机关。

七、未成年人社区矫正特别规定

《中华人民共和国社区矫正法》第七章第五十二条至第五十八条作出如下规定：

（一）矫正方案

社区矫正机构应当根据未成年社区矫正对象的年龄、心理特点、发育需要、成长经历、犯罪原因、家庭监护教育条件等情况，采取有针对性的矫正措施。

社区矫正机构为未成年社区矫正对象确定矫正小组，应当吸收熟悉未成年人身心特点的人员参加。

对未成年人的社区矫正，应当与成年人分别进行。

（二）监护人责任

未成年社区矫正对象的监护人应当履行监护责任，承担抚养、管教等义务。

监护人怠于履行监护职责的，社区矫正机构应当督促、教育其履行监护责任。监护人拒不履行监护职责的，通知有关部门依法作出处理。

（三）信息管理规定

社区矫正机构工作人员和其他依法参与社区矫正工作的人员对履行职责过程中获得的未成年人身份信息应当予以保密。

除司法机关办案需要或者有关单位根据国家规定查询外，未成年社区矫正对象的档案信息不得提供给任何单位或者个人。依法进行查询的单位，应当对获得的信息予以保密。

（四）就业就学规定

对未完成义务教育的未成年社区矫正对象，社区矫正机构应当通知并配合教育部门为其完成义务教育提供条件。未成年社区矫正对象的监护人应当依法保证其按时入学接受并完成义务教育。

年满十六周岁的社区矫正对象有就业意愿的，社区矫正机构可以协调有关部门和单位为其提供职业技能培训，给予就业指导和帮助。

（五）社会参与

中国共产主义青年团、妇女联合会、未成年人保护组织应当依法协助社区矫正机构做好未成年人社区矫正工作。

国家鼓励其他未成年人相关社会组织参与未成年人社区矫正工作，依法给予政策支持。

（六）非歧视规定

未成年社区矫正对象在复学、升学、就业等方面依法享有与其他未成年人同等的权利，任何单位和个人不得歧视。有歧视行为的，应当由教育、人力资源和社会保障等部门依法作出处理。

未成年社区矫正对象在社区矫正期间年满十八周岁的，继续按照未成年人社区矫正有关规定执行。

八、法律责任

《中华人民共和国社区矫正法》第八章第五十九条至第六十二条作出如下规定：

（一）社区矫正对象的法律责任

社区矫正对象在社区矫正期间有违反监督管理规定行为的，由公安机关依照《中华人民共和国治安管理处罚法》的规定给予处罚；具有撤销缓刑、假释或者暂予监外执行收监情形的，应当依法作出处理。

社区矫正对象殴打、威胁、侮辱、骚扰、报复社区矫正机构工作人员和其他依法参与社区矫正工作的人员及其近亲属，构成犯罪的，依法追究刑事责任；尚不构成犯罪的，由公安机关依法给予治安管理处罚。

（二）社区矫正机构工作人员和其他工作人员的法律责任

社区矫正机构工作人员和其他国家工作人员有下列行为之一的，应当给予处分；构成犯罪的，依法追究刑事责任：

（1）利用职务或者工作便利索取、收受贿赂的；

（2）不履行法定职责的；

（3）体罚、虐待社区矫正对象，或者违反法律规定限制或者变相限制社区矫正对象的人身自由的；

（4）泄露社区矫正工作秘密或者其他依法应当保密的信息的；

（5）对依法申诉、控告或者检举的社区矫正对象进行打击报复的；

（6）有其他违纪违法行为的。

（三）监督

人民检察院发现社区矫正工作违反法律规定的，应当依法提出纠正意见、检察建议。有关单位应当将采纳纠正意见、检察建议的情况书面回复人民检察院，没有采纳的应当说明理由。

M 命题规律分析

2019年12月，中华人民共和国第十二届全国人民代表大会常务委员会第十五次会议通过了《中华人民共和国社区矫正法》。由于本知识点是新增加的内容，未呈现出明显的命题规律，在此不做命题规律分析。

K 考点预测

1【单选】社区矫正对象使用电子定位装置的期限不得超过（　　）。

A. 一个月　　B. 两个月

C. 三个月　　D. 四个月

【答案】C。**解析：**本题考查使用电子定位装置的期限。《中华人民共和国社区矫正法》规定：电子定位装置的使用期限不得超过三个月。对于不需要继续使用的，应当及时解除；对于期限届满后，经评定仍有必要继续使用的，经过批准，期限可以延长，每次不得超过三个月。故本题选C。

2【多选】下面关于社区矫正的基本原则的表述，正确的是（　　）。

A. 坚持监督管理与社会力量相结合　　B. 坚持专门机关与教育帮扶相结合

C. 坚持监督管理与教育帮扶相结合　　D. 坚持专门机关与社会力量相结合

E. 坚持监督管理、教育帮扶和社会力量相结合

【答案】CD。**解析：**本题考查社区矫正的基本原则。社区矫正工作坚持监督管理与教育帮扶相结合、专门机关与社会力量相结合，采取分类管理、个别化矫正，有针对性地消除社区矫正对象可能重新犯罪的因素，帮助其成为守法公民。故本题选CD。

考点精讲 2 禁毒法规与政策

K 考点梳理

一、吸毒成瘾

根据《吸毒成瘾认定办法》和《吸毒检测程序规定》，对于吸毒成瘾认定及其检测程序主要有以下规定：

（一）吸毒成瘾认定

1. 含义

《吸毒成瘾认定办法》第三条规定，吸毒成瘾认定是指公安机关或其委托的戒毒医疗机构通过对吸毒人员进行人体生物样本检测、收集其吸毒证据或者根据生理、心理、精神的症状、体征等情况，判断其是否成瘾及是否成瘾严重的工作。

2. 吸毒成瘾的认定情形

《吸毒成瘾认定办法》第七条规定，吸毒人员同时具备以下情形的，将被公安机关认定为吸毒成瘾：一是经血液、尿液和唾液等人体生物样本检测证明其体内含有毒品成分；二是有证据证明其有使用毒品行为；三是有戒断症状或有证据证明吸毒史，包括曾经因使用毒品被公安机关查处、曾经进行自愿戒毒、人体毛发样品检测出毒品成分等情形。

3. 吸毒成瘾严重的情形

《吸毒成瘾认定办法》第八条规定，吸毒成瘾人员有以下情形之一的，将被认定为吸毒成瘾严重：

（1）曾经被责令社区戒毒、强制隔离戒毒（含《中华人民共和国禁毒法》实施以前被强制戒毒或者劳教戒毒）、社区康复或者参加过戒毒药物维持治疗，再次吸食、注射毒品的；

（2）有证据证明其采取注射方式使用毒品或者至少三次使用累计涉及两类以上毒品的；

（3）有证据证明其使用毒品后伴有聚众淫乱、自伤自残或者暴力侵犯他人人身、财产安全或者妨害公共安全等行为的。

（二）吸毒检测程序规定

1. 检测对象与检测形式

根据《吸毒检测程序规定》第二条、第三条，吸毒检测的对象，包括涉嫌吸毒的人员，被决定执行强制隔离戒毒的人员，被公安机关责令接受社区戒毒和社区康复的人员，以及戒毒康复场所内的戒毒康复人员。吸毒检测分为现场检测、实验室检测、实验室复检。

2. 采集样本

根据《吸毒检测程序规定》第五条至第八条，需使用专用器材采集吸毒检测样本。检测样本为采集的被检测人员的尿液、血液、唾液或者毛发等生物样本。被检测人员拒绝接受检测的，经县级以上公安机关或者其派出机构负责人批准，可以对其进行强制检测。公安机关采集、送检、检测样本，应当由两名以上工作人员进行；采集女性被检测人尿液检测样本，应当由女性工作人员进行。采集的检测样本经现场检测结果为阳性的，应当分别保存在A、B两个样本专用器材中并编号，由采集人和被采集人共同签字封存，采用检材适宜的条件予以保存，保存期不得少于六个月。

3. 现场检测

根据《吸毒检测程序规定》第九条、第十条，现场检测由县级以上公安机关或者其派出机构进行。现场检测应当出具检测报告，由检测人签名，并加盖检测的公安机关或者其派出机构的印章。现场检测结果应当当场告知被检测人，并由被检测人在检测报告上签名。被检测人拒不签名的，公安民警应当在检测报告上注明。被检测人对现场检测结果有异议的，可以在被告知检测结果之日起三日内，向现场检测的公安机关提出实验室检测申请。公安机关应当在接到实验室检测申请后的三日内作出是否同意进行实验室检测的决定，并将结果告知被检测人。

4. 实验室检测

根据《吸毒检测程序规定》第十一条至第十三条，由县级以上公安机关指定的取得检验鉴定机构资格的实验室或有资质的医疗机构进行实验室检测。公安机关应在决定实验室检测后的三日内，将A样本送交县级以上公安机关指定的具有检验鉴定资格的实验室或有资质的医疗机构。接受委托的实验室或者医疗机构应当在接到检测样本后的三日内出具实验室检测报告，由检测人签名并加盖检测机构公章后，送委托实验室检测的公安机关。公安机关收到检测报告后，应当在二十四小时内将检测结果告知被检测人。被检测人对实验室检测结果有异议的，可在被告知检测结果后的三日内，向现场检测的公安机关提出实验室复检申请。公安机关应在接到实验室复检申请后的三日内决定是否同意实验室复检，并告知被检测人。

5. 实验室复检

根据《吸毒检测程序规定》第十四条至第十六条，实验室复检由县级以上公安机关指定的取得检验鉴定机构资格的实验室进行。公安机关决定进行实验室复检的，应当在决定实验室复检后的三日内，将保存的B样本送交县级以上公安机关指定的具有检验鉴定资格的实验室。接受委托的实验室应当在接到检测样本后的三日内出具检测报告，由检测人签名并加盖专用鉴定章后，送委托实验室复检的公安机关。公安机关收到检测报告后，应当在二十四小时内将检测结果告知被检测人。接受委托的实验室检测机构或者实验室复检机构认为送检样本不符合检测条件的，应当报县级以上公安机关或者其派出机构负责人批准后，由公安机关根据检测机构意见，重新采集检测样本。实验室检测和实验室复检不得是同一检测机构。

二、戒毒

（一）社区戒毒

《中华人民共和国禁毒法》对社区戒毒方面的规定如下：

第三十三条规定，公安机关可以责令吸毒成瘾人员接受社区戒毒，同时通知吸毒人员户籍所在地或者现居住地的城市街道办事处、乡镇人民政府。社区戒毒的期限为三年。

戒毒人员应当在户籍所在地接受社区戒毒；在户籍所在地以外的现居住地有固定住所的，可以在现居住地接受社区戒毒。

第三十四条规定，城市街道办事处、乡镇人民政府负责社区戒毒工作。城市街道办事处、乡镇人民政府可以指定有关基层组织，根据戒毒人员本人和家庭情况，与戒毒人员签订社区戒毒协议，落实有针对性的社区戒毒措施。公安机关和司法行政、卫生行政、民政等部门应当对社区戒毒工作提供指导和协助。

城市街道办事处、乡镇人民政府，以及县级人民政府劳动行政部门对无职业且缺乏就业能力的戒毒人员，应当提供必要的职业技能培训、就业指导和就业援助。

第三十五条规定，接受社区戒毒的戒毒人员应当遵守法律、法规，自觉履行社区戒毒协议，并根据公安机关的要求，定期接受检测。

对违反社区戒毒协议的戒毒人员，参与社区戒毒的工作人员应当进行批评、教育；对严重违反社区戒毒协议或者在社区戒毒期间又吸食、注射毒品的，应当及时向公安机关报告。

（二）自愿戒毒与戒毒治疗

《中华人民共和国禁毒法》对自愿戒毒与戒毒治疗的规定如下：

第三十六条规定，吸毒人员可自行到具有戒毒治疗资质的医疗机构接受戒毒治疗。

设置戒毒医疗机构或者医疗机构从事戒毒治疗业务的，应当符合国务院卫生行政部门规定的条件，报所在地的省、自治区、直辖市人民政府卫生行政部门批准，并报同级公安机关备案。戒毒治疗应当遵守国务院卫生行政部门制定的戒毒治疗规范，接受卫生行政部门的监督检查。

戒毒治疗不得以营利为目的。戒毒治疗的药品、医疗器械和治疗方法不得做广告。戒毒治疗收取费用的，应当按照省、自治区、直辖市人民政府价格主管部门会同卫生行政部门制定的收费标准执行。

第三十七条规定，医疗机构根据戒毒治疗的需要，可以对接受戒毒治疗的戒毒人员进行身体和所携带物品的检查；对在治疗期间有人身危险的，可以采取必要的临时保护性约束措施。

发现接受戒毒治疗的戒毒人员在治疗期间吸食、注射毒品的，医疗机构应当及时向公安机关报告。

（三）强制隔离戒毒

《中华人民共和国禁毒法》对强制隔离戒毒的规定如下：

1. 适用情形

第三十八条规定，吸毒成瘾人员有以下情形之一的，由县级以上人民政府公安机关作出强制隔离戒毒的决定：

（1）拒绝接受社区戒毒的；

（2）在社区戒毒期间吸食、注射毒品的；

（3）严重违反社区戒毒协议的；

（4）经社区戒毒、强制隔离戒毒后再次吸食、注射毒品的。

对于吸毒成瘾严重，通过社区戒毒难以戒除毒瘾的人员，公安机关可以直接决定对其进行强制隔离戒毒。

吸毒成瘾人员自愿接受强制隔离戒毒的，经公安机关同意，可以进入强制隔离戒毒场所戒毒。

2. 不适用情形

第三十九条规定，怀孕或者正在哺乳自己不满1周岁婴儿的妇女吸毒成瘾的，不适用强制隔离戒毒。不满16周岁的未成年人吸毒成瘾的，可以不适用强制隔离戒毒。

对依照前款规定不适用强制隔离戒毒的人员依法进行社区戒毒，由负责社区戒毒工作的城市街道办事处、乡镇人民政府加强帮助、教育和监督，督促落实社区戒毒措施。

3. 强制隔离戒毒的期限

第四十七条规定，强制隔离戒毒的期限为两年。

执行强制隔离戒毒一年后，经诊断评估，对于戒毒情况良好的戒毒人员，强制隔离戒毒场所可以提出提前解除强制隔离戒毒的意见，报强制隔离戒毒的决定机关批准。

强制隔离戒毒期满前，经诊断评估，对于需要延长戒毒期限的戒毒人员，由强制隔离戒毒场所提出延长戒毒期限的意见，报强制隔离戒毒的决定机关批准。强制隔离戒毒的期限最长可以延长一年。

（四）社区康复

对于被解除强制隔离戒毒的人员，强制隔离戒毒的决定机关可以责令其接受不超过三年的社区康复。戒毒人员在入学、就业、享受社会保障等方面不受歧视。有关部门、组织和人员应当在入学、就业、享受社会保障等方面对戒毒人员给予必要的指导和帮助。

三、禁毒的法律责任

根据《中华人民共和国禁毒法》，禁毒的法律责任主要有以下内容：

第五十九条规定，有下列行为之一，构成犯罪的，依法追究刑事责任；尚不构成犯罪的，依法给予治安管理处罚：

（1）走私、贩卖、运输、制造毒品的；

（2）非法持有毒品的；

（3）非法种植毒品原植物的；

（4）非法买卖、运输、携带、持有未经灭活的毒品原植物种子或者幼苗的；

（5）非法传授麻醉药品、精神药品或者易制毒化学品制造方法的；

（6）强迫、引诱、教唆、欺骗他人吸食、注射毒品的；

（7）向他人提供毒品的。

第六十条规定，有下列行为之一，构成犯罪的，依法追究刑事责任；尚不构成犯罪的，依法给予治安管理处罚：

（1）包庇走私、贩卖、运输、制造毒品的犯罪分子，以及为犯罪分子窝藏、转移、隐瞒毒品或者犯罪所得财物的；

（2）在公安机关查处毒品违法犯罪活动时为违法犯罪行为人通风报信的；

（3）阻碍依法进行毒品检查的；

（4）隐藏、转移、变卖或者损毁司法机关、行政执法机关依法扣押、查封、冻结的涉及毒品违法犯罪活动的财物的。

第六十一条规定，容留他人吸食、注射毒品或者介绍买卖毒品，构成犯罪的，依法追究刑事责任；尚不构成犯罪的，由公安机关处十日以上十五日以下拘留，可以并处三千元以下罚款；情节较轻的，处五日以下拘留或者五百元以下罚款。

第六十二条规定，吸食、注射毒品的，依法给予治安管理处罚。吸毒人员主动到公安机关登记或者到有资质的医疗机构接受戒毒治疗的，不予处罚。

第六十九条规定，公安机关、司法行政部门或者其他有关主管部门的工作人员在禁毒工作中有下列行为之一，构成犯罪的，依法追究刑事责任；尚不构成犯罪的，依法给予处分：

（1）包庇、纵容毒品违法犯罪人员的；

（2）对戒毒人员有体罚、虐待、侮辱等行为的；

（3）挪用、截留、克扣禁毒经费的；

（4）擅自处分查获的毒品和扣押、查封、冻结的涉及毒品违法犯罪活动的财物的。

第七十条规定，有关单位及其工作人员在入学、就业、享受社会保障等方面歧视戒毒人员的，由教育行政部门、劳动行政部门责令改正；给当事人造成损失的，依法承担赔偿责任。

M 命题规律分析

规律一:考查吸毒检测程序。

对疑似吸毒成瘾人员进行吸毒成瘾检测,一般会包括以下三个环节:

(1)先进行现场检测,若被检测人对现场检测结果存有异议,可以在被告知检测结果3日内,向公安机关申请实验室检测。公安机关要在接到该申请3日内作出是否同意进行实验室检测的决定,并将决定告知被检测人。

(2)当公安机关作出实验室检测的决定后,3日内要将样本送至检测机构。检测机构收到样本3日内要出具检测报告,并加盖公章,返给公安机关。公安机关要在收到检测报告24小时内将检测结果告知被检测人。

(3)当被检测人对第一次实验室检测结果有异议,可以申请实验室复检。实验室复检的流程与(2)中的实验室检测流程相同,但是实验室检测和实验室复检不能由同一家机构进行。

规律二:考查强制戒毒的主体和时间。

(1)强制戒毒的主体有四类,分别是拒绝接受社区戒毒的吸毒成瘾人员;在社区戒毒期间,吸食或注射毒品的吸毒成瘾人员;经过社区戒毒、强制隔离戒毒后,再次吸食毒品的吸毒成瘾人员;严重违反社区戒毒协议的吸毒成瘾人员。

(2)强制戒毒的期限是2年,但可延期1年,所以,强制戒毒时间最长不得超过3年。同时,考生也要明确,对吸毒成瘾人员,公安机关可以责令其接受社区戒毒,社区戒毒的期限是3年。

规律三:考查关键数字信息。

(1)保外就医人员要每个月向司法所报告本人身体状况,每3个月向司法所提交病情复查情况。

(2)社区矫正人员每月参加教育学习和社区服务的时间不得少于8小时。

(3)吸毒检测的采集样本保存期限是2个月。

Z 真题再现

1 2018-单选-23 小李是一名保外就医的社区矫正人员。根据《社区矫正实施办法》,小李应当定期向司法所报告遵纪守法等情况,同时还应当(　　)向司法所提交病情复查情况。

A.每月　　B.每2个月

C.每3个月　　D.每6个月

【答案】C。**解析:**本题考查社区矫正的职责分工。保外就医的矫正人员应当每个月向司法所报告本人身体情况,每3个月向司法所提交病情复查情况。故本题选C。

2 2018-单选-24 根据《中华人民共和国禁毒法》，对吸毒成瘾人员，公安机关可责令其接受社区戒毒。社区戒毒的期限是（　　）。

A.6个月　　B.1年

C.2年　　D.3年

【答案】D。解析：本题考查戒毒措施。《中华人民共和国禁毒法》规定，对吸毒成瘾人员，公安机关可以责令其接受社区戒毒，同时通知吸毒人员户籍所在地或者现居住地的城市街道办事处、乡镇人民政府，社区戒毒的期限为3年。故本题选D。

考点精讲 3 治安管理处罚法规与政策

K 考点梳理

根据《中华人民共和国治安管理处罚法》（以下简称《治安管理处罚法》），对治安管理的处罚和适用主要有以下几个规定：

一、治安管理处罚的种类

治安管理处罚主要可以分成四种类型，分别是警告、罚款、行政拘留、吊销公安机关发放的许可证。另外，对违反治安管理的外国人，可以附加适用限期出境或者驱逐出境。

二、治安管理处罚的具体适用

《治安管理处罚法》对治安管理处罚的适用规定如下：

（一）针对部分特别人员

已满14周岁不满18周岁的人违反治安管理的，从轻或者减轻处罚；不满14周岁的人违反治安管理的，不予处罚，但应责令其监护人严加管教。

精神病人在不能辨认或者不能控制自己行为的时候违反治安管理的，不予处罚，但是应当责令其监护人严加看管和治疗。间歇性的精神病人在精神正常的时候违反治安管理的，应当给予处罚。

盲人或者又聋又哑的人违反治安管理的，可以从轻、减轻或者不予处罚。醉酒的人违反治安管理的，应当给予处罚。醉酒的人在醉酒状态中，对本人有危险或者对他人的人身、财产或者公共安全有威胁的，应当对其采取保护性措施约束至酒醒。有两种以上违反治安管理行为的，分别决定，合并执行。行政拘留处罚合并执行的，最长不超过20日。

共同违反治安管理的，根据违反治安管理行为人在违反治安管理行为中所起的作用，分别处罚。教唆、胁迫、诱骗他人违反治安管理的，按照其教唆、胁迫、诱骗的行为处罚。

（二）针对单位违法行为

单位违反治安管理的，对其直接负责的主管人员和其他直接责任人员依照《治安管理处罚法》的规定处罚。其他法律、行政法规对同一行为规定给予单位处罚的，依照其规定处罚。

（三）特殊处罚情形

违反治安管理有下列情形之一的，减轻处罚或不予处罚：情节特别轻微的；主动消除或者减轻违法后果，并取得被侵害人谅解的；出于他人胁迫或者诱骗的；主动投案，向公安机关如实陈述自己的违法行为的；有立功表现的。

违反治安管理有下列情形之一的，从重处罚：有较严重后果的；教唆、胁迫、诱骗他人违反治安管理的；对报案人、控告人、举报人、证人打击报复的；6个月内曾受过治安管理处罚的。

违反治安管理行为人有下列情形之一，依法应当给予行政拘留处罚的，不执行行政拘留处罚：已满14周岁不满16周岁的；已满16周岁不满18周岁，初次违反治安管理的；70周岁以上的；怀孕或者哺乳自己不满1周岁婴儿的。

（四）追究时效

违反治安管理行为在6个月内没有被公安机关发现的，不再处罚。期限从违反治安管理行为发生之日起计算；违反治安管理行为有连续或者继续状态的，从行为终了之日起计算。

M 命题规律分析

规律一：考查不执行行政拘留的情况。

一般不执行行政拘留的人员有三类，分别是未成年人、老年人和妇女，但是同时也对这三类人进行了一定的限制：

（1）已满14周岁不满16周岁的未成年人，已满16周岁不满18周岁，但是属于初次违反治安管理条例的未成年人；

（2）70周岁以上的老年人；

（3）怀孕或正在哺乳自己不满1周岁的婴儿的妇女。

以上符合限定条件的三类人群一般不执行行政拘留。在做题过程中，考生要抓住主要矛盾，先根据年龄对选项中的人群进行分类，再识别关键信息，对具体的限定条件进行确定，避免被其他无关信息干扰。

规律二：考查在治安管理处罚程序的询问环节，不同被询问人要求到场的人。

（1）被询问人不满16周岁，公安机关工作人员要通知其父母或监护人到场；

（2）被询问人不通晓当地语言文字，应当有翻译人员到场；

（3）被询问人是聋哑人，应当有通晓手语的人到场。

考生要注意，考试中经常出现“被询问人是盲人，应当有翻译人员到场”等错误表述。

Z 真题再现

1　2019-单选-23　根据《中华人民共和国治安管理处罚法》，下列违反治安管理行为人中，依法应当给予行政拘留处罚，但不执行行政拘留处罚的是（　　）。

A.冯某，男，17岁，多次违反治安管理

B.陈某，男，20岁，初次违反治安管理

C.楚某，女，30岁，有一个一岁半的女儿

D.魏某，女，72岁，独居老人

【答案】D。**解析：**本题考查的是治安管理处罚的适用。违反治安管理行为人有下列情形之一，依法应当给予行政拘留处罚，但不执行行政拘留处罚：（1）已满14周岁不满16周岁的；（2）已满16周岁不满18周岁，初次违反治安管理的；（3）70周岁以上的；（4）怀孕或者哺乳自己不满1周岁婴儿的。故本题选D。

2　2018-单选-25　某公安院校开展案例教学，设定了下面一些公安机关办案人员办理治安案件调查取证的情节，其中符合《中华人民共和国治安管理处罚法》规定的做法是（　　）。

A.由于案情特殊，办案人员未将张某的传唤原因和处所告知其家属

B.因为案情复杂，办案人员决定将李某的询问查证时间延长至36小时

C.办案人员询问14周岁的违反治安管理行为人何某时，未通知其监护人到场

D.办案人员询问违反治安管理行为的聋哑人蒋某时，请了一位手语老师来帮忙

【答案】D。**解析：**本题考查《中华人民共和国治安管理处罚法》的有关规定。《中华人民共和国治安管理处罚法》规定，对违反治安管理行为人，公安机关传唤后应当及时询问查证，查证时间不得超过8小时。案情复杂、依照《中华人民共和国治安管理处罚法》规定可能适用行政拘留处罚规定的，询问查证时间不得超过24小时，故B项错误。公安机关应当及时将传唤的原因和处所通知被传唤人家属，故A项错误。询问不满16周岁的违反治安管理行为人，应当通知其父母或者其他监护人到场，故C项错误。询问违反治安管理的聋哑人，应当有通晓手语的人提供帮助，并在笔录上注明。故本题选D。

第六章　我国烈士褒扬与优抚安置法规与政策

备考指南

根据最新修订的考试大纲，本章内容包括四个部分：第一部分为烈士褒扬法规与政策，包括烈士评定、烈士褒扬金和烈士遗属抚恤优待；第二部分为军人抚恤优待法规与政策，包括抚恤优待对象的认定，死亡抚恤的具体规定，残疾抚恤的具体规定，优待的具体内容，依照、参照军人抚恤执行的其他情形；第三部分为退役士兵安置法规与政策，包括退役士兵安置基本原则、退役士兵移交和接收、退役士兵安置主要方式；第四部分为军队离退休干部安置法规与政策，包括军队干部离休、退休的条件和待遇，军队干部退休安置办法，军休干部服务管理。

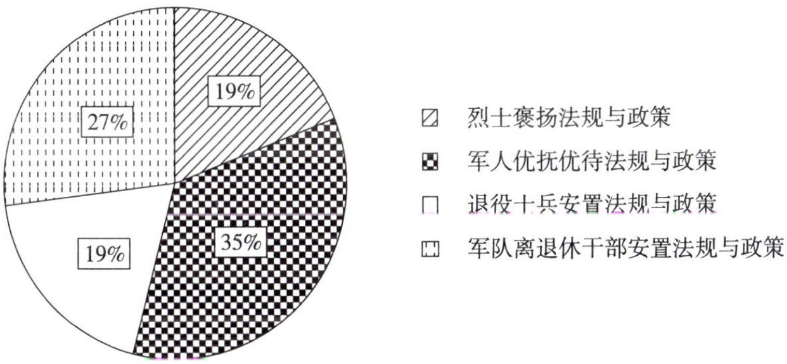

图2-6-1　本章考点考查比重

K 考点梳理

考点精讲 1　烈士褒扬和烈士遗属优抚优待

一、烈士褒扬

（一）烈士的评定

《烈士褒扬条例》第八条规定，公民牺牲符合下列情形之一的，被评定为烈士：

表2-6-1　评定标准与评定机关

评定标准	评定机关
在依法查处违法犯罪行为、执行国家安全工作任务、执行反恐怖任务和处置突发事件中牺牲的；在抢险救灾或者其他为了抢救、保护国家财产、集体财产、公民生命财产牺牲的	属于这两项规定情形的，由县级人民政府提出评定烈士的报告并逐级上报至省、自治区、直辖市人民政府审查评定。评定为烈士的，由省、自治区、直辖市人民政府送国务院退役军人事务部门备案
在执行外交任务或者国家派遣的对外援助、维持国际和平任务中牺牲的；在执行武器装备科研试验任务中牺牲的	属于这两项规定情形的，由国务院有关部门提出评定烈士的报告，送国务院退役军人事务部门审查评定
其他牺牲情节特别突出，堪为楷模的	属于该项规定情形的，由县级人民政府提出评定烈士的报告并逐级上报至省、自治区、直辖市人民政府，由省、自治区、直辖市人民政府审查后送国务院退役军人事务部门审查评定

《军人抚恤优待条例》第八条规定，现役军人死亡，符合下列情形之一的，批准为烈士：

（1）对敌作战死亡，或者对敌作战负伤在医疗终结前因伤死亡的；

（2）因执行任务遭敌人或者犯罪分子杀害，或者被俘、被捕后不屈遭敌人杀害或者被折磨致死的；

（3）为抢救和保护国家财产、人民生命财产或者执行反恐怖任务和处置突发事件死亡的；

（4）因执行军事演习、战备航行飞行、空降和导弹发射训练、试航试飞任务以及参加武器装备科研试验死亡的；

（5）在执行外交任务或者国家派遣的对外援助、维持国际和平任务中牺牲的；

（6）其他死难情节特别突出，堪为楷模的。

现役军人在执行对敌作战、边海防执勤或者抢险救灾任务中失踪，经法定程序宣告死亡的，按照烈士对待。

批准烈士，属于因战死亡的，由军队团级以上单位政治机关批准；属于非因战死亡的，由军队军级以上单位政治机关批准。属于本条第一款第六项规定情形的，由中国人民解放军原总政治部批准。

中国人民武装警察部队中的边防、消防、警卫系统因隶属公安部直接管理，其武装警察同时又属于现役军人，牺牲后符合批准烈士条件的，根据相关规定，属于因战牺牲的，由支队（团）以上政治机关批准；属于非因战牺牲的，由公安部政治部批准。

（二）烈士追认工作

《革命烈士褒扬条例》的公布时间为1980年6月4日，在此之前牺牲的部分人员涉及烈士追认工作。此条例公布以前，在中国共产党领导下，因对敌作战或对敌斗争牺牲的人员，如果符合条例规定的条件，因故未批准为烈士的，可由其家属居住地的县、市、市辖区人民政府审查，报省、自治区、直辖市人民政府批准，补办追认革命烈士手续。在对越自卫反击战、中印边界自卫反击战和抗美援朝战争期间失踪的军人、参战民兵、民工，建国以前失踪的军人和因参加对敌作战、对敌斗争失踪的地方工作人员，凡未发现其投敌、叛变、被俘、自杀、判刑的，都按对敌作战牺牲处理，没有追认为革命烈士的，经县、市、市辖区人民政府审查批准，可以追认为革命烈士。对抗日战争中阵亡的国民党官兵，自《革命烈士褒扬条例》发布之日起，不再为他们办理追认革命烈士的手续；过去已经办理的，不再变动。

（三）发放烈士证书

《烈士褒扬条例》第十三条规定，烈士证书由烈士遗属户口所在地的县级以上人民政府向烈士遗属颁发。第四十一条规定，烈士证书、烈士通知书由国务院退役军人事务部门印制。其程序为：先由评定或批准机关填发《中华人民共和国烈士通知书》并寄给烈士遗属户口所在地的县、市、市辖区人民政府，再由其填写《中华人民共和国烈士证明书》，最后将烈士证明书颁发给烈士遗属，持证人可由遗属协商，协商不通的，按父母（抚养人）、配偶、子女的顺序颁发，有多个子女的，颁发给长子女。烈士无上述亲戚而有兄弟姐妹的，按烈士兄弟姐妹的长幼顺序发放，无上述亲属的烈士不发证明书。

（四）烈士纪念设施的保护和管理

1.《中华人民共和国英雄烈士保护法》规定

第七条规定，国家建立并保护英雄烈士纪念设施，纪念、缅怀英雄烈士。

矗立在首都北京天安门广场的人民英雄纪念碑，是近代以来中国人民和中华民族争取民族独立解放、人民自由幸福和国家繁荣富强精神的象征，是国家和人民纪念、缅怀英雄烈士的永久性纪念设施。

人民英雄纪念碑及其名称、碑题、碑文、浮雕、图形、标志等受法律保护。

第八条规定，县级以上人民政府应当将英雄烈士纪念设施建设和保护纳入国民经济和社会发展规划、城乡规划，加强对英雄烈士纪念设施的保护和管理；对具有重要纪念意义、教育意义的英雄烈士纪念设施依照《中华人民共和国文物保护法》的规定，核定公布为文物保护单位。

中央财政对革命老区、民族地区、边疆地区、贫困地区英雄烈士纪念设施的修缮保护，应当按照国家规定予以补助。

第九条规定，英雄烈士纪念设施应当免费向社会开放，供公众瞻仰、悼念英雄烈士，开展纪念教育活动，告慰先烈英灵。前款规定的纪念设施由军队有关单位管理的，按照军队有关规定实行开放。

第十条规定，英雄烈士纪念设施保护单位应当健全服务和管理工作规范，方便瞻仰、悼念英雄烈士，保持英雄烈士纪念设施庄严、肃穆、清净的环境和氛围。

任何组织和个人不得在英雄烈士纪念设施保护范围内从事有损纪念英雄烈士环境和氛围的活动，不得侵占英雄烈士纪念设施保护范围内的土地和设施，不得破坏、污损英雄烈士纪念设施。

2.《烈士纪念设施保护管理办法》规定

第六条规定，符合下列基本条件之一的，可以申报国家级烈士纪念设施：

（1）为纪念在革命斗争、保卫祖国和建设祖国等各个历史时期的重大事件、重要战役和主要革命根据地斗争中牺牲的烈士而修建的烈士纪念设施；

（2）为纪念在全国有重要影响的著名烈士而修建的烈士纪念设施；

（3）为纪念为中国革命斗争牺牲的知名国际友人而修建的纪念设施；

（4）位于革命老区、少数民族地区的规模较大的烈士纪念设施。

省级以下各级烈士纪念设施，根据其纪念意义和建设规模，分别确定为省级、设区的市级、县级烈士纪念设施。

第十二条规定，烈士纪念设施应当纳入城乡建设规划，绿化美化环境，实现园林化，使烈士纪念设施形成庄严、肃穆、优美的环境和气氛，为社会提供良好的瞻仰和教育场所。

第十三条规定，各级烈士纪念设施保护单位应当根据人民政府安排，开展烈士史料征集研究、事迹编纂和陈列展示工作，组织烈士纪念活动，宣传烈士的英雄事迹、献身精神和高尚品质。

烈士纪念设施保护单位应当充分发挥红色资源优势，具备条件的列入红色旅游发展规划，发挥爱国主义教育基地作用。

烈士纪念设施保护单位应当配备具备资质的讲解员。

第十五条规定，任何单位或者个人不得侵占烈士纪念设施保护范围内的土地和设施。禁止在烈士纪念设施保护范围内进行其他工程建设。

任何单位或者个人不得在烈士纪念设施保护范围内为烈士以外的其他人修建纪念设施或者安放骨灰、埋葬遗体。

在烈士纪念设施保护范围内不得从事与纪念烈士无关的活动。

第十六条规定，未经批准迁移烈士纪念设施，非法侵占烈士纪念设施保护范围内的土地、设施，破坏、污损烈士纪念设施，或者在烈士纪念设施保护范围内为烈士以外其他人修建纪念设施、安放骨灰、遗体的，由烈士纪念设施保护单位的上级主管部门责令改正，恢复原状、原貌；造成损失的，依法承担赔偿责任；构成犯罪的，依法追究刑事责任。

（五）烈士安葬、祭扫和烈士纪念日

1.烈士安葬、祭扫

县级以上人民政府和军队有关部门在安葬烈士英雄时要举行庄严、肃穆、文明、节俭的送迎、安葬仪式。

国家建立健全英雄烈士祭扫制度和礼仪规范，引导公民庄严有序地开展祭扫活动，县级以上人民政府有关部门要为英雄烈士遗属祭扫提供便利。

英雄烈士在国外安葬的，中华人民共和国驻该国外交、领事代理机构应当结合驻在国实际情况组织开展祭扫活动。

2. 烈士纪念日

每年9月30日国家举行纪念烈士活动，并将每年9月30日设立为烈士纪念日。

3. 烈士名单呈报。

评定烈士的，由国务院退役军人事务部门负责将烈士名单报党和国家功勋荣誉表彰工作委员会。

（六）英雄烈士荣誉保护

1. 对英雄烈士荣誉的保护

英雄烈士的姓名、肖像、名誉、荣誉受法律保护，禁止歪曲、丑化、亵渎、否定英雄烈士事迹和精神。

任何组织和个人不得在公共场所、互联网或者利用广播电视、电影、出版物等，以侮辱、诽谤或者其他方式侵害英雄烈士的姓名、肖像、名誉、荣誉。

任何组织和个人不得将英雄烈士的姓名、肖像用于或者变相用于商标、商业广告，损害英雄烈士的名誉、荣誉。

2. 损害英雄烈士荣誉的处罚

公安、文化、新闻出版、广播电视、电影、网信、市场监督管理、负责英雄烈士保护工作的部门发现前款规定行为的，应当依法及时处理。

网信和电信、公安等有关部门在对网络信息进行依法监督管理工作中，发现发布或者传输以侮辱、诽谤或者其他方式侵害英雄烈士的姓名、肖像、名誉、荣誉的信息的，应当要求网络运营者停止传输，采取消除等处置措施和其他必要措施；对来源于中华人民共和国境外的上述信息，应当通知有关机构采取技术措施和其他必要措施阻断传播。

网络运营者发现其用户发布前款规定的信息的，应当立即停止传输该信息，采取消除等处置措施，防止信息扩散，保存有关记录，并向有关主管部门报告。网络运营者未采取停止传输、消除等处置措施的，依照《中华人民共和国网络安全法》的规定处罚。

任何组织和个人有权对侵害英雄烈士合法权益和其他违反《中华人民共和国英雄烈士保护法》规定的行为，向负责英雄烈士保护工作的部门、网信、公安等有关部门举报，接到举报的部门应当依法及时处理。

3. 维权途径

对侵害英雄烈士的姓名、肖像、名誉、荣誉的行为，英雄烈士的近亲属可以依法向人民法院提起诉讼。英雄烈士没有近亲属或者近亲属不提起诉讼的，检察机关依法对侵害英雄烈士的姓名、肖像、名誉、荣誉，损害社会公共利益的行为向人民法院提起诉讼。

负责英雄烈士保护工作的部门和其他有关部门在履行职责过程中发现侵害英雄烈士的姓名、肖像、名誉、荣誉行为，需要检察机关提起诉讼的，应当向检察机关报告。英雄烈士近亲属对侵害英雄烈士的姓名、肖像、名誉、荣誉的行为人提起诉讼的，法律援助机构应当依法提供法律援助服务。

（七）烈属、军属和退役军人等家庭悬挂光荣牌

1. 意义

为烈属、军属和退役军人等家庭悬挂光荣牌，是落实中央决策部署的重要举措，目的是弘扬拥军优属优良传统，营造爱国拥军、尊崇军人的浓厚社会氛围，推进军人荣誉体系建设。

2. 具体做法

（1）光荣牌的统一称号和样式

光荣牌称号统一为“光荣之家”，光荣牌的样式由退役军人事务部统一设计和规范。

（2）光荣牌的主管部门和落款

光荣牌的制作由省级人民政府退役军人事务主管部门负责，落款为所在省（区、市）人民政府、新疆生产建设兵团。悬挂光荣牌的范围为烈士遗属、因公牺牲军人遗属、病故军人遗属家庭和中国人民解放军现役军人家庭、退役军人家庭。

（3）光荣牌的悬挂、更换时间

悬挂、更换光荣牌工作原则上于每年建军节或春节前进行。

（4）光荣牌的悬挂、更换仪式

集中悬挂或更换光荣牌时，村（居）民委员会或社区应举行悬挂仪式，安排专人负责安装悬挂。悬挂仪式应简朴、庄重、热烈。

（八）烈士褒扬金和抚恤金的相关规定

《烈士褒扬条例》第十四条至第十六条对烈士褒扬金和抚恤金的规定如下：

1. 烈士褒扬金

国家建立烈士褒扬金制度。烈士褒扬金标准为烈士牺牲时上一年度全国城镇居民人均可支配收入的30倍。战时，参战牺牲的烈士褒扬金标准可以适当提高。

烈士褒扬金由领取烈士证书的烈士遗属户口所在地县级人民政府退役军人事务部门发给烈士的父母或者抚养人、配偶、子女；没有父母或者抚养人、配偶、子女的，发给烈士未满18周岁的兄弟姐妹和已满18周岁但无生活来源且由烈士生前供养的兄弟姐妹。

2. 一次性抚恤金

烈士遗属除享受上述规定的烈士褒扬金外，属于《军人抚恤优待条例》及相关规定适用范围的，还享受因公牺牲一次性抚恤金；属于《工伤保险条例》及相关规定适用范围的，还享受一次性工亡补助金以及相当于烈士本人40个月工资的烈士遗属特别补助金。

不属于上述规定范围的烈士遗属，由县级人民政府退役军人事务部门发给一次性抚恤金，标准为烈士牺牲时上一年度全国城镇居民人均可支配收入的20倍加40个月的中国人民解放军排职少尉军官工资。

3. 定期抚恤金

符合下列条件之一的烈士遗属，享受定期抚恤金：

（1）烈士的父母或者抚养人、配偶无劳动能力、无生活来源，或者收入水平低于当地居民平均生活水平的；

（2）烈士的子女未满18周岁，或者已满18周岁但因残疾或者正在上学而无生活来源的；

（3）由烈士生前供养的兄弟姐妹未满18周岁，或者已满18周岁但因正在上学而无生活来源的。

符合前款规定条件享受定期抚恤金的烈士遗属，由其户口所在地的县级人民政府退役军人事务部门发给定期抚恤金领取证，凭证领取定期抚恤金。

烈士生前的配偶再婚后继续赡养烈士父母，继续抚养烈士未满18周岁或者已满18周岁但无劳动能力、无生活来源且由烈士生前供养的兄弟姐妹的，由其户口所在地的县级人民政府退役军人事务部门参照烈士遗属定期抚恤金的标准给予补助。

二、烈士遗属优待

《烈士褒扬条例》第二十一条至第二十五条对烈士遗属优待的规定如下：

表2-6-2　烈士遗属优待的规定

知识点	内容
医疗	烈士遗属享受相应的医疗优惠待遇，具体办法由省、自治区、直辖市人民政府规定
录取	烈士的子女、兄弟姐妹本人自愿，且符合征兵条件的，在同等条件下优先批准其服现役。烈士的子女符合公务员招录条件的，在同等条件下优先录用为公务员
教育	烈士子女接受学前教育和义务教育的，应当按照国家有关规定予以优待；在公办幼儿园接受学前教育的，免交保教费。烈士子女报考普通高中、中等职业学校、高等学校研究生的，在同等条件下优先录取；报考高等学校本、专科的，可以按照国家有关规定降低分数要求投档；在公办学校就读的，免交学费、杂费，并享受国家规定的各项助学政策
就业	烈士遗属符合就业条件的，由当地人民政府人力资源社会保障部门优先提供就业服务。烈士遗属已经就业，用人单位经济性裁员时，应当优先留用。烈士遗属从事个体经营的，市场监督管理、税务等部门应当优先为其办理证照，烈士遗属在经营期间享受国家和当地人民政府规定的优惠政策
住房	符合住房保障条件的烈士遗属承租廉租住房、购买经济适用住房的，县级以上地方人民政府有关部门应当给予优先、优惠照顾。家住农村的烈士遗属住房有困难的，由当地人民政府帮助解决

（续表）

知识点	内容
养老	男年满60周岁、女年满55周岁的孤老烈士遗属本人自愿的，可以在光荣院、敬老院集中供养。各类社会福利机构应当优先接收烈士遗属
资格取消	烈士遗属因犯罪被判处有期徒刑、剥夺政治权利或者被司法机关通缉期间，中止其享受的抚恤和优待；被判处死刑、无期徒刑的，取消其烈士遗属抚恤和优待资格

M 命题规律分析

规律一：辨析烈士褒扬金的发放顺序和烈士证书的持证顺序。

烈士褒扬金的发放顺序是父母、配偶、子女和兄弟姐妹。烈士褒扬金会先发给烈士的抚养人，如父母，其次会发给烈士的扶养人，如妻子，再其次会发给烈士的赡养人，如子女。当该烈士没有以上三类近亲属时，烈士褒扬金会发给烈士的未满18周岁的兄弟姐妹和已满18周岁但无生活来源且由烈士生前供养的兄弟姐妹。考试中常见的错误选项有“该烈士的爷爷或奶奶”，考生要明确烈士的爷爷或奶奶不能成为接受烈士褒扬金的发放对象。

通过对比烈士褒扬金的发放顺序，考生也以可复习一下烈士证书的发放顺序，避免将两个知识点混淆。烈士证书的持证人顺序：父母、配偶和子女。若该烈士有多个子女，应该由长子女持证。

规律二：考查烈士的一次性抚恤金的计算方式。

烈士的一次性抚恤金的发放对象主要有两类人，主要对象不同、依据法律条文不同，具体应该发放的一次性抚恤金数额和计算方式也不同。对公民而言，发放一次性抚恤金的主要依据是《工伤保险条例》；对军人而言，发放一次性抚恤金的主要依据是《军人优抚优待条例》。

（1）公民的一次性抚恤金 = 一次性工亡补助金 +40个月的工资。

（2）军人的一次性抚恤金 =20倍的全国城镇居民人均可支配收入 +40个月的工资。

考生需要注意：虽然上述两个公式都涉及40个月的工资，但是公民的月工资是指其牺牲前12个月的平均工资，军人的月工资指其牺牲当月的工资。

工伤保险遵循属地管理的原则，为了避免因地区收入差异导致的不合理现象，当公民的工资高于统筹地区职工平均工资的300%时，工资按照300%计算。当公民工资低于统筹地区职工平均工资的60%时，工资按照60%计算。

规律三：考查烈士遗属享有的教育优待。

烈士遗属享有的教育优待有两种，一是优先录取，二是按照国家有关规定降低分数要求投档。优先录取的适用情况有烈士遗属报考普通高中、中等职业学校，以及高等学校研究生。按照国家有关规定降低分数要求投档的适用情况有烈士遗属报考高等学校本科和专科。

Z 真题再现

1　2019-单选-24 烈士岳某，牺牲前为进城务工人员，妻子为镇中心小学教师，两人育有一子。岳某父母常年在外打工，8年前离婚。父母离婚后，岳某和妹妹由父亲抚养，与奶奶共同生活。他的奶奶现已经70岁了，仍在照顾岳某妹妹的日常生活。根据《烈士褒扬条例》，岳某的烈士褒扬金应发放给岳某的（　　）。

A.奶奶、父亲、母亲、妻子

B.奶奶、父亲、妻子、妹妹

C.父亲、母亲、妻子、妹妹

D.父亲、母亲、妻子、孩子

【答案】D。**解析：**本题考查烈士褒扬金的发放。烈士褒扬金由领取烈士证书的烈士遗属户口所在地县级人民政府退役军人事务部门发给烈士的父母或者抚养人、配偶、子女；没有父母或者抚养人、配偶、子女的，发给烈士未满18周岁的兄弟姐妹和已满18周岁但无生活来源且由烈士生前供养的兄弟姐妹。故本题选D。

2　2019-单选-25 根据《烈士褒扬条例》，烈士子女在报考（　　）时，可以按照国家有关政策降低分数要求投档。

A.普通高中　　B.中等职业学校

C.高等学校本、专科　　D.高等学校研究生

【答案】C。**解析：**本题考查的是烈士遗属优待的具体内容。烈士子女报考普通高中、中等职业学校、高等学校研究生的，在同等条件下优先录取；报考高等学校本、专科的，可以按照国家有关规定降低分数要求投档；在公办学校就读的，免交学费、杂费，并享受国家规定的各项助学政策。故本题选C。

3　2018-单选-26 根据《烈士褒扬条例》，烈士褒扬金标准为烈士牺牲时上一年度全国城镇居民人均可支配收入的（　　）倍。

A.10　　B.20

C.30　　D.40

【答案】C。**解析：**本题考查的是烈士褒扬金标准。根据《烈士褒扬条例》，烈士褒扬金标准为烈士牺牲时上一年度全国城镇居民人均可支配收入的30倍。战时，参战牺牲的烈士褒扬金标准可以适当提高。故本题选C。

4　2016-单选-28《中华人民共和国烈士证明书》由烈士遗属户口所在地的县级以上人民政府向烈士遗属颁发，烈士遗属中的持证人由烈士遗属协商确定，协商不通的（　　）。

A.由县级人民政府民政部门代为妥善保管

B.按配偶、子女、父母（抚养人）顺序确定持证人

C.按子女、配偶、父母（抚养人）顺序确定持证人

D.按父母（抚养人）、配偶、子女顺序确定持证人

【**答案**】D。**解析**：本题考查的是烈士证书的发放顺序。烈士证书发放的具体做法是：由评定或者批准机关填发《中华人民共和国烈士通知书》，寄给烈士遗属户口所在地的县、市、市辖区人民政府，然后由烈士遗属户口所在地的县、市、市辖区人民政府填写《中华人民共和国烈士证明书》并颁发。烈士遗属中的持证人由烈士遗属协商确定，协商不通的，按照下列顺序确定持证人：父母（抚养人）、配偶、子女；有多个子女的，由长子女持证；无前述亲属的，由烈士兄弟姐妹持证，有多个兄弟姐妹的发给年长的兄弟姐妹。以上亲属均没有的，不发烈士证明书。故本题选D。

考点精讲 2 死亡抚恤和残疾抚恤的具体规定

K 考点梳理

一、死亡抚恤

（一）死亡抚恤的认定

《军人抚恤优待条例》第七条规定，现役军人死亡被批准为烈士、被确认为因公牺牲或者病故的，其遗属依照本条例的规定享受抚恤。

第九条规定，现役军人死亡，符合下列情形之一的，确认为因公牺牲：

（1）在执行任务中或者在上下班途中，由于意外事件死亡的；

（2）被认定为因战、因公致残后因旧伤复发死亡的；

（3）因患职业病死亡的；

（4）在执行任务中或者在工作岗位上因病猝然死亡，或者因医疗事故死亡的；

（5）其他因公死亡的。

现役军人在执行对敌作战、边海防执勤或者抢险救灾以外的其他任务中失踪，经法定程序宣告死亡的，按照因公牺牲对待。现役军人因公牺牲，由军队团级以上单位政治机关确认；属于上述第（5）项规定情形的，由军队军级以上单位政治机关确认。

第十条规定，现役军人除第九条第一款第（3）项、第（4）项规定情形以外，因其他疾病死亡的，确认为病故。现役军人非执行任务死亡或者失踪，经法定程序宣告死亡的，按照病故对待。现役军人病故，由军队团级以上单位政治机关确认。

（二）死亡抚恤的具体待遇

现役军人死亡被批准为烈士的，依照《烈士褒扬条例》的规定发给烈士遗属烈士褒扬金。此外，对烈士、因公牺牲军人、病故军人遗属的抚恤还有一次性抚恤金和定期抚恤金。

《军人抚恤优待条例》第十三条至第十五条关于一次性抚恤金的规定如下：

1.发放标准

（1）现役军人死亡，根据其死亡性质和死亡时的月工资标准，由县级人民政府民政部门发给其遗属一次性抚恤金，标准是：烈士和因公牺牲的，为上一年度全国城镇居民人均可支配收入的20倍加本人40个月的工资；病故的，为上一年度全国城镇居民人均可支配收入的2倍加本人40个月的工资。月工资或者津贴低于排职少尉军官工资标准的，按照排职少尉军官工资标准计算。

（2）获得荣誉称号或者立功的烈士、因公牺牲军人、病故军人，其遗属在应当享受的一次性抚恤金的基础上，由县级人民政府民政部门按照下列比例增发一次性抚恤金：①获得中央军事委员会授予荣誉称号的，增发35%；②获得军队军区级单位授予荣誉称号的，增发30%；③立一等功的，增发25%；④立二等功的，增发15%；⑤立三等功的，增发5%。

多次获得荣誉称号或者立功的烈士、因公牺牲军人、病故军人，其遗属由县级人民政府民政部门按照其中最高等级奖励的增发比例，增发一次性抚恤金。

2.一次性特别抚恤金

对生前作出特殊贡献的烈士、因公牺牲军人、病故军人，除按照本条例规定发给其遗属一次性抚恤金外，军队可以按照有关规定发给其遗属一次性特别抚恤金。

3.发放顺序

（1）烈士、因公牺牲军人、病故军人的父母（抚养人）、配偶、子女为第一顺序的亲属；未满18周岁的兄弟姐妹和已满18周岁但无生活费来源且由该军人生前供养的兄弟姐妹为第二顺序的亲属。

（2）一次性抚恤金发放时，由第一顺序的亲属享受，第二顺序的亲属不享受；没有第一顺序亲属的，由第二顺序亲属享受。同一顺序的亲属每人领取数额可自行协商。

《军人抚恤优待条例》第十六条至第十九条关于定期抚恤金的规定如下：

1.发放条件

对符合下列条件之一的烈士遗属、因公牺牲军人遗属、病故军人遗属，发给定期抚恤金：

（1）父母（抚养人）、配偶无劳动能力、无生活费来源，或者收入水平低于当地居民平均生活水平的；

（2）子女未满18周岁或者已满18周岁但因上学或者残疾无生活费来源的；

（3）兄弟姐妹未满18周岁或者已满18周岁但因上学无生活费来源且由该军人生前供养的；

对符合享受定期抚恤金条件的遗属，由县级人民政府民政部门发给《定期抚恤金领取证》。

2.发放标准

定期抚恤金标准应当参照全国城乡居民家庭人均收入水平确定。定期抚恤金的标准及其调整办法，由国务院民政部门会同国务院财政部门规定。

县级以上地方人民政府对依靠定期抚恤金生活仍有困难的烈士遗属、因公牺牲军人遗属、病故军人遗属，可以增发抚恤金或者采取其他方式予以补助，保障其生活不低于当地的平均生活水平。

3.发放流程及终止

（1）发放日期从批准确认其死亡性质之日开始计算。

（2）享受定期抚恤金的烈士遗属、因公牺牲军人遗属、病故军人遗属死亡的，增发6个月其原享受的定期抚恤金，作为丧葬补助费，同时注销其领取定期抚恤金的证件。

二、残疾抚恤

（一）残疾抚恤的认定

《军人抚恤优待条例》第二十一条规定，现役军人残疾被认定为因战致残、因公致残或者因病致残的，依照本条例的规定享受抚恤。因第八条第一款规定的情形之一导致残疾的，认定为因战致残；因第九条第一款规定的情形之一导致残疾的，认定为因公致残；义务兵和初级士官因第九条第一款第（三）项、第（四）项规定情形以外的疾病导致残疾的，认定为因病致残。

第二十二条规定，残疾的等级，根据劳动功能障碍程度和生活自理障碍程度确定，由重到轻分为一级至十级。残疾等级的具体评定标准由国务院民政部门、人力资源社会保障部门、中华人民共和国卫生部门会同军队有关部门规定。

第二十三条规定，现役军人因战、因公致残，医疗终结后符合评定残疾等级条件的，应当评定残疾等级。义务兵和初级士官因病致残符合评定残疾等级条件，本人（精神病患者由其利害关系人）提出申请的，也应当评定残疾等级。因战、因公致残，残疾等级被评定为一级至十级的，享受抚恤；因病致残，残疾等级被评定为一级至六级的，享受抚恤。

第二十四条规定，因战、因公、因病致残性质的认定和残疾等级的评定权限：

（1）义务兵和初级士官的残疾，由军队军级以上单位卫生部门认定和评定；

（2）现役军官、文职干部和中级以上士官的残疾，由军队军区级以上单位卫生部门认定和评定；

（3）退出现役的军人和移交政府安置的军队离休、退休干部需要认定残疾性质和评定残疾等级的，由省级人民政府民政部门认定和评定。评定残疾等级，应当依据医疗卫生专家小组出具的残疾等级医学鉴定意见。残疾军人由认定残疾性质和评定残疾等级的机关发给《中华人民共和国残疾军人证》。

（二）残疾抚恤的具体待遇

《军人抚恤优待条例》第二十七条规定，残疾军人的抚恤金标准应当参照全国职工平均工资水平确定。残疾抚恤金的标准及一级至十级残疾军人享受残疾抚恤金的具体办法，由国务院民政部门会同国务院财政部门规定。县级以上地方人民政府对依靠残疾抚恤金生活仍有困难的残疾军人，可以增发残疾抚恤金或者采取其他方式予以补助，保障其生活不低于当地的平均生活水平。

第二十八条规定，退出现役的因战、因公致残的残疾军人因旧伤复发死亡的，由县级人民政府民政部门按照因公牺牲军人的抚恤金标准发给其遗属一次性抚恤金，其遗属享受因公牺牲军人遗属抚恤待遇。退出现役的因战、因公、因病致残的残疾军人因病死亡的，对其遗属增发12个月的残疾抚恤金，作为丧葬补助费；其中，因战、因公致残的一级至四级残疾军人因病死亡的，其遗属享受病故军人遗属抚恤待遇。

第二十九条规定，退出现役的一级至四级残疾军人，由国家供养终身；其中，对需要长年医疗或者独身一人不便分散安置的，经省级人民政府民政部门批准，可以集中供养。

第三十条规定，对分散安置的一级至四级残疾军人发给护理费，护理费的标准为：

（1）因战、因公一级和二级残疾的，为当地职工月平均工资的50%；

（2）因战、因公三级和四级残疾的，为当地职工月平均工资的40%；

（3）因病一级至四级残疾的，为当地职工月平均工资的30%。

退出现役的残疾军人的护理费，由县级以上地方人民政府民政部门发给；未退出现役的残疾军人的护理费，经军队军级以上单位批准，由所在部队发给。

第三十一条规定，残疾军人需要配制假肢、代步三轮车等辅助器械，正在服现役的，由军队军级以上单位负责解决；退出现役的，由省级人民政府民政部门负责解决。

M 命题规律分析

规律：考查不同死亡抚恤对象对应的一次性抚恤金的标准。

死亡抚恤的认定对象有三类，一是烈士，二是因公牺牲的军人，三是病故的军人。烈士和因公牺牲的军人的一次性抚恤金是上一年度全国城镇居民人均可支配收入的20倍加本人生前40个月的工资。病故军人的一次性抚恤金是上一年度全国城镇居民人均可支配收入的2倍加本人生前40个月的工资。

记忆关键

烈士和因公牺牲的军人=20倍+40个月工资。

病故军人=2倍+40个月工资。

Z 真题再现

2018-单选-27 小李服现役期间病故，生前没有立功也未获得荣誉称号。根据《军人抚恤优待条例》，小李的遗属可以领取一次性抚恤金，标准是上一年度全国城镇居民人均可支配收入的（　　）倍加本人40个月的工资。

A.2　　　　B.3

C.20　　　　D.30

【答案】A。解析：本题考查的是一次性抚恤金。根据《军人抚恤优待条例》，现役军人死亡，根据其死亡性质和死亡时的月工资标准，由县级人民政府民政部门发给其遗属一次性抚恤金，标准是：烈士和因公牺牲的，为上一年度全国城镇居民人均可支配收入的20倍加本人40个月的工资；病故的，为上一年度全国城镇居民人均可支配收入的2倍加本人40个月的工资。月工资或者津贴低于排职少尉军官工资标准的，按照排职少尉军官工资标准计算。故本题选A。

考点精讲 3 优待的具体内容

K 考点梳理

《军人抚恤优待条例》第三十三条规定，义务兵服现役期间，其家庭由当地人民政府发给优待金或者给予其他优待，优待标准不低于当地平均生活水平。

义务兵和初级士官入伍前是国家机关、社会团体、企业事业单位职工（含合同制人员）的，退出现役后，允许复工复职，并享受不低于本单位同岗位（工种）、同工龄职工的各项待遇；服现役期间，其家属继续享受该单位职工家属的有关福利待遇。

义务兵和初级士官入伍前的承包地（山、林）等，应当保留；服现役期间，除依照国家有关规定和承包合同的约定缴纳有关税费外，免除其他负担。义务兵从部队发出的平信，免费邮递。

第三十四条规定，国家对一级至六级残疾军人的医疗费用按照规定予以保障，由所在医疗保险统筹地区社会保险经办机构单独列账管理。具体办法由国务院民政部门会同国务院人力资源社会保障部门、财政部门规定。

七级至十级残疾军人旧伤复发的医疗费用，已经参加工伤保险的，由工伤保险基金支付，未参加工伤保险，有工作的由工作单位解决，没有工作的由当地县级以上地方人民政府负责解决；七级至十级残疾军人旧伤复发以外的医疗费用，未参加医疗保险且本人支付有困难的，由当地县级以上地方人民政府酌情给予补助。

残疾军人、复员军人、带病回乡退伍军人以及因公牺牲军人遗属、病故军人遗属享受医疗优惠待遇。具体办法由省、自治区、直辖市人民政府规定。

中央财政对抚恤优待对象人数较多的困难地区给予适当补助，用于帮助解决抚恤优待对象的医疗费用困难问题。

第三十五条规定，在国家机关、社会团体、企业事业单位工作的残疾军人，享受与所在单位工伤人员同等的生活福利和医疗待遇。所在单位不得因其残疾将其辞退、解聘或者解除劳动关系。

第三十六条规定，现役军人凭有效证件、残疾军人凭《中华人民共和国残疾军人证》优先购票乘坐境内运行的火车、轮船、长途公共汽车及民航班机；残疾军人享受减收正常票价50%的优待。

现役军人凭有效证件乘坐市内公共汽车、电车和轨道交通工具享受优待，具体办法由有关城市人民政府规定。残疾军人凭《中华人民共和国残疾军人证》免费乘坐市内公共汽车、电车和轨道交通工具。

第三十七条规定，现役军人、残疾军人凭有效证件参观游览公园、博物馆、名胜古迹享受优待，具体办法由公园、博物馆、名胜古迹管理单位所在地的县级以上地方人民政府规定。

第三十八条规定，因公牺牲军人、病故军人的子女、兄弟姐妹，本人自愿应征并且符合征兵条件的，优先批准服现役。

第三十九条规定，义务兵和初级士官退出现役后，报考国家公务员、高等学校和中等职业学校，在与其他考生同等条件下优先录取。残疾军人、因公牺牲军人子女、一级至四级残疾军人的子女，驻边疆国境的县（市）、沙漠区、国家确定的边远地区中的三类地区和军队确定的特、一、二类岛屿部队现役军人的子女报考普通高中、中等职业学校、高等学校，在录取时按照国家有关规定给予优待；接受学历教育的，在同等条件下优先享受国家规定的各项助学政策。现役军人子女的入学、入托，在同等条件下优先接收。具体办法由国务院民政部门会同国务院教育部门规定。

第四十条规定，残疾军人、复员军人、带病回乡退伍军人、因公牺牲军人遗属、病故军人遗属承租、购买住房依照有关规定享受优先、优惠待遇。居住农村的抚恤优待对象住房有困难的，由地方人民政府帮助解决。具体办法由省、自治区、直辖市人民政府规定。

第四十一条规定，经军队师（旅）级以上单位政治机关批准随军的现役军官家属、文职干部家属、士官家属，由驻军所在地的公安机关办理落户手续。随军前是国家机关、社会团体、企业事业单位职工的，驻军所在地人民政府人力资源社会保障部门应当接收和妥善安置；随军前没有工作单位的，驻军所在地人民政府应当根据本人的实际情况作出相应安置；

对自谋职业的，按照国家有关规定减免有关费用。

第四十二条规定，驻边疆国境的县（市）、沙漠区、国家确定的边远地区中的三类地区和军队确定的特、一、二类岛屿部队的现役军官、文职干部、士官，其符合随军条件无法随军的家属，所在地人民政府应当妥善安置，保障其生活不低于当地的平均生活水平。

第四十三条规定，随军的烈士遗属、因公牺牲军人遗属和病故军人遗属移交地方人民政府安置的，享受本条例和当地人民政府规定的抚恤优待。

第四十四条规定，复员军人生活困难的，按照规定的条件，由当地人民政府民政部门给予定期定量补助，逐步改善其生活条件。

第四十五条规定，国家兴办优抚医院、光荣院，治疗或者集中供养孤老和生活不能自理的抚恤优待对象。各类社会福利机构应当优先接收抚恤优待对象。

M 命题规律分析

规律：考查军人交通优待的具体情况。

军人交通优待常见的错误选项设置方式有两种：一是“张冠李戴”，如将“享受减收50%的票价”“免费乘坐”的主体写成现役军人；二是用错误的数据迷惑考生，如将“享受减收50%的票价”中的数据改写成30%或20%。

在交通出行时，残疾军人可以享受票价优惠和免费乘坐待遇，现役军人不能够享受此类优待，但是现役军人可以享受优先购票的待遇。具体而言，残疾军人购票乘坐民航班机、火车、轮船和长途公共汽车时，可以享受减收50%票价的优待，在乘坐市内公共交通工具时，可以享受免费乘坐的优待。

Z 真题再现

2019-单选-26 根据《军人抚恤优待条例》，关于军人优待的说法，正确的是（　　）。

A.现役军人凭有效证件可免费乘坐境内运行的长途公共汽车

B.现役军人凭有效证件乘坐境内运行的客轮，减收正常票价20%

C.残疾军人凭《中华人民共和国残疾军人证》乘坐境内运行的民航班机，减收正常票价30%

D.残疾军人凭《中华人民共和国残疾军人证》乘坐境内运行的火车，减收正常票价50%

【答案】D。**解析：**本题考查军人优待的具体内容。现役军人凭有效证件、残疾军人凭《中华人民共和国残疾军人证》优先购票乘坐境内运行的火车、轮船、长途公共汽车以及民航班机，残疾军人享受减收正常票价50%的优待。现役军人凭有效证件乘坐市内公共汽车、电车和轨道交通工具享受优待，具体办法由有关城市人民政府规定。残疾军人凭《中华人民共和国残疾军人证》免费乘坐市内公共汽车、电车和轨道交通工具。A、B、C三项错误。故本题选D。

考点精讲 4 退役士兵安置法规与政策

K 考点梳理

一、自主就业

《退役士兵安置条例》中自主就业的退役士兵主要享受如下待遇:

(一)退役金

第十九条规定,对自主就业的退役士兵,由部队发给一次性退役金,一次性退役金由中央财政专项安排;地方人民政府可以根据当地实际情况给予经济补助,经济补助标准及发放办法由省、自治区、直辖市人民政府规定。一次性退役金和一次性经济补助按照国家规定免征个人所得税。

第二十条规定,自主就业的退役士兵根据服现役年限领取一次性退役金。服现役年限不满6个月的按照6个月计算,超过6个月不满1年的按照1年计算。获得荣誉称号或者立功的退役士兵,由部队按照下列比例增发一次性退役金:获得中央军事委员会、军队军区级单位授予荣誉称号,或者荣获一等功的,增发15%;荣获二等功的,增发10%;荣获三等功的,增发5%。多次获得荣誉称号或者立功的退役士兵,由部队按照其中最高等级奖励的增发比例,增发一次性退役金。

(二)职业技能培训

第二十一条规定,县级以上地方人民政府退役士兵安置工作主管部门应当组织自主就业的退役士兵参加职业教育和技能培训,经考试考核合格的,发给相应的学历证书、职业资格证书并推荐就业。退役士兵退役1年内参加职业教育和技能培训的,费用由县级以上人民政府承担;退役士兵退役1年以上参加职业教育和技能培训的,按照国家相关政策执行。

自主就业退役士兵的职业教育和技能培训经费列入县级以上人民政府财政预算。

(三)就业服务

第二十二条规定,各级人民政府举办的公共就业人才服务机构,应当免费为退役士兵提供档案管理、职业介绍和职业指导服务。

国家鼓励其他人力资源服务机构为自主就业的退役士兵提供免费服务。

（四）税收优惠

第二十三条规定，对从事个体经营的退役士兵，按照国家规定给予税收优惠，给予小额担保贷款扶持，从事微利项目的给予财政贴息。除国家限制行业外，自其在工商行政管理部门首次注册登记之日起3年内，免收管理类、登记类和证照类的行政事业性收费。

第二十四条规定，国家鼓励用人单位招收录用或者聘用自主就业的退役士兵，用人单位招收录用或者聘用自主就业退役士兵符合规定条件的，依法享受税收等优惠。

（五）复工

第二十五条规定，自主就业的退役士兵入伍前是国家机关、社会团体、企业事业单位工作人员或者职工的，退出现役后可以选择复职复工，其工资、福利和其他待遇不得低于本单位同等条件人员的平均水平。

（六）土地承包

第二十六条规定，自主就业的退役士兵入伍前通过家庭承包方式承包的农村土地，承包期内不得违法收回或者强制流转；通过招标、拍卖、公开协商等非家庭承包方式承包的农村土地，承包期内其家庭成员可以继续承包；承包的农村土地被依法征收、征用或者占用的，与其他农村集体经济组织成员享有同等权利。

自主就业的退役士兵回入伍时户口所在地落户，属于农村集体经济组织成员但没有承包农村土地的，可以申请承包农村土地，村民委员会或者村民小组应当优先解决。

第二十七条规定，有劳动能力的残疾退役士兵，优先享受国家规定的残疾人就业优惠政策。

（七）教育、考录

第二十八条规定，自主就业的退役士兵进入中等职业学校学习、报考成人高等学校或者普通高等学校的，按照国家有关规定享受优待。

入伍前已被普通高等学校录取并保留入学资格或者正在普通高等学校就学的退役士兵，退出现役后2年内允许入学或者复学，并按照国家有关规定享受奖学金、助学金和减免学费等优待，家庭经济困难的，按照国家有关规定给予资助；入学后或者复学期间可以免修公共体育、军事技能和军事理论等课程，直接获得学分；入学或者复学后参加国防生选拔、参加国家组织的农村基层服务项目人选选拔，以及毕业后参加军官人选选拔的，优先录取。

二、安排工作

《退役士兵安置条例》第三十三条规定，安置地县级以上地方人民政府应当按照属地管理的原则，对符合安排工作条件的退役士兵进行安置，保障其第一次就业。

《退役士兵安置条例》第二十九条、第三十六条至第四十条对退役士兵安排工作的规定如下：

（一）符合条件

退役士兵符合下列条件之一的，由人民政府安排工作：士官服现役满12年的；服现役期间平时荣获二等功以上奖励或者战时荣获三等功以上奖励的；因战致残被评定为5级至8级残疾等级的；是烈士子女的。

符合前款规定条件的退役士兵在艰苦地区和特殊岗位服现役的，优先安排工作；因精神障碍基本丧失工作能力的，予以妥善安置。

符合安排工作条件的退役士兵，退役时自愿选择自主就业的，依照《退役士兵安置条例》关于自主就业的规定办理。

（二）工龄与待遇

由人民政府安排工作的退役士兵，服现役年限和符合本条例规定的待安排工作时间计算为工龄，享受所在单位同等条件人员的工资、福利待遇。

（三）确定劳动关系

（1）承担安排退役士兵工作任务的单位应当按时完成所在地人民政府下达的安排退役士兵工作任务，在退役士兵安置工作主管部门开出介绍信1个月内安排退役士兵上岗，并与退役士兵依法签订期限不少于3年的劳动合同或者聘用合同。

（2）合同存续期内单位依法关闭、破产、改制的，退役士兵与所在单位其他人员一同执行国家的有关规定。接收退役士兵的单位裁减人员的，应当优先留用退役士兵。

（四）生活费补助

非因退役士兵本人原因，接收单位未按照规定安排退役士兵上岗的，应当从所在地人民政府退役士兵安置工作主管部门开出介绍信的当月起，按照不低于本单位同等条件人员平均工资80%的标准逐月发给退役士兵生活费至其上岗为止。

（五）放弃、取消工资待遇

符合安排工作条件的退役士兵无正当理由拒不服从安置地人民政府安排工作的，视为放弃安排工作待遇；在待安排工作期间被依法追究刑事责任的，取消其安排工作待遇。

三、退休与供养

《退役士兵安置条例》第四十一条规定，中级以上士官符合下列条件之一的，作退休安置：

（1）年满55周岁的；

（2）服现役满30年的；

（3）因战、因公致残被评定为1级至6级残疾等级的；

（4）经军队医院证明和军级以上单位卫生部门审核确认因病基本丧失工作能力的。

退休的退役士官，其生活、住房、医疗等保障，按照国家有关规定执行。中级以上士官因战致残被评定为5级至6级残疾等级，本人自愿放弃退休安置选择由人民政府安排工作的，可以依照本条例的其他规定办理。

第四十二条规定，被评定为1级至4级残疾等级的义务兵和初级士官退出现役的，由国家供养终身。国家供养的残疾退役士兵，其生活、住房、医疗等保障，按照国家有关规定执行。国家供养分为集中供养和分散供养。分散供养的残疾退役士兵购（建）房所需经费的标准，按照安置地县（市）经济适用住房平均价格和60平方米的建筑面积确定；没有经济适用住房的地区按照普通商品住房价格确定。购（建）房所需经费由中央财政专项安排，不足部分由地方财政解决。购（建）房屋产权归分散供养的残疾退役士兵所有。分散供养的残疾退役士兵自行解决住房的，按照上述标准将购（建）房费用发给本人。

第四十三条规定，因战、因公致残被评定为1级至4级残疾等级的中级以上士官，本人自愿放弃退休安置的，可以选择由国家供养。

M 命题规律分析

规律一：考查退役士兵安置的基本原则。

退役士兵安置的基本原则：以扶持就业为主，自主就业、安排工作、退休和供养等多种方式相结合。

规律二：考查退役士兵安置的主要方式。

退役士兵安置的主要方式：安置地县级以上地方人民政府按照属地管理的原则，对符合安排工作条件的退役士兵进行安置，保障其第一次就业。

规律三：考查增发一次性抚恤金的条件和标准。

（1）军人荣获中央军区授予的荣誉称号，增发一次性抚恤金35%。

（2）军人荣获军队军区授予的荣誉称号，增发一次性抚恤金30%。

（3）军人立一等功，增发一次性抚恤金25%；军人立二等功，增发一次性抚恤金15%；军人立三等功，增发一次性抚恤金5%。

若某军人多次荣获荣誉称号或立功，其一次性抚恤金按照其中最高等级奖励的增发比例实施。

记忆口诀

05三，15二，25一。

Z 真题再现

1　2019-单选-28 根据《退役士兵安置条例》，国家建立以（　　）为主，多种方式相结合的退役士兵安置制度，妥善安置退役士兵。

A. 扶持就业

B. 自主就业

C. 安排工作

D. 分散供养

【答案】A。**解析：**本题考查退役士兵的工作安置方法。退役士兵指依照《中国人民解放军现役士兵服役条例》的规定退出现役的义务兵和士官。国家建立以扶持就业为主，自主就业、安排工作、退休、供养等多种方式相结合的退役士兵安置制度，妥善安置退役士兵。故本题选A。

2　2018-单选-29 根据《退役士兵安置条例》，安置地县级以上地方人民政府应当按照（　　）管理的原则，对符合安排工作条件的退役士兵进行安置，保障其第一次就业。

A. 属地　　B. 层级

C. 条块　　D. 垂直

【答案】A。**解析：**本题考查的是退役士兵安置的主要方式。《退役士兵安置条例》第三十三条规定，安置地县级以上地方人民政府应当按照属地管理的原则，对符合安排工作条件的退役士兵进行安置，保障其第一次就业。故本题选A。

3　2016-单选-29 根据《军人抚恤优待条例》，获得荣誉称号或者立功的烈士、因公牺牲军人、病故军人，在其应当享受的一次性抚恤金的基础上，由县级人民政府民政部门按照一定比例增发一次性抚恤金，增发比例根据荣誉称号和立功等级有所不同，多次获得荣誉称号或者立功的，其遗属由县级人民政府民政部门按照（　　）增发比例，增发一次性抚恤金。

A. 平均　　B. 累加

C. 最高　　D. 最低

【答案】C。**解析：**本题考查死亡抚恤的具体规定。多次获得荣誉称号或者立功的烈士、因公牺牲军人、病故军人，其遗属由县级人民政府民政部门按照其中最高等级奖励的增发比例，增发一次性抚恤金。故本题选C。

考点精讲 5 军休干部管理

K 考点梳理

《军队离休退休干部服务管理办法》对军休干部服务管理的规定如下：

一、军休干部服务管理的基本原则和内容

（一）服务管理的基本原则

第二条规定，军休干部服务管理应当从维护军休干部的合法权益出发，贯彻执行国家关于军休干部的法律法规和政策，完善军休干部服务保障和教育管理机制，落实军休干部政治待遇和生活待遇。

军休干部服务管理坚持政治关心、生活照顾、服务为先、依法管理的原则。

（二）服务管理的内容

第六条规定，各级人民政府和军队各级组织在举行重大庆典和重大政治活动时，民政部门应当按照要求组织军休干部参加。

第七条规定，在建军节、春节等重大节日时，民政部门应当协调当地人民政府和军队有关负责人走访慰问军休干部。

第八条规定，民政部门、服务管理机构应当按照规定落实军休干部相应政治待遇，组织军休干部阅读有关文件，听取党和政府重要会议精神传达。

第九条规定，服务管理机构应当做好以下服务保障工作：

（1）按时发放军休干部离退休费和津贴补贴；

（2）按规定落实军休干部医疗、交通、探亲等待遇，帮助符合条件的军休干部落实优抚待遇；

（3）协调做好军休干部的医疗保障工作，建立健康档案，开展医疗保健知识普及活动，引导军休干部科学保健、健康养生；

（4）组织开展适宜军休干部的文化体育活动，引导和鼓励军休干部参与社会文化活动；

（5）定期了解军休干部情况和需求，提供必要的关心照顾；

（6）协助办理军休干部去世后的丧葬事宜，按照政策规定落实遗属待遇。

第十条规定，服务管理机构应当加强思想政治工作，开展学习宣传活动，提高军休干部遵纪守法和遵守服务管理机构规章制度的自觉性。

第十一条规定，服务管理机构应当组织军休干部开展文明创建活动，引导军休干部保持和发扬优良传统，发挥政治优势和专业特长，参与社会公益活动。

二、管理委员会和服务管理工作人员

（一）管理委员会

第十九条规定，军休干部管理委员会是在服务管理机构内军休干部自我教育、自我管理、自我服务的群众性组织。

服务管理机构内设有军休干部管理委员会的，服务管理机构应当加强对军休干部管理委员会的指导，按照有关规定组织开展活动，发挥军休干部管理委员会的作用，定期听取军休干部管理委员会工作情况报告，研究解决其反映的问题。

（二）服务管理工作人员

第二十六条规定，军休干部服务管理工作人员应当加强政策和业务知识学习，掌握服务管理技能，培养良好作风和职业道德，尊重军休干部。

第二十七条规定，服务管理机构新聘用工作人员，除国家政策性安置、按照人事管理权限由上级任命、涉密岗位等人员外，应当面向社会公开招聘。

三、对军休干部服务管理机构及工作任务的具体要求

（1）组织机构。对军休干部服务管理机构的性质、主要任务、法人结构、管理方式、隶属关系等方面作出了规定。

（2）队伍建设。对军休干部服务管理机构的岗位设置、人员培训、作风建设、目标责任制等方面提出了要求。

（3）设施建设。对军休干部服务管理机构用房面积、各种功能性设施建设及设备器材配备、设施管理和维护等方面作出了规定。

（4）财务资产管理。财务资产管理包括对军休经费管理、内部财务管理控制制度和流程、资产采购、资产登记制度以及车辆使用审批程序等。

（5）安全管理。安全管理包括坚持预防为主、综合治理的基本原则，实行全时值班，按照行业规范加强各类物品管理，按照有关规定配备各种设施，落实责任，定期检查，及时消除安全隐患；以及合理设置安全标识，组织开展安全教育，强化安全意识，熟练掌握应急处理的程序，防止安全责任事故发生。

（6）其他。此外，《军队离休退休干部服务管理办法》还对军队干部管理机构相关的办理接收、政治待遇、生活待遇、医疗保健、文体活动、服务方式等方面作出了具体规定。

M 命题规律分析

本知识点在历年社会工作者职业水平考试中考查频率较低，在此不做命题规律分析。

Z 真题再现

2018-单选-30 根据《军队离休退休干部服务管理办法》，军休干部服务管理方式应当逐步实行国家保障与（　　）服务相结合。

A.市场化　　B.社会化

C.人性化　　D.专业化

【答案】B。**解析：**本题考查军休干部的服务管理。《军队离休退休干部服务管理办法》第四条规定，军休干部服务管理应当适应社会主义市场经济发展和军队后勤保障社会化的要求，逐步实行国家保障与社会化服务相结合。故本题选B。

第七章　我国城乡基层群众自治和社区建设法规与政策

备考指南

根据最新修订的考试大纲，本章主要分为四个部分：第一部分为城市社区居民自治法规与政策，主要包括居民委员会的性质、组织设置和主要职能，居民自治的基本内容，居民委员会与基层人民政府以及相关组织的关系；第二部分为农村村民自治法规与政策，主要包括村民委员会的性质、结构和主要职能，村民委员会选举，村民（代表）会议和民主管理、民主监督，村民委员会与基层人民政府以及相关组织的关系；第三部分为城乡社区建设法规与政策，主要包括社区建设的基本原则、社区建设的主要任务、社区建设的运行机制；第四部分为城乡社区服务法规与政策，主要包括社区服务的基本原则、社区公共服务、社区社会工作服务和志愿服务、社区便民商业性服务。

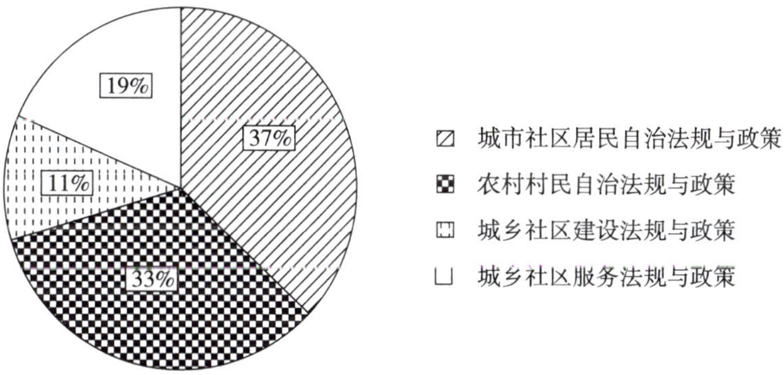

图2-7-1　本章考点考查比重

考点精讲 1　居民委员会的性质、组织设置和主要职能

K 考点梳理

我国的相关法律对居民委员会的内容作出如下说明：

一、居民委员会的性质和组织设置

（一）居民委员会的性质

《中华人民共和国城市居民委员会组织法》（以下简称《城市居民委员会组织法》）第二条规定，居民委员会是居民自我管理、自我教育、自我服务的基层群众性自治组织。

不设区的市、市辖区的人民政府或者它的派出机关对居民委员会的工作给予指导、支持和帮助。居民委员会协助不设区的市、市辖区的人民政府或者它的派出机关开展工作。

（二）居民委员会的组织设置

根据《中华人民共和国宪法》（以下简称《宪法》）《城市居民委员会组织法》及《关于加强和改进城市社区居民委员会建设工作的意见》（以下简称《意见》），对居民委员会的组织设置有以下相关规定：

1. 设置

根据《城市居民委员会组织法》第六条，居民委员会根据居民居住状况，按照便于居民自治的原则，一般在一百户至七百户的范围内设立。居民委员会的设立、撤销、规模调整，由不设区的市、市辖区的人民政府决定。

2. 原则

便于管理，便于服务，便于居民自治。

3. 具体要求

新建住宅区居民入住率达到50%的，应及时成立社区居民委员会，在此之前应成立居民小组或由相邻的社区居民委员会代管，实现对社区居民的全员管理和无缝隙管理。

关于居民委员会的内部设置方面，可以分设若干居民小组，推选出小组长。此外，还可以设置居民委员会下属的各个委员会，如人民调解、治安保卫、公共卫生等。

为更好地完成社区管理和服务任务，辖区人口较多、社区管理和服务任务较重的社区居民委员会，根据工作需要可建立社区服务站（或称社区工作站、社会工作站）等专业服务机构。

二、居民委员会的工作人员和主要职能

（一）居民委员会的工作人员

居民委员会的工作人员可以分成两类，分别是被选出的居民委员会的委员和社区专职工作人员。针对居民委员会工作人员的相关内容，《城市居民委员会组织法》和《意见》有如下规定：

1. 扩大社区居委会工作人员的来源渠道

居民委员会由主任、副主任和委员共五至九人组成。在多民族居住地区，居民委员会

中应当有人数较少的民族的成员。社区居民委员会成员一般配置五至九人，辖区人口较多、社区管理和服务任务较重的社区居民委员会可适当增加若干社区专职工作人员；社区专职工作人员面向社会公开招聘，优先安排符合岗位要求的就业困难人员，其配备比例、招聘办法及专业服务机构的设置标准由市（地）级人民政府或各省、自治区、直辖市人民政府确定；提倡社区党组织班子成员、社区居民委员会成员与业主委员会成员交叉任职，社区居民委员会下属的委员会和居民小组的负责人可以由社区居民推选产生，也可以由社区居民委员会成员或社区专职工作人员经过民主程序兼任。鼓励社区民警、群团组织负责人通过民主选举程序担任社区居民委员会成员，鼓励党政机关和企事业单位优秀年轻干部到社区居民委员会帮助工作或建立经常性联系制度，鼓励高校毕业生、复转军人等到社区担任专职工作人员。鼓励党政机关、企事业单位在职或退休党员干部、社区知名人士以及社区专职工作人员参与社区居民委员会选举、经过民主选举担任社区居民委员会成员。

2. 加强对居委会工作人员的教育培训

城市基层人民政府或者它的派出机关每年至少对社区居民委员会主任进行一次培训，其他成员每两年至少接受一次培训；鼓励社区居民委员会成员和社区专职工作人员立足岗位，自学成才，支持他们参加社会工作等各种职业资格考试和学历教育考试，不断提高综合素质。

3. 关心居委会工作人员的成长进步

积极把优秀社区居民委员会工作人员发展成党员，积极推荐符合条件的优秀社区居民委员会工作人员担任各级党代会代表、人大代表、政协委员和劳动模范；加大从优秀社区居民委员会成员、社区专职工作人员中考录公务员和选任街道（乡镇）机关、事业单位领导干部的力度，对工作成绩突出、群众满意的居民委员会工作人员应及时给予宣传、表彰和奖励。

（二）居民委员会的主要职能

根据《意见》的相关规定，居民委员会的主要职能有以下几个方面：

（1）依法组织居民开展自治活动

（2）依法协助城市基层人民政府或者它的派出机关开展工作

（3）依法依规组织开展有关监督活动

M 命题规律分析

从往年的命题情况来看，相关题目对本考点的考查，主要采取单选题的命题形式，且考查的知识点较为分散。本考点的重要知识点为居民委员会的性质、居民委员会的组织设置、居民委员会的工作人员，其命题规律如下：

规律一：考查知识点中的数字。

本考点所涉及的数字是命题的重中之重，考生要注意记忆各个知识点中的数字，以免混淆。常考的有：新建住宅区居民入住率达到50%的，应当成立社区居民委员会；居民委员会由主任、副主任和委员共5~9人组成。

规律二：考查居民委员会的性质。

考生一定要了解和理解居民委员会的性质，这是学习好本知识点的前提。居民委员会的性质有“三个自我”，分别是自我管理、自我教育和自我服务；居民委员会的性质有“三个性”，分别是群众性、自治性和地域性。

Z 真题再现

1 2018-单选-31 根据《关于加强和改进城市社区居民委员会建设工作的意见》，新建住宅区居民入住率达到（　　），应及时成立社区居民委员会。

A.35%　　B.40%

C.45%　　D.50%

【答案】D。**解析：**本题考查的是居民委员会的组织设置。新建住宅区居民入住率达到50%的，应及时成立社区居民委员会。故本题选D。

2 2017-多选-71 根据《中华人民共和国城市居民委员会组织法》，下列居委会组成人数符合规定的有（　　）。

A.3人　　B.5人

C.7人　　D.9人

E.11人

【答案】BCD。**解析：**本题考查居民委员会的性质、组织设置的相关知识。《中华人民共和国城市居民委员会组织法》第七条规定，居民委员会由主任、副主任和委员共5~9人组成。多民族居住地区，居民委员会中应当有人数较少的民族的成员。故本题选BCD。

考点精讲 2 居民自治的基本内容

K 考点梳理

一、民主选举和民主协商

（一）民主选举

《城市居民委员会组织法》第八条规定，居民委员会主任、副主任和委员，由本居住地区全体有选举权的居民或者由每户派代表选举产生；根据居民意见，也可以由每个居民小组选举代表二至三人选举产生。居民委员会每届任期五年，其成员可以连选连任。年满十八周岁的本居住地区居民，不分民族、种族、性别、职业、家庭出身、宗教信仰、教育程度、财产状况、居住期限，都有选举权和被选举权；但是，依照法律被剥夺政治权利的人除外。

另外，根据《民政部关于切实做好城市社区居民委员会换届选举工作的通知》，关于民主选举还有以下规定：

（1）认真做好选民登记工作。对人户分离的城镇居民，原则上要在经常居住地进行登记，对愿意参加户口所在地选举的，要尊重其自主选择的权利，但不得重复行使选举权利。对选派到社区工作的机关干部、复退军人和大学生，也要在尊重其意愿的基础上对其进行登记。对居住在本社区一年以上的外来务工经商人员，应认真听取其意见，尊重其意愿，凡愿意参加本社区选举的人员，并经社区选举委员会同意，应予以登记。对自愿放弃选民权利的社区居民，可不计算在本届选民数内。

（2）民主提名候选人。各地可以依据法律和有关政策提出候选人倡导性条件，但不得与宪法、法律相抵触。候选人居住的社区原则上应与其参选的社区一致。候选人要由居民提名产生，其人数应多于应选人数。有条件的社区要组织候选人与社区居民见面，向社区居民介绍自己的情况及社区治理方案，组织候选人开展有序竞争。坚决反对和抵制贿选。

（3）组织搞好投票选举工作。要严格按照选举程序组织投票，采用大会形式进行选举投票的，要维持好会场秩序。探索利用互联网、手机短信等现代技术和采用分时设立投票站的灵活做法组织投票选举。投票结束后，要公开唱票、计票。每个统计组由一个唱票员、一个计票员和两个监票员组成，分别负责唱票、计票和监票工作。对选举结果有争议的，由社区选举委员会民主裁定。

（二）民主协商

2015年，中共中央办公厅、国务院办公厅印发《关于加强城乡社区协商的意见》，该意见提出的重要意义和主要任务如下：

1. 重要意义

城乡社区协商是基层群众自治的生动实践，是社会主义协商民主建设的重要组成部分和有效实现形式。

2. 主要任务

（1）明确协商内容。根据当地经济社会发展实际，坚持广泛协商，针对不同渠道、不同层次、不同地域特点，合理确定协商内容，主要包括：城乡经济社会发展中涉及当地居民切身利益的公共事务、公益事业；当地居民反映强烈、迫切要求解决的实际困难问题和矛盾纠纷；党和政府的方针政策、重点工作部署在城乡社区的落实；法律法规和政策明确要求协商的事项；各类协商主体提出协商需求的事项。

（2）确定协商主体。基层政府及其派出机关、村（社区）党组织、村（居）民委员会、村（居）务监督委员会、村（居）民小组、驻村（社区）单位、社区社会组织、业主委员会、农村集体经济组织、农民合作组织、物业服务企业和当地户籍居民、非户籍居民代表以及其他利益相关方可以作为协商主体。涉及行政村、社区公共事务和居民切身利益的事项，由村（社区）党组织、村（居）民委员会牵头，组织利益相关方进行协商。涉及两个以上行政村、社区的重要事项，单靠某一村（社区）无法开展协商时，由乡镇、街道党委（党工委）牵头组织开展协商。人口较多的自然村、村民小组，在村党组织的领导下组织居民进行协商。专业性、技术性较强的事项，可以邀请相关专家学者、专业技术人员、第三方机构等进行论证评估。协商中应当重视吸纳威望高、办事公道的老党员、老干部、群众代表，党代表、人大代表、政协委员，以及基层群团组织负责人、社会工作者参与。

（3）拓展协商形式。坚持村（居）民会议、村（居）民代表会议制度，规范议事规程。结合参与主体情况和具体协商事项，可以采取村（居）民议事会、村（居）民理事会、小区协商、业主协商、村（居）民决策听证、民主评议等形式，以民情恳谈日、社区（驻村）警务室开放日、村（居）民论坛、妇女之家等为平台，开展灵活多样的协商活动。推进城乡社区信息化建设，开辟社情民意网络征集渠道，为城乡居民搭建网络协商平台。

（4）规范协商程序。协商的一般程序是：村（社区）党组织、村（居）民委员会在充分征求意见的基础上研究提出协商议题，确定参与协商的各类主体；通过多种方式，向参与协商的各类主体提前通报协商内容和相关信息；组织开展协商，确保各类主体充分发表意见建议，形成协商意见；组织实施协商成果，向协商主体、利益相关方和居民反馈落实情况等。对于涉及面广、关注度高的事项，要经过专题议事会、民主听证会等程序进行协商。通过协商无法解决或存在较大争议的问题或事项，应当提交村（居）民会议或村（居）民代表会议决定。跨村（社区）协商的协商程序，由乡镇、街道党委（党工委）研究确定。

（5）运用协商成果。建立协商成果采纳、落实和反馈机制。需要村（社区）落实的事项，村（社区）党组织、村（居）民委员会应当及时组织实施，落实情况要在规定期限内通过村（居）务公开栏、社区刊物、村（社区）网络论坛等渠道公开，接受群众监督。受政府或有关部门委托的协商事项，协商结果要及时向基层政府或有关部门报告，基层政府和有关部门要认真研究吸纳，并以适当方式反馈。对协商过程中持不同意见的群众，协商组织者要及时做好解释说明工作。协商结果违反法律法规的，基层政府应当依法纠正，并做好法治宣传教育工作。

二、民主决策、民主管理、民主监督

根据《城市居民委员会组织法》，对民主决策、民主管理、民主监督主要有以下规定：

第九条规定，居民会议由十八周岁以上的居民组成。

居民会议可以由全体十八周岁以上的居民或者每户派代表参加，也可以由每个居民小组选举代表二至三人参加。

居民会议必须有全体十八周岁以上的居民、户的代表或者居民小组选举的代表的过半数出席，才能举行。会议的决定，由出席人的过半数通过。

第十条规定，居民委员会向居民会议负责并报告工作。

居民会议由居民委员会召集和主持。有五分之一以上的十八周岁以上的居民、五分之一以上的户或者三分之一以上的居民小组提议，应当召集居民会议。涉及全体居民利益的重要问题，居民委员会必须提请居民会议讨论决定。

居民会议有权撤换和补选居民委员会成员。

M 命题规律分析

从往年的命题情况来看，相关题目对本考点的考查，主要采取单选题的命题形式，且出题的频率较高。题干会明确某个法律文件，让考生选择正确的选项，一般是对法规与政策原文的考查。本考点的命题重点是民主选举，其命题规律如下：

规律一：更新的法律条文是命题的重点。

旧版的《中华人民共和国城市居民委员会组织法》是1990年1月1日起施行的，最新的《中华人民共和国城市居民委员会组织法》是2018年12月29日第十三届全国人民代表大会常务委员会第七次会议通过的。

规律二：考查居民自治的基本内容——“五个民主”。

居民自治的内容是极为丰富的，一般可以概括为“五个民主”。即民主选举、民主协商、民主决策、民主管理、民主监督。其中民主协商是新增的内容，考生要注意重点掌握。

Z 真题再现

1　2019-多选-71　根据《中华人民共和国城市居民委员会组织法》，产生居民委员会主住、副主任和委员的方式有(　　)。

A. 由本居住地区每户派代表选举产生

B. 由本居住地区全体有选举权的居民选举产生

C. 由本居住地区半数以上的居民和驻社区单位代表选举产生

D. 根据居民意见，由每个居民小组选举代表二至三人选举产生

E. 根据居民意见，由每个居民小组和业主委员会推举代表选举产生

【答案】ABD。**解析：**本题考查的是民主选举。《中华人民共和国居民委员会组织法》提出了民主选举产生居民委员会主任、副主任和委员的具体方式：一是可以由每户派代表选举产生，A项正确；二是由本居住地区全体有选举权的居民选举产生，也就是人们通常所说的

“直接选举”，B项正确；三是根据居民意见，也可以由每个居民小组选举代表二至三人选举产生，D项正确。故本题选ABD。

2 2016-单选-33 根据《中华人民共和国城市居民委员会组织法》，社区居委会每届任期（　　）年，其成员可以连选连任。

A.2　　B.3

C.4　　D.5

【答案】D。**解析：**本题考查的是社区居民委员会的任期。根据《城市居民委员会组织法》，社区居委会每届任期5年，其成员可以连选连任。故本题选D。

K 考点预测

【单选】随着经济社会的发展，（　　）是基层群众自治的生动实践，是社会主义协商民主建设的重要组成部分和有效实现形式。

A.乡村振兴

B.城乡社区协商

C.农村地区发展

D.城乡一体化

【答案】B。**解析：**本题考查城乡社区协商的意义。根据中共中央办公厅、国务院办公厅印发的《关于加强城乡社区协商的意见》，城乡社区协商是基层群众自治的生动实践，是社会主义协商民主建设的重要组成部分和有效实现形式。故本题选B。

考点精讲 3 居民委员会与政府组织及相关组织的关系

K 考点梳理

一、《城市居民委员会组织法》的相关规定

《城市居民委员会组织法》对居民委员会与基层人民政府的关系作了以下规定：

第十七条规定，居民委员会的工作经费和来源，居民委员会成员的生活补贴费的范围、标准和来源，由不设区的市、市辖区的人民政府或者上级人民政府规定并拨付；经居民会议同意，可以从居民委员会的经济收入中给予适当补助。

居民委员会的办公用房，由当地人民政府统筹解决。

第十八条规定，依照法律被剥夺政治权利的人编入居民小组，居民委员会应当对他们进行监督和教育。

第十九条规定，机关、团体、部队、企业事业组织，不参加所在地的居民委员会，但是应当支持所在地的居民委员会的工作。所在地的居民委员会讨论同这些单位有关的问题，需要他们参加会议时，他们应当派代表参加，并且遵守居民委员会的有关决定和居民公约。

前款所列单位的职工及家属、军人及随军家属，参加居住地区的居民委员会；其家属聚居区可以单独成立家属委员会，承担居民委员会的工作，在不设区的市、市辖区的人民政府或者它的派出机关和本单位的指导下进行工作。家属委员会的工作经费和家属委员会成员的生活补贴费、办公用房，由所属单位解决。

第二十条规定，市、市辖区的人民政府有关部门，需要居民委员会或者它的下属委员会协助进行的工作，应当经市、市辖区的人民政府或者它的派出机关同意并统一安排。市、市辖区的人民政府的有关部门，可以对居民委员会有关的下属委员会进行业务指导。

二、中央文件的相关规定

中央相关文件对居民委员会与相关组织的关系作了以下规定：

1. 居民委员会与社区党组织的关系

自觉接受社区党组织的领导。健全社区党组织领导社区居民委员会开展工作的相关制度。加强社区党组织对社区居民委员会选举工作的领导和指导，提倡按照民主程序将不参与选举的社区党组织负责人推选为居民选举委员会主任，主持居民选举委员会工作。社区党组织要支持和保障社区居民委员会充分行使职权，及时帮助解决社区居民委员会工作中存在的困难和问题。

2. 居民委员会与社区社会组织的关系

支持社会组织和社区志愿者参与社区管理和服务。居民委员会要积极培育社区服务性、公益性、互助性社会组织，对不具备登记条件的社区服务性、公益性、互助性的社会组织，要主动帮助其办理备案手续，并在组织运作、活动场地等方面为其提供帮助。

3. 居民委员会与社区业主组织和物业服务企业的关系

居民委员会指导、支持、监督社区业主组织和物业服务企业的工作。

业主大会、业主委员会应当接受居民委员会的指导和监督。召开业主大会、业主委员会会议应当告知所在社区居民委员会，并听取其意见。业主大会、业主委员会作出的决定，应当告知相关的居民委员会，并认真听取居民委员会的建议。业主大会、业主委员会应当积极配合相关居民委员会依法履行自治管理职责，支持居民委员会开展工作，应当与居民委员会相互协作，共同做好维护物业管理区域内的社会治安等相关工作。

社区居民委员会要积极支持物业服务企业开展多种形式的社区服务，物业服务企业要主动接受社区居民委员会的指导和监督。要建立健全社区党组织、社区居民委员会、业主委员会和物业服务企业协调机制，及时协调解决物业服务纠纷，维护各方合法权益。

4. 居民委员会与驻社区单位的关系

居民委员会要强化驻社区单位的社区建设责任。建立社区党组织、社区居民委员会、驻社区单位联席会议制度，建立健全社区居民委员会与驻社区单位协商议事制度，定期研究资源共享、社区共建事项。居民委员会要积极推动驻社区单位将文化、教育、体育等活动设施向社区居民开放。居民委员会要推动驻社区单位将服务性、公益性、社会性事业逐步向社区开放，为社区居民委员会提供人力、物力、财力支持。

M 命题规律分析

从往年的命题情况来看，本考点的出题频率不高，并且以单选题的形式为主。本考点的考查重点是居民委员会与基层政府组织的关系，考生要注意，居民委员会是基层群众自治组织，主要是协助政府工作，基层政府组织应该对居民委员会给予支持、指导和帮助，特别是提供人力、物力、财力的帮助。

Z 真题再现

2016-多选-69 某社区居民委员会正在制定工作经费预算，根据《关于加强和改进城市社区居民委员会建设工作的意见》，下列选项中，可向街道办事处申请纳入财政预算的有（　　）。

A. 工作经费

B. 人员报酬

C. 居民互助经费

D. 服务设施建设经费

E. 社区信息化建设经费

【答案】ABDE。**解析：**本题考查的是居民委员会与政府组织的关系。《中华人民共和国城市居民委员会组织法》规定，居民委员会的工作经费和来源，居民委员会成员的生活补贴费的范围、标准和来源，由不设区的市、市辖区的人民政府或者上级人民政府规定并拨付。《关于加强和改进城市社区居民委员会建设工作的意见》明确提出，要将社区居民委员会的工作经费、人员报酬及服务设施和社区信息化建设等项经费纳入财政预算。故本题选ABDE。

考点精讲 4 村民委员会的性质、结构与主要职能

K 考点梳理

《中华人民共和国村民委员会组织法》（以下简称《村民委员会组织法》）关于村民委员会的性质、结构与主要职能方面，主要有以下相关规定：

一、村民委员会的性质、组织构成

（一）性质

我国农村的村民委员会是村民自我管理、自我教育、自我服务的基层群众性自治组织。

（二）组织构成

（1）村民委员会根据村民居住状况、人口多少，按照便于群众自治，有利于经济发展和社会管理的原则设立。其设立、撤销、范围调整，由乡、民族乡、镇的人民政府提出，经村民会议讨论同意，报县级人民政府批准。

（2）村民委员会可以根据村民居住状况、集体土地所有权关系等分设若干村民小组。

（3）关于村民委员会下属委员会的设置，《村民委员会组织法》规定，村民委员会根据需要设人民调解、治安保卫、公共卫生与计划生育等委员会。村民委员会成员可以兼任下属委员会的成员。人口少的村的村民委员会可以不设下属委员会，由村民委员会成员分工负责人民调解、治安保卫、公共卫生与计划生育等工作。

（4）关于村民委员会成员的构成，《村民委员会组织法》规定，村民委员会由主任、副主任和委员共三至七人组成。村民委员会成员中，应当有妇女成员，多民族村民居住的村应当有人数较少的民族的成员。

（5）应当建立村务监督委员会或者其他形式的村务监督机构，负责村民民主理财、监督村务公开等制度的落实。其成员由村民会议或者村民代表会议在村民中推选产生，其中应有具备财会、管理知识的人员。村民委员会成员及其近亲属不得担任村务监督机构成员。村务监督机构成员向村民会议和村民代表会议负责，可以列席村民委员会会议。

二、村民委员会的主要职能

（1）支持和组织村民依法发展各种形式的合作经济和其他经济，承担本村生产的服务和协调工作，促进农村生产建设和经济发展。村民委员会应当尊重并支持集体经济组织依

法独立进行经济活动的自主权，维护以家庭承包经营为基础、统分结合的双层经营体制，保障集体经济组织和村民、承包经营户、联户或者合伙的合法财产权和其他合法权益。

（2）依照法律规定，管理本村属于村农民集体所有的土地和其他财产，引导村民合理利用自然资源，保护和改善生态环境。

（3）宣传宪法、法律、法规和国家的政策，教育和推动村民履行法律规定的义务、爱护公共财产，维护村民的合法权益，发展文化教育，普及科技知识，促进男女平等，做好计划生育工作，促进村与村之间的团结、互助，开展多种形式的社会主义精神文明建设活动。多民族村民居住的村，村民委员会应教育和引导各民族村民增进团结、互相尊重、互相帮助。

（4）支持服务性、公益性、互助性社会组织依法开展活动，推动农村社区建设。

（5）办理本村的公共事务和公益事业，调解民间纠纷，协助维护社会治安，向人民政府反映村民的意见、要求和提出建议。

（6）协助乡、民族乡、镇的人民政府开展工作。

M 命题规律分析

从往年的命题情况来看，本考点的出题频率不高。本考点的考查重点是村民委员会的性质和结构，其命题规律如下：

规律一：考查村民委员会和居民委员会的相同点。

村民委员会和居民委员会的性质是相同的，他们都是自我管理、自我教育、自我服务的基层群众性自治组织，都具有群众性、自治性和地域性。

规律二：考查村民委员会和居民委员会的不相点。

根据考试的需要，我们将村民委员会和居民委员会的不同概括为两点：一是人数不同，村民委员会是由主任、副主任和委员共3~7人组成；居民委员会由主任、副主任和委员共5~9人组成。二是管理单位不同，村民委员会的设立、撤销、范围调整，由乡、民族乡、镇的人民政府提出，经村民会议讨论同意，报县级人民政府批准；居民委员会的设立、撤销、规模调整，由不设区的市、市辖区的人民政府决定。

Z 真题再现

2016-多选-70 根据《中华人民共和国村民委员会组织法》，村民委员会是村民（　　）的基层群众性自治组织。

A. 自我管理　　B. 自我发展

C. 自我教育　　D. 自我服务

E. 自我协商

【**答案**】ACD。**解析**：本题考查村民委员会的性质、结构和主要功能。我国农村的村民委员会是村民自我管理、自我教育、自我服务的基层群众性自治组织，如同居民委员会一样，村民委员会同样具有群众性、自治性、地域性等特征。村委会的设立、撤销、范围调整，由乡、民族乡、镇的人民政府提出，经村民会议讨论同意，报县级人民政府批准。村委会可以根据需要设人民调解、治安保卫、公共卫生与计划生育等委员会。村民委员会成员可以兼任下属委员会成员。村民委员会由主任、副主任和委员共3~7人组成，并要求村委会成员中应当有妇女成员，多民族村民居住的村应当有人数较少的民族的成员。故本题选ACD。

考点精讲 5 村民委员会选举

K 考点梳理

《村民委员会组织法》和民政部制定的《村民委员会选举规程》对村民委员会选举进行了详细集中的规定。经过梳理归纳，主要可以分为以下几个知识点：

村民委员会实行民主选举，每届任期5年，届满应当及时举行换届选举。村民委员会主任、副主任和委员由村民直接选举产生，可以连选连任，任何组织或者个人不得指定、委派或者撤换村民委员会成员。

一、村民选举委员会的产生和构成

村民委员会的选举由村民选举委员会主持。村民选举委员会由主任和委员组成，由村民会议、村民代表会议或者各村民小组会议推选产生，并实行少数服从多数的议事原则。村民选举委员会的人数应当根据村民居住状况、参加选举村民的多少决定，不少于3人，以奇数为宜。村民之间有近亲属关系的，不宜同时担任村民选举委员会成员。

村民选举委员会应及时公布选举委员会主任和委员名单，报乡级人民政府或者乡级村民委员会选举工作指导机构备案。村民选举委员会的任期，自推选组成之日起，至新老村民委员会工作移交后终止。村民选举委员会成员被提名为村民委员会成员候选人，应当退出村民选举委员会。村民选举委员会成员退出村民选举委员会或因其他原因出缺的，按照原推选结果依次递补，也可另行推选。村民选举委员会成员不履行职责，致使选举工作无法正常进行的，经村民会议、村民代表会议或者村民小组会议讨论同意，其职务终止。村民选举委员会成员变动应当及时公布，并报乡级人民政府或者乡级村民委员会选举工作指导机构备案。

二、选民登记的规定

1.选民资格

年满18周岁的村民都有选举权和被选举权，但依照法律被剥夺政治权利的人除外。

2.登记参加选举的村民名单

（1）户籍在本村并且在本村居住的村民；

（2）户籍在本村，不在本村居住，本人表示参加选举的村民；

（3）户籍不在本村，在本村居住一年以上，本人申请参加选举，并且经村民会议或者村民代表会议同意参加选举的公民。

另外，要求已在户籍所在村或者居住村登记参加选举的村民，不得再参加其他地方村民委员会的选举。经村民选举委员会告知，本人书面表示不参加选举的，不列入参加选举的村民名单。

3.登记程序

登记时，既可以村民小组为单位设立登记站，村民到站登记，也可由登记员入户登记。村民选举委员会应当对登记参加选举的村民名单进行造册。登记参加选举的村民名单应当在选举日的20日前由村民选举委员会公布。对登记参加选举的村民名单有异议的，应当自名单公布之日起5日内向村民选举委员会申诉，村民选举委员会应当自收到申诉之日起3日内作出处理决定，并公布处理结果。

选举日前，村民选举委员会应当根据登记参加选举的村民名单填写、发放参选证，并由村民签收。投票选举时，村民凭参选证领取选票。

三、提名确定候选人

1.确定职位和职数

村民会议或者村民代表会议拟定村民委员会的职位和职数，村民选举委员会应当及时公布，并报乡级人民政府或者乡级村民委员会选举工作指导机构备案。

2.确定候选人人数

村民选举委员会应当根据村民委员会主任、副主任、委员的职数，分别拟定候选人名额。候选人名额应当多于应选名额。

3.提名确定候选人

村民委员会成员候选人，应当由登记参加选举的村民直接提名，根据拟定的候选人名额，按照得票多少确定。每一村民提名人数不得超过拟定的候选人名额。无行为能力或者被判处刑罚的，不得提名为候选人。候选人中应当有适当的妇女名额，没有产生妇女候选人的，以得票最多的妇女为候选人。村民委员会选举也可以采取无候选人的方式，一次投票产生。

四、选举竞争与投票选举

1.选举竞争

选举竞争应当在村民选举委员会的主持和监督下，公开、公平、公正地进行。村民选举委员会应当对候选人的选举竞争材料进行审核把关，组织候选人与村民见面，由候选人介绍履职设想，回答村民提问。选举竞争材料和选举竞职陈述主要内容包括：候选人的基本情况、竞争职位及理由、治村设想、对待当选与落选的态度。

2.投票选举

村民委员会选举实行无记名投票、公开计票的方法，选举结果应当当场公布。选举时，应当设立秘密写票处，可采取以下两种方式投票选举村民委员会成员：

（1）召开选举大会。采取选举大会方式的，可以组织全体登记参加选举的村民集中统一投票；也可以设立中心选举会场，辅之以分会场分别投票。选举大会可以设置流动票箱，但应当严格控制流动票箱的使用。

（2）设立投票站。采取投票站方式的，不再召开选举大会，村民在投票站选举日开放时间内自由投票。

3.委托投票

登记参加选举的村民，选举期间外出不能参加投票的，可以委托本村有选举权的近亲属代为投票。每一登记参加选举的村民接受委托投票不得超过3人。提名为村民委员会候选人的，不得接受委托。委托投票应当办理书面委托手续。村民选举委员会应当及时公布委托人和受委托人的名单。受委托人在选举日凭书面委托凭证和委托人的参选证，领取选票并参加投票。受委托人不得再委托他人。

五、选举有效性确认和确认当选

1.选举有效性确认

选举村民委员会，有登记参加选举的村民过半数投票，选举有效。参加投票的村民人数，以从票箱收回的选票数为准。有下列情形之一的，选举无效：村民选举委员会未按照法定程序产生的；候选人的产生不符合法律规定的；参加投票的村民人数未过登记参加选举的村民半数的；违反差额选举原则，采取等额选举的；收回的选票多于发出选票的；没有公开唱票、计票的；没有当场公布选举结果的；其他违反法律、法规有关选举程序规定的。

2.确认当选

候选人获得参加投票的村民过半数的选票，始得当选。获得过半数选票的人数超过应选名额时，以得票多的当选；如遇票数相等不能确定当选人时，应当就票数相等的人进行再次投票，以得票多的当选。村民委员会主任、副主任的当选人中没有妇女，但委员的候选人中有妇女获得过半数选票的，应当首先确定得票最多的妇女当选委员，其他当选人按照得票多少的顺序确定；如果委员的候选人中没有妇女获得过半数选票的，应当从应选名额中确定一个名额另行选举妇女委员，直到选出为止，其他当选人按照得票多少的顺序确定。以暴力、威胁、欺骗、贿赂、伪造选票、虚报选举票数等不正当手段当选的，当选无效。

3.颁发当选证书

县级人民政府主管部门或者乡级人民政府，应当自新一届村民委员会产生之日起10日内向新当选的成员颁发统一印制的当选证书。

六、另行选举和选举后续工作

1.另行选举

村民委员会当选人不足应选名额的，不足的名额另行选举。另行选举可以在选举日当日举行，也可以在选举日后10日内进行，具体时间由村民选举委员会确定。另行选举的，第一次投票未当选的人员得票多的为候选人，候选人以得票多的当选，但得票数不得少于已投选票数的三分之一。经另行选举，应选职位仍未选足，但村民委员会成员已选足3人的，不足职位可以空缺。主任未选出的，由副主任主持工作；主任、副主任都未选出的，由村民代表会议在当选的委员中推选1人主持工作。

2.选举后续工作

村民委员会工作移交。村民委员会应当自新一届村民委员会产生之日10日内完成工作移交。原村民委员会应当依法依规将印章、办公场所、办公用具、集体财务账目、固定资产、工作档案、债权债务及其他遗留问题等，及时移交给新一届村民委员会。移交工作由村民选举委员会主持，乡级人民政府监督。对拒绝移交或者无故拖延移交的，乡级人民政府应当给予批评教育，督促其改正。

建立选举工作档案。选举工作档案包括：村民选举委员会成员名单及推选情况材料；村民选举委员会选举会议记录；村民选举委员会发布的选举公告；选民登记册；候选人名单及得票数；选票和委托投票书、选举结果统计、选举报告单；选举大会议程和工作人员名单；新当选的村民委员会成员名单；选举工作总结；等等。

七、村民委员会成员罢免和补选

1.罢免

本村五分之一以上有选举权的村民或者三分之一以上的村民代表联名，可以提出罢免村民委员会成员的要求，启动罢免程序。罢免程序为：书面向村民委员会提出罢免要求，说明罢免理由；召开村民代表会议，审议罢免要求；被罢免对象进行申辩或者书面提出申辩意见；召开村民会议，进行投票表决；公布罢免结果。罢免村民委员会成员，须有登记参加选举的村民过半数投票，并须经投票的村民过半数通过。

2.补选

村民委员会成员出缺，可以由村民会议或者村民代表会议进行补选。补选程序参照村民委员会选举投票程序。补选的村民委员会成员的任期到本届村民委员会任期届满时止。

M 命题规律分析

从往年的命题情况来看，相关题目对本考点的考查，主要采取单选题的命题形式，且出题的频率较高。题目的设置有时是直接考查法规与政策的原文，如在委托投票时，考查每一登记参加选举的村民接受委托投票不得超过3人。有时会综合考查相关的法规与政策，如考查关于选举登记的相关规定，详情可参考“真题再现”的第2题。考查的重点是参加选举的村民名单，具体的内容如下表：

名单	内容
名单一	•户籍在本村 •在本村居住
名单二	•户籍在本村 •不在本村居住，本人愿意参加选举
名单三	•户籍不在本村，在本村居住满一年，本人可申请参加选举 •经过村民会议或者村民代表会议同意后可参加选举

图2-7-2　参加选举的村民名单

Z 真题再现

1　2018-单选-32 某村拟举行村民委员会选举，该村村民老赵与其数名在县城打工的亲戚均登记参加选举。亲戚们因工作繁忙无法回村投票，委托老赵代为投票。根据《村民委员会选举规程》，老赵最多可以接受（　　）名近亲属的委托代为投票。

A.1　　B.2

C.3　　D.4

【答案】C。**解析：**本题考查委托投票。登记参加选举的村民，选举期间外出不能参加投票的，可以委托本村有选举权的近亲属代为投票。每一登记参加选举的村民接受委托投票不得超过3人。故本题选C。

2　2017-单选-33 某村正在进行村民委员会选举前的选民登记工作，根据《村民委员会组织法》，户籍在该村的下列人员中，应当列入选民名单的是（　　）。

A.小刘，17岁，居住在该村

B.小王，26岁，居住在县城，本人表示不参加选举

C.小张，35岁，居住在邻村且参加了邻村的选举，仍表示要参加本次选举

D.老杨，75岁，骨折后在乡养老院住

【答案】D。解析：本题考查的是村民委员会选举中关于选民登记的相关规定。县级人民政府民政部门在提出审批意见前，应当全面审查乡镇人民政府（街道办事处）上报的申请材料、调查材料和审核意见，并按照不低于30%的比例入户抽查。小刘17岁，不具备选举资格，年满18周岁才可以参加选举，A项错误；选举是本人自愿参加，小王虽然达到选举的年龄，但是不愿意参加，则不应该列入选举名单，B项错误；小张达到了选举年龄，而且愿意参加选举，但他已参加邻村的选举，则不得再参加其他地方的村民委员会选举，C项错误。故本题选D。

考点精讲 6 村民（代表）会议和民主管理、民主监督

K 考点梳理

一、村民（代表）会议和村民小组会议

《村民委员会组织法》对村民（代表）会议及其民主管理、民主监督进行了以下规定：

（一）村民（代表）会议

村民（代表）会议是村民自治的基本载体和重要形式，是村民自治的决策机构，村民委员会向村民会议、村民代表会议负责并报告工作。

1.召开村民会议

第二十一条规定，村民会议由本村十八周岁以上的村民组成。

村民会议由村民委员会召集。有十分之一以上的村民或者三分之一以上的村民代表提议，应当召集村民会议。召集村民会议，应当提前十天通知村民。

第二十二条规定，召开村民会议，应当有本村十八周岁以上村民的过半数，或者本村三分之二以上的户的代表参加，村民会议所作决定应当经到会人员的过半数通过。法律对召开村民会议及作出决定另有规定的依照其规定。

召开村民会议，根据需要可以邀请驻本村的企业、事业单位和群众组织派代表列席。

2.村民会议职责

第二十三条规定，村民会议审议村民委员会的年度工作报告，评议村民委员会成员的工作；有权撤销或者变更村民委员会不适当的决定；有权撤销或者变更村民代表会议不适当的决定。

村民会议可以授权村民代表会议审议村民委员会的年度工作报告，评议村民委员会成

员的工作，撤销或者变更村民委员会不适当的决定。

第二十四条规定，凡涉及村民利益的下列事项，必须经村民会议讨论决定方可办理：

（1）本村享受误工补贴的人员及补贴标准；

（2）从村集体经济所得收益的使用；

（3）本村公益事业的兴办和筹资筹劳方案及建设承包方案；

（4）土地承包经营方案；

（5）村集体经济项目的立项、承包方案；

（6）宅基地的使用方案；

（7）征地补偿费的使用、分配方案；

（8）以借贷、租赁或者其他方式处分村集体财产；

（9）村民会议认为应当由村民会议讨论决定的涉及村民利益的其他事项。

村民会议可以授权村民代表会议讨论决定前款规定的事项。法律对讨论决定村集体经济组织财产和成员权益的事项另有规定的，依照其规定。

3. 村民代表会议

第二十五条规定，人数较多或者居住分散的村，可以设立村民代表会议，讨论决定村民会议授权的事项。村民代表会议由村民委员会成员和村民代表组成，村民代表应当占村民代表会议组成人员的五分之四以上，妇女村民代表应当占村民代表会议组成人员的三分之一以上。

村民代表由村民按每五户至十五户推选一人，或者由各村民小组推选若干人。村民代表的任期与村民委员会的任期相同，亦可连选连任。

村民代表应当向其推选户或者村民小组负责，接受村民监督。

第二十六条规定，村民代表会议由村民委员会召集。村民代表会议每季度召开一次。有五分之一以上的村民代表提议，应当召集村民代表会议。

村民代表会议有三分之二以上的组成人员参加方可召开，所作决定应当经到会人员的过半数同意。

（二）村民小组会议

第二十八条规定，召开村民小组会议，应当有本村民小组十八周岁以上的村民三分之二以上，或者本村民小组三分之二以上的户的代表参加，所作决定应当经到会人员的过半数同意。

村民小组组长由村民小组会议推选。村民小组组长任期与村民委员会的任期相同，可以连选连任。

属于村民小组的集体所有的土地、企业和其他财产的经营管理以及公益事项的办理，由村民小组会议依照有关法律的规定讨论决定，所作决定及实施情况应当及时向本村民小组的村民公布。

二、民主管理、民主监督和村务公开制度

民主管理和民主监督是村民自治的重要内容，村民委员会实行民主管理、民主监督和村务公开制度。根据《村民委员会组织法》，民主管理与民主监督主要有以下规定：

第二十九条规定，村民委员会应当实行少数服从多数的民主决策机制和公开透明的工作原则，建立健全各种工作制度。

第三十条规定，村民委员会实行村务公开制度。

村民委员会应当及时公布下列事项，接受村民的监督：

（1）本法第二十三条、第二十四条规定的由村民会议、村民代表会议讨论决定的事项及其实施情况。

（2）国家计划生育政策的落实方案。

（3）政府拨付和接受社会捐赠的救灾救助、补贴补助等资金、物资的管理使用情况。

（4）村民委员会协助人民政府开展工作的情况。

（5）涉及本村村民利益，村民普遍关心的其他事项。

前款规定事项中，一般事项至少每季度公布一次；集体财务往来较多的，财务收支情况应当每月公布一次；涉及村民利益的重大事项应当随时公布。

村民委员会应当保证所公布事项的真实性，并接受村民的查询。

第三十一条规定，村民委员会不及时公布应当公布的事项或者公布的事项不真实的，村民有权向乡、民族乡、镇的人民政府或者县级人民政府及其有关主管部门反映，有关人民政府或者主管部门应当负责调查核实，责令依法公布；经查证确有违法行为的，有关人员应当依法承担责任。

第三十二条规定，村应当建立村务监督委员会或者其他形式的村务监督机构，负责村民民主理财，监督村务公开等制度的落实，其成员由村民会议或者村民代表会议在村民中推选产生，其中应有具备财会、管理知识的人员。村民委员会成员及其近亲属不得担任村务监督机构成员。村务监督机构成员向村民会议和村民代表会议负责，可以列席村民委员会会议。

第三十三条规定，村民委员会成员以及由村民或者村集体承担误工补贴的聘用人员，应当接受村民会议或者村民代表会议对其履行职责情况的民主评议。民主评议每年至少进行一次，由村务监督机构主持。

村民委员会成员连续两次被评议不称职的，其职务终止。

第三十四条规定，村民委员会和村务监督机构应当建立村务档案。村务档案包括：选举文件和选票、会议记录、土地发包方案和承包合同、经济合同、集体财务账目、集体资产登记文件、公益设施基本资料、基本建设资料、宅基地使用方案、征地补偿费使用及分配方案等。

村务档案应当真实、准确、完整、规范。

第三十五条规定，村民委员会成员实行任期和离任经济责任审计，审计包括下列事项：

（1）本村财务收支情况；

（2）本村债权债务情况；

（3）政府拨付和接受社会捐赠的资金、物资管理使用情况；

（4）本村生产经营和建设项目的发包管理以及公益事业建设项目招标投标情况；

（5）本村资金管理使用以及本村集体资产、资源的承包、租赁、担保、出让情况，征地补偿费的使用、分配情况；

（6）本村五分之一以上的村民要求审计的其他事项。

村民委员会成员的任期和离任经济责任审计，由县级人民政府农业部门、财政部门或者乡、民族乡、镇的人民政府负责组织，审计结果应当公布，其中离任经济责任审计结果应当在下一届村民委员会选举之前公布。

M 命题规律分析

从往年的命题情况来看，相关题目对本考点的考查，主要采取单选题的命题形式，且出现的频率不高。题目的设置也比较常规，一般是直接考查某一部法律的具体内容，如民主评议每年至少进行一次，由村务监督机构主持。

此外，考生要了解村民代表会议和村民小组会议的不同，具体可参考“考点梳理”部分。

Z 真题再现

2019-单选-29 根据《中华人民共和国村民委员会组织法》，村民委员会成员应当接受村民会议或者村民代表会议对其履行职责情况的民主评议，民主评议由（　　）主持。

A.乡镇人民政府

B.村级党组织

C.村务监督机构

D.村民选举委员会

【答案】C。**解析：**本题考查的是民主管理和民主监督。村民委员会成员以及由村民或者村集体承担误工补贴的聘用人员，应当接受村民会议或者村民代表会议对其履行职责情况的民主评议。民主评议每年至少进行一次，由村务监督机构主持。并且规定村民委员会成员连续两次被评议不称职的，其职务终止。故本题选C。

考点精讲 7 村民委员会与党政组织以及政府组织的关系

K 考点梳理

一、村民委员会与村级党组织的关系

《中华人民共和国村民委员会组织法》第一章第四条规定，中国共产党在农村的基层组织，按照中国共产党章程进行工作，发挥领导核心作用，领导和支持村民委员会行使职权；依照宪法和法律，支持和保障村民开展自治活动、直接行使民主权利。

为了更好地处理好村级党委组织与村委会的工作关系，中央先后制定了一系列要求。其中2018年，中共中央颁布实施了《中国共产党农村基层组织工作条例》。2019年，中共中央办公厅、国务院办公厅印发了《关于加强和改进乡村治理的指导意见》，主要强调的内容如下：

1.村级党组织的主要职责

《中国共产党农村基层组织工作条例》第三章第十条规定，村党组织的主要职责是：

（1）宣传和贯彻执行党的路线方针政策和党中央、上级党组织及本村党员大会（党员代表大会）的决议。

（2）讨论和决定本村经济建设、政治建设、文化建设、社会建设、生态文明建设和党的建设以及乡村振兴中的重要问题并及时向乡镇党委报告。需由村民委员会提请村民会议、村民代表会议决定的事情或者集体经济组织决定的重要事项，经村党组织研究讨论后，由村民会议、村民代表会议或者集体经济组织依照法律和有关规定作出决定。

（3）领导和推进村级民主选举、民主决策、民主管理、民主监督，推进农村基层协商，支持和保障村民依法开展自治活动。领导村民委员会以及村务监督委员会、村集体经济组织、群团组织和其他经济组织、社会组织，加强指导和规范，支持和保证这些组织依照国家法律法规以及各自章程履行职责。

（4）加强村党组织自身建设，严格组织生活，对党员进行教育、管理、监督和服务。负责对要求入党的积极分子进行教育和培养，做好发展党员工作。维护和执行党的纪律。加强对村、组干部和经济组织、社会组织负责人的教育、管理和监督，培养村级后备力量。做好本村招才引智等工作。

（5）组织群众、宣传群众、凝聚群众、服务群众，经常了解群众的批评和意见，维护群众正当权利和利益，加强对群众的教育引导，做好群众思想政治工作。

（6）领导本村的社会治理，做好本村的社会主义精神文明建设、法治宣传教育、社会治

安综合治理、生态环保、美丽村庄建设、民生保障、脱贫致富、民族宗教等工作。

2. 村“两委”班子成员交叉任职，书记主任“一肩挑”

《中国共产党农村基层组织工作条例》第六章第十九条规定，党的农村基层组织应当加强对各类组织的统一领导，打造充满活力、和谐有序的善治乡村，形成共建共治共享的乡村治理格局。村党组织书记应当通过法定程序担任村民委员会主任和村级集体经济组织、合作经济组织负责人，村“两委”班子成员应当交叉任职。村务监督委员会主任一般由党员担任，可以由非村民委员会成员的村党组织班子成员兼任。村民委员会成员、村民代表中党员应当占一定比例。

3. 村级重大事项决策实行“四议两公开”

《中国共产党农村基层组织工作条例》第六章第十九条还规定，村级重大事项决策实行“四议两公开”，即村党组织提议、村“两委”会议商议、党员大会审议、村民会议或者村民代表会议决议，决议公开、实施结果公开。

4. 抓好村“两委”换届选举工作

在《关于加强和改进乡村治理的指导意见》中，主要任务的第一点提道：全面落实村“两委”换届候选人县级联审机制，坚决防止和查处以贿选等不正当手段影响、控制村“两委”换届选举的行为，严厉打击干扰破坏村“两委”换届选举的黑恶势力、宗族势力。坚决把受过刑事处罚、存在“村霸”和涉黑涉恶、涉邪教等问题的人清理出村干部队伍。

5. 发挥党员在乡村治理中的先锋模范作用

在《关于加强和改进乡村治理的指导意见》中，主要任务的第二点提道：发挥党员在乡村治理中的先锋模范作用。组织党员在议事决策中宣传党的主张，执行党组织决定。组织开展党员联系农户、党员户挂牌、承诺践诺、设岗定责、志愿服务等活动，推动党员在乡村治理中带头示范，带动群众全面参与。密切党员与群众的联系，了解群众思想状况，帮助解决实际困难，加强对贫困人口、低保对象、留守儿童和妇女、老年人、残疾人、特困人员等人群的关爱服务，引导农民群众自觉听党话、感党恩、跟党走。

二、村民委员会与政府组织的关系

依据《中华人民共和国村民委员会组织法》，重点内容如下：

第二十七条规定，村民会议可以制定和修改村民自治章程、村规民约，并报乡、民族乡、镇的人民政府备案。村民自治章程、村规民约以及村民会议或者村民代表会议的决定不得与宪法、法律、法规和国家的政策相抵触，不得有侵犯村民的人身权利、民主权利和合法财产权利的内容。村民自治章程、村规民约以及村民会议或者村民代表会议的决定违反前款规定的，由乡、民族乡、镇的人民政府责令改正。

第三十六条规定，村民委员会或者村民委员会成员作出的决定侵害村民合法权益的，受侵害的村民可以申请人民法院予以撤销，责任人依法承担法律责任。村民委员会不依照法律、法规的规定履行法定义务的，由乡、民族乡、镇的人民政府责令改正。乡、民族乡、镇的人民政府干预依法属于村民自治范围事项的，由上一级人民政府责令改正。

第三十七条规定，人民政府对村民委员会协助政府开展工作应当提供必要的条件；人民政府有关部门委托村民委员会开展工作需要经费的，由委托部门承担。村民委员会办理本村公益事业所需的经费，由村民会议通过筹资筹劳解决；经费确有困难的，由地方人民政府给予适当支持。

第三十八条规定，驻在农村的机关、团体、部队、国有及国有控股企业、事业单位及其人员不参加村民委员会组织，但应当通过多种形式参与农村社区建设，并遵守有关村规民约。村民委员会、村民会议或者村民代表会议讨论决定与前款规定的单位有关的事项，应当与其协商。

第三十九条规定，地方各级人民代表大会和县级以上地方各级人民代表大会常务委员会在本行政区域内保证本法的实施，保障村民依法行使自治权利。

第四十条规定，省、自治区、直辖市的人民代表大会常务委员会根据本法，结合本行政区域的实际情况，制定实施办法。

M 命题规律分析

本考点为新出现的考点，以往的真题并未涉及，在此不做命题规律分析。此外，村民委员会与基层人民政府的关系类似于居民委员会与基层人民政府的关系，考生可简单参考前文的总结。

K 考点预测

1【单选】根据《中华人民共和国村民委员会组织法》，人民政府对村民委员会协助政府开展工作应当提供必要的条件；人民政府有关部门委托（　　）开展工作需要经费的，由委托部门承担。

A. 业主委员会　　B. 社区居委会

C. 村民委员会　　D. 村主任

【答案】C。**解析：**本题考查《中华人民共和国村民委员会组织法》。《中华人民共和国村民委员会组织法》第三十七条规定，人民政府对村民委员会协助政府开展工作应当提供必要的条件；人民政府有关部门委托村民委员会开展工作需要经费的，由委托部门承担。故本题选C。

2【单选】根据《中国共产党农村基层组织工作条例》，村级重大事项决策实行（　　），即村党组织提议、村“两委”会议商议、党员大会审议、村民会议或者村民代表会议决议，决议公开、实施结果公开。

A. “一议两公开”　　B. “二议两公开”

C. “三议两公开”　　D. “四议两公开”

【答案】D。**解析：**本题考查村级重大事项决策的原则。《中国共产党农村基层组织工作条例》第六章第十九条规定，村级重大事项决策实行“四议两公开”，即村党组织提议、村“两委”会议商议、党员大会审议、村民会议或者村民代表会议决议，决议公开、实施结果公开。故本题选D。

考点精讲 8 城市社区建设法规与政策

K 考点梳理

一、城市社区建设的含义

《民政部关于在全国推进城市社区建设的意见》在第一段提道：社区是指聚居在一定地域范围内的人们所组成的社会生活共同体。目前城市社区的范围，一般是指经过社区体制改革后作了规模调整的居民委员会辖区。社区建设是指在党和政府的领导下，依靠社区力量，利用社区资源，强化社区功能，解决社区问题，促进社区政治、经济、文化、环境协调和健康发展，不断提高社区成员生活水平和生活质量的过程。社区建设是一项新的工作，大力推进社区建设，是我国城市经济和社会发展到一定阶段的必然要求，是面向新世纪我国城市现代化建设的重要途径。

二、城市社区建设的主要任务

（一）城市社区党的建设

2019年，中共中央办公厅印发了《关于加强和改进城市基层党的建设工作的意见》，该意见的重点要求如下：

1. 确保社区党组织有资源、有能力为群众服务

加强对社区的工作支持和资源保障，统筹上级部门支持社区的政策，整合资金、资源、项目等，以社区党组织为主渠道落实到位。采取向社会组织、市场主体、民办社工机构购买服务等方式，丰富社区服务供给，提升专业化服务水平。对社区内有关重要事项决定、资金使用等，要发挥社区党组织的主导作用。依法确定社区工作事项，上级部门不得把自己职责内的工作转嫁给社区，确需社区协助的，须经区（县、市、旗）党委和政府严格审核把关，并提供必要的经费和工作条件。推进社区减负增效，专项整治社区检查考核评比过多过滥问题，建立居民群众满意、驻区单位满意的服务评价制度。

2. 增强街道社区党组织政治功能和战斗力

街道社区党组织应当教育引导党员干部旗帜鲜明讲政治，增强“四个意识”，坚定“四个自信”，做到“两个维护”。推进“两学一做”学习教育常态化、制度化，推动习近平新时代中国特色社会主义思想进社区、进头脑。落实全面从严治党要求，加强基层党风廉政建设，营造干事创业良好环境。加强对基层各类组织的政治引领和对居民群众的教育引导，坚决抵御国内外敌对势力、邪教组织和非法宗教活动的影响渗透，坚决同削弱和反对党的领导、干扰和破坏城市社会稳定的行为作斗争。选优配强街道党（工）委书记、副书记，组织委员，纪（工）委书记等应当纳入上一级党委管理；整体优化提升社区党组织带头人队伍，规模较大的社区应当配备专职党务工作者协助书记抓党建。严肃党的组织生活，落实“三会一课”和党支部主题党日制度，持续整顿后进党支部，推进党支部标准化规范化建设。做好社区党组织按期换届工作。推行社区党员分类管理，定期排查流动党员，实行组织关系一方隶属、参加多重组织生活，注重发挥离退休党员的作用。在抓重大任务落实中检验街道社区党组织战斗力，使街道社区党组织在推动城市改革发展、基层治理、民生改善、社会和谐中锻造提升。

3. 推进街道社区党建、单位党建、行业党建互联互动

以街道社区党组织为主导，建立开放性的互联互动纽带，通过签订共建协议、干部交叉任职、人才结对培养等加强组织共建，通过共同开展活动、加强党员教育等推进活动共联，通过整合盘活信息、阵地、文化、服务等方式实现资源共享。健全街道社区党组织兼职委员制，更好发挥兼职委员及其所在单位共建作用。推动市、区两级机关和企事业单位党组织、在职党员到社区报到全覆盖，采取承诺践诺、志愿服务等做法参与社区治理、有效服务群众。探索以块为主、条块融合、双向用力的具体抓手，健全双向压实责任、双向沟通协商、双向考核激励、双向评价干部的工作机制。行业系统部门要主动融入驻地中心任务和党建工作，定期与街道社区党组织沟通会商，共同解决问题。

4. 扩大新兴领域党建有效覆盖

创新党组织设置和活动方式，依托物业服务企业、产权单位、骨干企业等建立楼宇党组织；依托街道、市场监管部门、协会商会或产权单位建立商圈市场党组织；依托各类园区建立党建工作机构，推动入驻企业单独或联合建立党组织；依托行业监管部门建立行业党组织或行业协会党组织，统一管理律师、会计师等行业党建和重点互联网企业党建工作，不断提升新兴领域党的组织和工作覆盖质量。

5. 健全党组织领导下的社区居民自治机制

在社区党组织领导下，以社区居民委员会和居务监督委员会为基础，完善协同联动的社区治理架构。强化党组织领导把关作用，规范社区“两委”换届选举，防止不符合标准条件的人选进入班子。全面推行社区党组织书记通过法定程序担任社区居民委员会主任、“两委”班子成员交叉任职。依法依规稳妥开展非户籍常住居民和党员参加社区“两委”换届试点，拓展外来人口参与社区治理途径。推进在业主委员会中建立党组织，符合条件的社区“两委”成员通过法定程序兼任业主委员会成员。通过发展党员、引导物业服务企业积极招聘党员员工、选派党建指导员等方式，加强社区物业党建联建，延伸党的工作手臂。建立党建引领下的社区居民委员会、业主委员会、物业服务企业协调运行机制，充分调动居民参与积极性，形成社区治理合力。

6. 领导群团组织和社会组织参与基层治理

坚持党建带群建，党组织通过给群团组织派任务、提要求，促进党组织和群团组织资源共用、功能衔接。健全社会组织参与治理机制，培育公益性、服务性、互助性社会组织和群众活动团队，引领各类社会组织专业规范运作、依法依规办事。推动党的建设有关要求写入社会组织章程，善于使党组织推荐的人选通过法定程序成为社会组织负责人，善于使党组织意图成为社会组织参与治理的行动，支持党组织健全的社会组织有序承接政府转移职能和有关服务项目。

7. 做实网格党建，促进精细化治理

根据地域、居民、驻区单位、党组织和党员等情况，调整优化网格设置，整合党建、综治、城管等各类网格。将党支部或党小组建在网格上，选优配强党支部书记或党小组组长，建强专兼职网格员队伍，随时随地了解群众需求和困难。加强网格资源配置，把公共服务、社会服务、市场服务、志愿服务下沉到网格，精准投送到千家万户。建立街道社区党员干部包联网格、走访群众制度，打通联系服务群众“最后一公里”。

8. 建设覆盖广泛、集约高效的党群服务中心

综合区位特点、人群特征、服务半径等因素，整合党建、政务和社会服务等各种资源，统筹建设布局合理、功能完备、互联互通的党群服务中心，打造党员和群众的共同园地。重点依托街道、社区综合服务设施建好街道、社区党群服务中心（站点），区（县、市、旗）有关部门要把服务窗口下移到街道、社区，推行“一站式”服务和“最多跑一次”改革，让党员群众在家门口就能找到组织，享受便利服务。依托楼宇、园区、商圈、市场或较大的企业，建设特色鲜明、功能聚焦的区域性党群服务中心（站点）。加强规范化建设，配备专职工作人员，完善工作保障和运行机制，真正把各类党群服务中心建设成为党领导城市治理的坚强阵地和服务党员群众的温馨家园。

（二）城市社区综合服务设施建设

建设社区综合性服务设施是社区建设的一项重要任务，主要包括以下内容：

（1）城市综合性服务设施主要包括社区居民委员会工作用房和居民公益性服务设施建设。将城市综合性服务设施纳入城市规划、土地利用规划、社区发展相关专项规划。每百户居民拥有的社区综合服务设施面积不低于30平方米。

（2）新建住宅小区和旧城区连片改造居民区的建设单位必须按照国家有关标准要求，将公共服务设施配套建设纳入建设工程规划方案设计。城市规划行政主管部门要按照规定的配套建设指标对建设工程规划设计方案进行审查，对不符合规定配置标准和要求的不予以批准。

（3）老城区和已建成居住区没有社区居民委员会工作用房和居民公益性服务设施的或者不能满足需要的，由区（县、市）人民政府负责建设，也可以从其他社区设施中调剂置换，或者以购买、租借等方式解决，所需资金由地方各级人民政府统筹解决。

（4）提倡“一室多用”，提高使用效益。创新社区综合服务设施运营机制，通过居民群众协商管理、委托社会组织运营等方式，提高社区综合服务设施利用率。社区居民委员会办公服务设施的供暖、水电、燃气、电信等费用应当按照居民使用价格标准收取。

三、城市社区信息化建设

根据《关于推进社区公共服务综合信息平台建设的指导意见》，对信息化建设的重点任务如下：

（一）建设社区公共服务信息系统

各地应结合实际，以街道（乡镇）为基本单元，应用功能集成、界面规范、部署集中的社区公共服务信息系统，确有需要的可依管理幅度和服务半径向所辖社区延伸。社区公共服务信息系统应兼具政务事项办理和基础信息采集功能，实行“前台一口受理、后台分工协同”的运行模式。统一设立电子政务办理界面，通过与人口、法人单位等国家基础信息资源库的信息共享，建立以居民身份证号码、组织机构代码等基础信息为索引的社区公共服务信息管理机制，实现居民身份证办事“一证通”。按照不同业务的具体需要优化电子政务流程，建立政府主动公开信息、政务办理痕迹信息和公共管理状态信息的实时共享机制，实现社区公共服务的跨部门业务协同。积极开发网上咨询办理、服务热线呼叫、现场自助查询等系统功能，为居民群众提供网络、电话和窗口服务关联组合的一体化社区公共服务，为政府决策提供科学依据。

（二）整合社区公共服务信息资源

各地应依托社区公共服务信息系统，加快统筹社区公共服务网络和信息资源，原则上凡涉及社区居民的公共服务事项，均要逐步纳入社区公共服务综合信息平台集中办理。加快社区信息系统集约化建设，推动部署在不同层级、不同部门、分散孤立、用途单一的各类社区信息系统向社区公共服务综合信息平台迁移或集成，最大限度精简基层业务应用系统、服务终端和管理台账。在保证数据交换共享安全性的前提下，促进社区公共服务综合信息平台与现有部门业务应用系统实现互联互通。推动政府职能部门向基层转移职能，规范社区公共服务综合信息平台的信息共享范围、共享方式和共享标准，逐步丰富社区公共服务综合信息平台的基本公共服务项目和服务信息，不断扩大社区政务事项的跨区域通办范围。

（三）完善社区公共服务综合信息平台规划布局

各地要充分发挥市(地、州、盟)层级电子政务公共平台作用，集中建设社区公共服务综合信息平台和综合信息库，为街道(乡镇)及社区开展服务提供便捷渠道和技术支持。支持依托街道(乡镇)社区综合服务设施，建设社区公共服务“一站式”服务机构，统一提供社区基本公共服务的咨询、办理和反馈服务。“一站式”服务机构的设施建设或改造应合理布局、科学分区、完善功能，方便居民群众办事。根据需要可以依托社区级综合服务设施，为社区居民提供委托代办服务，增强社区公共服务的便捷性。

（四）加强社区公共服务综合信息平台运行管理

各地要建立健全社区公共服务综合信息平台运行管理机制，明确管理主体和责任，原则上实行平台独立运行、业务归口指导的管理模式。制定完善信息采集制度，加强社区信息资源规划，明确社区信息采集标准，将社区场所、人员、事件等信息纳入采集范围，按照一数一源、集中采集、共享校核、及时更新的原则，实现“数据一次采集，资源多方共享”。整合街道、社区层面管理服务力量，加强社区公共服务队伍建设，实行统一考核、调配和管理，实现同工同酬。强化服务队伍教育培训，提高业务素质和服务能力，能够较好地胜任“综合服务”的要求，推动服务队伍的专业化和职业化。建立健全首问负责、限时办结、绩效考核和群众监督机制，积极引入服务对象满意度评价和第三方评估，切实提高管理水平和服务质量。

M 命题规律分析

本考点为新变化的考点，在此不做命题规律分析。

K 考点预测

【单选】 根据《“十三五”社区服务体系建设专项规划》，积极推动社区综合服务设施建设，提倡“一室多用”，提高使用效益。服务设施的供暖、水电、煤气、电信等费用应按照当地(　　)使用价格标准收取。

A. 居民　　B. 工业

C. 农业　　D. 商业

【答案】 A。**解析：** 本题考查城市社区综合服务设施建设的重点。根据《“十三五”社区服务体系建设专项规划》，积极推动社区综合服务设施建设，提倡“一室多用”，提高使用效益。服务设施的供暖、水电、煤气、电信等费用应按照当地居民使用价格标准收取。故本题选A。

考点精讲 9 农村社区建设试点工作

K 考点梳理

2015年，中共中央办公厅、国务院印发了《关于深入推进农村社区建设试点工作的指导意见》，就深入推进农村社区建设试点工作提出的重点内容如下：

一、工作任务

（一）完善在村党组织领导下、以村民自治为基础的农村社区治理机制

农村社区建设坚持村党组织领导、村民委员会牵头，以村民自治为根本途径和有效手段，发动农村居民参与，同时不改变村民自治机制，不增加农村基层管理层级。推进农村基层服务型党组织建设，增强乡镇、村党组织服务功能。以农村基层党组织建设带动农村自治组织、群众组织、经济社会服务组织建设，健全完善农村基层党组织引领农村社区建设的领导机制和工作机制。依法确定乡镇政府与村民委员会的权责边界，促进基层政府与基层群众自治组织有效衔接、良性互动。

（二）促进流动人口有效参与农村社区服务管理

依法保障符合条件的非本村户籍居民参加村民委员会选举和享有农村社区基本公共服务的权利。吸纳非户籍居民参与农村社区公共事务和公益事业的协商，建立户籍居民和非户籍居民共同参与的农村社区协调议事机制。在保障农村集体经济组织成员合法权益的前提下，探索通过分担筹资筹劳、投资集体经济等方式，引导非户籍居民更广泛地参与民主决策。健全利益相关方参与决策机制，采取会议表决、代表议事、远程咨询等决策方式，维护外出务工居民在户籍所在地农村社区的权利。健全农村“三留守”人员关爱服务体系，重点发展学前教育和养老服务，培育青年志愿组织和妇女互助组织，建立农村社区“三留守”人员动态信息库，扩大呼叫终端、远程监控等信息技术应用，切实提高对农村留守儿童、留守妇女、留守老人的服务能力和服务水平。

（三）畅通多元主体参与农村社区建设渠道

建立县级以上机关党员、干部到农村社区挂职任职、驻点包户制度。建立和完善党代表、

人大代表、政协委员联系农村居民、支持农村社区发展机制。鼓励驻村机关、团体、部队、企事业单位支持、参与农村社区建设。拓宽外出发展人员和退休回乡人员参与农村社区建设渠道。依法确定村民委员会和农村集体经济组织以及各类经营主体的关系，保障农村集体经济组织独立开展经济活动的自主权，增强村集体经济组织支持农村社区建设的能力。

（四）推进农村社区法治建设

加强农村社区司法行政工作室等法治机构建设，指导农村社区开展各项法治工作，探索整合农村社区层面法治力量，加强农村社区法律援助工作，推动法治工作网络、机制和人员向农村社区延伸，推进覆盖农村居民的公共法律服务体系建设。完善人民调解、行政调解、司法调解联动工作体系，建立调处化解农村矛盾纠纷综合机制，及时了解掌握和回应不同利益主体的关切和诉求，有效预防和就地化解矛盾纠纷。建立健全农村社区公共安全体系，创新农村立体化社会治安防控体系，加强和创新农村社区平安建设，建立覆盖农村全部实有人口的动态管理机制，做好社区禁毒和特殊人群帮教工作。加强农村社区警务、警务辅助力量和群防群治队伍建设，对符合任职年限条件的农村警务室民警落实职级待遇。加强农村社区普法宣传教育，提高基层党员、干部法治思维和依法办事能力，引导农村居民依法反映诉求、解决矛盾纠纷。指导完善村民自治章程和村规民约，支持农村居民自我约束和自我管理，提高农村社区治理法治化水平。

（五）提升农村社区公共服务供给水平

健全农村社区服务设施和服务体系，整合利用村级组织活动场所、文化室、卫生室、计划生育服务室、农民体育健身工程等现有场地、设施和资源，推进农村基层综合性公共服务设施建设，提升农村基层公共服务信息化水平，逐步构建县（市、区）、乡（镇）、村三级联动互补的基本公共服务网络。积极推动基本公共服务项目向农村社区延伸，探索建立公共服务事项全程委托代理机制，促进城乡基本公共服务均等化。加强农村社区教育，鼓励各级各类学校教育资源向周边农村居民开放，用好县级职教中心、乡（镇）成人文化技术学校和农村社区教育教学点。改善农村社区医疗卫生条件，加大对乡（镇）、村卫生和计划生育服务机构设施改造、设备更新、人员培训等方面的支持力度。做好农村社区扶贫、社会救助、社会福利和优抚安置服务，推进农村社区养老、助残服务，组织引导农村居民积极参加城乡居民养老保险，全面实施城乡居民大病保险制度和“救急难”工作试点。

（六）推动农村社区公益性服务、市场化服务创新发展

广泛动员党政机关、企事业单位、各类社会组织和居民群众参加农村社区志愿服务，切实发挥党员先锋模范作用。完善农村社区志愿服务站点布局，搭建社区志愿者、服务对象和服务项目对接平台，开展丰富多彩的社区志愿互助活动。根据农村社区发展特点和居民需求，分类推进社会工作服务，发挥社会工作专业人才引领社区志愿者服务作用。鼓励企业和供销

合作社完善农村社区商业网点和物流布局，引导经营性服务组织在农村社区开展连锁经营，采取购买服务等方式，支持社会力量在农村兴办养老助残、扶贫济困等各类社会事业。

（七）强化农村社区文化认同

以培育和践行社会主义核心价值观为根本，发展各具特色的农村社区文化，丰富农村居民文化生活，增强农村居民的归属感和认同感。深入开展和谐社区等精神文明创建活动，树立良好家风，弘扬公序良俗，创新和发展乡贤文化，形成健康向上、开放包容、创新进取的社会风尚。健全农村社区现代公共文化服务体系，整合宣传文化、党员教育、科学普及、体育健身等服务功能，形成综合性文化服务中心，开辟群众文体活动广场，增强农村文化惠民工程实效。引导城市文化机构、团体到农村社区拓展服务，支持农民兴办演出团体和其他文化团体。发现和培养乡土文化能人、民族民间文化传承人等各类文化人才，广泛开展具有浓郁乡土气息的农村社区文化体育活动，凝聚有利于农村社区发展的内在动力和创新活力。

（八）改善农村社区人居环境

强化农村居民节约意识、环保意识和生态意识，形成爱护环境、节约资源的生活习惯、生产方式和良好风气。发动农村居民和社会力量开展形式多样的农村社区公共空间、公共设施、公共绿化管护行动。完善农村社区基础设施，建立健全农村供电、供排水、道路交通安全、消防安全、地名标志、通信网络等公用设施的建设、运行、管护和综合利用机制，提高对自然灾害、事故灾难、公共卫生事件、社会安全事件的预防和处置能力。分级建立污水、垃圾收集处理网络，健全日常管理维护，促进农村废弃物循环利用，重点解决污水乱排、垃圾乱扔、秸秆随意抛弃和焚烧等脏乱差问题。加快改水、改厨、改厕、改圈，改善农村社区卫生条件。积极推进“美丽乡村”和村镇生态文明建设，保持农村社区乡土特色和田园风光。

二、工作要求

（一）加强组织领导

各省（自治区、直辖市）要结合本地实际，确定一定数量具备条件的试点县，选择不同类型的行政村开展试点，土地集体所有权在村民小组的，可根据群众意愿和实际需要，将试点工作延伸到自然村层面，并制定切实可行的试点实施方案。中央和国家机关有关部门要加强对地方试点工作的指导，及时制定完善相关配套政策。地方党委和政府要把农村社区建设试点工作纳入重要议事日程，建立农村社区建设统筹协调和绩效评估机制。农村社区建设要在维护农民土地承包经营权和宅基地用益物权前提下开展，与当地国民经济和社会发展总体规划、土地利用规划、村庄规划和社会主义新农村建设规划等相衔接，与统筹城乡基层党的建设同步考虑。严禁强制推行大拆大建、撤村并居，严禁违反土地利用规划擅自改变农地用途，严禁以“管委会”等机构取代村党组织和村民委员会。

（二）加强分类指导

根据不同地区经济社会发展水平和农村社区实际情况，突出重点、分类施策，稳步推进试点工作。城中村、城边村和农村居民集中移居点，要探索借鉴城市社区服务管理的有效经验，逐步实现与城镇基础设施、基本公共服务和社会事业发展相衔接；地形复杂、交通不便、居住分散的农村地区和林区、牧区、渔区可根据自身条件，探索推进农村社区建设的有效途径。外来人口集中的农村社区要重点推进社区基本公共服务向非户籍居民覆盖，促进外来人口的社区融入；人口流出较多的农村社区要加强对留守人员的生产扶持、社会救助和人文关怀，切实解决他们生产生活中的实际困难。村民自治基础和集体经济较好的村，要积极发展社区公益事业，完善社区公共设施和人居环境，着力提升居民生活品质；偏远、经济欠发达地区的农村社区，要切实增强村庄自治功能和发展能力。

（三）落实扶持政策

试点地区要加大投入力度，统筹整合相关涉农资金，提高资金使用效率，避免重复建设。

（四）强化人才支撑

选优配强村“两委”领导班子，特别是选好、用好、管好村党组织带头人。

（五）及时总结经验

加强对农村社区建设的理论政策研究，及时将成熟的经验和做法上升为法规与政策，为全面推进农村社区建设提供制度保障。

M 命题规律分析

本考点为新变化的考点，在此不做命题规律分析。

K 考点预测

1 【单选】为了强化人才支撑，选优配强（　　）领导班子，特别是选好用好管好村党组织带头人。

A. 业主委员会　　　　B. 社区居委会

C. 村委会　　　　D. 村“两委”

【答案】D。**解析：**本题考查强化人才支撑的相关内容。根据《关于深入推进农村社区建设试点工作的指导意见》，选优配强村“两委”领导班子，特别是选好用好管好村党组织带头人。故本题选D。

2【多选】为了改善农村社区人居环境，《关于深入推进农村社区建设试点工作的指导意见》提出了四改，分别是（　　），进而改善农村社区卫生条件。积极推进“美丽乡村”和村镇生态文明建设，保持农村社区乡土特色和田园风光。

A.改种　　B.改水

C.改厨　　D.改厕

E.改圈

【答案】BCDE。**解析：**本题考查改善农村社区人居环境的措施。《关于深入推进农村社区建设试点工作的指导意见》提出了四改，分别是改水、改厨、改厕、改圈，进而改善农村社区卫生条件。积极推进“美丽乡村”和村镇生态文明建设，保持农村社区乡土特色和田园风光。故本题选BCDE。

考点精讲 10 城乡社区治理

K 考点梳理

2017年，中共中央、国务院印发了《关于加强和完善城乡社区治理的意见》，该意见的重点内容如下：

一、总体要求

（一）指导思想

全面贯彻党的十八大和十八届三中、四中、五中、六中全会精神，坚持以邓小平理论、“三个代表”重要思想、科学发展观为指导，深入贯彻习近平总书记系列重要讲话精神和治国理政新理念新思想新战略，紧紧围绕统筹推进“五位一体”总体布局和协调推进“四个全面”战略布局，坚持以基层党组织建设为关键、政府治理为主导、居民需求为导向、改革创新为动力，健全体系、整合资源、增强能力，完善城乡社区治理体制，努力把城乡社区建设成为和谐有序、绿色文明、创新包容、共建共享的幸福家园，为实现“两个一百年”奋斗目标和中华民族伟大复兴的中国梦提供可靠保证。

（二）总体目标

到2020年，基本形成基层党组织领导、基层政府主导的多方参与、共同治理的城乡社区治理体系，城乡社区治理体制更加完善，城乡社区治理能力显著提升，城乡社区公共服务、公共管理、公共安全得到有效保障。再过5到10年，城乡社区治理体制更加成熟定型，城乡社区治理能力更为精准全面，为夯实党的执政根基、巩固基层政权提供有力支撑，为推进国家治理体系和治理能力现代化奠定坚实基础。

二、健全完善城乡社区治理体系

（一）充分发挥基层党组织领导核心作用

把加强基层党的建设、巩固党的执政基础作为贯穿社会治理和基层建设的主线，以改革创新精神探索加强基层党的建设引领社会治理的路径。加强和改进街道（乡镇）、城乡社区党组织对社区各类组织和各项工作的领导，确保党的路线方针政策在城乡社区全面贯彻落实。推动管理和服务力量下沉，引导基层党组织强化政治功能，聚焦主业主责，推动街道（乡镇）党（工）委把工作重心转移到基层党组织建设上来，转移到做好公共服务、公共管理、公共安全工作上来，转移到为经济社会发展提供良好公共环境上来。加强社区服务型党组织建设，着力提升服务能力和水平，更好地服务改革、服务发展、服务民生、服务群众、服务党员。继续推进街道（乡镇）、城乡社区与驻社区单位共建互补，深入拓展区域化党建。扩大城市新兴领域党建工作覆盖，推进商务楼宇、各类园区、商圈市场、网络媒体等的党建覆盖。健全社区党组织领导基层群众性自治组织开展工作的相关制度，依法组织居民开展自治，及时帮助解决基层群众自治中存在的困难和问题。加强城乡社区党风廉政建设，推动全面从严治党向城乡社区延伸，切实解决居民群众身边的腐败问题。

（二）有效发挥基层政府主导作用

各省（自治区、直辖市）按照条块结合、以块为主的原则，制定区县职能部门、街道办事处（乡镇政府）在社区治理方面的权责清单；依法厘清街道办事处（乡镇政府）和基层群众性自治组织权责边界，明确基层群众性自治组织承担的社区工作事项清单以及协助政府的社区工作事项清单；上述社区工作事项之外的其他事项，街道办事处（乡镇政府）可通过向基层群众性自治组织等购买服务方式提供。建立街道办事处（乡镇政府）和基层群众性自治组织履职履约双向评价机制。基层政府要切实履行城乡社区治理主导职责，加强对城乡社区治理的政策支持、财力物力保障和能力建设指导，加强对基层群众性自治组织建设的指导规范，不断提高依法指导城乡社区治理的能力和水平。

（三）注重发挥基层群众性自治组织基础作用

进一步加强基层群众性自治组织规范化建设，合理确定其管辖范围和规模。促进基层群众自治与网格化服务管理有效衔接。加快工矿企业所在地、国有农（林）场、城市新建住宅区、流动人口聚居地的社区居民委员会组建工作。完善城乡社区民主选举制度，进一步规范民主选举程序，通过依法选举稳步提高城市社区居民委员会成员中本社区居民比例，切实保障外出务工农民民主选举权利。进一步增强基层群众性自治组织开展社区协商、服务社区居民的能力。建立健全居务监督委员会，推进居务公开和民主管理。充分发挥自治章程、村规民约、居民公约在城乡社区治理中的积极作用，弘扬公序良俗，促进法治、德治、自治有机融合。

（四）统筹发挥社会力量协同作用

制定完善孵化培育、人才引进、资金支持等扶持政策，落实税费优惠政策，大力发展在城乡社区开展纠纷调解、健康养老、教育培训、公益慈善、防灾减灾、文体娱乐、邻里互助、居民融入及农村生产技术服务等活动的社区社会组织和其他社会组织。推进社区、社会组织、社会工作“三社联动”，完善社区组织发现居民需求、统筹设计服务项目、支持社会组织承接、引导专业社会工作团队参与的工作体系。鼓励和支持建立社区老年协会，搭建老年人参与社区治理的平台。增强农村集体经济组织支持农村社区建设能力。积极引导驻社区机关企事业单位、其他社会力量和市场主体参与社区治理。

三、不断提升城乡社区治理水平

（一）增强社区居民参与能力

提高社区居民议事协商能力，凡涉及城乡社区公共利益的重大决策事项、关乎居民群众切身利益的实际困难问题和矛盾纠纷，原则上由社区党组织、基层群众性自治组织牵头，组织居民群众协商解决。支持和帮助居民群众养成协商意识、掌握协商方法、提高协商能力，推动形成既有民主又有集中、既尊重多数人意愿又保护少数人合法权益的城乡社区协商机制。探索将居民群众参与社区治理、维护公共利益情况纳入社会信用体系。推动学校普及社区知识，参与社区治理。拓展流动人口有序参与居住地社区治理渠道，丰富流动人口社区生活，促进流动人口社区融入。

（二）提高社区服务供给能力

加快城乡社区公共服务体系建设，健全城乡社区服务机构，编制城乡社区公共服务指导目录，做好与城乡社区居民利益密切相关的劳动就业、社会保障、卫生计生、教育事业、社会服务、住房保障、文化体育、公共安全、公共法律服务、调解仲裁等公共服务事项。着力增加农村社区公共服务供给，促进城乡社区服务项目、标准相衔接，逐步实现均等化。将城乡社区服务纳入政府购买服务指导性目录，完善政府购买服务政策措施，按照有关规定选择承接主体。创新城乡社区公共服务供给方式，推行首问负责、一窗受理、全程代办、服务承诺等制度。提升城乡社区医疗卫生服务能力和水平，更好满足居民群众基本医疗卫生服务需求。探索建立社区公共空间综合利用机制，合理规划建设文化、体育、商业、物流等自助服务设施。积极开展以生产互助、养老互助、救济互助等为主要形式的农村社区互助活动。

鼓励和引导各类市场主体参与社区服务业，支持供销合作社经营服务网点向城乡社区延伸。

（三）强化社区文化引领能力

以培育和践行社会主义核心价值观为根本，大力弘扬中华优秀传统文化，培育心口相传的城乡社区精神，增强居民群众的社区认同感、归属感、责任感和荣誉感。加强城乡社区公共文化服务体系建设，提升公共文化服务水平，因地制宜设置村史陈列、非物质文化遗产等特色文化展示设施，突出乡土特色、民族特色。积极发展社区教育，建立健全城乡一体的社区教育网络，推进学习型社区建设。

（四）增强社区依法办事能力

推进法治社区建设，发挥警官、法官、检察官、律师、公证员、基层法律服务工作者作用，深入开展法治宣传教育和法律进社区活动，推进覆盖城乡居民的公共法律服务体系建设。

（五）提升社区矛盾预防化解能力

完善利益表达机制，建立党代会代表、人大代表、政协委员联系社区制度，完善党员干部直接联系群众制度，引导群众理性合法表达利益诉求。完善心理疏导机制，依托社会工作服务机构等专业社会组织，加强对城乡社区社会救助对象、建档立卡贫困人口、困境儿童、精神障碍患者、社区服刑人员、刑满释放人员和留守儿童、妇女、老人等群体的人文关怀、精神慰藉和心理健康服务，重点加强老少边穷地区农村社区相关机制建设。完善矛盾纠纷调处机制，健全城乡社区人民调解组织网络，引导人民调解员、基层法律服务工作者、农村土地承包仲裁员、社会工作者、心理咨询师等专业队伍，在物业纠纷、农村土地承包经营纠纷、家事纠纷、邻里纠纷调解和信访化解等领域发挥积极作用。推进平安社区建设，依托社区综治中心，拓展网格化服务管理，加强城乡社区治安防控网建设，深化城乡社区警务战略，全面提高社区治安综合治理水平，防范打击黑恶势力扰乱基层治理。

（六）增强社区信息化应用能力

提高城乡社区信息基础设施和技术装备水平，加强一体化社区信息服务站、社区信息亭、社区信息服务自助终端等公益性信息服务设施建设。依托“互联网+政务服务”相关重点工程，加快城乡社区公共服务综合信息平台建设，实现一号申请、一窗受理、一网通办，强化“一门式”服务模式的社区应用。实施“互联网+社区”行动计划，加快互联网与社区治理和服务体系的深度融合，运用社区论坛、微博、微信、移动客户端等新媒体，引导社区居民密切日常交往、参与公共事务、开展协商活动、组织邻里互助，探索网络化社区治理和服务新模式。发展社区电子商务。按照分级分类推进新型智慧城市建设要求，务实推进智慧社区信息系统建设，积极开发智慧社区移动客户端，实现服务项目、资源和信息的多平台交互和多终端同步。加强农村社区信息化建设，结合信息进村入户和电子商务进农村综合示范，积极发展农产品销售等农民致富服务项目，积极实施“网络扶贫行动计划”，推动扶贫开发兜底政策落地。

四、着力补齐城乡社区治理短板

（一）改善社区人居环境

完善城乡社区基础设施，建立健全农村社区基础设施和公用设施的投资、建设、运行、管护和综合利用机制。加快城镇棚户区、城中村和危房改造。加强城乡社区环境综合治理，做好城市社区绿化美化净化、垃圾分类处理、噪声污染治理、水资源再生利用等工作，着力解决农村社区垃圾收集、污水排放、秸秆焚烧以及散埋乱葬等问题，广泛发动居民群众和驻社区机关企事业单位参与环保活动，建设资源节约型、环境友好型社区。推进健康城市和健康村镇建设。强化社区风险防范预案管理，加强社区应急避难场所建设，开展社区防灾减灾科普宣传教育，有序组织开展社区应对突发事件应急演练，提高对自然灾害、事故灾难、公共卫生事件、社会安全事件的预防和处置能力。加强消防宣传和消防治理，提高火灾事故防范和处置能力，推进消防安全社区建设。

（二）加快社区综合服务设施建设

将城乡社区综合服务设施建设纳入当地国民经济和社会发展规划、城乡规划、土地利用规划等，按照每百户居民拥有综合服务设施面积不低于30平方米的标准，以新建、改造、购买、项目配套和整合共享等形式，逐步实现城乡社区综合服务设施全覆盖。加快贫困地区农村社区综合服务设施建设，率先推动易地搬迁安置区综合服务设施建设全覆盖。落实不动产统一登记制度，做好政府投资建设的城乡社区综合服务设施不动产登记服务工作。除国家另有规定外，所有以社区居民为对象的公共服务、志愿服务、专业社会工作服务，原则上在城乡社区综合服务设施中提供。创新城乡社区综合服务设施运营机制，通过居民群众协商管理、委托社会组织运营等方式，提高城乡社区综合服务设施利用率。落实城乡社区综合服务设施供暖、水电、燃气价格优惠政策。

（三）优化社区资源配置

组织开展城乡社区规划编制试点，落实城市总体规划要求，加强与控制性详细规划、村庄规划衔接；发挥社区规划专业人才作用，广泛吸纳居民群众参与，科学确定社区发展项目、建设任务和资源需求。探索建立基层政府面向城乡社区的治理资源统筹机制，推动人财物和责权利对称下沉到城乡社区，增强城乡社区统筹使用人财物等资源的自主权。探索基层政府组织社区居民在社区资源配置公共政策决策和执行过程中，有序参与听证、开展民主评议的机制。建立机关企事业单位履行社区治理责任评价体系，推动机关企事业单位积极参与城乡社区服务、环境治理、社区治安综合治理等活动，面向城乡社区开放文化、教育、体育等活动设施。注重运用市场机制优化社区资源配置。

（四）推进社区减负增效

依据社区工作事项清单建立社区工作事项准入制度，应当由基层政府履行的法定职责，不得要求基层群众性自治组织承担，不得将基层群众性自治组织作为行政执法、拆迁拆违、环境整治、城市管理、招商引资等事项的责任主体；依法需要基层群众性自治组织协助的工作事项，应当为其提供经费和必要工作条件。进一步清理规范基层政府各职能部门在社区设立的工作机构和加挂的各种牌子，精简社区会议和工作台账，全面清理基层政府各职能部门要求基层群众性自治组织出具的各类证明。实行基层政府统一对社区工作进行综合考核评比，各职能部门不再单独组织考核评比活动，取消对社区工作的“一票否决”事项。

（五）改进社区物业服务管理

加强社区党组织、社区居民委员会对业主委员会和物业服务企业的指导和监督，建立健全社区党组织、社区居民委员会、业主委员会和物业服务企业议事协调机制。探索在社区居民委员会下设环境和物业管理委员会，督促业主委员会和物业服务企业履行职责。探索完善业主委员会的职能，依法保护业主的合法权益。探索符合条件的社区居民委员会成员通过法定程序兼任业主委员会成员。探索在无物业管理的老旧小区依托社区居民委员会实行自治管理。有条件的地方应规范农村社区物业管理，研究制定物业管理费管理办法；探索在农村社区选聘物业服务企业，提供社区物业服务。探索建立社区微型消防站或志愿消防队。

五、强化组织保障

（一）完善领导体制和工作机制

各级党委和政府要把城乡社区治理工作纳入重要议事日程，完善党委和政府统一领导，有关部门和群团组织密切配合，社会力量广泛参与的城乡社区治理工作格局。完善中央层面城乡社区治理工作协调机制，地方各级党委和政府要建立健全相应工作机制，抓好统筹指导、组织协调、资源整合和督促检查。各省（自治区、直辖市）党委和政府要建立研究决定城乡社区治理工作重大事项报告制度，定期研究城乡社区治理工作。市县党委书记要认真履行第一责任人职责，街道党工委书记、乡镇党委书记要履行好直接责任人职责。要把城乡社区治理工作纳入地方党政领导班子和领导干部政绩考核指标体系，纳入市县乡党委书记抓基层党建工作述职评议考核。逐步建立以社区居民满意度为主要衡量标准的社区治理评价体系和评价结果公开机制。

（二）加大资金投入力度

加大财政保障力度，统筹使用各级各部门投入城乡社区的符合条件的相关资金，提高资金使用效率，重点支持做好城乡社区治理各项工作。老少边穷地区应根据当地发展水平，统筹中央财政一般性转移支付等现有资金渠道，支持做好城乡社区建设工作。不断拓宽城乡社区治理资金筹集渠道，鼓励通过慈善捐赠、设立社区基金会等方式，引导社会资金投向城乡社区治理领域。创新城乡社区治理资金使用机制，有序引导居民群众参与确定资金使用方向和服务项目，全过程监督服务项目实施和资金使用。

难词释义详解 老少边穷地区

老少边穷地区主要指革命老区、少数民族自治地区、陆地边境地区和欠发达地区。在老少边穷的界定中，是以县(市)作为基本的区域单元。

（三）加强社区工作者队伍建设

将社区工作者队伍建设纳入国家和地方人才发展规划，地方要结合实际制定社区工作者队伍发展专项规划和社区工作者管理办法，把城乡社区党组织、基层群众性自治组织成员以及其他社区专职工作人员纳入社区工作者队伍统筹管理，建设一支素质优良的专业化社区工作者队伍。加强城乡社区党组织带头人队伍建设，选优配强社区党组织书记，加大从社区党组织书记中招录公务员和事业编制人员力度，注重把优秀社区党组织书记选拔到街道（乡镇）领导岗位，推动符合条件的社区党组织书记或班子成员通过依法选举担任基层群众性自治组织负责人或成员。社区专职工作人员由基层政府职能部门根据工作需要设岗招聘，街道办事处（乡镇政府）统一管理，社区组织统筹使用。加强对社区工作者的教育培训，提高其依法办事、执行政策和服务居民能力，支持其参加社会工作职业资格评价和学历教育等，对获得社会工作职业资格的给予职业津贴。加强社区工作者作风建设，建立群众满意度占主要权重的社区工作者评价机制，探索建立容错纠错机制和奖惩机制，调动社区工作者实干创业、改革创新热情。

（四）完善政策标准体系和激励宣传机制

加强城乡社区治理工作理论政策研究，做好城乡社区发展规划编制工作，制定“三社联动”机制建设、政府购买城乡社区服务等相关配套政策。加快建立城乡社区治理标准体系，研究制定城乡社区组织、社区服务、社区信息化建设等方面基础通用标准、管理服务标准和设施设备配置标准。及时总结推广城乡社区治理先进经验，积极开展城市和谐社区建设、农村幸福社区建设示范创建活动和城乡社区结对共建活动，大力表彰先进城乡社区组织和优秀城乡社区工作者。充分发挥报刊、广播、电视等新闻媒体和网络新媒体作用，广泛宣传城乡社区治理创新做法和突出成效，营造全社会关心、支持、参与城乡社区治理的良好氛围。

M 命题规律分析

本考点为新变化的考点，在此不做命题规律分析。

K 考点预测

1【单选】根据《关于加强和完善城乡社区治理的意见》，实行基层政府统一对社区工作进行综合考核评比，各职能部门不再单独组织考核评比活动，取消对社区工作的(　　)事项。

A. “间接选举”　　B. “直接选举”

C. “一锤定音”　　D. “一票否决”

【答案】D。解析：本题考查推进社区减负增效的措施。根据《关于加强和完善城乡社区治理的意见》，实行基层政府统一对社区工作进行综合考核评比，各职能部门不再单独组织考核评比活动，取消对社区工作的“一票否决”事项。故本题选D。

2【多选】根据《关于加强和完善城乡社区治理的意见》，依托“互联网+政务服务”相关重点工程，加快城乡社区公共服务综合信息平台建设，实现(　　)，强化“一门式”服务模式的社区应用。

A.一号申请　　B.一窗受理

C.一网通办　　D.一号通用

E.全网联动

【答案】ABC。解析：本题考查增强社区信息化应用能力的举措。根据《关于加强和完善城乡社区治理的意见》，依托“互联网+政务服务”相关重点工程，加快城乡社区公共服务综合信息平台建设，实现一号申请、一窗受理、一网通办，强化“一门式”服务模式的社区应用。故本题选ABC。

考点精讲 11 城乡社区服务

K 考点梳理

一、社区公共服务

《国务院关于加强和改进社区服务工作的意见》对社区公共服务的规定如下：

（一）推进社区就业服务

一是加强街道、社区劳动保障工作平台建设，通过提供就业再就业咨询、再就业培训、就业岗位信息服务和社区公益性岗位开发等，对就业困难人员提供针对性的服务和援助。二是结合居民物质文化生活需要开发就业岗位，挖掘社区就业潜力，创建充分就业社区，提高就业稳定性。三是探索建立信用社区、创业培训与小额担保贷款联动机制，为下岗失业人员自谋职业和自主创业创造条件。四是建立就业与失业保险、城市居民最低生活保障工作联动机制，促进和帮助享受失业保险和低保待遇的相关人员尽快实现就业。

（二）推进社区救助和社会保障服务

加强企业离退休人员社会化管理服务工作；促进和帮助城镇居民按规定参加各项社会保险；加强对失业人员和城市居民最低生活保障对象的动态管理，及时掌握他们的就业及收入状况，切实做到"应保尽保"；积极开展基层社会救助服务，帮助群众解决生产生活中的实际困难；加快发展社区居家养老服务业；大力发展社区慈善事业，加强对社区捐助接收站点、"慈善超市"的建设和管理。

（三）推进社区卫生和计划生育服务

建立健全以社区卫生服务中心（站）为主体的社区卫生和计划生育服务网络，以妇女、儿童、老年人、慢性病人、残疾人、贫困居民等为重点，为社区居民提供预防保健、健康教育、康复、计划生育的技术服务和一般常见病、多发病、慢性病的诊疗服务。大力培养社区卫生服务技术和管理人员，加强对社区卫生服务的监督管理，保证服务质量。实施国家政策规定的计划生育基本项目免费服务。

（四）推进社区文化、教育、体育服务

一是推进社区文化服务。发展面向基层的公益性文化事业，建设方便社区居民读书、阅报、健身、开展文艺活动的场所，加强对社区休闲广场、演艺厅、棋苑、网吧等文化场所的监督管理，促进社会主义精神文明建设。二是推进社区教育服务。调动社区资源和力量支持，保障社区内中小学校开展素质教育和社会实践活动，为青少年健康成长创造良好的社区环境。统筹各类教育资源，充分发挥社区学院、市民学校的作用，积极创建各种类型的学习型组织，面向社区居民开展多种形式的教育培训和科普活动，建立覆盖各类人群的多渠道、全方位的社区学习服务体系。三是开展社区体育服务。培育群众性体育组织，配置相应的健身器材，不断增强居民体质。

（五）着力提升农村社区公共服务供给水平

健全农村社区服务设施和服务体系，整合利用村级活动场所、文化室、卫生室、计划生育服务室、农民体育健身工程等现有场地、设施和资源，推进农村基层综合性公共服务设施

建设，提升农村基层公共服务信息化水平，逐步构建县（市、区）、乡（镇）、村三级联动互补的基本公共服务网络。积极推动基本公共服务项目向农村社区延伸，探索建立公共服务事项全程委托代理机制，促进城乡基本公共服务均等化。加强农村社区教育，鼓励各级各类学校教育资源向周边农村居民开放，用好县级职教中心、乡（镇）成人文化技术学校和农村社区教育教学点。改善农村社区医疗卫生条件，加大对乡（镇）、村卫生和计划生育服务机构设施改造、设备更新、人员培训等方面的支持力度。做好农村社区扶贫、社会救助、社会福利和优抚安置服务，推进农村社区养老、助残服务，组织引导农村居民积极参加城乡居民养老保险。落实和完善优惠政策，村民委员会服务设施用电以及社会福利场所生活用电按居民生活类价格执行。

二、社区社会工作服务和志愿服务

《民政部、财政部关于加快推进社区社会工作服务的意见》对社区社会工作服务有如下规定：

（一）社区社会工作服务

社区是社会工作专业人才开展服务的主要平台，加快推进社区社会工作服务对于拓展社区服务范围、深化社区服务内涵、提升社区服务水平、回应社区居民需求、促进社区和谐与发展具有重要意义。

社区社会工作服务的主要任务有以下几个方面：

（1）大规模培养和使用社区社会工作专业人才队伍；

（2）不断拓宽社区社会工作服务平台；

（3）分类推进社区社会工作服务；

（4）建立健全社区、社会组织和社会工作专业人才联动服务机制；

（5）建立健全社区社会工作专业人才引领志愿者服务机制。

（二）社区志愿服务

社区志愿服务是社区服务的重要组成部分和重要表现形式。《国务院关于加强和改进社区服务工作的意见》对社区志愿服务的相关规定如下：

1. 发展社区志愿服务组织和志愿者队伍

要根据社区居民构成，培育不同类型、不同层次的社区志愿服务组织。积极动员共产党员、共青团员、公务员、专业技术人员、教师、青少年学生，以及身体健康的离退休人员等加入志愿服务队伍，优化志愿人员结构，壮大志愿人员力量。要规范志愿者招募注册，根据群众的实际需要，由城乡社区、志愿服务组织、公益慈善类组织、社会服务机构等，及时发布志愿者招募信息，根据标准和条件吸纳社区居民参加志愿服务活动。依托全国志愿者队伍建设信息系统志愿服务信息平台，为有意愿、能胜任的社区居民进行登记注册。登记注册时，由居民提供个人基本信息，包括姓名、性别、年龄、身份证号、服务技能、服务时间和联系方式。由社区审核后予以登记注册，并发放《志愿者证》。

2. 开展社区志愿服务活动

依托社区综合服务设施，建立志愿服务站点，搭建志愿者、服务对象和服务项目对接平台。把空巢老人、留守儿童、残疾人作为服务重点，围绕社会救助、优抚、助残、老年服务、再就业服务、维护社区安全、科普和精神文明建设、家政服务、文体活动、心理疏导、医疗保健、法律服务等内容，广泛开展形式多样的志愿服务活动，力争覆盖困难群众所需的各种服务。采取社会工作者带志愿者的活动方式，组织志愿者在社会工作者的带领和安排下，有针对性地开展服务。通过政府购买服务等方式，鼓励和支持社会力量广泛参与社区志愿服务活动；鼓励和支持驻区单位和社区居民开展邻里互助等群众性自我互助服务活动；倡导并组织社区居民和驻区单位开展社会捐赠、互帮互助、承诺服务，为社区困难群体提供帮扶服务。

3. 建立社区志愿服务记录制度

志愿服务活动结束后，由城乡社区、志愿服务组织、公益慈善类组织、社会服务机构等按照民政部《志愿服务记录办法》确定的内容、格式和记录方式，对志愿者的服务进行及时、完整、准确记录，为表彰激励提供依据。服务记录要记录在《志愿者证》上，注明服务时间、服务内容和服务质量等。社区要建立志愿服务台账，把志愿者的服务记录汇总在统一的信息平台上，并做到互联互通，使服务记录能够异地转移和接续，使志愿者的服务记录不因工作岗位和居住地的变动而失效，把志愿者的积极性保护好、发挥好。

4. 建立社区志愿服务激励保障机制

建立志愿者星级认定制度，根据民政部确定的认定标准，志愿服务累计达到100小时、300小时、600小时、1000小时和1500小时的志愿者，可依次认定为一至五星级志愿者。建立志愿者嘉许制度，对优秀志愿者进行褒扬和嘉奖，授予荣誉称号。建立志愿服务回馈制度，志愿者可以利用参加志愿服务的工时，适度换取一定的社区服务，同时在就学、就业、就医等方面享受优惠或优待。但回馈要适度，充分体现志愿服务自愿、无偿、利他的特点，不能搞成等价交换。

5. 培训社区志愿者

坚持培训与服务并重的原则，由社区根据志愿服务项目的要求，通过集中辅导、座谈交流、案例分析等方式，对志愿者进行相关知识和技能培训。培训工作要定期进行，特别要重视志愿者骨干的培养。依托社区综合服务设施建立志愿服务站点，跟踪掌握志愿者接受培训、参加服务的情况，合理安排服务时间和服务任务，实现志愿者、服务对象和活动项目的有效衔接。

M 命题规律分析

从往年的命题情况来看，本考点主要采用单选题的命题形式，出现的频率不高，考查的知识点较为分散，2017年的题目考查的是《家庭服务业管理暂行办法》中的内容，考生要做好相关的积累。

Z 真题再现

2017-单选-34 大鹏是职业技术学院康复专业毕业生，受聘于家政服务机构暖阳中心，被派到小张家护理张大爷。暖阳中心与小张签订了家庭服务合同。根据《家庭服务业管理暂行办法》，下列暖阳中心的做法中，正确的是（　　）。

A.暖阳中心要求小张必须购买某品牌治疗仪

B.小张要求暖阳中心扣留大鹏的身份证，暖阳中心予以拒绝

C.小张要求暖阳中心为大鹏建立工作档案，暖阳中心予以拒绝

D.大鹏要求复印暖阳中心与小张签订的家庭服务合同，暖阳中心予以拒绝

【答案】B。**解析：**本题考查《家庭服务业管理暂行办法》。《家庭服务业管理暂行办法》第十二条规定，家庭服务机构在家庭服务活动中不得有下列行为：（1）以低于成本价格或抬高价格等手段进行不正当竞争；（2）不按服务合同约定提供服务；（3）唆使家庭服务员哄抬价格或有意违约骗取服务费用；（4）发布虚假广告或隐瞒真实信息误导消费者；（5）利用家庭服务之便强行向消费者推销商品；（6）扣押、拖欠家庭服务员工资或收取高额管理费，以及其他损害家庭服务员合法权益的行为；（7）扣押家庭服务员身份、学历、资格证明等证件原件；（8）法律、法规禁止的其他行为。故A项错误，B项正确。《家庭服务业管理暂行办法》第二十四条规定，消费者有权要求家庭服务机构按照合同约定指派或介绍家庭服务员和提供服务，消费者有权要求家庭服务机构如实提供家庭服务员的道德品行、教育状况、职业技能、相关工作经历、健康状况等个人信息，故C项错误。《家庭服务业管理暂行办法》第十五条规定，家庭服务机构应当明确告知涉及家庭服务员利益的服务合同内容，应允许家庭服务员查阅、复印家庭服务合同，保护其合法权益，故D项错误。故本题选B。

第八章 我国公益慈善事业与志愿服务法规与政策

备考指南

根据最新修订的考试大纲，本章主要分为两个部分：第一部分为慈善事业法规与政策，主要包括慈善组织、慈善募捐与慈善捐赠、慈善信托与慈善财产、信息公开、慈善事业促进措施；第二部分为志愿服务法规与政策，主要包括志愿服务组织和志愿者的权利与义务、志愿服务活动管理的规定、志愿服务发展的促进措施。

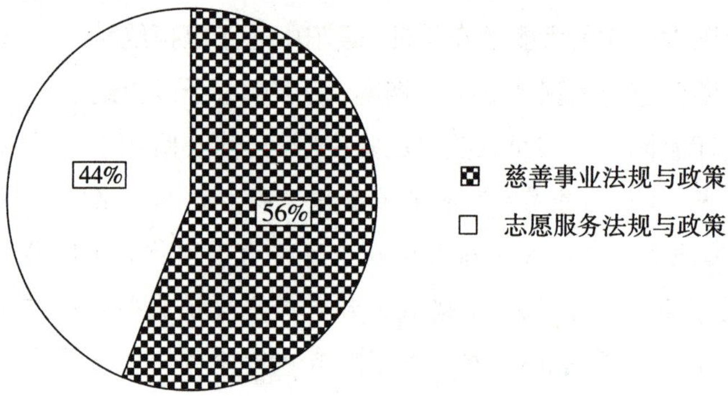

图2-8-1 本章考点考查比重

考点精讲 1 公益慈善事业的界定及公益慈善组织的分类

K 考点梳理

党的十九大强调要“完善社会救助、社会福利、慈善事业、优抚安置等制度，健全农村留守儿童和妇女、老年人关爱服务体系”。

一、慈善组织的含义与成立条件

《中华人民共和国慈善法》规定每年9月5日为“中华慈善日”，并对慈善组织作出以下要求：

1. 含义

慈善组织，是指依法成立、符合本法规定，以面向社会开展慈善活动为宗旨的非营利性组织。慈善组织可以以基金会、社会团体、社会服务机构等组织形式存在。

2. 成立条件

（1）以开展慈善活动为宗旨；

（2）不以营利为目的；

（3）有自己的名称和住所；

（4）有组织章程；

（5）有必要的财产；

（6）有符合条件的组织机构和负责人；

（7）法律、行政法规规定的其他条件。

二、慈善组织的申请认定

根据《慈善组织认定办法》，有关申请认定的内容如下：

第六条规定，申请认定为慈善组织，社会团体应当经会员（代表）大会表决通过，基金会、社会服务机构应当经理事会表决通过；有业务主管单位的，还应当经业务主管单位同意。

三、中华慈善奖

（1）背景：为鼓励更多的自然人、法人和其他组织参与慈善事业，弘扬慈善文化，政府特别设立"中华慈善奖"。

（2）目的：表彰我国慈善活动中事迹突出、影响广泛的单位、个人、志愿服务爱心团队、慈善项目、慈善信托等。

M 命题规律分析

从往年的命题情况来看，本考点主要采取单选题的命题形式，出现的频率不高，题目的设置也比较常规，如"中华慈善日"为每年的哪一天。

Z 真题再现

2018-单选-36 根据《中华人民共和国慈善法》，"中华慈善日"为每年的（　　）。

A.3月3日　　B.3月5日

C.9月3日　　D.9月5日

【答案】D。解析：本题考查中华慈善日。《中华人民共和国慈善法》将每年9月5日定为“中华慈善日”。故本题选D。

考点精讲 2 公益慈善事业募捐与捐赠的规定

K 考点梳理

一、慈善募捐

《中华人民共和国慈善法》对慈善募捐的相关规定如下：

1.含义

慈善募捐，是指慈善组织基于慈善宗旨募集财产的活动，包括面向社会公众的公开募捐和面向特定对象的定向募捐。

2.募捐主体

慈善组织开展公开募捐，应当取得公开募捐资格。依法登记满二年的慈善组织，可以向其登记的民政部门申请公开募捐资格。民政部门应当自受理申请之日起二十日内作出决定。慈善组织符合内部治理结构健全、运作规范的条件的，发给公开募捐资格证书；不符合条件的，不发给公开募捐资格证书并书面说明理由。法律、行政法规规定自登记之日起可以公开募捐的基金会和社会团体，由民政部门直接发给公开募捐资格证书。

3.募捐方式

开展公开募捐，可以采取下列方式：

（1）在公共场所设置募捐箱；

（2）举办面向社会公众的义演、义赛、义卖、义展、义拍、慈善晚会等；

（3）通过广播、电视、报刊、互联网等媒体发布募捐信息；

（4）其他公开募捐方式。

慈善组织采取前款第一项、第二项规定的方式开展公开募捐的，应当在其登记的民政部门管辖区域内进行，确有必要在其登记的民政部门管辖区域外进行的，应当报其开展募捐活动所在地的县级以上人民政府民政部门备案。捐赠人的捐赠行为不受地域限制。慈善组织通过互联网开展公开募捐的，应当在国务院民政部门统一或者指定的慈善信息平台发布募捐信息，并可以同时在其网站发布募捐信息。

4.募捐要求

开展公开募捐，应当制定募捐方案。募捐方案包括募捐目的、起止时间和地域、活动负责人姓名和办公地址、接受捐赠方式、银行账户、受益人、募得款物用途、募捐成本、剩余财产的处理等。募捐方案应当在开展募捐活动前报慈善组织登记的民政部门备案。开展公开募捐，应当在募捐活动现场或者募捐活动载体的显著位置，公布募捐组织名称、公开募捐资格证书、募捐方案、联系方式、募捐信息查询方法等。发生重大自然灾害、事故灾难和公共卫生事件等突发事件，需要迅速开展救助时，有关人民政府应当建立协调机制，提供需求信息，及时有序引导开展募捐和救助活动。

二、慈善捐赠

《中华人民共和国慈善法》对慈善捐赠的相关规定主要如下：

1. 含义

慈善捐赠，是指自然人、法人和其他组织基于慈善目的，自愿、无偿赠与财产的活动。

2. 捐赠人与捐赠财产

捐赠人可以通过慈善组织捐赠，也可以直接向受益人捐赠。捐赠人捐赠的财产应当是其有权处分的合法财产。捐赠财产包括货币、实物、房屋、有价证券、股权、知识产权等有形和无形财产。捐赠人捐赠的实物应当具有使用价值，符合安全、卫生、环保等标准。捐赠人捐赠本企业产品的，应当依法承担产品质量责任和义务。

自然人、法人和其他组织开展演出、比赛、销售、拍卖等经营性活动，承诺将全部或者部分所得用于慈善目的的，应当在举办活动前与慈善组织或者其他接受捐赠的人签订捐赠协议，活动结束后按照捐赠协议履行捐赠义务，并将捐赠情况向社会公开。

3. 捐赠管理

慈善组织接受捐赠，应当向捐赠人开具由财政部门统一监（印）制的捐赠票据。捐赠票据应当载明捐赠人、捐赠财产的种类及数量、慈善组织名称和经办人姓名、票据日期等。捐赠人匿名或者放弃接受捐赠票据的，慈善组织应当做好相关记录。

慈善组织接受捐赠，捐赠人要求签订书面捐赠协议的，慈善组织应当与捐赠人签订书面捐赠协议。书面捐赠协议包括捐赠人和慈善组织名称，捐赠财产的种类、数量、质量、用途、交付时间等内容。

捐赠人与慈善组织约定捐赠财产的用途和受益人时，不得指定捐赠人的利害关系人作为受益人。任何组织和个人不得利用慈善捐赠违反法律规定宣传烟草制品，不得利用慈善捐赠以任何方式宣传法律禁止宣传的产品和事项。

4. 捐赠人义务

捐赠人应当按照捐赠协议履行捐赠义务。捐赠人违反捐赠协议逾期未交付捐赠财产，有下列情形之一的，慈善组织或者其他接受捐赠的人可以要求交付；捐赠人拒不交付的，慈善组织和其他接受捐赠的人可以依法向人民法院申请支付令或提起诉讼：

（1）捐赠人通过广播、电视、报刊、互联网等媒体公开承诺捐赠的；

（2）捐赠财产用于本法第三条第（一）项至第（三）项规定的慈善活动，并签订书面捐赠协议的。

捐赠人公开承诺捐赠或者签订书面捐赠协议后经济状况显著恶化，严重影响其生产经营或者家庭生活的，经向公开承诺捐赠地或者书面捐赠协议签订地的民政部门报告并向社会公开说明情况后，可以不再履行捐赠义务。

《中华人民共和国慈善法》第三条第（一）项至第（三）项规定的慈善活动，主要是指自然人、法人和其他组织以捐赠财产或者提供服务等方式，自愿开展的下列公益活动：扶贫、济困；扶老、救孤、恤病、助残、优抚；救助自然灾害、事故灾难和公共卫生事件等突发事件造成的损害。因此，捐赠人的捐赠财产用于以上公益活动或通过媒体公开承诺捐赠的，若不按照捐赠协议履行捐赠义务，慈善组织或其他受捐人可以要求支付，捐赠人拒不支付的，可将其诉讼至人民法院。

5. 捐赠人权利

捐赠人有权查询、复制其捐赠财产管理使用的有关资料，慈善组织应当及时主动向捐赠人反馈有关情况。慈善组织违反捐赠协议约定的用途，滥用捐赠财产的，捐赠人有权要求其改正；拒不改正的，捐赠人可以向民政部门投诉、举报或者向人民法院提起诉讼。

M 命题规律分析

从往年的命题情况来看，本考点主要采取单选题的命题形式，出现的频率较高，题目的设置一般结合时政或者社会工作实务进行考查，具有一定的难度，考生要注意灵活复习。我们根据考试的情况，总结的命题规律如下：

规律一：命题的重点是捐赠人和受赠人的权利和义务。

以往的题目一般会涉及捐赠人和受赠人的权利和义务，考生对此要重点理解和记忆。为了全面掌握相关的知识，考生可以研读《公益事业捐赠法》这一法律。

规律二：留意税收优惠政策中的一些数字。

考生要注意两个重要的百分比：一是企业发生的公益性捐赠支出，在年度利润总额12%以内的部分，准予在计算应纳税所得额时扣除。二是捐赠未超过纳税义务人的应纳税所得额30%的部分，可以从其应纳税所得额中扣除。

Z 真题再现

1　2019-单选-32　国内某大学于2005年经登记成立校友基金会，多年来一直利用校友捐款开展公益服务，社会反响良好。2019年，该校友基金会拟通过互联网开展公开募捐。根据《中华人民共和国慈善法》，关于该基金会公开募捐的说法，正确的是（　　）。

A. 该基金会在该大学官网发布募捐信息后，可开展公开募捐活动

B. 该基金会于《中华人民共和国慈善法》公布前设立，可直接开展公开募捐活动

C. 该基金会报经上级教育行政部门同意后，可开展公开募捐活动

D. 该基金会经认定为慈善组织并取得公开募捐资格后，可开展公开募捐活动

【答案】D。**解析：**本题考查的是慈善组织的公开募捐。《中华人民共和国慈善法》第二十二条规定，慈善组织开展公开募捐，应当取得公开募捐资格。只有登记或者认定为慈善组织且取得公开募捐资格的社会组织，才能开展公开募捐活动。其他组织或者个人，不得开展公开募捐活动。不具有公开募捐资格的社会组织、其他组织或者个人基于慈善目的，可以与具有公开募捐资格的慈善组织合作，由该慈善组织开展公开募捐并管理募得款物。故本题选D。

2　2016-单选-40 根据《中华人民共和国企业所得税法》《个人所得税实施条例》《全国性社会团体公益性捐赠税前扣除资格初审暂行办法》，下列捐赠中，捐赠人可以获得应纳税所得额扣除税收优惠的是(　　)。

A. 某企业向某“自行车骑行协会”捐款30万元

B. 某家电企业法人代表向某“电商经理人联谊会”捐赠20万元

C. 某企业向青少年发展基金会捐赠“留守儿童暑假看妈妈”活动经费60万元，该企业年利润7000万元

D. 某企业高级管理人员资助一名贫困大学生每月500元生活费，其同年已经向灾区捐款10万元，该捐赠人年应纳税所得额为30万元

【答案】C。**解析：**本题考查捐赠人的义务。《中华人民共和国企业所得税法》规定，企业发生的公益性捐赠支出，在年度利润总额12%以内的部分，准予在计算应纳税所得额时扣除。《中华人民共和国个人所得税法》规定，捐赠未超过纳税义务人的应纳税所得额30%的部分，可以从其应纳税所得额中扣除。故本题选C。

考点精讲 3 公益慈善信托的规定

K 考点梳理

一、慈善信托

针对慈善信托的设立、信托财产的管理、信托当事人、信托的终止和清算等事项，《中华人民共和国慈善法》都作了详细规定，未规定的适用《中华人民共和国信托法》的有关规定。

1.含义

《中华人民共和国慈善法》所称慈善信托属于公益信托，是指委托人基于慈善目的，依法将其财产委托给受托人，由受托人按照委托人意愿以受托人名义进行管理和处分，开展慈善活动的行为。

2.设立步骤

设立慈善信托、确定受托人和监察人，应当采取书面形式。受托人应当在慈善信托文件签订之日起七日内，将相关文件向受托人所在地县级以上人民政府民政部门备案。未按照前款规定将相关文件报民政部门备案的，不享受税收优惠。

3.受托人

慈善信托的受托人，可以由委托人确定其信赖的慈善组织或者信托公司担任。慈善信托的受托人违反信托义务或者难以履行职责的，委托人可以变更受托人。变更后的受托人应当自变更之日起七日内，将变更情况报原备案的民政部门重新备案。慈善信托的受托人管理和处分信托财产，应当按照信托目的，恪尽职守，履行诚信、谨慎管理的义务。

慈善信托的受托人应当根据信托文件和委托人的要求，及时向委托人报告信托事务处理情况、信托财产管理使用情况。慈善信托的受托人应当每年至少一次将信托事务处理情况及财务状况向其备案的民政部门报告，并向社会公开。

4.信托监察人

慈善信托的委托人根据需要，可以确定信托监察人。信托监察人对受托人的行为进行监督，依法维护委托人和受益人的权益。信托监察人发现受托人违反信托义务或者难以履行职责的，应当向委托人报告，并有权以自己的名义向人民法院提起诉讼。

二、慈善财产

《中华人民共和国慈善法》对慈善财产的相关规定如下：

1.财产内容

慈善组织的财产包括：发起人捐赠、资助的创始财产；募集的财产；其他合法财产。

2.财产使用

慈善组织的财产应当根据章程和捐赠协议的规定全部用于慈善目的，不得在发起人、捐赠人以及慈善组织成员中分配。任何组织和个人不得私分、挪用、截留或者侵占慈善财产。慈善组织开展慈善活动，应当依照法律法规和章程的规定，按照募捐方案或者捐赠协议使用捐赠财产。慈善组织确需变更募捐方案规定的捐赠财产用途的，应当报民政部门备案；确需变更捐赠协议约定的捐赠财产用途的，应当征得捐赠人同意。慈善组织应当合理设计慈善项目，优化实施流程，降低运行成本，提高慈善财产使用效益。

3.财产管理与监督

慈善组织对募集的财产，应当登记造册，严格管理，专款专用。捐赠人捐赠的实物不易储存、运输或者难以直接用于慈善目的的，慈善组织可以依法拍卖或者变卖，所得收入扣除必要费用后，应当全部用于慈善目的。

慈善组织为实现财产保值、增值进行投资的，应当遵循合法、安全、有效的原则，投资取得的收益应当全部用于慈善目的。慈善组织的重大投资方案应当经决策机构组成人员三分之二以上同意。政府资助的财产和捐赠协议约定不得投资的财产，不得用于投资。慈善组织的负责人和工作人员不得在慈善组织投资的企业兼职或者领取报酬。前款规定事项的具体办法，由国务院民政部门制定。

慈善组织应当建立项目管理制度，对项目实施情况进行跟踪监督。慈善项目终止后捐赠财产有剩余的，按照募捐方案或者捐赠协议处理；募捐方案未规定或者捐赠协议未约定的，慈善组织应当将剩余财产用于目的相同或者相近的其他慈善项目，并向社会公开。

4. 慈善受益人的相关规定

慈善组织确定慈善受益人，应当坚持公开、公平、公正的原则，不得指定慈善组织管理人员的利害关系人作为受益人。慈善组织根据需要可以与受益人签订协议，明确双方权利义务，约定慈善财产的用途、数额和使用方式等内容。受益人应当珍惜慈善资助，按照协议使用慈善财产。受益人未按照协议使用慈善财产或者有其他严重违反协议情形的，慈善组织有权要求其改正；受益人拒不改正的，慈善组织有权解除协议并要求受益人返还财产。

5. 其他要求

慈善组织应当积极开展慈善活动，充分、高效运用慈善财产，并遵循管理费用最必要原则，厉行节约，减少不必要的开支。慈善组织中具有公开募捐资格的基金会开展慈善活动的年度支出，不得低于上一年总收入的百分之七十或者前三年收入平均数额的百分之七十；年度管理费用不得超过当年总支出的百分之十，特殊情况下，年度管理费用难以符合前述规定的，应当报告其登记的民政部门并向社会公开说明情况。

具有公开募捐资格的基金会以外的慈善组织开展慈善活动的年度支出和管理费用的标准，由国务院民政部门会同国务院财政、税务等部门依照前款规定的原则制定。捐赠协议对单项捐赠财产的慈善活动支出和管理费用有约定的，按照其约定。

M 命题规律分析

从往年的命题情况来看，对本考点的考查，主要采取单选题的命题形式，出现的频率不高，题目的设置一般以政策的具体内容为切入点，在这个基础上询问考生如何做。本考点的重点内容是受托人的权利与义务，具体的内容总结如下：

受托人的权利	受托人的义务
•取得报酬的权利 •优先受偿的权利 •起诉的权利	•履职的义务 •接受检查的义务 •报告公告的义务 •定向处理信托财产的义务

图2-8-2 受托人的权利和义务

Z 真题再现

2017-单选-35 律师李某是某公益信托项目受托人，根据《中华人民共和国信托法》，下列关于李某行为的说法中，正确的是（　　）。

A.李某未经批准辞去该项目受托人

B.李某不得在该项目中获取报酬

C.李某应当接受公益事业管理机构对其个人财产的检查

D.李某应当在该信托项目终止15日内，向公益事业管理机构报告终止事由

【答案】D。**解析：**本题考查《中华人民共和国信托法》。《中华人民共和国信托法》第六十六条规定，公益信托的受托人未经公益事业管理机构批准，不得辞任，故A项错误。受托人的权利有三个：一是取得报酬的权利，二是优先受偿的权利，三是起诉的权利，故B项错误。公益事业管理机构应当检查受托人处理公益信托事务的情况及财产状况，故C项错误。公益信托终止的，受托人应当于终止事由发生之日起15日内，将终止事由和终止日期报告公益事业管理机构。故本题选D。

考点精讲 4 志愿服务组织管理规定

K 考点梳理

一、志愿服务活动管理的规定

《志愿服务条例》对志愿服务活动管理方面有以下规定：

第十一条规定，志愿者可以参与志愿服务组织开展的志愿服务活动，也可以自行依法开展志愿服务活动。

第十二条规定，志愿服务组织可以招募志愿者开展志愿服务活动；招募时，应当说明与

志愿服务有关的真实、准确、完整的信息以及在志愿服务过程中可能发生的风险。

第十三条规定，需要志愿服务的组织或者个人可以向志愿服务组织提出申请，并提供与志愿服务有关的真实、准确、完整的信息，说明在志愿服务过程中可能发生的风险。志愿服务组织应当对有关信息进行核实，并及时予以答复。

第十四条规定，志愿者、志愿服务组织、志愿服务对象可以根据需要签订协议，明确当事人的权利和义务，约定志愿服务的内容、方式、时间、地点、工作条件和安全保障措施等。

第十五条规定，志愿服务组织安排志愿者参与志愿服务活动，应当与志愿者的年龄、知识、技能和身体状况相适应，不得要求志愿者提供超出其能力的志愿服务。

第十六条规定，志愿服务组织安排志愿者参与的志愿服务活动需要专门知识、技能的，应当对志愿者开展相关培训。开展专业志愿服务活动，应当执行国家或者行业组织制定的标准和规程。法律、行政法规对开展志愿服务活动有职业资格要求的，志愿者应当依法取得相应的资格。

第十七条规定，志愿服务组织应当为志愿者参与志愿服务活动提供必要条件，解决志愿者在志愿服务过程中遇到的困难，维护志愿者的合法权益。志愿服务组织安排志愿者参与可能发生人身危险的志愿服务活动前，应当为志愿者购买相应的人身意外伤害保险。

第十八条规定，志愿服务组织开展志愿服务活动，可以使用志愿服务标志。

第十九条规定，志愿服务组织安排志愿者参与志愿服务活动，应当如实记录志愿者个人基本信息、志愿服务情况、培训情况、表彰奖励情况、评价情况等信息，按照统一的信息数据标准录入国务院民政部门指定的志愿服务信息系统，实现数据互联互通。志愿者需要志愿服务记录证明的，志愿服务组织应当依据志愿服务记录无偿、如实出具。记录志愿服务信息和出具志愿服务记录证明的办法，由国务院民政部门会同有关单位制定。

第二十条规定，志愿服务组织、志愿服务对象应当尊重志愿者的人格尊严；未经志愿者本人同意，不得公开或者泄露其有关信息。

第二十一条规定，志愿服务组织、志愿者应当尊重志愿服务对象人格尊严，不得侵害志愿服务对象个人隐私，不得向志愿服务对象收取或者变相收取报酬。

第二十二条规定，志愿者接受志愿服务组织安排参与志愿服务活动的，应当服从管理，接受必要的培训。志愿者应当按照约定提供志愿服务。志愿者因故不能按照约定提供志愿服务的，应当及时告知志愿服务组织或者志愿服务对象。

第二十三条规定，国家鼓励和支持国家机关、企业事业单位、人民团体、社会组织等成立志愿服务队伍开展专业志愿服务活动，鼓励和支持具备专业知识、技能的志愿者提供专业志愿服务。国家鼓励和支持公共服务机构招募志愿者提供志愿服务。

第二十四条规定，发生重大自然灾害、事故灾难和公共卫生事件等突发事件，需要迅速开展救助的，有关人民政府应当建立协调机制，提供需求信息，引导志愿服务组织和志愿者及时有序开展志愿服务活动。志愿服务组织、志愿者开展应对突发事件的志愿服务活动，应当接受有关人民政府设立的应急指挥机构的统一指挥、协调。

第二十五条规定，任何组织和个人不得强行指派志愿者、志愿服务组织提供服务，不得以志愿服务名义进行营利性活动。

第二十六条规定，任何组织和个人发现志愿服务组织有违法行为，可以向民政部门、其他有关部门或者志愿服务行业组织投诉、举报。民政部门、其他有关部门或者志愿服务行业组织接到投诉、举报，应当及时调查处理；对无权处理的，应当告知投诉人、举报人向有权处理的部门或者行业组织投诉、举报。

二、志愿服务激励保障制度的促进措施

根据《志愿服务条例》，关于“促进措施”的具体规定如下：

第二十七条规定，县级以上人民政府应当根据经济社会发展情况，制定促进志愿服务事业发展的政策和措施。县级以上人民政府及其有关部门应当在各自职责范围内，为志愿服务提供指导和帮助。

第二十八条规定，国家鼓励企业事业单位、基层群众性自治组织和其他组织为开展志愿服务提供场所和其他便利条件。

第二十九条规定，学校、家庭和社会应当培养青少年的志愿服务意识和能力。高等学校、中等职业学校可以将学生参与志愿服务活动纳入实践学分管理。

第三十条规定，各级人民政府及其有关部门可以依法通过购买服务等方式，支持志愿服务运营管理，并依照国家有关规定向社会公开购买服务的项目目录、服务标准、资金预算等相关情况。

第三十一条规定，自然人、法人和其他组织捐赠财产用于志愿服务的，依法享受税收优惠。

第三十二条规定，对在志愿服务事业发展中做出突出贡献的志愿者、志愿服务组织，由县级以上人民政府或者有关部门按照法律、法规和国家有关规定予以表彰、奖励。国家鼓励企业和其他组织在同等条件下优先招用有良好志愿服务记录的志愿者。公务员考录、事业单位招聘可以将志愿服务情况纳入考察内容。

第三十三条规定，县级以上地方人民政府可以根据实际情况采取措施，鼓励公共服务机构等对有良好志愿服务记录的志愿者给予优待。

第三十四条规定，县级以上人民政府应当建立健全志愿服务统计和发布制度。

第三十五条规定，广播、电视、报刊、网络等媒体应当积极开展志愿服务宣传活动，传播志愿服务文化，弘扬志愿服务精神。

M 命题规律分析

从往年的命题情况来看，本考点主要采取多选题的命题形式，出现的频率较高。题目

的设置分为两种：一种是考查政策的内容，这是一种直接考查；另一种是在政策的基础上结合实务进行考查，这是一种间接考查。根据考试的特点，总结的命题规律如下：

规律一：了解志愿服务的基本特征。

志愿服务有三个基本特征：一是自愿性，这是志愿服务的首要特征；二是无偿性，这是志愿服务的重要特征；三是公益性，这是志愿服务的价值特征，决定了志愿服务行为的目的属性。

规律二：掌握志愿者的星级评定制度。

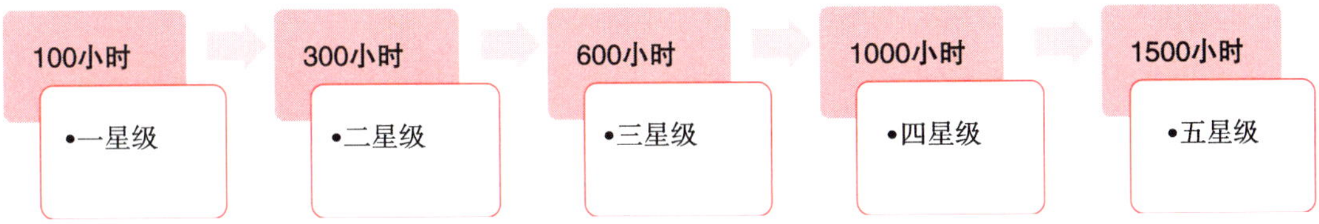

图2-8-3　志愿者的星级评定制度

规律三：关注志愿服务记录的主要内容。

志愿服务记录应当记载志愿者的个人基本信息、志愿服务信息、培训信息、表彰奖励信息、被投诉信息等内容。

规律四：掌握志愿服务记录的管理和使用。

图2-8-4　志愿服务记录管理的内容

Z 真题再现

1　2019-单选-36 星光志愿者协会选派大学生志愿者小王到某敬老院开展志愿服务。根据《志愿服务记录办法》，下列该协会对小王志愿服务的做法中，正确的是（　　）。

A.协会为保护小王工作积极性，没有记录其被投诉信息

B.协会将小王往返敬老院的交通时间计算在志愿服务时间内

C.协会向小王收取50元志愿服务记录保存费

D.协会为小王出具了志愿服务证明，以方便其就业

【答案】D。**解析：**本题考查志愿服务记录的管理和使用。志愿服务记录的管理和使用如下：（1）保存与保密；（2）转移和共享；（3）提供证明；（4）报送和发布。A、B、C三项不符合常理，故排除。《志愿服务记录办法》第十七条规定，志愿者需要查询本人志愿服务记录或者因升学、入伍、就业等原因需要出具本人参加志愿服务证明的，志愿者组织、公益慈善类组织和社会服务机构应当及时如实提供。志愿服务证明应当载明当事人的志愿者身份、

志愿服务时间和内容。故本题选D。

2 2019-多选-72 根据《志愿服务条例》，志愿服务组织在组织志愿者参加志愿服务时，应尽的义务有（　　）。

A.做好志愿服务记录工作

B.对志愿者开展相关岗前培训

C.根据志愿服务时长发放津贴、补贴

D.向报名的志愿者说明服务中可能发生的风险

E.安排与志愿者的年龄、知识、技能和身体状况相适应的活动

【答案】ABDE。**解析：**本题考查的是志愿服务活动管理的规定。志愿者的日常管理主要包括以下几方面的内容：（1）建立健全注册志愿者档案或信息管理系统；（2）尊重志愿者本人的意愿，根据其时间、能力等条件，安排从事相应的志愿服务活动；（3）提供相关的信息和安全、卫生等必要的条件或者保障；（4）签订志愿服务协议；（5）为志愿者办理必要的保险；（6）提供志愿服务相关技能等方面的培训和督导；（7）志愿服务记录；（8）对拒不履行义务的，注册机构可取消其注册志愿者身份；（9）其他必要的管理工作。由于志愿者是志愿行为，不收获报酬，因此排除C项。故本题选ABDE。

3 2018-多选-69 老李经常参加社区组织的治安巡逻志愿服务活动。根据《志愿服务记录办法》，老李的下列信息，应当被记录的有（　　）。

A.老李的身份证号码

B.参加治安巡逻志愿服务培训的学时

C.参加治安巡逻志愿服务的具体日期

D.从住处到治安巡逻志愿服务场所的往返交通时间

E.因治安巡逻志愿服务所获的表彰奖励

【答案】ABCE。**解析：**本题考查志愿服务记录的主要内容。《志愿服务记录办法》第五条规定，志愿服务记录应当记载志愿者的个人基本信息、志愿服务信息、培训信息、表彰奖励信息、投诉信息等内容。志愿者个人基本信息应当包括姓名、性别、出生年月、身份证号、服务技能、联系方式等。培训信息应当包括志愿者参加志愿服务有关知识和服务技能培训的内容、组织者、日期、地点、学时等。志愿服务信息应当包括志愿者参加志愿服务活动（项目）的名称、日期、地点、服务对象、服务内容、服务时间、服务质量评价、活动（项目）的负责人、记录人等。志愿服务时间是指志愿者实际提供志愿服务的时间，以小时为计量单位，不包括往返交通时间。志愿者因志愿服务表现突出、获得表彰奖励的，志愿者组织、公益慈善类组织和社会服务机构应当及时予以记录。故本题选ABCE。

4 2017-单选-38 高某，北京某高校毕业后应征入伍，在驻拉萨某部服役。在校期间，高某参加志愿服务累计230小时，到拉萨又参加志愿服务80小时。根据《志愿服务记录办法》，下列关于高某志愿服务的说法，正确的是（　　）。

A.拉萨的志愿者组织可以认定高某为二星级志愿者

B.拉萨的志愿者组织应当向北京志愿者组织提供高某志愿服务记录

C.高某志愿服务记录应当记录其服务技能、兴趣爱好、婚姻状况

D.北京的志愿者组织应当及时将高某志愿服务记录转移至拉萨志愿组织

【答案】A。**解析:**本题考查志愿者的星级评定制度。《志愿服务记录办法》第二十一条规定:(1)参加志愿服务时间累计达到100小时的,认定为“一星级志愿者”;(2)参加志愿服务时间累计达到300小时的,认定为“二星级志愿者”;(3)参加志愿服务时间累计达到600小时的,认定为“三星级志愿者”;(4)参加志愿服务时间累计达到1000小时的,认定为“四星级志愿者”;(5)参加志愿服务时间累计达到1500小时的,认定为“五星级志愿者”。故本题选A。

K 考点预测

【单选】近年来,大家都热衷于公益事业。如果自然人、法人和其他组织捐赠财产用于志愿服务的,依法享受(　　)。

A.买房优惠　　B.买车优惠

C.税收优惠　　D.购物优惠

【答案】C。**解析:**本题考查志愿服务的促进措施。《志愿服务条例》第三十一条规定,自然人、法人和其他组织捐赠财产用于志愿服务的,依法享受税收优惠。故本题选C。

第九章　我国社会组织法规与政策

备考指南

根据最新修订的考试大纲，本章主要分为四个部分：第一部分为社会团体管理法规与政策，主要包括社会团体成立登记、社会团体的管理、社会团体的终止；第二部分为社会服务机构（民办非企业单位）管理法规与政策，主要包括社会服务机构（民办非企业单位）成立登记、社会服务机构（民办非企业单位）的管理、社会服务机构（民办非企业单位）的终止；第三部分为基金会管理法规与政策，主要包括基金会的设立、基金会的治理结构、基金会的管理、基金会的终止；第四部分为社区社会组织管理法规与政策，主要包括社区社会组织的发展重点、社区社会组织的培育措施、增强社区社会组织的服务功能、对社区社会组织的管理服务。由于第四部分以往未曾考查且变化较大，在此不做分值统计。

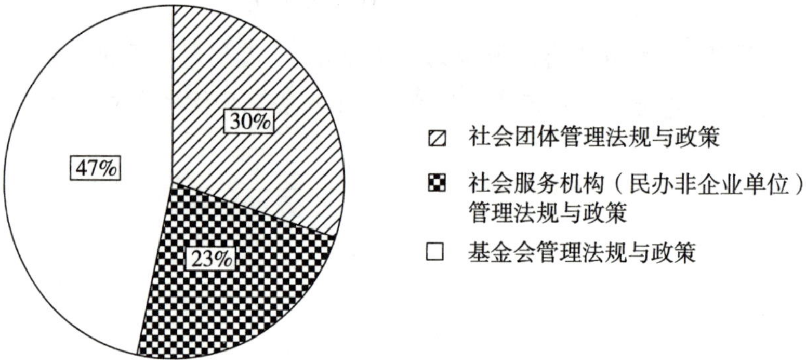

图2-9-1　本章考点考查比重

考点精讲　1　社会团体成立登记

K 考点梳理

《社会团体登记管理条例》关于的社会团体成立登记有以下规定：

一、免予登记和成立条件

（一）免予登记的社会团体

第三条规定，成立社会团体，应当经其业务主管单位审查同意，并依照本条例的规定进行登记。社会团体应当具备法人条件。下列团体不属于本条例规定登记的范围：

（1）参加中国人民政治协商会议的人民团体；

（2）由国务院机构编制管理机关核定，并经国务院批准免于登记的团体；

（3）机关、团体、企业事业单位内部经本单位批准成立、在本单位内部活动的团体。

按照民政部的有关规定，以下四类社会团体可以免予登记：一是机关、团体、企业事业单位内部经本单位批准成立、在本单位内部活动的团体。二是参加中国人民政治协商会议的人民团体，包括中华全国总工会、中国共产主义青年团、中华全国妇女联合会、中国科学技术协会、中华全国归国华侨联合会、中华全国台湾同胞联谊会、中华全国青年联合会、中华全国工商业联合会。三是由国务院机构编制管理机关核定，并经国务院批准免于登记的团体，可以免予社团登记。这些社会团体包括中国文学艺术界联合会、中国作家协会、中华全国新闻工作者协会、中国人民对外友好协会、中国人民外交学会等。四是其他免予登记的社会团体，根据《民政部关于对部分社团免予社团登记的通知》的规定，中国文联所属的13个文艺家协会，以及省、自治区、直辖市作协、文联（不含文联所属文艺家协会），可以免予社团登记。

（二）成立社会团体的条件

《社会团体登记管理条例》对社会团体的成立条件作了详细的规定，成立社会团体必须具备相关条件。

1. 会员数量

如果会员全部为单位会员，则会员数应在30个以上；如果会员全部由个人会员组成，则会员数应在50个以上；如果会员由个人会员和单位会员混合组成，则会员总数不得少于50个。国家机关以外的组织可以作为单位会员加入社会团体。

2. 名称规范

社会团体的名称有两项基本要求：一是名称须符合法律、法规的规定，不得违背社会道德风尚；二是名称须与社会团体的业务范围、成员分布、活动地域相一致，准确反映社会团体的特征。地方性的社会团体的名称不得冠以“中国”“全国”“中华”等字样，全国性的社会团体的名称如果要冠以“中国”“全国”“中华”等字样，必须按照国家有关规定经过批准。

3. 有专职工作人员

成立社会团体，必须有与其业务活动相适应的专职工作人员，其工资和保险福利待遇参照国家对事业单位的有关规定执行。

4.活动资金

全国性的社会团体应有10万元以上活动资金，地方性的社会团体和跨行政区域的社会团体应有3万元以上活动资金。

5.其他条件

社会团体要有固定的住所。

二、登记管辖

根据《社会团体登记管理条例》的规定，登记管辖方面要遵循以下条件：

第七条规定，全国性的社会团体，由国务院的登记管理机关负责登记管理；地方性的社会团体，由所在地人民政府的登记管理机关负责登记管理；跨行政区域的社会团体，由所跨行政区域的共同上一级人民政府的登记管理机关负责登记管理。

第八条规定，登记管理机关、业务主管单位与其管辖的社会团体的住所不在一地的，可以委托社会团体住所地的登记管理机关、业务主管单位负责委托范围内的监督管理工作。

三、登记程序

社会团体的成立登记主要有两类，分别是可直接登记的社会团体和需经前置审批后方能申请登记的社会团体。

（一）可直接登记的社会团体

行业协会商会类、科技类、公益慈善类、城乡社区服务类社会组织，成立这些社会组织，直接向民政部门依法申请登记，不再需要业务主管单位审查同意。

（二）需前置审批的社会团体

1.主要类型

一是依据法律法规和国务院决定需要前置审批的，二是政治法律类、宗教类社会组织、境外非政府组织在华代表机构等社会团体。

2.申请筹备

根据《社会团体登记管理条例》，对申请登记的社会团体有以下规定：申请成立社会团体，应当经业务主管单位审查同意，由发起人向登记管理机关申请筹备。申请筹备时，须向登记管理机关提交筹备申请书、业务主管单位的批准文件、验资报告、场所使用权证明、章程草案、发起人和拟任负责人的基本情况和身份证明等文件。

（三）召开会员（代表）大会

筹备成立的社会团体，应当自登记管理机关批准筹备之日起6个月内召开会员大会或者会员代表大会，通过章程，产生执行机构、负责人和法定代表人。

根据《民政部关于社会团体登记管理有关问题的通知》的规定，社会团体的法定代表人须由章程明确的负责人担任，同时不得兼任其他社会团体法定代表人。

社会团体的章程应当符合要求。社会团体的章程须明确的事项，包括名称、住所，宗旨、业务范围和活动地域，会员资格的取得及其权利、义务，组织管理制度及执行机构的产生程序，负责人须具备的条件和产生、罢免负责人的程序，资产管理和使用的原则，章程的修改程序，终止程序和终止后资产的处理。其他应当由章程规定的事项也应在章程中明确。

（四）审查登记

在收到完成筹备工作的社会团体的登记申请书及有关文件之日起 30 日内，登记管理机关应当完成审查工作。对不予登记的，应当将不予登记的决定通知申请人。对没有前述所列不予批准筹备的情形，且筹备工作符合要求、章程内容完备的社会团体，准予登记。

（五）备案

社会团体应当自批准成立之日起60日内向登记管理机关备案，登记管理机关自收到备案文件之日起30日内发给《社会团体法人登记证书》。

四、社会团体的章程

民政部对社会团体的章程有明确的要求，具体明确的事项如下包括：名称、性质、宗旨、本团体接受业务主管单位和社区登记管理机关的业务指导与登记管理、住所、业务范围、会员种类，会员资格及其权利、义务，负责人的条件和产生，资产管理和使用的原则，章程的修改程序，等等。

《社会团体登记管理条例》有关规定如下：

第四条，社会团体必须遵守宪法、法律、法规和国家政策，不得反对宪法确定的基本原则，不得危害国家的统一、安全和民族的团结，不得损害国家利益、社会公共利益以及其他组织和公民的合法权益，不得违背社会道德风尚。社会团体不得从事营利性经营活动。

第十二条，登记管理机关应当自收到登记申请书，业务主管单位的批准文件，验资报告、场所使用权证明，发起人和拟任负责人的基本情况、身份证明，章程草案中的全部有效文件之日起60日内，作出准予或者不予登记的决定。准予登记的，发给《社会团体法人登记证书》；不予登记的，应当向发起人说明理由。

第十三条，有下列情形之一的，登记管理机关不予登记：一是有根据证明申请登记的社会团体的宗旨、业务范围不符合本条例第四条的规定的；二是在同一行政区域内已有业务范围相同或者相似的社会团体，没有必要成立的；三是发起人、拟任负责人正在或者曾经受到剥夺政治权利的刑事处罚，或者不具有完全民事行为能力的；四是在申请登记时弄虚作假的；五是有法律、行政法规禁止的其他情形的。

M 命题规律分析

从往年的命题情况来看，本考点主要采取单选题的命题形式，出现的频率不高，题目的设置也比较灵活，重点考查成立社会团体的条件，主要有四个方面：人员数量、名称规范、有专职工作人员、活动资金。其命题规律如下：

规律一：考查成立社会团体的条件之一——人员数量。

有两个数字：30和50。当全部为单位会员时，则要在30个以上；其他情况均要在50个以上。

规律二：考查成立社会团体的条件之二——名称规范。

在名称规范上注意三点：一是名称符合法律规范，二是名称可以反映社会团体特征，三是地方性的社会团体名称不能出现“全国”“中国”“中华”字样，全国性的社会团体需要经过严格的批准才可以使用该字样。

规律三：考查成立社会团体的其他条件——人员和资金。

在成立社会团体时，必须要有相关的专职工组人员，还要有合适的活动资金。如果是全国性的社会团体，需要有10万元以上的活动资金；如果是非全国性的社会团体，需要有3万元以上的活动资金。

Z 真题再现

2018-单选-41 根据《社会团体登记管理条例》，下列拟成立的协会，会员数量符合社会团体成立条件的是（　　）。

A. 甲协会，已有个人会员62名，无单位会员

B. 乙协会，已有单位会员28个，无个人会员

C. 丙协会，已有个人会员36名，单位会员12个

D. 丁协会，已有个人会员29名，单位会员12个

【答案】A。**解析：**本题考查社会团体的会员数量要求。社会团体的会员数量要求为：如果会员全部为单位会员，则会员数应在30个以上；如果会员全部由个人会员组成，则会员数应在50个以上；如果会员由个人会员和单位会员混合组成，则会员总数不得少于50个。故本题选A。

K 考点预测

【单选】根据《社会团体登记管理条例》，登记管理机关应当自收到登记申请书，业务主管单位的批准文件，验资报告、场所使用权证明，发起人和拟任负责人的基本情况、身

份证明，章程草案中的全部有效文件之日起（　　）日内，作出准予或者不予登记的决定。

A.30　　B.40　　C.50　　D.60

【答案】D。**解析：**本题考查社会团体登记管理的规定。《社会团体登记管理条例》规定，登记管理机关应当自收到登记申请书，业务主管单位的批准文件，验资报告、场所使用权证明，发起人和拟任负责人的基本情况、身份证明，章程草案中的全部有效文件之日起60日内，作出准予或者不予登记的决定。故本题选D。

考点精讲 2 社会团体的管理

K 考点梳理

社会团体自批准成立之日起即具有法人资格，有权依照法律、法规及其章程开展活动，任何组织和个人不得非法干涉。

一、登记事项的管理

（一）分支机构、代表机构的设立

根据民政部的《民政部关于贯彻落实国务院取消全国性社会团体分支机构、代表机构登记行政审批项目的决定有关问题的通知》和《国务院关于取消和下放一批行政审批项目的决定》（以下简称《决定》），全国性社会团体分支机构、代表机构设立登记、变更登记和注销登记主要有以下规定：

（1）自《决定》发布之日起，民政部不再受理全国性社会团体分支机构（包括专项基金管理机构）、代表机构的设立、变更、注销登记的申请，不再换发上述机构的登记证书，不再出具分支机构、代表机构刻制印章的证明。

（2）全国性社会团体根据本团体章程规定的宗旨和业务范围，可以自行决定分支机构、代表机构的设立、变更和终止。前述决定应当经理事会或者常务理事会讨论通过，制作会议纪要，妥善保存原始资料。

（3）社会团体的分支机构、代表机构是社会团体的组成部分，不具有法人资格，不得另行制定章程，在社会团体授权的范围内开展活动、发展会员，法律责任由设立该分支机构、代表机构的社会团体承担。

（4）社会团体不得设立地域性分支机构，不得在分支机构、代表机构下再设立分支机构、代表机构。

（5）社会团体的分支机构、代表机构名称不得以各类法人组织的名称命名，不得在名称

中使用“中国”“中华”“全国”“国家”等字样，开展活动应当使用冠有所属社会团体名称的规范全称。

（6）社会团体应当建立健全管理制度，切实加强对其分支机构、代表机构的监督管理。社会团体应当将分支机构、代表机构的财务、账户纳入社会团体统一管理，不得以设立分支机构、代表机构的名义收取或变相收取管理费、赞助费等，不得将上述机构委托其他组织运营，确保分支机构、代表机构依法办事，按章程开展活动。

（7）社会团体应当在年度工作报告中将其分支机构、代表机构的名称、负责人、住所、设立程序、开展活动等有关情况报送业务主管单位和登记管理机关（直接登记的社会团体报送登记管理机关），接受年度检查，不得弄虚作假。同时，应当将上述信息及时向社会公开，自觉接受社会监督。

（二）变更登记

《社会团体登记管理条例》第十八条规定，社会团体的登记事项需要变更的，应当自业务主管单位审查同意之日起30日内，向登记管理机关申请变更登记。

社会团体修改章程，应当自业务主管单位审查同意之日起30日内，报登记管理机关核准。

《民政部关于社会团体登记管理有关问题的通知》进一步规范了社会团体章程的修改与核准。社会团体修改章程时，应在报会员大会（会员代表大会）审议前，书面征求业务主管单位和登记管理机关意见。章程修改经会员大会（会员代表大会）审议通过后，社会团体应按照《社会团体登记管理条例》规定，及时报登记管理机关核准。社会团体修改章程未履行规定程序的，登记管理机关不予受理章程核准。

二、财务制度和税收政策

（一）财务制度

社会团体的财务管理必须做到以下几点：

1. 依法建账

社会团体凭《社会团体法人登记证书》开立银行账户，并将银行账号报登记管理机关备案。

2. 会计规范化

按照《民间非营利组织会计制度》的规定进行会计核算，编制财务会计报告，保证会计信息的真实、完整，及时反映民间非营利组织控制的资源状况、负债水平、资金使用情况及其效果、现金流量等信息。

3. 审计的监督

根据《社会团体登记管理条例》，社会团体必须执行国家规定的财务管理制度，接受财政部门的监督。社会团体的资产如果来源于国家拨款或者社会捐赠、资助，应当接受审计机关的监督；社会团体在换届或者更换法定代表人前，登记管理机关、业务主管单位应当组织对其进行财务审计。

4.依法管理资产

（1）社会团体的资产来源必须合法。社会团体的资金来源主要来自捐赠人的捐赠、会员缴纳的会费、向服务对象收取的服务费等。

根据民政部、财政部《关于取消社会团体会费标准备案规范会费管理的通知》的规定：第一，经社会团体登记管理机关批准成立的社会团体，可以向个人会员和单位会员收取会费。第二，会费标准须依据章程规定的业务范围、工作成本等因素合理制定，会费标准的额度应当明确，不得有浮动性。第三，社会团体制定或者修改会费标准，应当召开会员大会或者会员代表大会，应当有2/3以上会员或者会员代表出席，并经出席会员或者会员代表1/2以上表决通过，表决采取无记名投票方式进行。除会员大会或者会员代表大会以外，不得采取任何其他形式制定或者修改会费标准。第四，社会团体应当自通过会费标准决议之日起30日内，将决议向全体会员公开。第五，社会团体收取会费，应当按照规定使用财政部和省（自治区、直辖市）财政部门印（监）制的社会团体会费收据。除会费以外，其他收入不得使用社会团体会费收据。

（2）社会团体的资产必须用于合法用途，任何单位和个人不得侵占、私分或者挪用社会团体的资产。

第一，社会团体的经费及按照国家有关规定所得的合法收入，必须用于章程规定的非营利性事业，不得在会员间分配。第二，社会团体接受的捐赠、资助，必须符合章程规定的宗旨和业务范围，必须根据与捐赠人、资助人约定的用途使用，并向捐赠人公开捐赠资金使用情况。第三，社会团体应当每年向会员公布会费收支情况，定期接受会员大会或者会员代表大会的审查，并在社会团体年检时填报会费收支情况。第四，社会团体专职工作人员的工资和保险福利待遇需参照国家对事业单位的有关规定执行。

（二）税收政策

（1）民办非企业单位取得的生产、经营所得和其他所得，应当缴纳企业所得税。纳税人在纳税年度内无论是否有应纳税所得额，都应当按规定期限和要求向主管税务机关报送纳税申报表和会计报表。对涉及征税的收入项目，应统一使用税务发票，但按规定可使用财政收据的除外。

（2）民办非企业单位的下列收入项目可以免征企业所得税：一是经国务院、省级人民政府批准，并纳入财政预算管理或财政预算外资金专户管理的行政事业性收费；二是民办非企业单位取得的各级政府资助；三是社会各界的捐赠收入。需要注意的是，以上各项收入项目，民办非企业单位均须提供相应的证明文件，方能免除所得税。

三、年检与评估

（一）年检制度

《社会团体登记管理条例》第二十八条规定，社会团体应当于每年3月31日前向业务主管单位报送上一年度的工作报告，经业务主管单位初审同意后，于5月31日前报送登记管理机关，接受年度检查。工作报告的内容包括：本社会团体遵守法律法规和国家政策的情况、依照本条例履行登记手续的情况、按照章程开展活动的情况、人员和机构变动的情况以及财务管理的情况。

（二）评估办法

《社会组织评估管理办法》关于社会团体的评估办法主要有以下规定：

1.评估条件

申请参加评估的社会团体、基金会和民办非企业等单位，应当符合下列条件之一：取得社会组织登记证书满两个年度，未参加过社会组织评估的；获得的评估等级满5年有效期的。

2.不予评估的情形

（1）未参加上年度年度检查；

（2）上年度年度检查不合格或者连续2年基本合格；

（3）上年度受到有关政府部门行政处罚或者行政处罚尚未执行完毕；

（4）正在被有关政府部门或者司法机关立案调查；

（5）其他不符合评估条件的。

（三）评估内容

社会团体和基金会的评估实行综合评估，评估内容包括基础条件、内部治理、工作绩效和社会评价。

第三方评估是社会组织评估的发展方向。民政部《关于探索建立社会组织第三方评估机制的指导意见》提出，坚持政社分开，管评分离，由独立的社会机构进行专业化评价，逐步将承担政府购买服务项目和承接政府转移职能的社会组织纳第三方评估之中，全面提升社会组织第三方评估规范化、标准化、信息化水平，确保评估公信力，促进社会组织健康有序发展。

难词释义详解 **第三方评估**

第三方评估是政府绩效管理的重要形式，通常包括独立第三方评估和委托第三方评估。第三方评估作为一种必要而有效的外部制衡机制，弥补了传统的政府自我评估的缺陷，在促进服务型政府建设方面发挥了不可替代的促进作用。

（四）评估结果

评估结果分为5个等级，由高至低依次为5A级、4A级、3A级、2A级、1A级。社会组织可将评估等级证书作为信誉证明出示，评估等级牌匾应悬挂在服务场所或者办公场所的明显位置，自觉接受社会监督。

（五）评估结果的影响

按照规定，获得3A级以上评估等级的社会组织，可优先接受政府职能转移，可优先获得政府购买服务和政府奖励。获得3A级以上评估等级的公益性社会团体可按照规定申请公益性捐赠税前扣除资格。获得4A级以上评估等级的社会组织可简化年度检查程序。社会组织的评估等级有效期为5年。评估等级有效期满前2年，社会组织可以申请重新评估。

M 命题规律分析

从往年的命题情况来看，本考点既会涉及单选题，又会涉及多选题。本考点的难度较大，出题的频率较高，呈现出的命题规律如下：

规律一：注重考查分支机构的管理。

在命题中，经常涉及的知识点是：社会团体不得设立地域性的分支机构，社会团体的分支机构不得再设立分支机构。

规律二：重点考查评估中的一些数字。

2016年的第42题，考查了社会组织的评估等级有效期为5年。在评估等级有效期满前2年，社会组织可以申请重新评估。2019年的第73题，考查了不同等级社会组织的规定，具体可参考“真题再现”的第1题。

Z 真题再现

1　2019–多选–73　根据《社会组织评估管理办法》，关于社会组织评估等级管理的说法，正确的有（　　）。

A. 甲社会团体获得4A级评估等级，可优先获得政府奖励

B. 乙基金会获得4A级评估等级，可优先获得政府购买服务

C. 丙社会团体获得4A级评估等级，可优先接受政府职能转移

D. 丁民办非企业单位获得4A级评估等级，可在年度检查时简化程序

E. 戊基金会获得4A级评估等级，可自动获得公益性捐赠税前扣除资格

【答案】ABCD。**解析：**本题考查社会组织评估结果的影响。按照规定：（1）获得3A级以上等级的社会组织，可以优先接受政府购买服务和政府奖励；（2）获得3A级以上评估登记

的公益性社会团体按照规定申请公益性捐赠税前扣除资格;(3)获得4A级以上评估登记的社会组织可以简化监督检查程序。其中A项符合(1),甲社会团体可以优先获得政府奖励;B项符合(1),乙基金会可以优先获得政府购买服务;C项符合(1),丙社会团体可以优先接受政府职能转移;D项符合(3),丁民办非企业单位可以简化监督检查程序。E项的戊基金会虽然符合(2),可以获得的公益性捐赠税前扣除资格,但是需丁民办非企业单位主动向相关部门申请,不可自动获得公益性捐赠税前扣除资格。故本题选ABCD。

2 2018-单选-42 根据民政部、财政部《关于取消社会团体会费标准备案规范会费管理的通知》,下列社会团体会费管理的做法,正确的是(　　)。

A.某行业协会规定单位会员缴纳会费标准在10%以内浮动

B.某学会召开理事会修改会费标准,经1/2以上理事表决通过

C.某商会在通过会费标准决议的60日后,将决议向全体会员公开

D.某联合会会员代表大会对会费修改方案表决采取无记名投票方式进行

【答案】D。**解析:**本题考查的是社会团体管理的财务制度。根据民政部、财政部《关于取消社会团体会费标准备案规范会费管理的通知》的规定:(1)经社会团体登记管理机关批准成立的社会团体,可以向个人会员和单位会员收取会费。(2)会费标准的额度应当明确,不得具有浮动性。(3)社会团体制定或者修改会费标准,应当召开会员大会或者会员代表大会,应当有2/3以上会员或者会员代表出席,并经出席会员或者会员代表1/2以上表决通过,表决采取无记名投票方式进行。(4)社会团体应当自通过会费标准决议之日起30日内,将决议向全体会员公开。故本题选D。

3 2016-多选-72 根据《民政部关于贯彻落实国务院取消全国性社会团体分支机构、代表机构登记行政审批项目的决定有关问题的通知》,下列关于全国性社会团体分支机构的说法中,正确的有(　　)。

A.社会团体的分支机构不得另行制定章程

B.社会团体的分支机构下不得再设立分支机构

C.社会团体为加强管理,可以向分支机构收取管理费

D.社会团体可以将分支机构委托其他组织运营,但要确保其按章程开展活动

E.社会团体的分支机构名称中使用"中国"字样的,应当使用其所属社会团体

【答案】AB。**解析:**本题考查社会团体分支机构的相关内容。社会团体应当将分支机构、代表机构的财务、账户纳入社会团体统一管理,不得以设立分支机构、代表机构的名义收取或变相收取管理费、赞助费等,不得将上述机构委托其他组织运营,确保分支机构、代表机构依法办事,按章程开展活动,故C、D两项错误。社会团体的分支机构、代表机构名称不得以各类法人组织的名称命名,不得在名称中使用"中国""中华""全国""国家"等字样,开展活动应当使用冠有所属社会团体名称的规范全称,故E项错误。故本题选AB。

考点精讲 3 行业协会商会与行政机关脱钩的政策

K 考点梳理

一、行业协会商会与行政机关脱钩总体方案

2015年，中共中央办公厅、国务院办公厅联合印发《行业协会商会与行政机关脱钩总体方案》，该方案的重点内容如下：

（1）总体要求：贯彻落实党的十八大和十八届二中、三中、四中全会精神，加快形成政社分开、权责明确、依法自治的现代社会组织体制，理清政府、市场、社会关系，积极稳妥推进行业协会商会与行政机关脱钩，厘清行政机关与行业协会商会的职能边界，加强综合监管和党建工作，促进行业协会商会成为依法设立、自主办会、服务为本、治理规范、行为自律的社会组织。创新行业协会商会管理体制和运行机制，激发内在活力和发展动力，提升行业服务功能，充分发挥行业协会商会在经济发展新常态中的独特优势和应有作用。

（2）基本原则：坚持社会化、市场化改革方向；坚持法制化、非营利原则；坚持服务发展、释放市场活力；坚持试点先行、分步稳妥推进。

（3）脱钩主体：脱钩的主体是各级行政机关与其主办、主管、联系、挂靠的行业协会商会。其他依照和参照公务员法管理的单位与其主办、主管、联系、挂靠的行业协会商会，参照本方案执行。

（4）脱钩范围：会员主体为从事相同性质经济活动的单位、同业人员，或同地域的经济组织；名称以“行业协会”“协会”“商会”“同业公会”“联合会”“促进会”等字样为后缀；在民政部门登记为社会团体法人。个别承担特殊职能的全国性行业协会商会，经中央办公厅、国务院办公厅批准，另行制定改革办法。

（5）任务和措施：一是机构分离，规范综合监管关系；二是职能分离，规范行政委托和职责分工关系；三是资产财务分离，规范财产关系；四是人员管理分离，规范用人关系；五是党建、外事等事项分离，规范管理关系。

二、行业协会商会与行政机关脱钩的实施行动

根据《行业协会商会与行政机关脱钩总体方案》，经党中央、国务院同意，国家发改委等十部门2019年发布了《关于全面推开行业协会商会与行政机关脱钩改革的实施意见》全面推开了此项工作。

（1）总体要求：按照去行政化的原则，落实“五分离、五规范”的改革要求，全面实现行业协会商会与行政机关脱钩。加快转变政府职能，创新管理方式，促进行业协会商会提升服务水平、依法规范运行、健康有序发展、充分发挥作用。此外，还要坚持“应脱尽脱”的改革原则，坚持落实主管单位的主体责任，坚持协同推进的工作机制。全国性行业协会商会脱钩改革由民政部牵头落实，地方行业协会商会脱钩改革由各级脱钩联合工作机制负责落实。

（2）具体任务：机构分离、职能分离、资产财务分离、人员管理分离、党建外事等事项分离。

（3）全面加强行业协会商会党建工作：一是完善党建工作管理体制和工作机制；二是扩大党的组织覆盖和工作覆盖；三是充分发挥行业协会商会党组织作用；四是加强行业协会商会党风廉政建设。

（4）完善综合监管体制：完善登记管理，加强资产监管，规范收费管理，强化行业指导与管理，加强信用监管。

M 命题规律分析

本考点为新增考点，在此不做命题规律分析。

K 考点预测

1【单选】全国性行业协会商会脱钩改革由民政部牵头落实，地方行业协会商会脱钩改革由（　　）联合工作机制负责落实。

A.单一挂钩　　B.双重挂钩

C.各级脱钩　　D.多元挂钩

【答案】C。**解析：**本题考查行业协会商会与行政机关脱钩的总体要求。《行业协会商会与行政机关脱钩总体方案》规定，全国性行业协会商会脱钩改革由民政部牵头落实，地方行业协会商会脱钩改革由各级脱钩联合工作机制负责落实。故本题选C。

2【单选】行业协会商会和行政机关应该按照去（　　）的原则，落实“五分离、五规范”的改革要求，全面实现行业协会商会与行政机关脱钩。

A.单一化　　B.行政化

C.多元化　　D.机构化

【答案】B。**解析：**本题考查行业协会商会与行政机关脱钩的原则。《行业协会商会与行政机关脱钩总体方案》规定，按照去行政化的原则，落实“五分离、五规范”的改革要求，全面实现行业协会商会与行政机关脱钩。故本题选B。

考点精讲 4 民办非企业单位成立登记

K 考点梳理

一、民办非企业单位的分类

作为非营利性社会组织，民办非企业单位只有在合法登记后才能开展业务活动。根据《民办非企业单位登记暂行办法》，民办非企业单位的分类主要有以下规定：

第二条，民办非企业单位根据其依法承担民事责任的不同方式分为民办非企业单位（法人）、民办非企业单位（合伙）和民办非企业单位（个体）三种。

个人出资且担任民办非企业单位负责人的，可申请办理民办非企业单位（个体）登记。

两人或两人以上合伙举办的，可申请办理民办非企业单位（合伙）登记。

两人或两人以上举办且具备法人条件的，可申请办理民办非企业单位（法人）登记。

由企业事业单位、社会团体和其他社会力量举办的或由上述组织与个人共同举办的，应当申请民办非企业单位（法人）登记。

第四条，举办民办非企业单位，应按照下列所属行（事）业申请登记：

（1）教育事业，如民办幼儿园，民办小学、中学、学校、学院、大学，民办专修（进修）学院或学校，民办培训（补习）学校或中心等；

（2）卫生事业，如民办门诊部（所）、医院，民办康复、保健、卫生、疗养院（所）等；

（3）文化事业，如民办艺术表演团体、文化馆（活动中心）、图书馆（室）、博物馆（院）、美术馆、画院、名人纪念馆、收藏馆、艺术研究院（所）等；

（4）科技事业，如民办科学研究院（所、中心），民办科技传播或普及中心、科技服务中心、技术评估所（中心）等；

（5）体育事业，如民办体育俱乐部，民办体育场、馆、院、社、学校等；

（6）劳动事业，如民办职业培训学校或中心，民办职业介绍所等；

（7）民政事业，如民办福利院、敬老院、托老所、老年公寓，民办婚姻介绍所，民办社区服务中心（站）等；

（8）社会中介服务业，如民办评估咨询服务中心（所），民办信息咨询调查中心（所），民办人才交流中心等；

（9）法律服务业；

（10）其他。

二、成立民办非企业单位的条件

《民办非企业单位登记暂行办法》第五条对成立民办非企业单位的条件有以下规定：

申请登记民办非企业单位，应当具备条例第八条规定的条件。

民办非企业单位的名称，必须符合国务院民政部门制定的《民办非企业单位名称管理暂行规定》。

民办非企业单位必须拥有与其业务活动相适应的合法财产，且其合法财产中的非国有资产份额不得低于总财产的三分之二。开办资金必须达到本行（事）业所规定的最低限额。

根据《民办非企业单位登记管理暂行条例》，申请登记民办非企业单位需要具备以下条件：

（1）经业务主管单位审查同意；

（2）有规范的名称、必要的组织机构；

（3）有与其业务活动相适应的从业人员；

（4）有与其业务活动相适应的合法财产；

（5）有必要的场所。民办非企业单位的名称应当符合国务院民政部门的规定，不得冠以“中国”“全国”“中华”等字样。

三、登记程序

民办非企业单位的登记分为两种，一种是直接登记，另一种是须经业务主管部门同意后才能进行登记。《民办非企业单位登记管理暂行条例》对申请登记有以下规定：

（一）申请登记

第九条规定，申请民办非企业单位登记，举办者应当向登记管理机关提交下列文件：

（1）登记申请书；

（2）业务主管单位的批准文件；

（3）场所使用权证明；

（4）验资报告；

（5）拟任负责人的基本情况、身份证明；

（6）章程草案。

第十条规定，民办非企业单位的章程应当包括下列事项：

（1）名称、住所；

（2）宗旨和业务范围；

（3）组织管理制度；

（4）法定代表人或者负责人的产生、罢免的程序；

（5）资产管理和使用的原则；

（6）章程的修改程序；

（7）终止程序和终止后资产的处理；

（8）需要由章程规定的其他事项。

（二）审查登记

第十一条规定，登记管理机关应当自收到成立登记申请的全部有效文件之日起60日内作出准予登记或者不予登记的决定。

有下列情形之一的，登记管理机关不予登记，并向申请人说明理由：

（1）有根据证明申请登记的民办非企业单位的宗旨、业务范围不符合本条例第四条规定的；

（2）在申请成立时弄虚作假的；

（3）在同一行政区域内已有业务范围相同或者相似的民办非企业单位，没有必要成立的；

（4）拟任负责人正在或者曾经受到剥夺政治权利的刑事处罚，或者不具有完全民事行为能力的；

（5）有法律、行政法规禁止的其他情形的。

对不予登记的，登记管理机关应当书面通知申请单位或个人。民办非企业单位登记证书分为正本和副本，正本和副本具有同等法律效力。正本应当悬挂于民办非企业单位住所的醒目位置，副本的有效期为4年。

M 命题规律分析

从往年的命题情况来看，相关题目对本考点的考查，既会涉及单选题，也会涉及多选题，出现的频率不高。其命题规律如下：

规律一：注重考查民办非企业单位成立的条件。

民办非企业单位成立的条件有两个：一个是名称规范，不得冠以“中国”“全国”“中华”等字样；二是民办非企业单位要有与业务活动相适应的合法财产，并且合法财产中的非国有资产份额不得低于总财产的三分之二。

规律二：考查在登记申请时应该提交的文件。

在登记申请时，民办非企业单位的举办者应该提交的文件有：申请登记书、业务主管单位的批准文件、场所使用权证明、验资报告、拟任负责人的基本情况和身份证明等。

Z 真题再现

1 2018-单选-43 根据《民办非企业单位登记暂行办法》，下列情形中，符合民办非企业单位申请登记条件的是（　　）。

A.拟定名称中带有“中华”字样的

B.章程草案中载明盈利不得分配的

C.活动场所使用权期限尚有九个月的

D.机构合法财产中国有资产份额为五分之二的

【答案】B。解析：本题考查民办非企业单位申请登记的条件。民办非企业单位的名称应当符合国务院民政部门的规定，不得冠以“中国”“全国”“中华”等字样，A项名称不符合。民办非企业单位有与其业务活动相适应的合法财产，民办非企业单位开办资金必须是货币资金且国有资产不得超过三分之一，D项错误。民办非企业单位的活动场所须有产权证明或1年期以上的使用权证明，C项只有9个月，不符合题意。章程草案或合伙协议中须载明该单位的盈利不得分配，故本题选B。

2 2017-多选-73 根据《中共中央关于全面深化改革若干重大问题的决定》，下列类别的社会组织中，可直接向民政部门依法申请登记，无须业务主管单位审查同意的有（　　）类社会组织。

A.科技

B.宗教

C.公益慈善

D.政治法律

E.城乡社区服务

【答案】ACE。解析：本题考查民办非企业单位的分类。按照《国务院机构改革和职能转变方案》及《中共中央关于全面深化改革若干重大问题的决定》的规定，行业协会商会类、科技类、公益慈善类、城乡社区服务类社会组织，成立这些社会组织，直接向民政部门依法申请登记，不再需要业务主管单位审查同意。故本题选ACE。

考点精讲 5 民办非企业单位的管理

K 考点梳理

一、变更登记

根据《民办非企业单位登记管理暂行条例》第十五条，民办非企业单位的登记事项需要变更的，应当自业务主管单位审查同意之日起30日内，向登记管理机关申请变更登记。民办非企业单位修改章程，应当自业务主管单位审查同意之日起30日内，报登记管理机关核准。

另外，《民办非企业单位登记暂行办法》还有以下规定：

第十三条，登记管理机关核准变更登记的，民办非企业单位应交回民办非企业单位登记证书正副本，由登记管理机关换发新的登记证书。

第十五条，民办非企业单位变更业务主管单位，须在原业务主管单位出具不再担任业务主管的文件之日起90日内找到新的业务主管单位，并到登记管理机关申请变更登记。

在登记管理机关作出准予变更登记决定之前，原业务主管单位应继续履行条例第二十条规定的监督管理职责。

另外，登记管理机关应在收到民办非企业单位申请变更登记的全部有效文件之日起60日内，作出准予变更或不准予变更的决定，并书面通知民办非企业单位。

二、财务制度和税收政策

（一）财务制度

1. 依法建账

民政部、中国人民银行联合发布的《关于民办非企业单位开立银行账户有关问题的通知》规定，民办非企业单位应于银行开立账户之日起5日内报登记管理机关备案。

2. 规范会计行为

民办非企业单位属非营利组织，应按照《民间非营利组织会计制度》的规定，进行会计核算，编制财务会计报告，及时反映民办非企业单位的资源状况、负债水平、资金使用情况及其效果、现金流量等信息。

3. 接受审计监督

根据《民办非企业单位登记管理暂行条例》，民办非企业单位必须执行国家规定的财务管理制度，接受财政部门的监督；资产来源属于国家资助或者社会捐赠、资助的，还应当接受审计机关的监督。

民办非企业单位变更法定代表人或者负责人，登记管理机关、业务主管单位应当组织对其进行财务审计。

4. 依法管理资产

根据《民办非企业单位登记管理暂行条例》，民办非企业单位的资产来源必须合法，任何单位和个人不得侵占、私分或者挪用民办非企业单位的资产。民办非企业单位开展章程规定的活动，按照国家有关规定取得的合法收入，必须用于章程规定的业务活动。民办非企业单位接受捐赠、资助，必须符合章程规定的宗旨和业务范围，必须根据与捐赠人、资助人约定的期限、方式和合法用途使用。民办非企业单位应当向业务主管单位报告接受、使用捐赠和资助的有关情况，并应当将有关情况以适当方式向社会公布。

（二）税收政策

国家税务总局出台了《事业单位、社会团体、民办非企业单位企业所得税征收管理办法》，根据此办法规定，民办非企业单位取得的生产、经营所得和其他所得，应当缴纳企业所得税。

依据《事业单位、社会团体、民办非企业单位企业所得税征收管理办法》《中华人民共和国税收管理法》等，有关民办非企业单位的税收规定如下：

（1）民办非企业单位取得的生产、经营所得和其他所得，应当缴纳企业所得税。纳税人在纳税年度内无论是否有应纳税所得额，都应当按规定期限和要求向主管税务机关报送纳税申报表和会计报表。对涉及征税的收入项目，应统一使用税务发票，但按规定可使用财政收据的除外。

（2）民办非企业单位的下列收入项目可以免征企业所得税：一是经国务院、省级人民政府批准，并纳入财政预算管理或财政预算外资金专户管理的行政事业性收费；二是民办非企业单位取得的各级政府资助；三是社会各界的捐赠收入。需要注意的是，以上各项收入项目，民办非企业单位均须提供相应的证明文件，方能免除所得税。

三、年检和评估

《社会组织评估管理办法》第八条规定，对社会组织评估，按照组织类型的不同，实行分类评估。社会团体、基金会实行综合评估，评估内容包括基础条件、内部治理、工作绩效和社会评价。民办非企业单位实行规范化建设评估，评估内容包括基础条件、内部治理、业务活动和诚信建设、社会评价。

民办非企业单位年度检查（以下简称年检），是指登记管理机关对民办非企业单位，依法按年度进行检查和监督管理的制度。根据《民办非企业单位年度检查办法》，具体有以下规定：

（一）年检的范围

经登记管理机关核准登记的民办非企业单位，应当按规定接受登记管理机关的年检。截至上年度12月31日，成立登记时间未超过6个月（即上一年7月1日以后登记成立的）的民办非企业单位，不参加当年的年检。

（二）年检的主要内容

（1）民办非企业单位遵守法律法规和国家政策情况；

（2）登记事项变动及履行登记手续情况；

（3）按照章程开展活动情况；

（4）财务状况、资金来源和使用情况；

（5）机构变动和人员聘用情况；

（6）其他需要检查的情况。

（三）年检的程序

（1）民办非企业单位领取或从互联网下载《民办非企业单位年检报告书》及其他有关材料。

（2）民办非企业单位于每年3月31日前向业务主管单位报送年检材料，经业务主管单位出具初审意见后，于5月31日前报送登记管理机关。

（3）登记管理机关审查年检材料。

（4）登记管理机关作出年检结论，发布年检结论公告。

（四）年检的效力

民办非企业单位年检结论，分为"年检合格""年检基本合格""年检不合格"三种。"年检基本合格"和"年检不合格"的民办非企业单位，应当进行整改，整改期限为3个月。整改期结束，民办非企业单位应当向登记管理机关报送整改报告，登记管理机关对整改结果进行评定并出具意见。对"年检不合格"的民办非企业单位，登记管理机关根据情况，可责令其在整改期间停止活动。民办非企业单位被限期停止活动的，登记管理机关可以封存其登记证书、印章和财务凭证。

M 命题规律分析

从往年的命题情况来看，本考点主要采取单选题的命题形式，出现的频率不高，题目一般是政策结合实务的形式，考生要注意灵活运用。

Z 真题再现

2017-单选-41 某培智学校是一所民办学校，办理了民办非企业单位登记。根据《民办非企业单位登记管理暂行条例》，该学校的下列收入中，应当接受审计机关监督的是（　　）。

A. 来自社会捐赠的收入

B. 提供咨询服务的收入

C. 组织教师编写出版教材的收入

D. 转让自主知识产权取得的收入

【答案】A。**解析：**本题考查接受审计机关监督的情形。接受审计机关监督的有两种情形：一是民办非企业资产来源属于国家资助或者社会捐赠、资助时，应当接受审计机关的监督；二是民办非企业单位变更法定代表人或者负责人时，登记管理机关、业务主管单位应当组织对其进行财务审计。故本题选A。

考点精讲 6 基金会的设立

K 考点梳理

《基金会管理条例》对基金会的分类、设立有以下规定：

一、基金会的分类与成立条件

（一）基金会的分类

从是否面向公众募捐的角度，我国的基金会可分为公募基金会和非公募基金会。公募基金会按照募捐的地域范围，分为全国性公募基金会和地方性公募基金会。

（二）基金会的设立条件

设立基金会，应出于特定的公益目的，应有规范的名称、章程、组织机构及与其开展活动相适应的专职工作人员，有固定的住所，能够独立承担民事责任。原始基金必须为到账货币资金且达到规定的额度。全国性公募基金会的原始基金不低于800万元人民币，地方性公募基金会的原始基金不低于400万元人民币，非公募基金会的原始基金不低于200万元人民币。

2016年，第十二届全国人民代表大会第四次会议通过了《中华人民共和国慈善法》，其中的重点要素如下：

第十条规定，设立慈善组织，应当向县级以上人民政府民政部门申请登记，民政部门应当自受理申请之日起三十日内作出决定。符合本法规定条件的，准予登记并向社会公告；不符合本法规定条件的，不予登记并书面说明理由。

本法公布前已经设立的基金会、社会团体、社会服务机构等非营利性组织，可以向其登记的民政部门申请认定为慈善组织，民政部门应当自受理申请之日起二十日内作出决定。符合慈善组织条件的，予以认定并向社会公告；不符合慈善组织条件的，不予认定并书面说明理由。

第二十二条规定，慈善组织开展公开募捐，应当取得公开募捐资格。依法登记满二年的慈善组织，可以向其登记的民政部门申请公开募捐资格。民政部门应当自受理申请之日起二十日内作出决定。慈善组织符合内部治理结构健全、运作规范的条件的，发给公开募捐资格证书；不符合条件的，不发给公开募捐资格证书并书面说明理由。法律、行政法规规定自登记之日起可以公开募捐的基金会和社会团体，由民政部门直接发给公开募捐资格证书。

二、基金会的申请与登记

申请设立基金会，申请人应当向登记管理机关提交申请书，章程草案，验资证明和住所证明，理事名单、身份证明以及拟任理事长、副理事长、秘书长简历，以及业务主管单位同意设立的文件等材料。

基金会章程必须明确基金会的公益性质，不得规定使特定自然人、法人或者其他组织受益的内容。基金会章程应当载明的事项，包括名称及住所，设立宗旨和公益活动的业务范围，原始基金数额，理事会的组成、职权和议事规则，理事的资格、产生程序和任期，法定代表人的职责，监事的职责、资格、产生程序和任期，财务会计报告的编制、审定制度，财产的管理、使用制度，基金会的终止条件、程序和终止后财产的处理等。

登记管理机关应当自收到全部有效申请文件之日起60日内，作出准予或者不予登记的决定。准予登记的，发给《基金会法人登记证书》；不予登记的，应当书面说明理由。

三、境外基金会代表机构的设立

境外基金会在中国内地设立代表机构，应当经有关业务主管单位同意后，向登记管理机关提交申请书、基金会在境外依法登记成立的证明和基金会章程、拟设代表机构负责人身份证明及简历、住所证明以及业务主管单位同意在中国内地设立代表机构的文件等材料。

登记管理机关应当自收到上述全部有效文件之日起 60 日内，作出准予或者不予登记的决定。准予登记的，发给《境外基金会代表机构登记证书》；不予登记的，应当书面说明理由。

准予登记的境外基金会代表机构，可以从事符合中国公益事业性质的公益活动，但不得在中国境内组织募捐、接受捐赠。境外基金会对其在中国内地代表机构的民事行为，依照中国法律承担民事责任。

M 命题规律分析

从往年的命题情况来看，本考点主要采取单选题的命题形式，出现的频率不高，题目的设置也比较常规。其命题规律如下：

规律一：考查基金会的分类。

公募基金会按照募捐的地域范围，分为全国性公募基金会和地方性公募基金会。

规律二：考查基金会的原始基金。

全国性公募基金会的原始基金不低于800万元人民币，地方性公募基金会的原始基金不低于400万元人民币，非公募基金会的原始基金不低于200万元人民币。

Z 真题再现

1 2018-单选-40 根据《基金会管理条例》，下列关于基金会原始基金的说法，正确的是（　　）。

A.全国性公募基金会的原始基金不得低于800万元人民币

B.地方性公募基金会的原始基金不得低于600万元人民币

C.非公募基金会的原始基金不得低于400万元人民币

D.基金会的原始基金可以包括货币资产和非货币资产

【答案】A。**解析：**本题考查的是基金会的设立条件。根据《基金会管理条例》，设立基金会，应是出于特定的公益目的，应有规范的名称、章程、组织机构以及与其开展活动相适应的专职工作人员，有固定的住所，能够独立承担民事责任。除此之外，原始基金必须为到账货币资金，且应达到规定的额度，故D项错误。全国性公募基金会的原始基金不低于800万元人民币，地方性公募基金会的原始基金不低于400万元人民币，非公募基金会的原始基金不低于200万元人民币，可见B、C两项错误。故本题选A。

2 2016-单选-44 根据《中国基金会管理条例》，公募基金会分为全国性公募基金会与地方性公募基金会，其区分的依据是基金会（　　）。

A.业务活动的范围

B.募捐的地域范围

C.收入来源的范围

D.理事会成员的范围

【答案】B。**解析：**本题考查基金会的分类。依据《中国基金会管理条例》规定，公募基金会按照募捐的地域范围，分为全国性公募基金会和地方性公募基金会。故本题选B。

考点精讲 7 基金会的治理结构

K 考点梳理

《基金会管理条例》对基金会的治理结构进行了详细规定。理事会和监事会是基金会进行法人治理的重要组织保证。

一、理事会的组成

根据《基金会管理条例》第二十一条，理事会是基金会的决策机构，依法行使章程规定的职权。

关于理事会的组成，《基金会管理条例》第二十条规定如下：基金会设理事会，理事为5人至25人。理事任期由章程规定，但每届任期不得超过5年，理事任期届满，连选可以连任。用私人财产设立的非公募基金会，相互间有近亲属关系的基金会理事总数不得超过理事总人数的1/3；其他基金会，具有近亲属关系的不得同时在理事会任职。未在基金会担任专职工作的理事不得从基金会获取报酬，在基金会领取报酬的理事不得超过理事总人数的1/3。理事会设理事长、副理事长和秘书长，从理事中选举产生。

根据《基金会管理条例》第二十三条，基金会理事长、副理事长和秘书长不得由现职国家工作人员兼任。基金会的法定代表人不得同时担任其他组织的法定代表人。公募基金会和原始基金来自中国内地的非公募基金会的法定代表人，应当由内地居民担任。

二、理事会的职责

第二十一条规定，理事会是基金会的决策机构，依法行使章程规定的职权。

理事会每年至少召开2次会议。理事会会议须有2/3以上理事出席方能召开，理事会决议须经出席理事过半数通过方为有效。

下列重要事项的决议，须经出席理事表决，2/3以上通过方为有效：

（1）章程的修改；

（2）选举或者罢免理事长、副理事长、秘书长；

（3）章程规定的重大募捐、投资活动；

（4）基金会的分立、合并。

理事会会议应当制作会议记录，并由出席理事审阅、签名。

三、监事会与监事职责

第二十二条规定，基金会设监事。监事任期与理事任期相同。理事、理事的近亲属和基金会财会人员不得兼任监事。

监事依照章程规定的程序检查基金会财务和会计资料，监督理事会遵守法律和章程的情况。

监事列席理事会会议，有权向理事会提出质询和建议，并应当向登记管理机关、业务主管单位以及税务、会计主管部门反映情况。

第二十三条规定，基金会理事、监事及其近亲属不得与其所在的基金会有任何交易行为。监事和未在基金会担任专职工作的理事不得从基金会获取报酬。

M 命题规律分析

从往年的命题情况来看，对本考点的考查，既会涉及单选题，也会涉及多选题，并且出题的频率较高。考查的重点是理事会的组成、理事会的职责等，其命题规律如下：

规律一：考查对理事会和理事长的理解。

基金会设理事会。理事会是基金会的决策机构，依法行使章程规定的职权。可见基金会治理的核心结构是理事会。

理事会设理事长1人，可以设副理事长1人至3人，从理事中选举产生。理事长是基金会的法定代表人。

规律二：重点考查基金会的组成。

在规模上，一般为5~25人；在任期上，每届任期不超过5年，可以连选连任；在限制上有两个1/3，一是有亲属关系的基金会理事人数不得超过理事总人数的1/3，二是在基金会领取报酬的理事不得超过理事总人数的1/3。

Z 真题再现

1 2019-单选-41 根据《基金会管理条例》，关于基金会理事的说法正确的是（　　）。

A.基金会理事会的理事人数为5~30人

B.具有近亲属关系的理事不得同时在理事会任职

C.理事每届任期不得超过5年，连任不得超过两届

D.在基金会领取报酬的理事不得超过理事总人数的1/3

【答案】D。**解析：**本题考查的是理事会的组成。关于理事会的组成，有如下规定：(1)理事会的规模为5~25人。(2)理事任期由章程规定，但每届任期不得超过5年。理事任期届满，连选可以连任。(3)理事选任限制。用私人财产设立的非公募基金会，相互间有近亲属关系的基金会理事，总数不得超过理事总人数的1/3；其他基金会，具有近亲属关系的不得同时在理事会任职。未在基金会担任专职工作的理事不得从基金会获取报酬，在基金会领取报酬的理事不得超过理事总人数的1/3。(4)理事会设理事长、副理事长和秘书长，从理事中选举产生。故本题选D。

2 2019-单选-42 某基金会召开理事会，对章程修改一事进行表决。该基金会共有理事18名，出席该次理事会的理事为15名。根据《基金会管理条例》，在表决中至少（　　）名理事同意，该章程修改方为有效。

A.7　　　　B.8

C. 9　　　　D.10

【答案】D。解析：本题考查理事会的职责。下列重要事项的决议，须经出席理事表决，2/3以上通过方为有效：(1)章程的修改；(2)选举或者罢免理事长、副理事长、秘书长；(3)章程规定的重大募捐、投资活动；(4)基金会的分立、合并。题目中共有15个人，需要2/3以上通过，需要10名理事同意。故本题选D。

3 2017-多选-74 根据《基金会管理条例》，基金会监事的下列行为中，正确的有（　　）。

A. 监事甲，从基金会领取必要的薪酬和工作经费

B. 监事乙，依照章程规定的程序检查基金会会计资料

C. 监事丙，连任基金会两任监事，任期和理事任期相同

D. 监事丁，将一批教学仪器捐赠的合理性向理事会提出质询

E. 监事戊，将本人的小汽车以明显低于市场的价格出售给基金会

【答案】BCD。解析：本题考查基金会设监事。关于监事，有如下规定：(1)监事任期与理事任期相同。理事任期由章程规定，但每届任期不得超过5年。理事任期届满，连选可以连任，故C项正确。(2)理事、理事的近亲属和基金会财会人员不得兼任监事。(3)监事不得从基金会获取报酬，故A项错误。(4)监事及其近亲属不得与其所在的基金会有任何交易行为，故E项错误。监事的职责有：(1)依照章程规定的程序检查基金会财务和会计资料，监督理事会遵守法律和章程的情况，故B项正确。(2)列席理事会会议，有权向理事会提出质询和建议，故D项正确。(3)向登记管理机关、业务主管单位以及税务、会计主管部门反映情况。故本题选BCD。

考点精讲 8 基金会的管理

K 考点梳理

《基金会管理条例》对基金会管理的相关内容进行了明确具体的规定。

一、基金会登记事项和财产管理

（一）登记事项的管理

第十五条规定，基金会、基金会分支机构、基金会代表机构和境外基金会代表机构的登记事项需要变更的，应当向登记管理机关申请变更登记。

基金会修改章程，应当征得其业务主管单位的同意，并报登记管理机关核准。

（二）基金会财产管理

第二十五条规定，基金会组织募捐、接受捐赠，应当符合章程规定的宗旨和公益活动的业务范围。境外基金会代表机构不得在中国境内组织募捐、接受捐赠。

公募基金会组织募捐，应当向社会公布募得资金后拟开展的公益活动和资金的详细使用计划。

第二十六条规定，基金会及其捐赠人、受益人依照法律、行政法规的规定享受税收优惠。

第二十七条规定，基金会的财产及其他收入受法律保护，任何单位和个人不得私分、侵占、挪用。

基金会应当根据章程规定的宗旨和公益活动的业务范围使用其财产；捐赠协议明确了具体使用方式的捐赠，根据捐赠协议的约定使用。

接受捐赠的物资无法用于符合其宗旨的用途时，基金会可以依法拍卖或者变卖，所得收入用于捐赠目的。

第二十八条规定，基金会应当按照合法、安全、有效的原则实现基金的保值、增值。

第二十九条规定，公募基金会每年用于从事章程规定的公益事业支出，不得低于上一年总收入的70%；非公募基金会每年用于从事章程规定的公益事业支出，不得低于上一年基金余额的8%。

基金会工作人员工资福利和行政办公支出不得超过当年总支出的10%。

第三十条规定，基金会开展公益资助项目，应当向社会公布所开展的公益资助项目种类及申请、评审程序。

第三十一条规定，基金会可以与受助人签订协议，约定资助方式、资助数额以及资金用途和使用方式。

基金会有权对资助的使用情况进行监督。受助人未按协议约定使用资助或者有其他违反协议情形的，基金会有权解除资助协议。

第三十二条规定，基金会应当执行国家统一的会计制度，依法进行会计核算、建立健全内部会计监督制度。

第三十三条规定，基金会注销后的剩余财产应当按照章程的规定用于公益目的；无法按照章程规定处理的，由登记管理机关组织捐赠给与该基金会性质、宗旨相同的社会公益组织，并向社会公告。

二、基金会的审计制度

根据财政部、民政部《关于加强和完善基金会注册会计师审计制度的通知》，基金会的审计制度有以下相关规定：

（一）年度审计

基金会应当于每年3月31日前向登记管理机关报送上一年度经注册会计师审计的年度财务会计报告和会计师事务所出具的审计报告，接受年度检查；同时将年度财务会计报告在登记管理机关指定的统一信息公开平台上公布，接受社会公众的查询和监督。

（二）离任审计

基金会在法定代表人变更时，应当向登记管理机关提交变更登记申请表和法定代表人登记表。《民政部办公厅关于全国性社会组织办理法定代表人离任审计、注销清算审计有关问题的通知》第一点的要求如下：

申请人办理法定代表人变更登记，应当向我部一次性提交《社会团体/基金会/社会服务机构变更登记申请表》和《社会团体/基金会/社会服务机构法定代表人登记表》。我部委托注册会计师事务所开展法定代表人离任审计后，根据审计情况作出同意或不同意变更的决定。

（三）专项审计

基金会开展以下活动的，应当实施专项审计，在活动结束后向登记管理机关报送经注册会计师审计的专项审计报告，并按照登记管理机关的要求向社会公布。

（1）重大公益项目，分为三种情形：一是当年该项目的捐赠收入占基金会当年捐赠总收入的1/5以上且金额超过50万元人民币的；二是当年该项目的支出占基金会当年总支出的1/5以上且金额超过50万元人民币的；三是持续时间超过3年的。

（2）因参与处理自然灾害等突发事件需要开展的募捐活动。

（3）登记管理机关要求进行专项审计的其他活动。

三、基金会的年检和评估

《基金会年度检查办法》规定：基金会登记管理机关依法按年度对基金会、境外基金会代表机构遵守法律、法规、规章和章程开展活动的情况实施监督管理的制度就是基金会年度检查。基金会、境外基金会代表机构应当于每年3月31日前向登记管理机关报送上一年度的年度工作报告，接受年度检查。年度工作报告在报送登记管理机关前应当经业务主管单位审查同意。年度工作报告应当包括：财务会计报告、注册会计师审计报告，开展募捐、接受捐赠、提供资助等活动的情况以及人员和机构的变动情况等。对基金会的评估与对社会团体的评估相同。

M 命题规律分析

从往年的命题情况来看，本考点主要采取单选题的命题形式，出现的频率不高，题目的设置也比较灵活，与生活实际结合得比较密切。

此外，本考点新增了"离任审计"这一知识点，考生要注意两点：一是基金会办理法定代表人应该向民政部一次性提交变更登记申请表和法定达标申请表；二是在法定代表人离任审计后，民政部委托注册会计师事务所根据审计情况做出同意或不同意变更的决定。

Z 真题再现

1 2018-单选-39 根据《关于规范基金会行为的若干规定(试行)》，某基金会的下列做法，正确的是(　　)。

A.为基金会工作人员提供私人借款

B.为保值增值委托银行进行投资

C.为捐赠企业产品提供质量担保

D.接受匿名捐赠未开具捐赠票据

【答案】B。解析：本题考查基金会的正确行为。基金会应当在实际收到捐赠后据实开具捐赠票据，捐赠人不需要捐赠票据的，或者匿名捐赠的，也应当开具捐赠票据，由基金会留存备查，故D项错误。基金会为保值增值进行委托投资时应当委托银行或者其他金融机构进行，故B项正确。基金会不得直接宣传、促销、销售企业的产品和品牌；不得为企业及其产品提供信誉或者质量担保，故C项错误。基金会的财产及其他收入受法律保护，任何单位和个人不得私分、侵占、挪用，故A项错误。故本题选B。

2 2016-单选-45 根据《关于加强和完善基金会注册会计师审计制度的通知》，下列重大公益项目中，应当实施专项审计的是(　　)。

A.甲基金会通过义卖义演获得22万用于帮助留守儿童，该收入超过基金会当年捐赠总收入的1/5

B.乙基金会对预防艾滋病项目支出33万元，该支出超过基金会当年总支出的1/5

C.丙基金会接受企业捐赠44万元用于古村落文化保护，该收入超过基金会当年捐赠总收入的1/5

D.丁基金会对帮扶救助失独老人项目支出55万元，该支出超过基金会当年总支出的1/5

【答案】D。解析：本题考查基金会的专项审计。基金会开展重大公益项目的，应当实施专项审计，在活动结束后向登记管理机关报送经注册会计师审计的专项审计报告，并按照登记管理机关的要求向社会公布。重大公益项目包括：(1)当年该项目的捐赠收入占基金会当年捐赠总收入的1/5以上且金额超过人民币50万元的；(2)当年该项目的支出占基金会当年总支出的1/5以上且金额超过人民币50万元的；(3)持续时间超过3年的。故本题选D。

考点精讲 9 基金会的终止

K 考点梳理

基金会终止的相关要求主要依据《基金会管理条例》的规定。当出现法定终止情形时，基金会将失去法人资格，终止存在。基金会的终止有两种情形：一是基金会申请注销；二是被登记管理机关依法撤销。

一、注销登记

根据《基金会管理条例》的规定，基金会、境外基金会代表机构按照章程规定终止，或者无法按照章程规定的宗旨继续从事公益活动等情形下，应当向登记管理机关申请注销登记。此外，基金会撤销其分支机构、代表机构的，也应当向登记管理机关办理分支机构、代表机构的注销登记。

基金会在办理注销登记前，应当在登记管理机关、业务主管单位的指导下成立清算组织，完成清算工作。在清算结束之日起15日内，基金会应当向登记管理机关办理注销登记。基金会注销的，其分支机构、代表机构同时注销。

二、撤销登记

撤销登记是指登记管理机关依法撤销基金会登记的行政行为。根据《基金会管理条例》和《基金会年度检查办法》的有关规定，构成基金会撤销登记的情形有：

（1）在申请登记时弄虚作假骗取登记的；

（2）自取得登记证书之日起12个月内未按章程规定开展活动的；

（3）符合注销条件，不按照《基金会管理条例》的规定办理注销登记仍继续开展活动的；

（4）基金会、境外基金会代表机构连续2年不接受年检的；

（5）基金会、基金会分支机构或代表机构、境外基金会代表机构严重违规的。

三、剩余财产的处理

基金会注销后的剩余财产应当按照章程的规定用于公益目的。无法按照章程规定处理的，由登记管理机关组织捐赠给与该基金会性质、宗旨相同的社会公益组织，并向社会公告。

M 命题规律分析

从往年的命题情况来看，本考点主要采取单选题的命题形式，出现的频率不高。以往涉及的知识点是基金会注销后剩余财产的使用，因此考生需要注意：基金会注销后的剩余财产应当按照章程的规定用于公益目的，无法按照章程规定处理的，由登记管理机关组织捐赠给与该基金会性质、宗旨相同的社会公益组织，并向社会公告。

Z 真题再现

2019-单选-40 根据《基金会管理条例》，对基金会注销后剩余财产的下列处置措施中，正确的是（　　）。

A. 上交登记管理机关　　B. 上交业务主管单位

C. 退还基金会的发起人或捐赠人　　D. 按照章程的规定用于公益目的

【答案】D。**解析：**本题考查的是基金会的终止。基金会注销后的剩余财产应当按照章程的规定用于公益目的。无法按照章程规定处理的，由登记管理机关组织捐赠给与该基金会性质、宗旨相同的社会公益组织，并向社会公告。故本题选D。

考点精讲 10 社区社会组织管理法规与政策

K 考点梳理

一、社区社会组织的发展重点

根据《民政部关于大力培育发展社区社会组织的意见》，重点内容如下：

（一）大力培育发展社区社会组织的背景

社区社会组织是由社区居民发起成立，在城乡社区开展为民服务、公益慈善、邻里互助、文体娱乐和农村生产技术服务等活动的社会组织。培育发展社区社会组织，有利于激发基层活力，促进居民有序参与社区事务；有利于引导多方参与社区服务，满足群众多样化需求；有利于加强社区矛盾预防化解，助力和谐社区建设。

（二）培育发展社区社会组织的总体要求

深入学习贯彻党的十九大精神，以习近平新时代中国特色社会主义思想为指导，认真落实党中央、国务院关于大力培育发展社区社会组织的部署要求，以满足群众需求为导向，以鼓励扶持为重点，以能力提升为基础，引导社区社会组织健康有序发展，充分发挥社区社会组织提供服务、反映诉求、规范行为的积极作用。力争到2020年，社区社会组织培育发展初见成效，实现城市社区平均拥有不少于10个社区社会组织，农村社区平均拥有不少于5个社区社会组织。再过5到10年，社区社会组织管理制度更加健全，支持措施更加完备，整体发展更加有序，作用发挥更加明显，成为创新基层社会治理的有力支撑。

二、社区社会组织的培育措施

（一）大力培育发展社区社会组织的要求

根据《关于改革社会组织管理制度促进社会组织健康有序发展的意见》，大力培育发展社区社会组织的要求如下：

1.降低准入门槛

对在城乡社区开展为民服务、养老照护、公益慈善、促进和谐、文体娱乐和农村生产技术服务等活动的社区社会组织，采取降低准入门槛的办法，支持鼓励发展。对符合登记条件的社区社会组织，优化服务，加快审核办理程序，并简化登记程序。对达不到登记条件的社区社会组织，按照不同规模、业务范围、成员构成和服务对象，由街道办事处（乡镇政府）实施管理，加强分类指导和业务指导。鼓励在街道（乡镇）成立社区社会组织联合会，发挥管理服务协调作用。

2.积极扶持发展

鼓励依托街道（乡镇）综合服务中心和城乡社区服务站等设施，建立社区社会组织综合服务平台，为社区社会组织提供组织运作、活动场地、活动经费、人才队伍等方面支持。采取政府购买服务、设立项目资金、补贴活动经费等措施，加大对社区社会组织扶持力度，重点培育为老年人、妇女、儿童、残疾人、失业人员、农民工、服刑人员未成年子女、困难家庭、严重精神障碍患者、有不良行为青少年、社区矫正人员等特定群体服务的社区社会组织。有条件的地方可探索建立社区社会组织孵化机制，设立孵化培育资金，建设孵化基地。鼓励社会力量支持社区社会组织发展。

3.增强服务功能

发挥社区社会组织在创新基层社会治理中的积极作用，推动建立多元主体参与的社区治理格局。鼓励社区社会组织开展邻里互助、居民融入、纠纷调解、平安创建等社区活动，组织社区居民参与社区公共事务和公益事业，促进社区和谐稳定。支持社区社会组织承接社区公共服务和基层政府委托事项，开展社区志愿服务。建立社区社会组织与社区建设、社会工作联动机制，促进资源共享、优势互补，把社区社会组织建设成为增强社区自治和服务功能、吸纳社会工作人才的重要载体。

（二）加大对社区社会组织培育扶持力度的措施

根据《民政部关于大力培育发展社区社会组织的意见》，关于加大对社区社会组织的培育扶持力度的内容如下：

1. 实施分类管理

符合法定登记条件的社区社会组织，可以到所在地县级民政部门申请登记，其中符合直接登记条件的可以直接提出申请。民政部门要通过简化登记程序、提高审核效率、结合社区社会组织特点制定章程范本等方式优化登记服务。落实中央有关文件要求，对未达到登记条件的社区社会组织，按照不同规模、业务范围、成员构成和服务对象，由街道办事处（乡镇政府）实施管理，加强分类指导和业务指导；对规模较小、组织较为松散的社区社会组织，由社区党组织领导，基层群众性自治组织对其活动进行指导和管理。

2. 明确发展重点

加快发展生活服务类、公益慈善类和居民互助类社区社会组织。重点培育为老年人、妇女、儿童、残疾人、失业人员、农民工、服刑人员或强制戒毒等限制自由人员的未成年子女、困难家庭、严重精神障碍患者、有不良行为青少年、社区矫正人员等特定群体服务的社区社会组织。鼓励支持有条件的社区社会组织吸纳社会工作专业人才，发挥“三社联动”优势。加快农村社区社会组织发展，引导它们有序参与乡村治理体系建设，在脱贫攻坚、就业创业、生产互助、卫生健康、文化体育、社会治安、纠纷调解、生活救助、减灾救灾、留守人员关爱等方面发挥作用。支持高校毕业生、复转军人和返乡创业农民工创建农村社区社会组织或到农村社区社会组织中就业。

3. 加大扶持力度

要协调有关部门加大对社区社会组织发展的资金支持，鼓励引导社会资金支持社区社会组织发展，推动建立多元化、制度化的资金保障机制。推动基层政府将城乡社区服务纳入政府购买服务指导目录，逐步扩大购买范围和规模，支持社区社会组织承接相关服务项目。中央财政支持社会组织参与社会服务项目将加大对社区服务类社会组织的支持力度。民政部门彩票公益金支持资助社区社会组织开展扶老、助残、救孤、济困等服务项目。鼓励有条件的地方设立社区发展基金会，为城乡社区治理募集资金，为其他社区社会组织提供资助。鼓励有条件的基层群众性自治组织对社区社会组织开展的公益慈善类服务活动给予一定经费和服务场地支持。推动政府资金、社会资金等资金资源向农村社区社会组织和服务项目倾斜。依托街道（乡镇）社区服务中心、城乡社区服务站等设施，建立社区社会组织综合服务平台，鼓励将闲置的宾馆、办公用房、福利设施等国有或集体所有资产，通过无偿使用等优惠方式提供给社区社会组织开展公益活动。有条件的地方可探索设立孵化培育资金，建设孵化基地，为初创的社区社会组织提供公益创投、补贴奖励、活动场地、费用减免等支持。

4. 促进能力提升

加强社区社会组织人才培养，通过强化业务培训、引导参加相关职业资格考试等措施，着力培养一批热心社区事务、熟悉社会组织运作、具备专业服务能力的社区社会组织负责人和业务骨干。推动建立专业社会工作者与社区社会组织联系协作机制，发挥专业支撑作用，提升社区社会组织服务水平。强化社区社会组织项目开发能力，通过开展社区服务项目交流会、公益创投大赛等方式，指导社区社会组织树立项目意识，提升需求发现、项目设计、项目运作水平。推进社区社会组织品牌建设，引导优秀社区社会组织完善自身发展规划和品牌塑造，加强公益活动宣传，提高品牌辨识度和社会知晓度。指导社区社会组织规范资金使用和活动开展，强化决策公开和运作透明，不断提升服务绩效和社会公信力。

三、增强社区社会组织的服务功能

根据《民政部关于大力培育发展社区社会组织的意见》，充分发挥社区社会组织的积极作用的措施如下：

（一）提供社区服务

支持社区社会组织承接社区公共服务项目。推动家庭服务、健康服务、养老服务、育幼服务等领域的社区社会组织主动融入城乡社区便民利民服务网络，为社区居民提供多种形式的生活服务。鼓励社区社会组织多为社区内低保对象、特困人员、空巢老人、农村留守人员、困境儿童、残疾人等困难群体提供生活照料、文体娱乐、医疗保健等志愿服务。支持社会工作服务机构面向社区提供心理疏导、人文关怀、精神慰藉和心理健康等专业服务。引导农村社区社会组织发扬邻里互助的传统，开展以生产互助、养老互助、救助互助为主的活动，增强农村居民自我服务能力。

（二）扩大居民参与

发挥社区社会组织扎根社区、贴近群众的优势，广泛动员社区居民参与社区公共事务和公益事业。引导社区社会组织在基层党组织领导下，协助基层群众性自治组织推动社区居民有序参与基层群众自治实践，依法开展自我管理、自我服务、自我教育、自我监督等活动。引导社区居民在参与社区社会组织活动过程中有序表达利益诉求，养成协商意识、掌握协商方法、提高协商能力，协商解决涉及城乡社区公共利益的重大事项、关乎居民切身利益的实际问题和矛盾纠纷。鼓励社区社会组织参与制定自治章程、居民公约和村规民约，拓展流动人口有序参与居住地社区治理渠道，促进流动人口社区融入。

（三）培育社区文化

发挥社区社会组织在完善社区公共文化服务体系中的积极作用，丰富群众性文化活动，提升社区居民生活品质。指导社区社会组织在组织开展文化、教育、体育、科普、娱乐、慈善等社区居民活动中积极培育和践行社会主义核心价值观，倡导移风易俗，弘扬时代新风。鼓励社区社会组织参与社区楷模、文明家庭等各种社区创建活动，弘扬优秀传统文化，维护公序良俗，形成向上向善、孝老爱亲、与邻为善、守望互助的良好社区氛围，增强居民群众的社区认同感、归属感、责任感和荣誉感。

（四）促进社区和谐

发挥社区社会组织在源头治理方面的积极作用，协助提升社区矛盾预防化解能力。支持社区社会组织参与物业纠纷、农村土地承包经营纠纷、家庭纠纷、邻里纠纷调解和信访化解。指导社区社会组织参与群防群治，协助做好社区矫正、社区戒毒、刑满释放人员帮扶、社区防灾减灾、精神障碍社区康复等工作，积极参与平安社区建设，助力社区治安综合治理。

四、对社区社会组织的管理服务

根据《民政部关于大力培育发展社区社会组织的意见》，加强社区社会组织管理服务的具体内容如下：

（一）加强党的领导

按照《中共中央 国务院关于加强和完善城乡社区治理的意见》要求，推动街道（乡镇）党（工）委和城乡社区党组织加强对社区社会组织各项工作的领导，确保社区社会组织全面贯彻落实党的路线方针政策和决策部署，沿着正确方向发展。推动建立城乡社区党组织与社区社会组织定期联系制度，组织和协调社区社会组织参与城乡社区共驻共建活动。鼓励社区党员担任社区社会组织负责人，把符合条件的社区社会组织骨干培养发展为党员，把社区社会组织中的优秀党员吸收到城乡社区党组织领导班子中。社区社会组织要认真落实《中共中央办公厅印发〈关于加强社会组织党的建设工作的意见（试行）〉的通知》要求，在城乡社区党组织的指导下加强自身党的建设工作，推进党的组织和工作有效覆盖。社区社会组织党组织应当结合自身特点开展党组织活动，在业务活动中宣传党的主张，贯彻党的决定，团结动员社区群众，严格落实“三会一课”等制度，做好党员的教育、管理和监督，引导党员发挥先锋模范作用。

（二）加强工作指导

各级民政部门要依法加强已登记的社区社会组织日常活动、负责人、资金往来、信息公开等方面的管理，通过抽查、评估、培训等方式，指导其强化自律诚信和守法意识，按照章程规定健全组织机构，完善运行机制，建立管理制度，强化组织人员、重大活动、收费标准等信息公开，自觉接受监督。指导街道办事处（乡镇政府）、基层群众性自治组织做好未达到登记条件的社区社会组织的培育扶持、服务指导等工作，指导社区社会组织建立必要的活动制度和服务规范，自觉践行服务社区、服务居民的宗旨，对于存在问题的组织及时提醒和帮助纠正。鼓励在街道（乡镇）成立社区社会组织联合会、社区社会组织服务中心等枢纽型社会组织，发挥管理服务协调作用，规范社区社会组织行为，提供资源支持、承接项目、代管资金、人员培训等服务。

（三）做好组织宣传

各级民政部门要在深入学习贯彻党的十九大精神过程中，进一步深化对培育发展社区社会组织工作重要意义的认识，积极争取党委和政府的重视与支持，推动将社区社会组织发展和管理工作纳入基层政府绩效考核内容和社会治安综合治理考评体系。科学制定社区社会组织发展规划、扶持措施、管理制度，加大部门协调力度，完善工作运行机制，形成各部门共同支持社区社会组织发展的工作格局。发挥先进典型的示范引领作用，及时归纳总结发展社区社会组织的先进经验，加大对社区社会组织优秀典型、先进事迹的表扬、奖励和宣传，营造关心、支持社区社会组织发展的良好社会氛围。

M 命题规律分析

本考点为新增考点，在此不做命题规律分析。

K 考点预测

【单选】《民政部关于大力培育发展社区社会组织的意见》规定，力争到2020年，社区社会组织培育发展初见成效，实现城市社区平均拥有不少于10个社区社会组织，农村社区平均拥有不少于（　　）个社区社会组织。

A.2　　B.5　　C.7　　D.6

【答案】B。**解析：**本题考查培育发展社区社会组织的总体要求。根据《民政部关于大力培育发展社区社会组织的意见》，力争到2020年，社区社会组织培育发展初见成效，实现城市社区平均拥有不少于10个社区社会组织，农村社区平均拥有不少于5个社区社会组织。故本题选B。

第十章　我国劳动就业和劳动关系法规与政策

备考指南

根据最新修订的考试大纲，本章主要分为六个部分：第一部分为促进就业的法规与政策，主要包括促进就业的原则与政策支持、就业服务与就业援助；第二部分为劳动合同的规定，主要包括劳动合同的订立，劳动合同的履行与变更，劳动合同的解除和终止，集体合同、劳务派遣和非全日制用工的规定；第三部分为工资、工作时间和休息休假的规定，主要包括工资分配、支付与最低工资保障制度，工作时间和休息时间的规定；第四部分为劳动保护与职业培训的规定，主要包括劳动保护的规定、职业培训的规定；第五部分为劳动保障监察与劳动争议处理，主要包括保障监察的规定、劳动争议处理的规定；第六部分为集体协商的法规与政策，主要包括集体协商的原则和内容、集体协商的代表和程序、集体合同的规定、集体协商争议的协调处理。

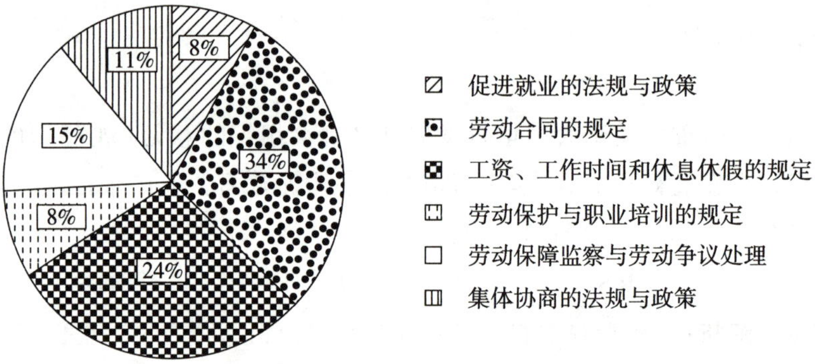

图2-10-1　本章考点考查比重

考点精讲 1　就业服务与就业援助

K 考点梳理

国家相关法律对就业服务与就业援助有如下规定：

一、公共就业服务与职业中介机构

（一）公共就业服务

1.为劳动者免费提供服务

《中华人民共和国就业促进法》第三十五条规定，县级以上人民政府建立健全公共就业服务体系，设立公共就业服务机构，为劳动者免费提供下列服务：

（1）就业政策法规咨询；

（2）职业供求信息、市场工资指导价位信息和职业培训信息发布；

（3）职业指导和职业介绍；

（4）对就业困难人员实施就业援助；

（5）办理就业登记、失业登记等事务；

（6）其他公共就业服务。

公共就业服务机构应当不断提高服务的质量和效率，不得从事经营性活动。

公共就业服务经费纳入同级财政预算。

2.根据用人单位需求提供服务

《就业服务与就业管理规定》第二十六条规定，公共就业服务机构应当积极拓展服务功能，根据用人单位需求提供以下服务：

（1）招聘用人指导服务；

（2）代理招聘服务；

（3）跨地区人员招聘服务；

（4）企业人力资源管理咨询等专业性服务；

（5）劳动保障事务代理服务；

（6）为满足用人单位需求开发的其他就业服务项目。

公共就业服务机构从事劳动保障事务代理业务，须经县级以上劳动保障行政部门批准。

3.职业指导服务

《就业服务与就业管理规定》第二十八条规定，职业指导工作包括以下内容：

（1）向劳动者和用人单位提供国家有关劳动保障的法律法规和政策、人力资源市场状况咨询；

（2）帮助劳动者了解职业状况，掌握求职方法，确定择业方向，增强择业能力；

（3）向劳动者提出培训建议，为其提供职业培训的相关信息；

（4）开展对劳动者个人职业素质和特点的测试，并对其职业能力进行评价；

（5）对妇女、残疾人、少数民族人员及退出现役的军人等就业群体提供专门的职业指导服务；

（6）对大中专学校、职业院校、技工学校学生的职业指导工作提供咨询和服务；

（7）对准备从事个体劳动或开办私营企业的劳动者提供创业咨询服务；

（8）为用人单位提供选择招聘方法、确定用人条件和标准等方面的招聘用人指导；

（9）为职业培训机构确立培训方向和专业设置等提供咨询参考。

（二）职业中介机构

1.设立条件

《中华人民共和国就业促进法》第四十条规定，设立职业中介机构应当具备下列条件：

（1）有明确的章程和管理制度；

（2）有开展业务必备的固定场所、办公设施和一定数额的开办资金；

（3）有一定数量具备相应职业资格的专职工作人员；

（4）法律、法规规定的其他条件。

设立职业中介机构应当在工商行政管理部门办理登记后，向劳动行政部门申请行政许可。

未经依法许可和登记的机构，不得从事职业中介活动。国家对外商投资职业中介机构和向劳动者提供境外就业服务的职业中介机构另有规定的，依照其规定。

2.提交文件

《就业服务与就业管理规定》第四十九条规定，设立职业中介机构，应当向当地县级以上劳动保障行政部门提出申请，提交下列文件：

（1）设立申请书；

（2）机构章程和管理制度草案；

（3）场所使用权证明；

（4）注册资本（金）验资报告；

（5）拟任负责人的基本情况、身份证明；

（6）具备相应职业资格的专职工作人员的相关证明；

（7）法律、法规规定的其他文件。

3.审理批准

《就业服务与就业管理规定》第五十条规定，劳动保障行政部门接到设立职业中介机构的申请后，应当自受理申请之日起20日内审理完毕。对符合条件的，应当予以批准；不予批准的，应当说明理由。劳动保障行政部门对经批准设立的职业中介机构实行年度审验。

4.从事业务

《就业服务与就业管理规定》第五十二条规定，职业中介机构可以从事下列业务：

（1）为劳动者介绍用人单位；

（2）为用人单位和居民家庭推荐劳动者；

（3）开展职业指导、人力资源管理咨询服务；

（4）收集和发布职业供求信息；

（5）根据国家有关规定从事互联网职业信息服务；

（6）组织职业招聘洽谈会；

（7）经劳动保障行政部门核准的其他服务项目。

5. 禁止行为

《就业服务与就业管理规定》第五十八条规定，禁止职业中介机构有下列行为：

（1）提供虚假就业信息；

（2）发布的就业信息中包含歧视性内容；

（3）伪造、涂改、转让职业中介许可证；

（4）为无合法证照的用人单位提供职业中介服务；

（5）介绍未满16周岁的未成年人就业；

（6）为无合法身份证件的劳动者提供职业中介服务；

（7）介绍劳动者从事法律、法规禁止从事的职业；

（8）扣押劳动者的居民身份证和其他证件，或者向劳动者收取押金；

（9）以暴力、胁迫、欺诈等方式进行职业中介活动；

（10）超出核准的业务范围经营；

（11）其他违反法律、法规规定的行为。

二、就业与失业管理

《就业服务与就业管理规定》第六十一条至第六十四条对就业与失业管理的规定如下：

（一）完善登记制度

（1）劳动保障行政部门应当建立健全就业登记制度和失业登记制度，完善就业管理和失业管理。

（2）公共就业服务机构负责就业登记与失业登记工作，建立专门台账，及时、准确地记录劳动者就业与失业变动情况，并做好相应统计工作。

（二）就业登记

（1）劳动者被用人单位招用的，由用人单位为劳动者办理就业登记。用人单位招用劳动者和与劳动者终止或者解除劳动关系，应当到当地公共就业服务机构备案，为劳动者办理就业登记手续。用人单位招用人员后，应当于录用之日起30日内办理登记手续；用人单位与职工终止或者解除劳动关系后，应当于15日内办理登记手续。

（2）劳动者从事个体经营或灵活就业的，由本人在街道、乡镇公共就业服务机构办理就业登记。

（3）就业登记的内容主要包括劳动者个人信息、就业类型、就业时间、就业单位以及订立、终止或者解除劳动合同情况等。

（三）失业登记

（1）在法定劳动年龄内，有劳动能力，有就业要求，处于无业状态的城镇常住人员，可以到常住地的公共就业服务机构进行失业登记。

（2）劳动者进行失业登记时，须持本人身份证件和证明原身份的有关证明；有单位就业经历的，还须持与原单位终止、解除劳动关系或者解聘的证明。

（3）登记失业人员凭登记证享受公共就业服务和就业扶持政策；其中符合条件的，按规定申领失业保险金。登记失业人员应当定期向公共就业服务机构报告就业失业状况，积极求职，参加公共就业服务机构安排的就业培训。

三、就业援助

《就业服务与就业管理规定》第四十条至第四十四条对就业援助的规定如下：

（一）对象

就业援助对象包括就业困难人员和零就业家庭。就业困难人员是指因身体状况、技能水平、家庭因素、失去土地等原因难以实现就业，以及连续失业一定时间仍未能实现就业的人员。零就业家庭是指法定劳动年龄内的家庭人员均处于失业状况的城市居民家庭。

（二）申请

就业困难人员和零就业家庭可以向所在地街道、社区公共就业服务机构申请就业援助。经街道、社区公共就业服务机构确认属实的，纳入就业援助范围。

（三）措施

（1）公共就业服务机构应当建立就业困难人员帮扶制度，通过落实各项就业扶持政策、提供就业岗位信息、组织技能培训等有针对性的就业服务和公益性岗位援助，对就业困难人员实施优先扶持和重点帮助。在公益性岗位上安置的就业困难人员，按照国家规定给予岗位补贴。

（2）公共就业服务机构应当建立零就业家庭即时岗位援助制度，通过拓宽公益性岗位范围，开发各类就业岗位等措施，及时向零就业家庭中的失业人员提供适当的就业岗位，确保零就业家庭至少有一人实现就业。

（3）街道、社区公共就业服务机构应当对辖区内就业援助对象进行登记，建立专门台账，实行就业援助对象动态管理和援助责任制度，提供及时、有效的就业援助。

M命题规律分析

从往年的命题情况来看，相关题目对本考点的考查，主要采取单选题的命题形式。本知识点出现的频率不高，常考查的是职业中介机构禁止的行为。考生除了掌握考点梳理的内容外，还要了解下面的命题规律：

可依法享受税收优惠的企业或人员是：(1)吸纳符合国家规定条件的失业人员达到规定要求的企业；(2)失业人员创办的中小企业；(3)安置残疾人员达到规定比例或者集中使用残疾人的企业；(4)从事个体经营的符合国家规定条件的失业人员；(5)从事个体经营的残疾人；(6)国务院规定给予税收优惠的其他企业、人员。

Z 真题再现

2016-单选-46 老张来到某职业中介机构求职，工作人员对老张说，介绍成功后需支付100元中介费，如不成功仅需支付20元服务费，为保证收到中介费或服务费，工作人员要求老张先交100元押金，并扣押了老张的身份证。根据《中华人民共和国就业促进法》，下列关于该职业中介机构说法正确的是(　　)。

A.不得收取押金，亦不可收取服务费　　B.不得收取押金，亦不可扣押身份证

C.不得收取服务费，可暂时扣押身份证　　D.不得收取中介费，可收取适当的押金

【答案】B。**解析：**本题考查职业中介机构禁止的行为。职业中介机构不得有下列行为：(1)提供虚假就业信息；(2)发布的就业信息中包含歧视性内容；(3)伪造、涂改、转让职业中介许可证；(4)为无合法证照的用人单位提供职业中介服务；(5)介绍未满16周岁的未成年人就业；(6)为无合法身份证件的劳动者提供职业中介服务；(7)介绍劳动者从事法律、法规禁止从事的职业；(8)扣押劳动者的居民身份证和其他证件，或者向劳动者收取押金；(9)以暴力、胁迫、欺诈等方式进行职业中介活动；(10)超出核准的业务范围经营；(11)其他违反法律、法规规定的行为。故本题选B。

考点精讲 2 劳动合同的订立

K 考点梳理

一、劳动合同订立的原则和种类

(一)原则

劳动者与用人单位确立劳动关系、明确各自权利和义务，需签订劳动合同。《中华人民共和国劳动合同法》第三条规定，订立劳动合同，应当遵循合法公平、平等自愿、协商一致、诚实信用的原则，依法订立的劳动合同具有约束力，用人单位与劳动者应当履行劳动合同

约定的义务。四项原则的具体含义如下：

表2-10-1　四项原则

知识点	内容
合法公平	订立劳动合同的目的、内容、主体、程序等必须符合法律的规定，其内容对双方当事人应当公平合理
平等自愿	（1）劳动合同双方当事人在签订劳动合同时的法律地位是平等的，任何一方都不具有法律上的特权，也不会听命于另一方 （2）劳动合同双方当事人出于自己的意愿在劳动合同中表达真实的意愿，二者是相互联系的
协商一致	劳动合同双方当事人进行充分的平等协商，在双方意思表示完全一致时签订劳动合同
诚实信用	劳动合同双方当事人恪守诚信原则，不得以欺诈或胁迫方式骗取对方信任或迫使对方签订劳动合同

（二）种类

《中华人民共和国劳动合同法》第十二条规定，劳动合同分为固定期限劳动合同、无固定期限劳动合同和以完成一定工作任务为期限的劳动合同。《中华人民共和国劳动合同法》第十三条至第十五条对劳动合同种类的主要内容规定如下：

1. 固定期限劳动合同

固定期限劳动合同是指用人单位与劳动者约定合同终止时间的劳动合同。用人单位与劳动者协商一致，可以订立固定期限劳动合同。

2. 无固定期限劳动合同

（1）无固定期限劳动合同是指用人单位与劳动者约定无确定终止时间的劳动合同。用人单位与劳动者协商一致，可以订立无固定期限劳动合同。

（2）有下列情形之一，劳动者提出或者同意续订、订立劳动合同的，除劳动者提出订立固定期限劳动合同外，应当订立无固定期限劳动合同：①劳动者在该用人单位连续工作满十年的；②用人单位初次实行劳动合同制度或者国有企业改制重新订立劳动合同时，劳动者在该用人单位连续工作满十年且距法定退休年龄不足十年的；③连续订立二次固定期限劳动合同，且劳动者没有本法第三十九条和第四十条第一项、第二项规定的情形，续订劳动合同的。

（3）用人单位自用工之日起满一年不与劳动者订立书面劳动合同的，视为用人单位与劳动者已订立无固定期限劳动合同。

3. 以完成一定工作任务为期限的劳动合同

以完成一定工作任务为期限的劳动合同是指用人单位与劳动者约定以某项工作的完成为合同期限的劳动合同。用人单位与劳动者协商一致，可以订立以完成一定工作任务为期限的劳动合同。

二、劳动合同的内容

《中华人民共和国劳动合同法》第十七条至第二十四条对劳动合同的内容规定如下：

1. 法定条款

劳动合同以书面形式订立。应当具备以下条款：

（1）用人单位的名称、住所和法定代表人或者主要负责人；

（2）劳动者的姓名、住址和居民身份证或者其他有效身份证件号码；

（3）劳动合同期限；

（4）工作内容和工作地点；

（5）工作时间和休息休假；

（6）劳动报酬；

（7）社会保险；

（8）劳动保护、劳动条件和职业危害防护；

（9）法律、法规规定的应当纳入劳动合同的其他事项。

劳动合同除前款规定的必备条款外，用人单位与劳动者可以约定试用期、培训、保守秘密、补充保险和福利待遇等其他事项。

2. 试用期约定

（1）合同与试用期限：劳动合同期限三个月以上不满一年的，试用期不得超过一个月；劳动合同期限一年以上不满三年的，试用期不得超过两个月；三年以上固定期限和无固定期限的劳动合同，试用期不得超过六个月。

（2）工资标准：劳动者在试用期的工资不得低于本单位相同岗位最低档工资或者劳动合同约定工资的百分之八十，并不得低于用人单位所在地的最低工资标准。

（3）其他事项：①同一用人单位与同一劳动者只能约定一次试用期。②以完成一定工作任务为期限的劳动合同或者劳动合同期限不满三个月的，不得约定试用期。③试用期包含在劳动合同期限内。劳动合同仅约定试用期的，试用期不成立，该期限为劳动合同期限。④在试用期中，除劳动者有本法第三十九条和第四十条第一项、第二项规定的情形外，用人单位不得解除劳动合同。用人单位在试用期解除劳动合同的，应当向劳动者说明理由。

3. 服务期约定

（1）用人单位为劳动者提供专项培训费用，对其进行专业技术培训的，可以与该劳动者订立协议，约定服务期。

（2）劳动者违反服务期约定的，应当按照约定向用人单位支付违约金。违约金的数额不得超过用人单位提供的培训费用。用人单位要求劳动者支付的违约金不得超过服务期尚未履行部分所应分摊的培训费用。

（3）用人单位与劳动者约定服务期的，不影响按照正常的工资调整机制提高劳动者在服务期期间的劳动报酬。

4. 商业秘密与竞业限制约定

（1）用人单位与劳动者可以在劳动合同中约定保守用人单位的商业秘密和与知识产权相关的保密事项。

（2）对负有保密义务的劳动者，用人单位可以在劳动合同或者保密协议中与劳动者约定竞业限制条款，并约定在解除或者终止劳动合同后，在竞业限制期限内按月给予劳动者经济补偿。劳动者违反竞业限制约定的，应当按照约定向用人单位支付违约金。

（3）竞业限制的人员限于用人单位的高级管理人员、高级技术人员和其他负有保密义务的人员。竞业限制的范围、地域、期限由用人单位与劳动者约定，竞业限制的约定不得违反法律、法规的规定。

（4）在解除或者终止劳动合同后，前款规定的人员到与本单位生产或者经营同类产品、从事同类业务的有竞争关系的其他用人单位，或者自己开业生产或者经营同类产品、从事同类业务的竞业限制期限，不得超过二年。

三、劳动合同的法律效力

《中华人民共和国劳动合同法》第十六条、第二十六条至第二十八条对劳动合同的法律效力的规定如下：

1. 劳动合同的法律效力

劳动合同由用人单位与劳动者协商一致，并经用人单位与劳动者在劳动合同文本上签字或者盖章生效。劳动合同文本由用人单位和劳动者各执一份。

2. 无效劳动合同的种类

下列劳动合同无效或者部分无效：

（1）以欺诈、胁迫的手段或者乘人之危，使对方在违背真实意思的情况下订立或者变更劳动合同的；

（2）用人单位免除自己的法定责任、排除劳动者权利的；

（3）违反法律、行政法规强制性规定的。对劳动合同的无效或者部分无效有争议的，由劳动争议仲裁机构或者人民法院确认。

3. 无效劳动合同的确认

（1）无效的劳动合同在订立时就没有法律约束力。劳动合同部分无效，不影响其他部分效力的，其他部分仍然有效。

（2）劳动合同被确认无效，劳动者已付出劳动的，用人单位应当向劳动者支付劳动报酬。劳动报酬的数额，参照本单位相同或者相近岗位劳动者的劳动报酬确定。

4. 无效劳动合同的处理

（1）撤销合同。即对全部无效的劳动合同予以撤销。

（2）修改合同。即对部分无效的劳动合同依法予以修改。

（3）赔偿损失。劳动合同依照《中华人民共和国劳动合同法》第二十六条规定，被确认无效，给对方造成损害的，有过错的一方应当承担赔偿责任。

M 命题规律分析

从往年的命题情况来看，相关题目对本考点的考查，主要采取单选题的命题形式。本知识点出现的频率较高，一般考查考生对相关政策的实际运用能力。我们根据命题的特点，总结的命题规律如下：

规律一：了解劳动合同订立的原则。

劳动合同的订立要遵循“十六字”原则，分别是合法公平、平等自愿、协商一致、诚实信用。

规律二：掌握劳动合同期限与试用期的关系。

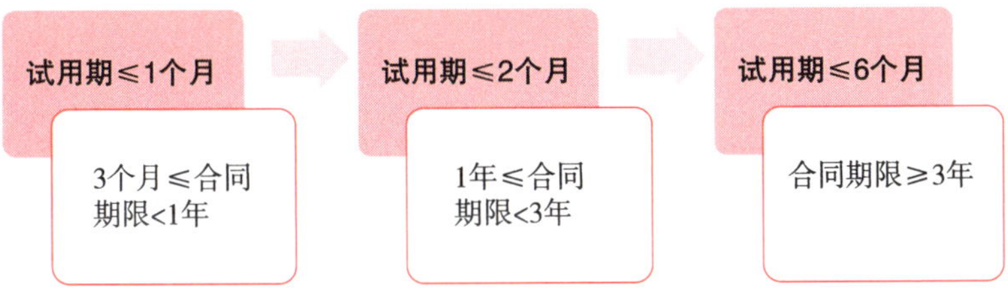

图2-10-2　劳动合同期限与试用期的关系

Z 真题再现

1　2019-单选-45　黄某虚构在大型跨国公司从事研发工作的经历，应聘某高科技公司研发部门并签订了劳动合同。一段时间后，黄某工作表现一般，其虚构工作经历的事被揭穿，公司遂主张双方签订的劳动合同无效，并要求黄某支付违约金。根据《中华人民共和国劳动合同法》，关于黄某与该公司劳动合同的说法，正确的是（　　）。

A. 黄某可以解除劳动合同并获得公司的经济补偿

B. 黄某凭借虚构经历签订劳动合同，应向公司支付违约金

C. 黄某与公司签订的劳动合同应当认定无效或部分无效

D. 黄某可以要求公司继续履行劳动合同，公司应当继续履行

【答案】C。**解析：**本题考查无效劳动合同。《中华人民共和国劳动合同法》第二十六条规定，下列劳动合同无效或者部分无效：（1）以欺诈、胁迫的手段或者乘人之危，使对方在违背真实意思的情况下订立或者变更劳动合同的；（2）用人单位免除自己的法定责任、排除劳动者权利的；（3）违反法律、行政法规强制性规定的。故本题选C。

2 2018-单选-48 根据《中华人民共和国劳动合同法》，（　　）属于劳动合同必备条款。

A.试用期　　B.技能培训　　C.福利待遇　　D.社会保险

【答案】D。**解析：**本题考查劳动合同必备条款。劳动合同应当具备以下条款：（1）用人单位的名称、住所和法定代表人或者主要负责人；（2）劳动者的姓名、住址和居民身份证或者其他有效身份证件号码；（3）劳动合同期限；（4）工作内容和工作地点；（5）工作时间和休息休假；（6）劳动报酬；（7）社会保险；（8）劳动保护、劳动条件和职业危害防护；（9）法律、法规规定应当纳入劳动合同的其他事项。劳动合同除前款规定的必备条款外，用人单位与劳动者可以约定试用期、培训、保守秘密、补充保险和福利待遇等其他事项。故本题选D。

考点精讲 3 劳动合同的解除与终止

K 考点梳理

一、解除

《中华人民共和国劳动合同法》第三十六条规定，用人单位与劳动者协商一致，可以解除劳动合同。

（一）劳动者提前解除劳动合同

《中华人民共和国劳动合同法》第三十七条、第三十八条、第九十条对劳动者提前解除劳动合同的规定如下：

1.解除形式

（1）劳动者提前三十日以书面形式通知用人单位，可以解除劳动合同。劳动者在试用期内提前三日通知用人单位，可以解除劳动合同。

（2）为防止权力滥用现象，劳动者违反本法规定解除劳动合同，或者违反劳动合同中约定的保密义务或者竞业限制，给用人单位造成损失的，应当承担赔偿责任。

2.解除情形

用人单位有下列情形之一的，劳动者可以解除劳动合同：

（1）未按照劳动合同约定提供劳动保护或者劳动条件的；

（2）未及时足额支付劳动报酬的；

（3）未依法为劳动者缴纳社会保险费的；

（4）用人单位的规章制度违反法律、法规的规定，损害劳动者权益的；

（5）因本法第二十六条第一款规定的情形致使劳动合同无效的；

（6）法律、行政法规规定劳动者可以解除劳动合同的其他情形。

3. 立即解除情形

用人单位以暴力、威胁或者非法限制人身自由的手段强迫劳动者劳动的，或者用人单位违章指挥、强令冒险作业危及劳动者人身安全的，劳动者可以立即解除劳动合同，不需要事先告知用人单位。

（二）用人单位提前解除劳动合同

《中华人民共和国劳动法》和《中华人民共和国劳动合同法》对用人单位提前解除劳动合同的规定如下：

1. 解除情形

《中华人民共和国劳动合同法》第三十九条规定，劳动者有下列情形之一的，用人单位可以解除劳动合同：

（1）在试用期间被证明不符合录用条件的；

（2）严重违反用人单位的规章制度的；

（3）严重失职，营私舞弊，给用人单位造成重大损害的；

（4）劳动者同时与其他用人单位建立劳动关系，对完成本单位的工作任务造成严重影响，或者经用人单位提出，拒不改正的；

（5）因本法第二十六条第一款第一项规定的情形致使劳动合同无效的；

（6）被依法追究刑事责任的。

2. 提前通知或支付工资后的解除情形

《中华人民共和国劳动合同法》第四十条规定，有下列情形之一的，用人单位提前三十日以书面形式通知劳动者本人或者额外支付劳动者一个月工资后，可以解除劳动合同：

（1）劳动者患病或者非因工负伤，在规定的医疗期满后不能从事原工作，也不能从事由用人单位另行安排的工作的；

（2）劳动者不能胜任工作，经过培训或者调整工作岗位，仍不能胜任工作的；

（3）劳动合同订立时所依据的客观情况发生重大变化，致使劳动合同无法履行，经用人单位与劳动者协商，未能就变更劳动合同内容达成协议的。

3. 裁减人员

《中华人民共和国劳动合同法》第四十一条前款规定，有下列情形之一，需要裁减人员二十人以上或者裁减不足二十人但占企业职工总数百分之十以上的，用人单位提前三十日向工会或者全体职工说明情况，听取工会或者职工的意见后，裁减人员方案经向劳动行政部门报告，可以裁减人员：

（1）依照企业破产法规定进行重整的；

（2）生产经营发生严重困难的；

（3）企业转产、重大技术革新或者经营方式调整，经变更劳动合同后，仍需裁减人员的；

（4）其他因劳动合同订立时所依据的客观经济情况发生重大变化，致使劳动合同无法履行的。

第四十一条后款规定，裁减人员时，应当优先留用下列人员：

（1）与本单位订立较长期限的固定期限劳动合同的；

（2）与本单位订立无固定期限劳动合同的；

（3）家庭无其他就业人员，有需要扶养的老人或者未成年人的。

用人单位依照本条第一款规定裁减人员，在六个月内重新招用人员的，应当通知被裁减的人员，并在同等条件下优先招用被裁减的人员。

4. 不得解除情形

《中华人民共和国劳动合同法》第四十二条规定，劳动者有下列情形之一的，用人单位不得依照本法第四十条、第四十一条的规定解除劳动合同：

（1）从事接触职业病危害作业的劳动者未进行离岗前职业健康检查，或者疑似职业病病人在诊断或者医学观察期间的；

（2）在本单位患职业病或者因工负伤并被确认丧失或者部分丧失劳动能力的；

（3）患病或者非因工负伤，在规定的医疗期内的；

（4）女职工在孕期、产期、哺乳期的；

（5）在本单位连续工作满十五年，且距法定退休年龄不足五年的；

（6）法律、行政法规规定的其他情形。

5. 工会认定

（1）《中华人民共和国劳动法》第三十条规定，用人单位解除劳动合同，工会认为不适当的，有权提出意见。如果用人单位违反法律、法规或者劳动合同，工会有权要求重新处理；劳动者申请仲裁或者提起诉讼的，工会应当依法给予支持和帮助。

（2）《中华人民共和国劳动合同法》第四十三条规定，用人单位单方解除劳动合同，应当事先将理由通知工会。用人单位违反法律、行政法规规定或者劳动合同约定的，工会有权要求用人单位纠正。用人单位应当研究工会的意见，并将处理结果书面通知工会。

二、终止

（一）终止情形和手续

《中华人民共和国劳动合同法》第四十四条、第五十条对劳动合同终止的具体事项的规定如下：

1. 终止情形

有下列情形之一的，劳动合同终止：

（1）劳动合同期满的；

（2）劳动者开始依法享受基本养老保险待遇的；

（3）劳动者死亡，或者被人民法院宣告死亡或者宣告失踪的；

（4）用人单位被依法宣告破产的；

（5）用人单位被吊销营业执照、责令关闭、撤销或者用人单位决定提前解散的；

（6）法律、行政法规规定的其他情形。

2. 解除或终止的手续

（1）用人单位应当在解除或者终止劳动合同时出具解除或者终止劳动合同的证明，并在十五日内为劳动者办理档案和社会保险关系转移手续。

（2）劳动者应当按照双方约定，办理工作交接。用人单位依照本法有关规定应当向劳动者支付经济补偿的，在办理工作交接时支付。用人单位对已经解除或者终止的劳动合同的文本，至少保存二年备查。

（二）经济补偿

《中华人民共和国劳动合同法》对用人单位向劳动者支付经济补偿的规定如下：

1. 经济补偿情形

第四十六条规定，有下列情形之一的，用人单位应当向劳动者支付经济补偿：

（1）劳动者依照本法第三十八条规定解除劳动合同的；

（2）用人单位依照本法第三十六条规定向劳动者提出解除劳动合同并与劳动者协商一致解除劳动合同的；

（3）用人单位依照本法第四十条规定解除劳动合同的；

（4）用人单位依照本法第四十一条第一款规定解除劳动合同的；

（5）除用人单位维持或者提高劳动合同约定条件续订劳动合同，劳动者不同意续订的情形外，依照本法第四十四条第一项规定终止固定期限劳动合同的；

（6）依照本法第四十四条第四项、第五项规定终止劳动合同的；

（7）法律、行政法规规定的其他情形。

2. 经济补偿资金

第四十七条规定，经济补偿按劳动者在本单位工作的年限，每满一年支付一个月工资的标准向劳动者支付。六个月以上不满一年的，按一年计算；不满六个月的，向劳动者支付半个月工资的经济补偿。劳动者月工资高于用人单位所在直辖市、设区的市级人民政府公布的本地区上年度职工月平均工资三倍的，向其支付经济补偿的标准按职工月平均工资三倍的数额支付，向其支付经济补偿的年限最高不超过十二年。本条所称月工资是指劳动者在劳动合同解除或者终止前十二个月的平均工资。

3. 其他情形

第四十八条规定，用人单位违反本法规定解除或者终止劳动合同，劳动者要求继续履行劳动合同的，用人单位应当继续履行；劳动者不要求继续履行劳动合同或者劳动合同已经不能继续履行的，用人单位应当依照本法第八十七条规定支付赔偿金。

第八十七条规定，用人单位违反本法规定解除或者终止劳动合同的，应当依照本法第四十七条规定的经济补偿标准的二倍向劳动者支付赔偿金。

M 命题规律分析

从往年的命题情况来看，相关题目对本考点的考查，既会涉及单选题，也会涉及多选题。本考点出现的频率较高，常考的知识点是用人单位提前解除劳动合同的相关规定。

Z 真题再现

1 2019-多选-74 根据《中华人民共和国劳动合同法》，关于单位裁员的说法，正确的有（　　）。

A. 不得裁减患病且在规定医疗期内的职工

B. 不得裁减在该单位连续工作满10年的职工

C. 不得裁减处于孕期、产期、哺乳期的女职工

D. 不得裁减家中有需要赡养的老人或者抚养的未成年人的职工

E. 应优先留用与本单位订立无固定期限劳动合同的职工

【答案】AC。**解析：**本题考查的是用人单位不得解除劳动合同的情形。《中华人民共和国劳动合同法》第四十二条规定，劳动者有下列情形之一的，用人单位不得依照本法第四十条、第四十一条的规定解除劳动合同：（1）从事接触职业病危害作业的劳动者未进行离岗前职业健康检查，或者疑似职业病病人在诊断或者医学观察期间的；（2）在本单位患职业病或者因工负伤并被确认丧失或者部分丧失劳动能力的；（3）患病或者非因工负伤，在规定的医疗期内的，A项正确；（4）女职工在孕期、产期、哺乳期的，C项正确；（5）在本单位连续工作满15年，且距法定退休年龄不足5年的，B项错误；（6）法律、行政法规规定的其他情形。D、E两项是企业裁员时应优先留用人员。故本题选AC。

2 2018-单选-47 根据《中华人民共和国就业促进法》，下列企业中，依法享受税收优惠的是（　　）。

A. 退休人员创办的中小企业

B. 农民工创办的中小企业

C. 失业人员创办的中小企业

D. 辞职人员创办的中小企业

【答案】C。**解析：**本题考查享受税收优惠的条件。依法享受税收优惠的是：（1）吸纳

符合国家规定条件的失业人员达到规定要求的企业;(2)失业人员创办的中小企业;(3)安置残疾人员达到规定比例或者集中使用残疾人的企业;(4)从事个体经营的符合国家规定条件的失业人员;(5)从事个体经营的残疾人;(6)国务院规定给予税收优惠的其他企业、人员。故本题选C。

考点精讲 4 集体合同、劳务派遣和非全日制用工的规定

K 考点梳理

一、集体合同

《中华人民共和国劳动合同法》第五十一条至第五十六条对集体合同的规定如下:

1. 集体合同的内容

企业职工一方与用人单位通过平等协商,可以就劳动报酬、工作时间、休息休假、劳动安全卫生、保险福利等事项订立集体合同。集体合同草案应当提交职工代表大会或者全体职工讨论通过。集体合同由工会代表企业职工一方与用人单位订立;尚未建立工会的用人单位,由上级工会指导劳动者推举的代表与用人单位订立。

2. 集体合同的类别

企业职工一方与用人单位可以订立劳动安全卫生、女职工权益保护、工资调整机制等专项集体合同。

在县级以下区域内,建筑业、采矿业、餐饮服务业等行业可以由工会与企业方面代表订立行业性集体合同,或者订立区域性集体合同。

3. 集体合同生效的条件

集体合同订立后,应当报送劳动行政部门;劳动行政部门自收到集体合同文本之日起十五日内未提出异议的,集体合同即行生效。依法订立的集体合同对用人单位和劳动者具有约束力。行业性、区域性集体合同对当地本行业、本区域的用人单位和劳动者具有约束力。

4. 集体合同中的劳动标准

集体合同中劳动报酬和劳动条件等标准不得低于当地人民政府规定的最低标准;用人单位与劳动者订立的劳动合同中劳动报酬和劳动条件等标准不得低于集体合同规定的标准。

5. 工会的作用

用人单位违反集体合同,侵犯职工劳动权益的,工会可以依法要求用人单位承担责任;因履行集体合同发生争议,经协商解决不成的,工会可以依法申请仲裁、提起诉讼。

二、劳务派遣

《中华人民共和国劳动合同法》与《劳务派遣暂行规定》对劳务派遣的规定如下：

1.经营条件

《中华人民共和国劳动合同法》第五十七条规定，经营劳务派遣业务应当具备下列条件：

（1）注册资本不得少于人民币二百万元；

（2）有与开展业务相适应的固定的经营场所和设施；

（3）有符合法律、行政法规规定的劳务派遣管理制度；

（4）法律、行政法规规定的其他条件。

经营劳务派遣业务，应当向劳动行政部门依法申请行政许可；经许可的，依法办理相应的公司登记。未经许可，任何单位和个人不得经营劳务派遣业务。

2.劳务派遣人员

《中华人民共和国劳动合同法》第五十八条规定，劳务派遣单位是本法所称用人单位，应当履行用人单位对劳动者的义务。劳务派遣单位应当与被派遣劳动者订立两年以上的固定期限劳动合同，按月支付劳动报酬；被派遣劳动者在无工作期间，劳务派遣单位应当按照所在地人民政府规定的最低工资标准，向其按月支付报酬。

3.用工范围

《中华人民共和国劳动合同法》第六十六条规定，劳动合同用工是我国的企业基本用工形式。劳务派遣用工是补充形式，只能在临时性、辅助性或者替代性的工作岗位上实施。临时性工作岗位是指存续时间不超过6个月的岗位；辅助性工作岗位是指为主营业务岗位提供服务的非主营业务岗位；替代性工作岗位是指用工单位的劳动者因脱产学习、休假等原因无法工作的一定期间内，可以由其他劳动者替代工作的岗位。

用工单位决定使用被派遣劳动者的辅助性岗位，应当经职工代表大会或者全体职工讨论，提出方案和意见，与工会或者职工代表平等协商确定，并在用工单位内公示。

4.用工比例

《劳务派遣暂行规定》第四条规定，用工单位应当严格控制劳务派遣用工数量，使用的被派遣劳动者数量不得超过其用工总量的10%。用工总量是指用工单位订立劳动合同人数与使用的被派遣劳动者人数之和。

《劳务派遣暂行规定》第二十五条规定，外国企业常驻代表机构和外国金融机构驻华代表机构等使用被派遣劳动者的，以及船员用人单位以劳务派遣形式使用国际远洋海员的，不受临时性、辅助性、替代性岗位和劳务派遣用工比例的限制。

5.劳务派遣协议

《劳务派遣暂行规定》第七条规定，劳务派遣协议应当载明下列内容：（1）派遣的工作岗位名称和岗位性质；（2）工作地点；（3）派遣人员数量和派遣期限；（4）按照同工同酬原则确定的劳动报酬数额和支付方式;(5)社会保险费的数额和支付方式;(6)工作时间和休息休假事项;(7)被派遣劳动者工伤、生育或者患病期间的相关待遇;(8)劳动安全卫生及培训事项;(9)经济补偿等费用;(10)劳务派遣协议期限;(11)劳务派遣服务费的支付方式和标准;(12)违反劳务派遣协议的责任;(13)法律、法规、规章规定应当纳入劳务派遣协议的其他事项。

三、非全日制用工

《中华人民共和国劳动合同法》第六十八条规定,非全日制用工,是指以小时计酬为主,劳动者在同一用人单位一般平均每日工作时间不超过四小时,每周工作时间累计不超过二十四小时的用工形式。

第六十九条规定,非全日制用工双方当事人可以订立口头协议。从事非全日制用工的劳动者可以与一个或者一个以上用人单位订立劳动合同;但是,后订立的劳动合同不得影响先订立的劳动合同的履行。

第七十条规定,非全日制用工双方当事人不得约定试用期。

第七十一条规定,非全日制用工双方当事人任何一方都可以随时通知对方终止用工。终止用工,用人单位不向劳动者支付经济补偿。

第七十二条规定,非全日制用工小时计酬标准不得低于用人单位所在地人民政府规定的最低小时工资标准。非全日制用工劳动报酬结算支付周期最长不得超过十五日。

M 命题规律分析

从往年的命题情况来看,相关题目对本考点的考查,既会涉及单选题,也会涉及多选题。题目的设置一般分为两种,一种是直接考查法规与政策的内容,另一种是结合案例间接考查法规与政策的内容。

Z 真题再现

1　2019-单选-44 根据《中华人民共和国劳动合同法》,关于劳务派遣的说法,正确的是(　　)。

A.劳务派遣单位应当履行用人单位对劳动者的义务

B.劳务派遣应当在传统性、服务性或者季节性的工作岗位上实施

C.劳务派遣单位应当与被派遣劳动者订立一年以上的固定期限劳动合同

D.被派遣劳动者的劳动报酬不应低于用工单位同类岗位劳动报酬的80%

【答案】A。**解析:**本题考查《中华人民共和国劳动合同法》中对劳务派遣的规定。劳

动合同用工是我国的企业基本用工形式。劳务派遣单位是劳动合同法上的用人单位，应当履行用人单位对劳动者的义务，故A项正确。劳务派遣用工是补充形式，只能在临时性、辅助性或者替代性的工作岗位上实施，故B项错误。劳务派遣单位应当与被派遣劳动者订立2年以上的固定期限劳动合同，按月支付劳动报酬，故C项错误。被派遣劳动者享有与用工单位的劳动者同工同酬的权利，故D项错误。故本题选A。

2 2018-多选-71 老陈与某公司签订用工协议如下：老陈为非全日制临时工，每天工作6小时，每周工作6天，工资按月发放，期限半年，试用期2个月。公司负责人告知老陈，双方是劳务关系，所签协议是劳务合同。协议期满后，双方未续签，但老陈仍在公司工作，公司也按月向其支付工资。两个月后的一天，公司通知老陈：双方用工协议早已到期，从明天起就不用来上班了。老陈不服，遂向公司讨要说法。根据《中华人民共和国劳动合同法》和《劳动合同法实施条例》，下列关于此用工关系的说法，正确的有（ ）。

A.公司雇用老陈事实上是全日制用工

B.“试用期2个月”的条款不符合法律规定

C.“双方是劳务关系”的说法不成立，双方是劳动关系

D.公司应当向老陈支付赔偿金

E.公司应当向老陈支付经济补偿金

【答案】ABCE。**解析：**本题考查的是《中华人民共和国劳动合同法》中的非全日制用工。非全日制用工，是指以小时计酬为主，劳动者在同一用人单位一般平均每日工作时间不超过四小时，每周工作时间累计不超过二十四小时的用工形式。非全日制用工双方当事人不得约定试用期，工资必须在十五日内发放一次。题目中，临时工老陈每天的工作时间超时，工资每月发放一次，且有固定期限。《中华人民共和国劳动合同法》规定，劳动合同期限超过三个月不满一年的，试用期不得超过一个月。故本题选ABCE。

考点精讲 5 工资分配、支付与最低工资保障制度

K 考点梳理

一、工资分配与支付

《中华人民共和国劳动法》第四十六至第五十一条、第十条对工资分配、支付的规定如下：

1. 工资分配原则

工资分配应当遵循按劳分配原则，实行同工同酬。工资水平在经济发展的基础上逐步提高。国家对工资总量实行宏观调控。

2. 工资水平

（1）用人单位根据本单位的生产经营特点和经济效益，依法自主确定本单位的工资分配方式和工资水平。

（2）国家实行最低工资保障制度。最低工资的具体标准由省、自治区、直辖市人民政府规定，报国务院备案。用人单位支付劳动者的工资不得低于当地最低工资标准。

3. 工资支付

（1）工资应当以货币形式按月支付给劳动者本人。不得克扣或者无故拖欠劳动者的工资。

（2）劳动者在法定休假日和婚丧假期间以及依法参加社会活动期间，用人单位应当依法支付工资。

二、最低工资保障制度

《最低工资规定》中的最低工资标准，是指劳动者在法定工作时间或依法签订的劳动合同约定的工作时间内提供了正常劳动的前提下，用人单位依法应支付的最低劳动报酬。本规定所称正常劳动，是指劳动者按依法签订的劳动合同约定，在法定工作时间或劳动合同约定的工作时间内从事的劳动。劳动者依法享受带薪年休假、探亲假、婚丧假、生育（产）假、节育手术假等国家规定的假期间，以及法定工作时间内依法参加社会活动期间，视为提供了正常劳动。

最低工资标准一般采取月最低工资标准和小时最低工资标准的形式。全日制就业劳动者采用月最低工资标准，非全日制就业劳动者采用小时最低工资标准。

1. 最低工资标准的确定和调整

（1）确定和调整最低工资标准应当综合参考下列因素：①劳动者本人及平均赡养人口的最低生活费用；②社会平均工资水平；③劳动生产率；④就业状况；⑤地区之间经济发展水平的差异。

（2）确定和调整月最低工资标准，应参考当地就业者及其赡养人口的最低生活费用、城镇居民消费价格指数、职工个人缴纳的社会保险费和住房公积金、职工平均工资、经济发展水平、就业状况等因素。最低工资标准每两年至少调整一次。

2. 最低工资标准的发布

省、自治区、直辖市劳动保障行政部门应将本地区最低工资标准方案报省、自治区、直辖市人民政府批准，并在批准后7日内在当地政府公报上和至少一种全地区性报纸上发布。省、自治区、直辖市劳动保障行政部门应在发布后10日内将最低工资标准报劳动保障部。

M 命题规律分析

从往年的命题情况来看，本考点多涉及单选题，近年来的考查频率有上升的趋势，多考查最低工资标准的调整和工资支付等。

本考点常考查一些数字。例如：最低工资标准每2年至少调整一次。最低工资标准在批准后7日内在当地政府公报上和至少一种全地区性报纸上发布。各级劳动保障行政部门应在发布后10日内将最低工资标准报劳动保障部。

Z 真题再现

2019-单选-49 根据《最低工资规定》，最低工资标准每（　　）年至少调整一次。

A.1　　B.2

C.3　　D.5

【答案】B。**解析：**本题考查最低工资标准调整的时间。最低工资标准发布实施后，相关因素发生变化，应当适时调整。最低工资标准每2年至少调整一次。故本题选B。

考点精讲 6 工作时间和休息休假的规定

K 考点梳理

一、工作时间

《中华人民共和国劳动法》第三十六条规定，国家实行劳动者每日工作时间不超过八小时、平均每周工作时间不超过四十四小时的工时制度。标准工作日是计算缩短工作日、不定时工作日和计件工作时间等工作日种类的依据。关于延长工作日的规定如下：

1.一般规定

第四十一条规定，用人单位由于生产经营需要，经与工会和劳动者协商后可以延长工作时间，一般每日不得超过一小时；因特殊原因需要延长工作时间的，在保障劳动者身体健康的条件下延长工作时间每日不得超过三小时，但是每月不得超过三十六小时。

2.特殊规定

第四十二条规定，有下列情形之一的，延长工作时间不受本法第四十一条规定的限制：

（1）发生自然灾害、事故或者因其他原因，威胁劳动者生命健康和财产安全，需要紧急处理的；

（2）生产设备、交通运输线路、公共设施发生故障，影响生产和公众利益，必须及时抢修的；

（3）法律、行政法规规定的其他情形。

3. 工资支付

第四十四条规定，有下列情形之一的，用人单位应当按照下列标准支付高于劳动者正常工作时间工资的工资报酬：

（1）安排劳动者延长工作时间的，支付不低于工资的百分之一百五十的工资报酬；

（2）休息日安排劳动者工作又不能安排补休的，支付不低于工资的百分之二百的工资报酬；

（3）法定休假日安排劳动者工作的，支付不低于工资的百分之三百的工资报酬。

二、休息休假

《中华人民共和国劳动法》和《职工带薪年休假条例》对休息休假的规定如下：

1. 公休假日

公休假日是指每周工作后的休息时间。用人单位应当保证劳动者每周至少休息一日。我国目前主要实行双休制，即五个工作日和两个休息日。

2. 法定节日

法定节日是指由国家法律统一规定的用以进行庆祝、度假及纪念的休息时间。用人单位在元旦、春节、国际劳动节、国庆节、法律法规规定的其他休假节日期间应当依法安排劳动者休假。

3. 年休假

（1）国家实行带薪年休假制度。劳动者连续工作一年以上的，享受带薪年休假。具体办法由国务院规定。

（2）机关、团体、企业、事业单位、民办非企业单位、有雇工的个体工商户等单位的职工连续工作一年以上的，享受带薪年休假（以下简称“年休假”）。单位应当保证职工享受年休假。职工在年休假期间享受与正常工作期间相同的工资收入。

（3）职工累计工作已满一年不满十年的，年休假五天；已满十年不满二十年的，年休假十天；已满二十年的，年休假十五天。国家法定休假日、休息日不计入年休假的假期。

M 命题规律分析

从往年的命题情况来看，相关题目对本考点的考查，既会涉及单选题，如2017年的第47题、2018年的第45题和第50题；也会涉及多选题，如2016年的第75题、2019年的第75

题。由此可见，本考点的出题频率较高，考生要注意重点复习。

规律一：考查标准工作日。

国家实行劳动者每日工作时间不超过8小时、平均每周工作时间不超过44小时的工时制度。

规律二：综合考查延长工作时间的规定及工资报酬。

一般来说，每天延长的工作时间不超过1小时；特殊情况下，每天延长不超过3小时，但每月不超过36小时。此外，还要关注一些特殊规定，在发生自然灾害、影响公共安全、影响正常生产的情况下，可以不按照规定的延长工作时间来实施，注意具体情况具体分析。

安排劳动者延长工作时间的，支付不低于工资的150%的工资报酬；休息日安排劳动者工作又不能安排补休的，支付不低于工资的200%的工资报酬；法定休假日安排劳动者工作的，支付不低于工资的300%的工资报酬。

规律三：考查劳动者不享受年休假的情况。

劳动者除了有享受年休假的情况，还有不享受年休假的情况。其情况主要分为以下三种：一是寒暑假多于年假时间的，如教师；二是累计休事假二十天以上且不扣工资的；三是不同累计工作年限的员工休病假时间超过规定累计病假时间的，满一年不满十年且累计病假时间超过两个月的、满十年不满二十年且累计病假时间超过三个月的、二十年以上且累计病假时间超过三个月的情况不享受年休假。

Z 真题再现

1 2019-多选-75 根据《中华人民共和国劳动法》，关于某自来水公司延长员工工作时间的说法，正确的有（　　）。

A.在供水旺季可以延长员工工作时间，但每月不得超过40小时

B.因供水设施发生故障导致大面积停水时，该公司可要求员工每日延长工作时间5小时

C.该公司安排员工延长工作时间，应支付不低于劳动者正常工作时间工资的150%的工资报酬

D.该公司安排员工休息日工作又不能安排补休，应支付不低于劳动者正常工作时间工资的200%的工资报酬

E.该公司安排员工在国庆节工作，应支付不低于劳动者正常工作时间工资的300%的工资报酬

【答案】BCDE。**解析：**本题考查劳动法的相关规定。《中华人民共和国劳动法》第四十一条规定，用人单位由于生产经营需要，经与工会和劳动者协商后可以延长工作时间，一般每日不得超过1小时；因特殊原因需要延长工作时间的，在保障劳动者身体健康的条件下延长工作时间每日不得超过3小时，但是每月不得超过36小时，故A项错误。第四十二

条规定，有下列情形之一的，延长工作时间不受本法第四十一条规定的限制：(1)发生自然灾害、事故或者因其他原因，威胁劳动者生命健康和财产安全，需要紧急处理的；(2)生产设备、交通运输线路、公共设施发生故障，影响生产和公众利益，必须及时抢修的；(3)法律、行政法规规定的其他情形，故B项正确。第四十四条规定，用人单位延长工作时间，应当按照下列标准支付高于劳动者正常工作时间工资的工资报酬：(1)安排劳动者延长工作时间的，支付不低于工资的150%的工资报酬；(2)休息日安排劳动者工作又不能安排补休的，支付不低于工资的200%的工资报酬；(3)法定休假日安排劳动者工作的，支付不低于工资的300%的工资报酬，故C、D、E三项正确。故本题选BCDE。

2　2018-单选-45 根据《中华人民共和国劳动法》，下列公司对员工工作时间的安排，符合规定的是(　　)。

A.甲公司要求员工每周工作7天，每天工作6小时

B.乙公司要求员工每周工作6天，每天工作6.5小时

C.丙公司要求员工每周工作5天，每天加班2.5小时

D.丁公司要求员工每周工作5天，每月加班50小时

【答案】B。**解析：**本题考查员工工作时间的安排。国家实行劳动者每日工作时间不超过8小时、平均每周工作时间不超过44小时的工时制度。用人单位应当保证劳动者每周至少休息1日，因此A项累计工作时间42小时，不符合规定；B项累计工作时间39小时，符合规定。因特殊原因需要延长工作时间的，在保障劳动者身体健康的条件下延长工作时间每日不得超过3小时，每月不得超过36小时，因此C、D两项错误。故本题选B。

考点精讲 7　劳动保护的规定

K 考点梳理

一、劳动安全卫生

《中华人民共和国劳动法》第五十二条至第五十七条对劳动安全卫生的规定如下：

(一)用人单位责任

(1)用人单位必须建立健全劳动安全卫生制度，严格执行国家劳动安全卫生规程和标准，对劳动者进行劳动安全卫生教育，防止劳动过程中的事故，减少职业危害。

(2)劳动安全卫生设施必须符合国家规定的标准。新建、改建、扩建工程的劳动安全卫生设施必须与主体工程同时设计、同时施工、同时投入生产和使用。

（3）用人单位必须为劳动者提供符合国家规定的劳动安全卫生条件和必要的劳动防护用品，对从事有职业危害作业的劳动者应当定期进行健康检查。

（二）劳动者权利、责任

从事特种作业的劳动者必须经过专门培训并取得特种作业资格。劳动者在劳动过程中必须严格遵守安全操作规程。劳动者对用人单位管理人员违章指挥、强令冒险作业，有权拒绝执行；对危害生命安全和身体健康的行为，有权提出批评、检举和控告。

（三）国家制度

国家建立伤亡事故和职业病统计报告和处理制度。县级以上各级人民政府劳动行政部门、有关部门和用人单位应当依法对劳动者在劳动过程中发生的伤亡事故和劳动者的职业病状况，进行统计、报告和处理。

二、女职工和未成年人特殊保护

（一）女职工特殊保护

《中华人民共和国劳动法》第五十九条规定，禁止安排女职工从事矿山井下、国家规定的第四级体力劳动强度的劳动和其他禁忌从事的劳动。

第六十条规定，不得安排女职工在经期从事高处、低温、冷水作业和国家规定的第三级体力劳动强度的劳动。

第六十一条规定，不得安排女职工在怀孕期间从事国家规定的第三级体力劳动强度的劳动和孕期禁忌从事的活动。对怀孕7个月以上的女职工，不得安排其延长工作时间和夜班劳动。

第六十二条规定，女职工生育享受不少于90天的产假。

第六十三条规定，不得安排女职工在哺乳未满1周岁的婴儿期间从事国家规定的第三级体力劳动强度的劳动和哺乳期禁忌从事的其他劳动，不得安排其延长工作时间和夜班劳动。

《女职工劳动保护特别规定》第五条规定，用人单位不得因女职工怀孕、生育、哺乳而降低其工资、予以辞退、与其解除劳动或者聘用合同。

第六条规定，女职工在孕期不能适应原劳动的，用人单位应根据医疗机构的证明，予以减轻劳动量或者安排其他能够适应的劳动。对怀孕7个月以上的女职工，用人单位不得延长劳动时间或者安排夜班劳动，并应当在劳动时间内安排一定的休息时间。怀孕女职工在劳动时间内进行产前检查，所需时间计入劳动时间。

（二）未成年人特殊保护

《禁止使用童工规定》和《中华人民共和国劳动法》关于未成年人最低就业年龄和特殊保护作出了相关规定，用人单位不得招用不满16周岁的未成年人，未成年工是指年满16周岁未满18周岁的劳动者。文艺、体育单位经未成年人的父母或者其他监护人同意，可以招用不满16周岁的专业文艺工作者、运动员。其招用办法，由国务院劳动保障行政部门会同国务院文化、体育行政部门制定。用人单位应当保障被招用的不满16周岁的未成年人的身心健康，保障其接受义务教育的权利。

《中华人民共和国劳动法》第六十四条规定，不得安排未成年工从事矿山井下、有毒有害、国家规定的第四级体力劳动强度的劳动和其他禁忌从事的劳动。

第六十五条规定，用人单位应当对未成年工定期进行健康检查。

M 命题规律分析

从往年的命题情况来看，相关题目对本考点的考查，主要采取单选题的命题形式。本知识点出现的频率较高，题目的命制较为灵活和生活化，如判断劳动者或企业单位的做法是否正确等。我们根据命题的特点，总结的命题规律如下：

（1）考查女职工产假期间的生育津贴：对已经参加生育保险的，按照用人单位上年度职工月平均工资的标准由生育保险基金支付；对未参加生育保险的，按照女职工产假前工资的标准由用人单位支付。

（2）考查产假的规定：女职工生育享受 98 天产假，其中产前可以休假 15 天；难产的，增加产假 15 天；生育多胞胎的，每多生育 1 个婴儿，增加产假 15 天。女职工怀孕未满 4 个月流产的，享受 15 天产假；怀孕满 4 个月流产的，享受 42 天产假。

Z 真题再现

1　2019-单选-47 根据《女职工劳动保护特别规定》，关于女职工产假的说法，正确的是（　　）。

A.女职工生育双胞胎的，增加10天产假

B.女职工怀孕3个月流产的，享受15天产假

C.女职工怀孕6个月流产的，享受30天产假

D.女职工生育享受98天产假，难产的，再增加5天产假

【答案】B。**解析：**本题考查的是女职工产假。女职工生育享受98天产假，其中产前可以休假15天；难产的，增加产假15天；生育多胞胎的，每多生育1个婴儿，增加产假15天。女职工怀孕未满4个月流产的，享受15天产假；怀孕满4个月流产的，享受42天产假。故本题选B。

2　2016-单选-51 2015 年 5 月，刚满 16 周岁的小明被某煤矿招聘为办公室打字员，双方签订为期 3 年的劳动合同，2016 年 5 月，煤矿因效益不好精减非生产部门工作人员，

安排小明下井从事采掘工作，小明予以拒绝，随后煤矿又安排小明到重粉尘车间，也被小明拒绝。根据《中华人民共和国劳动法》，下列说法正确的是（　　）。

A.第一次拒绝于法无据，第二次拒绝于法有据

B.第一次拒绝于法有据，第二次拒绝于法无据

C.小明两次拒绝均于法有据，煤矿应为其安排其他适当工作

D.调动小明工作属于煤矿用工自主权范围，小明应服从安排

【答案】C。**解析：**本题考查职工的特殊劳动保护。《中华人民共和国劳动法》规定，已满 16 周岁不满 18 周岁的未成年人只能从事与其身体的成长发育程度相适应的劳动，且用人单位应对其进行特殊劳动保护。本题中小明的做法符合法律规定。故本题选 C。

考点精讲 8 劳动保障监察的规定

K 考点梳理

一、劳动保障监察基本规定

《劳动保障监察条例》第一条至第四条、第八条对劳动保障监察基本内容规定如下：

1. 原则

（1）首要原则：贯彻实施劳动和社会保障（以下称“劳动保障”）法律、法规和规章，规范劳动保障监察工作，维护劳动者的合法权益。

（2）劳动保障监察遵循公正、公开、高效、便民的原则。实施劳动保障监察，坚持教育与处罚相结合，接受社会监督。

2. 范围

对企业和个体工商户（以下称“用人单位”）进行劳动保障监察。

对职业介绍机构、职业技能培训机构和职业技能考核鉴定机构进行劳动保障监察，依照本条例执行。

3. 劳动保障监察机构

国务院劳动保障行政部门主管全国的劳动保障监察工作。县级以上地方各级人民政府劳动保障行政部门主管本行政区域内的劳动保障监察工作。县级以上各级人民政府有关部门根据各自职责，支持、协助劳动保障行政部门的劳动保障监察工作。

县级、设区的市级人民政府劳动保障行政部门可以委托符合监察执法条件的组织实施劳动保障监察。劳动保障行政部门和受委托实施劳动保障监察的组织中的劳动保障监察员

应当经过相应的考核或者考试录用。劳动保障监察证件由国务院劳动保障行政部门监制。

二、劳动保障监察职责

《劳动保障监察条例》第十条和第十一条对劳动保障监察职责规定如下：

1.监察职责

劳动保障行政部门实施劳动保障监察，履行下列职责：

（1）宣传劳动保障法律、法规和规章，督促用人单位贯彻执行；

（2）检查用人单位遵守劳动保障法律、法规和规章的情况；

（3）受理对违反劳动保障法律、法规或者规章的行为的举报、投诉；

（4）依法纠正和查处违反劳动保障法律、法规或者规章的行为。

2.监察事项

劳动保障行政部门对下列事项实施劳动保障监察：

（1）用人单位制定内部劳动保障规章制度的情况；

（2）用人单位与劳动者订立劳动合同的情况；

（3）用人单位遵守禁止使用童工规定的情况；

（4）用人单位遵守女职工和未成年工特殊劳动保护规定的情况；

（5）用人单位遵守工作时间和休息休假规定的情况；

（6）用人单位支付劳动者工资和执行最低工资标准的情况；

（7）用人单位参加各项社会保险和缴纳社会保险费的情况；

（8）职业介绍机构、职业技能培训机构和职业技能考核鉴定机构遵守国家有关职业介绍、职业技能培训和职业技能考核鉴定的规定的情况；

（9）法律、法规规定的其他劳动保障监察事项。

三、劳动保障监察的实施

《劳动保障监察条例》第十二条规定，劳动保障监察员依法履行劳动保障监察职责，受法律保护。劳动保障监察员应当忠于职守，秉公执法，勤政廉洁，保守秘密。任何组织或者个人对劳动保障监察员的违法违纪行为，有权向劳动保障行政部门或者有关机关检举、控告。

第十三条规定，对用人单位的劳动保障监察，由用人单位用工所在地的县级或者设区的市级劳动保障行政部门管辖。上级劳动保障行政部门根据工作需要，可以调查处理下级劳动保障行政部门管辖的案件。劳动保障行政部门对劳动保障监察管辖发生争议的，报请共同的上一级劳动保障行政部门指定管辖。省、自治区、直辖市人民政府可以对劳动保障监察的管辖制定具体办法。

第十四条规定，劳动保障监察以日常巡视检查、审查用人单位按照要求报送的书面材料以及接受举报投诉等形式进行。劳动保障行政部门认为用人单位有违反劳动保障法律、法规或者规章的行为，需要进行调查处理的，应当及时立案。劳动保障行政部门或者受委托实施劳动保障监察的组织应当设立举报、投诉信箱和电话。对因违反劳动保障法律、法规或者规章的行为引起的群体性事件，劳动保障行政部门应当根据应急预案，迅速会同有关部门处理。

第十五条规定，劳动保障行政部门实施劳动保障监察，有权采取下列调查、检查措施：

（1）进入用人单位的劳动场所进行检查；

（2）就调查、检查事项询问有关人员；

（3）要求用人单位提供与调查、检查事项相关的文件资料，并作出解释和说明，必要时可以发出调查询问书；

（4）采取记录、录音、录像、照相或者复制等方式收集有关情况和资料；

（5）委托会计师事务所对用人单位工资支付、缴纳社会保险费的情况进行审计；

（6）法律、法规规定可以由劳动保障行政部门采取的其他调查、检查措施。

劳动保障行政部门对事实清楚、证据确凿、可以当场处理的违反劳动保障法律、法规或者规章的行为有权当场予以纠正。

第十六条规定，劳动保障监察员进行调查、检查，不得少于2人，并应当佩戴劳动保障监察标志、出示劳动保障监察证件。劳动保障监察员办理的劳动保障监察事项与本人或者其近亲属有直接利害关系的，应当回避。

第十七条规定，劳动保障行政部门对违反劳动保障法律、法规或者规章的行为的调查，应当自立案之日起60个工作日内完成；对情况复杂的，经劳动保障行政部门负责人批准，可以延长30个工作日。

第十八条规定，劳动保障行政部门对违反劳动保障法律、法规或者规章的行为，根据调查、检查的结果，作出以下处理：

（1）对依法应当受到行政处罚的，依法作出行政处罚决定；

（2）对应当改正未改正的，依法责令改正或者作出相应的行政处理决定；

（3）对情节轻微且已改正的，撤销立案。

发现违法案件不属于劳动保障监察事项的，应当及时移送有关部门处理；涉嫌犯罪的，应当依法移送司法机关。

第十九条规定，劳动保障行政部门对违反劳动保障法律、法规或者规章的行为作出行政处罚或者行政处理决定前，应当听取用人单位的陈述、申辩；作出行政处罚或者行政处理决定，应当告知用人单位依法享有申请行政复议或者提起行政诉讼的权利。

第二十条规定，违反劳动保障法律、法规或者规章的行为在2年内未被劳动保障行政部门发现，也未被举报、投诉的，劳动保障行政部门不再查处。

前款规定的期限，自违反劳动保障法律、法规或者规章的行为发生之日起计算；违反劳动保障法律、法规或者规章的行为有连续或者继续状态的，自行为终了之日起计算。

M 命题规律分析

从往年的命题情况来看，相关题目对本考点的考查，主要采取单选题的命题形式。

监察事项这一知识点的考查频率较高，如2017年的第50题和第51题、2018年的第51题，考生要注意重点复习。

Z 真题再现

1 2018-单选-51 根据《劳动保障监察条例》，用人单位的下列情况，属于劳动保障监察事项的是(　　)。

A.建立工会组织的情况

B.缴纳职工住房公积金的情况

C.缴纳残疾人就业保障金的情况

D.与劳动者订立劳动合同的情况

【答案】D。**解析：**本题考查的是劳动保障监察事项。劳动保障行政部门对下列事项实施劳动保障监察：(1)用人单位制定内部劳动保障规章制度的情况；(2)用人单位与劳动者订立劳动合同的情况；(3)用人单位遵守禁止使用童工规定的情况；(4)用人单位遵守女职工和未成年工特殊劳动保护规定的情况；(5)用人单位遵守工作时间和休息休假规定的情况；(6)用人单位支付劳动者工资和执行最低工资标准的情况；(7)用人单位参加各项社会保险和缴纳社会保险费的情况；(8)职业介绍机构、职业技能培训机构和职业技能考核鉴定机构遵守国家有关职业介绍、职业技能培训和职业技能考核鉴定的规定的情况；(9)法律、法规规定的其他劳动保障监察事项。故本题选D。

2 2016-单选-52 劳动保障行政部门有权调查违反劳动保障法律、法规或者规章的行为，根据《劳动保障监察条例》，调查应当自立案之日起(　　)个工作日完成；对情况复杂的，经批准可适当延长。

A.60　　　　B.70

C.80　　　　D.90

【答案】A。**解析：**本题考查劳动保障监察条例的规定。《劳动保障监察条例》规定，劳动保障行政部门对违反劳动保障法律、法规或者规章的行为的调查，应当自立案之日起60个工作日内完成；对情况复杂的，经劳动保障行政部门负责人批准，可以延长30个工作日。故本题选A。

考点精讲 9 劳动争议处理的规定

K 考点梳理

一、基本规定

《中华人民共和国劳动争议调解仲裁法》（后文简称《劳动争议调解仲裁法》）第二条至第五条对劳动争议的规定如下：

1.原则

劳动争议是劳动者与所在单位之间因劳动关系中的权利义务而发生的争议。解决劳动争议，应当根据事实，遵循合法、公正、及时、着重调解的原则，依法保护当事人的合法权益。

2.范围

中华人民共和国境内的用人单位与劳动者发生的下列劳动争议，适用本法：

（1）因确认劳动关系发生的争议；

（2）因订立、履行、变更、解除和终止劳动合同发生的争议；

（3）因除名、辞退和辞职、离职发生的争议；

（4）因工作时间、休息休假、社会保险、福利、培训及劳动保护发生的争议；

（5）因劳动报酬、工伤医疗费、经济补偿或者赔偿金等发生的争议；

（6）法律、法规规定的其他劳动争议。

3.机构

（1）发生劳动争议，劳动者可以与用人单位协商，也可以请工会或者第三方共同与用人单位协商，达成和解协议。

（2）发生劳动争议，当事人不愿协商、协商不成或者达成和解协议后不履行的，可以向调解组织申请调解；不愿调解、调解不成或者达成调解协议后不履行的，可以向劳动争议仲裁委员会申请仲裁；对仲裁裁决不服的，除本法另有规定的外，可以向人民法院提起诉讼。其中，调解组织一般包括企业劳动争议调解委员会，基层人民调解委员会，在乡镇、街道设立的具有劳动争议调解职能的组织。

二、调解

《劳动争议调解仲裁法》第十二条至第十六条对劳动争议调解的规定如下：

1.原则

（1）自愿原则：双方当事人自行决定是否申请调解、调解协议的达成、调解协议的执行等事项。

（2）民主说服原则：劳动争议调解组织没有仲裁权和行政命令权，进行调解时应采用民主说服的方式。

2. 程序

（1）当事人申请劳动争议调解可以书面申请，也可以口头申请。口头申请的，调解组织应当当场记录申请人基本情况、申请调解的争议事项、理由和时间。

（2）调解劳动争议，应当充分听取双方当事人对事实和理由的陈述，耐心疏导，帮助其达成协议。

（3）经调解达成协议的，应当制作调解协议书。调解协议书由双方当事人签名或者盖章，经调解员签名并加盖调解组织印章后生效，对双方当事人具有约束力，当事人应当履行。

3. 期限

（1）自劳动争议调解组织收到调解申请之日起十五日内未达成调解协议的，当事人可以依法申请仲裁。

（2）达成调解协议后，一方当事人在协议约定期限内不履行调解协议的，另一方当事人可以依法申请仲裁。

4. 效力

因支付拖欠劳动报酬、工伤医疗费、经济补偿或者赔偿金事项达成调解协议，用人单位在协议约定期限内不履行的，劳动者可以持调解协议书依法向人民法院申请支付令。人民法院应当依法发出支付令。

三、仲裁

（一）原则方面的规定

《劳动争议调解仲裁法》第六条、第四十二条和第四十三条对劳动争议仲裁的原则规定如下：

1. 仲裁庭

为裁决劳动争议案件，劳动争议仲裁委员会实行仲裁庭制。仲裁庭是由仲裁委员会经一定程序选出的仲裁员组成的非常设性处理劳动争议的机构，其代表仲裁委员会对具体劳动争议案件行使仲裁权，仲裁庭大致可分为一般仲裁庭和简易仲裁庭。一般仲裁庭由三名仲裁员组成，设首席仲裁员。劳动争议仲裁委员会或劳动争议仲裁委员会授权其办事机构负责人指定一名首席仲裁员，而由劳动争议当事人双方各选一名仲裁员。对于事实清楚、情节认定容易、适用法律明确的简单的劳动争议案件，劳动争议仲裁委员会可以指定一名仲裁员独任处理。对于职工一方在三十人以上的集体劳动争议，仲裁委员会可以组成由三名以上仲裁员单数组成的特别仲裁庭。

2.着重调解

仲裁庭在作出裁决前，应当先行调解。调解达成协议的，仲裁庭应当制作调解书。调解书经双方当事人签收后，发生法律效力。

3.及时迅速

（1）调解不成或者调解书送达前，一方当事人反悔的，仲裁庭应当及时作出裁决。

（2）仲裁庭裁决劳动争议案件，应当自劳动争议仲裁委员会受理仲裁申请之日起45日内结束。案情复杂需要延期的，经劳动争议仲裁委员会主任批准，可以延期并书面通知当事人，但是延长期限不得超过十五日。逾期未作出仲裁裁决的，当事人可以就该劳动争议事项向人民法院提起诉讼。

（3）仲裁庭裁决劳动争议案件时，其中一部分事实已经清楚，可以就该部分先行裁决。

4.区分举证责任

发生劳动争议，当事人对自己提出的主张，有责任提供证据。与争议事项有关的证据属于用人单位掌握管理的，用人单位应当提供；用人单位不提供的，应当承担不利后果。

《劳动争议调解仲裁法》第二十条规定，劳动争议仲裁委员会应当设仲裁员名册。仲裁员应当公道正派并符合下列条件之一：（1）曾任审判员的；（2）从事法律研究、教学工作并具有中级以上职称的；（3）具有法律知识、从事人力资源管理或者工会等专业工作满五年的；（4）律师执业满三年的。其主要职责包括以下方面：参加仲裁庭、仲裁庭合议；有权进行调查取证和调解工作；审查申诉人的撤诉请求；对案件提出相关裁决意见；不得泄露案件涉及的秘密和个人隐私等。

第二十一条规定，劳动争议仲裁委员会负责管辖本区域内发生的劳动争议。劳动争议由劳动合同履行地或者用人单位所在地的劳动争议仲裁委员会管辖。双方当事人分别向劳动合同履行地和用人单位所在地的劳动争议仲裁委员会申请仲裁的，由劳动合同履行地的劳动争议仲裁委员会管辖。

（二）当事人规定

《劳动争议调解仲裁法》第二十二条至第二十六条对劳动争议案件当事人规定如下：

1.当事人

发生劳动争议的劳动者和用人单位为劳动争议仲裁案件的双方当事人。劳务派遣单位或者用工单位与劳动者发生劳动争议的，劳务派遣单位和用工单位为共同当事人。

2.第三方

与劳动争议案件的处理结果有利害关系的第三人，可以申请参加仲裁活动或者由劳动争议仲裁委员会通知其参加仲裁活动。

3.委托代理人

当事人可以委托代理人参加仲裁活动。委托他人参加仲裁活动，应当向劳动争议仲裁委员会提交有委托人签名或者盖章的委托书，委托书应当载明委托事项和权限。

4. 法定代理人

丧失或者部分丧失民事行为能力的劳动者，由其法定代理人代为参加仲裁活动；无法定代理人的，由劳动争议仲裁委员会为其指定代理人。劳动者死亡的，由其近亲属或者代理人参加仲裁活动。

劳动争议仲裁公开进行，但当事人协议不公开进行或者涉及国家秘密、商业秘密和个人隐私的除外。

（三）受理程序规定

《劳动争议调解仲裁法》关于劳动争议案件的受理程序的规定如下：

1. 申请

（1）申请人申请仲裁应当提交书面仲裁申请，并按照被申请人人数提交副本。劳动争议申请仲裁的时效期间为一年。仲裁时效期间从当事人知道或者应当知道其权利被侵害之日起计算。

（2）前款规定的仲裁时效，因当事人一方向对方当事人主张权利，或者向有关部门请求权利救济，或者对方当事人同意履行义务而中断。从中断时起，仲裁时效期间重新计算。因不可抗力或者有其他正当理由，当事人不能在本条第一款规定的仲裁时效期间申请仲裁的，仲裁时效中止。从中止时效的原因消除之日起，仲裁时效期间继续计算。

（3）劳动关系存续期间因拖欠劳动报酬发生争议的，劳动者申请仲裁不受本条第一款规定的仲裁时效期间的限制。但是，劳动关系终止的，应当自劳动关系终止之日起一年内提出。

2. 受理

第二十九条规定，劳动争议仲裁委员会收到仲裁申请之日起五日内，认为符合受理条件的，应当受理，并通知申请人；认为不符合受理条件的，应当书面通知申请人不予受理，并说明理由。对劳动争议仲裁委员会不予受理或者逾期未作出决定的，申请人可以就该劳动争议事项向人民法院提起诉讼。

3. 程序

第三十条规定，劳动争议仲裁委员会受理仲裁申请后，应当在五日内将仲裁申请书副本送达被申请人。被申请人收到仲裁申请书副本后，应当在十日内向劳动争议仲裁委员会提交答辩书。劳动争议仲裁委员会收到答辩书后，应当在五日内将答辩书副本送达申请人。被申请人未提交答辩书的，不影响仲裁程序的进行。

四、开庭和裁决

《劳动争议调解仲裁法》第三十二条至第四十六条对劳动争议案的开庭和裁决规定如下：

1.开庭之前

（1）劳动争议仲裁委员会应当在受理仲裁申请之日起五日内将仲裁庭的组成情况书面通知当事人。仲裁庭应当在开庭五日前，将开庭日期、地点书面通知双方当事人。当事人有正当理由的，可以在开庭三日前请求延期开庭。是否延期，由劳动争议仲裁委员会决定。

（2）申请人收到书面通知，无正当理由拒不到庭或者未经仲裁庭同意中途退庭的，可以视为撤回仲裁申请。被申请人收到书面通知，无正当理由拒不到庭或者未经仲裁庭同意中途退庭的，可以缺席裁决。

2.相关鉴定

仲裁庭对专门性问题认为需要鉴定的，可以交由当事人约定的鉴定机构鉴定；当事人没有约定或者无法达成约定的，由仲裁庭指定的鉴定机构鉴定。根据当事人的请求或者仲裁庭的要求，鉴定机构应当派鉴定人参加开庭。当事人经仲裁庭许可，可以向鉴定人提问。

3.质证和辩论

（1）当事人在仲裁过程中有权进行质证和辩论。质证和辩论终结时，首席仲裁员或者独任仲裁员应当征询当事人的最后意见。

（2）当事人提供的证据经查证属实的，仲裁庭应当将其作为认定事实的根据。劳动者无法提供由用人单位掌握管理的与仲裁请求有关的证据，仲裁庭可以要求用人单位在指定期限内提供。用人单位在指定期限内不提供的，应当承担不利后果。

4.记入笔录

（1）仲裁庭应当将开庭情况记入笔录。当事人和其他仲裁参加人认为对自己陈述的记录有遗漏或者差错的，有权申请补正。如果不予补正，应当记录该申请。

（2）笔录由仲裁员、记录人员、当事人和其他仲裁参加人签名或者盖章。当事人申请劳动争议仲裁后，可以自行和解。达成和解协议的，可以撤回仲裁申请。

5.裁决先予执行

（1）仲裁庭对追索劳动报酬、工伤医疗费、经济补偿或者赔偿金的案件，根据当事人的申请，可以裁决先予执行，移送人民法院执行。

（2）仲裁庭裁决先予执行的，应当符合下列条件：①当事人之间权利义务关系明确；②不先予执行将严重影响申请人的生活。

6.仲裁裁决

（1）裁决应当按照多数仲裁员的意见作出，少数仲裁员的不同意见应当记入笔录。仲裁庭不能形成多数意见时，裁决应当按照首席仲裁员的意见作出。

（2）裁决书应当载明仲裁请求、争议事实、裁决理由、裁决结果和裁决日期。裁决书由仲裁员签名，加盖劳动争议仲裁委员会印章。对裁决持不同意见的仲裁员，可以签名，也可以不签名。

五、劳动争议仲裁书的法律效力

《劳动争议调解仲裁法》对劳动争议仲裁书的法律效力规定如下：

1. 终局裁决

第四十七条规定，下列劳动争议，除本法另有规定的外，仲裁裁决为终局裁决，裁决书自作出之日起发生法律效力：

（1）追索劳动报酬、工伤医疗费、经济补偿或者赔偿金，不超过当地月最低工资标准十二个月金额的争议；

（2）因执行国家的劳动标准在工作时间、休息休假、社会保险等方面发生的争议。

第四十八条规定，劳动者对本法第四十七条规定的仲裁裁决不服的，可以自收到仲裁裁决书之日起十五日内向人民法院提起诉讼。

2. 裁定撤销

第四十九条规定，用人单位有证据证明本法第四十七条规定的仲裁裁决有下列情形之一，可以自收到仲裁裁决书之日起三十日内向劳动争议仲裁委员会所在地的中级人民法院申请撤销裁决：（1）适用法律、法规确有错误的；（2）劳动争议仲裁委员会无管辖权的；（3）违反法定程序的；（4）裁决所根据的证据是伪造的；（5）对方当事人隐瞒了足以影响公正裁决的证据的；（6）仲裁员在仲裁该案时有索贿受贿、徇私舞弊、枉法裁决行为的。人民法院经组成合议庭审查核实裁决有前款规定情形之一的，应当裁定撤销。仲裁裁决被人民法院裁定撤销的，当事人可以自收到裁定书之日起十五日内就该劳动争议事项向人民法院提起诉讼。

3. 其他仲裁裁决

第五十条规定，当事人对本法第四十七条规定以外的其他劳动争议案件的仲裁裁决不服的，可以自收到仲裁裁决书之日起十五日内向人民法院提起诉讼；期满不起诉的，裁决书发生法律效力。

4. 裁决的履行

第五十一条规定，当事人对发生法律效力的调解书、裁决书，应当依照规定的期限履行。一方当事人逾期不履行的，另一方当事人可以依照民事诉讼法的有关规定向人民法院申请执行。受理申请的人民法院应当依法执行。

M 命题规律分析

从往年的命题情况来看，本考点的内容较多，但出题频率不高，在2018年考查了成为劳动争议仲裁员的条件，考生要重点关注。

本章节中出现的时间期限问题是重要内容，如违反劳动保障法律、法规或者规章的行为在两年内未被劳动保障行政部门发现，也未被举报、投诉的，劳动保障行政部门不再查处；劳动争议申请仲裁的时效期间为一年等。这些知识在记忆时容易混淆，这就需要考生务必分清时间期限所属的知识框架并深入理解其本质含义，以免在考试中因此失分。

Z 真题再现

2018-多选-73 根据《中华人民共和国劳动争议调解仲裁法》，可以担任劳动争议仲裁员的人员有（　　）。

A. 老陈，退休审判员

B. 老张，居委会主任

C. 老王，大学法学专业教授

D. 小武，已执业5年的律师

E. 小丁，法学本科毕业后在某县总工会从事专业工作满5年

【答案】ACDE。**解析：**本题考查成为劳动争议仲裁员的条件。仲裁员品质应当公道正派并符合下列条件之一：（1）曾任审判员的；（2）从事法律研究、教学工作并具有中级以上职称的；（3）具有法律知识、从事人力资源管理或者工会等专业工作满五年的；（4）律师执业满三年的。故本题选ACDE。

考点精讲 10 集体协商的原则和内容

K 考点梳理

一、集体协商的原则

《集体合同规定》第三条规定，本规定所称集体合同，是指用人单位与本单位职工根据法律、法规、规章的规定，就劳动报酬、工作时间、休息休假、劳动安全卫生、职业培训、保险福利等事项，通过集体协商签订的书面协议；所称专项集体合同，是指用人单位与本单位职工根据法律、法规、规章的规定，就集体协商的某项内容签订的专项书面协议。

第四条规定，用人单位与本单位职工签订集体合同或专项集体合同，以及确定相关事宜，应当采取集体协商的方式。集体协商主要采取协商会议的形式。

第五条规定，进行集体协商，签订集体合同或专项集体合同，应当遵循下列原则：

（1）遵守法律、法规、规章及国家有关规定；

（2）相互尊重，平等协商；

（3）诚实守信，公平合作；

（4）兼顾双方合法权益；

（5）不得采取过激行为。

第六条规定，符合本规定的集体合同或专项集体合同，对用人单位和本单位的全体职工具有法律约束力。用人单位与职工个人签订的劳动合同约定的劳动条件和劳动报酬等标准，不得低于集体合同或专项集体合同的规定。

二、集体协商的内容

《集体合同规定》第八条至第十八条对集体协商的内容的规定如下：

1. 劳动报酬

这主要包括：用人单位工资水平、工资分配制度、工资标准和工资分配形式；工资支付办法；加班、加点工资及津贴、补贴标准和奖金分配办法；工资调整办法；试用期及病、事假等期间的工资待遇；特殊情况下职工工资（生活费）支付办法；其他劳动报酬分配办法。

2. 工作时间

这主要包括：工时制度、加班加点办法、特殊工种的工作时间、劳动定额标准。

3. 休息休假

这主要包括：日休息时间、周休息日安排、年休假办法、不能实行标准工时职工的休息休假、其他假期。

4. 劳动安全与卫生

这主要包括：劳动安全卫生责任制、劳动条件和安全技术措施、安全操作规程、劳保用品发放标准、定期健康检查和职业健康体检。

5. 补充保险和福利

这主要包括：补充保险的种类、范围，基本福利制度和福利设施，医疗期延长及其待遇，职工亲属福利制度。

6. 女职工和未成年工特殊保护

这主要包括：女职工和未成年工禁忌从事的劳动，女职工的经期、孕期、产期和哺乳期的劳动保护，女职工、未成年工定期健康检查，未成年工的使用和登记制度。

7. 职业技能培训

这主要包括：职业技能培训项目规划及年度计划，职业技能培训费用的提取和使用，保障和改善职业技能培训的措施。

8. 劳动合同管理

这主要包括：劳动合同签订时间，确定劳动合同期限的条件，劳动合同变更、解除、续订的一般原则及无固定期限劳动合同的终止条件，试用期的条件和期限。

9. 奖惩

这主要包括：劳动纪律、考核奖惩制度、奖惩程序。

10. 裁员

这主要包括：裁员的方案、裁员的程序、裁员的实施办法和补偿标准。

11. 其他

集体合同期限，变更、解除集体合同的程序，履行集体合同发生争议时的协商处理办法，违反集体合同的责任，双方认为应当协商的其他内容。

M 命题规律分析

从往年的命题情况来看，本考点的考查频率不高，在2019年的第76题考查过，考生要注意对集体协商的内容加深记忆。

Z 真题再现

2019–多选–76 根据《集体合同规定》，下列合同内容中，集体协商双方可以进行协商的有（　　）。

A. 工作时间

B. 职业技能培训

C. 社会保险

D. 女职工特殊保护

E. 休息休假

【答案】ABDE。**解析：**本题考查集体协商的规定。集体协商双方可以就下列多项或某项内容进行集体协商，签订集体合同或专项集体合同：劳动报酬；工作时间；休息休假；劳动安全与卫生；补充保险和福利；女职工和未成年工特殊保护；职业技能培训；劳动合同管理；奖惩；裁员；集体合同期限；变更、解除集体合同的程序；履行集体合同发生争议时的协商处理办法；违反集体合同的责任；双方认为应当协商的其他内容。社会保险，以单位方式参保，以实际工资作为交纳基数，不可以协商，故排除C项。故本题选ABDE。

考点精讲 11 集体协商的代表和程序

K 考点梳理

一、集体协商的代表

《集体合同规定》第十九条至第二十三条对集体协商代表的规定如下：

1. 集体协商代表人数

集体协商代表（以下统称“协商代表”），是指按照法定程序产生并有权代表本方利益进行集体协商的人员。集体协商双方的代表人数应当对等，每方至少三人，并各确定一名首席代表。

2. 职工协商代表

职工一方的协商代表由本单位工会选派。未建立工会的，由本单位职工民主推荐，并经本单位半数以上职工同意。职工一方的首席代表由本单位工会主席担任。工会主席可以书面委托其他协商代表代理首席代表。工会主席空缺的，首席代表由工会主要负责人担任。未建立工会的，职工一方的首席代表从协商代表中民主推举产生。

3. 用人单位协商代表

（1）用人单位一方的协商代表，由用人单位法定代表人指派，首席代表由单位法定代表人担任或由其书面委托的其他管理人员担任。

（2）协商代表履行职责的期限由被代表方确定。

4. 委托人

集体协商双方首席代表可以书面委托本单位以外的专业人员作为本方协商代表。委托人数不得超过本方代表的三分之一。首席代表不得由非本单位人员代理。

二、集体协商的程序

《集体合同规定》第三十二条至第三十五条对集体协商程序的规定如下：

1. 提出协商要求

集体协商任何一方均可就签订集体合同或专项集体合同以及相关事宜，以书面形式向对方提出进行集体协商的要求。一方提出进行集体协商要求的，另一方应当在收到集体协商要求之日起20日内以书面形式给予回应，无正当理由不得拒绝进行集体协商。

2. 准备工作

协商代表在协商前应进行下列准备工作：

（1）熟悉与集体协商内容有关的法律、法规、规章和制度；

（2）了解与集体协商内容有关的情况和资料，收集用人单位和职工对协商意向所持的意见；

（3）拟定集体协商议题，集体协商议题可由提出协商一方起草，也可由双方指派代表共同起草；

（4）确定集体协商的时间、地点等事项；

（5）共同确定一名非协商代表担任集体协商记录员。记录员应保持中立、公正，并为集体协商双方保密。

3. 会议程序

集体协商会议由双方首席代表轮流主持，并按下列程序进行：

（1）宣布议程和会议纪律；

（2）一方首席代表提出协商的具体内容和要求，另一方首席代表就对方的要求作出回应；

（3）协商双方就商谈事项发表各自意见，开展充分讨论；

（4）双方首席代表归纳意见。达成一致的，应当形成集体合同草案或专项集体合同草案，由双方首席代表签字。

4.协商中止

集体协商未达成一致意见或出现事先未预料的问题时，经双方协商，可以中止协商。中止期限及下次协商时间、地点、内容由双方商定。

M 命题规律分析

从往年的命题情况来看，相关题目对本考点的考查形式以单选题为主，本知识点出现的频率不高，考查的重点是集体协商的程序，考生要注意加强复习。

Z 真题再现

2018-单选-52 根据《集体合同规定》，劳动者或用人单位一方提出进行集体协商要求的，另一方应当在收到集体协商要求之日起（　　）日内以书面形式予以回应。

A.20　　B.30

C.45　　D.60

【答案】A。**解析：**本题考查《集体合同规定》中的集体协商。集体协商任何一方均可就签订集体合同或专项集体合同及相关事宜，以书面形式向对方提出进行集体协商的要求。一方提出进行集体协商要求，另一方应当在收到集体协商要求之日起20日内以书面形式给予回应，无正当理由不得拒绝进行集体协商。故本题选A。

考点精讲 12 集体合同的规定

K 考点梳理

一、集体合同的合同状态

《集体合同规定》第三十六条至第四十一条对集体合同的规定如下：

1. 集体合同订立

经双方协商代表协商一致的集体合同草案或专项集体合同草案应当提交职工代表大会或者全体职工讨论。职工代表大会或者全体职工讨论集体合同草案或专项集体合同草案，应当有三分之二以上职工代表或者职工出席，且须经全体职工代表半数以上或者全体职工半数以上同意，集体合同草案或专项集体合同草案方获通过。

集体合同草案或专项集体合同草案经职工代表大会或者职工大会通过后，由集体协商双方首席代表签字。

2. 集体合同期限

集体合同或专项集体合同期限一般为1至3年，期满或双方约定的终止条件出现，即行终止。集体合同或专项集体合同期满前3个月内，任何一方均可向对方提出重新签订或续订的要求。

3. 变更或解除情形

双方协商代表协商一致，可以变更或解除集体合同或专项集体合同。有下列情形之一的，可以变更或解除集体合同或专项集体合同：

（1）用人单位因被兼并、解散、破产等原因，致使集体合同或专项集体合同无法履行的；

（2）因不可抗力等原因致使集体合同或专项集体合同无法履行或部分无法履行的；

（3）集体合同或专项集体合同约定的变更或解除条件出现的；

（4）法律、法规、规章规定的其他情形。

4. 变更或解除程序

变更或解除集体合同或专项集体合同适用本规定的集体协商程序。

二、集体合同审查

《集体合同规定》第四十二条至第四十八条对集体合同审查的规定如下：

1. 登记手续

集体合同或专项集体合同签订或变更后，应当自双方首席代表签字之日起10日内，由用人单位一方将文本一式三份报送劳动保障行政部门审查。劳动保障行政部门对报送的集体合同或专项集体合同应当办理登记手续。

2. 属地管辖

（1）集体合同或专项集体合同审查实行属地管辖，具体管辖范围由省级劳动保障行政部门规定。

（2）中央管辖的企业以及跨省、自治区、直辖市的用人单位的集体合同应当报送劳动保障部或劳动保障部指定的省级劳动保障行政部门。

3. 合法性审查事项

劳动保障行政部门应当对报送的集体合同或专项集体合同的下列事项进行合法性审查：

（1）集体协商双方的主体资格是否符合法律、法规和规章规定；

（2）集体协商程序是否违反法律、法规、规章规定；

（3）集体合同或专项集体合同内容是否与国家规定相抵触。

4.合同生效

（1）劳动保障行政部门对集体合同或专项集体合同有异议的，应当自收到文本之日起15日内将《审查意见书》送达双方协商代表。《审查意见书》应当载明以下内容：①集体合同或专项集体合同当事人双方的名称、地址；②劳动保障行政部门收到集体合同或专项集体合同的时间；③审查意见；④作出审查意见的时间。《审查意见书》应当加盖劳动保障行政部门印章。

（2）劳动保障行政部门自收到文本之日起15日内未提出异议的，集体合同或专项集体合同即行生效。生效的集体合同或专项集体合同，应当自其生效之日起由协商代表及时以适当的形式向本方全体人员公布。

M 命题规律分析

从往年的命题情况来看，相关题目对本考点的考查，主要采取单选题的命题形式，多考查政策的原词原句。

集体合同签订后，由用人单位一方报送劳动保障行政部门审查。用人单位因被兼并、解散、破产等原因，致使集体合同无法履行，可以变更或解除集体合同。集体协商过程中发生争议，双方当事人不能协商解决的，当事人一方或双方可以书面向劳动保障行政部门提出协调处理申请。因履行集体合同发生的争议，当事人协商解决不成的，可以依法向劳动争议仲裁委员会申请仲裁。

Z 真题再现

1 2018-单选-53 某企业与职工签订了一份集体合同。根据《集体合同规定》。下列关于该集体合同的说法，正确的是（　　）。

A.该集体合同应由企业报送县级以上工会审查后，方能生效

B.如该企业被兼并致使集体合同无法履行，可以变更或解除该合同

C.集体协商过程中发生争议，双方可以向县级以上工会提出协调处理申请

D.因履行该集体合同发生的争议，双方协商解决不成，可以直接向人民法院提起诉讼

【答案】B。**解析：**本题考查集体合同的相关规定。集体合同签订后，由用人单位一方报送劳动保障行政部门审查，故A项错误。用人单位因被兼并、解散、破产等原因，致使集体合同无法履行，可以变更或解除集体合同，故B项正确。集体协商过程中发生争议，双方

当事人不能协商解决的，当事人一方或双方可以书面向劳动保障行政部门提出协调处理申请，故C项错误。因履行集体合同发生的争议，当事人协商解决不成的，可以依法向劳动争议仲裁委员会申请仲裁，故D项错误。故本题选B。

考点精讲 13 构建和谐劳动关系

K 考点梳理

一、构建和谐劳动关系的体制机制

根据《中共中央 国务院关于构建和谐劳动关系的意见》，关于构建和谐劳动关系体制机制的具体规定如下：

（一）健全劳动关系协调机制

1.全面实行劳动合同制度

贯彻落实好劳动合同法等法律法规，加强对企业实行劳动合同制度的监督、指导和服务，在用工季节性强、职工流动性大的行业推广简易劳动合同示范文本，依法规范劳动合同订立、履行、变更、解除、终止等行为，切实提高劳动合同签订率和履行质量。依法加强对劳务派遣的监管，规范非全日制、劳务承揽、劳务外包用工和企业裁员行为。指导企业建立健全劳动规章制度，提升劳动用工管理水平。全面推进劳动用工信息申报备案制度建设，加强对企业劳动用工的动态管理。

2.推行集体协商和集体合同制度

以非公有制企业为重点对象，依法推进工资集体协商，不断扩大覆盖面、增强实效性，形成反映人力资源市场供求关系和企业经济效益的工资决定机制和正常增长机制。完善工资指导线制度，加快建立统一规范的企业薪酬调查和信息发布制度，为开展工资集体协商提供参考。推动企业与职工就工作条件、劳动定额、女职工特殊保护等开展集体协商，订立集体合同。加强集体协商代表能力建设，提高协商水平。加强对集体协商过程的指导，督促企业和职工认真履行集体合同。

3.健全协调劳动关系三方机制

完善协调劳动关系三方机制组织体系，建立健全由人力资源社会保障部门会同工会和企业联合会、工商业联合会等企业代表组织组成的三方机制，根据实际需要推动工业园区、乡镇（街道）和产业系统建立三方机制。加强和创新三方机制组织建设，建立健全协调劳动关系三方委员会，由同级政府领导担任委员会主任。完善三方机制职能，健全工作制度，充分发挥政府、工会和企业代表组织共同研究解决有关劳动关系重大问题的重要作用。

（二）加强企业民主管理制度建设

1. 健全企业民主管理制度

完善以职工代表大会为基本形式的企业民主管理制度，丰富职工民主参与形式，畅通职工民主参与渠道，依法保障职工的知情权、参与权、表达权、监督权。推进企业普遍建立职工代表大会，认真落实职工代表大会职权，充分发挥职工代表大会在企业发展重大决策和涉及职工切身利益等重大事项上的重要作用。针对不同所有制企业，探索符合各自特点的职工代表大会形式、权限和职能。在中小企业集中的地方，可以建立区域性、行业性职工代表大会。

2. 推进厂务公开制度化、规范化

进一步提高厂务公开建制率，加强国有企业改制重组过程中的厂务公开，积极稳妥推进非公有制企业厂务公开制度建设。完善公开程序，充实公开内容，创新公开形式，探索和推行经理接待日、劳资恳谈会、总经理信箱等多种形式的公开。

3. 推行职工董事、职工监事制度

按照公司法规定，在公司制企业建立职工董事、职工监事制度。依法规范职工董事、职工监事履职规则。在董事会、监事会研究决定公司重大问题时，职工董事、职工监事应充分发表意见，反映职工合理诉求，维护职工和公司合法权益。

（三）健全劳动关系矛盾调处机制

1. 健全劳动保障监察制度

全面推进劳动保障监察网格化、网络化管理，实现监察执法向主动预防和统筹城乡转变。创新监察执法方式，规范执法行为，进一步畅通举报投诉渠道，扩大日常巡视检查和书面审查覆盖范围，强化对突出问题的专项整治。建立健全违法行为预警防控机制，完善多部门综合治理和监察执法与刑事司法联动机制，加大对非法用工尤其是大案要案的查处力度，严厉打击使用童工、强迫劳动、拒不支付劳动报酬等违法犯罪行为。加强劳动保障诚信评价制度建设，建立健全企业诚信档案。

2. 健全劳动争议调解仲裁机制

坚持预防为主、基层为主、调解为主的工作方针，加强企业劳动争议调解委员会建设，推动各类企业普遍建立内部劳动争议协商调解机制。大力推动乡镇（街道）、村（社区）依法建立劳动争议调解组织，支持工会、商（协）会依法建立行业性、区域性劳动争议调解组织。完善劳动争议调解制度，大力加强专业性劳动争议调解工作，健全人民调解、行政调解、仲裁调解、司法调解联动工作体系，充分发挥协商、调解在处理劳动争议中的基础性作用。完善劳动人事争议仲裁办案制度，规范办案程序，加大仲裁办案督查力度，进一步提高仲裁效能和办案质量，促进案件仲裁终结。加强裁审衔接与工作协调，积极探索建立诉讼

与仲裁程序有效衔接、裁审标准统一的新规则、新制度。畅通法律援助渠道，依法及时为符合条件的职工提供法律援助，切实维护当事人合法权益。依托协调劳动关系三方机制完善协调处理集体协商争议的办法，有效调处因签订集体合同发生的争议和集体停工事件。

3. 完善劳动关系群体性事件预防和应急处置机制

加强对劳动关系形势的分析研判，建立劳动关系群体性纠纷的经常性排查和动态监测预警制度，及时发现和积极解决劳动关系领域的苗头性、倾向性问题，有效防范群体性事件。完善应急预案，明确分级响应、处置程序和处置措施。健全党委领导下的政府负责，有关部门和工会、企业代表组织共同参与的群体性事件应急联动处置机制，形成快速反应和处置工作合力，督促指导企业落实主体责任，及时妥善处置群体性事件。

二、建立劳动人事争议裁审衔接机制

根据《人力资源社会保障部最高人民法院关于加强劳动人事争议仲裁与诉讼衔接机制建设的意见》，关于完善裁审衔接机制的规定如下：

（一）统一裁审受理范围和法律适用标准

1. 逐步统一裁审受理范围

各地劳动人事争议仲裁委员会（以下简称仲裁委员会）和人民法院要按照《中华人民共和国劳动争议调解仲裁法》等法律规定，逐步统一社会保险争议、人事争议等争议的受理范围。仲裁委员会要改进完善劳动人事争议受理立案制度，依法做到有案必立，有条件的可探索实行立案登记制，切实发挥仲裁前置的功能作用。

2. 逐步统一裁审法律适用标准

各地仲裁委员会和人民法院要严格按照法律规定处理劳动人事争议。对于法律规定不明确等原因造成裁审法律适用标准不一致的突出问题，由人力资源社会保障部与最高人民法院按照《中华人民共和国立法法》有关规定，通过制定司法解释或指导意见等形式明确统一的法律适用标准。省、自治区、直辖市人力资源社会保障部门与高级人民法院要结合裁审工作实际，加强对法律适用问题的调查研究，及时提出意见建议。

（二）规范裁审程序衔接

1. 规范受理程序衔接

对未经仲裁程序直接起诉到人民法院的劳动人事争议案件，人民法院应裁定不予受理；对已受理的，应驳回起诉，并告知当事人向有管辖权的仲裁委员会申请仲裁。当事人因仲裁委员会逾期未作出仲裁裁决而向人民法院提起诉讼且人民法院立案受理的，人民法院应及时将该案的受理情况告知仲裁委员会，仲裁委员会应及时决定该案件终止审理。

2. 规范保全程序衔接

仲裁委员会对在仲裁阶段可能因用人单位转移、藏匿财产等行为致使裁决难以执行的，应告知劳动者通过仲裁机构向人民法院申请保全。劳动者申请保全的，仲裁委员会应及时向人民法院转交申请书及仲裁案件受理通知书等相关材料。人民法院裁定采取保全措施或者裁定驳回申请的，应将裁定书送达申请人，并通知仲裁委员会。

3. 规范执行程序衔接

仲裁委员会依法裁决先予执行的，应向有执行权的人民法院移送先予执行裁决书、裁决书的送达回证或其他送达证明材料；接受移送的人民法院应按照《中华人民共和国民事诉讼法》和《中华人民共和国劳动争议调解仲裁法》相关规定执行。人民法院要加强对仲裁委员会裁决书、调解书的执行工作，加大对涉及劳动报酬、工伤保险待遇争议特别是集体劳动人事争议等案件的执行力度。

（三）完善裁审衔接工作机制

1. 建立联席会议制度

各地人力资源社会保障部门和人民法院要定期或不定期召开联席会议，共同研究分析劳动人事争议处理形势，互相通报工作情况，沟通协调争议仲裁与诉讼中的受理范围、程序衔接、法律适用标准等问题，推进裁审工作有效衔接。

2. 建立信息共享制度

各地人力资源社会保障部门和人民法院要加强劳动人事争议处理工作信息和统计数据的交流，实现信息互通和数据共享。人力资源社会保障部门要加强争议案件处理情况追踪，做好裁审对比情况统计分析，不断改进争议仲裁工作，人民法院要积极支持和配合。要建立健全案卷借阅制度，做好案卷借阅管理工作。有条件的地区，可以实行电子案卷借阅或通过信息平台共享电子案卷，并做好信息安全和保密工作。

3. 建立疑难复杂案件办案指导制度

各地仲裁委员会和人民法院要加强对疑难复杂、重大劳动人事争议案件的研讨和交流，开展类案分析，联合筛选并发布典型案例，充分发挥典型案例在统一裁审法律适用标准、规范裁审自由裁量尺度、服务争议当事人等方面的指导作用。

4. 建立联合培训制度

各地人力资源社会保障部门和人民法院要通过举办师资培训、远程在线培训、庭审观摩等方式，联合开展业务培训，增强办案人员的素质和能力，促进提高裁审衔接水平。

M 命题规律分析

本考点为新增考点，不做命题规律分析。

K 考点预测

【单选】根据《中共中央 国务院关于构建和谐劳动关系的意见》，在推行集体协商和集体合同制度中，要以(　　)为重点对象，依法推进工资集体协商，不断扩大覆盖面、增强实效性，形成反映人力资源市场供求关系和企业经济效益的工资决定机制和正常增长机制。

A.事业单位　　B.公有制企业

C.非公有制企业　　D.社会工作服务机构

【答案】C。**解析**：本题考查集体协商和集体合同制度的重点对象。根据《中共中央 国务院关于构建和谐劳动关系的意见》，在推行集体协商和集体合同制度中，要以非公有制企业为重点对象，依法推进工资集体协商，不断扩大覆盖面、增强实效性，形成反映人力资源市场供求关系和企业经济效益的工资决定机制和正常增长机制。故本题选C。

第十一章　我国健康与计划生育法规与政策

备考指南

根据最新修订的考试大纲，本章主要分为五个部分：第一部分为我国健康政策的总体框架，主要包括促进健康服务业发展的总体政策框架、开展居民健康素养提升行动、实施健康中国战略；第二部分为公共卫生法规与政策，主要包括公共卫生体系建设、疾病预防体系建设、突发公共卫生事件的应对机制建设；第三部分为医疗服务体制法规与政策，主要包括城市医疗服务体系建设、农村医疗服务体制建设；第四部分为城市社区卫生服务法规与政策，主要包括社区卫生服务机构需要具备的条件、社区卫生服务机构的服务对象、社区卫生服务机构的服务内容；第五部分为人口与计划生育法规与政策，主要包括人口与计划生育法规与政策的一般规定、流动人口计划生育的管理办法。其中，第一部分我国健康政策的总体框架是新增考点，在此不做考查比重统计。

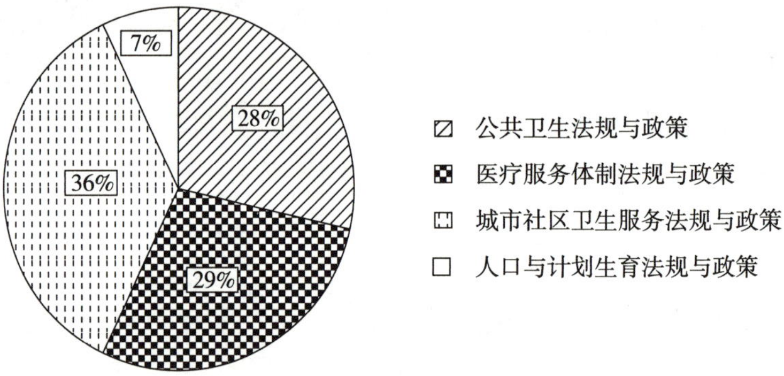

图2-11-1　本章考点考查比重

考点精讲 1　我国健康政策的总体框架

K 考点梳理

我国健康政策的总体框架分为四个部分，一是促进健康服务业发展的总体政策框架，二是开展居民健康素养提升运动，三是实施健康中国战略，四是2020年的卫生与健康事业发展目标。

一、促进健康服务业发展的总体政策框架

《国务院关于促进健康服务业发展的若干意见》对健康服务业发展的具体论述如下：

（一）健康服务业的范围和发展目标

1.健康服务业的范围

健康服务业主要包括医疗服务、健康管理与促进、健康保险以及相关服务，涉及药品、医疗器械、保健用品、保健食品、健身产品等支撑产业，覆盖面广，产业链长。

2.健康服务业的发展目标

健康服务业的目标是维护和促进人民群众身心健康。到2020年，基本建立覆盖全生命周期、内涵丰富、结构合理的健康服务业体系，打造一批知名品牌和良性循环的健康服务产业集群，并形成一定的国际竞争力，基本满足广大人民群众的健康服务需求。健康服务业总规模达到8万亿元以上，成为推动经济社会持续发展的重要力量。

（二）健康服务业的发展任务

（1）大力发展医疗服务：加快形成多元办医格局，优化医疗服务资源配置，推动发展专业、规范的护理服务。

（2）加快发展健康养老服务：推进医疗机构与养老机构等加强合作、发展社区健康养老服务。

（3）积极发展健康保险：丰富商业健康保险产品、发展多样化健康保险服务。

（4）全面发展中医药医疗保健服务：提升中医健康服务能力、推广科学规范的中医保健知识及产品。

（5）支持发展多样化健康服务：发展健康体检、咨询等健康服务，发展全民体育健身，发展健康文化和旅游。

（6）培育健康服务业相关支撑产业：支持自主知识产权药品、医疗器械和其他相关健康产品的研发制造和应用，大力发展第三方服务，支持发展健康服务产业集群。

（7）健全人力资源保障机制：加大人才培养和职业培训力度、促进人才流动。

（8）夯实健康服务业发展基础：推进健康服务信息化、加强诚信体系建设。

二、开展居民健康素养提升运动

根据《全民健康素养促进行动规划（2014—2020年）》，总结出的重点内容如下：

（一）健康素养的概念和内容

所谓健康素养，是指个人获取和理解基本健康信息和服务，并运用这些信息和服务做

出正确决策，以维护和促进自身健康的能力。我国健康素养从基本健康知识和理念、健康生活方式与行为、基本技能三个维度提出居民应掌握的基本知识和技能。

（二）健康素养促进的工作内容和主要活动

（1）工作内容：树立科学健康观、提高基本医疗素养、提高慢性病防治素养、提高传染病防治素养、提高妇幼健康素养、提高中医养生保健素养。

（2）主要活动：大力开展健康素养宣传推广，启动健康促进县（区）、健康促进场所和健康家庭建设活动，全面推进控烟履约工作，健全健康素养监测系统。

三、实施健康中国战略

（一）“健康中国 2030”规划

2016年，中共中央国务院发布《“健康中国2030”规划纲要》，该纲要的主要框架包括：总体战略、普及健康生活、优化健康服务、完善健康保障、建设健康环境、发展健康产业、健全支撑与保障和强化组织实施。

（二）党的十九大报告中对健康中国战略的强调

2017年，党的十九大报告在“提高保障和改善民生水平，加强和创新社会治理”中提出“实施健康中国战略”，指出“人民健康是民族昌盛和国家富强的重要标志”“要完善国民健康政策，为人民群众提供全方位全周期健康服务”。

（三）健康中国行动的实施方案

2019年，国务院发布了《国务院关于实施健康中国行动的意见》，该意见的重点内容如下：

（1）背景：该意见旨在加快推动卫生健康工作理念、服务方式从以治病为中心转变为以人民健康为中心，动员全社会落实预防为主方针，实施健康中国行动，提高全民健康水平而制定的法规。

（2）主要任务：全方位干预健康影响因素、维护全生命周期健康、防控重大疾病。

（四）健康中国行动的总体目标

到2022年，覆盖经济社会各相关领域健康促进政策体系基本建立，全民健康素养水平稳步提高，健康生活方式加快推广，重大慢性病发病率上升趋势得到遏制，重点传染病、严重精神障碍、地方病、职业病得到有效防控，致残和死亡风险逐步降低，重点人群健康状况显著改善。

到2030年，全民健康素养水平大幅提升，健康生活方式基本普及，居民主要健康影响因素得到有效控制，因重大慢性病导致的过早死亡率明显降低，人均健康预期寿命得到较大提高，居民主要健康指标水平进入高收入国家行列，健康公平基本实现，实现《“健康中国2030”规划纲要》有关目标。

四、2020年的卫生与健康事业发展目标

2016年，国务院印发了《“十三五”卫生与健康规划》，该规划的重点内容如下：

（一）总体目标

卫生与健康事业发展的总体目标为：到2020年，覆盖城乡居民的基本医疗卫生制度基本建立，实现人人享有基本医疗卫生服务，人均预期寿命在2015年基础上提高1岁。

（二）具体目标和具体指标

1. 具体目标

卫生与健康事业发展的具体目标为：一是制度体系更加成熟定型；二是健康服务体系持续完善；三是疾病预防控制成效显著；四是健康服务模式实现转变；五是适度生育水平得到保持。

2. 具体指标

卫生与健康事业发展的领域为：健康水平、疾病防控、妇幼健康、医疗服务、计划生育、医疗卫生服务体系、医疗卫生保障政策。该规划提出了在2020年要达到的具体指标（包括预期性指标和约束性指标）。其中包括人均预期寿命大于77.3岁，孕产妇死亡率小于18/10万人，婴儿死亡率小于7.5‰，5岁以下儿童死亡率小于9.5‰（以上均为预期性指标）；每万人口全科医生大于2人，个人卫生支出占卫生总费用的比重为28%左右（后两项为约束性指标）等。

M 命题规律分析

本考点为新增考点，在此不做命题规律分析。

K 考点预测

1【单选】根据《国务院关于促进健康服务业发展的若干意见》，到2020年，我国的健康服务业总规模达到（　　）元以上，成为推动经济社会持续发展的重要力量。

A.4万亿　　B.6万亿

C.8万亿　　D.10万亿

【答案】C。**解析：**本题考查健康服务业的发展目标。根据《国务院关于促进健康服务

业发展的若干意见》，到2020年，我国的健康服务业总规模达到8万亿元以上，成为推动经济社会持续发展的重要力量。故本题选C。

2 【单选】国务院《“十三五”卫生与健康规划》指出，到2020年，覆盖城乡居民的基本医疗卫生制度基本建立，实现人人享有基本医疗卫生服务，人均预期寿命在2015年基础上提高（　　）岁。

A.0.5　　B.1

C.1.5　　D.2

【答案】B。**解析：**本题考查卫生与健康事业发展的总体目标。国务院《“十三五”卫生与健康规划》指出，到2020年，覆盖城乡居民的基本医疗卫生制度基本建立，实现人人享有基本医疗卫生服务，人均预期寿命在2015年基础上提高1岁。故本题选B。

考点精讲 2 公共卫生法规与政策

K 考点梳理

公共卫生是公共医疗卫生服务体系的组成部分，其主要内容是通过政府的公共政策来促进居民健康、预防疾病和对民众提供健康保护。

一、公共卫生体系建设

（一）我国公共卫生体系的主要内容

公共卫生以预防为主，它的功能包括健康监测和分析，即建设疾病信息系统，收集相关疾病的发病或流行情况，检测健康危险因素，识别健康问题；对疾病暴发流行和突发公共卫生事件进行调查处理；建立和实施疾病预防和健康促进项目；制定公共卫生法律法规，加强卫生执法改革等。

（二）基本公共卫生服务均等化政策

1.基本公共卫生服务项目

“十二五”期间，基本公共卫生服务项目共有12类，包括居民健康档案管理、健康教育、预防接种、0~6岁儿童健康管理、孕产妇健康管理、老年人健康管理、高血压和糖尿病等慢性病患者健康管理、严重精神障碍患者管理、肺结核患者健康管理、中医药健康管理、传染病及突发公共卫生事件报告和处理、卫生计生监督协管。“十三五”期间，划入健康素养促进、妇幼卫生、老年健康服务、医养结合、卫生应急、提供避孕药具、孕前优生健康检查、计划生育事业费等部分原重大公共卫生服务和计划生育项目。

2.重大公共卫生服务项目

重大公共卫生服务，主要包括纳入国家免疫规划的常规免疫及国家确定的群体性预防接种和重点人群应急接种所需疫苗和注射器购置，精神心理疾病综合管理，艾滋病、结核病、血吸虫病等防控，重大慢性病防控管理模式和适宜技术探索等内容，由中央财政承担支出责任。将原重大公共卫生服务中的中医药事业传承与发展划入能力建设方面。除上述项目之外的原重大公共卫生服务项目，纳入基本公共卫生服务统筹安排。

（三）公共卫生服务体系建设

《“十三五”深化医药卫生体制改革规划》指出，“十三五”期间，关于公共卫生服务体系建设的内容如下：（1）建立专业公共卫生机构与医疗机构、基层医疗卫生机构分工协作机制，健全基本公共卫生服务项目和重大公共卫生服务项目遴选机制；（2）推进政府购买公共卫生服务；（3）完善公共卫生服务项目、专业公共卫生人员的考核评价和激励机制；（4）鼓励防治结合类专业公共卫生机构通过提供预防保健和基本医疗服务获得合理收入；（5）完善对医疗机构承担公共卫生服务任务的补偿机制；（6）大力推进残疾人健康管理，加强残疾人社区康复；（7）将更多成本合理、效果确切的中医药服务项目纳入基本公共卫生服务；（8）完善现有药品政策，减轻艾滋病、结核病、严重精神障碍等重大疾病及突发急性传染病患者的药品费用负担；（9）推进居民健康卡、社会保障卡等应用集成，激活居民电子健康档案应用，推动预防、治疗、康复和健康管理一体化的电子健康服务；（10）升级改造卫生应急平台体系，提升突发公共卫生事件早期发现水平；（11）深入开展爱国卫生运动；（12）推进妇幼保健机构内部改革重组。

二、疾病预防体系建设

（一）疾病预防体制的发展

我国已经基本形成了以国家、省、地市、县四级疾病预防控制机构为主体，农村乡（镇）卫生院、村卫生室（农村个体诊所）、各级各类医疗卫生机构和城市社区卫生服务组织组成的疾病预防控制体系。

（二）国家免疫规划

实施国家免疫规划是政府提供的一项重要公共卫生服务，能有效预防、控制传染病。《关于实施扩大国家免疫规划的通知》规定，从2007年起，扩大国家免疫规划疫苗范围。至此，全国计划免疫疫苗共计14种，预防传染病共计15种。

国务院有关部门建立免疫规划工作部门协调机制。中华人民共和国国家卫生健康委员会（以下简称“卫健委”）负责制订国家免疫规划的实施方案和年度计划，并组织落实；财政部负责落实国家免疫规划财政补助政策；国家发展改革委负责组织国家免疫规划疫苗的储备和调运，对纳入国家免疫规划的疫苗进行价格核定；教育部负责入托、入学儿童查验接种证工作，将其纳入托幼机构和学校的传染病防控管理内容；国家食品药品监管局负责国家免疫规划疫苗生产和流通的监督管理。

（三）职业病防治的法规与政策

职业病是指企业、事业单位和个体经济组织等用人单位的劳动者在职业活动中，因接触粉尘、放射性物质和其他有毒、有害因素而引起的疾病。预防、控制和消除职业病危害，防治职业病，有利于保护劳动者健康及其相关权益，促进经济社会发展，《中华人民共和国职业病防治法》第二十条、第三十九条、第四十三条、第四十四条、第五十六条至第五十八条对职业病的防治、职业病病人的保障等内容规定如下：

1. 劳动者职业卫生保护权利

劳动者享有下列职业卫生保护权利：

（1）获得职业卫生教育、培训；

（2）获得职业健康检查、职业病诊疗、康复等职业病防治服务；

（3）了解工作场所产生或者可能产生的职业病危害因素、危害后果和应当采取的职业病防护措施；

（4）要求用人单位提供符合防治职业病要求的职业病防护设施和个人使用的职业病防护用品，改善工作条件；

（5）对违反职业病防治法律、法规及危及生命健康的行为提出批评、检举和控告；

（6）拒绝违章指挥和强令进行没有职业病防护措施的作业；

（7）参与用人单位职业卫生工作的民主管理，对职业病防治工作提出意见和建议。

2. 防治管理措施

用人单位应当采取下列职业病防治管理措施：

（1）设置或者指定职业卫生管理机构或者组织，配备专职或者兼职的职业卫生专业人员，负责本单位的职业病防治工作；

（2）制定职业病防治计划和实施方案；

（3）建立、健全职业卫生管理制度和操作规程；

（4）建立、健全职业卫生档案和劳动者健康监护档案；

（5）建立、健全工作场所职业病危害因素监测及评价制度；

（6）建立、健全职业病危害事故应急救援预案。

3. 职业病诊断

（1）医疗卫生机构承担职业病诊断，应当经省、自治区、直辖市人民政府卫生行政部门批准。

（2）劳动者可以在用人单位所在地、本人居住地依法承担职业病诊断的医疗卫生机构进行职业病诊断。

4. 职业病病人保障

（1）用人单位应当保障职业病病人依法享受国家规定的职业病待遇。用人单位应当按照国家有关规定，安排职业病病人进行治疗、康复和定期检查。用人单位对不适宜继续从事原工作的职业病病人，应当调离原岗位，并妥善安置。用人单位对从事接触职业病危害的作业的劳动者，应当给予适当岗位津贴。

（2）职业病病人的诊疗、康复费用，伤残以及丧失劳动能力的职业病病人的社会保障，按照国家有关工伤保险的规定执行。职业病病人除依法享有工伤保险外，依照有关民事法律，尚有获得赔偿的权利的，有权向用人单位提出赔偿要求。

（四）精神卫生工作

《全国精神卫生工作规划（2015—2020年）》规定如下：

1. 总体目标

到2020年，普遍形成政府组织领导、各部门齐抓共管、社会组织广泛参与、家庭和单位尽力尽责的精神卫生综合服务管理机制。健全完善与经济社会发展水平相适应的精神卫生预防、治疗、康复服务体系，基本满足人民群众的精神卫生服务需求。健全精神障碍患者救治救助保障制度，显著减少患者重大肇事肇祸案（事）件发生。积极营造理解、接纳、关爱精神障碍患者的社会氛围，提高全社会对精神卫生重要性的认识，促进公众心理健康，推动社会和谐发展。

2. 组织领导

精神卫生工作实行政府组织领导、部门各负其责、家庭和单位尽力尽责、全社会共同参与的综合管理机制。国务院卫生行政部门主管全国的精神卫生工作，县级以上地方人民政府的卫生、司法行政、民政、公安、教育、医疗保障等部门在各自职责范围内负责有关的精神卫生工作。

3. 全面推进严重精神障碍救治救助

（1）要加强对严重精神病患者和疑似患者登记报告工作，符合资质的医疗机构要对确诊的严重精神病患者进行报告，基层医疗卫生机构发现管辖范围内确诊的严重精神病患者要及时登记并录入国家严重精神障碍信息管理系统。

（2）推行“病重治疗在医院，康复管理在社区”的服务模式，做好患者服务管理。

（3）各地做好各类社会保险和救助制度衔接工作，落实救治救助政策，提高对严重精神病患者医疗保障水平。

（4）逐步建立健全精神障碍社区康复体系，加强精神卫生专业机构对社区康复机构的技术指导。

4.逐步开展常见精神障碍防治

（1）各类医疗机构和高等院校要展开对精神卫生障碍相关知识培训，提高工作人员对严重精神患者的识别能力。

（2）精神卫生专业机构要建立完善工作机制，建立会诊和转诊制度，按照精神卫生分类和诊疗规范提供专业服务。

（3）关注重点人群的心理和行为问题，探索本土化常见精神疾病防治模式。

（4）鼓励中医医疗机构和中医医疗人才开展常见精神疾病的干预和治疗。

5.积极开展心理健康促进工作

（1）将心理援助纳入各地突发事件应急预案，组建突发事件心理危机干预团队，定期开展培训。

（2）鼓励、支持社会组织提供规范的心理援助服务信息，依托心理援助热线和网络平台，为公众提供公益服务。

（3）精神卫生机构、综合性医院、专科医院和基层医疗卫生机构都要为辖区内的服务人群提供心理健康服务。

（4）学校要设立心理健康教育专门岗位，建立突发危机预案和心理健康教育示范中心，用人单位也要对员工进行心理健康相关的岗前培训，监狱、看守所等要对监管人员进行心理咨询。

6.提高精神卫生服务能力

（1）加强机构能力建设，通过引进社会资源、政府购买服务等的方式鼓励精神卫生机构发展。各地要充分利用现有资源，加强对县级精神卫生专业机构的建设，没有专业机构的地区，要委托上一级或邻近地区精神卫生机构提供专业指导。

（2）加强队伍建设。每个基层卫生机构至少配备1名专职或兼职人员承担严重精神障碍服务的工作，教育部要加强对此类人才的培养，卫生计生部要加强精神科住院医师规范化培训。

（3）开展中医类精神卫生医师精神卫生障碍防治培训。支持心理专业人才从事心理治疗工作，并落实国家相关政策，提高对精神卫生工作人员的工资待遇。

7.逐步完善精神卫生信息系统

省级卫生计生部门要建立本地区精神卫生信息系统，并逐步与居民电子档案、电子病历等全国数据库对接。加强各地各部门对严重精神障碍患者信息共享，有条件的地区每五年开展一次本地区精神障碍流行病学调查，并加强隐私保护工作。

8.大力开展精神卫生宣传教育

（1）宣传部门要充分发挥传统媒体和新媒体作用，广泛宣传精神卫生核心知识，以及患者战胜疾病、回归社会的典型事例，引导公众正确认识精神障碍和心理行为问题，正确对待精神障碍患者。

（2）要规范对有关肇事肇祸案（事）件的报道，未经鉴定避免使用“精神病人”称谓进行报道，减少负面影响。

（3）教育、司法行政、工会、共青团、妇联、老龄等单位要针对学生、农村妇女和留守儿童、职业人群、被监管人员、老年人等重点人群分别制订宣传教育策略，有针对性地开展心理健康教育活动。

（4）各级卫生计生部门要组织医疗卫生机构开展多种形式的精神卫生宣传，增进公众对精神健康及精神卫生服务的了解，提高自我心理调适能力。

9. 开展全国社会心理服务体系建设试点工作

为贯彻落实党的十九大报告中提出的“加强社会心理服务体系建设，培育自尊自信、理性平和、积极向上的社会心态”的要求，努力建设更高水平的平安中国、推进国家治理体系和治理能力现代化，加快实施健康中国战略、促进公民身心健康，维护社会和谐稳定，通过试点工作探索社会心理服务模式和工作机制，国家卫健委等10部门于2018年联合发布了《关于印发全国社会心理服务体系建设试点工作方案的通知》。

（五）全国社会心理服务体系建设的法规与政策

1. 建设目标

到2021年底，试点地区逐步建立健全社会心理服务体系，将心理健康服务融入社会治理体系、精神文明建设，融入平安中国、健康中国建设。建立健全党政领导、部门协同、社会参与的工作机制，搭建社会心理服务平台，将心理健康服务纳入健康城市评价指标体系，作为健康细胞工程(健康社区、健康学校、健康企业、健康家庭）和基层平安建设的重要内容，基本形成自尊自信、理性平和、积极向上的社会心态，因矛盾突出、生活失意、心态失衡、行为失常等导致的极端案（事）件发生率明显下降。

2. 具体指标

（1）依托村（社区）综治中心等场所，普遍设立心理咨询室或社会工作室。

（2）高等院校普遍设立心理健康教育与咨询中心（室），健全心理健康教育教师队伍，并且中小学设立心理辅导室，并配备专职或兼职教师，有条件的学校创建心理健康教育特色学校。

（3）各党政机关和厂矿、企事业单位、新经济组织等通过设立心理健康辅导室或购买服务等形式，为员工提供方便、可及的心理健康服务。

（4）100%精神专科医院设立心理门诊，40%二级以上综合医院开设心理门诊。培育发展一批社会心理服务专业机构，为大众提供专业化、规范化的心理健康服务。利用各种资源，建立24小时公益心理援助平台，组建心理危机干预队伍。

（六）艾滋病治疗与救助的规定

关于医疗机构在艾滋病治疗方面的作用和县级以上人民政府在艾滋病救助方面的作

用，《艾滋病防治条例》第四十一条至第四十四条做出的规定如下：

1.提供医疗服务

（1）医疗机构应当为艾滋病病毒感染者和艾滋病病人提供艾滋病防治咨询、诊断和治疗服务。

（2）医疗机构不得因就诊的病人是艾滋病病毒感染者或者艾滋病病人，推诿或者拒绝对其其他疾病进行治疗。

2.确诊告知事项

对确诊的艾滋病病毒感染者和艾滋病病人，医疗卫生机构的工作人员应当将其感染或者发病的事实告知本人；本人为无行为能力人或者限制行为能力人的，应当告知其监护人。

3.对艾滋病母婴传播的防治

医疗卫生机构应当按照国务院卫生主管部门制定的预防艾滋病母婴传播技术指导方案的规定，对孕产妇提供艾滋病防治咨询和检测，对感染艾滋病病毒的孕产妇及其婴儿，提供预防艾滋病母婴传播的咨询、产前指导、阻断、治疗、产后访视、婴儿随访和检测等服务。

4.艾滋病救助的规定

县级以上人民政府应当采取下列艾滋病防治关怀、救助措施：

（1）向农村艾滋病病人和城镇经济困难的艾滋病病人免费提供抗艾滋病病毒治疗药品；

（2）对农村和城镇经济困难的艾滋病病毒感染者、艾滋病病人适当减免抗机会性感染治疗药品的费用；

（3）向接受艾滋病咨询、检测的人员免费提供咨询和初筛检测；

（4）向感染艾滋病病毒的孕产妇免费提供预防艾滋病母婴传播的治疗和咨询。

（七）艾滋病工作部署

2017年2月，国务院办公厅印发《中国遏制与防治艾滋病“十三五”行动计划》，对“十三五”时期艾滋病防治工作进行全面部署。

1.工作目标

最大限度发现感染者和病人，有效控制性传播，持续减少注射吸毒传播、输血传播和母婴传播，进一步降低病死率，逐步提高感染者和病人生存质量，不断减少社会歧视，将我国艾滋病疫情继续控制在低流行水平。

2.防治措施

（1）提高宣传教育针对性，增强公众艾滋病防治意识。

（2）提高综合干预实效性，有效控制性传播和注射吸毒传播。

（3）提高检测咨询可及性和随访服务规范性，最大限度发现感染者和减少传播。

（4）全面落实核酸检测和预防母婴传播工作，持续减少输血传播和母婴传播。

（5）全面落实救治救助政策，挽救感染者和病人生命并提高生活质量。

（6）全面落实培育引导措施，激发社会组织参与活力。

三、突发公共卫生事件的应对机制建设

（一）应急指挥与预案

《突发公共卫生事件应急条例》第二条、第三条和第十条至第十二条对突发公共卫生事件的应急指挥与预案的规定如下：

1. 定义

突发公共卫生事件（以下简称突发事件），是指突然发生，造成或者可能造成社会公众健康严重损害的重大传染病疫情、群体性不明原因疾病、重大食物和职业中毒，以及其他严重影响公众健康的事件。

2. 组织领导制度

突发事件发生后，国务院设立全国突发事件应急处理指挥部，由国务院有关部门和军队有关部门组成，国务院主管领导人担任总指挥，负责对全国突发事件应急处理的统一领导、统一指挥。国务院卫生行政主管部门和其他有关部门，在各自的职责范围内做好突发事件应急处理的有关工作。

3. 制定应急预案

国务院卫生行政主管部门按照分类指导、快速反应的要求，制定全国突发事件应急预案，报请国务院批准。省、自治区、直辖市人民政府根据全国突发事件应急预案，结合本地实际情况，制定本行政区域的突发事件应急预案。

4. 应急预案内容

全国突发事件应急预案应当包括以下主要内容：

（1）突发事件应急处理指挥部的组成和相关部门的职责；

（2）突发事件的监测与预警；

（3）突发事件信息的收集、分析、报告、通报制度；

（4）突发事件应急处理技术和监测机构及其任务；

（5）突发事件的分级和应急处理工作方案；

（6）突发事件预防、现场控制，应急设施、设备、救治药品和医疗器械，以及其他物资和技术的储备与调度；

（7）突发事件应急处理专业队伍的建设和培训。

突发事件应急预案应当根据突发事件的变化和实施中发现的问题及时进行修订、补充。

（二）突发事件预防控制体系

对于公共卫生事件的监测与预警，国家建立了统一的突发事件预防控制体系，《突发公共卫生事件应急条例》第十四条至第十八条的具体规定如下：

1. 突发事件监测与预警系统

（1）县级以上地方人民政府应当建立和完善突发事件监测与预警系统。县级以上各级人民政府卫生行政主管部门，应当指定机构负责开展突发事件的日常监测，并确保监测与预警系统的正常运行。

（2）监测与预警工作应当根据突发事件的类别，制定监测计划，科学分析、综合评价监测数据。对早期发现的潜在隐患以及可能发生的突发事件，应当依照本条例规定的报告程序和时限及时报告。

2. 物资储备

国务院有关部门和县级以上地方人民政府及其有关部门，应当根据突发事件应急预案的要求，保证应急设施、设备、救治药品和医疗器械等物资储备。

3. 加强医疗建设

县级以上各级人民政府应当加强急救医疗服务网络的建设，配备相应的医疗救治药物、技术、设备和人员，提高医疗卫生机构应对各类突发事件的救治能力。

设区的市级以上地方人民政府应当设置与传染病防治工作需要相适应的传染病专科医院，或者指定具备传染病防治条件和能力的医疗机构承担传染病防治任务。

4. 加大培训与演练

县级以上地方人民政府卫生行政主管部门，应当定期对医疗卫生机构和人员开展突发事件应急处理相关知识、技能的培训，定期组织医疗卫生机构进行突发事件应急演练，推广最新知识和先进技术。

（三）应急处理

突发公共卫生事件的信息管理包括信息的收集、分析、处理、报告、应用、通报和发布等内容。在应急处理过程中，信息能够正确、全面、及时、畅通地传达十分重要，做好突发事件信息管理工作，确立信息管理机制和制度是关键。

《突发公共卫生事件应急条例》对关于应急处理过程中的具体工作规定如下：

1. 应急预案启动前

明确卫生行政主管部门、政府其他有关部门、医疗卫生机构等单位的职责和义务，使其各司其职，根据突发事件的实际情况，做好应急处理准备，采取必要的应急措施。

2. 应急预案启动中

（1）保证突发事件应急处理所需的医疗救护设备、救治药品、医疗器械等物资的生产、供应；铁路、交通、民用航空行政主管部门应当保证及时运送。设置与传染病防治工作需要相适应的传染病专科医院，或者指定具备传染病防治条件和能力的医疗机构承担传染病防治任务。

（2）根据突发事件应急处理的需要，应急处理指挥部有权紧急调集人员、储备的物资、交通工具以及相关设施、设备。必要时，对人员进行疏散或者隔离，并可以依法对传染病疫区实行封锁，对食物和水源采取控制措施。

（3）医疗机构收治传染病患者、疑似传染病患者，应当依法报告所在地的疾病预防控制机构。接到报告的疾病预防控制机构应当立即对可能受到危害的人员进行调查，根据需要采取必要的控制措施。有关部门、医疗卫生机构对传染病做到早发现、早报告、早隔离、早治疗，切断传播途径，防止扩散。

3.应急预案启动后

（1）突发事件发生地的人民政府有关部门，应当根据预案规定的职责要求，服从突发公共卫生事件应急处理指挥部的统一指挥，立即到达规定岗位，采取有关的控制措施。

（2）在全国范围内或跨省、自治区、直辖市范围内启动全国突发事件应急预案，由国务院卫生行政主管部门报国务院批准后实施。省、自治区、直辖市启动突发事件应急预案，由省、自治区、直辖市人民政府决定，并向国务院报告。

M 命题规律分析

本考点有较大的变化，考生要注意重点复习职业病防治、精神卫生、艾滋病治疗与救助的相关规定等。

Z 真题再现

1　2019-单选-51　根据《艾滋病防治条例》，下列医疗机构的做法中，正确的是（　　）。

A.某医疗卫生机构对孕产妇提供艾滋病防治咨询和检测

B.某口腔医院为患者做牙周炎治疗时，发现其感染艾滋病病毒，遂拒绝继续治疗

C.某综合医院为15岁患者诊断时，发现其感染艾滋病病毒，为了保护未成年人隐私，未告知其监护人

D.某妇产医院未经患者本人同意，在医院通知栏中公开了本院艾滋病病毒感染者的信息

【答案】A。**解析：**本题考查艾滋病治疗与救助的规定。《艾滋病防治条例》针对艾滋病治疗对医疗机构提出了以下三项要求：（1）医疗机构应当为艾滋病病毒感染者和艾滋病病人提供艾滋病防治咨询、诊断和治疗服务。医疗机构不得因就诊的病人是艾滋病病毒感染者或者艾滋病病人，推诿或者拒绝对其其他疾病进行治疗，故B项错误。（2）对确诊的艾滋病病毒感染者和艾滋病病人，医疗卫生机构的工作人员应当将其感染或者发病的事实告知本人；本人为无行为能力人或者限制行为能力人的，应当告知其监护人，故C项错误。（3）医疗卫生机构应当按照国务院卫生主管部门制定的《预防艾滋病母婴传播技术指导方案》的

规定，对孕产妇提供艾滋病防治咨询和检测，对感染艾滋病病毒的孕产妇及其婴儿提供预防艾滋病母婴传播的咨询、产前指导、阻断、治疗、产后访视、婴儿随访和检测等服务。《艾滋病防治条例》第三十九条规定，疾病预防控制机构和出入境检验检疫机构进行艾滋病流行病学调查时，被调查单位和个人应当如实提供有关情况。未经本人或者其监护人同意，任何单位或者个人不得公开艾滋病病毒感染者、艾滋病病人及其家属的姓名、住址、工作单位、肖像、病史资料以及其他可能推断出其具体身份的信息，故D项错误。故本题选A。

2 2019-多选-77 根据《中华人民共和国职业病防治法》，关于职业病病人保障的说法，正确的有（　　）。

A.用人单位应当按照国家规定，安排职业病病人进行治疗、康复和定期检查

B.用人单位对不适宜继续从事工作的职业病病人，应当调离原岗位并妥善安置

C.职业病病人的诊疗、康复费用，按照国家有关工伤保险的规定执行

D.用人单位没有依法参加工伤保险的，职业病病人可以向社会保险经办机构申请医疗救助

E.职业病病人变动工作单位，其依法享受的待遇不变

【答案】ABCE。**解析：**本题考查职业病病人的保障措施。《中华人民共和国职业病防治法》第五十六条规定，用人单位应当保障职业病病人依法享受国家规定的职业病待遇。用人单位应当按照国家有关规定，安排职业病病人进行治疗、康复和定期检查，故A项正确。用人单位对不适宜继续从事原工作的职业病病人，应当调离原岗位，并妥善安置，故B项正确。用人单位对从事接触职业病危害的作业的劳动者，应当给予适当岗位津贴。第五十七条规定，职业病病人的诊疗、康复费用，伤残以及丧失劳动能力的职业病病人的社会保障，按照国家有关工伤保险的规定执行，故C项正确。第五十九条规定，劳动者被诊断患有职业病，但用人单位没有依法参加工伤保险的，其医疗和生活保障由该用人单位承担，故D项错误。第六十条规定，职业病病人变动工作单位，其依法享有的待遇不变，故E项正确。故本题选ABCE。

考点精讲 3 城市医疗服务体系建设

K 考点梳理

根据《中共中央 国务院关于深化医药卫生体制改革的意见》和《“十三五”深化医药卫生体制改革规划》，总结出的内容如下：

一、分级诊疗制度

建立科学合理的分级诊疗制度，坚持居民自愿、基层首诊、政策引导、创新机制，以家庭医生签约服务为重要手段，鼓励各地结合实际推行多种形式的分级诊疗模式，推动形成基层首诊、双向转诊、急慢分治、上下联动新格局，到2020年，分级诊疗模式逐步形成，基本建立符合国情的分级诊疗制度。

二、现代医院管理制度

建立科学有效的现代医院管理制度，深化县级公立医院综合改革，加快推进城市公立医院综合改革。到2020年，基本建立具有中国特色的权责清晰、管理科学、治理完善、运行高效、监督有力的现代医院管理制度，建立维护公益性、调动积极性、保障可持续的运行新机制和科学合理的补偿机制。

三、全民医疗保障制度

按照保基本、兜底线、可持续的原则，围绕资金来源多元化、保障制度规范化、管理服务社会化三个关键环节，加大改革力度，建立高效运行的全民医疗保障体系。坚持精算平衡，完善筹资机制，以医保支付方式改革为抓手推动全民基本医保制度提质增效。建立起较为完善的基本医保、大病保险、医疗救助、疾病应急救助、各保险和慈善救助衔接互动、相互联通机制。

四、药品供应保障制度

建立规范有序的药品供应保障制度。实施药品生产、流通、使用全流程改革，调整利益驱动机制，破除以药补医，推动各级各类医疗机构全面配备、优先扩大基本药物，建设符合国情的国家药物政策体系，理顺药品价格，促进医药产业结构调整和转型升级，保障药品安全有效、价格合理、供应充分。

五、综合监管制度

建立严格规范的综合监管制度。健全医药卫生法律体系，加快转变政府职能，完善与医药卫生事业发展相适应的监管模式，提升综合监管效率和水平，推进监管法制化和规范化，建立健全职责明确、分工协作、运行规范、科学有效的综合监管长效机制。

六、统筹推进相关领域改革

健全完善人才培养使用和激励评价制度，加快形成多元办医格局，推动公共卫生服务体系建设。

M 命题规律分析

本考点为新增考点，在此不做命题规律分析。

K 考点预测

【多选】“十三五”规划期间，我国进行城市医疗服务体系建设的重点任务有（　　）。

A.建立科学合理的分级诊疗制度

B.建立科学有效的现代医院管理制度

C.建立规范有序的药品供应保障制度

D.建立高效运行的全民医疗保险制度

E.聘用和管理基层医疗卫生人才

【答案】ABCD。**解析：**本题考查城市医疗服务体系建设的重点任务。依据《“十三五”深化医药卫生体制改革规划》，我国城市医疗服务体系建设有六个方面的内容：（1）建立科学合理的分级诊疗制度；（2）建立科学有效的现代医院管理制度；（3）建立高效运行的全民医疗保障制度；（4）建立规范有序的药品供应保障制度；（5）建立严格规范的综合监管制度；（6）统筹推进相关领域改革，健全完善人才培养使用和激励评价制度，形成多元化的办医格局。A、B、C、D四项均符合题意，E项表述与文件中“健全完善人才培养使用和激励评价制度”的表述不符，故本题选ABCD。

考点精讲 4 农村医疗服务体系建设

K 考点梳理

一、乡镇卫生院的设置与功能

《乡镇卫生院管理办法（试行）》第五条、第六条和第九条至第十三条对乡镇卫生院的设置与功能的规定如下：

1.设置

（1）县级人民政府卫生行政部门根据本行政区域卫生发展规划、医疗机构设置规划和乡镇建设发展总体规划，统筹考虑本行政区域内农村居民的卫生服务需求、地理交通条件，以及行政区划等因素，编制乡镇卫生院设置规划，经上一级地方人民政府卫生行政部门审核，报同级人民政府批准后在本行政区域内发布实施。

（2）县级人民政府卫生行政部门依据《医疗机构管理条例》等有关规定，负责办理乡镇卫生院的设置审批、登记、注册、校验、变更以及注销等事项。县级人民政府卫生行政部门应当于每年2月底前，将上一年度乡镇卫生院名册逐级上报至卫健委。乡镇卫生院《医疗机构执业许可证》不得伪造、涂改、出卖、转让、出借。

2. 功能

（1）乡镇卫生院以维护当地居民健康为中心，综合提供公共卫生和基本医疗等服务，并承担县级人民政府卫生行政部门委托的卫生管理职能。

（2）承担当地居民健康档案、健康教育、计划免疫、传染病防治、儿童保健、孕产妇保健、老年人保健、慢性病管理、重性精神疾病患者管理等国家基本公共卫生服务项目。（本文件中的国家基本公共服务项目未更新。目前，国家基本公共服务项目有十二项内容：①居民健康档案管理；②健康教育；③预防接种；④0~6岁儿童健康管理；⑤孕产妇健康管理；⑥老年人健康管理；⑦高血压和糖尿病等慢性病患者健康管理；⑧严重精神障碍患者管理；⑨肺结核病患者健康管理；⑩中医药健康管理；⑪传染病和突发公共卫生事件报告和处理；⑫卫生计生监督协管。）

（3）协助实施疾病防控、农村妇女住院分娩等重大公共卫生项目、卫生应急等任务。

（4）承担常见病、多发病的门诊和住院诊治，开展院内外急救、康复和计划生育技术服务等，提供转诊服务。

（5）受县级人民政府卫生行政部门委托，承担辖区内公共卫生管理职能，负责对村卫生室的业务管理和技术指导；有条件地区可推行乡村卫生服务一体化管理。

二、乡村医生

（一）乡村医生队伍建设

对于乡村医生队伍建设的相关内容，《国务院办公厅关于进一步加强乡村医生队伍建设的指导意见》和《关于进一步完善乡村医生养老政策 提高乡村医生待遇的通知》规定如下：

1. 乡村医生的职责

乡村医生主要为农村居民提供公共卫生和基本医疗服务，包括在专业公共卫生机构和乡镇卫生院的指导下，按照服务标准和规范开展基本公共卫生服务；协助专业公共卫生机构落实重大公共卫生服务项目，按规定及时报告传染病疫情和中毒事件，处置突发公共卫生事件等；使用适宜药物、适宜技术和中医药方法为农村居民提供常见病、多发病的一般诊治，将超出诊治能力的患者及时转诊到乡镇卫生院及县级医疗机构；受卫生行政部门委托填写统计报表，保管有关资料，开展宣传教育和协助新农合筹资等工作。

2. 村卫生室的设立

（1）原则上每个行政村设置1所村卫生室，人口较多或者居住分散的行政村可酌情增设；乡镇卫生院所在地的行政村原则上不设村卫生室。

（2）村卫生室可以由乡村医生联办、个体举办，或者由政府、集体或单位举办，经县级卫生行政部门批准后设立。

3. 乡村医生的配置

乡村医生可在村医疗卫生机构执业（包括村卫生室及按照国家有关规定开办的诊所等其他医疗卫生机构）。在村卫生室执业的乡村医生由县级卫生行政部门会同有关部门考核确定，原则上每千人应有1名乡村医生，居住分散的行政村可适当增加；每所村卫生室至少有1名乡村医生执业。

4. 乡村医生的聘用

（1）乡村医生聘用应当遵循“县聘、乡管、村用”的原则。县级卫生计生行政部门负责本行政区域内乡村医生的聘用、注册和管理工作。

（2）乡村医生必须具有乡村医生执业证书或执业（助理）医师证书，并在卫生计生行政部门注册并获得相关执业许可。在村卫生室从事护理等其他服务的人员，要具备相应的合法执业资格。新进入村卫生室从事预防、保健和医疗服务的人员原则上应当具备执业助理医师及以上资格。条件不具备的地区，根据实际需要，可以允许具有中等医学专业学历的人员，或者经培训达到中等医学专业水平的其他人员申请执业注册，进入村医疗卫生机构执业，具体办法由省、自治区、直辖市人民政府制定。

5. 乡村医生的管理

乡镇卫生院受县级卫生计生行政部门委托负责辖区内乡村医生的业务指导和管理，按照《中华人民共和国劳动合同法》相关规定，与乡村医生签订劳动合同，明确各自权利和义务。要充分认识乡村医生从事社会公益事业的性质，创造条件使其参加各项社会保险，享受相应的社会保险待遇，按规定需单位缴纳的社会保险费，由地方政府给予补助。

（二）乡村医生补助

关于乡村医生政策与制度保障的内容，主要分为乡村医生补助政策、乡村医生养老政策和乡村医生培养培训制度。《国务院办公厅关于进一步加强乡村医生队伍建设的指导意见》和《关于进一步完善乡村医生养老政策 提高乡村医生待遇的通知》对乡村医生补助政策的规定如下：

1. 补助方式

（1）根据乡村医生提供服务的数量和质量多渠道予以补偿，主要通过政府购买服务的方式对乡村医生提供的基本公共卫生服务进行合理补助。

（2）明确村卫生室和乡镇卫生院的基本公共卫生服务任务分工和资金分配比例，原则上将40%左右的基本公共卫生服务任务交由村卫生室承担，考核后将相应的基本公共卫生服务经费拨付给村卫生室。

2. 基本医疗服务

主要由个人和新农合基金对乡村医生提供的基本医疗服务进行支付。各地要将符合条件的村卫生室纳入新农合定点，综合考虑新农合筹资能力，坚决不增加群众负担，合理制定村卫生室一般诊疗费标准，并确定新农合支付标准和办法。

3. 补助内容

（1）坚持中央财政建立的村卫生室实施基本药物制度补助机制，地方各级财政通过定额补助的方式给予专项补助，财政补助总体水平应当与当地村干部的补助标准相衔接。

（2）鼓励有条件的地方，提高具有执业（助理）医师资格、做出突出贡献和服务年限长且在边远地区执业、条件艰苦地区执业的村医生补助水平。乡村医生在岗培训所需经费由县级财政预算安排，不得向乡村医生收取费用。

4. 补助经费预拨制

乡村医生各项补助经费实行预拨制。各地应当采取先预拨、后结算的方式发放乡村医生补助，由县级财政部门直接将补助经费的80%以上按月拨付乡村医生，余额经考核后发放。要确保资金专款专用、及时足额拨付到位，不得挪用、截留。

（三）乡村医生养老和培养培训

关于乡村医生养老政策和乡村医生培养培训制度的内容，《国务院办公厅关于进一步加强乡村医生队伍建设的指导意见》和《关于进一步完善乡村医生养老政策 提高乡村医生待遇的通知》做出的规定如下：

1. 乡村医生养老政策

（1）各地要结合新型农村社会养老保险制度（以下简称新农保）的推进，积极引导符合条件的乡村医生参加新农保，对符合新农保待遇领取条件的乡村医生发放养老金。支持乡村医生参加城乡居民社会养老保险，按规定领取养老金。鼓励有条件的地方采取多种方式适当提高乡村医生的养老待遇，确保其养老金收入不低于当地居民最低生活保障水平。

（2）地方政府可以采取补助等多种形式，妥善解决好老年乡村医生的医疗保障和生活困难问题，具体办法由地方政府制定。有条件的地方可结合乡村卫生服务一体化管理将取得执业（助理）医师资格的乡村医生纳入乡镇卫生院编制统一管理。同时，建立乡村医生到龄退出机制，原则上年满60周岁的乡村医生不再在村卫生室执业，如情况特殊可延长工作年限。

2. 乡村医生培养培训制度

制定乡村医生培养规划，力争到2020年乡村医生总体具备执业（助理）医师或以上资格。各省（区、市）卫生行政部门要合理制定乡村医生培养培训规划，采取临床进修、集中培训、城乡对口支援等多种方式，选派乡村医生到县级医疗卫生机构或医学院校接受培训。县级卫生行政部门对在村卫生室执业的乡村医生每年免费培训不少于两次，累计培训时间不少于两周。有条件的地方要制定优惠政策，吸引城市退休医生、执业（助理）医师和医学院校毕业生到村卫生室工作。各地要结合实际探索建立全科医生团队和推进签约服务模式，积极做好乡村医生队伍建设和全科医生队伍建设的衔接。

M 命题规律分析

本考点有较大的变化，相关题目对本考点的考查较为综合，一般是方案性措施的考查。具体的命题规律如下：

规律一：考查乡村医生的聘用原则。

乡村医生聘用应当遵循“县聘、乡管、村用”的原则。

规律二：考查乡村医生的养老政策。

地方政府要建立乡村医生到龄退出机制，原则上年满60周岁的乡村医生不再在村卫生室执业，如特殊情况可延长工作年限。

Z 真题再现

2018-多选-75 根据《国务院办公厅关于进一步加强乡村医生队伍建设的指导意见》等有关规定，下列关于乡村医生的说法，正确的有（　　）。

A.乡村医生聘用应遵循“县聘、乡管、村用”的原则

B.年满60周岁的乡村医生原则上不应再在村卫生室执业

C.乡村医生主要为农村居民提供公共卫生和基本医疗服务

D.对乡村医生提供的基本医疗服务，主要由个人和新农合基金（城乡居民基本医疗保险基金）支付

E.对乡村医生提供的基本公共卫生服务，主要由新农合基金（城乡居民基本医疗保险基金）给予合理补助

【答案】ABCD。**解析：**本题考查的是乡村医生的相关规定。乡村医生聘用应当遵循“县聘、乡管、村用”的原则，因此A项正确。原则上年满60周岁的乡村医生不再在村卫生室执业，因此B项正确。乡村医生主要为农村居民提供公共卫生和基本医疗服务，因此C项正确。对乡村医生提供的基本医疗服务，主要由个人和新农合基金支付，因此D项正确。对乡村医生提供的基本公共卫生服务，主要通过政府购买服务的方式进行合理补助，因此E项错误。故本题选ABCD。

考点精讲 5 城市社区卫生服务法规与政策

K 考点梳理

一、社区卫生服务机构需要具备的条件

2006年，国务院发布了《国务院关于发展城市社区卫生服务的指导意见》指出，发展社区卫生服务，要坚持公益性质，完善社区服务功能；坚持政府主导，鼓励社会参与，多渠道发展；坚持以调整和充分利用现有卫生资源为主，健全社区卫生服务网络。

《城市社区卫生服务中心基本标准》和《城市社区卫生服务站基本标准》对社区卫生服务机构需要具备条件的规定如下：

1. 人员

每个社区卫生服务中心至少配备6名从事全科医学专业工作的执业医师、9名注册护士。每个社区卫生服务站至少配备2名从事全科医学专业工作的执业医师。每名执业医师至少配备1名注册护士。

2. 床位

不鼓励社区卫生服务中心设置住院病床，如确需设置，根据当地医疗机构设置规划，可设一定数量的以护理康复为主要功能的病床，但不得超过50张。社区卫生服务站不设病床。

3. 业务用房

为满足最低限度需要的建筑面积要求，社区卫生服务中心建筑面积不低于1000平方米，设病床的，每设一床位至少增加30平方米建筑面积。社区卫生服务站不低于150平方米。

4. 设备

提出了最低限度设备配备要求，具有满足社区基本需要、装备轻型化的特点。卫生站配备诊疗设备、辅助检查设备、预防保健设备、健康教育设备及其他设备。中心站配备基本设备和与开展工作相应的其他设备。

二、社区卫生服务机构的服务内容

《国务院关于发展城市社区卫生服务的指导意见》和《城市社区卫生服务机构管理办法（试行）》对社区卫生服务机构的服务内容规定如下：

1. 服务定位

社区卫生服务定位在“小病”医疗，对没有能力诊治的疾病则应及时转到大医院就诊，

而医院收治的有关病人在康复期也要根据情况转回社区护理。

2.基本服务内容

社区卫生服务机构提供公共卫生服务和基本医疗服务，以主动服务、上门服务为主，开展健康教育、预防、保健、康复、计划生育技术服务和一般常见病、多发病的诊疗服务。

3.具体服务内容

（1）公共卫生服务主要包括健康教育、传染病和慢性病防治、计划免疫、精神卫生服务、妇幼保健、儿童保健、老年保健、康复、计划生育技术指导等12项具体内容。

（2）基本医疗服务包括一般常见病、多发病诊疗、护理和诊断明确的慢性病治疗，社区现场应急救护，家庭医疗服务，转诊服务，康复医疗服务，政府卫生行政部门批准的其他适宜医疗服务。

M 命题规律分析

从往年的命题情况来看，相关题目对本考点的考查较为单一，主要考查社区卫生服务中心和社区卫生服务站需要具备的条件：在人员方面，社区服务中心至少配备6名从事全科医学专业的执业医师、9名注册护士，社区卫生服务站至少配备2名从事全科医学专业工作的执业医师。在床位方面，社区卫生服务中心不能超过50张；社区卫生服务站不设病床。在业务用房方面，社区卫生服务中心建筑面积不低于1000平方米，社区卫生服务站不低于150平方米。

Z 真题再现

1　2019-单选-52　某社区拟成立一家社区卫生服务站。根据《城市社区卫生服务站基本标准》，下列配备计划中，符合要求的是（　　）。

A.配置2张病床　　B.安排建筑面积120平方米的服务用房

C.配备1名全科医学专业的执业医师　　D.每名执业医师配备1名注册护士

【答案】D。**解析：**本题考查社区卫生服务机构需要具备的条件。在人员方面，要求每个社区卫生服务中心至少配备6名从事全科医学专业工作的执业医师、9名注册护士。每个社区卫生服务站至少配备2名从事全科医学专业工作的执业医师。在床位方面，不鼓励社区卫生服务中心设置住院病床，如确需设置，可设一定数量以护理康复为主要功能的病床，但不能超过50张；社区卫生服务站不设病床。在业务用房方面，明确提出了满足最低限度需要的建筑面积要求，社区卫生服务中心建筑面积不低于1000平方米，社区卫生服务站不低于150平方米。在设备方面，提出了与社区卫生服务功能相适应的最低限度设备配备要求，突出了满足社区基本需要、装备轻型化的特点。故本题选D。

2　2016-多选-77 小李所在社区新建了一家社区卫生服务中心，根据《城市社区卫生服务机构管理办法（试行）》，小李可以在该卫生服务中心受到的公共服务有（　　）。

A. 心理健康指导　　B. 接种传染病疫苗

C. 微整形外科手术　　D. 免费领取避孕药具

E. 卫生健康知识咨询

【答案】ABDE。解析：本题考查社区卫生服务机构的服务内容。国家基本公共服务项目有十二项内容：（1）居民健康档案管理；（2）健康教育；（3）预防接种；（4）0～6岁儿童健康管理；（5）孕产妇健康管理；（6）老年人健康管理；（7）高血压和糖尿病等慢性病患者健康管理；（8）严重精神障碍患者管理；（9）肺结核病患者健康管理；（10）中医药健康管理；（11）传染病和突发公共卫生事件报告和处理；（12）卫生计生监督协管。故本题选ABDE。

考点精讲 6　食品药品安全法规与政策

K 考点梳理

一、食品安全法规与政策

根据《“十三五”国家食品安全规划》，食品安全的工作目标为：到2020年，基于风险分析和供应链管理的食品安全监督体系初步建立。到2035年，基本实现食品安全领域国家治理体系和治理能力现代化。

根据安全事故报告制度，发生食品安全事故的单位应当立即予以处置，防止事故扩大。事故发生单位和接纳病人进行治疗的单位应当及时向事故发生地县级卫生行政部门报告。

二、药品安全法规与政策

根据《“十三五”国家药品安全规划》，到2020年，药品质量安全水平、药品安全治理能力、医药产业发展水平和人民群众满意度明显提升。药品质量进一步提高，药品医疗器械标准不断提升，评审审批体系逐渐完善，检查能力进一步提升，检测评价水平进一步提高，检验检测和监管执法能力得到增强，执业药师服务水平显著提高。

M 命题规律分析

从往年的命题情况来看，相关题目对本考点的考查，主要采取单选题的命题形式，本知识点出现的频率不高，常考查食品安全事故处理的制度。

Z 真题再现

2016-单选-55 某县医院发现一天内不断有患者前来治疗腹泻，经了解，大多数患者就医前在某饭店就餐，初步判断为食源性疾病，根据《中华人民共和国食品安全法》，该医院应当及时将相关信息向（　　）报告。

A. 县工商局　　B. 县质监局　　C. 县食药监局　　D. 县卫健委

【答案】D。**解析：**本题考查公共卫生体系建设的内容。《中华人民共和国食品安全法》规定，发生食品安全事故的单位应当立即予以处置，防止事故扩大。事故发生单位和接收病人进行治疗的单位应当及时向事故发生地县级卫生行政部门报告。卫生行政部门，一般是指各级政府中负责医疗卫生行政工作的部门，如卫健委。2018年，国务院机构改革后，“卫计委”已经更名为“卫健委”，所以，在本题选项中，我们将“D.县卫生计生委”更新为“县卫健委”，希望考生知晓。故本题选D。

考点精讲 7 计划生育法规与政策

K 考点梳理

一、各级部门对流动人口计划生育工作的职责

《流动人口计划生育工作条例》第二条至第六条、第十四条中，各级部门对流动人口计划生育工作职责的规定如下：

（一）流动人口计划生育工作的对象

流动人口是指离开户籍所在地的县、市或者市辖区，以工作、生活为目的异地居住的成年育龄人员。但是，下列人员除外：

（1）因出差、就医、上学、旅游、探亲、访友等事由异地居住、预期将返回户籍所在地居住的人员；

（2）在直辖市、设区的市行政区域内区与区之间异地居住的人员。

（二）领导部门及其职责

县级以上地方人民政府要统一领导本行政区域内流动人口计划生育工作，要通过建立健全流动人口计划生育工作协调机制，组织协调有关部门实行综合治理，落实目标管理责任制，对有关部门承担的流动人口计划生育工作进行考核、监督。

（三）国务院人口和计划生育部门

国务院人口和计划生育部门主管全国流动人口计划生育工作，制定流动人口计划生育工作规划并组织实施；建立流动人口计划生育信息管理系统，实现流动人口户籍所在地和现居住地计划生育信息共享，并与相关部门有关人口的信息管理系统实现信息共享。

（四）县级以上地方人民政府主管部门

县级以上地方人民政府人口和计划生育部门主管本行政区域内流动人口计划生育工作，落实本级人民政府流动人口计划生育管理和服务措施；组织实施流动人口计划生育工作检查和考核；建立流动人口计划生育信息通报制度，汇总、通报流动人口计划生育信息；受理并及时处理与流动人口计划生育工作有关的举报，保护流动人口的相关权益。

（五）配合部门

县级以上人民政府公安、民政、人力资源和社会保障、住房和城乡建设、卫生等部门和县级以上工商行政管理部门在各自职责范围内，负责有关的流动人口计划生育工作。

（六）乡（镇）人民政府、街道办事处

乡（镇）人民政府、街道办事处负责本管辖区域内流动人口计划生育工作，对流动人口实施计划生育管理，开展计划生育宣传教育；组织从事计划生育技术服务的机构指导流动人口中的育龄夫妻（以下称育龄夫妻）选择安全、有效、适宜的避孕节育措施，依法向育龄夫妻免费提供国家规定的基本项目的计划生育技术服务。

流动人口现居住地和户籍所在地的乡（镇）人民政府、街道办事处之间建立流动人口计划生育信息通报制度，及时采集流动人口计划生育信息，运用流动人口计划生育信息管理系统核实、通报流动人口计划生育信息。

（七）村民委员会、居民委员会

流动人口现居住地的村民委员会、居民委员会应当协助所在地的乡（镇）人民政府或者街道办事处了解本村或者本居住地区流动人口计划生育情况，及时向乡（镇）人民政府或者街道办事处通报相关信息。

房屋租赁中介机构、房屋的出租（借）人和物业服务企业等有关组织和个人在村民委员会、居民委员会了解流动人口计划生育情况时，应当如实提供相关信息。

二、流动人口户籍所在地和现居住地的合作与职责

《流动人口计划生育工作条例》第四条规定，流动人口计划生育工作由流动人口户籍所在地和现居住地的人民政府共同负责，以现居住地人民政府为主，户籍所在地人民政府予以配合。

流动人口现居住地的地方各级人民政府有对流动人口计划生育工作进行日常管理的责任，应将流动人口计划生育工作纳入当地计划生育管理。具体包括：办理《流动人口婚育证明》，进行人口与计划生育宣传教育、学习，组织有关单位为已婚育龄人员提供避孕药具，了解已婚育龄人员的计划生育情况，定期为已婚育龄人员进行避孕节育、优生优育及其他生殖保健服务。

三、婚育证明的办理、生育服务登记

《流动人口计划生育工作条例》第七条、第八条、第十三条、第十六条、第十七条对婚育证明的办理、生育服务登记的规定如下：

（一）婚育证明的办理

流动人口中的成年育龄妇女（以下称成年育龄妇女）在离开户籍所在地前，应当凭本人居民身份证到户籍所在地的乡（镇）人民政府或者街道办事处办理婚育证明；已婚的，办理婚育证明还应当出示结婚证。婚育证明应当载明成年育龄妇女的姓名、年龄、居民身份证号码、婚姻状况、配偶信息、生育状况、避孕节育情况等内容。流动人口户籍所在地的乡（镇）人民政府、街道办事处应当出具婚育证明。

（二）婚育证明的交验

成年育龄妇女应当自到达现居住地之日起30日内提交婚育证明。成年育龄妇女可以向现居住地的乡（镇）人民政府或者街道办事处提交婚育证明，也可以通过村民委员会、居民委员会向现居住地的乡（镇）人民政府或者街道办事处提交婚育证明。流动人口现居住地的乡（镇）人民政府、街道办事处应当查验婚育证明，督促未办理婚育证明的成年育龄妇女及时补办婚育证明；告知流动人口在现居住地可以享受的计划生育服务和奖励、优待，以及应当履行的计划生育相关义务。

（三）流动人口办理第一个子女生育服务登记的规定

（1）育龄夫妻生育第一个子女的，可以在现居住地的乡（镇）人民政府或者街道办事处办理生育服务登记。办理生育服务登记，应当提供下列证明材料：①夫妻双方的居民身份证；②结婚证；③女方的婚育证明和男方户籍所在地的乡（镇）人民政府或者街道办事处出具的婚育情况证明材料。

（2）育龄夫妻现居住地的乡（镇）人民政府或者街道办事处应当自收到女方的婚育证明和男方的婚育情况证明材料之日起 7 个工作日内，向育龄夫妻户籍所在地的乡（镇）人民政府或者街道办事处核实有关情况。育龄夫妻户籍所在地的乡（镇）人民政府或者街道办事处应当自接到核实要求之日起15个工作日内予以反馈。若核查无误，育龄夫妻现居住地的乡（镇）人民政府或者街道办事处应当在接到情况反馈后及时办理生育服务登记；情况有误、不予办理的，应当书面说明理由。

（3）现居住地的乡（镇）人民政府或者街道办事处应当自办理生育服务登记之日起15个工作日内向育龄夫妻户籍所在地的乡（镇）人民政府或者街道办事处通报办理结果。

（四）注意事项

（1）流动人口现居住地从事计划生育技术服务的机构应当按照所在地省、自治区、直辖市或者较大的市的规定，为已婚育龄妇女出具避孕节育情况证明。流动人口现居住地的乡（镇）人民政府或者街道办事处应当根据已婚育龄妇女的避孕节育情况证明，及时向其户籍所在地的乡（镇）人民政府或者街道办事处通报流动人口避孕节育情况。流动人口户籍所在地的县级人民政府人口和计划生育部门、乡（镇）人民政府或者街道办事处不得要求已婚育龄妇女返回户籍所在地进行避孕节育情况检查。

（2）出具婚育证明或者其他计划生育证明材料，不得收取任何费用。流动人口计划生育工作所需经费，按照国家有关规定予以保障。

四、流动人口的计划生育权利

《流动人口计划生育工作条例》第十条规定，流动人口在现居住地享受下列计划生育服务和奖励、优待：

（1）免费参加有关人口与计划生育法律知识和生殖健康知识普及活动；

（2）依法免费获得避孕药具，免费享受国家规定的其他基本项目的计划生育技术服务；

（3）晚婚晚育或者在现居住地施行计划生育手术的，按照现居住地省、自治区、直辖市或者较大的市的规定，享受休假等；

（4）实行计划生育的，按照流动人口现居住地省、自治区、直辖市或者较大的市的规定，在生产经营等方面获得支持、优惠，在社会救济等方面享受优先照顾。

第十八条规定，地方各级人民政府和政府有关部门以及协助查验婚育证明的村民委员会、居民委员会及其工作人员，应当对涉及公民隐私的流动人口信息予以保密。

M 命题规律分析

从往年的命题情况来看，本考点主要采取单选题的命题形式，出现的频率不高，一般是对政策与法规原文的考查。我们总结的考点内容一般是重要的知识点，但为了拓展考生的知识面，建议考生查看《中华人民共和国人口与计划生育法》，对考生答题将会有较大的帮助。

此外，考生还可以记忆一些数字，如流动人口成年育龄妇女应当自到达现居住地之日起30日内提交婚育证明，现居住地的乡（镇）人民政府或者街道办事处应当自办理生育服务登记之日起15个工作日内向育龄夫妻户籍所在地的乡（镇）人民政府或者街道办事处通报办理结果，等等。

Z 真题再现

2017-单选-55 根据《流动人口计划生育工作条例》，流动人口中的成年育龄妇女，应当自到达现居地之日起（　　）内，提交婚育证明。

A.30天　　B.60天

C.3个月　　D.6个月

【答案】A。**解析：**本题考查流动人口婚育证明的办理及生育服务登记的相关知识。流动人口成年育龄妇女应当自到达现居住地之日起30日内提交婚育证明。故本题选A。

第十二章　我国社会保险法规与政策

备考指南

根据最新修订的考试大纲，本章主要分为五个部分：第一部分为养老保险法规与政策，主要包括城镇职工基本养老保险制度的法规与政策和城乡居民基本养老保险制度的法规与政策；第二部分为医疗保险和生育保险法规与政策，主要包括城镇职工医疗保险制度的法规与政策、城乡居民医疗保险制度的法规与政策、生育保险制度的法规与政策；第三部分为失业保险和工伤保险法规与政策，主要包括失业保险制度的法规与政策、工伤保险制度的法规与政策；第四部分为社会保险管理法规与政策，主要包括社会保险基金与征缴、社会保险经办与监督；第五部分是军人保险法规与政策，主要包括军人保险的主要内容和军人保险的管理。

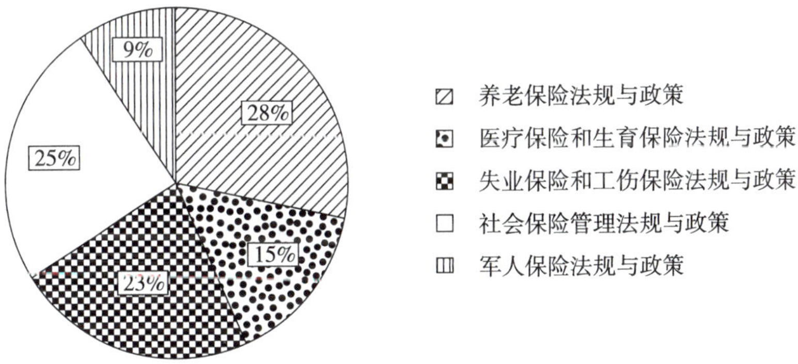

图2-12-1　本章考点考查比重

考点精讲 1　城镇职工基本养老保险制度的法规与政策

K 考点梳理

一、参保人

《中华人民共和国社会保险法》对参保人的规定如下：

1.基本特征

参保人只有履行了参保和缴费的义务，才能享受领取待遇的权利。

2.义务参保人和自愿参保人

（1）义务参保人：所有签订了劳动合同的职工及其用人单位都是义务参保人，应当参加职工基本养老保险。

（2）自愿参保人：无雇主的个体工商户、未在用人单位参加基本养老保险的非全日制从业人员，以及其他灵活就业人员则是自愿参保人，可以参加职工基本养老保险。

3.户籍和国籍

（1）进城务工的农村居民依照本法规定参加社会保险。

（2）征收农村集体所有的土地，应当足额安排被征地农民的社会保险费，按照国务院规定将被征地农民纳入相应的社会保险制度。

（3）外国人在中国境内就业的，参照本法规定参加社会保险。

二、职工基本养老保险制度的内容

《国务院关于建立统一的企业职工基本养老保险制度的决定》和《国务院关于完善企业职工基本养老保险制度的决定》对职工基本养老保险制度的规定如下：

1.制度模式

我国的职工基本养老保险制度实行社会统筹与个人账户相结合的制度。

2.构成

基本养老保险基金由用人单位缴费、个人缴费及政府补助等构成。其中，用人单位应当按照国家规定的本单位职工工资总额的一定比例缴纳基本养老保险费，记入基本养老保险统筹基金。

3.缴费比例

（1）根据1997年《国务院关于建立统一的企业职工基本养老保险制度的决定》，企业缴纳基本养老保险费的比例，一般不得超过企业工资总额的20%；职工按照国家规定的本人工资为缴费基数，按照8%的缴费比例缴纳基本养老保险费，记入个人账户。

（2）就灵活就业人员的缴费比例而言，根据国务院2005年颁布的《关于完善企业职工基本养老保险制度的决定》，城镇个体工商户与灵活就业人员参加基本养老保险的缴费基数为当地上年度在岗职工平均工资，缴费比例为20%，其中8%记入个人账户。

4.政府责任

政府在基本养老保险基金筹集方面的责任主要体现在以下两个方面：

（1）国有企业、事业单位职工参加基本养老保险前，视同缴费年限期间应当缴纳的基本养老保险费由政府承担。

（2）基本养老保险基金出现支付不足时，政府给予补贴。

三、基本养老金的计发

《中华人民共和国社会保险法》和《国务院关于深化企业职工养老保险制度改革的通知》对基本养老金的计发规定如下：

1. 类型

（1）参加基本养老保险的个人，达到法定退休年龄时，累计缴费满15年的，按月领取基本养老金。达到法定退休年龄和累计缴费满15年，是参保者领取基本养老金的两个前提条件。参加基本养老保险的个人，达到法定退休年龄时累计缴费不足15年的，可以缴费至满15年，按月领取基本养老金；也可以转入新型农村社会养老保险或者城镇居民社会养老保险，按照国务院规定享受相应的养老保险待遇。

（2）参加基本养老保险的个人，因病或者非因工死亡的，其遗属可以领取丧葬补贴和抚恤金。

（3）参加基本养老保险的个人，在未达到法定退休年龄时因病或非因工致残完全丧失劳动能力的，可以领取病残津贴。

2. 基本养老金的计发

基本养老金待遇由社会统筹养老金（也称基础养老金）和个人账户养老金共同构成。基础养老金以职工退休时当地上年度在岗职工月平均工资与本人指数化月平均缴费工资的平均值为基数。

3. 个人账户养老金计发办法

个人账户养老金月标准为职工退休时本人个人账户累计储存额除以计发月数，不同的退休年龄对应不同的计发月数。职工离退休后，个人账户的储存额已经领取完毕时，由社会统筹基金按照规定标准继续支付，直到参保人死亡。个人账户养老金不得提前支取，记账利率不得低于银行定期存款利率，免征利息税。个人死亡时，个人账户养老金余额可以继承。

4. 待遇水平调整

国家建立基本养老金正常调整机制，根据职工平均工资增长、物价上涨情况，适时提高基本养老保险待遇水平。

四、保险转移与接续

《中华人民共和国社会保险法》和《城镇企业职工基本养老保险关系转移接续暂行办法》对保险转移与接续的规定如下：

1. 跨统筹地区就业

针对我国的职工养老保险制度改革缘起于地方的自发性尝试，面临地区之间的分割、统筹层次较低等问题。《中华人民共和国社会保险法》第十九条规定，个人跨统筹地区就业的，其基本养老保险关系随本人转移，缴费年限累计计算。个人达到法定退休年龄时，基本养老金分段计算、统一支付。

2. 转移接续的办理

（1）参保人员返回户籍所在地（指省、自治区、直辖市，下同）就业参保的，户籍所在地的相关社保经办机构应为其及时办理转移接续手续。

（2）参保人员从现有工作地转移到新的工作地，由新参保地的社保经办机构为其及时办理转移接续手续。但对男性年满50周岁和女性年满40周岁的，应在原参保地继续保留基本养老保险关系，同时在新参保地建立临时基本养老保险缴费账户，记录单位和个人全部缴费。

（3）参保人员经县级以上党委组织部门、人力资源社会保障行政部门批准调动，且与调入单位建立劳动关系并缴纳基本养老保险费的，不受以上年龄规定限制，应在调入地及时办理基本养老保险关系转移接续手续。

3. 资金转移方式

（1）个人账户储存额：1998年1月1日之前按个人缴费累计本息计算转移，1998年1月1日后按计入个人账户的全部储存额计算转移。

（2）统筹基金（单位缴费）：以本人1998年1月1日后各年度实际缴费工资为基数，按12%的总和转移，参保缴费不足1年的，按实际缴费月数计算转移。

4. 退休后的待遇领取地点

（1）基本养老保险关系在户籍所在地的，由户籍所在地负责办理待遇领取手续。

（2）基本养老保险关系不在户籍所在地，而在其基本养老保险关系所在地累计缴费年限满10年的，在该地办理待遇领取手续。

（3）基本养老保险关系不在户籍所在地，且在其基本养老保险关系所在地累计缴费年限不满10年的，将其基本养老保险关系转回上一个缴费年限满10年的原参保地办理待遇领取手续。

（4）基本养老保险关系不在户籍所在地，且在每个参保地的累计缴费年限均不满10年的，将其基本养老保险关系及相应资金归集到户籍所在地，由户籍所在地按规定办理待遇领取手续。

M 命题规律分析

基础养老金=（参保人退休时当地上年度在岗职工月平均工资+参保人本人指数化月平均缴费工资）÷2×缴费年限×1%。该公式体现的是养老保险制度的基本原则，即缴费水平越高（在公式中体现为参保人本人指数化月平均缴费工资），待遇水平越高；缴费时间越长（在公式中体现为缴费年限），待遇水平越高。

Z 真题再现

2018-单选-55 根据《城镇企业职工基本养老保险关系转移接续暂行办法》，参保人员跨省流动就业转移基本养老保险关系时，统筹基金(单位缴费)以本人1998年1月1日后各年度实际缴费工资为基数，按(　　)的总和转移，参保缴费不足1年的，按实际缴费月数计算转移。

A.8%　　　　B.12%

C.16%　　　　D.20%

【答案】B。**解析：**本题考查《城镇企业职工基本养老保险关系转移接续暂行办法》中的职工基本养老保险关系转移接续。根据《城镇企业职工基本养老保险关系转移接续暂行办法》，参保人员跨省流动就业转移基本养老保险关系时，按下列方法计算转移资金：(1)个人账户储存额，1998年1月1日之前按个人缴费累计本息计算转移，1998年1月1日后按计入个人账户的全部储存额计算转移。(2)统筹基金(单位缴费)，以本人1998年1月1日后各年度实际缴费工资为基数，按12%的总和转移，参保缴费不足1年的，按实际缴费月数计算转移。故本题选B。

考点精讲 2 城乡居民基本养老保险制度的法规与政策

K 考点梳理

一、参保人

《社会保险法》第二十条规定，国家建立和完善新型农村社会养老保险制度，该制度实行个人缴费、集体补助和政府补贴相结合。第二十二条规定，国家建立和完善城镇居民社会养老保险制度。国务院2014年2月发布的《关于建立统一的城乡居民基本养老保险制度的意见》作出了将新型农村社会养老保险与城镇居民社会养老保险合并实施，在全国范围内建立统一的城乡居民基本养老保险制度的决定。

年满16周岁(不含在校学生)，非国家机关和事业单位工作人员及不属于职工基本养老保险制度覆盖范围的城乡居民，可以在户籍地参加城乡居民养老保险。

二、城乡居民基本养老保险的内容

《关于建立统一的城乡居民基本养老保险制度的意见》对城乡居民基本养老保险的内

容规定如下：

1. 构成模式

城乡居民基本养老保险采取的也是统筹账户与个人账户相结合的模式，其中，统筹账户用于支付基础养老金。基础养老金全部来源于政府财政。个人账户则由个人缴费、地方人民政府对参保人的缴费补贴、集体补助及其他社会经济组织、公益慈善组织、个人对参保人的缴费资助共同构成。

2. 个人缴费标准

参加城乡居民养老保险的人员应当按规定缴纳养老保险费。缴费标准目前设为每年100元、200元、300元、400元、500元、600元、700元、800元、900元、1000元、1500元、2000元12个档次，省（区、市）人民政府可以根据实际情况增设缴费档次，最高缴费档次标准原则上不超过当地灵活就业人员参加职工基本养老保险的年缴费额，并报人力资源和社会保障部备案。

3. 集体补助

有条件的村集体经济组织应当对参保人缴费给予补助，补助标准由村民委员会召开村民会议民主确定，鼓励有条件的社区将集体补助纳入社区公益事业资金筹集范围。鼓励其他社会经济组织、公益慈善组织、个人为参保人缴费提供资助。补助、资助金额不超过当地设定的最高缴费档次标准。

4. 政府补贴

（1）政府对符合领取城乡居民养老保险待遇条件的参保人全额支付基础养老金，其中，中央财政对中西部地区按中央确定的基础养老金标准给予全额补助，对东部地区给予50%的补助。

（2）地方人民政府应当对参保人缴费给予补贴，对选择最低档次标准缴费的，补贴标准不低于每人每年30元；对选择较高档次标准缴费的，适当增加补贴金额；对选择500元及以上档次标准缴费的，补贴标准不低于每人每年60元，具体标准和办法由省（区、市）人民政府确定。对重度残疾人等缴费困难群体，地方人民政府为其代缴部分或全部最低标准的养老保险费。

三、养老保险待遇的领取条件和标准

《关于建立统一的城乡居民基本养老保险制度的意见》对养老保险待遇的领取条件和标准规定如下：

1. 基本条件

领取城乡居民养老保险待遇的条件是，参加城乡居民养老保险的个人，年满60周岁、累计缴费满15年，且未领取国家规定的基本养老保障待遇的，可以按月领取城乡居民养老保险待遇。

2. 其他条件

在新型农村社会养老保险或城镇居民社会养老保险制度实施时已年满60周岁（前者于2009年开始试点实施，后者于2011年开始试点实施），在2014年2月城乡居民基本养老保险制度实施时尚未领取国家规定的基本养老保障待遇的，不用缴费，可以直接按月领取城乡居民养老保险基础养老金。距规定领取年龄不足15年的，应逐年缴费，也允许补缴，累计缴费不超过15年，待60岁时即可领取待遇。距规定领取年龄超过15年的，应按年缴费，累计缴费不少于15年。

3. 养老金标准

（1）城乡居民养老保险待遇由基础养老金和个人账户养老金构成，支付终身。

（2）基础养老金。中央确定基础养老金最低标准，建立基础养老金最低标准正常调整机制，根据经济发展和物价变动等情况，适时调整全国基础养老金最低标准。地方人民政府可以根据实际情况适当提高基础养老金标准；对长期缴费的，可适当加发基础养老金，提高和加发部分的资金由地方人民政府支出，具体办法由省（区、市）人民政府规定，并报人力资源社会保障部备案。

（3）个人账户养老金。个人账户养老金的月计发标准，目前为个人账户全部储存额除以139（与现行职工基本养老保险个人账户养老金计发系数相同）。参保人死亡，个人账户资金余额可以依法继承。

四、城乡养老保险制度的衔接

《城乡养老保险制度衔接暂行办法》对城乡养老保险制度的衔接规定如下：

1. 衔接目的

国家建立城乡居民基本养老保险制度与城镇职工基本养老保险制度之间的衔接机制。该机制有利于解决劳动者跨行业流动过程中，尤其是进城务工劳动者的养老保险权益问题，促进劳动力的合理流动，保障广大城乡参保人员的权益。

2. 衔接对象

参加城镇职工养老保险和城乡居民养老保险人员，达到城镇职工养老保险法定退休年龄后，城镇职工养老保险缴费年限满15年（含延长缴费至15年）的，可以申请从城乡居民养老保险转入城镇职工养老保险，按照城镇职工养老保险办法计发相应待遇；城镇职工养老保险缴费年限不足15年的，可以申请从城镇职工养老保险转入城乡居民养老保险，待达到城乡居民养老保险规定的领取条件时，按照城乡居民养老保险办法计发相应待遇。

3. 具体办法

（1）参保人员从城乡居民养老保险转入城镇职工养老保险的，城乡居民养老保险个人账户全部储存额并入城镇职工养老保险个人账户，城乡居民养老保险缴费年限不合并计算或折算为城镇职工养老保险缴费年限。

（2）参保人员从城镇职工养老保险转入城乡居民养老保险的，城镇职工养老保险个人账户全部储存额并入城乡居民养老保险个人账户，参加城镇职工养老保险的缴费年限合并计算为城乡居民养老保险的缴费年限。

M 命题规律分析

在实际的考试中，本考点考查的一般是一些细节知识点。例如，在养老保险基金的缴费中，单位按本单位工资总额的8%缴费，个人按本人缴费工资的4%缴费；领取基本养老金的条件是法定退休年龄且累计缴费满15年。

Z 真题再现

2019-单选-55 根据《国务院关于机关事业单位工作人员养老保险制度改革的决定》，工作人员个人缴纳职业年金占本人缴费工资的比例为（　　）。

A.2%　　　　B.4%

C.6%　　　　D.8%

【答案】B。解析：本题考查养老保险制度。机关事业单位在参加基本养老保险的基础上，应当为其工作人员建立职业年金。单位按本单位工资总额的8%缴费，个人按本人缴费工资的4%缴费。故本题选B。

考点精讲 3 医疗保险制度的法规与政策

K 考点梳理

一、城镇职工基本医疗保险制度

《中华人民共和国社会保险法》和《国务院关于建立城镇职工基本医疗保险制度的决定》对城镇职工基本医疗保险的规定如下：

1.参保范围

（1）城镇所有用人单位，包括企业（国有企业、集体企业、外商投资企业、私营企业等）、机关、事业单位、社会团体、民办非企业单位及其职工，都要参加基本医疗保险。乡镇企业及其职工、城镇个体经济组织业主及其从业人员是否参加基本医疗保险，由各省、自治区、直辖市人民政府决定。

（2）职工应当参加职工基本医疗保险，由用人单位和职工按照国家规定共同缴纳基本医疗保险费。无雇主的个体工商户、未在用人单位参加职工基本医疗保险的非全日制从业人员以及其他灵活就业人员可以参加职工基本医疗保险，由个人按照国家规定缴纳基本医疗保险费。

2. 制度模式与资金来源

（1）基本医疗保险费由用人单位和职工共同缴纳。用人单位缴费率应控制在职工工资总额的6%左右，职工缴费率一般为本人工资收入的2%。随着经济发展，用人单位和职工缴费率可做相应调整。

（2）基本医疗保险基金由统筹基金和个人账户构成。职工个人缴纳的基本医疗保险费，全部计入个人账户。用人单位缴纳的基本医疗保险费分为两部分，一部分用于建立统筹基金，一部分划入个人账户。划入个人账户的比例一般为用人单位缴费的30%左右，具体比例由统筹地区根据个人账户的支付范围和职工年龄等因素确定。

3. 保险待遇

（1）符合基本医疗保险药品目录、诊疗目录、医疗服务设施标准及急诊、抢救的费用的，按照国家规定从基本医疗保险基金中支付。

（2）基本医疗保险实行定点医疗机构（包括中医医院）和定点药店管理制度，劳动保障部会同卫健委、财政部等有关部门制定定点医疗机构和定点药店的资格审定办法。

4. 不纳入支付范围

（1）下列医疗费用不纳入基本医疗保险基金支付范围：①应当从工伤保险基金中支付的；②应当由第三人负担的；③应当由公共卫生负担的；④在境外就医的。

（2）医疗费用依法应当由第三人负担，第三人不支付或者无法确定第三人的，由基本医疗保险基金先行支付。基本医疗保险基金先行支付后，有权向第三人追偿。

5. 支付方式

基本医疗保险统筹基金和个人账户要划定各自的支付范围，分别核算，不得互相挤占。要确定统筹基金的起付标准和最高支付限额，起付标准原则上控制在当地职工年平均工资的10%左右，最高支付限额原则上控制在当地职工年平均工资的4倍左右。起付标准以下的医疗费用，从个人账户中支付或由个人自付。起付标准以上、最高支付限额以下的医疗费用，主要从统筹基金中支付，个人也要负担一定比例。超过最高支付限额的医疗费用，可以通过商业医疗保险等途径解决。统筹基金的具体起付标准、最高支付限额以及在起付标准以上和最高支付限额以下医疗费用的个人负担比例，由统筹地区根据以收定支、收支平衡的原则确定。

6. 特殊人员医疗待遇

为妥善解决有关人员的医疗待遇，规定如下：

（1）离休人员、老红军的医疗待遇不变，医疗费用按原资金渠道解决，支付确有困难的，由同级人民政府帮助解决。离休人员、老红军的医疗管理办法由省、自治区、直辖市人民政府制定。

（2）二等乙级以上革命伤残军人的医疗待遇不变，医疗费用按原资金渠道解决，由社会保险经办机构单独列账管理。医疗费支付不足部分，由当地人民政府帮助解决。

（3）退休人员参加基本医疗保险，个人不缴纳基本医疗保险费。对退休人员个人账户的计入金额和个人负担医疗费的比例给予适当照顾。

（4）国家公务员在参加基本医疗保险的基础上，享受医疗补助政策。具体办法另行制定。

7. 支付方式改革的指导意见

2017年6月20日，国务院办公厅下发《国务院办公厅关于进一步深化基本医疗保险支付方式改革的指导意见》，要求实行多元复合式医保支付方式，重点推行按病种付费、按疾病诊断相关分组付费试点，完善按人头付费，按床日付费等支付方式。

二、城镇居民基本医疗保险

国家建立和完善城镇居民基本医疗保险制度。城镇居民基本医疗保险实行个人缴费和政府补贴相结合。《中华人民共和国社会保险法》《国务院关于开展城镇居民基本医疗保险试点的指导意见》《关于开展城镇居民基本医疗保险门诊统筹的指导意见》对城镇居民基本医疗保险制度的主要内容进行了规定：

1. 参保范围

不属于城镇职工基本医疗保险制度覆盖范围的中小学阶段的学生（包括职业高中、中专、技校学生）、少年儿童和其他非从业城镇居民都可自愿参加城镇居民基本医疗保险。

2. 筹资水平

试点城市应根据当地的经济发展水平以及成年人和未成年人等不同人群的基本医疗消费需求，并考虑当地居民家庭和财政的负担能力，恰当确定筹资水平。

3. 缴费与补助

城镇居民基本医疗保险以家庭缴费为主，政府给予适当补助。享受最低生活保障的人、丧失劳动能力的残疾人、低收入家庭六十周岁以上的老年人和未成年人等所需个人缴费部分，由政府给予补贴。由于我国地区之间经济发展水平差异较大，各地的缴费水平和政府补贴水平并没有统一的标准。

4. 费用支付

（1）城镇居民基本医疗保险基金的使用要坚持以收定支、收支平衡、略有结余的原则，重点用于参保居民的住院和门诊大病医疗支出，有条件的地区可以逐步试行门诊医疗费用统筹。

（2）根据城镇居民基本医疗保险基金支付能力，在重点保障参保居民住院和门诊大病医疗支出的基础上，逐步将门诊“小病”医疗费用纳入基金支付范围。

5. 服务管理

对城镇居民基本医疗保险的医疗服务管理，原则上参照城镇职工基本医疗保险的有关规定执行。要综合考虑参保居民的基本医疗需求和基本医疗保险基金的承受能力等因素，合理确定医疗服务的范围。通过订立和履行定点服务协议，规范对定点医疗机构和定点零售药店的管理，明确医疗保险经办机构和定点的医疗机构、零售药店的权利和义务。医疗保险经办机构要简化审批手续，方便居民参保和报销医疗费用；明确医疗费用结算办法，按规定与医疗机构及时结算。加强对医疗费用支出的管理，探索建立医疗保险管理服务的奖惩机制。积极推行医疗费用按病种付费、按总额预付等结算方式，探索协议确定医疗费用标准的办法。

三、新型农村合作医疗制度

国家建立和完善新型农村合作医疗制度。《关于建立新型农村合作医疗制度的意见》对其主要内容规定如下：

1. 原则

建立新型农村合作医疗制度要遵循以下原则：

（1）自愿参加，多方筹资。农民以家庭为单位自愿参加新型农村合作医疗，遵守有关规章制度，按时足额缴纳合作医疗经费；乡（镇）、村集体要给予资金扶持；中央和地方各级财政每年要安排一定专项资金予以支持。

（2）以收定支，保障适度。

（3）先行试点，逐步推广。

2. 筹资标准

新型农村合作医疗制度实行个人缴费、集体扶持和政府资助相结合的筹资机制。

（1）农民个人每年的缴费标准不应低于10元，经济条件好的地区可相应提高缴费标准。乡镇企业职工（不含以农民家庭为单位参加新型农村合作医疗的人员）是否参加新型农村合作医疗由县级人民政府确定。

（2）有条件的乡村集体经济组织应对本地新型农村合作医疗制度给予适当扶持。扶持新型农村合作医疗的乡村集体经济组织类型、出资标准由县级人民政府确定，但集体出资部分不得向农民摊派。鼓励社会团体和个人资助新型农村合作医疗制度。

（3）地方财政每年对参加新型农村合作医疗农民的资助不低于人均10元，具体补助标准和分级负担比例由省级人民政府确定。经济较发达的东部地区，地方各级财政可适当增加投入。从2003年起，中央财政每年通过专项转移支付对中西部地区除市区以外的参加新型农村合作医疗的农民按人均10元安排补助资金。

3. 资金管理

农村合作医疗基金是由农民自愿缴纳、集体扶持、政府资助的民办公助社会性资金，要按照以收定支、收支平衡和公开、公平、公正的原则进行管理，必须专款专用，专户储存，不得挤占挪用。

（1）农村合作医疗基金由农村合作医疗管理委员会及其经办机构进行管理。农村合作医疗经办机构应在管理委员会认定的国有商业银行设立农村合作医疗基金专用账户，确保基金的安全和完整，并建立健全农村合作医疗基金管理的规章制度，按照规定合理筹集、及时审核支付农村合作医疗基金。

（2）农村合作医疗基金中农民个人缴费及乡村集体经济组织的扶持资金，原则上按年由农村合作医疗经办机构在乡（镇）设立的派出机构（人员）或委托有关机构收缴，存入农村合作医疗基金专用账户；地方财政支持资金，由地方各级财政部门根据参加新型农村合作医疗的实际人数，划拨到农村合作医疗基金专用账户；中央财政补助中西部地区新型农村合作医疗的专项资金，由财政部根据各地区参加新型农村合作医疗的实际人数和资金到位等情况核定，向省级财政划拨。中央和地方各级财政要确保补助资金及时、全额拨付到农村合作医疗基金专用账户，并通过新型农村合作医疗试点逐步完善补助资金的划拨办法，尽可能简化程序，易于操作。要结合财政国库管理制度改革和完善情况，逐步实现财政直接支付。关于新型农村合作医疗资金具体补助办法，由财政部等有关部门研究制定。

（3）农村合作医疗基金主要补助参加新型农村合作医疗农民的大额医疗费用或住院医疗费用。有条件的地方，可实行大额医疗费用补助与小额医疗费用补助结合的办法，既提高抗风险能力又兼顾农民受益面。对参加新型农村合作医疗的农民，年内没有动用农村合作医疗基金的，要安排进行一次常规性体检。各省、自治区、直辖市要制订农村合作医疗报销基本药物目录。各县（市）要根据筹资总额，结合当地实际，科学合理地确定农村合作医疗基金的支付范围、支付标准和额度，确定常规性体检的具体检查项目和方式，防止农村合作医疗基金超支或过多结余。

（4）加强对农村合作医疗基金的监管。农村合作医疗经办机构要定期向农村合作医疗管理委员会汇报农村合作医疗基金的收支、使用情况；要采取张榜公布等措施，定期向社会公布农村合作医疗基金的具体收支、使用情况，保证参加合作医疗农民的参与、知情和监督的权利。县级人民政府可根据本地实际，成立由相关政府部门和参加合作医疗的农民代表共同组成的农村合作医疗监督委员会，定期检查、监督农村合作医疗基金使用和管理情况。农村合作医疗管理委员会要定期向监督委员会和同级人民代表大会汇报工作，主动接受监督。审计部门要定期对农村合作医疗基金收支和管理情况进行审计。

四、城乡居民基本养老保险制度和大病保险制度的其他规定

为进一步贯彻落实党的十九大关于“完善统一的城乡居民基本医疗保险制度和大病保

险制度”的决策部署，落实2020年《政府工作报告》任务要求，做好城乡居民基本医疗保障工作：

1.提高城乡居民基本医疗保险筹资标准

（1）继续提高财政补助标准。2020年城乡居民基本医疗保险（以下简称居民医保）人均财政补助标准新增30元，达到每人每年不低于550元。中央财政按规定对地方实行分档补助，地方各级财政要按规定足额安排财政补助资金并及时拨付到位。

（2）稳步提高个人缴费标准。原则上个人缴费标准同步提高30元，达到每人每年280元。各统筹地区要统筹考虑基金收支平衡、待遇保障需要和各方承受能力等因素，合理确定具体筹资标准，适当提高个人缴费比重。财政补助和个人缴费水平已达到国家规定标准的统筹地区，可根据实际合理确定筹资水平。立足基本医保筹资、大病保险运行情况，统筹提高大病保险筹资标准。

（3）完善居民医保个人缴费与政府补助相结合的筹资机制。各统筹地区要适应经济社会发展，合理提高居民医保财政补助和个人缴费标准，稳步提升筹资水平，逐步优化筹资结构，推动实现稳定可持续筹资。根据2020年财政补助标准和跨年征缴的个人缴费，科学评估2020年筹资结构，着眼于责任均衡、结构优化和制度可持续，研究未来2至3年个人缴费增长规划。

2.健全待遇保障机制

（1）落实居民医保待遇保障政策。发挥居民医保全面实现城乡统筹的制度红利，坚持公平普惠，加强基本医保主体保障功能。巩固住院待遇水平，政策范围内住院费用支付比例达到70%。强化门诊共济保障，全面落实高血压、糖尿病门诊用药保障机制，规范简化门诊慢特病保障认定流程。落实新版国家医保药品目录，推进谈判药品落地。

（2）巩固大病保险保障水平。全面落实起付线降低并统一全居民人均可支配收入的半，政策范围内支付比例提高到60%，鼓励有条件的地区探索取消封顶线。继续加大对贫困人口倾斜支付，脱贫攻坚期内农村建档立卡贫困人口起付线较普通参保居民降低一半，支付比例提高5个百分点，全面取消农村建档立卡贫困人口封顶线。

（3）发挥医疗救助托底保障作用。落实落细困难群众救助政策，分类资助特困人员、低保对象、农村建档立卡贫困人口参加居民医保，按标资助、人费对应，及时划转资助资金，确保困难群众应保尽保。巩固提高住院和门诊救助水平，加大重特大疾病救助力度，探索从按病种施救逐步过渡到以高额费用为重特大疾病救助识别标准。结合救助资金筹集情况和救助对象需求，统筹提高年度救助限额。

3.全力打赢医疗保障脱贫攻坚战

（1）确保完成医保脱贫攻坚任务。聚焦建档立卡贫困人口，会同相关部门做好贫困人口基本医疗有保障工作，落实新增贫困人口及时参保政策，抓实参保缴费、健全台账管理、同步基础信息，做好省（自治区、直辖市）内异地参保核查，实行贫困人口参保、缴费、权益记录全流程跟踪管理，确保贫困人口动态应保尽保。抓好挂牌督战，坚决攻克深度贫困地区堡垒，落实贫困人口省（自治区、直辖市）内转诊就医享受本地待遇政策，简化异地就医登记备案，促进“互联网+”医疗服务价格和医保支付政策落地。

（2）巩固医保脱贫攻坚成效。全面落实和落细医保脱贫攻坚政策，持续发挥医保三重制度综合保障、梯次减负功能。协同做好脱贫不稳定户、边缘户及因疫情等原因致贫返贫户监测，落实新冠肺炎救治费用医保报销和财政补助政策。用好医保扶贫调度、督战、政策分析功能模块，动态监测攻坚进展。配合做好脱贫攻坚普查、脱贫摘帽县抽查、巡查督查等工作。加大贫困地区基金监管力度，着力解决贫困人口住院率畸高、小病大治大养及欺诈骗保问题。加强和规范协议管理，强化异地就医监管。

（3）研究医保脱贫攻坚接续工作。严格落实“四不摘”要求，过渡期内，保持政策相对稳定。对标对表脱贫攻坚成效考核和专项巡视“回头看”等渠道反馈问题，稳妥纠正不切实际的过度保障问题，确保待遇平稳过渡。结合健全重特大疾病医疗保险和救助制度，研究医保扶贫长效机制。

4.完善医保支付管理

（1）加强定点医药机构管理。完善绩效考核机制，形成基于协议管理的绩效考核方案及运行机制，将考核结果与医保基金支付挂钩，更好推进基本医疗保险定点医药机构的事中、事后管理工作。

（2）推进医保支付方式改革。发挥医保支付在调节医疗服务行为、提高医保基金使用效率等方面的重要作用。普遍实施按病种付费为主的多元复合式支付方式，在30个城市开展疾病诊断相关分组付费国家试点工作，加强过程管理，适应不同医疗服务特点。完善医保总额管理和重大疫情医保综合保障机制。

（3）加强医保目录管理。逐步统一医保药品支付范围，建立谈判药品落实情况监测机制，制定各省增补品种三年消化方案，2020年6月底前将国家重点监控品种剔除出目录并完成40%省级增补品种的消化。控制政策范围外费用占比，逐步缩小实际支付比例和政策范围内支付比例的差距。

5.加强基金监督管理

（1）加强基金监督检查。建立全覆盖式医保基金监督检查制度，全年组织开展两次医保基金监督检查。以医保经办机构和定点医疗机构为重点，分类推进医保违法违规行为专项治理，推进基金监管规范年建设，建立健全行政执法公示、执法全过程记录、重大执法决定法制审核等制度，推进规范执法。强化基金监管长效机制，以“两试点一示范”为抓手，健全监督举报、举报奖励、智能监管、综合监管、责任追究等措施，探索建立医疗保障信用体系，建立药品价格和招采信用评价制度。加强对承办大病保险商业保险机构的监督检查，建立健全考核评价体系，督促指导商业保险机构提高服务效能、及时兑现待遇。

（2）加大市地级统筹推进力度。推进做实基本医保基金市地级统筹，已经建立基金市地级调剂金的要尽快实现统收统支，仍实行区县级统筹的少数地方要制定时间表、路线图，推进全市范围内基金共济，政策、管理、服务统一。衔接适应基本医保统筹层次，逐步推进市地范围内医疗救助政策、管理、服务统一。

（3）加强基金运行分析。结合新冠肺炎疫情影响，完善收支预算管理，适时调整基金预算，增强风险防范意识，健全风险预警、评估、化解机制及预案。开展基金使用绩效评价，加强评价结果应用，强化支出责任和效率意识。实现数据统一归口管理，做好与承办大病保险的商业保险机构必要的信息交换，加强大病保险运行监测分析和风险评估。

6. 加强经办管理服务

（1）抓好参保缴费工作。全面实施全民参保计划，做好参保情况清查，提升参保信息质量，建成国家医保信息平台基础信息管理子系统，清理重复参保，稳定持续参保，减少漏保断保，实现应保尽保。加大重点人群参保扩面力度，清理户籍、居住证、学籍等以外的参保限制，杜绝发生参保空档期。在各地政府统一组织下，压实工作责任，强化参保征缴业务衔接协同，加强医保、税务部门间经办联系协作，有序衔接征管职责划转，稳定参保缴费工作队伍，做好参保缴费动员，提高效率和服务水平，便民高效抓好征收工作，确保年度参保筹资量化指标落实到位。创新宣传方式，拓展宣传渠道，调动群众参保缴费积极性。

（2）推进一体化经办运行。推动市地范围内基本医保、大病保险、医疗救助“一站式服务、一窗口办理、一单制结算”。大力推进系统行风建设，根据深化“放管服”改革要求，全面落实《全国医疗保障经办政务服务事项清单》，完善经办管理服务流程，适应不同地区和人群特点，简化办事程序，优化窗口服务，推进网上办理，方便各类人群办理业务。加快落实异地就医结算制度，完善异地就医业务协同管理机制，继续推进国家平台统一备案试点工作，使符合条件的参保城乡居民享受统一的跨省异地就医结算服务。抓好新冠肺炎疫情相关费用结算工作，确保确诊和疑似病例待遇支付。

（3）提升经办管理服务能力。加快构建全国统一的医疗保障经办管理体系，整合城乡医疗保障经办体系，建立统一的医疗保障服务热线，大力推进服务下沉，实现省、市、县、乡镇（街道）、村（社区）全覆盖。加强队伍建设，打造与新时代医疗保障公共服务要求相适应的专业队伍，探索市地级以下经办机构垂直管理体制。合理安排财政预算，保证医疗保障公共服务机构正常运转。

（4）加快推进标准化和信息化建设。认真抓好15项信息业务编码标准的信息维护工作，组建编码标准维护团队，建立动态维护机制，加快推动编码测试应用工作。全力推进医保信息化平台建设，按照国家统一要求和标准，完成地方平台设计和应用系统部署实施。做好医保电子凭证的推广应用工作。保障平台建设过渡期内系统安全平稳运行。

7. 做好组织实施

加强组织保障和宣传引导。城乡居民医疗保障工作关系到广大参保群众切身利益，要高度重视，加强组织领导，明确工作职责，积极应对疫情影响，确保任务落实，重点做好困难群众、失业人员等人群的相关医疗保障工作。各级医疗保障部门要抓好居民医保待遇落实和管理服务，财政部门要确保财政补助拨付到位，税务部门要做好居民个人缴费征收工作，各部门间要加强业务协同和信息沟通，做好宣传引导和舆情监测，合理引导预期，做好风险应对，重要情况及时报告。

M 命题规律分析

本考点涉及的知识点较为重要，几乎是每年必考。重要的知识点有医疗保险的参保范围与保险待遇、其他制度模式、基金筹集及特殊政策，特别是新变化的内容，考生要注意掌握。

K 考点预测

【单选】根据《关于做好2020年城乡居民基本医疗保障工作的通知》，关于提高城乡居民医保和大病保险筹资标准为：2020年城乡居民医保人均财政补助标准新增30元，达到每人每年不低于（　　）元。

A.250　　B.380

C.550　　D.650

【答案】C。解析：本题考查城乡居民医保和大病保险的筹资标准。根据《关于做好2020年城乡居民基本医疗保障工作的通知》，关于提高城乡居民医保和大病保险筹资标准为：2020年城乡居民医保人均财政补助标准新增30元，达到每人每年不低于550元。故本题选C。

考点精讲 4 生育保险制度的法规与政策

K 考点梳理

2018年，我国修订了《中华人民共和国社会保险法》，在社会保险基金中重点内容如下：

第六十四条规定，社会保险基金包括基本养老保险基金、基本医疗保险基金、工伤保险基金、失业保险基金和生育保险基金。除基本医疗保险基金与生育保险基金合并建账及核算外，其他各项社会保险基金按照社会保险险种分别建账，分账核算。社会保险基金执行国家统一的会计制度。社会保险基金专款专用,任何组织和个人不得侵占或者挪用。基本养老保险基金逐步实行全国统筹,其他社会保险基金逐步实行省级统筹,具体时间、步骤由国务院规定。

第六十六条规定,社会保险基金按照统筹层次设立预算。除基本医疗保险基金与生育保险基金预算合并编制外,其他社会保险基金预算按照社会保险项目分别编制。

第六十七条　社会保险基金预算、决算草案的编制、审核和批准,依照法律和国务院规定执行。

2019年,国务院办公厅发布了《国务院办公厅关于全面推进生育保险和职工基本医疗保险合并实施的意见》,该意见的指导思想如下:

以习近平新时代中国特色社会主义思想为指导,全面贯彻党的十九大和十九届二中、三中全会精神,认真落实党中央、国务院决策部署,统筹推进"五位一体"总体布局和协调推进"四个全面"战略布局,坚持以人民为中心,牢固树立新发展理念,遵循保留险种、保障待遇、统一管理、降低成本的总体思路,推进两项保险合并实施,实现参保同步登记、基金合并运行、征缴管理一致、监督管理统一、经办服务一体化。通过整合两项保险基金及管理资源,强化基金共济能力,提升管理综合效能,降低管理运行成本,建立适应我国经济发展水平、优化保险管理资源、实现两项保险长期稳定可持续发展的制度体系和运行机制。

《中华人民共和国社会保险法》《企业职工生育保险试行办法》《女职工劳动保护特别规定》对生育保险基金筹集与待遇的规定如下:

1.生育保险基金筹集

生育保险根据"以支定收,收支基本平衡"的原则筹集资金,由企业按照其工资总额的一定比例向社会保险经办机构缴纳生育保险费,建立生育保险基金。生育保险费的提取比例由当地人民政府根据计划内生育人数和生育津贴、生育医疗费等项费用确定,并可根据费用支出情况适时调整,但最高不得超过工资总额的百分之一。企业缴纳的生育保险费作为期间费用处理,列入企业管理费用。职工个人不缴纳生育保险费。

2.生育保险待遇

(1)用人单位已经缴纳生育保险费的,其职工享受生育保险待遇;职工未就业配偶按照国家规定享受生育医疗费用待遇。所需资金从生育保险基金中支付。

(2)生育保险待遇包括生育医疗费用和生育津贴。

3.生育医疗费用

生育医疗费用分为以下方面:

(1)生育的医疗费用。女职工生育的检查费、接生费、手术费、住院费和药费由生育保险基金支付。超出规定的医疗服务费和药费(含自费药品和营养药品的药费)由职工个人负担。女职工生育出院后,因生育引起疾病的医疗费,由生育保险基金支付;其他疾病的医疗费,按照医疗保险待遇的规定办理。女职工产假期满后,因病需要休息治疗的,按照有关病假待遇和医疗保险待遇规定办理。

（2）计划生育的医疗费用。

（3）法律、法规规定的其他项目费用。例如，女职工生育或流产后，由本人或所在企业持当地计划生育部门签发的计划生育证明，婴儿出生、死亡或流产证明，到当地社会保险经办机构办理手续，领取生育津贴和报销生育医疗费。

4. 生育津贴

职工可以享受生育津贴的情形如下所示：

（1）女职工生育享受产假；

（2）享受计划生育手术产假；

（3）法律、法规规定的其他情形。

5. 特别说明

女职工产假期间的生育津贴，对已经参加生育保险的，按照用人单位上年度职工月平均工资的标准由生育保险基金支付；对未参加生育保险的，按照女职工产假前工资的标准由用人单位支付。

M 命题规律分析

本考点涉及的知识点较为重要，重要的知识点为生育保险的参保范围与保险待遇。例如，2017年考查了生育医疗费用的内容。

Z 真题再现

2017-多选-78 根据《企业职工生育保险试行办法》，下列费用中，缴纳人生育保险基金支付范围的有（　　）。

A. 接生费　　B. 生育住院费

C. 产前检查费　　D. 哺乳期间骨折诊疗费

E. 产假期间生育津贴

【答案】ABCE。**解析：**本题考查生育保险待遇的相关知识。生育保险待遇包括生育医疗费用和生育津贴。生育医疗费用包括以下三项：（1）生育的医疗费用，具体包括女职工生育的检查费、接生费、手术费、住院费和药费。超出规定的医疗服务费和药费（含自费药品和营养药品的药费）由职工个人负担。（2）计划生育的医疗费用。（3）法律法规规定的其他项目费用。例如，女职工生育出院后，因生育引起疾病的医疗费，由生育保险基金支付。职工有下列情形之一的，可以享受生育津贴：女职工生育享受产假、享受计划生育手术产假；法律、法规规定的其他情形。故本题选 ABCE。

考点精讲 5 失业保险制度的法规与政策

K 考点梳理

一、缴纳主体

《中华人民共和国社会保险法》第四十四条规定，职工应当参加失业保险，由用人单位和职工按照国家规定共同缴纳失业保险费。《失业保险条例》第二条规定，城镇企业事业单位、城镇企业事业单位职工依照本条例的规定，缴纳失业保险费。城镇企业事业单位失业人员依照本条例的规定，享受失业保险待遇。本条例所称城镇企业，是指国有企业、城镇集体企业、外商投资企业、城镇私营企业以及其他城镇企业。个体工商户等自雇人员无须参加失业保险制度。

二、失业保险基金

《失业保险条例》第五条至第十一条对失业保险基金的规定如下：

1.构成

失业保险基金由下列各项构成：

（1）城镇企业事业单位及其职工缴纳的失业保险费；

（2）失业保险基金的利息；

（3）财政补贴；

（4）依法纳入失业保险基金的其他资金。

2.缴费标准

城镇企业事业单位按照本单位工资总额的百分之二缴纳失业保险费。城镇企业事业单位职工按照本人工资总额的百分之一缴纳失业保险费。城镇企业事业单位招用的农民合同制工人本人不缴纳失业保险费。

3.省级统筹

（1）失业保险基金逐步实现省级统筹。失业保险基金在直辖市和设区的市实行全市统筹；其他地区的统筹层次由省、自治区人民政府规定。

（2）省、自治区可以建立失业保险调剂金。失业保险调剂金以统筹地区依法应当征收的失业保险费为基数，按照省、自治区人民政府规定的比例筹集。统筹地区的失业保险基金不敷使用时，由失业保险调剂金调剂、地方财政补贴。

4. 支出用途

失业保险基金用于下列支出：

（1）失业保险金；

（2）领取失业保险金期间的医疗补助金；

（3）领取失业保险金期间死亡的失业人员的丧葬补助金和其供养的配偶、直系亲属的抚恤金；

（4）领取失业保险金期间接受职业培训、职业介绍的补贴，补贴的办法和标准由省、自治区、直辖市人民政府规定；

（5）国务院规定或者批准的与失业保险有关的其他费用。

5. 基金管理

失业保险基金必须存入财政部门在国有商业银行开设的社会保险基金财政专户，实行收支两条线管理，由财政部门依法进行监督。存入银行和按照国家规定购买国债的失业保险基金，分别按照城乡居民同期存款利率和国债利息计息。失业保险基金的利息并入失业保险基金。失业保险基金专款专用，不得挪作他用，不得用于平衡财政收支。

三、失业保险待遇

《中华人民共和国社会保险法》第四十五条至第五十一条对失业保险金的规定如下：

1. 领取失业保险待遇

失业人员符合下列条件的，从失业保险基金中领取失业保险金：

（1）失业前用人单位和本人已经缴纳失业保险费满一年；

（2）非因本人意愿中断就业；

（3）已经进行失业登记，并有求职要求。

以上三个条件必须同时符合才可以领取失业保险金。

2. 领取时间

失业人员失业前用人单位和本人累计缴费满一年不足五年的，领取失业保险金的期限最长为十二个月；累计缴费满五年不足十年的，领取失业保险金的期限最长为十八个月；累计缴费十年以上的，领取失业保险金的期限最长为二十四个月。重新就业后，再次失业的，缴费时间重新计算，领取失业保险金的期限与前次失业应当领取而尚未领取的失业保险金的期限合并计算，最长不超过二十四个月。

3. 失业保险金标准

失业保险金的标准，由省、自治区、直辖市人民政府确定，不得低于城市居民最低生活保障标准。

4. 失业保险待遇和其他社会保险待遇

（1）失业人员在领取失业保险金期间，参加职工基本医疗保险，享受基本医疗保险待遇。失业人员应当缴纳的基本医疗保险费从失业保险基金中支付，个人不缴纳基本医疗保险费。

（2）失业人员在领取失业保险金期间死亡的，参照当地对在职职工死亡的规定，向其遗属发放一次性丧葬补助金和抚恤金，所需资金从失业保险基金中支付。个人死亡同时符合领取基本养老保险丧葬补助金、工伤保险丧葬补助金和失业保险丧葬补助金条件的，其遗属只能选择领取其中的一项。

5. 失业保险待遇领取程序

用人单位应当及时为失业人员出具终止或者解除劳动关系的证明，并将失业人员的名单自终止或者解除劳动关系之日起十五日内告知社会保险经办机构。失业人员应当持本单位为其出具的终止或者解除劳动关系的证明，及时到指定的公共就业服务机构办理失业登记。失业人员凭失业登记证明和个人身份证明，到社会保险经办机构办理领取失业保险金的手续。失业保险金领取期限自办理失业登记之日起计算。

6. 停止领取

失业人员在领取失业保险金期间有下列情形之一的，停止领取失业保险金，并同时停止享受其他失业保险待遇：

（1）重新就业的；

（2）应征服兵役的；

（3）移居境外的；

（4）享受基本养老保险待遇的；

（5）无正当理由，拒不接受当地人民政府指定部门或者机构介绍的适当工作或者提供的培训的。

M 命题规律分析

本考点非常重要，每年必考，并且在考查时还会涉及多选题。本考点的重要知识点是失业保险的考核范围与保险待遇、领取条件等。

Z 真题再现

1 2019-单选-57 根据《失业保险条例》，下列支出项目中，属于失业保险基金支出范围的是（　　）。

A. 伤残津贴　　B. 生活护理费

C. 接受职业培训的补贴　　D. 最低生活保障金

【答案】C。**解析：**本题考查失业保险基金支出范围。从支出内容上看，失业保险基金的支出主要包括：（1）失业保险金；（2）领取失业保险金期间的医疗补助金；（3）领取失业保险金期间死亡的失业人员的丧葬补助金和其供养的配偶、直系亲属的抚恤金；（4）领取失业保险金期间接受职业培训、职业介绍的补贴，补贴的办法和标准由省、自治区、直辖市人民政府规定；（5）国务院规定或者批准的与失业保险有关的其他费用。故本题选C。

2 2019-多选-80 根据《失业保险条例》，失业人员领取失业保险金的条件有（ ）。

A.家庭经济困难

B.失业时间达3个月以上

C.非因本人意愿中断就业

D.已经进行失业登记，并有求职要求

E.失业前用人单位和本人已缴纳失业保险费满1年

【答案】CDE。**解析：**本题考查失业人员领取失业保险金的条件。在领取和停止领取失业保险待遇方面，根据《中华人民共和国社会保险法》第四十五条的规定，失业人员领取失业保险金应当符合以下条件：（1）非因本人意愿中断就业；（2）已经进行失业登记，并有求职要求；（3）失业前用人单位和本人已经缴纳失业保险费满一年。三个条件必须同时符合才可以领取失业保险金。故本题选CDE。

3 2018-单选-58 根据《中华人民共和国社会保险法》，失业保险金标准由省、自治区、直辖市人民政府确定，不得低于（ ）。

A.国家贫困线

B.最低工资标准

C.城镇居民平均收入

D.城市居民最低生活保障标准

【答案】D。**解析：**本题考查《中华人民共和国社会保险法》中的失业保险金的标准。失业保险金的标准由省、自治区、直辖市人民政府确定，不得低于城市居民最低生活保障标准。故本题选D。

考点精讲 6 工伤保险制度的法规与政策

K 考点梳理

一、缴纳主体和工伤保险基金

《中华人民共和国社会保险法》第三十三条至第三十五条和《工伤保险条例》第二条、第七条、第八条对工伤保险缴纳主体和工伤保险基金的规定如下：

1. 缴纳主体

（1）职工应当参加工伤保险，由用人单位缴纳工伤保险费，职工个人不缴纳工伤保险费。

（2）中华人民共和国境内的企业、事业单位、社会团体、民办非企业单位、基金会、律师事务所、会计师事务所等组织和有雇工的个体工商户（以下称用人单位）应当依照本条例规定参加工伤保险，为本单位全部职工或者雇工（以下称职工）缴纳工伤保险费。

2. 工伤保险基金构成

工伤保险基金由用人单位缴纳的工伤保险费、工伤保险基金的利息和依法纳入工伤保险基金的其他资金构成。

3. 工伤保险制度遵循原则

工伤保险制度遵循“无过错雇主责任”原则，包括：

（1）雇员个人不缴纳工伤保险费，雇主承担所有责任；

（2）无论职工是否有过错，只要在工作时间、工作地点、因为工作原因受到事故伤害或者患职业病，都应当被认定为工伤。

4. 差别费率和浮动费率制度

（1）用人单位应当按照本单位职工工资总额，根据社会保险经办机构确定的费率缴纳工伤保险费。和其他社会保险制度的缴费率相对一致和稳定不同，工伤保险制度实行差别费率和浮动费率制度。工伤保险费率的确定坚持以支定收、收支平衡的原则。

（2）实行行业差别费率。为了使用人单位的缴费与所属行业风险挂钩，工伤保险费实行行业差别费率的制度，根据不同行业的工伤保险费使用、工伤发生率等情况，确定不同行业类别的费率，并且在同一行业内设定不同的费率档次。风险程度高的行业，费率相应较高，反之则低。

（3）实行费率浮动机制。行业的差别费率及费率档次确定后，根据每个用人单位上一年工伤保险费的使用、工伤发生率等情况，由统筹地区经办机构确定企业工伤保险费率。用人单位在同行业的工伤保险工作做得越好，其具体适用的费率档次就越低；反之，就有可能调高其适用的费率档次。

（4）国家根据不同行业的工伤风险程度确定行业的差别费率，并根据使用工伤保险基金、工伤发生率等情况在每个行业内确定费率档次。行业差别费率和行业内费率档次由国务院社会保险行政部门制定，报国务院批准后公布施行。社会保险经办机构根据用人单位使用工伤保险基金、工伤发生率和所属行业费率档次等情况，确定用人单位缴费费率。

二、工伤认定

《工伤保险条例》第十四条、第十五条和《中华人民共和国社会保险法》第三十七条对工伤认定的规定如下：

1. 被认定为工伤的情形

职工有下列情形之一的，应当认定为工伤：

（1）在工作时间和工作场所内，因工作原因受到事故伤害的；

（2）工作时间前后在工作场所内，从事与工作有关的预备性或者收尾性工作受到事故伤害的；

（3）在工作时间和工作场所内，因履行工作职责受到暴力等意外伤害的；

（4）患职业病的；

（5）因工外出期间，由于工作原因受到伤害或者发生事故下落不明的；

（6）在上下班途中，受到非本人主要责任的交通事故或者城市轨道交通、客运轮渡、火车事故伤害的；

（7）法律、行政法规规定应当认定为工伤的其他情形。

2. 视同工伤的情形

职工有下列情形之一的，视同工伤：

（1）在工作时间和工作岗位，突发疾病死亡或者在48小时之内经抢救无效死亡的；

（2）在抢险救灾等维护国家利益、公共利益活动中受到伤害的；

（3）职工原在军队服役，因战、因公负伤致残，已取得革命伤残军人证，到用人单位后旧伤复发的。

职工有前款第（1）项、第（2）项情形的，按照本条例的有关规定享受工伤保险待遇；职工有前款第（3）项情形的，按照本条例的有关规定享受除一次性伤残补助金以外的工伤保险待遇。

3. 不被认定为工伤的情形

职工因下列情形之一导致本人在工作中伤亡的，不认定为工伤：

（1）故意犯罪的；

（2）醉酒或者吸毒的；

（3）自残或者自杀的；

（4）法律、行政法规规定的其他情形。

三、劳动能力鉴定

《工伤保险条例》第二十一条规定，职工发生工伤，经治疗伤情相对稳定后存在残疾、影响劳动能力的，应当进行劳动能力鉴定。

第二十二条规定，劳动能力鉴定是指劳动功能障碍程度和生活自理障碍程度的等级鉴定。劳动功能障碍分为十个伤残等级，最重的为一级，最轻的为十级。生活自理障碍分为三个等级：生活完全不能自理、生活大部分不能自理和生活部分不能自理。劳动能力鉴定标准由国务院社会保险行政部门会同国务院卫生行政部门等部门制定。

四、工伤保险待遇的支付

《中华人民共和国社会保险法》第三十六条至第四十三条和《工伤保险条例》对工伤保险待遇的支付规定如下：

1.待遇内容

（1）职工因工作原因受到事故伤害或者患职业病，且经工伤认定的，享受工伤保险待遇；其中，经劳动能力鉴定丧失劳动能力的，享受伤残待遇。工伤认定和劳动能力鉴定应当简捷、方便。

（2）工伤职工符合领取基本养老金条件的，停发伤残津贴，享受基本养老保险待遇。基本养老保险待遇低于伤残津贴的，从工伤保险基金中补足差额。

2.工伤保险基金支付

因工伤发生的下列费用，按照国家规定从工伤保险基金中支付：

（1）治疗工伤的医疗费用和康复费用；

（2）住院伙食补助费；

（3）到统筹地区以外就医的交通食宿费；

（4）安装配置伤残辅助器具所需费用；

（5）生活不能自理的，经劳动能力鉴定委员会确认的生活护理费；

（6）一次性伤残补助金和一至四级伤残职工按月领取的伤残津贴；

（7）终止或者解除劳动合同时，应当享受的一次性医疗补助金；

（8）因工死亡的，其遗属领取的丧葬补助金、供养亲属抚恤金和因工死亡补助金；

（9）劳动能力鉴定费。

3.用人单位支付

因工伤发生的下列费用，按照国家规定由用人单位支付：

（1）治疗工伤期间的工资福利；

（2）五级、六级伤残职工按月领取的伤残津贴；

（3）终止或者解除劳动合同时，应当享受的一次性伤残就业补助金。

4.先支付再追偿

（1）职工所在用人单位未依法缴纳工伤保险费，发生工伤事故的，由用人单位支付工伤保险待遇。用人单位不支付的，从工伤保险基金中先行支付。

（2）由于第三人的原因造成工伤，第三人不支付工伤医疗费用或者无法确定第三人的，由工伤保险基金先行支付。

5.停止享受待遇情况

工伤职工有下列情形之一的，停止享受工伤保险待遇：

（1）丧失享受待遇条件的；

（2）拒不接受劳动能力鉴定的；

（3）拒绝治疗的。

6.特别说明

（1）工伤保险的待遇水平和内容根据伤残等级以及生活自理障碍等级不同而有所不同，对于工伤保险基金和用人单位的支出责任也有详细的规定。

（2）工伤保险待遇、劳动能力鉴定可以从工伤保险基金中支付，工伤预防的宣传、培训等费用，法律、法规规定的用于工伤保险的其他费用也可以由工伤保险基金支付。

M 命题规律分析

本考点不仅涉及单选题，还会涉及较多的多选题。本考点每年必考，考查的知识点也较为全面，考生既要掌握工伤保险的参保范围、资金来源、保险待遇等，还要掌握工伤认定的三种情形，掌握好什么时候可以认定为工伤、什么时候认定为视同工伤、什么时候不得认定为工伤，具体可参考“考点梳理”部分。

Z 真题再现

1 2019-单选-59 根据《工伤保险条例》，应当参加工伤保险而未参加的用人单位，一旦职工发生工伤，其工伤医疗费用由（　　）支付。

A.职工本人　　B.用人单位

C.当地工会　　D.当地社会保险经办部门

【答案】B。**解析：**本题考查工伤医疗费用的支付情况。《工伤保险条例》第六十二条，应当参加工伤保险而未参加工伤保险的用人单位职工发生工伤的，由该用人单位按照本条例规定的工伤保险待遇项目和标准支付费用。故本题选B。

2 2018-单选-59 根据《中华人民共和国社会保险法》，企业缴纳了工伤保险费后，职工因工伤发生的下列费用，应由用人单位支付的是（　　）。

A.治疗工伤期间的工资福利

B.住院伙食补助费

C.治疗工伤的医疗费用和康复费用

D.到统筹地区以外就医的交通食宿费

【答案】A。**解析：**本题考查《中华人民共和国社会保险法》中的工伤保险费用的支付。因工伤发生的下列费用，按照国家规定由用人单位支付：（1）治疗工伤期间的工资福利；（2）五级、六级伤残职工按月领取的伤残津贴；（3）终止或者解除劳动合同时，应当享受的一次性伤残就业补助金。故本题选A。

3　2018－多选－78　孙某同时在甲、乙两家公司就业，甲公司没有为孙某缴纳工伤保险费，乙公司为孙某缴纳了工伤保险费。某日，孙某在甲公司工作时因工受伤，被送往医院治疗。后经有关部门评定为二级残疾，需要护理。根据《工伤保险条例》《实施（中华人民共和国社会保险法）若干规定》，下列关于孙某工伤保险权益的说法，正确的有（　　）。

A.孙某的伤残津贴应由乙公司支付

B.孙某的生活护理费应由甲公司支付

C.孙某的住院伙食补助费应由甲公司支付

D.孙某的一次性伤残补助金应由乙公司支付

E.孙某的住院医疗费由工伤保险基金支付

【答案】BC。**解析：**本题考查《工伤保险条例》中的工伤保险待遇。若用人单位有缴纳工伤保险的，用人单位需支付停工留薪期工资、按月支付伤残津贴（五至六级）、一次性伤残就业补助金（五至十级解除或终止劳动合同时），故A、D两项不符合题意。若用人单位未缴纳工伤保险的，则全部工伤赔偿待遇均由用人单位支付，故B、C两项符合题意。职工在用人单位未依法缴纳工伤保险费的，发生工伤事故的，由用人单位支付工伤保险待遇，故E项错误。故本题选BC。

考点精讲 7　社会保险管理法规与政策

K 考点梳理

一、社会保险费征缴

社会保险费是社会保险基金的重要来源。关于社会保险费征缴的流程和相关主体的法律责任，《中华人民共和国社会保险法》第五十八条至第六十二条、第八十四条至第八十六条和《社会保险费征缴暂行条例》第十条等相关法条规定如下：

1.用人单位社会保险登记

（1）用人单位应当自成立之日起三十日内凭营业执照、登记证书或者单位印章，向当地社会保险经办机构申请办理社会保险登记。社会保险经办机构应当自收到申请之日起十五日内予以审核，发放社会保险登记证件。

（2）用人单位的社会保险登记事项发生变更或者用人单位依法终止的，应当自变更或者终止之日起三十日内，到社会保险经办机构办理变更或者注销社会保险登记。

2.劳动者个人社会保险登记

用人单位应当自用工之日起三十日内为其职工向社会保险经办机构申请办理社会保险

登记。未办理社会保险登记的，由社会保险经办机构核定其应当缴纳的社会保险费。

自愿参加社会保险的无雇工的个体工商户、未在用人单位参加社会保险的非全日制从业人员以及其他灵活就业人员，应当向社会保险经办机构申请办理社会保险登记。

3. 自行申报制度

（1）用人单位应当自行申报、按时足额缴纳社会保险费，非因不可抗力等法定事由不得缓缴、减免。职工应当缴纳的社会保险费由用人单位代扣代缴，用人单位应当按月将缴纳社会保险费的明细情况告知本人。

（2）用人单位不按规定申报应缴纳的社会保险费数额的，由社会保险经办机构暂按该单位上月缴费数额的110%确定应缴数额；没有上月缴费数额的，由社会保险经办机构暂按该单位的经营状况、职工人数等有关情况确定应缴数额。用人单位补办申报手续并按核定数额缴纳社会保险费后，由社会保险经办机构按照规定结算。

（3）无雇工的个体工商户、未在用人单位参加社会保险的非全日制从业人员以及其他灵活就业人员，可以直接向社会保险费征收机构缴纳社会保险费。

4. 用人单位法律责任

（1）用人单位不办理社会保险登记的，由社会保险行政部门责令限期改正；逾期不改正的，对用人单位处应缴社会保险费数额一倍以上三倍以下的罚款，对其直接负责的主管人员和其他直接责任人员处五百元以上三千元以下的罚款。

（2）用人单位未按时足额缴纳社会保险费的，由社会保险费征收机构责令限期缴纳或者补足，并自欠缴之日起，按日加收万分之五的滞纳金；逾期仍不缴纳的，由有关行政部门处欠缴数额一倍以上三倍以下的罚款。

5. 社会保险缴费基数

社会保险缴费的基数分为用人单位的缴费基数和劳动者个人的缴费基数。其中，用人单位的缴费基数是工资总额。受雇劳动者的缴费基数一般是上个月实际工资收入，包括工资、补贴、奖金、津贴等收入。

职工工资收入高于当地上年度职工平均工资300%的，以当地上年度职工平均工资的300%为缴费基数；职工工资收入低于当地上一年职工平均工资60%的，以当地上一年职工平均工资的60%为缴费基数；职工工资在60%~300%之间的，按实申报。职工工资收入无法确定时，其缴费基数以当地劳动行政部门公布的当地上一年职工平均工资为缴费工资标准确定。城镇个体工商户和灵活就业人员的缴费基数应当为其上个月的实际收入。

二、社会保险基金

《中华人民共和国社会保险法》第六十四条规定，社会保险基金包括基本养老保险基金、基本医疗保险基金、工伤保险基金、失业保险基金和生育保险基金。各项社会保险基金按照社会保险险种分别建账，分账核算，执行国家统一的会计制度。社会保险基金专款专用，任何组织和个人不得侵占或者挪用。基本养老保险基金逐步实行全国统筹，其他社会保险基金逐步实行省级统筹，具体时间、步骤由国务院规定。

第六十五条规定，社会保险基金通过预算实现收支平衡。县级以上人民政府在社会保险基金出现支付不足时，给予补贴。

第六十六条规定，社会保险基金按照统筹层次设立预算。社会保险基金预算按照社会保险项目分别编制。

第六十七条规定，社会保险基金预算、决算草案的编制、审核和批准，依照法律和国务院规定执行。

第六十八条规定，社会保险基金存入财政专户，具体管理办法由国务院规定。

第六十九条规定，社会保险基金在保证安全的前提下，按照国务院规定投资运营实现保值增值。社会保险基金不得违规投资运营，不得用于平衡其他政府预算，不得用于兴建、改建办公场所和支付人员经费、运行费用、管理费用，或者违反法律、行政法规规定挪作其他用途。

第七十条规定，社会保险经办机构应当定期向社会公布参加社会保险情况以及社会保险基金的收入、支出、结余和收益情况。

第七十一条规定，国家设立全国社会保障基金，由中央财政预算拨款以及国务院批准的其他方式筹集的资金构成，用于社会保障支出的补充、调剂。全国社会保障基金由全国社会保障基金管理运营机构负责管理运营，在保证安全的前提下实现保值增值。全国社会保障基金应当定期向社会公布收支、管理和投资运营的情况。国务院财政部门、社会保险行政部门、审计机关对全国社会保障基金的收支、管理和投资运营情况实施监督。

M 命题规律分析

本考点的考查内容较为综合，除了我们总结的知识点，可能还会涉及与最新的社会保险相关的法规与政策。这就要求考生要从宏观方面把握社会保险基金的概念和统筹的原则，需要考生重点复习的部分是社会保险费征缴方面的规定，具体的命题规律如下：

规律一：考查征收社会保险费的部门及缴纳主体。

在征收的部门上，各项社会保险费交由税务部门统一征收；在缴纳的主体上，职工个人需要缴纳的是基本养老保险、基本医疗保险、失业保险。工伤保险和生育保险由企业缴纳。

规律二：考查社会保险费的征缴。

考生要注意征缴社会保险费的期限，具体如下：用人单位应当自成立之日起30日内，持营业执照或者登记证书等有关证件，到当地社会保险经办机构申请办理社会保险登记。用人单位应当自用工之日起30日内为其员工向社会保险经办机构申请办理社会保险登记。用人单位应自行申报、按时足额缴纳社会保险费，非因不可抗力等法定事由不得缓缴、减免。用人单位的社会保险登记事项发生变更，应当自变更之日起30日内，到社会保险经办机构办理变更。用人单位未按规定申报应当缴纳的社会保险费数额的，则由社会保险经办机构暂时按照该单位上月缴费额的110%确定应当缴纳数额。

Z 真题再现

1 2019-单选-60 根据《深化党和国家机构改革方案》，下列部门中，负责统一征收社会保险费的是（　　）。

A.财政部门　　B.税务部门

C.民政部门　　D.人力资源和社会保障部门

【答案】B。**解析：**本题考查征收社会保险费的部门。《深化党和国家机构改革方案》明确由税务部门统一征收社会保险费。为提高社会保险资金征管效率，将基本养老保险费、基本医疗保险费、失业保险费等各项社会保险费交由税务部门统一征收。按照改革相关部署，自2019年1月1日起由税务部门统一征收各项社会保险费和先行划转的非税收入。故本题选B。

2 2018-多选-79 根据《中华人民共和国社会保险法》，下列保险种类中，职工个人需要缴纳费用的有（　　）。

A.工伤保险　　B.生育保险

C.失业保险　　D.基本养老保险

E.基本医疗保险

【答案】CDE。**解析：**本题考查《中华人民共和国社会保险法》中的社保缴纳的主体。职工个人需要缴纳的是基本养老保险、基本医疗保险、失业保险。工伤保险和生育保险由企业缴纳。故本题选CDE。

3 2017-单选-58 根据《中华人民共和国社会保险法》，下列关于社会保险基金的说法中，正确的是（　　）。

A.社会保险基金通过预算实现收支平衡

B.社会保险基金可以用于支付人员管理费用

C.社会保险基金可以用于平衡其他政府预算

D.社会保险基金通过提取彩票公益金实现收支平衡

【答案】A。**解析：**本题考查社会保险基金的相关知识。《中华人民共和国社会保险法》第七十一条规定，国家设立全国社会保障基金，由中央财政预算拨款以及国务院批准的其他方式筹集的资金构成，用于社会保障支出的补充、调剂。故A项正确。《中华人民共和国社会保险法》第六十九条规定，社会保险基金在保证安全的前提下，按照国务院规定投资运营实现保值增值。社会保险基金不得违规投资运营，不得用于平衡其他政府预算，不得用于兴建、改建办公场所和支付人员经费、运行费用、管理费用，或者违反法律、行政法规规定挪作其他用途。故B、C、D三项错误。故本题选A。

考点精讲 8 军人保险法规与政策

K 考点梳理

一、军人伤亡保险

《中华人民共和国军人保险法》(后称《军人保险法》)第七条规定,军人因战、因公死亡的,按照认定的死亡性质和相应的保险金标准,给付军人死亡保险金。

第八条规定,军人因战、因公、因病致残的,按照评定的残疾等级和相应的保险金标准,给付军人残疾保险金。

第九条规定,军人死亡和残疾的性质认定、残疾等级评定和相应的保险金标准,按照国家和军队有关规定执行。

第十条规定,军人因下列情形之一死亡或者致残的,不享受军人伤亡保险待遇:

(1)故意犯罪的;

(2)醉酒或者吸毒的;

(3)自残或者自杀的;

(4)法律、行政法规和军事法规规定的其他情形。

第十一条规定,已经评定残疾等级的因战、因公致残的军人退出现役参加工作后旧伤复发的,依法享受相应的工伤待遇。

第十二条规定,军人伤亡保险所需资金由国家承担,个人不缴纳保险费。

二、退役养老保险

退役养老保险制度是对退出现役的军人在参加其他类型养老保险制度时的一次性缴费补贴制度。《军人保险法》第十三条规定,军人退出现役参加基本养老保险的,国家给予退役养老保险补助。

第十四条规定,军人退役养老保险补助标准,由中国人民解放军原总后勤部会同国务院有关部门,按照国家规定的基本养老保险缴费标准、军人工资水平等因素拟订,报国务院、中央军事委员会批准。

第十五条规定,军人入伍前已经参加基本养老保险的,由地方社会保险经办机构和军队后勤(联勤)机关财务部门办理基本养老保险关系转移接续手续。

第十六条规定,军人退出现役后参加职工基本养老保险的,由军队后勤(联勤)机关财务部门将军人退役养老保险关系和相应资金转入地方社会保险经办机构，地方社会保险经办机构办理相应的转移接续手续。军人服现役年限与入伍前和退出现役后参加职工基本养老保险的缴费年限合并计算。

第十七条规定，军人退出现役后参加新型农村社会养老保险或者城镇居民社会养老保险的，按照国家有关规定办理转移接续手续。

三、退役医疗保险

退役医疗保险有利于维护军人退役之后的医疗保障待遇，确保其能够与各项基本医疗保险制度衔接，是一种积累式的制度。《军人保险法》第二十条规定，参加军人退役医疗保险的军官、文职干部和士官应当缴纳军人退役医疗保险费，国家按照个人缴纳的军人退役医疗保险费的同等数额给予补助。义务兵和供给制学员不缴纳军人退役医疗保险费，国家按照规定的标准给予军人退役医疗保险补助。

第二十一条规定，军人退役医疗保险个人缴费标准和国家补助标准，由中国人民解放军原总后勤部会同国务院有关部门，按照国家规定的缴费比例、军人工资水平等因素确定。

第二十二条规定，军人入伍前已经参加基本医疗保险的，由地方社会保险经办机构和军队后勤（联勤）机关财务部门办理基本医疗保险关系转移接续手续。

第二十三条规定，军人退出现役后参加职工基本医疗保险的，由军队后勤（联勤）机关财务部门将军人退役医疗保险关系和相应资金转入地方社会保险经办机构，地方社会保险经办机构办理相应的转移接续手续。军人服现役年限视同职工基本医疗保险缴费年限，与入伍前和退出现役后参加职工基本医疗保险的缴费年限合并计算。

四、随军未就业的军人配偶保险

《军人保险法》第二十五条至第二十九条、第四十九条和《中国人民解放军军人配偶随军未就业期间社会保险暂行办法》对随军未就业的军队配偶保险的规定如下：

1.保险支持政策

（1）国家为随军未就业的军人配偶建立养老保险、医疗保险等。随军未就业的军人配偶参加保险，应当缴纳养老保险费和医疗保险费，国家给予相应的补助。

（2）军人所在单位后勤机关按照缴费基数11%的规模，为未就业随军配偶建立养老保险个人账户，所需资金由个人和国家共同负担，其中，个人按6%的比例缴费，国家按5%的比例给予个人账户补贴。缴费基数参照上年度全国城镇职工月平均工资60%的比例确定。

（3）军人所在单位后勤机关为未就业随军配偶建立医疗保险个人账户，医疗保险个人账户资金由个人和国家共同负担。未就业随军配偶按照本人基本生活补贴标准全额1%的比例缴费，国家按照其缴纳的同等数额给予个人账户补贴。

2. 保险接续

随军未就业的军人配偶实现就业或者军人退出现役时，由军队后勤（联勤）机关财务部门将其养老保险、医疗保险关系和相应资金转入地方社会保险经办机构，地方社会保险经办机构办理相应的转移接续手续。军人配偶在随军未就业期间的养老保险、医疗保险缴费年限与其在地方参加职工基本养老保险、职工基本医疗保险的缴费年限合并计算。

3. 退休待遇

随军未就业的军人配偶达到国家规定的退休年龄时，按照国家有关规定确定退休地，由军队后勤（联勤）机关财务部门将其养老保险关系和相应资金转入退休地社会保险经办机构，享受相应的基本养老保险待遇。

4. 就业服务

地方各级人民政府和有关部门应当为随军未就业的军人配偶提供就业指导、培训等方面的服务。随军未就业的军人配偶无正当理由拒不接受当地人民政府就业安置，或者无正当理由拒不接受当地人民政府指定部门、机构介绍的适当工作、提供的就业培训的，停止给予保险缴费补助。

5. 军人参加失业保险

军人退出现役后参加失业保险的，其服现役年限视同失业保险缴费年限，与入伍前和退出现役后参加失业保险的缴费年限合并计算。

（五）军人保险基金的构成

军人保险基金包括军人伤亡保险基金、军人退役养老保险基金、军人退役医疗保险基金和随军未就业的军人配偶保险基金。

M 命题规律分析

规律一：考查军人保险的主要内容。

在涉及军人保险的法规与政策时，重点考查的是军人伤亡保险、退役养老保险、退役医疗保险、随军未就业的军人配偶保险，其中考查较多的是随军未就业的军人配偶保险，一般情况下，题目考查考生对缴费比例的记忆，如军人所在单位后勤机关按照缴费基数11%的规模，未就业随军配偶按照本人基本生活补贴标准全额1%的比例缴费，等等。

规律二：考查军人缴纳各险种的人群。

考生要掌握缴纳军人退役医疗保险费的人群有军官、文职干部、士官，不缴纳军人退役医疗保险费的人群有义务兵、供给制学员。

Z 真题再现

1 2017-单选-59 根据《中国人民解放军军人配偶随军未就业期间社会保险暂行办法》，军人所在单位后勤机关按照缴费基数（　　）的规模，为未就业随军配偶建立养老保险个人账户。

A.8%　　B.9%

C.10%　　D.11%

【答案】D。**解析：**本题考查随军未就业的军人配偶保险的相关知识。根据2003年国务院办公厅、中央军委办公厅印发的《中国人民解放军军人配偶未就业期间社会保险暂行办法》的规定，军人所在单位后勤机关按照缴费基数11%的规模，为未就业随军配偶建立养老保险个人账户，所需资金由个人和国家共同负担，其中，个人按6%的比例缴费，国家按5%的比例给予个人账户补贴。故本题选D。

2 2017-单选-60 根据《中华人民共和国军人保险法》，下列军人中，个人不需要缴纳军人退役医疗保险费的是（　　）。

A.军官　　B.士官

C.义务兵　　D.文职干部

【答案】C。**解析：**本题考查退役医疗保险的相关知识。《中华人民共和国军人保险法》第二十条规定，参加军人退役医疗保险的军官、文职干部和士官应当缴纳军人退役医疗保险费，国家按照个人缴纳的军人退役医疗保险费的同等数额给予补助。义务兵和供给制学员不缴纳军人退役医疗保险费，国家按照规定的标准给予军人退役医疗保险补助。故本题选C。

3 2016-多选-80《中华人民共和国军人保险法》规定，军人保险主要包括（　　）。

A.军人生育保险　　B.军人伤亡保险

C.军人退役养老保险　　D.军人退役医疗保险

E.随军未就业的军人配偶

【答案】BCDE。**解析：**本题考查军人保险的主要内容。军人保险基金是军人保险制度的重要物质基础，《中华人民共和国军人保险法》对军人保险的相关内容作了明确规定。军人保险基金包括军人伤亡保险基金、军人退役养老保险基金、军人退役医疗保险基金和随军未就业的军人配偶保险基金。故本题选BCDE。

2100 7026

责任编辑：张建民

特约编辑：李　瑶